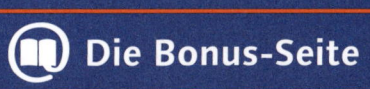

Ihr Vorteil als Käufer dieses Buches

Auf der Bonus-Webseite zu diesem Buch finden Sie zusätzliche Informationen und Services. Dazu gehört auch ein kostenloser **Testzugang** zur Online-Fassung Ihres Buches. Und der besondere Vorteil: Wenn Sie Ihr **Online-Buch** auch weiterhin nutzen wollen, erhalten Sie den vollen Zugang zum **Vorzugspreis**.

So nutzen Sie Ihren Vorteil

Halten Sie den unten abgedruckten Zugangscode bereit und gehen Sie auf www.galileocomputing.de. Dort finden Sie den Kasten **Die Bonus-Seite für Buchkäufer**. Klicken Sie auf **Zur Bonus-Seite / Buch registrieren**, und geben Sie Ihren **Zugangscode** ein. Schon stehen Ihnen die Bonus-Angebote zur Verfügung.

Ihr persönlicher Zugangscode: xmsv-yp5d-jct8-7nqg

Ingo Chao, Corina Rudel

Fortgeschrittene CSS-Techniken
inkl. CSS-Debugging und Performance-Optimierung

Liebe Leserin, lieber Leser,

Sie wissen als Webentwickler aus eigener Erfahrung, dass CSS nicht einfach ist. Cascading Stylesheets eröffnen Webdesignern und Webentwicklern zwar ein hohes Potential an kreativen Möglichkeiten. Der Weg zum tabellenfreien CSS-Layout wird aber durch Browserfehler und viele andere Unwägbarkeiten erschwert. Häufig steht man vor einem schier unlösbaren Problem, weil man nicht versteht, warum dieses oder jenes Layout einfach nicht funktionieren will.

An diesem Punkt holen Sie unsere beiden erfahrenen CSS-Profis ab. Sie gehören seit Jahren zu den aktivsten Mitgliedern englischer und deutscher Foren und Mailinglisten und kennen die Anwendungsprobleme von CSS-Entwicklern aus erster Hand. Anhand vieler reich illustrierter Beispiele erklären Ihnen Ingo Chao und Corina Rudel die Grundprinzipien von CSS, erläutern den Umgang mit Browserfehlern und führen Sie in professionelle Debugging-Techniken ein. Natürlich kommt auch die Praxis nicht zu kurz. Unter anderem erwarten Sie hier verschachtelte Navigationslisten, Mehrspaltenlayouts und viele andere komplexe Layouts.

Dieses Buch wurde mit großer Sorgfalt geschrieben, begutachtet, lektoriert und produziert. Sollte dennoch etwas nicht so funktionieren, wie Sie es erwarten, dann scheuen Sie sich nicht, sich mit mir in Verbindung zu setzen. Ihre freundlichen Anregungen und Fragen sind jederzeit willkommen.

Und nun viel Vergnügen bei der Lektüre!

Stephan Mattescheck
Lektorat Galileo Computing

stephan.mattescheck@galileo-press.de
www.galileodesign.de
Galileo Press • Rheinwerkallee 4 • 53227 Bonn

Auf einen Blick

Teil I CSS-Prinzipien, die nicht selbsterklärend sind

1	Eine Annäherung an die Spezifikation	21
2	Vertikale Anordnung	31
3	Horizontale Anordnung	61
4	Floats	77
5	Das Inline-Formatierungsmodell	127
6	Positionierung und Stapelung	137
7	Background-Images	167
8	Das CSS-Tabellenmodell	201
9	Ausgabe für Medien	221

Teil II Inkonsistenzen in Browsern und die Grundlagen des Debuggings

10	Debugging	231
11	CSS-Erweiterungen	275

Teil III Die praktische Umsetzung von komplexen Layouts

12	Navigation: Listen und Menüs	295
13	Mehrspaltenlayouts	337
14	Gleich hohe Spalten	389

Teil IV Was vor uns liegt

15	Frontend-Engineering	417
16	Neue Konzepte	429

Inhalt

Einleitung 13
Einleitung zur dritten Auflage 15
Hinweise zum Buch und zur DVD 17

Teil I: CSS-Prinzipien, die nicht selbsterklärend sind

1 Eine Annäherung an die Spezifikation

1.1 Der Zweck der Spezifikation 21
1.2 Designprinzipien von CSS 23
1.3 Warum gibt es dieses oder jenes nicht in CSS? ... 24
1.4 Einen Zugang zur Spezifikation finden 26
    1.4.1 CSS 2.1: x und CSS3: Modul y 27
    1.4.2 Erwartungen von HTML5 an die Darstellung der Browser 28
1.5 Zur Begriffsbestimmung 29
    1.5.1 Box Model 29
    1.5.2 »must« und »should« 29
    1.5.3 Regeln 29
    1.5.4 Replaced Elements 30
    1.5.5 User, User Agent, Author 30

2 Vertikale Anordnung

2.1 **100 % Mindesthöhe** 33
2.2 **Fußzeile am Ende – FooterStick und FooterStickAlt** 36
    2.2.1 FooterStick 36
    2.2.2 FooterStickAlt 39
2.3 **Collapsing Margins in verschachtelten Elementen** 41
    2.3.1 Wann fallen Ränder nicht zusammen? 43
    2.3.2 Sonderfall: Zusammenfallende Ränder bei nur einem Element 46
2.4 **Vertikal zentrieren** 49
    2.4.1 Eine Box mit bekannter Höhe vertikal zentrieren 50
    2.4.2 Eine Box mit unbekannter Höhe vertikal zentrieren 55
    2.4.3 Zusammenfassung und Ausblick 60

INHALT

3 Horizontale Anordnung
- 3.1 **Ausrichtung mit Margin** 61
- 3.2 **Negative Margins** 62
  - 3.2.1 Box mit gemischter Breite 64
  - 3.2.2 Asymmetrische Ausrichtung 67
- 3.3 **Mindest- und Maximalbreiten** 69
  - 3.3.1 Mindest- und Maximalbreiten im IE < 7 70
  - 3.3.2 Zusammenfassung 75
  - 3.3.3 Relevanz in der Praxis? 76

4 Floats
- 4.1 **Was kann Float?** 77
  - 4.1.1 Bilder von Text umfließen lassen 78
  - 4.1.2 Ein Einstieg in Spalten mit Float 80
  - 4.1.3 Mehrere aufeinanderfolgende Floats 82
- 4.2 **Float beenden: Clear** 88
  - 4.2.1 Clear ohne Margins 91
  - 4.2.2 Clear-Element mit Margin: Kollabieren mit umgebendem Element 91
  - 4.2.3 Clear-Element mit Margin: Kollabieren unterbunden 94
  - 4.2.4 Clear-Element mit Margin und Float 94
  - 4.2.5 Clear-Element mit Margin: Kollabieren mit vorhergehendem Element 95
  - 4.2.6 Negative Clearance 97
  - 4.2.7 Fingerübung: Spaltenübergreifend umflossenes Bild 98
- 4.3 **Floats einschließen – Containing Floats** 102
  - 4.3.1 Einschließen mit Clear 103
  - 4.3.2 Floats in Floats einschließen 105
  - 4.3.3 Easyclearing – Floats einschließen ohne zusätzliches Markup 106
  - 4.3.4 overflow zum Einschließen von Floats 110
  - 4.3.5 Welche Methode ist die richtige? 111
- 4.4 **Zusammenfassung** 111
- 4.5 **Exkurs: Block Formatting Context** 112
  - 4.5.1 Ungewolltes Clear einschränken 114
  - 4.5.2 Floats durch BFC einschließen 118
  - 4.5.3 Zusammenfassung 118

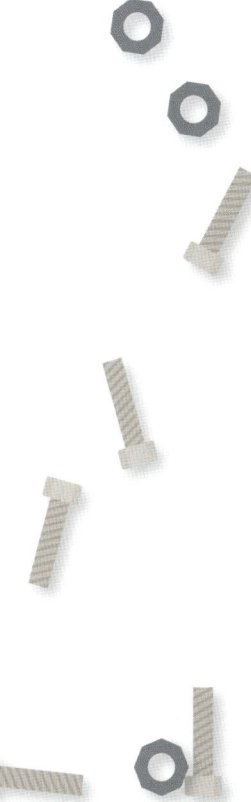

4.6	Anwendungsbeispiel: FooterStickAlt in einem Float-Layout	119
	4.6.1 FSA und solides Clear	121
	4.6.2 FSA und Easyclearing	122
	4.6.3 FSA und »Float in Float«	124
	4.6.4 FSA und Clear mit dem Footer	126

5 Das Inline-Formatierungsmodell

5.1	Inline Formatting Context	127
	5.1.1 Zeilenboxen und ihre Inline-Boxen	127
	5.1.2 line-height	128
	5.1.3 Inhaltsbereich der Inline-Box	129
	5.1.4 Vertikale Anordnung der Inline-Boxen – vertical-align	130
	5.1.5 Horizontale Verteilung der Inline-Boxen – text-align	131
5.2	Blöcke in einer Zeile – display: inline-block	132
	5.2.1 Inline-Block im IE < 8	132
	5.2.2 Inline-Block im Firefox < 3	134
	5.2.3 Zeilenumbruch von Blöcken	134

6 Positionierung und Stapelung

6.1	Stapelkontexte	137
	6.1.1 Abfolge des Zeichnens	138
	6.1.2 Beispiele und Erläuterungen zur Zeichnungsabfolge	138
	6.1.3 Was bedeutet ein negativer Wert für z-index?	148
6.2	Containing Block	149
	6.2.1 Bezugsrahmen	149
	6.2.2 Initial Containing Block, Canvas und Viewport	150
	6.2.3 Prozentangaben	150
	6.2.4 Containing Block im IE ≤ 7	151
6.3	Relative Positionierung	152
6.4	Absolute Positionierung	153
	6.4.1 Konzept	153
	6.4.2 Probleme im IE < 8 mit absoluter Positionierung	154
6.5	Fixierte Positionierung	157
	6.5.1 Exkurs: Simulation fixierter Positionierung im IE < 7	158

6.6	Opacity – die Undurchsichtigkeit	162
6.7	**Exkurs: Shrink-to-fit**	163
	6.7.1 Auslöser	163
	6.7.2 Bestimmung der Shrink-to-fit-Breite	164
	6.7.3 Fallstricke bei der Verwendung	165
	6.7.4 Intrinsische Größen in CSS3	166

7 Background-Images

7.1	Die Hintergrundeigenschaften	167
7.2	background-position	168
7.3	background-repeat	171
7.4	background-attachment	172
	7.4.1 Der Wert scroll	172
	7.4.2 Der Wert fixed	173
	7.4.3 Der Wert local	175
	7.4.4 …und der Internet Explorer ≤ 7	176
7.5	background-clip und background-origin	176
7.6	background-size	177
7.7	Faux Columns	178
	7.7.1 Faux Columns als linear-gradient	179
	7.7.2 Liquid Faux Columns	185
7.8	Navigation mit Tabs	190
	7.8.1 Sliding Doors of CSS	192
	7.8.2 CSS-Sprites	193
7.9	PNG-Transparenz vs. GIF-Transparenz	197

8 Das CSS-Tabellenmodell

8.1	Das Gestalten von Tabellen und CSS-Layouttabellen	202
	8.1.1 Display-Eigenschaften	202
	8.1.2 Anonyme Tabellenobjekte und die minimale Tabellenstruktur	203
	8.1.3 Tabellenzellen	205
	8.1.4 Spalten	206
	8.1.5 Position der Tabellenbeschriftung	207
	8.1.6 Tabellenebenen	208
	8.1.7 Width-Algorithmen	208
	8.1.8 Höhe und vertikale Anordnung	211
	8.1.9 Border	211
	8.1.10 Spanning	211
8.2	Ein hybrides Layout	212
	8.2.1 Besonderheiten im HTML	212

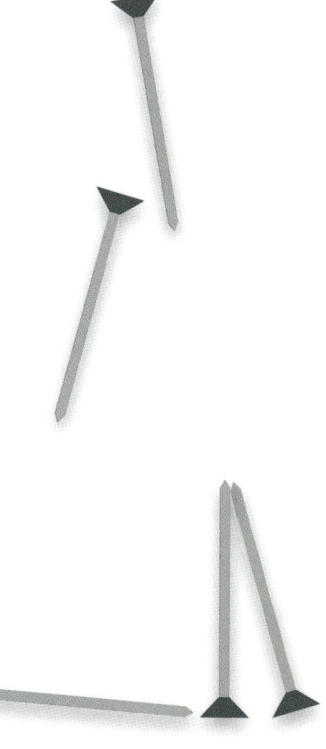

		8.2.2	CSS für konforme Browser	214
		8.2.3	CSS per Conditional Comment für den IE ≤ 7	216
	8.3		Das Auszeichnen von HTML-Datentabellen	217

9 Ausgabe für Medien

9.1	@media print			221
9.2	Das mobile Web			224
		9.2.1	Best Practice Guidelines und Tutorials zum mobilen Web	224
		9.2.2	Die One-Web-Debatte	225
9.3	Media Queries – »Medienabfragen«			226
9.4	Und was ist mit Style in E-Mail?			227

Teil II: Inkonsistenzen in Browsern und die Grundlagen des Debuggings

10 Debugging

10.1	Vorab: Das Layout unter Stress setzen			232
10.2	CSS- und HTML-Validierung			232
10.3	Reduktion auf das Problem			234
10.4	Das Testen in den Browsern			235
		10.4.1	Der Meta-Opt-out im IE ≥ 8	235
		10.4.2	Paralleles Testen in mehreren Versionen des IE	239
		10.4.3	Safari und WebKit (Mac und Win)	243
		10.4.4	Google Chrome	243
		10.4.5	Opera	243
		10.4.6	Firefox	243
10.5	Werkzeuge für Analyse und Fehlerbehebung			244
		10.5.1	Firebug, DOM Inspector, Web Developer	244
		10.5.2	IE Developer Toolbar	247
		10.5.3	WebKit Web Inspector und Chrome Developer Tools	249
		10.5.4	Opera Dragonfly	250
10.6	Hacks			250
		10.6.1	CSS-Hacks	252
		10.6.2	Conditional Comments	254
		10.6.3	Auf dem Weg zu einer soliden Hacking-Strategie	257

10.7 Magic Bullets gegen Bugs des IE Win 259
    10.7.1   hasLayout 259
    10.7.2   position: relative 262
    10.7.3   Negativer Backside Margin 264
    10.7.4   :hover { background: 0 0 } 265
    10.7.5   Markup-Änderung: Elemente trennen 265

10.8 Bug-Ressourcen 266
    10.8.1   Private Seiten 266
    10.8.2   Bugtracker der Browseranbieter 267

10.9 Mailinglisten und Foren 270

10.10 Exkurs: Wenn sich die konformen Browser uneins sind 271

11 CSS-Erweiterungen

11.1 Präfixe 275
11.2 Der AlphaImageLoader-Filter im IE 276
    11.2.1   Notation 277
    11.2.2   Verhalten des Filters 278
    11.2.3   Hinweise zur Verwendung 278
    11.2.4   Nicht anklickbare Links 278
    11.2.5   PNG-Scripts 281

11.3 Behavior im IE 283
11.4 Expression im IE 285
    11.4.1   Ereignisse, bei denen Expressions ausgewertet werden 286
    11.4.2   Expression für min/max-width im IE 6 287
    11.4.3   Expression für max-width in em 289

11.5 Die zoom-Eigenschaft im IE 290
    11.5.1   Notation 290
    11.5.2   zoom und hasLayout 290

Teil III: Die praktische Umsetzung von komplexen Layouts

12 Navigation: Listen und Menüs

12.1 Horizontale Navigation 298
    12.1.1   Horizontale Navigation mit display: inline 298
    12.1.2   Horizontale Navigation mit display: inline-block 303

	12.1.3	Horizontale Navigation mit display: table-cell	304
	12.1.4	Horizontale Navigation mit Float	309
12.2	**Vertikale Navigation**		316
	12.2.1	Besonderheiten im IE ≤ 7	316
	12.2.2	Exkurs: Navigation mit Erläuterung als »dl-Tabelle«	318
12.3	**Verschachtelte Navigation**		321
12.4	**Ausklappmenü**		322
	12.4.1	Einfaches Dropdown-Menü	323
	12.4.2	Workaround für IE < 7 mit Script	326
	12.4.3	IE-Workaround mit Conditional Comments	328
	12.4.4	Flyout-Menü	328
	12.4.5	Flyout-Menü mit mehr als zwei Ebenen	333
	12.4.6	Hinweise zu Ausklappmenüs	333
12.5	**Kennzeichnung des aktuellen Menüpunkts**		333
	12.5.1	Hervorhebung durch body-Klasse oder -ID	334
	12.5.2	Hervorhebung durch Linkklasse/-ID	335
	12.5.3	Entfernung des Links	335

13 Mehrspaltenlayouts

13.1	**Das perfekte Layout?**		337
	13.1.1	Fixes Layout: Breiten in Pixel	338
	13.1.2	Fluides Layout: Breiten in Prozent	339
	13.1.3	Elastisches Layout: Breiten in der Einheit em	339
	13.1.4	Mischformen	342
	13.1.5	Responsive Layout mit Media Queries	343
13.2	**Spaltenanordnung: Die Basis**		344
13.3	**Spalten mit einheitlichen Breiten per Float**		350
	13.3.1	Fixes Layout	350
	13.3.2	Fixes Layout mit Content First per Content-Wrapper	354
	13.3.3	Elastisches Layout mit Content First per (negativer) Verschiebung	356
	13.3.4	Fluides Layout mit Mindest-/Maximalbreite und Media Queries	360
13.4	**Spalten mit gemischten Breiten per Float**		364
	13.4.1	Einrückung des Inhaltsbereichs und zusätzlicher Content-Wrapper	365

	13.4.2	Content-Wrapper mit negativen Backside-Margins	367
	13.4.3	Einrückung des umgebenden Elements und Verschiebung mit negativen Margins	371
	13.4.4	Einrückung des umgebenden Elements, Verschiebung mit negativem Margin und Content First	379
13.5	**Spalten ohne Float: hybrides Layout**		**384**
	13.5.1	CSS-Tabelle für konforme Browser	384
	13.5.2	Inline-Block-Workaround für IE ≤ 7	386
13.6	**Welche Technik ist die beste?**		**388**

14 Gleich hohe Spalten

14.1	**Spalten im umgebenden Element simulieren**		**389**
	14.1.1	Faux Columns	389
	14.1.2	Negative Verschiebung auf Randbereiche	396
14.2	**Verlängerung der Spalten**		**402**
	14.2.1	Equal Height Columns	402
	14.2.2	Companion Columns	407
14.3	**Gleich hohe Spalten in den Entwürfen für CSS3-Module**		**413**

Teil IV: Was vor uns liegt

15 Frontend-Engineering

15.1	**Der neue Blick auf die Performance**		**417**
	15.1.1	Netzwerkmonitore	418
	15.1.2	Fiddler – HTTP Debugging Proxy	421
	15.1.3	YSlow und Page Speed	422
	15.1.4	HTTP Archive Format	424
	15.1.5	Reduktion der HTTP-Requests	425
	15.1.6	Optimierung des HTML	425
15.2	**Für welche Browser soll man entwickeln?**		**426**

16 Neue Konzepte

16.1	**Das Flexible Box Layout Module**		**429**
	16.1.1	Die Flexbox	430
	16.1.2	Die Elemente der Flexbox	430
	16.1.3	Ein flexibler Footer	430
16.2	**Die Eigenschaft display ist zusammengesetzt**		**433**

16.3	**Feature Queries**	434
16.4	**Scoped CSS**	435
16.5	**Mehr Typografie mit CSS3**	436
	16.5.1 Angepasste Größe einer Ersatzschrift mit font-size-adjust	436
	16.5.2 Schriften einbinden mit @font-face	438
	16.5.3 Exkurs: Über die Lesbarkeit	439
	16.5.4 Spaltensatz mit dem Multi-column Layout	444

Index 447

Einleitung

CSS ist *nicht* einfach. Oft sitzt man vor einem leeren Stylesheet und fragt sich, welches das optimale Verfahren ist, um das angestrebte Layout sicher zusammenzufügen.

Wir greifen in diesem Buch Fragen von fortgeschrittenen Webdesignern und Entwicklern auf, die wir in den letzten Jahren in Foren und Mailinglisten beantwortet haben. Es ist eine kritische Auseinandersetzung mit der Sprache CSS und ihren Techniken geworden, die Ihnen helfen soll, Ihre Fragen im Zusammenhang mit den zugrunde liegenden Prinzipien sehen zu können. Sie werden mit diesem Buch lernen, eigene Lösungen zu finden und wichtige CSS-Techniken sicher anzuwenden.

Unser Kollege Bruno Fassino, Mitherausgeber des Grundlagenartikels über hasLayout[1], fragte sich nachdenklich, ob CSS überhaupt die Anzeichen einer erfolgreichen Technologie aufweise, »die es erlaubt, auf geradem Wege gute Resultate zu erhalten, selbst ohne alle inneren Details zu kennen, weil die Komplexität hinter einer soliden Oberfläche verborgen bleibt... Eine Technologie, der man sich erfolgreich annähern kann, auf verschiedenen Stufen des Wissens und mit verschiedenen Denkweisen. CSS scheint manchmal genau das Gegenteil von all dem zu sein: Um einfache Effekte zu erzielen, benötigt man eine große Menge an Wissen.«

Trotz der hohen Anforderungen bei der Annäherung an diese Sprache muss ein Lehrwerk verständlich bleiben. Unser Weg führt daher von der kompakten Darstellung der Grundlagen in Teil I über die Browserfehler und Debugging-Methoden in Teil II hin zu der sicheren Anwendung der Techniken in Teil III.

Wir zeigen Ihnen im ersten Teil des Buches die **Prinzipien**, nach denen CSS funktioniert. Wir erläutern dabei auch die oft

Teil I: CSS-Prinzipien, die nicht selbsterklärend sind

---

[1] Ingo Chao, Bruno Fassino, Georg Sørtun, Philippe Wittenbergh, Holly Bergevin, John Gallant, »On having layout«,
http://www.satzansatz.de/cssd/onhavinglayout.html; dt. Übersetzung von Corina Rudel, *http://onhavinglayout.fwpf-webdesign.de/*;
Bruno Fassino (*http://brunildo.org*) ist langjähriges aktives Mitglied der Mailingliste *css-discuss*.

schwer absehbaren Nebenwirkungen der CSS-Eigenschaften und besprechen die für das Verständnis wichtigen Stellen in der Spezifikation.

Teil II: Inkonsistenzen in Browsern und die Grundlagen des Debuggings

Das Gestalten von Seiten wird erheblich durch die Fehler erschwert, die die Browserhersteller bei der Implementierung von CSS in ihren Browsern gemacht haben. Selten funktioniert ein Layout auf Anhieb. Wir stellen Arbeitsweisen und Arbeitsmittel vor, die Ihnen die Fehlersuche erleichtern werden. Auch geben wir Empfehlungen zu einer soliden Strategie für das Hacking – dem notwendigen Übel. Wir gehen im Detail auch auf herstellereigene Erweiterungen ein. In dem zweiten Teil unseres Buches geht es also um die **Unterschiede** zwischen den Browsern.

Teil III: Die praktische Umsetzung von komplexen Layouts

Komplexe Aufgaben wie verschachtelte Navigationslisten und Mehrspaltenlayouts mit gleich hohen Spalten sind nur mit Kenntnis der besprochenen CSS-Prinzipien und der Unstimmigkeiten in den Browsern zu lösen. Dieses Wissen kommt im dritten Teil des Buches zum Einsatz, um Ihnen **Anwendungssicherheit** zu geben.

Wir werfen in diesem Buch einen intensiven Blick auf die wenig offensichtlichen Konzepte von CSS, deren Beherrschung die Sprache erst zu einer sehr reichen Ausdrucksform für Sie als Designer und Entwickler werden lässt.

Kontakt über
http://dolphinsback.com und
http://corina-rudel.de

In CSS gibt es oft keinen einfachen Weg, ein Problem zu lösen. Immer wieder kommen neue Techniken auf, die nur mit mühsam erworbener Erfahrung sicher bewertet werden können. Wir wünschen uns sehr, dass Sie in der kritischen Auseinandersetzung mit unserem Text zu einer größeren Sicherheit in der Sprache CSS finden. Wir freuen uns, wenn Sie uns Ihre Erfahrungen, Anregungen und Ihre Kritik mitteilen.

Flavia Vattolo, Susan Platt, Andreas Reichhardt und Heiko Radke-Sieb haben sich mit Vorabversionen des Texts auseinandergesetzt. Bruno Fassino, Philippe Wittenbergh und Georg Sørtun standen uns mit ihrem Fachwissen zur Seite. Heiko Stiegert hat das Buch begutachtet, und unser Lektor Stephan Mattescheck hat das Projekt von Anfang an betreut. Ihnen und allen Beteiligten bei Galileo Press möchten wir herzlich danken.

Wir widmen das Buch unseren Familien.

Ingo Chao und Corina Rudel

Einleitung zur dritten Auflage

Die Grenzen von CSS 2.1 und die Unzulänglichkeiten der Browser sind sehr gegenwärtig, daher kann sich unser Buch, das sich mit fortgeschrittenen Techniken an seine Leser wendet, nicht auf die Möglichkeiten von CSS3 allein festlegen. Wir haben uns nicht an einem Spagat versucht, sondern die hilfreichen Neuerungen aus dem nächsten CSS-Level zu dem gerade behandelten Problem eingepflegt. CSS3 soll CSS 2.1 nicht widersprechen, sondern es erweitern – und unser Buch folgt dieser Auffassung.

Den Text des Buches haben wir aktualisiert, gerafft und um einige Abschnitte erweitert. Zusätzlich haben wir den in der zweiten Auflage hinzugekommenen Teil IV ergänzt: Neben dem Kapitel zum Frontend-Engineering behandelt ein neues Kapitel wichtige neue Konzepte von CSS, deren Module aber noch nicht stabil genug sind, um für die Produktion einsetzbar zu sein.

Teil IV: Was vor uns liegt

Wie schon in der ersten und zweiten Auflage diskutieren wir die Sprache CSS, indem wir auf ihre Prinzipien zurückkommen. Wenn wir damit erreichen, dass Sie »die Standards lernen, den Stand der Browser verfolgen und die wesentlichen Veröffentlichungen kennen«, dann ist unser Buch ein großer Erfolg.

Ingo Chao und Corina Rudel

Hinweise zum Buch und zur DVD

Die Codebeispiele

Wir haben unsere Erläuterungen von CSS-Techniken mit Beispiel-Listings versehen, die Sie auch auf der beiliegenden DVD finden. In den Listings gehen wir von einem Grundgerüst in HTML5 aus. Damit die Beispiele auch in älteren Browsern ohne Zusatzaufwand lauffähig sind, beschränken wir uns auf den Elementumfang von HTML 4 – außer in illustrativen Beispielen, die ohnehin nur in modernen Browsern funktionieren.

Das CSS ist jeweils im `style`-Element im Kopfbereich eines jeden Dokuments eingebunden, und die Listings im Buch beschränken sich auf den Inhaltsbereich des `style`-Elements.

Die Sonderbehandlung von Internet Explorer 6 und 7 bringen wir in einem eigenen `style`-Element in *einem* Conditional Comment unter. Wir unterscheiden mit Hilfe von CSS-Hacks die einzelnen Versionen des IE innerhalb dieses Stylesheets (mehr zu dieser Hacking-Strategie finden Sie in Abschnitt 10.6).

HTML5-Elemente nutzen

Remy Sharp bietet ein *HTML5 enabling Script*[1] an, mit Sie dem IE ≤ 8 die neuen Elemente einfach beibringen können – der Preis ist die Abhängigkeit der Darstellung von JavaScript.

```
<!DOCTYPE html>
<html lang="de">
  <head>
    <meta charset="utf-8" />
    <title></title>
    <style>
      /* CSS für alle Browser */
    </style>
    <!--[if lte IE 7]><style>
      /* Aufgrund des CC sehen dies alle IE < 8 */
      Selektor {
        Eigenschaft: Wert;
      }
```

---

1 Remy Sharp, »html5shiv – HTML5 IE enabling script«,
  http://code.google.com/p/html5shiv/

```
    /* Star-HTML-Hack wird von IE < 7 erkannt */
    * html Selektor {
      Eigenschaft: Wert;
    }
  </style><![endif]-->
 </head>
 <body>
   <!-- In den Listings im Buch beschränken wir uns auf den Inhaltsbereich -->
 </body>
</html>
```

▲ **Listing**
Basis-Code für die Listings

In den Listings heben wir wichtige Bereiche farbig hervor; meist kennzeichnet dies Änderungen oder Ergänzungen bei der Entwicklung.

```
a {
  text-decoration: none;
  color: #000;
}
```

Alexis Deveria pflegt eine Website, auf der Sie abrufen können, welche Neuerungen von welcher Browserversion unterstützt werden.[2]

Die modernen Browser unterstützen immer mehr auch Eigenschaften und Werte aus CSS3; wir geben jeweils Hinweise zur Browserunterstützung. Dies kann natürlich nur eine Momentaufnahme sein.

Die DVD zum Buch

Auf der beiliegenden DVD finden Sie alle Listings nach Kapiteln sortiert und nummeriert.

Die Fußnoten in den Kapiteln enthalten Adressen zu Quellen und weiterführenden Ressourcen. Im Dokument *fussnoten.html* auf der DVD finden Sie eine vollständige, verlinkte Auflistung.

---

[2] Alexis Deveria (Fyrd), »When can I use… Support tables for HTML5, CSS3, etc.«, http://caniuse.com/

TEIL I

CSS-Prinzipien, die nicht selbsterklärend sind

1 Eine Annäherung an die Spezifikation

Die CSS-Spezifikation[1] ist eine technische Referenz für die Browserhersteller, damit diese mit ihrer Implementierung gewährleisten können, dass die Darstellung der Browser einander entspricht. Sie richtet sich *auch* an CSS-Autoren, also an Sie, ist aber dennoch kein Lehrwerk zu CSS.

Die CSS-Spezifikation sagt Ihnen vielmehr, welche Darstellung die richtige ist, was in unübersichtlichen Situationen beim Gestalten von Seiten oft die Frage ist. Während einige Passagen der Spezifikation zunächst unverständlich erscheinen, sind andere Passagen überraschend klar.

1.1 Der Zweck der Spezifikation

Die CSS-Arbeitsgruppe (CSS Working Group, CSS WG) will mit der von ihr erstellten Spezifikation eine **Interoperabilität** für geplante oder bereits implementierte Merkmale und Eigenschaften von CSS erreichen. Zwei Browser sind bezogen auf einen Aspekt der Spezifikation interoperabel, wenn sie hierzu einen Test aus der zugehörigen CSS-Testfolge bestehen. Interoperabilität bezeichnet demnach das Vermögen eines Browsers, wie mindestens ein anderer Browser einem bestimmten Teil der Spezifikation zu folgen. Erst Mitte 2011 wurde jeder Abschnitt von CSS 2.1 in mindestens zwei Browsern unterstützt. Die Spezifikation konnte damit nach Jahren der Überarbeitungen zur **Recommendation** erhoben werden.

Die quälende Langsamkeit dieses Prozesses vom Arbeitspapier bis zur W3C-Empfehlung, den auch jedes CSS3-Modul durchlaufen muss, ergibt sich aus den Abweichungen der Implementierungen von der Spezifikation. Die Ungereimtheiten müssen von

Kritisiert wird dies von allen Seiten als »glacial pace« – das Tempo eines Gletschers, langsamer noch als das der Schnecke.

---

[1] W3C, »Cascading Style Sheets Level 2 Revision 1 (CSS 2.1) Specification«, *http://www.w3.org/TR/CSS21/*
W3C, »CSS current work & how to participate«, *http://www.w3.org/Style/CSS/current-work*

der CSS-Arbeitsgruppe aufgehoben werden. Diese setzt sich aus Vertretern einiger Mitgliedsorganisationen des WWW-Konsortiums, vor allem der Browserhersteller, sowie aus eingeladenen Experten zusammen.

Angenommen, Sie als Designer wollten eine neue Eigenschaft `float: center` verwenden. Sicher schwebt Ihnen bei deren Nennung bereits etwas vor. Es könnte gehen. Nun muss aber exakt formuliert werden, wie das vonstatten gehen soll, was Sie planen. Wie genau fügt sich das neue Konstrukt in die bestehende Spezifikation ein? Sicher erinnern Sie sich gut an das eigene mühsame Erlernen der verflochtenen Regeln um `float:left|right`. Nun, `float: center` wäre mindestens ebenso vielschichtig und würde eine Unzahl von Anpassungen mit sich bringen. Andere Designer werden diese Eigenschaft in nicht vorhersehbaren Variationen von Layouts nutzen und an ihre Grenzen treiben, ebenso wie Floats nicht mehr bloß verwendet werden, um Bilder von Text umfließen zu lassen, sondern das Arbeitspferd für komplexe Layouts geworden sind.

Und in jeder Variante der Verwendung müssen die Browser übereinstimmend das gleiche Ergebnis anzeigen, sonst wird es eine nutzlose, weil nicht einsetzbare Eigenschaft.

In kleinen Schritten geht es besser voran: Ein Konsens muss gefunden werden, bevor eine Partei mit einer proprietären Lösung vorprescht und am Ende auf die unklare Spezifikation verweisend feststellt, *ihre* Implementierung sei die richtige.

Sie können an diesem Prozess teilnehmen und dabei recht Spezielles über die Spezifikation lernen, indem Sie die Beiträge in der öffentlichen Mailingliste *www-style*[2] der CSS-Arbeitsgruppe verfolgen.

Die Entscheidungen werden zwar auf nichtöffentlichen Konferenzen und über andere Kanäle der CSS-Arbeitsgruppe getroffen, aber eine Öffnung der Arbeitsgruppe nach außen ist allmählich zu erkennen.[3]

Die Spezifikation ist sowohl eine Vorgabe für die Implementierung von CSS als auch eine Zustandsbeschreibung. Das, was nicht ausreichend unterstützt wird, wird wieder entfernt, wie es z. B. mit der Eigenschaft `font-size-adjust` von CSS 2 zu CSS 2.1 geschehen ist (um in CSS3 wiederzukommen, siehe Abschnitt 16.5.1). Daneben wurden in der Revision wesentliche Ergänzungen vorgenommen und viele Fehler korrigiert.

Ein herstellereigenes Merkmal wird **proprietär** genannt – es folgt den Standards nicht, harrt noch der Aufnahme in den Standard oder befindet sich noch in der Entwicklung (siehe Kapitel 11, »CSS-Erweiterungen«).

Alle Mailinglisten des W3C sind über den *MarkMail*-Service gut zu durchsuchen.

Die vorliegende deutsche Übersetzung von CSS 2 kann das Studium der englischen CSS 2.1 nicht ersetzen.

---

2 »www-style@w3.org Mail Archives«,
   http://lists.w3.org/Archives/Public/www-style/ und
   http://www-style.markmail.org/
3 fantasai, »What is the CSS Working Group Doing?«,
   http://www.w3.org/blog/CSS/2007/07/02/behind_the_scenes

> **»... undefined in this specification.
> A future level of CSS may define ...«**
>
> Es gibt sie, die Graubereiche der Spezifikation, wo die bestehenden unterschiedlichen Auffassungen der Implementierer bereits eine technische Umsetzung fanden und es im Weiteren wohl zu keiner Einigung mehr kam. »In CSS 2.1. bedeutet ›does not define‹ oft, dass die Browser alle möglichen verrückten Dinge getan haben und wir [die CSS WG] uns entschieden haben, im Moment nicht versuchen, das Verhalten zu stabilisieren.«[4] Als Beispiel sei die Wirkung von `position: relative` auf Elemente von Tabellen genannt: Sie ist nicht definiert. Dies führt Web-Autoren in Situationen, wo sich die Unterschiede im Browserverhalten zu unüberbrückbaren Hemmnissen aufbauen. Wie positioniere ich ein Element absolut in einer Zelle, wenn ich ihr kein `position: relative` als Bezugsrahmen geben kann? Es fällt nicht immer leicht, dies allein mit einem Schulterzucken zu kommentieren.

Da der Zweck der Spezifikation Interoperabilität ist, ist ihre Sprache notwendigerweise formal; sie strebt Exaktheit an und erhebt nicht den Anspruch, ein Handbuch oder gar ein Lehrwerk zu sein.

1.2 Designprinzipien von CSS

CSS ist versionslos: CSS 1, CSS 2 in der Revision 1 sowie die Module von CSS3 bestehen nebeneinander als verschiedene Stufen **eines** Standards, sofern sie bereits W3C-Empfehlungen sind. Jedes CSS3-Modul erweitert einen Teil in CSS 2.1, es verdeutlicht Definitionen und ergänzt Funktionen.[5]

Selectors Level 3 ist bereits Standard, und an Selectors Level 4 wird schon gearbeitet. Daneben sind andere CSS3-Module noch unzureichend spezifiziert und implementiert.

Ohne diese Stufen, ohne diese Modularisierung könnte man den Standard nie zeitnah verabschieden. Mehr als CSS 1 wäre in den Zeiten der Browserkriege nicht beschlussfähig gewesen. Die Umsetzung eines kompletten CSS3-Pakets auf einen Streich würde eine weitere Ewigkeit dauern.

Die Spezifikation greift auf, was hier und da neu entwickelt wurde; einige Features des nächsten Levels sind bereits experimentell implementiert. Damit ist der Level nicht geeignet, um etwa »CSS2.1-Browser« von »CSS3-Browsern« zu trennen. Vielmehr findet das Konzept von **Feature Queries** in der

Die Hersteller setzen nicht all das um, was jemand in einem **Editor's** oder **Working Draft** formuliert hat. Daher ist es etwas gewagt, mit Präfixen so umzugehen als könnte sich das damit früh genutzte CSS3 nicht mehr ändern. Erst die **Candidate Recommendation** verspricht Stabilität.

---

4 Tab Atkins Jr., Google, in einer Antwort an die CSS-WG-Mailingliste vom 16.03.2010
5 Bert Bos, »The CSS Standardization Process«, http://www.w3.org/Style/2011/CSS-process

CSS-Arbeitsgruppe Gefallen. Wir sind gespannt: `@supports ( display: flexbox ) {...}` würde die Unterstützung eines bestimmten Wertes für eine Eigenschaft erfragen und die Regeln im Anweisungsblock davon abhängig einsetzen (siehe Abschnitt 16.3).

1.3 Warum gibt es dieses oder jenes nicht in CSS?

Browser besitzen die Fähigkeit, ein Objekt unabhängig vom nachfolgenden Objekt bereits darstellen zu können, ohne dass ein **Reflow**, also eine Umformatierung des Vorhandenen, notwendig wird.

Dieses Prinzip wird auch als **Incremental Rendering** (zunehmende Darstellung) bezeichnet. Alles, was Umformatierungen erforderlich macht, geht zu Lasten der Darstellungsgeschwindigkeit. Neue Vorschläge müssen sich daran messen lassen, in welchem Umfang sie von diesem Prinzip abweichen und ob sie eventuell sogar zirkuläre Abhängigkeiten schaffen würden, die ja unbedingt zu vermeiden sind.

> Beispielsweise verletzt das automatische Tabellenlayout (CSS 2.1: 17.5.2.2; siehe Kapitel 8, »Das CSS-Tabellenmodell«) dieses Prinzip: Es sind zwei Läufe zur Berechnung der Position aller Elemente notwendig.

Eine hypothetische Pseudoklasse `h5:parent{ float: left }` ließe das Elternelement dieser Überschrift floaten. Aber dann müsste mit der Darstellung auf eine eventuell doch noch kommende `<h5>` im Container bis zuletzt gewartet werden. Gerade bei DOM-Manipulationen wäre dies nur schwerlich performant zu lösen.

> Die strukturelle Pseudoklasse `:nth-last-child()` in CSS3 wirft ähnliche Fragen für Implementierer auf.

Ein weiteres Beispiel: Gewiss wäre es vom Standpunkt des Designers aus gesehen praktisch, wenn `height: 100%` sich auch auf einen Vorfahren beziehen könnte, dessen Höhe selbst nicht ausdrücklich angegeben ist, sondern mit seinem Inhalt zunimmt. Ein Rezept für einfache gleich hohe Spalten? Die Absicht im folgenden Beispiel ist, dass der Container allein durch seine Absätze aufgedrückt wird: Das Float soll die resultierende Gesamthöhe einnehmen.

```css
#container {
    height: auto;
    [...]
}
#sidebar {
    float: left;
    height: 100%;
    width: 200px;
```

```
    […]
}
hr {
    clear: both
}
[…]
<div id="container">
    <div id="sidebar">
        Float
    </div>
    <p>Lorem ipsum […]</p>
    <hr />
    <p>Ut enim […]</p>
</div>
```

◀ **Listing 1.1**
Zwei Fälle für die Berechnung der Prozenthöhe, Fall 1: Float

Aber würde das `clear` der `<hr>` dann nicht für einen Raum unterhalb des Floats, noch innerhalb des Containers, sorgen? Und wie kann dann das Float 100 % der Gesamthöhe einnehmen? Dies ist ein Grund dafür, dass die Prozenthöhe nicht aufgelöst werden kann und auf `height: auto` zurückfällt, wenn der Containing Block von `#sidebar` keine explizite Höhenangabe hat (CSS 2.1: 10.5).

Es sei denn, `#sidebar` wäre absolut positioniert (siehe Abbildung 1.1): Schließlich wäre `#sidebar` dann unbeeinflusst vom weiteren Inhalt in `#container`, müsste jedoch immer noch warten, bis jener ermittelt ist, was aber wenigstens keine zirkuläre Abhängigkeit mehr darstellt.

```
#container {
    height: auto;
    position: relative;
    padding-left: 205px;
    […]
}
#sidebar {
    /* float: left; */
    position: absolute;
    left: 0;
    height: 100%;
    width: 200px;
    […]
}
```

IE 6 tut sich mit diesem zweiten Fall sehr schwer: Das Aufspannen der `#sidebar` per `height: 100%` wird nicht unterstützt, wenn `#container` keine explizite Höhe hat (in gleicher Weise, wie im IE 6 auch ein Aufspannen über `top: 0; bottom: 0` nicht funktioniert). Da der Container ohne hasLayout ist, wird `#sidebar` zudem fehlplatziert (siehe Abbildung 1.2; vgl. Abschnitte 6.2.3 und 6.4.2).

▲ **Listing 1.2**
Fall 2 mit absoluter Positionierung

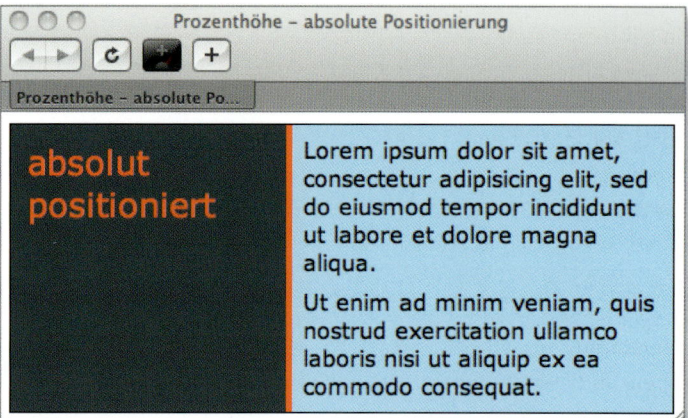

Abbildung 1.1 ▶
Aufspannen des absolut positionierten Blocks mittels `height: 100%` im Safari

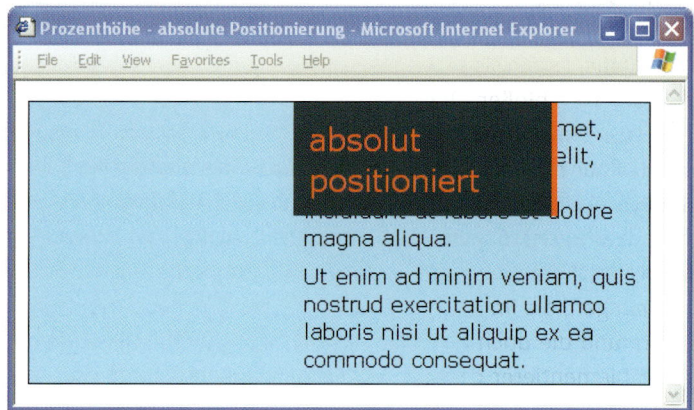

Abbildung 1.2 ▶
Im IE 6 schlägt das Aufspannen fehl, auch ist die Seitenleiste nicht richtig positioniert.

Ein CSS, in dem es von Umformatierungen und gegenseitigen Abhängigkeiten nur so wimmelt, könnte nicht schnell genug dargestellt werden und würde überdies eine Vielzahl von kaum zu überschauenden Ausnahmeregeln erfordern.

Inwieweit wohl die Browser bei der Implementierung der CSS3-Module *Template Layout*, *Grid Layout* und *Flexible Box Layout* dem Prinzip des inkrementellen Renderings noch folgen können?

Es sind die Browserprogrammierer und weniger die Designer, die aus ihrer Erfahrung heraus darüber befinden können, inwieweit ein Neuvorschlag unter diesen Kriterien umsetzbar ist und umgesetzt werden sollte und welche Kosten der Implementierung welchem Nutzen für die Web-Autoren gegenüberstehen. Diese Diskussion ist eine wesentliche Aufgabe der Mailingliste *www-style*.

1.4 Einen Zugang zur Spezifikation finden

Wenn Sie sich als CSS-Autor im Laufe der Zeit mit der Spezifikation vertraut machen, wird es Ihnen leichter fallen, das von den Browsern gemäß Spezifikation Erwartete mit dem von Ihnen eigentlich beabsichtigten Verhalten abzugleichen.

Ein Lehrwerk kann dies nicht bieten. Es kann zwar anhand einiger ausgewählter Beispiele die Grundkonzepte von CSS wie beispielsweise Positionierung oder Prinzipien in der Anwendung von Floats verdeutlichen, aber es kann nicht einmal annähernd vollständig sämtliche Kombinationsmöglichkeiten und Wechselwirkungen der CSS-Eigenschaften in modernen Layouts erläutern. Ein Lehrwerk und die Spezifikation sollten deswegen parallel studiert werden.

Versuchen Sie immer, sich mit Hilfe der Spezifikation etwas zu erklären, dessen Grundlagen Sie aus einem Lehrwerk gelernt haben und bereits bewusst in Ihren Layouts verwenden. Wenn Sie sich also etwa gerade das Konzept der Collapsing Margins erschließen, dann schauen Sie in die Spezifikation (CSS 2.1: 8.3.1), und bestimmen Sie, ob der Browser exakt den Vorgaben folgt. Dabei lassen sich nämlich diese Vorgaben besser verinnerlichen als beim bloßen Überfliegen.

Es ist nicht so sehr das Englisch, was die Spezifikation schwer erschließbar macht, denn sie wurde von Nicht-Muttersprachlern mitentwickelt und bedient sich einer klaren, technischen Sprache mit übersichtlichem Wortschatz und einfacher Grammatik. Sperrig wird die Spezifikation durch die notwendigen Begriffsbestimmungen, die im Deutschen auch nicht einfacher zu verstehen wären, und die doch recht klare Ausrichtung auf die Bedürfnisse der Implementierer nach Exaktheit, denn schließlich müssen die Implementierer das Ganze den Browsern beibringen.

Hier helfen nur Gelassenheit und der Wille, nach dem Überspringen von allzu genauen Details wieder mit dem Lesen einzusteigen. Lassen Sie im Zweifel die Spezifikation für eine Weile ruhen, und kehren Sie später wieder zu ihr zurück.

Ergänzend ist für den schnellen Überblick eine aktuelle Referenz der Eigenschaften zu empfehlen, wie etwa die CSS-Referenz der beiden Sitepoint-Gurus Tommy Olsson und Paul O'Brien.[6]

1.4.1 CSS 2.1: x und CSS3: Modul y

Zu einem profunden Wissen in CSS gehört, dass man weiß, wo es steht, wenn man zu klären hat, welcher Browser nun recht hat oder ob man mit seiner eigenen Vorstellung von dem erwarteten Verhalten einer Seite nicht selbst auf dem Holzweg ist. Sonst stochert man bei der täglichen Fehlersuche im Nebel, findet zwar einen gangbaren Weg, verirrt sich aber beim nächsten, ähnlichen Fall wieder. Selbst wenn die Grundlagen da sind: Die Exaktheit erfahren Sie nur über das Studieren der Spezifikation. Mag die einzelne CSS-Eigenschaft noch einfach sein, die Wechselwirkung mit anderen Eigenschaften ist es eindeutig nicht.

Vergleichen Sie hierzu Kapitel 10, »Debugging«.

---

6 Tommy Olsson, Paul O'Brien, »SitePoint CSS Reference«, *http://reference.sitepoint.com/css*

Nützlich ist auch die Vergleichstabelle aller Eigenschaften mit Verweisen auf CSS 1, 2, 2.1 und 3.[7]

In diesem Buch verweisen wir bei der Darstellung der CSS-Konzepte auf die entsprechenden Abschnitte der Spezifikation CSS 2.1. Hilfen, um sich schneller in der Spezifikation zurechtzufinden, sind neben dem Inhaltsverzeichnis der Index (Appendix I) und vor allem die Tabelle der Eigenschaften und Werte (Appendix F).

Wir geben auch einen Ausblick auf einzelne CSS3-Module, deren Stand in der W3C-Tabelle »Current Work«[8] samt Links zu den Dokumenten verzeichnet ist sowie einführend auf *CSS3.info*[9] dargestellt wird.

1.4.2 Erwartungen von HTML5 an die Darstellung der Browser

HTML5 hat bestimmte Erwartungen an die Darstellung von HTML-Dokumenten (HTML5: Rendering). Dies soll zu einer User-Experience führen, die den Absichten des Autors auch entspricht. Wenn Sie nicht im Stylesheet festlegen, was mit dem `title`-Element geschehen soll – und wer tut das schon – dann mögen die Browser hierfür eben `display: none` annehmen.

»Author-level zero-specificity presentational hints part of the CSS cascade«, um es *klar* zu sagen.

Dieser Abschnitt der HTML5-Spezifikation kann als Default eines User-Agent-Stylesheets dienen. So soll etwa das `fieldset`-Element einen Block Formatting Context begründen, was nicht ganz unwichtig ist, falls ein `fieldset`-Element einmal Floats enthält: Es schließt sie ein. Weitere Regeln übersetzen HTML-Attribute zur Darstellung ins CSS.

Das veraltete `align`-Attribut für Tabellen wird dabei beispielsweise als Regel `table[align=left] { float: left; } /* case-insensitive */` formuliert, und so findet es sich übrigens auch seit jeher in der entsprechenden */res/html.css* Datei bei Firefox (Fx).

Damit wird die HTML5-Spezifikation zu einem grundlegenden Dokument für Ihre Lektüre der CSS-Spezifikation, denn jene sagt z. B. lediglich, dass CSS 2.1 nicht definiere, welche Eigenschaften bei Formularen und Frames anwendbar seien (CSS 2.1: 3.2).

---

7 Jens Meiert, »Übersicht aller CSS-Eigenschaften«,
 http://meiert.com/de/publications/indices/css-properties/
8 CSS WG, »Cascading Style Sheets: Current Work«,
 http://www.w3.org/Style/CSS/current-work
9 *http://www.css3.info/preview/*

1.5 Zur Begriffsbestimmung

In diesem Abschnitt finden Sie ein Glossar zur Rekapitulation der Begriffe in CSS und zur Orientierung über den englischen Sprachgebrauch der Spezifikation.

1.5.1 Box Model

Für Elemente werden rechteckige Boxen generiert. Eine Box besteht aus einem Inhaltsbereich (*content area*), an den sich ein Innenabstand (*padding*), ein Rahmen (*border*) und ein Außenabstand (*margin*) anschließen können.

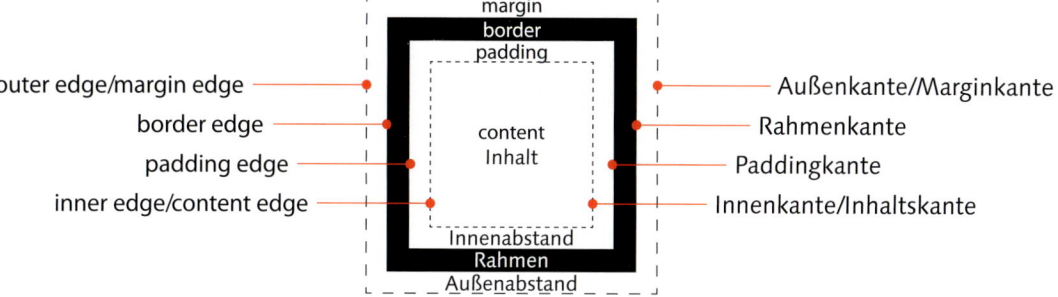

▲ Abbildung 1.3
Bereiche und Kanten einer Box

1.5.2 »must« und »should«

Die Passagen der CSS-Spezifikation sind, wenn nicht anders angegeben, normativ. In diesen Vorgaben werden Wörter wie »must« und »should« gebraucht, deren Gewicht formal festgelegt ist (CSS 2.1: 3.1/RFC2119):

- **must**
  Das Wort »must« drückt eine absolute Notwendigkeit aus: Etwas **muss** ohne Wenn und Aber geschehen.
- **should**
  Etwas **sollte unbedingt** getan werden, es sei denn, es lägen ernsthafte Gründe vor, die ein Ignorieren angesichts der vollen Tragweite dieser Vorgehensweise rechtfertigen würden.

Sie merken, die Phrase »UAs should…« geht in ihrer Bedeutung über ein »Browser sollten…« doch etwas hinaus.

1.5.3 Regeln

In der CSS-Terminologie (siehe Tabelle 1.1) besteht eine Regel aus Selektor und Deklarationsblock; der Deklarationsblock besteht wiederum aus einer oder mehreren Deklarationen, also Eigenschaft-Wert-Paaren.

Tabelle 1.1 ▶
Begriffe bei CSS-Regeln

Struktur	Dt. Begriff	Engl. CSS 2.1-Terminologie
`#id.class {width: 1em;}`	Regelsatz oder Regel	ruleset oder rule
`#id.class`	Selektor	selector
`{…}`	Deklarationsblock	declaration block
`width: 1em;`	Deklaration von Eigenschaft und Wert	declaration; property/value

1.5.4 Replaced Elements

Die Spezifikation spricht von einem **ersetzten Element**, wenn Darstellung und Inhalt innerhalb von CSS nicht vollständig beschreibbar sind, wenn also etwa das Boxmodell nicht greift. Die Dimensionen des Elements werden als **intrinsische** Größen – also aus sich selbst heraus – ermittelt, ohne dass die Spezifikation dem Browser vorgäbe, wie das geschehen soll.

Setzen Sie für sich »Bilder« ein, wenn Sie lesen, dass Inline-Blocks und Inline-Tables sich wie »Inline Replaced Elements« im Zeilenfluss verhalten.

▶ **Inline Replaced Elements** sind neben Bildern beispielsweise Formular-Steuerelemente wie `<input type="text" />`.
▶ **Block Replaced Elements** können neben weiteren Formularelementen schließlich Iframes, Plug-ins, Applets und Objects sein.

1.5.5 User, User Agent, Author

Der User betrachtet mit seinem Browser (User Agent, UA) die Seite, die Sie als Author verfasst haben.

2   Vertikale Anordnung

Die Anordnung der Elemente im Browserfenster von oben nach unten wird von etlichen Faktoren beeinflusst. Die Spezifikation (CSS 2.1: 10.6) unterscheidet nach Art der Darstellung (also dem Wert der `display`-Eigenschaft, wie `inline`, `block`, `inline-block`) und nach Zugehörigkeit zum normalen Fluss (absolut positionierte und gefloatete Elemente sind aus dem Seitenfluss genommen).

Normal fließende Block-Elemente sind stets Teil eines **Block Formatting Contexts** und ordnen sich darin entsprechend ihrer Reihenfolge im Quelltext untereinander an. Abstände zwischen den Boxen werden durch Margins festgelegt, wobei angrenzende Margins zusammenfallen (siehe Abschnitt 2.3).

Über die Höhe einer Box entscheiden die Angaben für `height` in Verbindung mit der `overflow`-Eigenschaft, zuzüglich `padding` und `border`. Mit den jeweiligen Initialwerten (`auto` für `height` und `visible` für `overflow`) ist die Menge des (normal fließenden) Inhalts ausschlaggebend für die vertikale Ausdehnung einer Box, wobei absolut positionierter oder gefloateter Inhalt nicht berücksichtigt wird.

Angaben für `height` ungleich `auto` schränken den für den Inhalt verfügbaren Platz ein oder erweitern ihn. Die `overflow`-Eigenschaft entscheidet, was mit Inhalten geschieht, die die Dimension einer Box überschreiten: `visible` lässt überfließen, `hidden` schneidet ab, `auto` und `scroll` erzeugen Scrollbalken. Bei `min-height` wächst die Box **ab** einer gewissen Höhe mit dem Inhalt, bei `max-height` **bis** zu einer gewissen Höhe.

Der normale Fluss (*normal flow*, CSS 2.1: 9.4) ist die »natürliche« Anordnung der Elemente. Jedes normal fließende Element ist entweder Teil eines Block Formatting Contexts oder eines Inline Formatting Contexts (siehe Abschnitt 5.1).

> **Block Formatting Context**
>
> Ein Block Formatting Context (BFC) etabliert in einem Dokument einen eigenständigen Bereich, der seine Inhalte unabhängig von der Umgebung einschließt. Zu den Eigenschaften, die mit bestimmten Werten einen neuen BFC hervorrufen, gehören `float`, `overflow`, `position` und `display`. In Kapitel 4, »Floats«, finden Sie weitere Informationen zum BFC und seinen Auswirkungen.

Missverstandene Höhe

Die `height`-Eigenschaft ist eine der häufig missverstandenen Eigenschaften: Trotz `height`-Angabe wird bisweilen erwartet, dass eine Box mit ihrem Inhalt wächst. Die Ursache dieser Fehlannahme könnte zum einen in den Erfahrungen aus Zeiten des Tabellenlayouts liegen (bei Tabellen ist `height` tatsächlich eine Mindesthöhe) und zum anderen in der Fehlinterpretation der `height`-Eigenschaft durch IE bis Version 6.

> **Browserfehler IE ≤ 6: height statt min-height**
>
> IE ≤ 6 kennt weder die `min`- noch die `max-height`-Eigenschaft. Der *Expanding Box Bug*[1], also das Ausdehnen einer Box trotz Dimensionsangaben, gestattet den Einsatz von `height` als Ersatz für die Mindesthöhe. Ein Überfließen von Inhalten bei fester Höhe in Verbindung mit `overflow: visible` ist im IE 5/6 nicht zu erreichen.

Ein normal fließendes Element ordnet sich an der Position an, die durch die Höhe eines vorhergehenden Elements bestimmt wird. Inhalte im normalen Fluss, die eine vorgegebene Höhe überschreiten und überfließen, werden vom nachfolgenden Element nicht berücksichtigt. Feste Höhenangaben, besonders Pixelwerte, sind für Textinhalte daher selten geeignet.

> **Wie hoch ist height?**
>
> Mit der Eigenschaft `box-sizing` aus dem *CSS3 Basic User Interface Module* können Sie festlegen, ob `height` die Höhe des Inhaltsbereiches (`content-box`, Initialwert) oder des Rahmenbereiches (`border-box`) angibt (analog für die Breite). Diese Eigenschaft ist schon lange Bestandteil des Moduls und wird von den Browsern recht umfassend unterstützt: IE ≥ 8, Opera ≥ 7, Safari ≥ 5.1 (3–5 mit `-webkit-`), Chrome, Fx ≥ 1.0 (mit `-moz-`, getestet bis Version 7, nicht für `min-`/`max-height`/`-width`). Die Zurückhaltung der Fx-Entwickler, das Präfix fallenzulassen, liegt darin begründet, dass noch nicht ausreichend definiert ist, wie die Browser sich im Detail verhalten sollen (z. B. bei ersetzten Elementen). So bleibt die Anwendung bisher auf »einfache« Fälle beschränkt.
> Der Ansatz für diese Eigenschaft liegt auch im Box-Model-Bug der alten IEs begründet: Damit sollte einst die Möglichkeit geschaffen werden, die Darstellung zu vereinheitlichen.
> Der Wert `padding-box` ist in der Candidate Recommendation (CR) des CSS3-UI-Moduls von 2004 nicht enthalten, wohl aber im Editor's Draft (seit Juli 2011). Derzeit kennt diesen Wert nur Fx (für `-moz-box-sizing`).

Sie können sich über die aktuelle Browserunterstützung von CSS3-Eigenschaften auf *caniuse.com* informieren.

Mit negativen Margins können Sie Überlagerungen von Boxen kontrolliert herbeiführen. Ein negativer oberer Margin rückt eine Box um den angegebenen Betrag auf ein vorhergehendes Element, und ein negativer unterer Margin zieht ein nachfolgendes Element auf die Box des ersten.

Details zu Stapelkontexten finden Sie in Abschnitt 6.1.

Die Stapelung der Boxen wird bei normal fließenden, nicht positionierten Elementen durch die Reihenfolge ihres Vorkommens im Quelltext bestimmt.

---

1 PIE, »Internet Explorer and the Expanding Box Problem«,
  http://www.positioniseverything.net/explorer/expandingboxbug.html

2.1 100 % Mindesthöhe

Für ein Layout, das unabhängig von der Menge des Inhalts die gesamte Höhe des Viewports – also die verfügbare Fläche im Browserfenster – ausfüllt, ist eine **Mindesthöhe** von 100 % erforderlich. Mit `height: 100%` endet eine Box lediglich am unteren Rand des sichtbaren Bereichs, auch dann, wenn die Menge des Inhalts mehr Platz erfordert. Nur `min-height` lässt die Box mitwachsen.

Sowohl für `height` als auch für `min-height` in Prozent gilt: Der Prozentwert bezieht sich auf die explizit angegebene Höhe des Containing Blocks. Bei normal fließenden Inhalten ist dieser das Elternelement. Wenn es im Elternelement keine spezifizierte Höhe gibt, so kann `100%` nicht errechnet werden, und das resultiert in `auto`, das Element ist also so hoch wie sein Inhalt. Diese Abhängigkeit pflanzt sich bis nach »ganz oben« zum `html`-Element fort. `<html>` als Wurzelelement (*root element*) hat keinen weiteren Vorfahren, eine Prozentangabe bei diesem bezieht sich stets auf den **Initial Containing Block**, ein Rechteck in der Größe des Viewports (siehe Abschnitt 6.2).

Ein Element `#seite` als direkter Nachfahre von `<body>` soll den gesamten Inhalt eines Dokuments einschließen und mindestens die gesamte Viewport-Höhe ausfüllen:

```
<div id="seite">
  [Inhalt]
</div>
```

> **Bezug von Prozenthöhen auf das Elternelement**
>
> Wenn die Höhe des Containing Blocks lediglich von seinem Inhalt bestimmt ist, die Höhe also nicht explizit gesetzt ist, dann kann eine Prozenthöhe eines Kindelements, die sich auf den Containing Block bezieht, nicht greifen und fällt auf `auto` zurück (CSS 2.1: 10.5).
> Eine derartige Abhängigkeit einer Prozenthöhe von einer expliziten Höhe besteht beispielsweise nicht, wenn das Kind absolut positioniert ist. Eine (Mindest-)Höhe in Prozent kann für das Kind dann auch ohne explizite Höhenangabe im Containing Block errechnet werden (IE 6 im Standardsmodus und alte Operas tun es trotzdem nicht).
> Beachten Sie: Eine explizite Höhe liegt auch dann vor, wenn die Dimension eines absolut positionierten Elements durch die beiden Eigenschaften `top` und `bottom` festgelegt wird (siehe Abschnitt 6.4.2).

Vergleiche das Beispiel in Abschnitt 1.3 und die Betrachtung in Abschnitt 6.2.3.

Sowohl `<html>` als auch `<body>` haben in verschiedenen Browsern voreingestellte Margins oder Paddings. Diese werden zur 100%-Höhe addiert – und erzeugen einen Scrollbalken.

Damit das Element #seite eine Mindesthöhe von 100% zeigt, müssen die beiden Vorfahren `<body>` und `<html>` jeweils die Bezugsangabe von `height: 100%` erhalten. Die Default-Abstände der Browser würden für einen Scrollbalken sorgen, müssen also auf null gesetzt werden.

```css
html,
body {
  margin: 0;
  padding: 0;
  height: 100%;
}
#seite {
  min-height:100%;
  margin: 0 50px;
  background: #ffea00;
  border-left: 2px solid #ff9800;
  border-right: 2px solid #ff9800;
}
```

Listing 2.1 ▶
Layout mit 100% Mindesthöhe

Das `body`-Element nimmt bezüglich Hintergründen in HTML eine Sonderstellung ein, siehe Kapitel 7, »Background-Images«.

Wenn zwischen dem Element #seite und dem `body`-Element weitere Elemente eingeschachtelt werden, so müssen auch diese eine `height`-Angabe von 100% erhalten. Es gibt also nur zwei Elemente, die auch bei viel Inhalt die gesamte Höhe ausfüllen und »mitwachsende« Hintergrundfarben oder -bilder aufnehmen können: `<body>` und das Element mit `min-height`, hier #seite. Die Berechnung einer Mindesthöhe in Prozent, die wiederum von einer Mindesthöhe abhängt, wird vom Browser nicht ausgeführt.

IE 6 ignoriert `min-height`. Infolge der fehlerhaften Interpretation der `height`-Eigenschaft steht ein einfacher Workaround zur Verfügung: `height` statt `min-height`.

```html
<!--[if lte IE 7]><style>
* html #seite {
  height: 100%;
}
</style><![endif]-->
```

Das Element #seite nimmt nun bei wenig Inhalt mindestens die Höhe des Viewports ein und wächst bei viel Inhalt mit (siehe Abbildung 2.1). Was im Quelltext vor oder nach diesem Element steht, verursacht einen Scrollbalken, steht es doch ober- oder unterhalb eines Elements, das bereits die volle Höhe einnimmt. Alle normal fließenden Inhalte müssen sich demnach **innerhalb** des Elements #seite befinden.

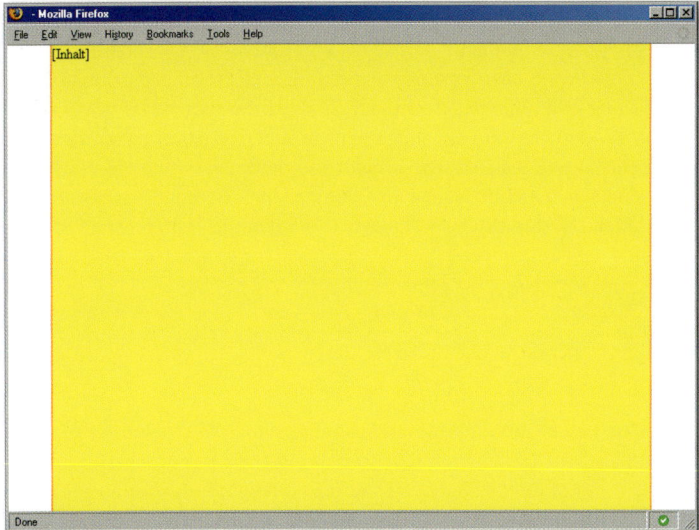

▲ **Abbildung 2.1**
Containerelement mit 100 % Mindesthöhe

> **Hinweis**
>
> Bei Tabellen wird `height` wie `min-height` behandelt. Mehrere verschachtelte CSS-Tabellen könnten also mit `height: 100%` den Viewport ausfüllen *und* mit ihrem Inhalt wachsen – sofern der Browser CSS-Tabellen unterstützt.
> Im IE 6 ist eine solche Verschachtelung auch ohne Tabellen möglich, da `height` wie `min-height` behandelt wird.
> IE 7 unterstützt jedoch weder CSS-Tabellen noch leidet er unter der Fehlinterpretation der `height`-Eigenschaft.
> Der Versuch einer mehrfachen Verschachtelung von Elementen mit 100 % Mindesthöhe scheitert also an der fehlenden Unterstützung im IE 7.

> **Zuverlässige prozentuale Mindesthöhe in Opera und IE 8**
>
> Wenn Sie in Opera (getestet bis 11.51) und IE 8 lediglich die Höhe (und wirklich nur die Höhe!) des Browserfensters verändern, wird das Element mit 100% Mindesthöhe nicht zuverlässig an die neue Viewport-Höhe angepasst. Aus einem Thread im Sitepoint-Forum ist ein Workaround für Opera hervorgegangen[2], der darauf beruht, dass ein Element mit `height` (statt `min-height`) im `<body>` ein Neuzeichnen erzwingt: Per *generated content* wird ein solches Element eingefügt – und dann per größtmöglichem negativen Margin nach oben aus dem Viewport geschoben.
>
> ```
> body:before {
>   content:"";
>   height:100%;
>   float:left;
>   width:0;
>   margin-top:-32767px;
> }
> ```
>
> Eigentlich ist das generierte Element bereits durch Float und Nullbreite nicht wahrnehmbar. Die negative Verschiebung nach oben verhindert, dass ein Clear innerhalb des Inhaltsbereiches ungewollt auf das 100 % hohe Float wirkt, siehe dazu Abschnitt 4.5.

Die `32767px` sind in der Tat ein Grenzwert, den Sie lieber nicht überschreiten (siehe auch Abschnitt 14.2.1); deshalb sind Werte wie `9999em` nicht empfehlenswert, haben Sie doch nicht unter Kontrolle, wie viele Pixel sich bei Änderung der Schriftgröße daraus tatsächlich ergeben.

---

2 http://www.sitepoint.com/forums/showthread.php?611825-CSS-Test-Your-CSS-Skills-Number-21;
http://www.sitepoint.com/forums/showthread.php?637323-Opera-body-before-float-(sticky-footer)

Leider schlägt diese Maßnahme im IE 8 nicht an. In diesem verschwindet der Fehler, wenn ein Element mit einer Höhe in Prozent (selbst wenn diese ohne Bezugsgröße auf `auto` zurückfällt) oder mit Tabellendarstellung enthalten ist – nicht jedoch als *generated content* im `<body>` selbst, sondern bei einem Nachfahren. In vielen Situationen werden Sie den Fehler im IE 8 also ohnehin nicht wahrnehmen (wenn Sie `display:table` oder eine echte Tabelle im Code haben oder einen hasLayout-Hack oder ...). Als pauschale Prävention wäre in unserem Beispiel Folgendes möglich:

```
#seite:after {
  content:"";
  display:table;
}
```

Ob es sich wirklich lohnt, diesen Schönheitsfehler in Opera und IE 8 wegzu»hacken« (denn etwas anderes als ein Hack ist es nicht)? Da das Problem nur in dem seltenen Fall auftritt, dass ein Besucher ausschließlich die vertikale Größe seines Browserfensters ändert, neigen wir dazu, die gezeigten Maßnahmen als verzichtbar anzusehen.

2.2 Fußzeile am Ende – FooterStick und FooterStickAlt

Das Layout mit 100 % Mindesthöhe wird um eine Fußzeile erweitert, die bei wenig Inhalt am unteren Ende des Viewports steht und bei viel Inhalt nach unten wandert. **FooterStick** und **FooterStickAlt** bieten unterschiedliche Lösungen für diese Aufgabe, dabei haben sie eines gemeinsam: Die Höhe der Fußzeile muss bekannt sein und festgelegt werden.

> Wir halten die zweite Methode, FooterStickAlt, für die robustere und vielseitigere.

2.2.1 FooterStick

FooterStick[3] ist eine Methode, bei der eine Fußzeile absolut positioniert wird, wobei das Element mit 100 % Mindesthöhe als Containing Block verwendet wird. Bezogen auf das Beispiel aus Abschnitt 2.1 muss sich das Fußzeilenelement innerhalb von `#seite` befinden.

Eine klassische Seitenstruktur könnte wie folgt aussehen:

```
<div id="seite">
  <div id="kopf">[Inhalt Kopfbereich]</div>
  <div id="hauptteil">[Inhalt Hauptteil]</div>
  <div id="fuss">[Inhalt Fußzeile]</div>
</div>
```

---

3 qrayg.com, »footerStick«, *http://qrayg.com/learn/code/footerstick/*

Alle Inhalte außer `#fuss` werden im normalen Fluss belassen. `#fuss` wird absolut positioniert und mit `bottom:0` am unteren Ende gehalten. Damit sich das absolut positionierte Element an `#seite` und nicht am Viewport ausrichtet, muss `#seite` zum Containing Block (siehe Abschnitt 6.2) werden. Relative Positionierung erfüllt diesen Zweck und belässt das Element im normalen Fluss.

Die Breite eines absolut positionierten Elements wird durch den Inhalt bestimmt (*shrink-to-fit*), daher ist eine Breitenangabe nötig, wenn sich das Element über die gesamte Breite erstrecken soll. Eine Breite von 100% bezieht sich dann auf die Breite des Containing Blocks, also des umfassenden Elements `#seite`.

Damit die Fußzeile den Inhalt nicht überdeckt, müssen Sie für ausreichend Raum unterhalb des Inhalts sorgen, z. B. durch ein unteres Padding für `#hauptteil` in der Höhe der Fußzeile (siehe Abbildung 2.2).

Ohne diese Änderung des Bezugselements wandert die Fußzeile nicht mit dem erweiterten Inhalt nach unten, sondern bleibt beim Scrollen an der Position 100% stehen.

Mehr zur Berechnung einer Shrink-to-fit-Breite finden Sie in Abschnitt 6.7.

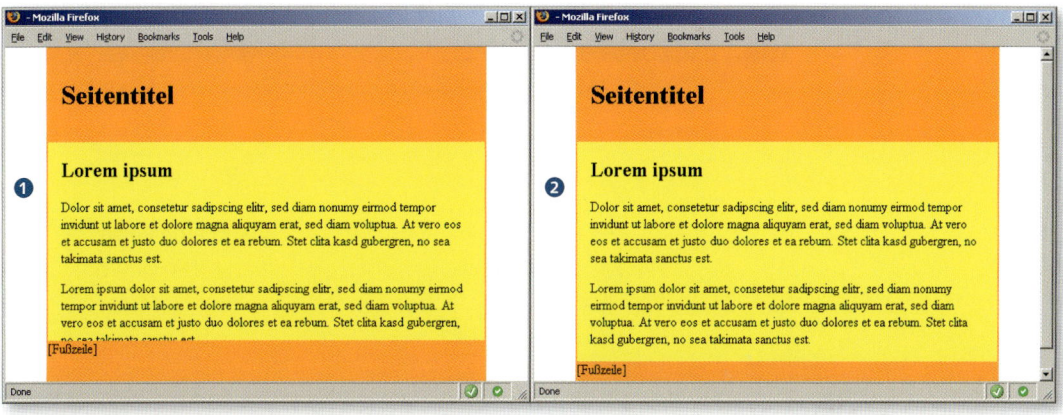

❶ Die Fußzeile überlagert den Inhalt.
❷ Padding in Höhe der Fußzeile für `#hauptteil` schafft Platz.

▲ **Abbildung 2.2**
Vergleichsdarstellung FooterStick mit Beispielinhalten

Das Stylesheet aus Listing 2.1 wird um folgende Angaben zu FooterStick ergänzt (siehe Abbildung 2.3):

```
html,
body {
  margin: 0;
  padding: 0;
  height: 100%;
}
#seite {
  min-height: 100%;
  margin: 0 50px;
  background: #ffea00;
```

> **Hinweis**
>
> Ein unterer Margin für `#hauptteil` führt aufgrund zusammenfallender Ränder (siehe Abschnitt 2.3) nicht zum gewünschten Freiraum für die Fußzeile.

```css
  border-left: 2px solid #ff9800;
  border-right: 2px solid #ff9800;
  position: relative;
}
#hauptteil {
  padding-bottom: 3em;
}
#fuss {
  position: absolute;
  bottom: 0;
  left: 0;
  background: #ff9800;
  width: 100%;
  height: 3em;
}
```

▲ **Listing 2.2**
Fußzeile am Seitenende mit FooterStick

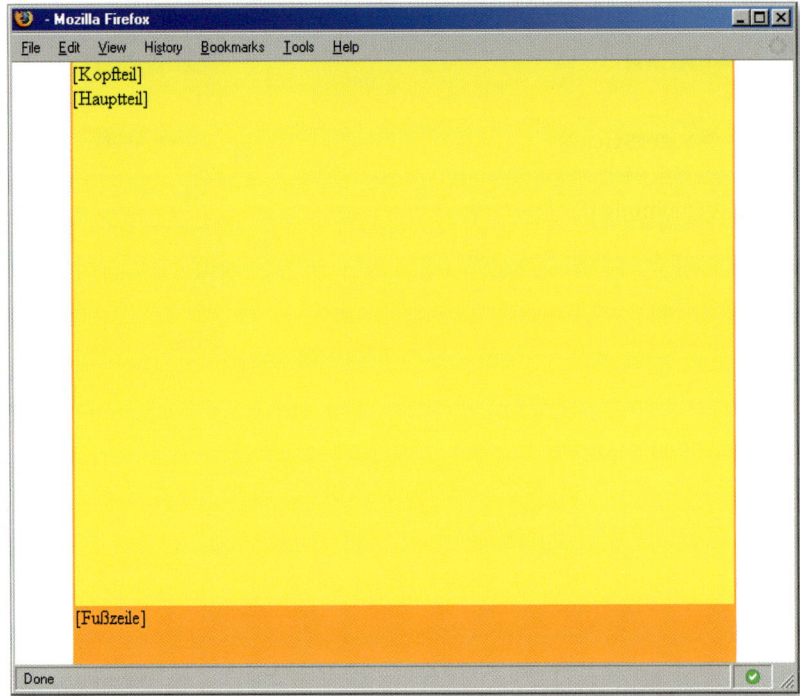

▲ **Abbildung 2.3**
Layout mit 100% Mindesthöhe und Fußzeile am Ende per FooterStick

Im IE 6 ist unter der absolut positionierten Fußzeile je nach Größe des Browserfensters eine Lücke in Höhe von einem Pixel sichtbar. Diese Ungenauigkeit können Sie durch eine Positionsangabe von `bottom: -1px` vermeiden.

```
<!--[if lte IE 7]><style>
* html #seite {
  height: 100%;
}
* html #fuss {
  bottom: -1px;
}
</style><![endif]-->
```

> **Browserfehler: Falsche Position der Fußzeile**
>
> In älteren Versionen der Gecko-Browser und der IEs ist bei dieser Methode ein Darstellungsfehler zu beobachten: Die Fußzeile wird nicht korrekt positioniert, wenn sich die Höhe des Inhalts während des Ladevorgangs stark ändert, also wenn z. B. Bilder ohne Dimensionsangaben eingebunden sind. Das absolut positionierte Element bleibt dann an der zuerst bestimmten Position stehen und wandert nicht mit dem wachsenden Inhalt nach unten.
> Bei der alternativen Methode FooterStickAlt tritt dieses Problem nicht auf.

2.2.2 FooterStickAlt

Mit FooterStickAlt[4] stellt Cameron Adams einen anderen Ansatz für die Ausrichtung der Fußzeile vor. Im Unterschied zu FooterStick wird die Fußzeile nicht innerhalb des Elements mit 100% Mindesthöhe positioniert, sondern **folgt** diesem und wird mit einem negativen Margin nach oben gezogen. Die Struktur ändert sich somit in:

```
<div id="seite">
  <div id="kopf">[Inhalt Kopfbereich]</div>
  <div id="hauptteil">[Inhalt Hauptteil]</div>
</div>
<div id="fuss">[Inhalt Fußzeile]</div>
```

> **Hinweis**
>
> Cameron Adams bezeichnet das Element, das 100% Mindesthöhe hat und alle Inhalte außer der Fußzeile enthält, als »nonFooter«. Dies entspricht dem Element #seite.

Weiterhin behält #seite die Mindesthöhe von 100%, die nachfolgende Fußzeile liegt also zunächst außerhalb des Viewports und erzeugt einen Scrollbalken. Da wir von einer festen Höhe der Fußzeile ausgehen, können wir diese mit einem entsprechenden negativen Margin in den sichtbaren Bereich des Browserfensters holen.

Damit die Fußzeile den Inhaltsbereich nicht überlappt, ist wieder ein ausreichender Abstand in Form eines Paddings für #hauptteil nötig:

---

4 Cameron Adams, »footerStickAlt: A more robust method of positioning a footer«, *http://www.themaninblue.com/writing/perspective/2005/08/29/*

> **Tipp**
>
> Eine weitere Methode, den nötigen Abstand zuverlässig zu erzeugen, ist ein (unsichtbares) `<hr>`-Element mit entsprechender Höhe. Wenn im Hauptteil Spalten per Float nebeneinandergestellt werden, ist diese Trennlinie auch ein passendes Element für Clear. Mehr zu FooterStickAlt in einem Float-Layout finden Sie in Abschnitt 4.6.

```css
html,
body {
  margin: 0;
  padding: 0;
  height: 100%;
}
#seite {
  min-height: 100%;
  margin: 0 50px;
  background: #ffea00;
  border-left: 2px solid #ff9800;
  border-right: 2px solid #ff9800;
}
#hauptteil {
  padding-bottom: 3em;
}
#fuss {
  background: #ff9800;
  height: 3em;
  margin: -3em 50px 0;
}
```

Listing 2.3 ▶
Fußzeile am Seitenende mit FooterStickAlt

Mehr zur Stapelung von Elementen finden Sie in Abschnitt 6.1.

Die natürliche Stapelreihenfolge der Elemente sorgt dafür, dass die zuletzt stehende Fußzeile das vorhergehende Element überdeckt. Wenn dieses Element jedoch relativ positioniert ist (z. B. weil es als Containing Block für absolut positionierte Inhalte dienen soll), so muss die Fußzeile ebenfalls `position: relative` erhalten. Andernfalls würde die nach oben verschobene Fußzeile unter dem vorhergehenden Inhalt verschwinden.

Im Unterschied zu FooterStick können Sie die Breite der Fußzeile unabhängig vom Rest der Inhalte vergeben, diese kann also z. B. die gesamte Breite einnehmen – während der Inhaltsbereich in der Breite begrenzt und zentriert ist. Wenn dies nicht gewünscht ist, müssen Sie bei der gezeigten Konstellation die Fußzeile separat zentrieren.

Wir empfehlen, alle Bereiche des Dokuments mit einem weiteren Element zusammenzufassen, die Fußzeile also nicht allein stehen zu lassen (siehe auch Abschnitt 14.1.1). Dieses allumfassende Element benötigt dann wie auch `<html>` und `<body>` eine `height`-Angabe von 100 %. Beachten Sie, dass dieses Element nicht mit dem Inhalt wächst und somit nicht geeignet ist, einen Hintergrund aufzunehmen, der sich hinter allem erstreckt. Das umgebende Element kann aber die Aufgabe der Breitenbegrenzung und Zentrierung übernehmen.

> **Tipp**
>
> Auf ähnliche Weise lässt sich auch ein Kopfbereich unabhängig vom Rest umsetzen – wieder vorausgesetzt, die Höhe ist bekannt. Wie auch die Fußzeile wird dann der Kopf aus dem Bereich `#seite` herausgenommen und erhält eine feste Höhe. Ein negativer Margin entweder als `margin-bottom` für den Kopf oder als `margin-top` für `#seite` lässt den Scrollbalken verschwinden. In jedem Fall ist eine relative Positionierung des Kopfes nötig, um ihn in den Vordergrund zu holen.

2.3 Collapsing Margins in verschachtelten Elementen

Collapsing Margins – zusammenfallende Ränder – sind ein wichtiges Konzept in CSS. Es besagt: *Angrenzende vertikale Margins fallen zu einem einzigen Margin zusammen.* Margins gelten dann als angrenzend, wenn sie nicht durch Inhalt, `padding`, `border` oder Clearance (siehe Abschnitt 4.2) voneinander getrennt werden. Die Margins sowohl benachbarter Elemente als auch verschachtelter Elemente können aneinandergrenzen und somit zusammenfallen.

Horizontale Margins kollabieren nie.

Bei benachbarten Elementen bleibt nach dem Zusammenfallen der Wert des jeweils größten Margins als Abstand zwischen beiden Elementen erhalten. Sofern negative Margins beteiligt sind, bleibt die Differenz des größten positiven Wertes abzüglich des negativen Margins bestehen. Mehrere negative Margins resultieren im höchsten negativen Wert.

Als Beispiel soll ein Ausschnitt einer typischen Textgliederung mit Überschriften und Textabsätzen dienen:

```
<h1>Lorem ipsum</h1>
<p>Lorem ipsum […]</p>
<h2>Consetetur sadipscing</h2>
<p>At vero eos […]</p>
<p>Lorem ipsum </p>
```

Einige Angaben zu Schriftgrößen und Abständen machen die Darstellung in verschiedenen Browsern vergleichbar:

```
h1 {
  font-size: 24px;
  margin: 24px 0;
}
h2 {
  font-size: 18px;
  margin: 18px 0;
}
p {
  font-size: 14px;
  margin: 14px 0;
}
```

Wir verwenden in diesem Beispiel für Schriftgrößen und Abstände Pixelwerte, damit die zusammenfallenden Ränder besser nachvollziehbar und auch nachzumessen sind (z. B. mit den Firefox-Add-ons **MeasureIt** und **Web Developer**). Mehr zu sinnvollen Schriftgrößen finden Sie in Abschnitt 16.5.3.

◄ Listing 2.4
Überschriften und Textabsätze mit oberen und unteren Margins, die zusammenfallen

Die zusammenfallenden Ränder sorgen dafür, dass zwischen Überschriften und Textabsätzen jeweils der größere angegebene Abstand erscheint, nicht die Summe aus beiden. Oberhalb und unterhalb der Überschrift ist also der gleiche Abstand zu sehen. Zwischen den Absätzen resultieren oberer und unterer Margin in einem gemeinsamen Abstand von 14 px (siehe Abbildung 2.4).

Abbildung 2.4 ▶
Zusammenfallende Ränder benachbarter Elemente

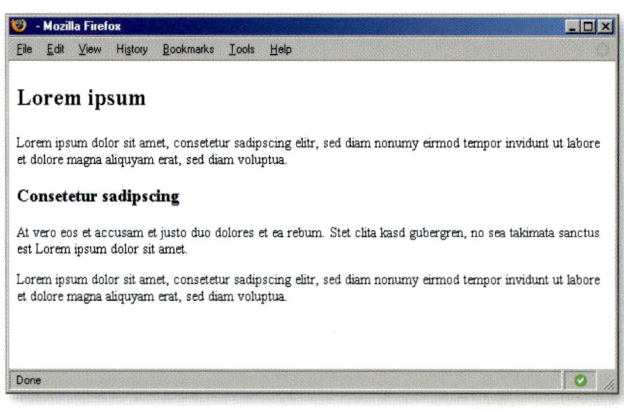

Überrascht ist mancher Autor, wenn Ränder zusammenfallen, die er selbst gar nicht angegeben hat: Die Default-Abstände der Browser für diverse Elemente (`<h1>`-`<h6>`, `<p>`, `<ul>`, `<li>` u. a.) sorgen dafür (vgl. CSS 2.1: Appendix D. Default style sheet for HTML 4).

Eine Gliederung mit `div`-Elementen in Abschnitte bringt zusammenfallende Ränder bei verschachtelten Elementen ins Spiel.

```
<div id="seite">
  <h1>Lorem ipsum</h1>
  <p>Lorem ipsum […]</p>
  <div class="abschnitt">
    <h2>Consetetur sadipscing</h2>
    <p>At vero eos […]</p>
    <p>Lorem ipsum </p>
  </div>
</div>
```

Listing 2.5 ▶
Gliederung der Überschriften und Textabsätze mit `div`-Elementen

Zunächst bleibt das Ergebnis im Browser unverändert, die `div`-Elemente allein beeinflussen die Darstellung nicht. Erst eine Ergänzung mit Hintergrundfarben bringt die Folgen der Collapsing Margins ans Licht:

```
#seite {
  background: #ffea00;
}
.abschnitt {
  background: #9ccd3e;
  margin: 18px;
}
```

Der obere Margin der `h1`-Überschrift fällt nun mit dem oberen Margin des `div`-Elements `#seite` zusammen. Als Ergebnis zeigt das `<div>` den oberen Abstand der `<h1>`. Es gibt also keinen

Abstand zwischen der oberen Kante des umgebenden Elements und der `h1`-Überschrift.

Ebenso fallen die Ränder des `<div> .abschnitt` und der `h2`-Überschrift zusammen. Der resultierende Margin von `18px` erscheint als Abstand über dem `div`-Element.

Der untere Margin des letzten Textabsatzes fällt mit dem Margin des `<div> .abschnitt` zusammen, das Resultat daraus fällt wiederum mit dem umgebenden Element `#seite` zusammen. Es bleibt also ein unterer Margin von `18px` für `#seite` (siehe Abbildung 2.5).

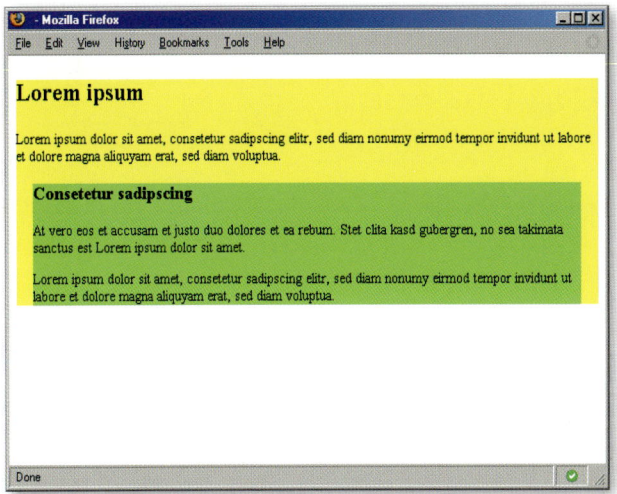

◄ **Abbildung 2.5**
Zusammenfallende Ränder mit benachbarten **und** verschachtelten Elementen

Die zusammenfallenden Ränder verschachtelter Elemente sorgen häufig für Irritation – besonders, wenn Default-Abstände der Browser beteiligt sind. Dieses Zusammenfallen ist in einfach gegliederten Texten notwendig, um die Abstände nicht unkontrollierbar wachsen zu lassen. Ein Layout mit farbigen Boxen hingegen erfordert meist Maßnahmen, um die Collapsing Margins zu unterbinden.

2.3.1 Wann fallen Ränder nicht zusammen?

Padding, Border und Clearance können als Trenner zwischen Margins stehen und ein Zusammenfallen verhindern. Außerdem schließen bestimmte Eigenschaften, die auf das umgebende Element angewendet werden, von vornherein ein Kollabieren aus:

- Die Margins von Elementen mit `overflow: auto|scroll| hidden` kollabieren nicht mit ihren Nachfahren.
- Die Margins von Elementen mit folgenden Eigenschaften kollabieren weder mit ihren Nachbarn noch mit ihren Nachfahren:
  - `float: left|right`
  - `position: absolute|fixed`
  - `display: inline-block`

Mit dem Wurzelelement `<html>` fallen keine Ränder zusammen. Das höchste Element mit kollabierenden Margins ist also `<body>`.

> **Browserfehler IE < 8: hasLayout und Collapsing Margins**
>
> Die proprietäre hasLayout-Eigenschaft des IE < 8 verhindert zusammenfallende Ränder bei verschachtelten Elementen, denn sie bewirkt, dass sich das Element wie ein BFC verhält. Bereits eine Breitenangabe führt also zu einer von anderen Browsern unterschiedlichen Darstellung.

Alle diese Eigenschaften etablieren einen Block Formatting Context (BFC), also einen eigenständigen Bereich im Dokument. Die Auswirkungen auf die Darstellung gehen weit über das bloße Verhindern von Collapsing Margins hinaus (siehe Abschnitt 4.5).

Padding und Border | Die Kontrolle über zusammenfallende Ränder bei normal fließenden Inhalten lässt sich am einfachsten durch border oder padding erlangen. Die Ränder einer Box fallen nicht mehr mit den Nachfahren zusammen, sobald Sie ein Padding oder Border ungleich null einsetzen (siehe Abbildung 2.6).

```
#seite {
  background: #ffea00;
  border: 2px solid #ff9800;
}
.abschnitt {
  background: #9ccd3e;
  margin: 18px;
  border: 2px solid #577923;
}
```

Listing 2.6 ▶
Border für die gliedernden div-Elemente aus Listing 2.5

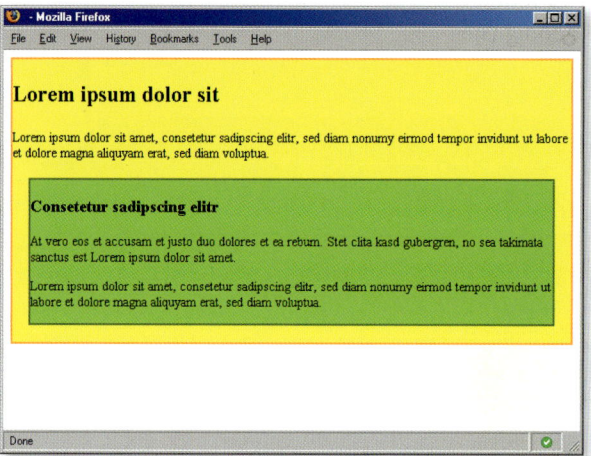

Abbildung 2.6 ▶
Border verhindern, dass die Ränder der Boxen mit denen von Nachfahren zusammenfallen.

Float | In einem Beispiel aus floatenden und normal fließenden Inhalten wird die unterschiedliche Behandlung der Margins bei Elementen sichtbar, die einen Block Formatting Context erzeugen:

```
<div class="abschnitt">
  <img src="bild.gif" width="100" alt="image" />
  <p>Lorem ipsum […]</p>
  <p>At vero eos […]</p>
</div>
```

Sowohl das Bild als auch die Textabsätze erhalten einen Randabstand. Das Bild floatet nach links und wird von den Textabsätzen umflossen.

```
.abschnitt {
  background: #9ccd3e;
}
img {
  float: left;
  margin: 18px;
}
p {
  margin: 18px;
  background: #ffea00;
}
```

◀ **Listing 2.7**
Zusammenfallende Ränder bei `float` und normal fließendem Inhalt in einem `<div>`

Während der obere Margin des ersten und der untere Margin des zweiten Textabsatzes mit dem umgebenden `<div>` kollabieren, bleibt der Margin des Floats als Abstand innerhalb des `div`-Elements erhalten. Ein oberes und unteres Padding kann das Kollabieren verhindern; Textabsatz und Float liegen dann an der Oberkante bündig (siehe Abbildung 2.7).

Die Ränder kollabieren ebenfalls nicht, wenn Sie `float` für das umgebende Element einsetzen, um die floatenden Inhalte einzuschließen (siehe Abschnitt 4.3.2).

```
.abschnitt {
  background: #9ccd3e;
  padding:1px;
}
```

◀ **Listing 2.8**
Padding für das umgebende Element

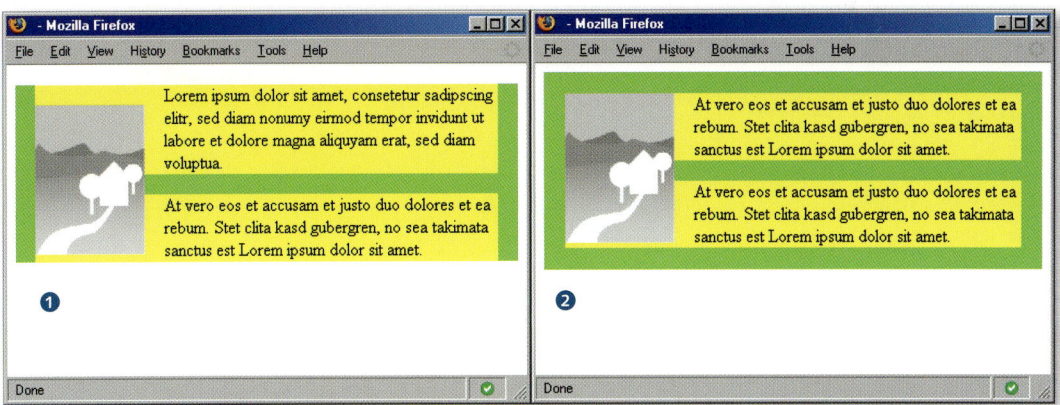

❶ Nur die Abstände der Textabsätze fallen mit dem umgebenden Element zusammen.
❷ Padding für umgebendes `<div>` unterbindet das Kollabieren.

▲ **Abbildung 2.7**
Vergleich der Margins bei Float und normal fließenden Inhalten

Mehr zu Clearance und der Auswirkung auf Collapsing Margins finden Sie in Abschnitt 4.2 ff.

Clearance | Mit Clearance gibt es einen weiteren Bereich, der geeignet ist, sich zwischen Außenabstände zu drängen. Clearance ist definiert als der Bereich, der nötig ist, um ein Clear-Element unter ein vorhergehendes Float zu schieben. Ein Clearance-Bereich tritt also erst dann auf, wenn auch ein Float vorhanden ist – das bloße Hinzufügen von `clear: left` zu einem Element hat noch keinen Einfluss auf zusammenfallende Ränder.

2.3.2 Sonderfall: Zusammenfallende Ränder bei nur einem Element

Nicht nur die Ränder mehrerer Elemente können zusammenfallen, sondern auch die Margins eines einzelnen Elements selbst. Der obere und untere Margin eines Elements treffen dann aufeinander, wenn ein Element weder Padding noch Border noch Inhalt hat und für `(min-)height` entweder `auto` oder null angegeben ist. Sie fallen dann zu einem einzigen Margin zusammen. Dieser resultierende Abstand kann wiederum mit einem umgebenden Element kollabieren, und weitere Margins angrenzender Elemente können durch diesen Margin hindurchfallen (*collapse through*). Dies kann zu dem absurd wirkenden Fall führen, dass der obere Margin eines Elements mit dem unteren eines umgebenden Elements kollabiert – oder umgekehrt.

Zwei leere `div`-Elemente begleiten einen Textabsatz, alle drei sind mit einem `<div>` zusammengefasst. Zur Verdeutlichung steht vor und nach dem `<div>` (beliebiger) weiterer Inhalt; hier sind es Überschriften:

Wir markieren den »Inhalt« leerer Elemente mit einem Kommentar. Damit wird signalisiert, dass es sich nicht um ein versehentlich vergessenes Element handelt. Im IE < 7 wird das Element nicht fälschlich auf die Höhe einer Zeile erweitert, und HTML Tidy löscht es bei der Codebereinigung nicht ungewollt heraus.

```
<h1>Lorem ipsum</h1>
<div class="container">
  <div class="eins"><!-- --></div>
  <p>Lorem ipsum […]</p>
  <div class="zwei"><!-- --></div>
</div>
<h2>Dolor sit</h2>
```

Vergeben Sie nun einen unteren Margin für das erste und einen oberen Margin für das zweite leere `<div>`, außerdem einen Randabstand für das `p`-Element. Bei den Überschriften wird der Default-Abstand entfernt:

```
h1,
h2 {
  background: #ffea00;
  margin: 0;
  font-size: 100%;
```

```
}
p {
  margin: 25px 0;
}
.container {
  background: #9ccd3e;
}
.eins {
  margin-bottom: 50px;
}
.zwei {
  margin-top: 50px;
}
```

Ein unterer Margin für das erste leere `<div>`

Ein oberer Margin für das zweite leere `<div>`

▲ **Listing 2.9**
Leere Elemente mit Margins zur Demonstration hindurchkollabierender Ränder

Das `<div>` `.container` hat nun lediglich die Höhe, die der Inhalt des Textabsatzes vorgibt. Vor und nach dem `<div>` erscheint jeweils der Margin der leeren `div`-Elemente als Abstand zu den Überschriften (siehe Abbildung 2.8).

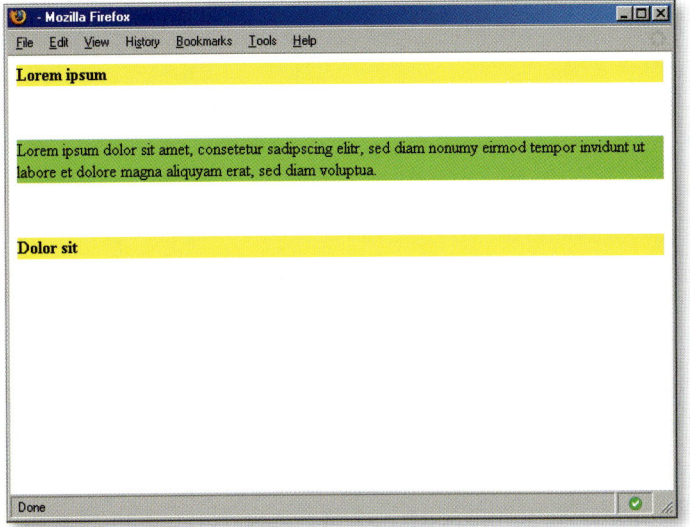

▲ **Abbildung 2.8**
Selbstkollabierende und hindurchfallende Ränder

Was geschieht? Der untere Margin des ersten leeren `<div>` fällt mit dem eigenen oberen Margin zusammen, das Resultat wiederum mit dem umgebenden Element. Ebenso geschieht es dem oberen Randabstand des zweiten leeren `div`-Elements. Außerdem fallen der obere und der untere Margin des Textabsatzes

Ohne besondere Maßnahmen werden Floats von umgebenden Elementen nicht eingeschlossen, siehe Abschnitt 4.3.

durch die leeren Elemente hindurch in den Margin des umgebenden `<div> .container`.

Dies mag zunächst konstruiert und wenig praxisrelevant erscheinen (wer verwendet schon leere `div`-Elemente?) – tatsächlich treten solche Konstellationen beispielsweise dann auf, wenn die Nachfahren eines Elements durch `float` aus dem Fluss genommen werden. Angenommen, Sie erstellen eine Navigation aus Listenelementen:

```
<ul>
  <li><a href="#">Link</a></li>
  <li><a href="#">Link</a></li>
  <li><a href="#">Link</a></li>
</ul>
```

Mit Float werden die Menüpunkte nebeneinandergestellt:

```
ul,
li {
  margin: 0;
  padding: 0;
}
ul {
  list-style: none;
  margin-bottom: 100px;
}
li {
  float: left;
  padding: .5em;
  margin: 0 .5em;
  background: #ffea00;
}
```

▲ **Listing 2.10**
Horizontale Navigation mit Float

Float nimmt die Listenelemente aus dem Fluss (siehe Kapitel 4, »Floats«). Das `ul`-Element hat demnach die Höhe null. Der untere Margin des `ul`-Elements ist in der Absicht vergeben, nachfolgende Inhalte auf Abstand zu halten. Das Ergebnis im Browser zeigt jedoch einen Abstand **über** der Liste (siehe Abbildung 2.9).

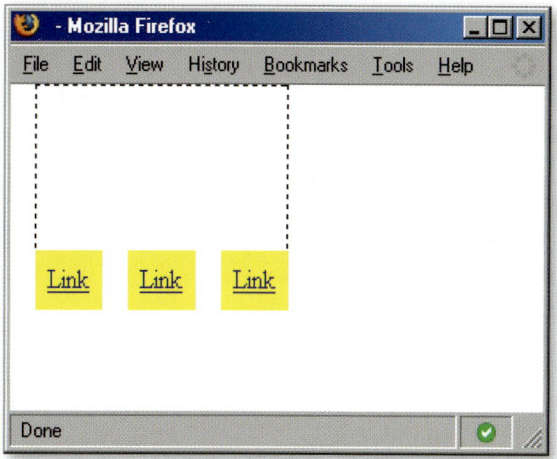

◄ **Abbildung 2.9**
Der untere Margin der <ul>
erscheint über der Liste.

Der untere Margin des ul-Elements ist mit dem eigenen oberen kollabiert, der resultierende Margin wiederum mit dem oberen Margin des umgebenden Elements, hier <body>.

Eine Höhenangabe für <ul> oder – besser – eine geeignete Maßnahme zum Einschließen von Floats (siehe Abschnitt 4.3) führt zum gewünschten Ergebnis, einem Abstand **nach** der Liste (siehe Abbildung 2.10).

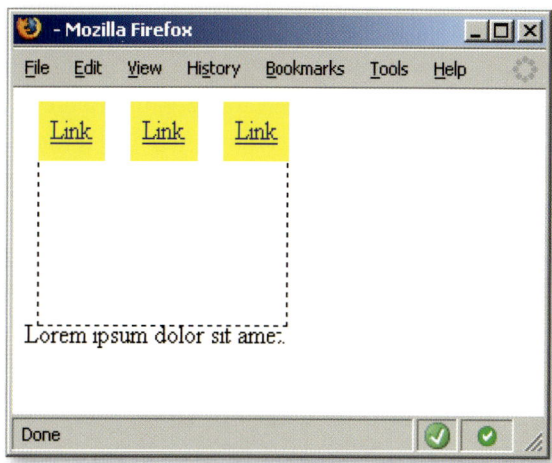

◄ **Abbildung 2.10**
Der untere Margin der <ul>
erscheint unterhalb.

2.4 Vertikal zentrieren

Haben Sie sie auch schon vermisst – eine offensichtliche, einfache Möglichkeit, eine Box vertikal in ihrer Umgebung zu zentrieren? Die Eigenschaft vertical-align suggeriert, dafür vorgesehen zu sein, ist jedoch nur auf Tabellenzellen und im Inline-Kontext anwendbar (CSS 2.1: 10.8).

In Abschnitt 5.1.3 erläutern wir, wie Sie eine einzelne Zeile einfach per `line-height` vertikal mittig stellen können.

Wir stellen verschiedene Möglichkeiten zur vertikalen Zentrierung vor; dabei unterscheiden wir solche Methoden, die für Boxen mit bekannter, festgelegter Höhe geeignet sind, und solche für Boxen variabler, vom Inhalt abhängiger Höhe.

2.4.1 Eine Box mit bekannter Höhe vertikal zentrieren

Zunächst soll eine Box mit festgelegter Höhe in ihrer Umgebung – dem Viewport – zentriert werden. Ein `<div>` `#container` mit einigen Inhalten dient als Basis:

```
<div id="container">
  <h1>Lorem ipsum</h1>
  <p>
    At vero eos […]
  </p>
</div>
```

Absolute Positionierung mit margin: auto | Boxen mit festgelegter Breite im normalen Fluss werden mit Margin und dem Wert `auto` horizontal zentriert. In vertikaler Richtung zeigen `auto`-Margins keine Wirkung – sie werden zu null.

Anders verhält es sich bei einer absolut positionierten Box, für die sowohl eine Höhe als auch Werte für `top` und `bottom` angegeben sind: `auto` für den oberen und den unteren Margin zentriert die Box vertikal (CSS 2.1: 10.6.4). In horizontaler Richtung gilt dies ebenso: Eine feste Breite in Verbindung mit `left|right` und `auto`-Margins zentriert die Box (CSS 2.1: 10.3.7).

Mit folgenden Angaben wird `#container` also sowohl horizontal als auch vertikal im Viewport zentriert (siehe Abbildung 2.11):

```
#container {
  position: absolute;
  background: #f59c00;
  border: 2px solid #e8471b;
  height: 300px;
  width: 400px;
  top: 0;
  right: 0;
  bottom: 0;
  left: 0;
  margin: auto;
}
```

▲ Listing 2.11
Vertikale Zentrierung mit absoluter Positionierung und `auto`-Margins

---

Browserfehler IE ≤ 7: keine Zentrierung mit margin: auto

Im IE 7 ist es im Unterschied zu den Vorgängern zwar möglich, die Größe einer absolut positionierten Box über zwei Offset-Werte (`left|right` oder `top|bottom`) zu bestimmen. Die Zentrierung mittels `margin: auto` bei festgelegter Höhe will jedoch auch hier noch nicht gelingen.
IE 8 führt die vertikale Zentrierung wie vorgesehen aus.

Hinweis

Die Werte für die Offsets müssen nicht null sein. Mit `left|right: 100px` hält die Box stets einen Randabstand ein. Wenn nur in eine Richtung ein Wert ungleich null angegeben ist, wird die Box außermittig ausgerichtet.

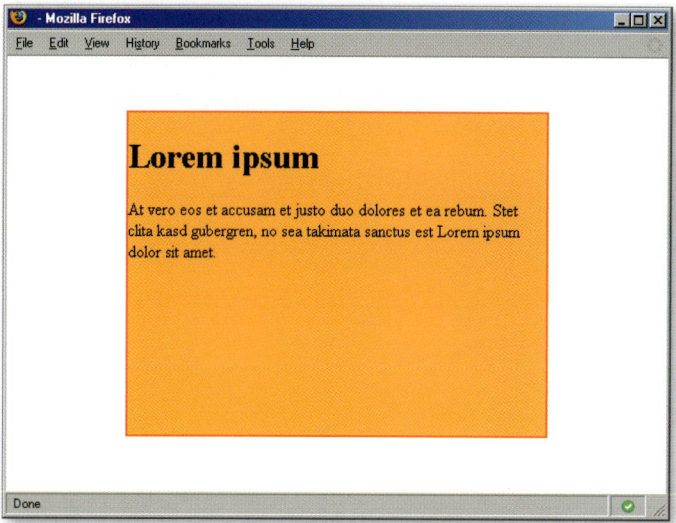

▲ **Abbildung 2.11**
Mit `margin: auto` vertikal und horizontal zentrierte, absolut positionierte Box

Für die horizontale Ausrichtung der absolut positionierten Box legt die Spezifikation fest, dass ein Margin zu null werden soll, sobald der Wert negativ würde. Das heißt, dass eine Box nicht nach links aus dem Viewport verschwindet. Für die vertikale Ausrichtung gilt diese Einschränkung nicht: Sobald der Viewport eine geringere Höhe als die Box selbst hat, wandert die Box unerreichbar nach oben aus dem sichtbaren Bereich hinaus (siehe Abbildung 2.12).

Die Browser setzen die Regel zur Einschränkung der Margin-Breite nicht einheitlich um. In Firefox verlässt die Box weder horizontal noch vertikal den Viewport, in Opera dafür in beide Richtungen. Nur WebKit und IE ab 8 halten sich exakt an die Spezifikation.

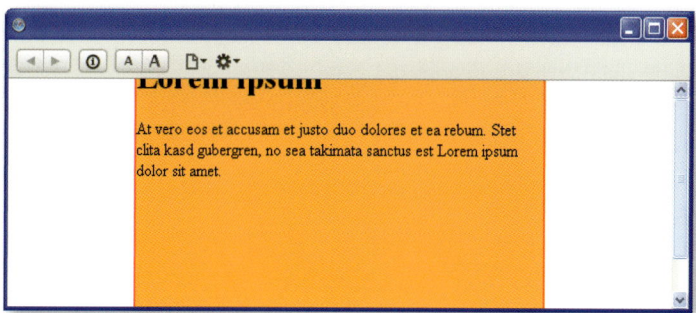

▲ **Abbildung 2.12**
Bei kleinem Viewport verschwindet die Box unerreichbar nach oben, hier dargestellt in Safari für Windows.

Zuverlässig können Sie das Verschwinden von Inhalten verhindern, indem Sie das `body`-Element zum Containing Block (siehe Abschnitt 6.2) für die absolut positionierte Box machen und eine Mindesthöhe und -breite angeben.

Mindesthöhe und -breite könnten auch auf das `html`-Element angewendet werden. Dies wird jedoch browserübergreifend nicht einheitlich umgesetzt.

Listing 2.12 ▶
Vertikale Zentrierung und Mindesthöhe

```
html,
body {
  height: 100%;
  margin: 0;
  padding: 0;
}
body {
  position: relative;
  min-height: 300px;
  min-width: 400px;
}
```

Die Deklaration `position: relative` macht das `body`-Element zum Bezugspunkt der absoluten Positionierung von `#container`. Da `<body>` selbst nur die Höhe seines Inhalts einnimmt (in diesem Fall also null), muss wiederum `height: 100%` für alle Vorfahren explizit definiert werden.

Die Mindesthöhe für `<body>` verhindert, dass die Box den Viewport nach oben verlässt. Die Mindestbreite ist gemäß Spezifikation eigentlich nicht nötig, da die Box nicht nach links verschwinden dürfte – eine Vorsichtsmaßnahme für Browser wie Opera, die sich nicht ganz an die Regeln halten.

Absolute Positionierung mit negativer Verschiebung | Die zuvor vorgestellte Zentriermethode schließt alle IE ≤ 7 aus und erweist sich daher als nicht immer praxistauglich. Es bietet sich eine andere, bekanntere Technik an, die auch im IE die gewünschte Wirkung zeigt: Die linke obere Ecke der Box wird mittels 50 %-Offsets in die Mitte des Viewports verschoben. Negative Margins ziehen dann die Mitte der Box an die gewünschte Position.

> **Hinweis**
>
> In horizontaler Richtung sind die Werte für `left` und `margin` austauschbar. Vertikale Margins in Prozent beziehen sich jedoch stets auf die *Breite* des Containing Blocks, `margin-top: 50%` würde also nicht zum gewünschten Ergebnis führen.

```
#container {
  position: absolute;
  background: #9ccd3e;
  border: 2px solid #577923;
  height: 300px;
  width: 400px;
  left: 50%;
  top: 50%;
  margin-top: -150px; /* halbe Boxhöhe */
  margin-left: -200px; /* halbe Boxbreite */
}
```

▲ **Listing 2.13**
Zentrierung mit absoluter Positionierung und negativer Verschiebung

Die Box wird nun in den Browsern zentriert im Viewport angezeigt – dies zieht das Problem nach sich, dass bei einem kleinen Browserfenster Inhalte nach links und oben verschwinden. Die in Listing 2.12 gezeigten Angaben für `<body>` schaffen auch hier Abhilfe – zumindest in Browsern, die `min-width|-height` unterstützen. Für IE < 7 bleibt nur ein wenig eleganter Workaround mit einem zusätzlichen Element, das `<body>` stets auf die nötigen Mindestmaße aufdrückt.

```
<div id="platzhalter"><!-- --></div>
<div id="container">
  <h1>Lorem ipsum</h1>
  <p>
    At vero eos […]
  </p>
</div>
```

Platzhalter statt Mindesthöhe/-breite als Workaround für IE < 7
IE < 7 dehnt Boxen auf die Größe ihres Inhalts aus, statt ihn überfließen zu lassen.

Dieser Platzhalter erhält nun die Dimensionen der zentrierten Box – im Conditional Comment verborgen, da sie nur für IE < 7 relevant sind.

```
<!--[if lte IE 7]><style>
* html #platzhalter {
  height: 300px;
  width: 400px;
}
</style><![endif]-->
```

◄ **Listing 2.14**
Platzhalter für IE

Der Expanding Box Bug des IE < 7 wird hier ausgenutzt, um die Dimensionen des Containing Blocks – also des `body`-Elements – auf die Größe des zentrierten Elements aufzudrücken. Somit werden die Margins niemals negativ, und die Box bleibt immer im sichtbaren Bereich des Browserfensters.

Zentrieren mit Float und Clear | Das Zusammenspiel von Float, Clear und einem negativen Margin lässt sich zur vertikalen Zentrierung nutzen. Derart zentrierte Elemente leiden nicht unter dem in Abbildung 2.12 dargestellten Problem der unerreichbar aus dem Viewport verschwindenden Bereiche.

Diese Methode benötigt ein zusätzliches Element, das im Quelltext vor der zu zentrierenden Box steht und als Abstandhalter dient.

```html
<div id="abstand"><!-- --></div>
<div id="container">
  <h1>Lorem ipsum</h1>
  <p>
    At vero eos […]
  </p>
</div>
```

Dieser Abstandhalter erhält eine minimale Breite von 1 Pixel und eine Höhe von 50%. Die Oberkante des nachfolgenden `#container` wird so in die Mitte des Viewports verschoben. Mit `margin-bottom: -150px` – also der halben Höhe der zu zentrierenden Box – wird `#container` an die gewünschte Position gezogen (siehe Abbildung 2.13).

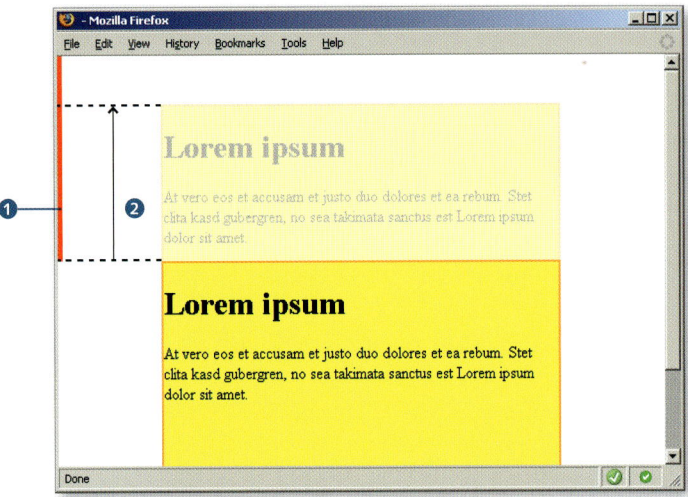

Abbildung 2.13 ▶
Vertikale Zentrierung mit Abstandhalter

❶ `#abstand` mit 50% Höhe (für die Abbildung in Rot und 5 px breit)

❷ Ein negativer unterer Margin für `#abstand` zieht die Box in die vertikale Mitte.

Noch besteht auch hier (wie auch bei der absoluten Positionierung) das Problem, dass Teile der Box nach oben verschwinden. An dieser Stelle kommen Float und Clear ins Spiel: Der Abstandhalter wird zum Float, der `#container` bekommt Clear.

Der Clearance-Bereich (siehe Abschnitt 4.2) verschiebt nun die Box `#container` an die Position in der vertikalen Mitte. Sobald das Element bei kleinem Viewport die Oberkante des umgebenden Elements `<body>` – und damit seine Normalposition – erreicht, bleibt das Element stehen, verlässt also nicht mehr den sichtbaren Bereich des Browserfensters.

> **Hinweis**
>
> Bei einem Clear-Element ist der obere Margin meist wirkungslos (siehe Abschnitt 4.2). Der negative untere Margin des floatenden Abstandhalters kann daher nicht durch einen negativen oberen Margin des clearenden Containers ersetzt werden.

```
html,
body {
  margin: 0;
  padding: 0;
  height: 100%;
}
#abstand {
  float: left;
  width: 1px;
  height: 50%;
  margin-bottom: -150px;
}
#container {
  clear: left;
  height: 300px;
  width: 400px;
  margin: 0 auto;
  background: #ffea00;
  border: 2px solid #ff9800;
}
```

◄ **Listing 2.15**
Vertikale Zentrierung mit Abstandhalter per Float und Clear

2.4.2 Eine Box mit unbekannter Höhe vertikal zentrieren

Für Boxen unbekannter Höhe ist in CSS 2.1 die vertikale Zentrierung mit Hilfe der Darstellungseigenschaften von Tabellenelementen vorgesehen. Die Eigenschaft `vertical-align` ist auf Elemente vom Typ `table-cell` anwendbar. Damit eine solche Zelle in ihrer Dimension kontrollierbar ist und nicht auf die Größe ihres Inhalts zusammenfällt, benötigt sie ein Vorfahrenelement vom Typ `table`.

Wieder soll `#container` mit einigen Inhalten vertikal im Viewport zentriert werden:

Kapitel 8, »Das CSS-Tabellenmodell«, befasst sich ausführlich mit den Darstellungseigenschaften von Tabellenelementen.

```
<div id="container">
  <h1>Lorem ipsum</h1>
  <p>
    At vero eos [...]
  </p>
</div>
```

Das Element `#container` bekommt diesmal keine feste Höhe, die vertikale Ausdehnung wird also durch den Inhalt bestimmt. Die Elemente `<html>` und `<body>` sind geeignet, die Rolle der CSS-Tabelle für die vertikale Zentrierung zu übernehmen. Das `html`-Element als »Tabelle« benötigt sowohl `height: 100%` als auch `width: 100%`, damit es den gesamten Viewport ausfüllt. Die

> **Hinweis**
>
> Aktuelle Browser können die Tabelleneigenschaften auf die Elemente `<html>` und `<body>` anwenden. Früher waren (z. B. für Safari 1 und Opera 7) zwei zusätzliche Container um das zentrierte Element nötig, die `display: table|table-cell` erhielten.

»Tabellenzelle« `<body>` nimmt dann ebenfalls diese Größe ein. Wenn Sie dann `vertical-align: middle` auf die Zelle anwenden, wird `#container` vertikal zentriert (siehe Abbildung 2.14).

```
html {
  margin: 0;
  padding: 0;
  height: 100%;
  width: 100%;
  display: table;
}
body {
  margin: 0;
  padding: 0;
  display: table-cell;
  vertical-align: middle;
}
#container {
  width: 40em;
  margin: 0 auto;
  background: #ffea00;
  border: 2px solid #ff9800;
}
```

▲ **Listing 2.16**
Vertikale Zentrierung mit CSS-Tabelle

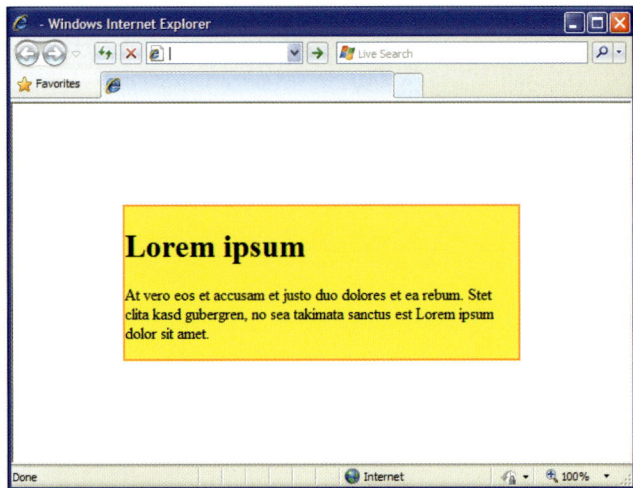

▲ **Abbildung 2.14**
Per CSS-Tabelle zentrierte Box mit variabler Höhe

Workaround für Internet Explorer ≤ 7 | Leider versteht IE ≤ 7 die nötigen Werte `table|table-cell` für die `display`-Eigenschaft nicht.

Bei Inline-Elementen, für die `hasLayout = true` gesetzt ist, zeigt IE ≤ 7 eine Darstellung, die einem Inline-Block sehr ähnlich ist und so eine vertikale Ausrichtung in einer Zeilenbox mit `vertical-align` möglich macht. Bruno Fassino demonstriert eine Methode[5], auf diese Art eine variable Box vertikal im Viewport auszurichten.

Mit `display: inline` und `zoom: 1` wird aus `#container` ein Inline-Block-Element. Die horizontale Ausrichtung kann jetzt nicht mehr über Margin erfolgen, sondern mit Hilfe von `text-align` im Vorfahren `<body>`.

Bruno Fassinos »Shrink-wrap and center« zeigt eine Box, die nicht nur in der Höhe variabel ist, sondern auch in der Breite. Dieses Beispiel hier beschränkt sich auf die variable Höhe.
Der Begriff *shrink-wrap* steht nicht in der Spezifikation, wird aber häufig synonym verwendet. Er ruft das Bild einer schrumpfenden Folie hervor, während *shrink-to-fit* an eine passgenau einlaufende Jeans denken lässt.

```
<!--[if lte IE 7]><style>
body {
   text-align: center;
}
#container {
   display: inline;
   zoom: 1;
   text-align:left;
   }
</style><![endif]-->
```

hasLayout für Inline-Elemente
In IE 6 und 7 bekommen Inline-Elemente durch die proprietäre `zoom`-Eigenschaft hasLayout. Mehr zu hasLayout finden Sie in Abschnitt 10.7.1.

Für die vertikale Zentrierung muss die Höhe der Zeilenbox auf die Höhe des Viewports ausgeweitet werden. Ein zusätzliches, ebenfalls als Inline-Block dargestelltes Element übernimmt diese Aufgabe.

Damit stehen beide Inline-Blöcke, `#container` und `#IEcenter`, im selben Inline-Kontext, und nur so kann `vertical-align` greifen.

Dieses zusätzliche Element, das die Aufgabe einer Zeltstange für die Zeilenbox übernimmt, ist der Schlüssel zur Methode. Wir betrachten den Einfluss von `vertical-align` in der Zeilenbox für diese Konstellation in Abschnitt 5.1.4.

```
<div id="IEcenter"><!-- --></div>
<div id="container">
   <h1>Lorem ipsum</h1>
   <p>
      At vero eos [...]
   </p>
</div>
```

---

5 Bruno Fassino, »Shrink-wrap and center«,
http://www.brunildo.org/test/shrink_center_4.html

Das Hilfselement `#IEcenter` bekommt eine Höhe von 100 % – ebenso ist die Höhenangabe auch wieder für die Vorfahren `<html>` und `<body>` erforderlich. Die vertikale Zentrierung erfolgt durch `vertical-align: middle` für beide Inline-Block-Elemente.

```
<!--[if lte IE 7]><style>
html,
body {
  height: 100%;
  text-align: center;
}
#container {
  display: inline;
  zoom: 1;
  text-align:left;
  vertical-align: middle;
}
#IEcenter {
  height: 100%;
  display: inline;
  zoom: 1;
  vertical-align: middle;
}
</style><![endif]-->
```

Sobald nun das Browserfenster eine geringere Breite als `#container` aufweist, umbricht dieser in die nächste Zeile, landet also unterhalb von `#IEcenter` (siehe Abbildung 2.15).

> **Hinweis**
>
> Die Reihenfolge der Elemente `#IEcenter` und `#container` ist für das Endergebnis beliebig, Sie können das Hilfselement auch nachstellen.

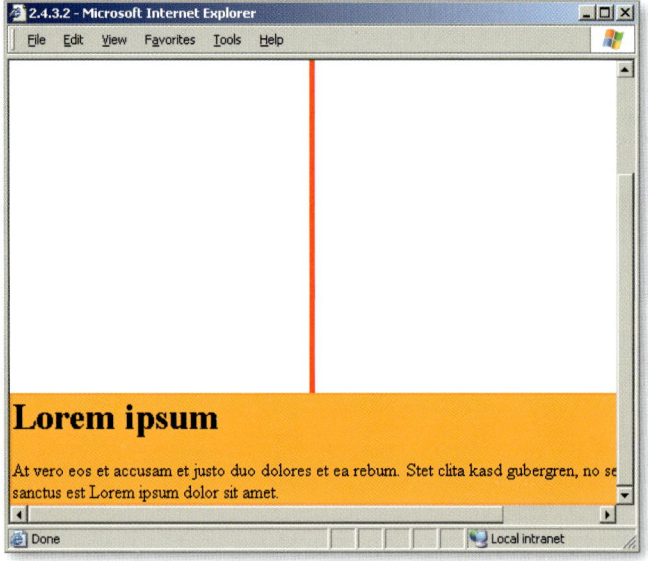

Abbildung 2.15 ▶
Bei schmalem Viewport fällt `#container` unter `#IEcenter` (für die Abbildung in Rot und 5 px breit).

Dieser Umbruch lässt sich mit Hilfe der white-space-Eigenschaft für <body> unterbinden. Die Vererbung verhindert jedoch auch den gewollten Textumbruch innerhalb von #container; das Umbruchverhalten muss also auf normal zurückgesetzt werden. IE ≤ 7 lässt dies erst für die Nachfahren von #container zu, nicht schon für #container selbst – dieser fällt sonst wieder unter #IEcenter.

```
<!--[if lte IE 7]><style>
html,
body {
  text-align: center;
  height: 100%;
  white-space: nowrap;
}
#container {
  display: inline;
  zoom: 1;
  text-align: left;
  vertical-align: middle;
}
#IEcenter {
  height: 100%;
  width: 1px;
  display: inline;
  zoom: 1;
  vertical-align: middle;
}
#container * {
  white-space: normal;
}
</style><![endif]-->
```

◀ **Listing 2.17**
Workaround zur vertikalen Zentrierung für IE

Whitespace – Leerraum

Die white-space-Eigenschaft legt für den Inline-Inhalt eines Elements fest, wie der Browser mit Leerzeichen, Tabs und Zeilenumbrüchen (Whitespace) im Quelltext umgehen soll.
Die drei Werte normal (Whitespace wird zusammengezogen, Umbruch bei Bedarf), nowrap (wie normal, aber kein Umbruch) und pre (Darstellung wie im Quelltext) aus CSS 2 werden von den Browsern umfassend unterstützt (IE vollständig seit Version 6).
Die mit CSS 2.1 zusätzlich eingeführten Werte pre-line (wie normal, zusätzlich Umbruch wie im Quelltext) und pre-wrap (wie pre, zusätzlich Umbruch bei Bedarf) werden in aktuellen Browserversionen weitgehend umgesetzt (vollständig in Firefox ab 3.5, Safari ab 1.3, Opera ab 9.5, IE ab 8).

Im *CSS Text Level 3 Module* wird einmal definiert sein, wie das Kollabieren zusammenhängender Whitespaces vom Autor beeinflusst werden kann.

2.4.3 Zusammenfassung und Ausblick

Die in der Spezifikation vorgesehenen Methoden zur vertikalen Zentrierung einer Box – absolute Positionierung mit `margin: auto` und CSS-Tabellen – sind kaum anwendbar, wenn Sie IE ≤ 7 unterstützen wollen. Es sind mehr oder weniger aufwendige Workarounds erforderlich.

CSS3 wird weitere Methoden für die vertikale Ausrichtung anbieten, wie das *Flexible Box Layout Module* (siehe Abschnitt 16.1).

3 Horizontale Anordnung

Im normalen Fluss ordnen sich Block-Elemente linear untereinander entsprechend ihrer Reihenfolge im Quelltext an. Eine Ausrichtung in horizontaler Richtung ist daher zunächst eine Bestimmung von Abständen des Elements zu seiner Umgebung.

Zuständig für die äußeren Abstände ist die `margin`-Eigenschaft. Zulässige Werte sind Längenwerte (wie `px` oder `em`), Prozentwerte und der Wert `auto`; der Initialwert ist `0`. Margins können auch negative Werte annehmen.

3.1 Ausrichtung mit Margin

Die Auswirkung von Margins unterscheidet sich je nachdem, ob das betreffende Element eine `width`-Angabe ungleich `auto` besitzt. Normal fließende Blockboxen mit `width: auto` nehmen sich die verfügbare Breite und dehnen sich bis zu den Innenkanten ihres umgebenden Elements aus. Ein rechter oder linker Margin schränkt die Breite dieser Boxen ein (siehe Abbildung 3.1, ❷).

Hat das Element jedoch eine feste Breite, so verschiebt der Margin das Element um den angegebenen Betrag, was auch dazu führen kann, dass eine Box aus ihrem umgebenden Element herausragt (siehe Abbildung 3.1, ❸).

Der Wert `auto` für Margins zeigt nur dann Wirkung, wenn eine Box über eine definierte Breite verfügt. Auf die rechte *und* linke Seite angewandt, zentriert `auto` eine Box horizontal (siehe Abbildung 3.1, ❶). Hat nur eine Richtung den Wert `auto`, wird ein Element entweder links- oder rechtsbündig ausgerichtet (siehe Abbildung 3.1, ❹).

> **Browserfehler IE ≤ 6: Expanding Box Bug**
>
> Im IE bis einschließlich Version 6 hängen überbreite Inhalte nicht aus ihrem Elternelement heraus, sondern dehnen die Box auf. Dieser Fehler wird als **Expanding Box Bug**[1] bezeichnet.

---

[1] Position is Everything, »Internet Explorer and the Expanding Box Problem«, http://www.positioniseverything.net/explorer/expandingboxbug.html

Abbildung 3.1 ▶
Ausrichtung mit Margin

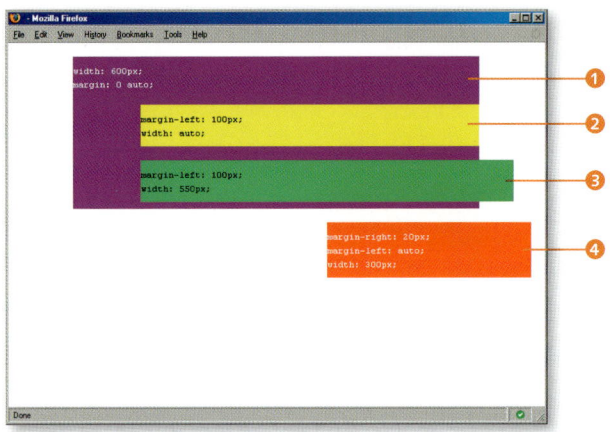

Zu Abbildung 3.1 finden Sie Listing 3.1 auf der DVD.

Browserfehler IE 5: kein auto-Margin

Im IE 5 war der Wert `auto` für Margins wirkungslos. Um trotzdem Boxen zentrieren oder rechtsbündig ausrichten zu können, ließ sich die `text-align`-Eigenschaft »missbrauchen«: `text-align: center` für das Vorfahrenelement zentrierte im IE 5 auch Block-Elemente. Beachten Sie: Auch im IE 6 und 7 zeigt `text-align` auf Block-Elemente Wirkung – sogar wenn diese (ohne Offsets) absolut positioniert sind.

Der Ausrichtung entgegengesetzte negative Margins können als **negativer Backside-Margin** (siehe Abschnitt 10.7.3) gegen etliche Fehldarstellungen alter IEs eingesetzt werden. So verhindert z. B. `margin-right: -50px` für Box ❸ aus Abbildung 3.1 das Ausdehnen des umgebenden Elements.

❶ Box mit fester Breite, zentriert mit `margin: 0 auto`
❷ Box ohne feste Breite, eingerückt mit `margin-left`
❸ Box mit fester Breite, verschoben mit `margin-left`
❹ Box mit fester Breite, rechtsbündig ausgerichtet mit `margin-left: auto` und `margin-right: 20px`

Wenn eine Box mit fester Breite für den rechten *und* linken Margin einen Wert ungleich `auto` hat – die Abstände also überbestimmt (*over-constrained*) sind –, hängt die Ausrichtung von der für den Vorfahren festgelegten Leserichtung ab. Diese wird entweder durch das HTML-Attribut `dir` oder die CSS-Eigenschaft `direction` bestimmt; der Initialwert ist `ltr` (»left to right«). Somit richtet sich eine Box mit überbestimmten Abständen gewöhnlich nach dem linken Margin aus.

HTML5 empfiehlt übrigens, das `dir`-Attribut zu verwenden, damit ein Dokument auch in Abwesenheit von CSS korrekt interpretiert werden kann, etwa von Suchmaschinen.

3.2 Negative Margins

Auch die Auswirkung negativer Margins ist von der Breitenangabe eines Elements abhängig.

Ein Element mit `auto`-Breite wird durch negative Margins nach rechts und/oder links erweitert (siehe Abbildung 3.2, ❺). Ein Element mit fester Breite wird um den angegebenen Betrag verschoben, wenn der negative Margin in die Richtung zeigt, in die das Element ausgerichtet ist (Abbildung 3.2, ❻) – also entweder entsprechend der Leserichtung (siehe Abschnitt 3.1) oder mit `auto`-Margin für die gegenüberliegende Seite.

Wird ein negativer Margin jedoch auf die Seite angewendet, die der Ausrichtung entgegengesetzt ist – also `margin-right` bei einer linksbündigen Box (Abbildung 3.2, ❻), – hat er bei normal fließenden Boxen zunächst keine offensichtliche Auswirkung. Der negative Margin verringert die Breite der Box, was erst dann spürbar wird, wenn sich weitere Elemente daneben befinden – also z. B. im Zusammenhang mit der Float-Eigenschaft.

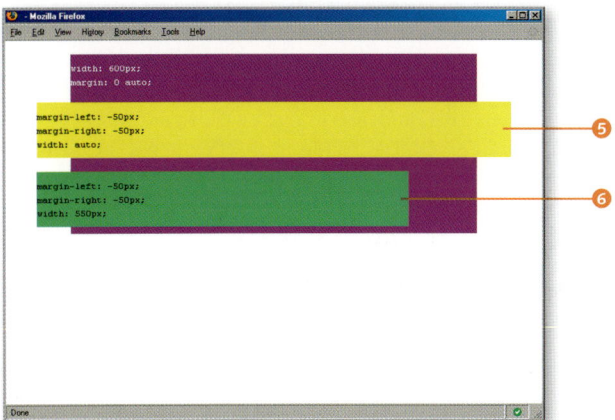

◀ **Abbildung 3.2**
Ausrichtung mit negativem Margin

❺ Box **ohne** feste Breite und mit negativen seitlichen Margins
❻ Box **mit** fester Breite und mit negativen seitlichen Margins

Beachten Sie, dass die Bereiche, die wegen negativer Margins nach links aus dem umgebenden Element heraushängen, bei schmalem Viewport nicht durch Scrollen erreichbar sind.

Zu Abbildung 3.2 finden Sie Listing 3.2 auf der DVD.

Die Anwendungsmöglichkeiten für negative Margins im Zusammenhang mit Float sind vielfältig. Sie lassen sich z. B. nutzen, um gleich lange Spalten zu simulieren oder auch die Reihenfolge der Elemente im Quellcode zu optimieren. (Mehr dazu finden Sie in den Kapiteln 13, »Mehrspaltenlayouts«, und 14, »Gleich hohe Spalten«.)

> **Browserfehler IE ≤ 7: Heraushängende Inhalte werden abgeschnitten**
>
> Die Nutzung von negativen Margins wird durch einen Darstellungsfehler im IE ≤ 7 erschwert: Elemente, die aus ihren umgebenden Elementen heraushängen, werden abgeschnitten (**Clipping**), wenn das umgebende Element hasLayout hat – hier verursacht durch die Breitenangabe des horizontal zentrierten Elements (siehe Abbildung 3.3 und Abschnitt 10.7.2).
>
>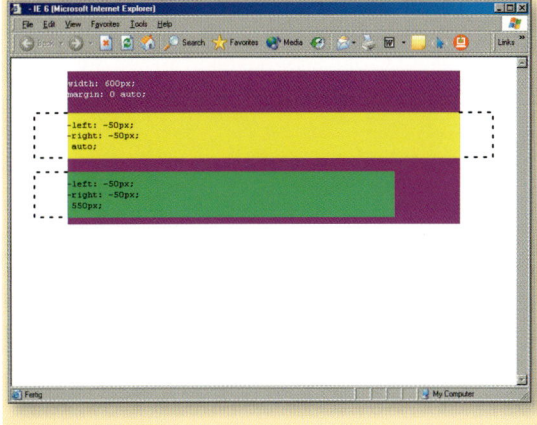
>
> ▲ **Abbildung 3.3**
> Abgeschnittene negative Margins im IE 6

Passé ab IE 8

Im IE ≥ 8 gibt es das hasLayout-Konzept nicht mehr, daher tritt das Problem der abgeschnittenen Inhalte nicht mehr auf (siehe auch Abschnitt 10.7.1).

> Auch der IE 7 ist noch nicht ganz von diesem Problem befreit. Im vorliegenden Fall schneidet der IE 7 nur den rechten Teil der gelben Box ab. Im IE 7 wird der Fehler bereits behoben, wenn das Element mit dem negativen Margin ebenfalls hasLayout erhält, z. B. in Form von `min-height: 0`.
>
> Für den IE 6 ist es nicht mit hasLayout für die betroffenen Elemente getan. Zusätzlich wird `position: relative` benötigt.
>
> Doch noch nicht genug der Besonderheiten im IE 6: Bei Elementen mit negativen Margins und `width: auto` (hier die gelbe Box) handelt es sich um einen der seltenen Fälle, in denen es nicht egal ist, *auf welche Art* das Element hasLayout erhält. Das häufig anzutreffende `height: 1%` führt zu einer fehlerhaften Berechnung der Breite des Elements. Es wird dann angezeigt, als hätte es `width: 100%` – und somit verkürzt auf die Breite des umgebenden Elements. Zuverlässig wirkt eine Höhenangabe in Pixel.
>
> Für eine Angleichung der Darstellung in IE 6 und 7 an Abbildung 3.2 sind also folgende Erweiterungen nötig:
>
> ```
> <!--[if lte IE 7]><style>
> /* abgeschnittene negative Margins einblenden im IE 6 */
> * html #fuenf,
> * html #sechs {
>   position: relative;
>   height: 1px;
> }
> /* abgeschnittenen negativen Margin einblenden im IE 7 */
> #fuenf {
>   min-height: 0;
> }
> </style><![endif]-->
> ```
>
> ▲ **Listing 3.3**
> Fehlerbehebung für negative Margins im IE < 8

3.2.1 Box mit gemischter Breite

Warum 560px + 10em?

In der Werkseinstellung der Browser entspricht `1em` einer Größe von `16px`, `10em` entsprechen also `160px`.

Dies bietet einen Orientierungspunkt bei der Arbeit mit der schriftgrößenabhängigen Einheit `em`. Mehr dazu finden Sie in Kapitel 13, »Mehrspaltenlayouts«.

Wie wäre es einmal mit einem Layout, das nicht `720px` oder `45em` breit ist, sondern z. B. `560px + 10em`? Darin lassen sich eine Randspalte unterbringen, die sich bei Schriftskalierung in der Breite anpasst, und ein Inhaltsbereich mit fester Breite (siehe Abbildung 3.4).

Das Markup besteht aus einem `div`-Element (`#seite`), das die Seitenüberschrift und die beiden Bereiche Randspalte und Inhalt zusammenfasst.

```
<div id="seite">
  <h1>Layout mit gemischten Breiten</h1>
  <div id="randspalte">
    <h2>Randspalte</h2>
    <p>At vero eos […]</p>
  </div>
```

```
<div id="inhalt">
  <h2>Inhalt</h2>
  <p>Lorem ipsum […]</p>
  <p>Lorem ipsum […]</p>
</div>
</div>
```

◄ Listing 3.4
Layout mit gemischter Breite

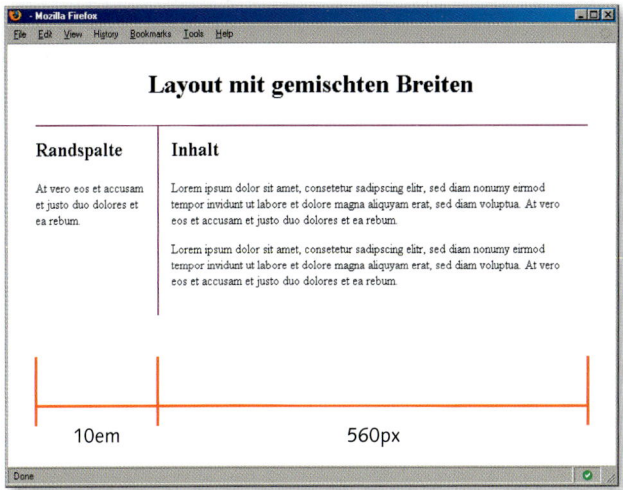

▲ Abbildung 3.4
Layout mit gemischter Breite aus Pixel und `em`

Zunächst einige allgemeine Angaben zu Abständen: Nach dem Rücksetzen mit dem Universalselektor werden die Abstände für `<h2>` und `<p>` restauriert:

```
* {
  margin: 0;
  padding: 0;
}
h2,
p {
  margin-bottom: 1em;
}
```

Das umfassende Element `#seite` soll die gemischte Breite von `560px` + `10em` vorgeben. Für `width` allein ist eine solche Rechenaufgabe (noch) nicht lösbar, erst gemeinsam mit `padding` erhält die Box die gewünschte Breite.

Globaler oder differenzierter Reset

Wir verwenden hier und in weiteren Listings den **globalen Reset** mit dem Universalselektor, um eine einheitliche Ausgangsbasis in den Browsern zu schaffen. In komplexen Layouts, vor allem mit Formularen, ist diese Vorgehensweise nicht immer empfehlenswert, da die Browser zu unterschiedlich auf die Gestaltung von Elementen wie `<input>` oder `<select>` reagieren. Es eignet sich dann eher ein **differenzierter Reset**, wie Eric Meyer ihn vorschlägt.[2] Michael Tuck schildert die Geschichte der Reset-Formen verschiedener Autoren.[3]

Mit der `calc()`-Funktion aus dem *CSS Values and Units Module* können auch gemischte Breiten errechnet werden, im Beispiel: `width: calc(560px + 10em)`. IE ≥ 9 unterstützt `calc`, Fx kennt seit Version 4 `-moz-calc`.

---

[2] Eric Meyer, »CSS Tools: Reset CSS«, *http://meyerweb.com/eric/tools/css/reset/*
[3] Michael Tuck, »The History of CSS resets«, *http://sixrevisions.com/css/the-history-of-css-resets/*

Auch die `border`-Eigenschaft ist geeignet, die hybride Breite zu erzeugen. Da der Rahmen auch eine andere Farbe als der Boxhintergrund haben kann, wird daraus eine Methode für gleich hohe Spalten (siehe Kapitel 14, »Gleich hohe Spalten«).

```
#seite {
  width: 560px;
  padding-left: 10em;
  margin: 0 auto;
}
```

Der für die Inhalte zur Verfügung stehende Bereich wird durch das Padding eingeengt. Damit die `<h1>`-Überschrift in der gesamten Breite zentriert werden kann, muss ein negativer linker Margin ihre Box über den Padding-Bereich von `#seite` ausdehnen. Ein oberes und ein unteres Padding schaffen Platz für den Text, und eine Rahmenlinie bildet den unteren Abschluss.

Die Überschrift ist mit einer Schriftgröße von `200%` doppelt so groß wie die Standardeinstellung. Der Wert des negativen Margins ist von dieser Größe abhängig, darf mit `5em` also nur noch halb so groß sein wie das Padding des Elements `#seite`.

Mehr zur schriftgrößenabhängigen Einheit `em` finden Sie in Abschnitt 13.1.3.

```
h1 {
  font-size: 200%;
  padding: 1em 0;
  margin-left: -5em;
  text-align: center;
  border-bottom: 2px solid #909;
}
```

Jetzt müssen noch Randspalte und Inhalt nebeneinanderstehen, und die Randspalte muss auf den Padding-Bereich von `#seite` gezogen werden. Vergeben Sie daher `float: left` für die Randspalte – und auch eine Breite. Mit `9em` (statt der `10em` des Padding-Bereiches) hält der Spalteninhalt etwas Abstand nach rechts ein. Die nötige Verschiebung erfolgt wieder durch einen negativen linken Margin.

```
#randspalte {
  width: 9em;
  float: left;
  margin-left: -10em;
  padding-top: 1em;
}
```

Der `#inhalt` breitet sich nun wie gewünscht im `560px` breiten Bereich aus. Er bekommt noch einen Randabstand und einen linken Rahmen als Trennlinie zur Randspalte.

```
#inhalt {
  padding: 1em;
  border-left: 2px solid #909;
}
```

Anpassungen für IE | Im IE 6 ist die per negativem Margin verschobene Navigation zunächst nicht sichtbar. Ursache ist hier der **Doubled Float-Margin-Bug**, der die Navigation nicht wie angegeben um `-10em`, sondern gleich um `-20em` nach links verschiebt. Sie befindet sich somit außerhalb der Box des Elements #seite und wird – wie in Abschnitt 3.2 erläutert – abgeschnitten. Ein `display: inline` für die Randspalte holt die Navigation zurück auf den Padding-Bereich von #seite.

Mehr zum Doubled Float-Margin-Bug erfahren Sie in Abschnitt 4.1.3.

Und noch ein bekannter Fehler ist im IE 6 zu beobachten: der **3 px-Bug**. Der Text direkt neben der Randspalte ist um 3 px weiter nach rechts gerückt als der nachfolgende. Hier lässt sich dieser Darstellungsfehler durch hasLayout für #inhalt umgehen.

Eine ausführliche Beschreibung des 3 px-Bugs finden Sie in Abschnitt 4.1.2.

IE 6 erhält also folgende Anpassungen:

```
<!--[if lte IE 7]><style>
/* doubled float-margin */
* html #randspalte {
  display: inline;
  }
/* 3px-bug */
* html #inhalt {
  height: 1px;
  }
</style><![endif]-->
```

3.2.2 Asymmetrische Ausrichtung

Für die horizontale Zentrierung stellt CSS den Wert `auto` für rechten und linken Margin zur Verfügung. Was tun Sie aber, wenn eine Box (hier: ein `div`-Element) nicht mittig, sondern z. B. im Verhältnis zwei zu eins ausgerichtet werden soll (siehe Abbildung 3.5)?

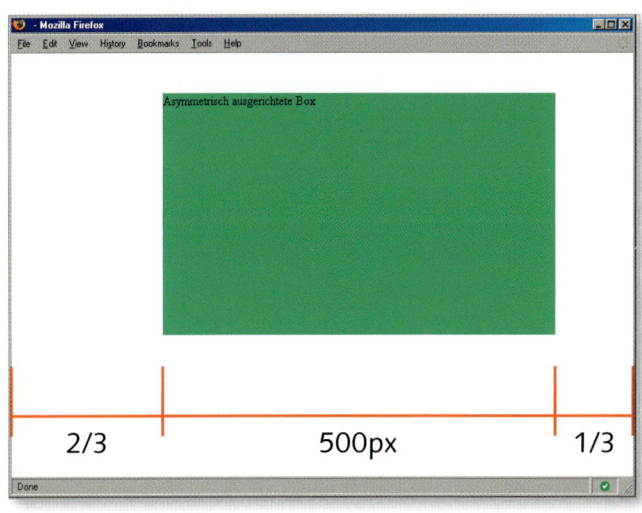

◄ **Abbildung 3.5**
Asymmetrisch ausgerichtete Box

Der linke Abstand der Box soll also 2/3 (oder 66%) der Differenz von Viewport-Breite und Boxbreite (500px) betragen – wieder eine Rechenaufgabe, die nicht mit einer einzelnen Angabe lösbar ist.

Ein linker Margin von 66% für die Box bezieht sich auf die Breite des Elternelements, also <body>. Damit diese 66% den gewünschten Abstand von links ergeben, muss die Breite des body-Elements um die Breite der Box selbst verringert werden, die Bezugsgröße ist dann 100% – 500 px.

Margin, Border oder Padding können diese Aufgabe übernehmen. In diesem Beispiel wählen wir einen border in einer anderen Farbe, um die Funktionsweise sichtbar zu machen:

Margin führt zu Problemen im IE 6.

```
* {
  margin: 0;
  padding: 0;
}
body {
  border-right: 500px solid #ee0;
  padding-top: 50px;
}
div {
  width: 500px;
  height: 300px;
  background: #909;
  color: #fff;
  margin-left: 66%;
}
```

Listing 3.5 ▶
Asymmetrische Ausrichtung

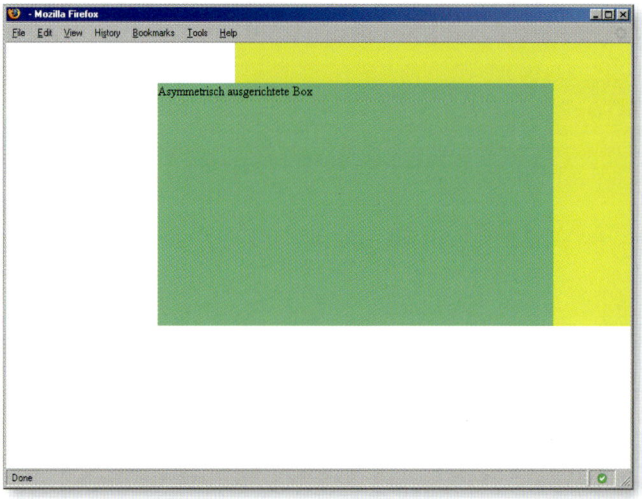

Abbildung 3.6 ▶
Die Breite des body-Elements wird durch einen rechten Rahmen um 500px verringert.

3 Horizontale Anordnung

Das `div`-Element schiebt sich auf den `border`-Bereich des `body`-Elements, ragt also aus dem Inhaltsbereich von `<body>` heraus (siehe Abbildung 3.6). Ein Scrollbalken entsteht erst dann, wenn der Viewport kleiner als die Box- bzw. Border-Breite wird.

Die Box sitzt im IE 6 zwar an der gewünschten Position, jedoch wird der Inhaltsbereich des `<body>` durch das `div`-Element aufgedrückt (siehe Abschnitt 3.1). Der Border des `body`-Elements schlägt rechts an das `<div>` an und verursacht so einen horizontalen Scrollbalken (siehe Abbildung 3.7). Damit es zur gewünschten Überlappung von `<div>` und Border-Bereich kommt, benötigt das `div`-Element einen negativen rechten Margin in der Breite der Box (einen **negativen Backside-Margin**).

```
<!--[if lte IE 7]><style>
div {
  margin-right: -500px;
}
</style><![endif]-->
```

Auch der IE 7 ist von diesem Problem teilweise betroffen. Der überdimensionale horizontale Scrollbalken tritt in Abhängigkeit davon auf, ob Sie Margin, Border oder Padding zum Einengen des `<body>` einsetzen: Er taucht entweder gar nicht (`border`), ständig (`padding`) oder erst bei schmalem Viewport (`margin`) auf. Der negative rechte Margin für das `<div>` ist in allen drei Fällen empfehlenswert.
Ab IE 8 tritt das Problem nicht mehr auf.

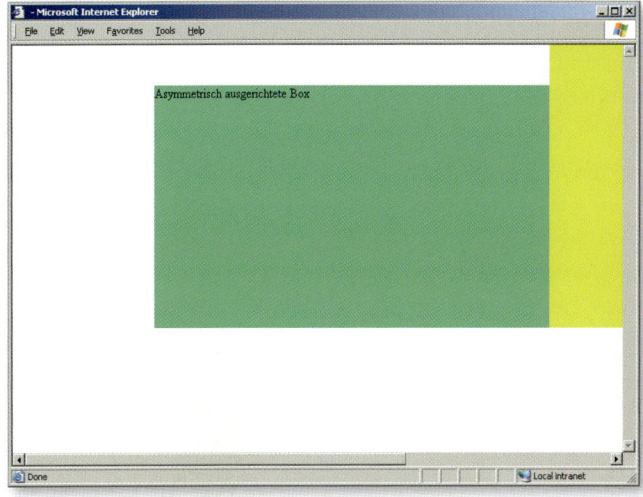

◀ **Abbildung 3.7**
Horizontaler Scrollbalken im IE 6

3.3 Mindest- und Maximalbreiten

Drei Eigenschaften stehen zur Verfügung, um die Breite einer Block-Box festzulegen: `width`, `min-width` und `max-width`. Diese Angaben bei einem Element werden in drei Schritten abgearbeitet:
1. Zunächst wird der aus der `width`-Angabe resultierende Wert errechnet. Das heißt, bei einer festen Breite von z. B. 760 px wird dieser Wert als Breite angenommen. Bei `auto` ergibt sich der Wert aus der Differenz der verfügbaren Breite abzüglich Margin, Border und Padding.

2. Der im ersten Schritt errechnete Wert wird mit dem für `max-width` angegebenen Wert abgeglichen. Ist dieser Maximalwert kleiner als der errechnete Wert für `width`, so wird für die Breite dieser kleinere Wert angenommen.
3. Wenn der aus `width` und `max-width` resultierende Wert kleiner ist als der Wert für die Mindestbreite, so wird das Element mit der für `min-width` angegebenen Breite dargestellt.

3.3.1 Mindest- und Maximalbreiten im IE < 7

Ein Grund, weshalb Mindest- und Maximalbreiten relativ selten anzutreffen waren, dürfte die mangelnde Unterstützung dieser Eigenschaften im IE < 7 gewesen sein.

Das Script minmax.js von Andrew Clover setzt Mindest- und Maximalwerte für IE 5 und 6 um.[4]

Maximalbreite und -höhe | Maximalwerte können Sie für den IE < 7 durch Scripting erreichen, d. h. entweder per Expression (siehe Abschnitt 11.4.2) oder per JavaScript. Da ein solches JavaScript erst wirksam wird, wenn die Inhalte des Dokuments bereits vollständig geladen worden sind und damit auch angezeigt werden, kann es bei umfangreichen Dokumenten zu unerwünschten nachträglichen Verschiebungen kommen.

Die proprietären Expressions im IE ≤ 6 sind nicht ganz ohne Risiko. Georg Sørtun erläutert die Vorgehensweise zur stabilen Anwendung.[5]

Expressions werden während der Verarbeitung des Stylesheets angewendet, ein verzögerter Skalierungseffekt entsteht dabei nicht.

Ein Workaround für `max-width` ohne Scripting wurde in einem »Quiz« im Sitepoint-Forum[6] vorgestellt: Ein oder mehrere zusätzliche floatende Elemente mit Prozentbreite erhalten negative Backside-Margins und stellen damit den Platz für ein normal fließendes Element zur Verfügung. Der für IE 6 gedachte Workaround wirkt auch in allen anderen Browsern; wir betrachten daher ein allgemeines Beispiel, in dem das Element mit Maximalbreite horizontal zentriert werden soll. Es sind zwei Zusatzelemente als Platzhalter nötig:

Stu Nicholls – ein Teilnehmer der Quiz-Aufgabe – zeigt die Anwendung des `max-width`-Workarounds für zentrierte, links- oder rechtsbündige Ausrichtung.[7]

```
<div class="ph1"><!-- --></div>
<div class="ph2"><!-- --></div>
<div id="container">
  Lorem ipsum […]
</div>
```

Listing 3.6 ▶
Beispiel für Mindestbreite

---

4 Andrew Clover, »minmax.js module«,
  http://www.doxdesk.com/software/js/minmax.html
5 Georg Sørtun, »min/max – making IE/win work, with IE-expressions…«,
  http://www.gunlaug.no/contents/wd_additions_14.html
6 http://www.sitepoint.com/forums/showthread.php?p=4386148
7 Stu Nicholls, »'max-width' for Internet Explorer IE6«,
  http://www.cssplay.co.uk/boxes/maxwidth.html

Jeder »Platzhalter« bekommt eine Breite von 50% und einen entgegengesetzten negativen Margin:

```css
.ph1,
.ph2 {
  width: 50%;
  height: 1px;
}
.ph1 {
  float:left;
  margin-right: -300px;
  }
.ph2 {
  float:right;
  margin-left: -300px;
}
```

Es ist eine Höhe > 0 erforderlich, sonst würden die Floats ignoriert.

Es entsteht eine Maximalbreite von 2 × 300 px = 600 px.

Die Box des Elements #container rutscht in den Bereich, den die Margins vorgeben, wenn es selbst einen Block Formatting Context (BFC) erzeugt – durch overflow ungleich visible (siehe dazu Abschnitt 4.5).

Ohne den BFC würde nur der Textinhalt den Floats ausweichen – nicht die gesamte Box (siehe Abschnitt 4.1).

```css
#container {
  background: #ee0; /* gelb */
  overflow: hidden;
}
```

Im IE 6, dem eigentlichen Adressaten des Workarounds, wirkt overflow nicht wie gewünscht; erst hasLayout lässt die Box »zwischen« die Floats rutschen:

```html
<!--[if lt IE 7]><style>
  #container {
    zoom:1;
  }
</style><![endif]-->
```

▼ **Abbildung 3.8**
max-width-Workaround im IE 6: Das Element #container wird nicht breiter als 600 px.

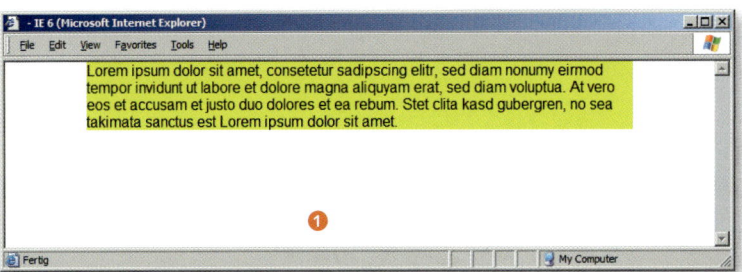
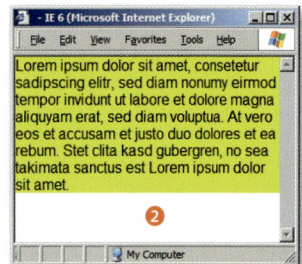

3.3 Mindest- und Maximalbreiten | **71**

Bei breitem Viewport (> 600 px, ❶) wirkt die »Maximalbreite«, bei schmalem Viewport (❷) nimmt #container die verfügbare Breite ein.

Mindesthöhe und -breite | Während Sie eine **Mindesthöhe** im IE < 7 per height umsetzen können (siehe Abschnitt 2.1), gibt es für **Mindestbreiten** keinen ähnlich einfachen Workaround. Zunächst mag man an den Expanding Box Bug denken – also an die Eigenart des IE < 7, Boxen durch überbreite Inhalte aufzudrücken –, doch so einfach macht es der IE dem Webautor in diesem Fall nicht. Ein Element wird durch überbreiten Inhalt (z. B. durch ein Nachfahrenelement mit fester Breite) zwar ausgedehnt, weitere Inhalte behalten jedoch ihre ursprüngliche Breite bei.

Um eine echte Mindestbreite im IE zu simulieren, sind aufwendigere Maßnahmen nötig. Stu Nicholls[8] und Mike Purvis[9] haben unabhängig voneinander eine Methode vorgestellt, die mit Hilfe negativer Margins den IE 6 zur Einhaltung einer Mindestbreite bewegt.

Eine Mindestbreite bedeutet, dass ein horizontaler Scrollbalken auftaucht, sobald der Viewport schmaler als ein bestimmter Wert wird. Diesen Grenzwert kann nicht nur ein Inhaltsbereich durch eine Breite vorgeben, sondern auch große Abstände oder Rahmen, die einem Element zugeordnet sind, können dies tun.

Das Jello-Mold-Layout von Mike Purvis wendet die min-width-*Simulation browserübergreifend an und verbindet sie mit einer speziellen Form von Prozentbreiten. Das resultierende Layout hält seitliche Abstände ein, die je nach Viewport-Breite schneller oder langsamer wachsen.*

Schritt für Schritt: min-width-Workaround

Die Grundidee des min-width-Workarounds besteht darin, Inhalte mit negativem Margin auf einen Bereich zu ziehen, für den durch einen Abstand oder Rahmen bereits ein Scrollbalken erzwungen wurde. Diese Methode wirkt nicht nur im IE, daher stellen wir sie zunächst mit einem allgemeinen Stylesheet vor.

❶ Die Mindestbreite vorgeben

Es soll ein Scrollbalken hervorgerufen werden, indem einem Element ein breiter Rahmen zugeordnet wird (siehe Abbildung 3.9):

```
#minwidth {
  border-left: 500px solid yellow;
  padding-top: 100px; /* macht Element sichtbar */
}
```

Das obere Padding macht das Element im Browser erst sichtbar. Wir vergeben hier keine Höhe, um hasLayout im IE zunächst zu vermeiden – dazu gleich mehr.

---

8 Stu Nicholls, »Min-Width for Internet Explorer«,
 http://www.cssplay.co.uk/boxes/minwidth.html

9 Mike Purvis, »Jello Molds & Width Control«,
 http://www.positioniseverything.net/articles/jello-expo.html

```
[…]
<div id="minwidth"> </div>
```

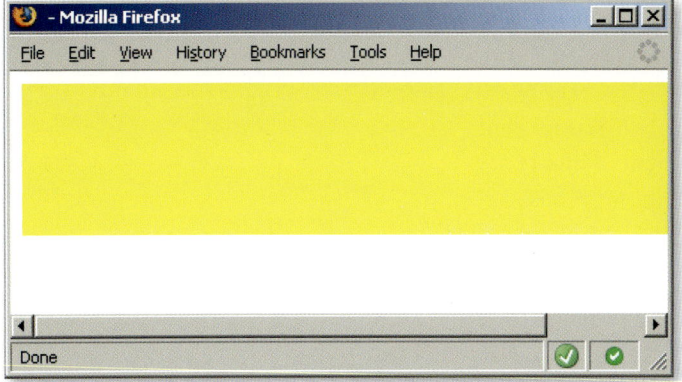

◀ **Abbildung 3.9**
Ein leeres Element mit Border erzeugt einen Scrollbalken.

Mit diesen Angaben sehen Sie nun in allen Browsern einen Scrollbalken bei schmalem Viewport – nur nicht im IE 6, für den die ganze Aktion eigentlich stattfindet. Die Lösung lautet wie so oft: hasLayout.

```
<!--[if lte IE 7]><style>
* html #minwidth {
  height: 1px;
}
#minwidth {
  min-height: 0;
}
</style><![endif]-->
```

Auch IE 7 benötigt hasLayout, damit ein Scrollbalken sichtbar wird.

2   Der Inhaltsbereich

Für den Bereich, der den Inhalt aufnehmen soll, benötigen Sie nun ein weiteres Element:

```
<div id="minwidth">
  <div id="inhalt">
    Lorem ipsum […]
  </div>
</div>
```

Dieses Element ziehen wir mit einem negativen linken Margin auf den Border-Bereich.

```
#inhalt {
  margin-left: -500px;
}
```

Wieder genügt dies nicht für den IE 6: Der negativ verschobene Bereich wird abgeschnitten (siehe den Exkurs zum Thema »Clipping« in Abschnitt 3.2). Das Element `#inhalt` benötigt sowohl hasLayout als auch `position: relative`.

Beachten Sie, dass Sie für den negativ verschobenen `#inhalt` keine Prozenthöhe einsetzen können, um hasLayout hervorzurufen (siehe Abschnitt 3.2).

```
<!--[if lte IE 7]><style>
* html #minwidth,
* html #inhalt {
  height: 1px;
}
* html #inhalt {
  position:relative;
}
#minwidth {
  min-height: 0;
}
</style><![endif]-->
```

Der Border zum Simulieren einer Mindestbreite zeigt das Prinzip deutlich, ist jedoch in der Praxis nur dann anwendbar, wenn der undurchsichtige Border-Bereich das Layout nicht stört. Sobald Hintergrundbilder beteiligt sind, eignet sich eher ein Margin oder Padding. Ein Margin ist immer transparent – würde also darunterliegende Hintergründe durchscheinen lassen –, erzeugt jedoch nicht browserübergreifend den gewünschten Scrollbalken. Padding ist ideal, da die Definitionen für den Hintergrund dort genauso wie für den Inhaltsbereich angewendet werden.

3   Mit beliebigem Hintergrund

Ändern Sie also den Border in ein Padding ab:

```
#minwidth {
  padding-left: 500px;
}
```

Diese kleine Änderung hat leider zur Folge, dass im IE 6 die Wirkung der Mindestbreite verloren geht und der Scrollbalken ausbleibt. Es ist ein weiteres Element nötig, das zwischen `#minwidth` und `#inhalt` steht und hasLayout hat.

```
<div id="minwidth">
  <div id="haslayout">
    <div id="inhalt">
      Lorem ipsum […]
    </div>
```

```
    </div>
</div>
```

Und im IE-Stylesheet:

```
* html #minwidth,
* html #haslayout,
* html #inhalt {
  height: 1px;
}
```

◀ **Listing 3.7**
min-Width-Workaround für alle Browser

Dieser `min-width`-Workaround sieht auf den ersten Blick wie eine aufwendige Maßnahme mit vielen zusätzlichen Containern aus. In der Praxis gibt es aber oft schon genug Elemente, die die beschriebenen Aufgaben übernehmen können. Betrachten Sie abschließend das Beispiel aus Listing 3.6.

```
<div id="container">
  <h1>Lorem ipsum dolor sit amet</h1>
  Lorem ipsum [...]
</div>
```

◀ **Listing 3.8**
Mindestbreite für IE ≤ 6

Für IE 6 genügen ein paar Zeilen CSS für die Mindestbreite. Das `body`-Element kann die Aufgabe der Einrückung übernehmen. Um das zusätzliche hasLayout-Element zu vermeiden, setzen wir dafür Margin ein.

```
<!--[if IE 6]><style>
body {
  margin-left: 600px;
}
#container {
  margin-left: -600px;
  height: 1px;
  position: relative;
}
</style><![endif]--> ■
```

`<body>` gehört zu den Elementen, die von sich aus hasLayout haben, es ist also keine weitere Maßnahme nötig.

3.3.2   Zusammenfassung

▶ Wenn die `min-width`-Simulation browserübergreifend angewendet wird, sind zur Einrückung nur Padding oder Border geeignet.
▶ Im IE 7 benötigt das Element, das durch Einrückung die Mindestbreite vorgibt, hasLayout; im IE 6 gilt das für alle beteiligten Elemente.

- Im IE ≤ 7 darf für das Element mit negativem Margin **keine Prozenthöhe** eingesetzt werden, um hasLayout hervorzurufen.

Als `min-width`-Workaround nur für IE 6 sind `margin`, `border` oder `padding` für die Einrückung einsetzbar. Padding erfordert ein zusätzliches Element, das hasLayout hat und zwischen dem Padding-Element und dem negativ verschobenen Inhaltsbereich liegt.

3.3.3 Relevanz in der Praxis?

Der Adressat von `min-`/`max-width`-Workarounds ist der IE 6, der inzwischen so selten geworden ist, dass sich solche aufwendigen Sonderbehandlungen nicht mehr lohnen: Eine feste Breite für diesen alten Browser tut es auch.

Wir halten es trotzdem für wertvoll, sich mit diesen Techniken zu befassen, erweitern sie doch den »CSS-Horizont« und führen einen bei ganz anderen Problemen zu Lösungen, auf die man sonst nie gekommen wäre. Betrachten Sie es als inspirierende Fingerübung.

Vielleicht benötigen Sie einmal ein Element, das eine Mindestbreite von 600 px + 20 em hat. Mit `min-width` allein ist das nicht lösbar, wohl aber in Kombination mit dem Workaround – zumindest, solange `calc()` noch nicht browserübergreifend einsetzbar ist.

4 Floats

Im normalen Fluss erzeugen Block-Elemente stets einen Umbruch, liegen also entsprechend ihrer Reihenfolge im Quelltext untereinander. Den Ansprüchen an ein übersichtliches, ansprechendes Seitenlayout wird diese lineare Darstellung selten gerecht – Inhalte sollen nebeneinander, also in Spalten angeordnet werden.

Lange Zeit waren Layouttabellen der einzige Weg, den Wunsch nach Spaltendarstellung zu erfüllen. Heute versuchen wir, uns von dieser Abhängigkeit zu lösen und im HTML nur das zu notieren, was den Inhalt korrekt auszeichnet, und das Layout dem Stylesheet zu überlassen.

Mit Float stellt CSS dem Webautor ein mächtiges Werkzeug zur Verfügung, mit dem kleine und große Bereiche Seite an Seite gestellt werden können – und auch die Browser unterstützen dies weitgehend.

> Weitere Möglichkeiten für Spaltendarstellung sind `inline-block` (siehe Kapitel 5, »Das Inline-Formatierungsmodell«) und `display: table-cell` (siehe Kapitel 8, »Das CSS-Tabellenmodell«). CSS3 bietet erweiterte Möglichkeiten für die Anordnung – z. B. *Flexible Box Layout* und *Template Layout* –, doch diese sind in der Praxis noch nicht einsatzfähig.

4.1 Was kann Float?

Mit Hilfe der Float-Eigenschaft werden Elemente entweder nach links (`float: left`) oder nach rechts (`float: right`) gerückt. Nachfolgende Inhalte ordnen sich daneben an, solange es der Platz zulässt. Die Clear-Eigenschaft steht im direkten Zusammenhang mit Float und sorgt dafür, dass Elemente auch wieder unter Floats verschoben werden können.

Ursprünglich war der Float-Eigenschaft eher die Aufgabe zugedacht, kleine Inhaltsbereiche von Text umfließen zu lassen – und nicht komplette und komplexe Layouts darauf aufzubauen. David Baron spricht im Zusammenhang mit besonders ausgefallenen Layouttechniken gar vom Missbrauch,[1] aber welche Alternativen lassen die Fähigkeiten der Browser und der Stand der Spezifikation schon zu?

> **Hinweis**
>
> Im Unterschied zu Tabellen entsteht bei Floats keine zeilen- oder spaltenweise Abhängigkeit. Die Elemente passen sich also nicht automatisch in ihrer Höhe an den Nachbarn an. Gleich hohe Spalten – bzw. deren Illusion – lassen sich dennoch mit verschiedenen Methoden verwirklichen, siehe Abschnitt 7.7 und Kapitel 14, »Gleich hohe Spalten«.

---

[1] David Baron, »Overuse of floats considered harmful«, *http://dbaron.org/log/2005-12#e20051228a*

Die Umsetzung stabiler mehrspaltiger Layouts setzt ein umfassendes Verständnis der Float-Eigenschaft und ihrer vielfältigen Auswirkungen auf ihre Umgebung voraus.

4.1.1 Bilder von Text umfließen lassen

Betrachten Sie zunächst die klassische Anwendung der Float-Eigenschaft: Ein Bild soll von Text umflossen werden.

Mit `float: left` oder `right` wird das Bild so weit wie möglich nach links oder rechts gerückt, und der Text fließt daran vorbei. Die Float-Eigenschaft wirkt sich auf nachfolgende Inhalte aus, daher muss das Bild im Quelltext vor den Textinhalten stehen, die es umfließen sollen.

```
<div>
  <img src="bild.gif" alt="image" width="150" />
  <p>Lorem ipsum […]</p>
  <p>Lorem ipsum […]</p>
  <p>Lorem ipsum […]</p>
</div>
```

> **Hinweis**
>
> Elemente werden durch `float` stets so weit wie möglich nach rechts oder links gerückt. Ein Zentrieren mit `margin: auto` ist nicht möglich.

Das Float-Element wird aus dem natürlichen Fluss der Elemente herausgenommen; die Boxen der nachfolgenden, normal fließenden Elemente verhalten sich, als wäre das Float nicht vorhanden (siehe Abbildung 4.1). Eine Hintergrundfarbe für die Absätze macht dieses Prinzip deutlich, und ein Margin für das Bild lässt die darunterliegenden Boxen durchscheinen:

```
img {
  float: left;
  margin: 15px;
}
p {
  background: #99f;
}
```

Listing 4.1 ▶
Floatendes Bild und umfließender Text

Die Zeilenboxen in Abbildung 4.1 wurden mit Hilfe eines zusätzlichen `<span>` in den Absätzen sichtbar gemacht.

Abbildung 4.1 ▶
Die Boxen der Textabsätze behalten ihre volle Breite, die Zeilenboxen des Textes weichen dem Float aus.

❶ Blockboxen der Absätze
❷ Zeilenboxen des Textinhalts

Die **Zeilenboxen** (siehe Abschnitt 5.1.1) des Textes weichen dem Bild aus, und nach dem Bild fließt der Text wieder nach links und nutzt die gesamte Breite. Die **Boxen** aller Textabsätze reichen jedoch unter dem Float hindurch bis zum äußersten linken Rand. Die Boxen der Absätze und das Float überlagern sich also, sind miteinander verwoben (vgl. Abschnitt 6.1.2).

Das Verweben der Boxen findet auch dann statt, wenn der auf das Float folgende Textabsatz eine Breitenangabe erhält. Schränken Sie also die Breite auf `180px` ein, das entspricht der Bildbreite plus Margins.

```
p {
  background: #99f;
  width: 180px;
}
```

> **Hinweis**
>
> In der natürlichen Stapelreihenfolge befindet sich das im Quelltext zuletzt notierte Element am nächsten zum Betrachter. Für ein Float-Element gilt diese natürliche Schichtung nicht; es befindet sich stets vor den nachfolgenden Boxen.
> Mit Positionierung und `z-index` können Sie diese Reihenfolge beeinflussen (siehe Abschnitt 6.1.2).

◀ **Listing 4.2**
Textabsatz mit Breitenangabe

▲ **Abbildung 4.2**
Eingeschränkte Breite bei dem Textabsatz, der auf das Float folgt

> **Browserfehler IE ≤ 7: hasLayout**
>
> Im IE ≤ 7 beeinflusst die proprietäre hasLayout-Eigenschaft die Darstellung von Elementen im Zusammenhang mit Float.
> Das in Listing 4.2 durch die Breitenangabe gesetzte hasLayout lässt die gesamte Box des Absatzes dem Float ausweichen, das Verweben mit dem Float findet nicht mehr statt. Eine standardkonforme Darstellung ist hier nicht erreichbar.
> Mehr zum hasLayout-Phänomen finden Sie in Abschnitt 10.7.1.

Die Breite wird vom linken Rand aus gemessen, der Text hat also keinen Platz, um neben das Bild zu fließen. Die Box des Absatzes reicht unter dem Bild bis nach ganz oben (siehe Abbildung 4.2).

Ein Bild, das umflossen werden soll, kann im Quelltext auch inmitten eines Textbereiches stehen. Das Bild wandert dann in

CSS 2.1, 9.5 schreibt vor, dass ein Float in einer Zeilenbox an der Oberkante der aktuellen Zeile ausgerichtet wird. IE < 8 und Firefox < 3.5 setzen das Float jedoch eine Zeile tiefer.

> **Hinweis**
>
> In CSS 2 war eine explizite Breitenangabe für Floats vorgeschrieben – es sei denn, es handelte sich um ersetzte Elemente, die eine implizite Breite haben (z. B. Bilder). Erst CSS 2.1 erlaubt Float ohne Breitenangabe. Es gilt dann **Shrink-to-fit**, d. h., die Breite des Elements richtet sich nach dem Inhalt (siehe Abschnitt 6.7).
> In einigen wenigen alten Browsern, wie dem IE 5 Mac, gab es Probleme bei Anwendung von Float ohne Breite; aktuelle Browserversionen wenden die Regel aus CSS 2.1 an.
> Es ist auch heute noch ratsam, komplexere Float-Bereiche mit einer Breite auszustatten, anstatt sich auf die korrekte Umsetzung intrinsischer Breiten zu verlassen.

Listing 4.3 ▶
Navigation mit Float, von Text umflossen

seiner Zeile nach links oder rechts, und der Text fließt wieder daran vorbei. Damit die Textzeilen nicht unterbrochen werden, muss der Browser entscheiden, wie viel des Textes, der im Quelltext vor dem Bild steht, noch über dem Bild oder schon daneben dargestellt wird. Die vertikale Position eines solchen Bildes kann je nach Browser variieren.

4.1.2 Ein Einstieg in Spalten mit Float

Float kann auf alle Arten von Elementen angewendet werden. In einem einfachen zweispaltigen Layout können Sie so beispielsweise eine Navigationsliste vom Inhalt umfließen lassen.

```
<div id="seite">
  <ul id="navigation">
    <li><a href="#">Navigationslink</a></li>
    <li><a href="#">Navigationslink</a></li>
    <li><a href="#">Navigationslink</a></li>
    <li><a href="#">Navigationslink</a></li>
  </ul>
  <div id="inhalt">
    <p>Lorem ipsum […]</p>
    <p>Lorem ipsum […]</p>
    <p>Lorem ipsum […]</p>
  </div>
</div>
```

Die Navigation erhält eine Breitenangabe und `float: left`, der Inhaltsbereich bleibt im normalen Fluss.

```
#navigation {
  margin: 0;
  padding: 0;
  float: left;
  width: 12em;
  background: #ff0;
}
#inhalt {
  background: #9f9;
}
```

Die Box des Inhaltsbereichs wird wieder mit dem Float verwoben und schiebt sich darunter nach links. Um optisch getrennte Spalten zu erhalten, muss der Inhaltsbereich daran gehindert werden, sich bis nach links auszudehnen (siehe Abbildung 4.3). Dafür eignet sich ein linker Margin in der Breite der Navigation.

```
#inhalt {
    background: #9f9;
    margin-left: 12em;
}
```

◀ **Listing 4.4**
»Spalten« durch Margin

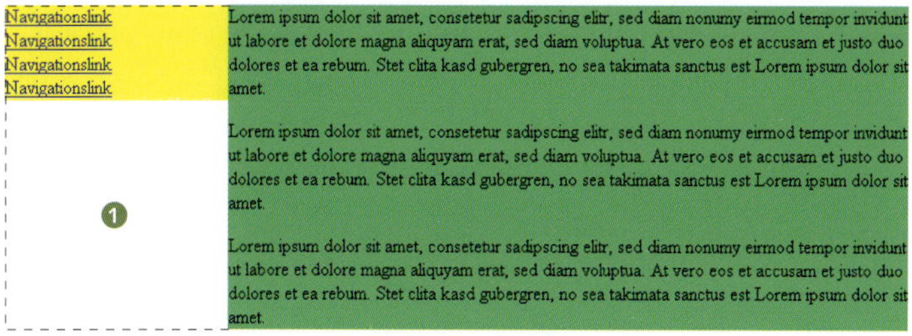

◀ **Abbildung 4.3**
Der Inhaltsbereich wird mit `margin-left` ❶ optisch neben die Navigation gerückt.

Das Verweben der fließenden Elemente mit dem Float findet jetzt im Margin-Bereich der Inhaltsbox statt. Da der Margin von der Hintergrundfarbe eines Elements stets ausgenommen, also transparent ist, entsteht der Eindruck nebeneinanderstehender Spalten.

Auf diese Art erhalten Sie ein einfaches Spaltenlayout, bei dem der Inhaltsbereich flexibel die Breite des Browserfensters ausnutzt. Dieses Prinzip lässt sich auch zum Dreispalter erweitern, indem eine rechte Spalte `float: right` erhält und der Inhaltsbereich um einen rechten Margin ergänzt wird. Beachten Sie, dass Sie dabei beide Float-Bereiche im Quelltext **vor** dem Inhalt notieren müssen.

Browserfehler: Der 3 px-Fehler im IE ≤ 6 Win

Bei dieser Anordnung von Elementen mit Float und Margin tritt im IE ≤ 6 ein Fehler auf, der als **3 px-Bug**, **3 px-Gap** oder **3 px-Text-Jog** bekannt ist.[2]

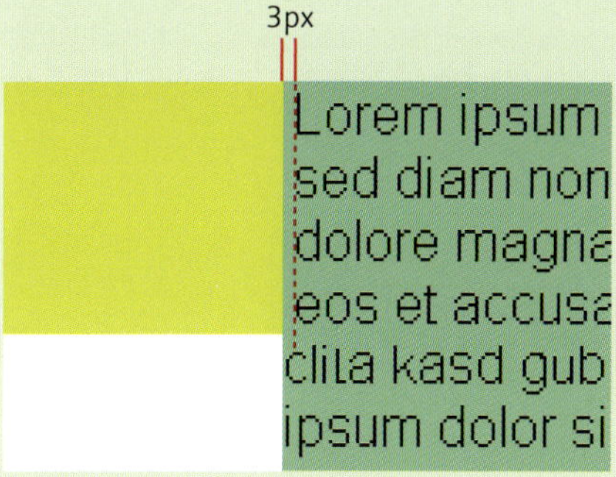

▲ **Abbildung 4.4**
Textversatz um 3 px neben Floats

---

2 Position is Everything, »The IE6 Three Pixel Text-Jog«,
  http://www.positioniseverything.net/explorer/threepxtest.html

Der Text, der direkt neben dem Float zu liegen kommt, wird um 3 px weiter nach rechts verschoben als der Text nach dem Float – das Float schubst (engl. »jog« = Schubs) den Text also um 3 px nach rechts. Als ersten Schritt zur Fehlerbehebung erhält das betroffene Element hasLayout (siehe Abschnitt 10.7.1), z. B. in Form von `height: 1%`. Die Folge: Der Textversatz verschwindet, die 3 px-Lücke wird stattdessen zwischen den Boxen sichtbar. Wenn keine Hintergrundfarben beteiligt sind, ist der Fehler so kaum mehr wahrnehmbar.

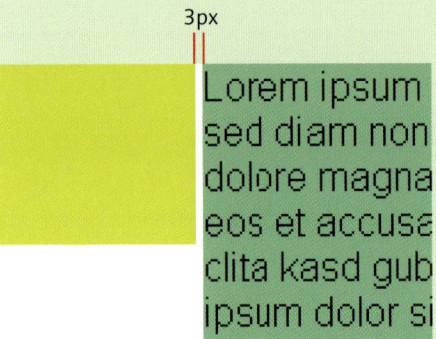

▲ **Abbildung 4.5**
hasLayout verursacht eine Lücke **zwischen** den Boxen.

Der 3 px-Bug tritt auch neben rechts gefloateten Elementen auf. Bei linksbündiger Ausrichtung ist ein Textversatz dann nicht zu erkennen, die durch hasLayout entstehende Lücke **zwischen** den Boxen hingegen schon.

Um die Boxen nahtlos aneinanderzusetzen, müssen Sie die Margins der beteiligten Elemente manipulieren. Das Float benötigt einen negativen 3 px-Margin zur Lücke hin, und den Margin des normal fließenden Elements können Sie entfernen, da bereits durch hasLayout das Verweben der Boxen verhindert wird. Alternativ verringern Sie den Margin um 3 px – was nur möglich ist, wenn der Margin selbst in Pixel angegeben ist.

Ein Beispiel für einen vollständigen Bugfix bei links floatender #navigation:

```
<!--[if lte IE 7]><style>
* html #inhalt {
  height: 1%;
  margin-left: 0;
}
* html #navigation {
  margin-right: -3px;
}
</style><![endif]-->
```

▲ **Listing 4.5**
Maßnahmen gegen den 3 px-Bug des IE

4.1.3 Mehrere aufeinanderfolgende Floats

Wenn mehrere Floats direkt aufeinanderfolgen, dann ordnen sie sich nebeneinander an, solange der verfügbare Platz es zulässt, was beispielsweise in horizontalen Navigationslisten Anwendung findet.

```html
<ul id="navigation">
  <li><a href="#">Linkliste 1</a></li>
  <li><a href="#">Linkliste 2</a></li>
  <li><a href="#">Linkliste 3</a></li>
  <li><a href="#">Linkliste 4</a></li>
  <li><a href="#">Linkliste 5</a></li>
</ul>
```

Die Listenelemente der Navigation erhalten `float: left`. Ohne Breitenangabe schrumpfen sie auf die Breite ihres Inhalts zusammen.

```css
ul#navigation {
  margin: 0;
  padding: 0;
  list-style: none;
}
#navigation li {
  background: #f99;
  float: left;
  border: 1px solid #f00;
  padding: 10px;
}
```

▲ **Listing 4.6**
Horizontale Navigationsliste

Jetzt ordnen sich die Listenelemente nahtlos in einer Reihe nebeneinander an: Die Rahmenkanten stoßen direkt aneinander (siehe Abbildung 4.6).

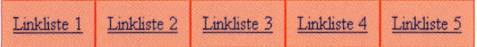

▲ **Abbildung 4.6**
Horizontale Anordnung von Listenelementen mit `float: left`

Abstände zwischen Floats | Ein seitlicher Margin für die Floats rückt die Listenelemente auseinander:

```css
#navigation li {
  background: #f99;
  float: left;
  border: 1px solid #f00;
  padding: .2em;
  margin: 0 .5em;
}
```

Hinweis

In CSS 2.1: 9.7 listet die Spezifikation den gegenseitigen Einfluss der Eigenschaften `display`, `position` und `float` auf. Die beiden im Zusammenhang mit Float wichtigsten Auswirkungen sind:
1. Ein Inline-Element mit Float wird als Block-Element dargestellt und kann `width` und `height` erhalten.
2. Bei absolut positionierten Elementen ist die Float-Eigenschaft wirkungslos.

Navigation nach rechts?

Mit `float: right` können Sie eine solche Navigation auch nach rechts ausrichten. Dabei wandert der erste Link nach ganz rechts außen, und die folgenden ordnen sich jeweils links daneben an – die Reihenfolge ist bei Leserichtung von links nach rechts also umgekehrt zur Reihenfolge im Quelltext.
Um die Navigation in richtiger Reihenfolge nach rechts zu rücken, können Sie die Shrink-to-fit-Breite von Floats für die umgebende `<ul>` ausnutzen: Die `li`-Elemente behalten `float: left`, das `ul`-Element erhält `float: right` ohne Breite – schon sitzt die Navigation am rechten Rand. Ein Beispiel finden Sie in Abschnitt 7.8.

◀ **Listing 4.7**
Abstände zwischen Floats

Abbildung 4.7 ▶
Listenelemente mit Margins

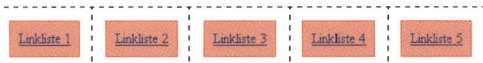

Der horizontale Margin der gefloateten Listenelemente wird vom äußeren Rand der Box des jeweils benachbarten, ebenfalls gefloateten Listenelements an berechnet (siehe Abbildung 4.7). Es kommt hier nicht zu dem in Abschnitt 4.1.1 beschriebenen »Verweben« der Boxen.

Elemente können also tatsächlich (nicht nur dem Eindruck nach, siehe Abschnitt 4.1.2) nebeneinandergestellt werden, indem alle beteiligten Elemente Float erhalten.

> **Hinweis**
>
> Die Ursache für das besondere Verhalten aufeinanderfolgender Float-Elemente liegt in einer Nebenwirkung der Float-Eigenschaft: dem **Block Formatting Context** (BFC). Mehr zum BFC und den Eigenschaften, die ihn hervorrufen, finden Sie in Abschnitt 4.5.

> **Browserfehler: Verdoppelter Margin im IE < 7**
>
> Einer der bekanntesten Fehler des IE < 7 ist der **Doubled Float-Margin-Bug**[3]. Ein Float, das einen Margin in Richtung des Floats besitzt (also `margin-left` bei `float: left` und `margin-right` bei `float: right`), verdoppelt den Außenabstand, wenn dieser an das umgebende Element stößt. In der Reihe aus Abbildung 4.7 ist der verdoppelte Abstand also nur beim ersten Listenelement zu sehen. Ein `display: inline` für das Float beseitigt den doppelten Abstand. Als Nebenwirkung in anderen Browsern würden die Marker der Listenelemente durch das `display: inline` ausgeblendet – sofern sie nicht wie im vorliegenden Beispiel ohnehin entfernt wurden (siehe dazu Abschnitt 12.1.4).

> **Hinweis**
>
> Für Inline-Elemente lässt sich das Umbrechen mit `white-space: nowrap` verhindern. Auf das Umbrechen von gefloateten Boxen hat diese Eigenschaft jedoch keinen Einfluss – Floats sind immer Block-Elemente.

Herabfallende Floats | Wenn der im Browser verfügbare Platz für die Float-Elemente nicht ausreicht, rutschen die überschüssigen Elemente unter die vorhergehenden Floats (siehe Abbildung 4.8).

▲ **Abbildung 4.8**
Herabfallende Listenelemente mit Float

Dieses selbstständige Linearisieren ist ein charakteristisches Merkmal gefloateter Elemente – das nicht immer erwünscht ist. Eine (Mindest-)Breite für ein umgebendes Element (hier: `<ul>`) kann den Float-Umbruch (*float drop*) unterbinden.

Gerade bei Spaltenlayouts mit zwei oder mehr gefloateten Spalten ist dieser Float Drop oft nicht willkommen. Bei einem Layout mit festen Spaltenbreiten lässt sich leicht eine passende

---

[3] Position Is Everything, »The IE Doubled Float-Margin Bug«, *http://www.positioniseverything.net/explorer/doubled-margin.html*

Breitenangabe für ein umgebendes Element finden. Flexible Layouts benötigen eine **Mindestbreite**. Das Beispiel aus Abschnitt 4.1.2 (Listing 4.4) wird durch folgende Ergänzungen zu einem teilflexiblen Layout ohne herabfallende Floats:

```
#seite {
  min-width: 30em;
}
#inhalt {
  background: #9f9;
  float: left;
  width: 60%;
}
```

▲ **Listing 4.8**
Mindestbreite gegen herabfallende Floats

> **Hinweis**
>
> Stuart Colville[4] stellt mit dem **Drop-Column-Layout** eine Methode vor, die bewusst mit herabfallenden Floats arbeitet und je nach verfügbarem Platz die Spalten unterschiedlich anordnet. Simon Collison[5] und Cameron Adams[6] reagieren mit JavaScript auf die Fensterbreite und bieten abhängig davon verschiedene Stylesheets an.
> CSS3 ermöglicht, mittels **Media Queries** (siehe Abschnitt 9.3) auf unterschiedliche Viewport-Breiten zu reagieren.

Die Navigation behält ihre 12 em Breite. Sobald das umgebende Element #seite die Breite von 30 em erreicht hat, erscheint eine horizontale Scrollleiste (60% von 30 em entsprechen 18 em, zusammen mit den 12 em der Navigation ergibt das die minimal mögliche Breite).

Eine häufige Anwendung herabfallender Floats sind Vorschau-Bildergalerien, bei denen sich eine größere Menge von verlinkten Bildern je nach verfügbarem Platz verteilt (siehe Abbildung 4.9).

> **Browserfehler:
> Kein min-width im IE 6**
>
> IE 6 kennt die `min-width`-Eigenschaft nicht. In Abschnitt 3.3 und in Kapitel 11, »CSS-Erweiterungen«, stellen wir Workarounds vor, die eine Mindestbreite auch im IE 6 ermöglichen.

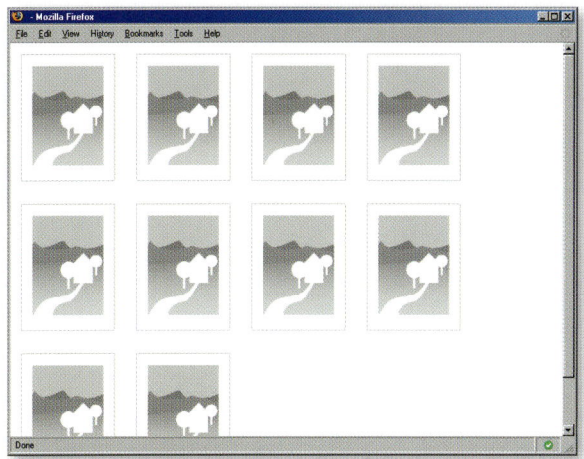

◀ **Abbildung 4.9**
Liste von Vorschaubildern mit
`float: left`

---

4 Stuart Colville, »CSS Drop Column Layout«, *http://muffinresearch.co.uk/archives/2006/02/07/css-drop-column-layout/*
5 Simon Collison, »Redesign Notes 1: Width-based layout«, *http://www.colly.com/?/comments/redesign-notes-1-width-based-layout/*
6 Cameron Adams, »Resolution dependent layout update«, *http://themaninblue.com/writing/perspective/2006/01/19/*

Müssen herabfallende Floats verhindert werden?
Ziehen Sie doch einmal in Betracht, die »natürliche« Anordnung von Floats zuzulassen. Vielleicht ergeben sich daraus ganz neue Layoutkonzepte, die besser an das Medium Web angepasst sind, als pixelgenaue Adaptionen von Printdesigns es je sein können. Schließlich weiß der Webautor nie, wie sein Werk tatsächlich beim Besucher angezeigt wird.

Solange die Floats stets die gleiche Höhe aufweisen, verteilen sie sich gleichmäßig neben- und untereinander.

So weit links und so weit oben wie möglich | Sobald jedoch bei aufeinanderfolgenden Floats die Höhen der Elemente nicht gleich sind, ordnen sich die Floats beim Herunterfallen nicht mehr zeilenweise an, sondern das herunterfallende Float schließt direkt neben dem nächstmöglichen vorhergehenden Float an (siehe Abbildung 4.10).

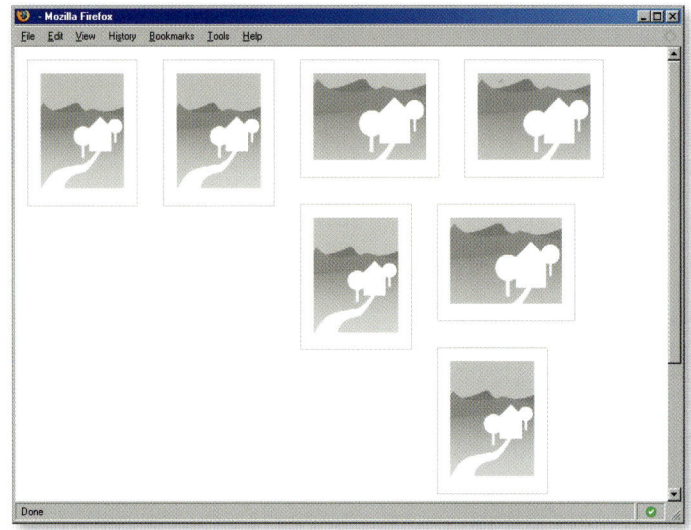

▲ **Abbildung 4.10**
Vorschaubilder mit `float: left` und unterschiedlicher Höhe. Floats rücken lieber nach oben als zur Seite.

Wenn eine zeilenweise Anordnung von Elementen auch bei unterschiedlichen Höhen gewünscht ist, so bietet sich die Inline-Block-Darstellung als Alternative an (siehe Kapitel 5, »Inline-Formatierungsmodell«).

Zu Abbildung 4.9 und Abbildung 4.10 finden Sie auf der DVD die Listings 4.9 und 4.10.

Die Floats halten sich dabei an die Regeln 8 und 9 aus CSS 2.1: 9.5.1, die vorschreiben, dass ein Float sich so weit oben (Regel 8) und so weit links oder rechts (Regel 9) wie möglich anordnen soll, wobei einer höheren Position der Vorrang eingeräumt wird.

So weit oben wie möglich… | Bei bestimmten Anordnungen kann es zu Konflikten zwischen Float-Regeln kommen. So gilt einerseits Regel 8 »so weit oben wie möglich«, andererseits darf ein Float aber auch nicht höher liegen als die obere Kante eines vorhergehenden Block-Elements oder Floats (Regel 5). Bei einer Anordnung mit wechselseitigem Float können diese beiden Regeln kollidieren: Von vier Bildern sollen zwei links und zwei rechts liegen, dazwischen soll Text fließen (siehe Abbildung 4.11).

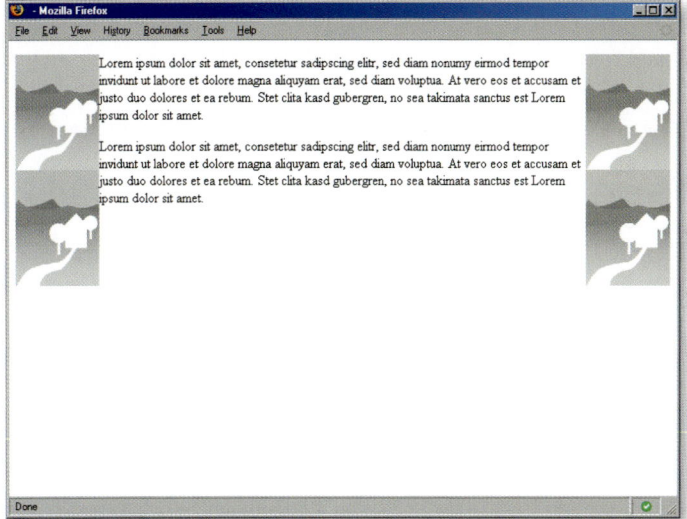

◀ **Abbildung 4.11**
Zwischen vier entgegengesetzt gefloateten Bildern fließt Text.

```
<div>
  <img src="Bild.gif" alt="image" />
  <img src="Bild.gif" alt="image" />
  <img src="Bild.gif" alt="image" />
  <img src="Bild.gif" alt="image" />
  <p>
    Lorem ipsum […]
  </p>
</div>
```

Zwei der Bilder erhalten jeweils `float: left` und `clear: left` (damit die Bilder untereinandersitzen), die anderen beiden entsprechend `right`. Das gewünschte Ergebnis erhalten Sie nur dann in allen Browsern, wenn die Bilder wechselweise nach links und rechts gefloatet werden.

```
<img style="float: left; clear: left;" src="Bild.gif" alt="image" />
<img style="float: right; clear: right;" src="Bild.gif" alt="image" />
<img style="float: left; clear: left;" src="Bild.gif" alt="image" />
<img style="float: right; clear: right;" src="Bild.gif" alt="image" />
```

▲ **Listing 4.11**
Float und Clear wechselweise

Browserinkonsistenz
In den aktuellen Versionen sind sich die modernen Browser bei der Auslegung dieses Konfliktes einig. Im IE ≤ 7 und in älteren Browserversionen rutschen auch bei paarweiser Anordnung die Floats nach ganz oben.

Wenn die Bilder paarweise die gleiche Float-Richtung besitzen, so steht das zweite Paar nicht mehr am oberen Rand des ersten Bildes, sondern bleibt beim zweiten Bild stehen (siehe Abbildung 4.12).

```
<img style="float: left; clear: left;" src="Bild.gif" alt="image" />
<img style="float: left; clear: left;" src="Bild.gif" alt="image" />
<img style="float: right; clear: right;" src="Bild.gif" alt="image" />
<img style="float: right; clear: right;" src="Bild.gif" alt="image" />
```

Listing 4.12 ▶
Float und Clear paarweise

Um die paarweise Reihenfolge im Code einhalten zu können, können Sie die jeweiligen Paare auch mit einem `<span>` oder `<div>` gruppieren und diese umschließenden Elemente floaten. Es werden somit zusammengehörige »Spalten« ausgezeichnet.

Abbildung 4.12 ▶
Vier Bilder mit Float paarweise in gleicher Richtung

4.2 Float beenden: Clear

Mit Clear wird das Umfließen von Float-Elementen beendet. Ein Element mit `clear: left` ordnet sich unter Elementen mit `float: left` an, ein Element mit `clear: right` ordnet sich unter Elementen mit `float: right` an, und `clear: both` beendet das Umfließen in beide Richtungen. Clear ist nur auf Block-Elemente anwendbar, die nicht absolut positioniert sind.

Ein Element mit Clear wird so weit nach unten geschoben, dass die obere Rahmenkante (*top border edge*) des Clear-Elements nach der unteren Marginkante (*bottom outer edge*) des letzten vorhergehenden Float-Elements zu liegen kommt (siehe Abbildung 4.13).

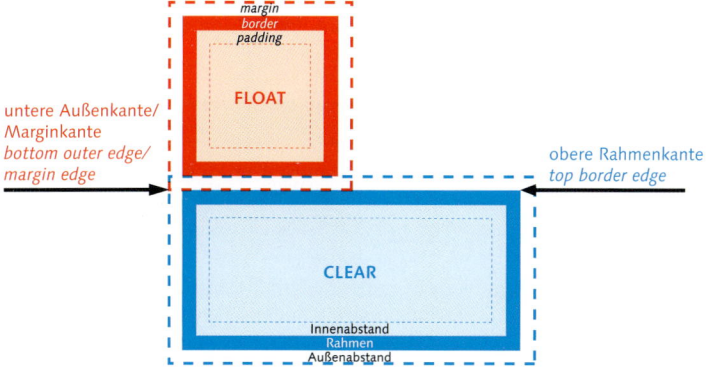

◀ **Abbildung 4.13**
Anordnung von Float und Clear

Nur wenn das clearende Element selbst auch ein Float ist, wird die obere **Außen**kante unter die untere Außenkante des vorhergehenden Float-Elements geschoben. Die Margins stoßen dann aneinander und kollabieren nicht (siehe Abbildung 4.14).

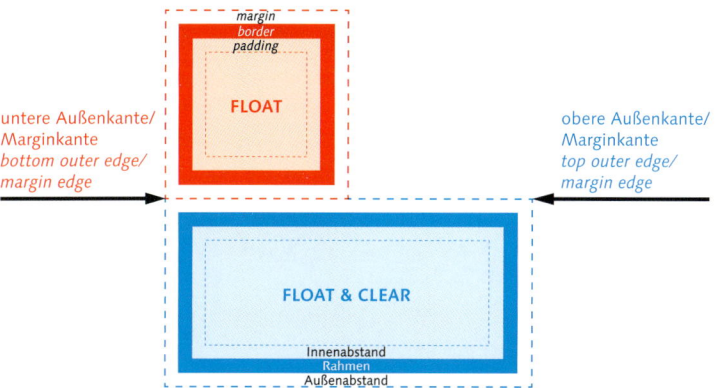

◀ **Abbildung 4.14**
Anordnung von Float und kombiniertem Float & Clear

Der Bereich, der nötig ist, um die obere Rahmenkante des Clear-Elements unter das Float zu befördern, wird als **Clearance** (engl. für »Freiraum«) bezeichnet. Der Clearance-Bereich wird über dem oberen Margin des Clear-Elements eingefügt (siehe Abbildung 4.15).

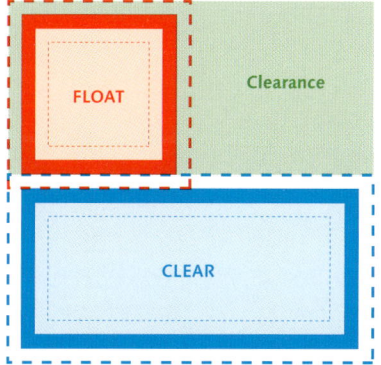

◀ **Abbildung 4.15**
Clearance-Bereich

Zunächst klingt es einfach, doch die Ermittlung der Position eines Clear-Elements kann tückisch sein.

> **Zwei Schritte bis zum Clear**
>
> **Im ersten Schritt** wird festgestellt, ob überhaupt eine Clear-Wirkung eintreten muss, d. h. ob Clearance nötig ist. Dazu wird die hypothetische Position des Clear-Elements ermittelt, die es einnähme, wenn es kein Clear hätte. Dabei werden zusammenfallende Ränder des Clear-Elements mit dem vorhergehenden oder auch dem umgebenden Element einbezogen. Wenn die obere Rahmenkante des Clear-Elements in der hypothetischen Position *nicht* unterhalb der unteren Außenkante des Floats zu liegen kommt, wird Clearance eingeführt. Diese kann im Endergebnis auch null oder sogar negativ sein, siehe Abschnitte 4.2.2 Fall 1 und 4.2.3).
>
> **Im zweiten Schritt** wird die tatsächliche Position des Clear-Elements ermittelt. Dabei wird die hypothetische Position mit der Position verglichen, bei der die obere Rahmenkante des Elements unter die untere Außenkante des Floats verschoben ist. Diejenige der beiden Positionen, die »weiter unten« liegt, ist dann die endgültige.

Betrachten Sie verschiedene Fälle, ausgehend von einem Bild und einem Textabsatz, die von einem `<div>` zusammengefasst werden:

```
<div>
  <img src="bild.gif" alt="image" />
  <p>Lorem ipsum […]</p>
</div>
```

Für das umgebende `<div>` vergeben Sie eine gelbe Hintergrundfarbe und ein seitliches Padding, um es sichtbar zu machen. Das Bild erhält Float, und Clear für den Textabsatz verhindert das Umfließen. Mit Padding für das `body`-Element schaffen Sie etwas Abstand zum Browserfenster.

Wir vergeben für das `<div>` nur ein seitliches Padding, kein oberes oder unteres, um Collapsing Margins nicht zu behindern. Erst das Padding beim `body`-Element beendet zusammenfallende Margins.

```
body {
  padding: 20px;
}
div {
  background: #ff0; /* gelb */
  padding: 0 20px;
}
img {
  float: left;
}
p {
  clear: left;
```

```
    background: #99f; /* gruen */
}
```

4.2.1 Clear ohne Margins

Setzen Sie zunächst alle Standardabstände des Browsers zurück, um einen ungewollten Einfluss zu verhindern.

Hinweise zum »globalen Reset« finden Sie in Abschnitt 3.2.1.

```
* {
    margin: 0;
    padding: 0;
}
```

▲ **Listing 4.13**
Clear ohne Margins

In der hypothetischen Position, also ohne Clear, liegt die obere Rahmenkante des Textabsatzes oben bündig mit dem Bild. Um den Absatz unter das Bild zu schieben, muss Clearance eingeführt werden (siehe Abbildung 4.16, ❶).

Der zweite Schritt – die Verschiebung der oberen Rahmenkante unter das Float – befördert das Element weiter nach unten und entspricht deshalb der endgültigen Position.

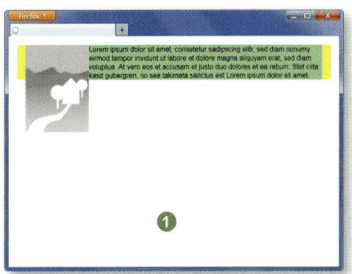 

▲ **Abbildung 4.16**
❶ Hypothetische Position ohne Clear
❷ Obere Rahmenkante unter Float verschoben = endgültige Position

4.2.2 Clear-Element mit Margin: Kollabieren mit umgebendem Element

In einem Dokument kann jedes (Block-)Element zu einem clearenden Element werden. Listen oder – wie in unserem Beispiel – Textabsätze haben oft Margins, die in Verbindung mit Clear auf den ersten Blick zu nicht nachvollziehbaren Ergebnissen führen können.

Fall 1: Margin kleiner als Höhe des Floats | Vergeben Sie einen oberen Margin für den clearenden Textabsatz:

> **Browserfehler: Geister-Padding und verdoppeltes Padding im IE ≤ 7**
>
> Bei der einfachen Anordnung von Float und Clear aus Abbildung 4.16 können im IE ≤ 7 zwei Fehler auftreten:
> 1. Über dem clearenden Absatz erscheint wie von Geisterhand eine Lücke. Die Größe dieser Lücke entspricht dem Padding des body-Elements.
> 2. Sobald das clearende Element ein oberes Padding erhält, verdoppelt sich dessen Wert. Beide Fehler können durch hasLayout für das Clear-Element behoben werden.

```css
p {
  clear: left;
  background: #99f;
  margin-top: 15px;
}
```

▲ **Listing 4.14**
Kleiner oberer Margin bei Clear-Element

In der hypothetischen Position fällt der obere Margin des Clear-Elements mit dem umgebenden Element zusammen und verschiebt somit alle beteiligten Elemente um 15 px nach unten (siehe Abbildung 4.17, ❶; resultierender Margin eingestrichelt). Das Element kommt so nicht unterhalb des Floats zu liegen, Clearance ist also nötig.

In Schritt 2, der Verschiebung des Clear-Elements unter das Float, kommt der Clear-Absatz weiter unten zu liegen, so dass diese Position der endgültigen entspricht – das Ergebnis gleicht der vorherigen Version aus Abschnitt 4.2.1: Der obere Margin des Textabsatzes wird *nicht* als Abstand zwischen Float und Clear berücksichtigt (siehe Abbildung 4.17, ❷).

> **Browserfehler: IE < 8**
>
> Im IE ≤ 7 werden die kollabierenden Ränder mit dem umgebenden Element nicht berücksichtigt. Der Margin erscheint zwischen Bild und Textabsatz, was nicht der Spezifikation entspricht.

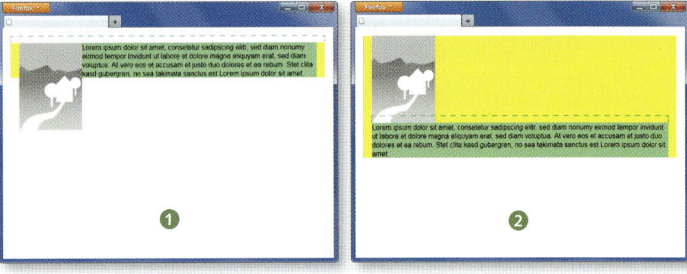

Abbildung 4.17 ▶
Ermittlung der Position eines Clear-Elements mit kleinem oberen Margin

❶ Hypothetische Position ohne Clear mit kollabierendem Margin
❷ Obere Rahmenkante unter Float verschoben = endgültige Position

Fall 2: Margin größer als Höhe des Floats | Ändern Sie den oberen Margin des Textabsatzes in 250 px; das sind 50 px mehr, als das floatende Bild hoch ist.

```css
p {
  clear: left;
  background: #99f;
  margin-top: 250px;
}
```

▲ **Listing 4.15**
Großer oberer Margin bei Clear-Element

In der der hypothetischen Position (siehe Abbildung 4.18, ❶) schiebt wiederum der zusammenfallende obere Margin alle beteiligten Elemente nach unten.

Im Unterschied zur vorherigen Version liegt der Absatz in der hypothetischen Position bereits 50 px »weiter unten« als bei der Verschiebung der oberen Rahmenkante unter das Float. Das Clear-Element müsste daher die Position einnehmen, die durch die hypothetische Position erreicht wird (siehe Abbildung 4.18, ❸). In dieser Position beträgt die Höhe des Clearance-Bereiches null, da über dem Margin kein Bereich mehr nötig ist; die einzige Auswirkung der Clearance liegt darin, das Zusammenfallen der Margins zu unterbinden.

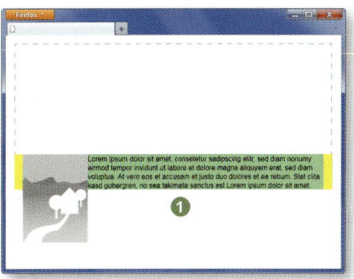 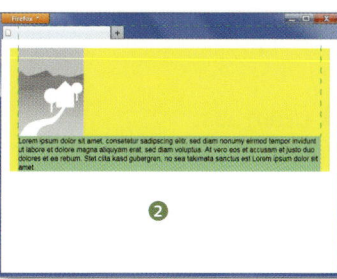 

❶ Hypothetische Position ohne Clear mit kollabierendem Margin
❷ Obere Rahmenkante unter Float verschoben (entspricht der Browserrealität)
❸ Position gemäß Spezifikation

▲ **Abbildung 4.18**
Ermittlung der Position eines Clear-Elements mit großem oberen Margin

Spezifikation vs. Browserrealität

Der Abschnitt in CSS 2.1: 9.5.2 über die Ermittlung der Position eines Clear-Elements hat bis zur bestehenden Fassung etliche Anpassungen erfahren. Gemäß älteren Fassungen wird das Clear wie in Abbildung 4.18 ❷ platziert, d. h., der obere Margin des Clear-Elements bleibt wirkungslos – egal wie groß er ist –, und es entsteht die paradoxe Situation, dass ein Element durch Eintreten der Clear-Wirkung im Dokument **nach oben** verschoben wird.
Zu dem Zeitpunkt, als dieses Kapitel geschrieben wurde, positionierten alle Browser noch gemäß der alten Fassung. In einem Nachsatz lässt die Spezifikation alternativ auch dieses Vorgehen zu; eine zukünftige Spezifikation wird jedoch eine der beiden Verhaltensweisen vorschreiben.
Für den CSS-Autor gibt es daher bei Clear-Elementen mit oberem Margin keine verlässliche Darstellung, so dass nur die Empfehlung bleibt, beides nicht zu kombinieren.

4.2.3 Clear-Element mit Margin: Kollabieren unterbunden

Das umgebende Element erhält einen oberen Rahmen, um das Kollabieren der Margins zu verhindern. Der obere Margin des Textabsatzes ist mit 250 px größer als das Bild (200 px).

```
div {
  background: #ff0; /* gelb */
  padding: 0 20px;
  border-top: 2px solid #f00; /* rot */
}
p {
  clear: left;
  background: #9f9; /* gruen */
  margin-top: 250px;
}
```

▲ **Listing 4.16**
Übergroßer oberer Margin, Border gegen das Kollabieren

Der obere Margin des Textabsatzes wird nun als Abstand zwischen der oberen Rahmenkante des umgebenden `<div>` und des Absatzes berücksichtigt (siehe Abbildung 4.19).

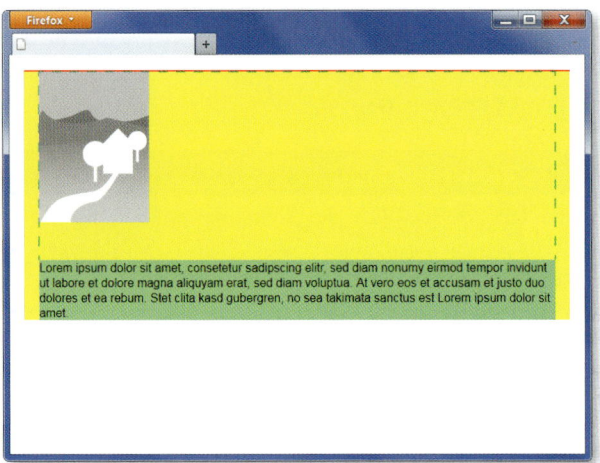

Abbildung 4.19 ▶
Ein nicht kollabierender Margin verschiebt den Absatz unter das Float.

Bereits durch den Margin kommt die obere Rahmenkante des Absatzes unterhalb des floatenden Bildes zu liegen. Es ist also keine Clearance nötig.

4.2.4 Clear-Element mit Margin und Float

Die Margins von Float-Elementen kollabieren nie mit vorhergehenden oder umgebenden Elementen (siehe Abschnitt 2.3). Bei einem Clear-Element, das gleichzeitig floatet, ordnet sich die obere **Außenkante** unterhalb des vorhergehenden Floats an, ein oberer Margin wird also als Abstand zwischen Float und Clear-Element berücksichtigt (siehe Abbildung 4.20).

Im Beispiel geben wir für den Clear-Absatz eine feste Breite an, damit nicht die Ausdehnung des Inhalts (*shrink-to-fit*) bereits ohne Clear dafür sorgt, dass der Absatz unter dem Bild liegt (siehe Abschnitt 6.7).

```
p {
  clear: left;
  float: left;
  background: #9f9; /* gruen */
  margin-top: 15px;
  width: 400px;
}
```

▲ **Listing 4.17**
Absatz mit Float *und* Clear

> **Browserfehler: IE ≤ 7 bei gleichzeitigem Float und Clear**
>
> Wenn auf das Element mit Float und Clear direkt ein weiteres Float folgt, so ignoriert im IE ≤ 7 dieses nachfolgende Float das vorherige Clear, und das Element kommt neben dem ersten Float zu liegen. Normal fließender Blocklevel-Inhalt (und sei es nur ein leeres Element) zwischen dem ersten Float und dem Float/Clear-Element beseitigt den Fehler.[7]

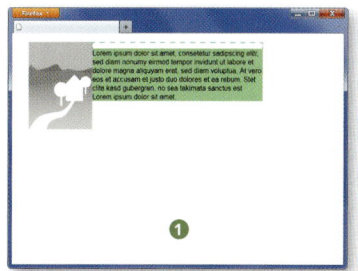 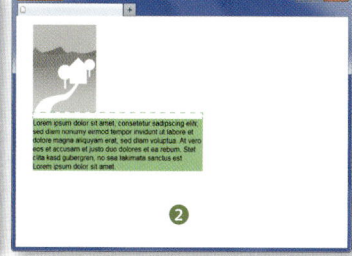

Das umgebende `<div>` fällt auf null zusammen, da alle Inhalte durch Float aus dem Fluss genommen werden; daher ist keine gelbe Hintergrundfarbe sichtbar (siehe Abschnitt 4.3).

◄ **Abbildung 4.20**
Clear-Element, das gleichzeitig ein Float ist

❶ Hypothetische Position
❷ Außenkante des Float/Clear-Absatzes unter Außenkante des Bildes = endgültige Position

4.2.5 Clear-Element mit Margin: Kollabieren mit vorhergehendem Element

Ergänzen Sie nun das Markup um einen weiteren Textabsatz, der vor dem Clear-Element das Float umfließen soll. Der zweite Absatz erhält eine Klasse, damit nur diesem die Clear-Eigenschaft zugewiesen werden kann.

```
<div>
  <img src="bild.gif" alt="image" width="150" height="200" />
  <p>Lorem ipsum […]</p>
  <p class="clear">Lorem ipsum […]</p>
</div>
```

---

7 Bruno Fassino, »IE/Win: problem with float + clear on the same element«, *http://www.brunildo.org/test/IEWfc.html*

Vergeben Sie für beide Textabsätze einen oberen und einen unteren Margin und nur für den zweiten Absatz ein `clear`.

Listing 4.18 ▶
Zweiter Textabsatz mit Clear und Margin

```
* {
  margin: 0;
  padding: 0;
}
body {
  padding: 20px;
}
div {
  background: #ff0; /* gelb */
  padding: 0 20px;
}
img {
  float: left;
}
p {
  margin: 15px 0;
  background: #99f; /* blau */
}
p.clear {
  clear: left;
  background: #9f9; /* gruen */
}
```

> **Hinweis**
>
> Ein unterer Margin eines Floats bewirkt zuverlässig einen Abstand zu einem nachfolgenden Clear, da die Margins von Floats nicht mit anderen Elementen kollabieren.

In der hypothetischen Position fällt der obere Margin des clearenden Absatzes mit dem unteren Margin des ersten Absatzes zusammen (siehe Abbildung 4.21, ❶).

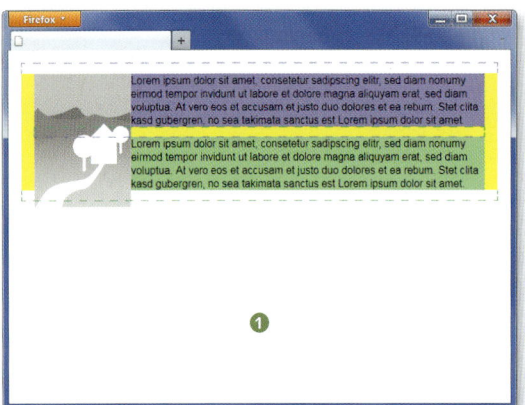 

▲ **Abbildung 4.21**
Kollabierende Margins mit vorhergehendem Element

Wenn die obere Rahmenkante des Clear-Elements unter das Float verschoben wird, kommt das Element weiter unten zu liegen als in der hypothetischen Position; dies entspricht daher der endgültigen Position (siehe Abbildung 4.21, ❷).

❶ Hypothetische Position
❷ Clear unterhalb des Floats = tatsächliche Position

4.2.6 Negative Clearance

Die Spezifikation weist darauf hin, dass Clearance auch negativ sein kann. Ein solcher Fall entsteht, wenn Clearance als Bereich über dem Margin das tatsächliche Kollabieren von Rändern verhindert.

Betrachten Sie wieder die Situation zweier aufeinanderfolgender Textabsätze aus Abschnitt 4.2.5: Die Textabsätze erhalten jetzt feste Pixelhöhen und jeweils einen oberen und einen unteren Margin von 75px. Das umflossene Bild hat eine Höhe von 200 px.

```
p {
  height: 100px;
  margin: 75px 0;
  background: #99f; /* blau */
}
p.clear {
  clear: left;
  background: #9f9; /* gruen */
}
```

> **Hinweis**
>
> Der obere Margin des ersten Absatzes kollabiert mit dem umgebenden Element, daher schließt der Text oben bündig mit dem Bild ab. Das umgebende Element wird um die Höhe des Margins nach unten verschoben. Mehr zu zusammenfallenden Rändern finden Sie in Kapitel 2, »Vertikale Anordnung«.

◀ **Listing 4.19**
Negative Clearance

> **Browserfehler IE ≤7**
>
> IE ≤ 7 scheitert an diesem Beispiel. Weder kollabieren die oberen Margins von Absatz und umgebendem `<div>`, noch wird die negative Clearance umgesetzt. Eine standardkonforme Darstellung ist hier nicht zu erreichen.

In der hypothetischen Position fällt der untere Margin des ersten Absatzes mit dem oberen Margin des zweiten Absatzes zusammen. Damit kommt die obere Rahmenkante des Clear-Absatzes 175 px unter der Oberkante des Bildes zu liegen (die 100px Höhe des ersten Absatzes plus die resultierende Höhe der kollabierten Margins von 75px, siehe Abbildung 4.22, ❶). Die Rahmen-Oberkante des Absatzes liegt so nicht unterhalb des Bildes, Clearance ist nötig.

Es folgt also Schritt zwei: Die obere Rahmenkante des Absatzes muss an die untere Außenkante des Floats stoßen. Da Clearance jedoch verhindert, dass die Margins der beiden Textabsätze tatsächlich kollabieren, läge der zweite Absatz 2 × 75 px = 150 px vom ersten Absatz entfernt – was die Rahmenkante 50 px unter das Bild verschieben würde (siehe Abbildung 4.22, ❷). Um die vorgegebene Position einnehmen zu können, muss der Clear-Absatz also um diese 50 px **nach oben** verschoben werden, die Clearance ist also negativ (siehe Abbildung 4.22, ❸).

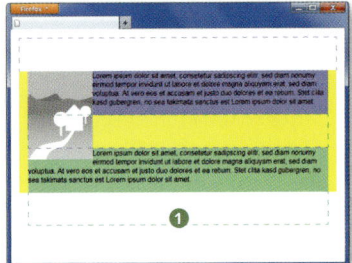 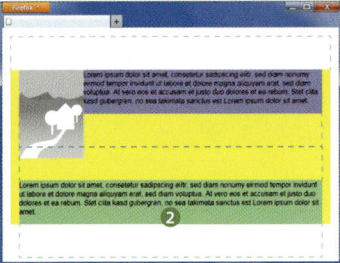 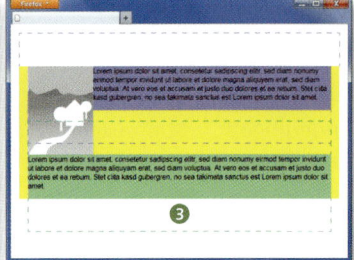

▲ **Abbildung 4.22**
Negative Clearance

❶ hypothetische Position
❷ theoretische Position, wenn Clearance das Kollabieren der Margins verhindern würde
❸ Clear unterhalb des Floats = tatsächliche Position

Float/Clear vs. absolute Positionierung
Mit der Clear-Eigenschaft wird nach einem Float der normale Fluss im Dokument wiederhergestellt. Die nachfolgenden Inhalte ordnen sich in Abhängigkeit von vorhergehenden Floats an. Eine Fußzeile schließt sich also immer unterhalb der jeweils längsten Spalte an, und ein umgebendes Element kann sich um alle Spalten herum ausdehnen (siehe Abschnitt 4.3.) Im Unterschied dazu ist bei absolut positionierten Elementen eine solche wechselseitige Beziehung nicht möglich. Mit absoluter Positionierung sind Elemente unwiderruflich aus dem Fluss genommen: Weder nachfolgende noch umgebende Elemente nehmen Rücksicht auf die Dimensionen der positionierten Elemente. Es gibt nichts dem Clear Entsprechendes bei absoluter Positionierung.

Shaun Inman »cleared« absolut positionierte Elemente per Script.[8]

4.2.7 Fingerübung: Spaltenübergreifend umflossenes Bild

In einer kleinen Fingerübung können Sie die bisher gewonnenen Kenntnisse anwenden: Wie in Zeitschriften und Magazinen üblich, soll ein Bild von zwei Spalten sowohl rechts als auch links umflossen werden.

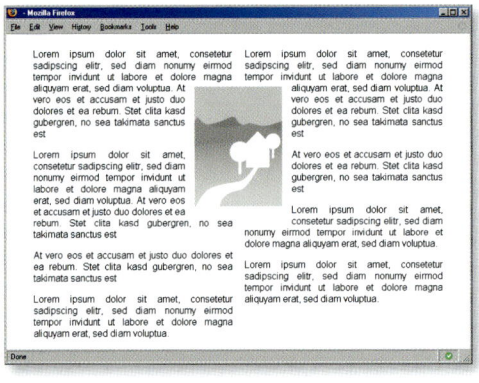

Abbildung 4.23 ▶
Zielvorgabe: Beidseitig umflossenes Bild

---

8 Shaun Inman, »Clearing Absolutes Again«,
   http://www.shauninman.com/archive/2004/07/20/clearing_absolutes_again

Hier kommt die bislang wenig beachtete Eigenschaft `float: center` ins Spiel... nein, zurück zur Realität: Floats stehen immer so weit links oder rechts wie möglich. Wir müssen zu einem Trick greifen, der eine Erinnerung an die Spacer-GIFs wachruft, hier allerdings mit einem Abstandshalter-Element arbeitet.

Erstellen Sie zunächst zwei Spalten, und füllen Sie sie mit ausreichend Textinhalt.

```
<div id="seite">
  <div class="spalte links">
    <p>Lorem ipsum [...]</p>
    <p>Lorem ipsum [...]</p>
    <p>At vero [...]</p>
    <p>Lorem ipsum [...]</p>
  </div>
  <div class="spalte rechts">
    <p>Lorem ipsum [...]</p>
    <p>At vero [...]</p>
    <p>Lorem ipsum [...]</p>
    <p>Lorem ipsum [...]</p>
  </div>
</div>
```

> **Tipp**
>
> Der klassische Blindtext für Layouttests ist das Pseudo-Latein »Lorem ipsum«. Sie können sich diesen Text in beliebiger Menge generieren lassen.[9]

Das umgebende Element `#seite` erhält eine Breite von `700px` und wird zentriert, `text-align: justify` befüllt die Spalten gleichmäßig mit Text. Die beiden Spalten erhalten jeweils eine Breite von `340px`, eine wird nach links, die andere nach rechts gefloatet. Es bleibt also ein Abstand von 20 px zwischen den Spalten.

```
body {
  font: Arial, sans-serif;
}
#seite {
  width: 700px;
  margin: 0 auto;
  text-align: justify;
}
.spalte {
  width: 340px;
}
.links {
  float: left;
}
```

> **Blocksatz im Web?**
>
> Da Silbentrennung noch nicht browserübergreifend zur Verfügung steht, ist Blocksatz für das Web meist untauglich (siehe Abschnitt 16.5.3). Besonders die langen Wörter der deutschen Sprache lassen unschöne Lücken in Texten entstehen.
>
> In unserem Beispiel kommt durch den Blocksatz der Bildausschnitt besser zur Geltung, weshalb wir `justify` hier um der Gestaltung willen einsetzen.

---

9 »Lorem Ipsum«, http://www.loremipsum.de

```css
.rechts {
  float: right;
}
```

Erweiterte Ausschnitte
Microsoft hat einen Vorschlag zu *positionierten Floats* eingereicht; eine Vorschau ist in der Test Drive zur zweiten Platform Preview des IE 10 zu sehen.[10]
Noch umfassendere Ausschnitte sieht das *CSS Exclusions Module* vor, das von der CSS Working Group bearbeitet wird.[11]

Da es noch keine Möglichkeit gibt, ein Element mittig zu setzen und gleichzeitig rechts und links umfließen zu lassen, müssen Sie die Aussparung in zwei Schritten – für jede Spalte einzeln – vornehmen. Es erscheint wenig sinnvoll, das Bild zu halbieren, schließlich könnte auch jemand die Seite ohne Stylesheet betrachten. Verwenden Sie also nur in der ersten Spalte das Bild. In der zweiten hingegen können Sie den Ausschnitt durch einen Platzhalter in Form eines leeren `<span>` erzeugen.

```html
<div id="seite">
  <div class="spalte links">
    <img src="Bild.gif" alt="image" />
[…]
  <div class="spalte rechts">
    <span class="bildersatz"><!-- --></span>
[…]
```

Damit der Text um Bild und Platzhalter fließen kann, müssen beide an erster Stelle in den Spalten stehen. Beide erhalten Float: das Bild nach rechts, der Platzhalter nach links.

Das Bild soll sich über die rechte Spalte schieben und erhält einen negativen rechten Margin, der so groß ist wie die halbe Bildbreite (150 px / 2) plus die Hälfte der Lücke zwischen den Spalten (20 px / 2). Der Platzhalter braucht die Höhe des Bildes (200 px) und die halbe Bildbreite abzüglich des Spaltenabstandes:

Browserfehler IE 6: abgeschnittener Inhalt
Ein weiterer Fehler im Zusammenhang mit hasLayout ist folgender: Der überstehende Teil des per negativem Margin verschobenen Bildes wird im IE 6 abgeschnitten (Clipping). Erst `position: relative` macht das Bild wieder vollständig sichtbar (siehe Abschnitt 3.2).

```css
.links img {
  float: right;
  margin-right: -85px; /* 1/2 Bildbreite + 1/2 Spal-
    tenabstand */
}
.rechts span.bildersatz {
  float: left;
  width: 65px; /* 1/2 Bildbreite - 1/2 Spaltenabstand
*/
  height: 200px;
}
```

Listing 4.20 ▶
Beidseitig umflossenes Bild an Oberkante

---

10 »Positioned Floats«,
   http://ie.microsoft.com/testdrive/HTML5/PositionedFloats/Default.html

11 »CSS Exclusions Module «,
   http://dev.w3.org/csswg/css3-exclusions/

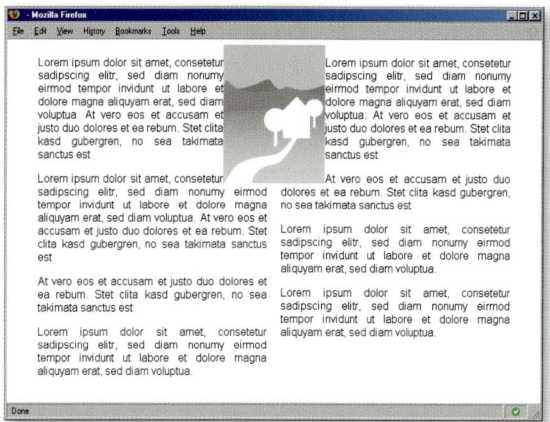

◀ **Abbildung 4.24**
Bild und Platzhalter an Oberkante bündig

Nun liegt das Bild an der Oberkante der Spalten und scheint von beiden Textspalten umflossen zu werden (siehe Abbildung 4.24). Das Bild soll nun weiter nach unten in den Textbereich hineingerückt werden. Ein oberer Margin ist dafür nicht geeignet, da der Margin als Bestandteil der Box ebenfalls vom Text ausgespart würde. Bild und Bildersatz inmitten des Textes zu setzen führt nicht zu kontrollierbaren Ergebnissen. Sie benötigen also in beiden Spalten einen Abstandhalter, der (so gut wie) keine Breite einnimmt, das Bild nach unten drückt und vom Text umflossen wird. Setzen Sie also vor Bild und Platzhalter ein weiteres `<span>` ein, und floaten Sie es nach rechts bzw. links. Damit Bild und Platzhalter unter dem Abstandhalter zu liegen kommen, benötigen beide Clear.

> **Hinweis**
>
> Da beide Spalten floaten, kollabieren die oberen Margins der Textabsätze nicht mit dem umgebenden `<div>` (siehe Abschnitt 2.3).

Das ergänzte HTML sieht so aus:

```
<div id="seite">
  <div class="spalte links">
    <span class="abstand"><!-- --></span>
    <img src="Bild.gif" alt="image" />
[…]
  <div class="spalte rechts">
    <span class="abstand"><!-- --></span>
    <span class="bildersatz"><!-- --></span>
[…]
```

Und das CSS sieht wie folgt aus:

```
.links img {
  float: right;
  margin-right: -85px; /* 1/2 Bildbreite + 1/2 Spaltenabstand */
  clear: right;
}
```

```css
.rechts span.bildersatz {
  float: left;
  width: 65px; /* 1/2 Bildbreite - 1/2 Spaltenabstand */
  height: 200px;
  clear: left;
}
.spalte span.abstand {
  width: 1px;
  float: right;
  height: 4em;
}
.rechts span.abstand {
  float: left;
}
```

Der Text kommt dem Bild noch deutlich zu nahe, Bild und Bildersatz benötigen also einen Randabstand. Da die Browser sich beim Umfließen des Bildes gerade an der oberen Kante leicht unterschiedlich verhalten und es sogar zu Überlappungen kommt, sollten Sie bei diesem Randabstand eher großzügig sein: 1em ist hier ausreichend.

Ein Abstandswert in der schriftgrößenabhängigen Einheit em vermeidet Überlappungen nach Schriftvergrößerung.

```css
.links img {
  float: right;
  margin: 1em -85px 1em 1em; /* rechts: 1/2 Bildbreite + 1/2 Spaltenabstand */
  clear: right;
}
.rechts span.bildersatz {
  float: left;
  width: 65px; /* 1/2 Bildbreite - 1/2 Spaltenabstand */
  height: 200px;
  clear: left;
  margin: 1em 1em 1em 0;
}
```

Listing 4.21 ▶
Beidseitig umflossenes Bild mit oberem Abstand

4.3 Floats einschließen – Containing Floats

Elemente mit Float-Eigenschaft nehmen nicht nur Einfluss auf die Darstellung nachfolgender (siehe Abschnitt 4.1), sondern auch umgebender Elemente. Während normal fließende Elemente stets umschlossen werden, sind die aus dem Fluss genommenen

Floats für das umgebende Element zunächst nicht mehr existent: Die Floats hängen aus dem umgebenden Element heraus.

```
<div class="container">
  <img src="bild.gif" alt="image" />
  <p>Lorem ipsum […]</p>
</div>
```

Das Bild erhält `float` nach links, und das umgebende `div`-Element erhält eine Hintergrundfarbe:

```
.container {
  background: #f99; /* rot */
}
img {
  float: left;
  margin: 15px;
}
p {
  margin: 0;
}
```

> **Browserfehler IE ≤ 7: auto-containing Float**
>
> Der IE ≤ 7 schließt Floats automatisch ein, sobald für das umgebende Element `hasLayout=true` gesetzt ist – eine häufige Ursache für Missverständnisse.
> Im IE 7 wird allerdings `height` beachtet (was hasLayout triggert). Das heißt, das Float hängt zwar heraus, wird aber von allen Elementen ignoriert, die auf das umgebende Element folgen.[12]

◀ **Listing 4.22**
Nicht eingeschlossenes Float

Die Hintergrundfarbe zeigt, dass das umgebende `div`-Element nur den im normalen Fluss befindlichen Textabsatz einschließt. Das Bild bleibt bei der Berechnung der Höhe unberücksichtigt (siehe Abbildung 4.25).

◀ **Abbildung 4.25**
Umgebendes `div`-Element (rot) schließt Float nicht ein.

Wir stellen im Folgenden die wichtigsten Methoden zum Einschließen von Floats vor.

4.3.1 Einschließen mit Clear

Floats werden eingeschlossen, wenn innerhalb des umgebenden Elements ein Element mit Clear in Richtung des Floats folgt.

---

12 Ingo Chao et al., »acidic float tests, test B«,
  http://www.satzansatz.de/cssd/acidicfloat.html

Erweitern Sie also das Beispiel aus Listing 4.21 um einen weiteren Absatz mit Clear.

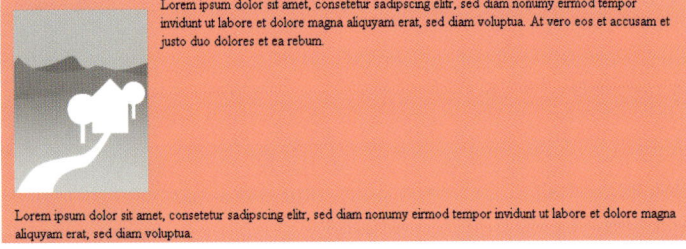

Abbildung 4.26 beruht auf Listing 4.23 auf der DVD.

Abbildung 4.26 ▶
Eingeschlossenes Float durch Absatz mit Clear

> **Tipp**
>
> Auch eine Trennlinie `<hr>` ist als clearendes Element geeignet. Aufgrund der uneinheitlichen Darstellung in Browsern kann eine Trennlinie jedoch nicht zuverlässig mit einer Minimalhöhe eingesetzt werden. In IE ≤ 7 bleibt immer eine sichtbare Resthöhe, weil sich die Margins nicht vollständig zurücksetzen lassen.
>
> ```
> hr {
>   clear: both;
>   height: 1em;
>   border: none;
>   visibility: hidden;
>   margin: 0;
>   padding: 0;
> }
> ```

Der Absatz mit Clear sitzt unterhalb des Bildes, und das umgebende Element schließt beide Absätze ein (siehe Abbildung 4.26).

Nicht immer steht jedoch ein Element nach dem Float zur Verfügung, das die Aufgabe des Clears übernehmen kann. Um dennoch das Float einschließen zu lassen, können Sie ein zusätzliches Element einführen:

```
<div class="container">
  <img src="bild.gif" alt="image" />
  <p>Lorem ipsum […]</p>
  <div class="cl-left"> </div>
</div>
```

Das Clear-`<div>` erhält folgende Formatierungen:

```
.cl-left {
  clear: left;
  height: .1px;
  font-size: 0;
  line-height: 0;
}
```

▲ **Listing 4.24**
Eingeschlossenes Float durch `<div>` mit `clear: left`

Die Einführung eines zusätzlichen, leeren Elements für das Clear stellt sicherlich nicht den elegantesten Weg dar, Floats einzuschließen – es ist jedoch eine bewährte und stabile Methode. Die Seite soll **elegant**, ihre Technik aber vor allem **robust** sein.

Ein geschütztes Leerzeichen (` `) im Clear-`<div>` verhindert Probleme mit älteren Browsern, die ein komplett leeres Element ignorieren. Dieses Zeichen veranlasst die Browser jedoch, das Element auf Zeilenhöhe zu vergrößern. Daher ist `height` erforderlich. Mit dem Wert `0` scheitert das Clear wiederum in älteren Browsern, eine Pseudohöhe von `0.1px` genügt bereits. Für den IE ≤ 6 müssen Sie zusätzlich die Schriftgröße und die Zeilenhöhe auf null setzen.

Das umgebende Element wird jetzt um das Float ausgedehnt und endet nach dessen unterem Margin.

> **Browserfehler IE ≤ 7**
>
> Im IE ≤ 7 treten bei dieser Konstellation zwei Probleme auf:
> - Im IE 6 verschwindet sporadisch der Textabsatz.
> - In IE 6 und 7 zeigt sich unter dem Float ein vergrößerter Abstand zum umgebenden `<div>`.
>
> Ersteres ist ein häufiges Problem im IE und lässt sich (fast) immer durch hasLayout lösen, in diesem Fall für das umgebende Element `.container`:
>
> ```
> <!--[if lte IE 7]><style>
> * html .container {
>   height: 1%;
> }
> </style><![endif]-->
> ```
>
> Der vergrößerte Abstand unter dem Float entsteht durch den unteren Margin des nicht-floatenden `p`-Elements – ein »Geister-Margin«, der zusätzlich angehängt wird (siehe Abbildung 4.27).

IE ab Version 8 ist von diesen Fehlern nicht mehr betroffen.

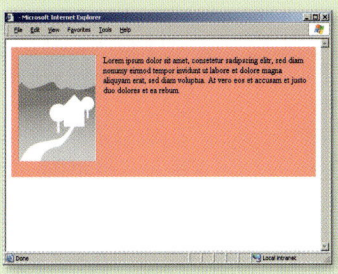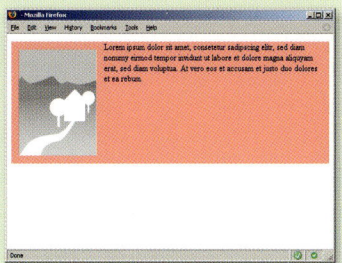

Im IE ≤ 7 fallen auch der obere Margin des Textabsatzes und des umgebenden `.container` nicht zusammen (siehe Abschnitt 2.3).

> ▲ **Abbildung 4.27**
> Vergleichsdarstellung IE 6 (links) und Firefox
>
> Hier hilft es, den unteren Margin des `p`-Elements auf null zu setzen. Um mehrere Absätze auf Abstand zu halten, genügt auch ein oberer Margin.
>
> ```
> <!--[if lte IE 7]><style>
> * html .container {
>   height: 1%;
> }
> p {
>   margin-bottom: 0;
> }
> </style><![endif]-->
> ```
>
> ▲ **Listing 4.25**
> Nahtloses Clear auch in IE ≤ 7

4.3.2 Floats in Floats einschließen

Die Float-Eigenschaft bringt außer dem Umfließen weitere Charakteristika mit sich. So werden Floats, die sich innerhalb eines ebenfalls gefloateten Elements befinden, von diesem automatisch eingeschlossen.

> **Hinweis**
>
> Das automatische Einschließen von Floats in Floats beruht auf dem **Block Formatting Context** (siehe Abschnitt 4.5), der durch die Float-Eigenschaft hervorgerufen wird.

Unser Ausgangspunkt ist wieder das Markup ohne zusätzliches Clear-Element:

```
<div class="container">
  <img src="bild.gif" alt="image" />
  <p>Lorem ipsum […]</p>
</div>
```

Das umgebende Element erhält nun ebenfalls Float. Wie in Abschnitt 4.1.2 empfohlen wurde, sollte das Element dann auch eine Breitenangabe erhalten; in diesem Fall die gesamte Breite:

```
.container {
  background: #f99;
  float: left;
  width: 100%;
}
```

Listing 4.26 ▶
Float in Float eingeschlossen

> **Hinweis**
>
> Da das umgebende Element nun ebenfalls Float erhält, kollabieren die Ränder des p-Elements nicht mehr mit dem umgebenden Element.
> Mehr zu kollabierenden Rändern finden Sie in Kapitel 2, »Vertikale Anordnung«.

Das floatende Bild wird nun vollständig in `.container` eingeschlossen. Durch das Float wird `.container` jedoch ebenfalls aus dem Fluss genommen, was zur Folge hat, dass es von weiteren umgebenden Elementen nicht eingeschlossen wird. Dies führt zur Methode »float nearly everything« – also dazu, dass nahezu alle Elemente mit Float versehen werden. Dieses Prinzip lässt sich durchhalten, solange den betreffenden Elementen jeweils eine Breitenangabe gegeben werden kann und kein Element mit `margin: 0 auto` zentriert werden soll.

4.3.3 Easyclearing – Floats einschließen ohne zusätzliches Markup

Beachten Sie: Zu dem Zeitpunkt, als dieses Kapitel geschrieben wurde, zeigte die deutsche Übersetzung des Easyclearing-Artikels eine andere Fassung als das englische Original.

Seit Mai 2004 hat sich eine Methode zum Einschließen von Floats verbreitet, bei der statt eines zusätzlichen Elements im Markup ein Element per CSS erzeugt wird. Diese Clear-Methode wurde von Tony Aslett vorgestellt und später bei Position is Everything (PIE) veröffentlicht.[13]

Bei PIE wird noch der Internet Explorer 5 Mac berücksichtigt, der inzwischen keine Relevanz mehr hat. Wir stellen daher eine etwas verkürzte Fassung dieser Methode vor.

Clear durch generierten Inhalt (generated content) | Die Content-Eigenschaft in Verbindung mit den Pseudoelementen

---

13 Position Is Everything, »How To Clear Floats Without Structural Markup«, http://www.positioniseverything.net/easyclearing.html, dt. von Catherine und Onno K. Gent, »Einschließen von Floats ohne zusätzliches Markup«, http://www.jassesnee.de/easyclear/

:before und :after ermöglicht das Generieren von Inhalt vor oder nach dem tatsächlichen Inhalt eines Elements.

Generierte Elemente lassen sich wie »normale« Elemente mit CSS gestalten – und auch für das Clear einsetzen. Im Artikel zum Easyclearing wird den Elementen, die ihre Floats einschließen sollen, jeweils eine Klasse clearfix zugewiesen. Diese Vorgehensweise übernehmen wir in diesem Beispiel.

```
<div class="container clearfix">
  <img src="bild.gif" alt="image" />
  <p>Lorem ipsum […]</p>
</div>
```

Weisen Sie dem Inhalt, der mit dem Pseudoelement :after erzeugt wurde, die Clear-Eigenschaft zu. Da Clear nur bei Block-Elementen wirksam ist, benötigt das Pseudoelement display: block.

```
.container {
  background: #f99;
}
img {
  float: left;
  margin: 15px;
}
.clearfix:after {
  content: "generierter Inhalt";
  display: block;
  clear: both;
}
```

Beim Easyclearing wird für das Pseudoelement der kleinstmögliche Inhalt gewählt – ein einzelner Punkt. Für ein nahtloses Clear wird die Höhe des Elements auf null gesetzt und der Punkt mit der visibility-Eigenschaft ausgeblendet.

Die vollständigen Angaben für das Pseudoelement lauten demnach:

```
.clearfix:after {
  content: ".";
  display: block;
  clear: both;
  height: 0;
  visibility: hidden;
}
```

> **Gestaltung von generiertem Inhalt**
>
> In CSS 2 waren die Eigenschaften float und position auf generierten Inhalt nicht anwendbar; diese Einschränkungen wurden in CSS 2.1 aufgehoben. Firefox hielt sich bis Version 3 an diese alte Einschränkung; seit Version 3.5 besteht sie wie in Opera, Safari und IE ≥ 8 nicht mehr.

> **Hinweis**
>
> display: none eignet sich nicht zum Ausblenden des generierten Inhalts, da damit auch die Clear-Wirkung verloren ginge.

Sollte die Leerzeile störend in Erscheinung treten, können Sie zusätzlich `overflow: hidden` und `font-size: 0` für das Pseudoelement einsetzen. `overflow` allein lässt den Punkt in Firefox ≤ 3 nicht verschwinden, `font-size` allein lässt im Opera eine kleine Lücke zurück.
Beides führt dazu, dass in alten Geckos (wie Netscape 7) die Clear-Wirkung verloren geht.

Für IE 5.0 wäre eine zusätzliche Angabe z. B. in Form von `* html .clearfix {height /**/: 1px;}` nötig.

Listing 4.27 ▶
Easyclearing zum Einschließen von Floats

Der »Clearfix-Punkt« wird durch `visibility: hidden` zwar ausgeblendet und das Pseudoelement selbst hat die Höhe null, der Punkt als Zeichen bleibt jedoch erhalten und nimmt Platz in Höhe einer Zeile ein. Wie bei einem normalen Block-Element mit Höhenangabe hängt der Inhalt aus dem Pseudoelement heraus, wenn die Höhe zu gering (in diesem Falle null) ist.

Spürbar wird dieser heraushängende Inhalt z. B. dann, wenn Easyclearing auf ein Element mit 100 % Mindesthöhe angewendet wird: Es entsteht eine Lücke unter dem 100 % hohen Element, sobald der Inhalt das Element über die Mindesthöhe hinaus ausdehnt (siehe dazu Abschnitt 4.6.2).

Internet Explorer ≤ 7 unter Windows | Für den IE ≤ 7 lässt sich die proprietäre hasLayout-Eigenschaft ausnutzen. Elemente schließen Floats automatisch ein, sobald `hasLayout = true` gesetzt ist, das Element also »Layout hat«.

In den IE-Versionen 5.5 bis 7 können Sie durch `zoom: 1` has-Layout auslösen. Diese Sonderangaben für IE ≤ 7 sind am besten innerhalb eines Conditional Comments aufgehoben.

Easyclearing komplett | Vollständig präsentiert sich das Easyclearing mit den Sonderangaben für IE ≤ 7 folgendermaßen:

```
<style>
.clearfix:after {
  content: ".";
  display: block;
  clear: left;
  height: 0;
  visibility: hidden;
}
</style>
<!--[if lte IE 7]><style>
.clearfix {
  zoom: 1;
}
</style><![endif]-->
```

Mit diesen Angaben im Stylesheet wird jedes Element der Klasse `clearfix` seine Floats einschließen.

Clearing wirklich easy? | Anders als der Name glauben macht, ist das *Easy*clearing alles andere als *einfach*. Die Schwierigkeiten ergeben sich daraus, dass für moderne Browser und IE ≤ 7 gänzlich unterschiedliche Methoden zum Einsatz kommen:

1. In modernen Browsern findet ein Clear statt, das entsprechend einem zusätzlichen Element (siehe Abschnitt 4.3.1) funktioniert.
2. Im IE ≤ 7 wird durch hasLayout ein Verhalten ausgelöst, das einem Block Formatting Context gleicht.

Darstellungsunterschiede sind vorprogrammiert: So löst das clearende, generierte Element ein globales Clear aus (siehe Abschnitt 4.5), während hasLayout bei den IEs dies grundsätzlich verhindert. Der Inhalt des Elements, dem das Easyclearing zugewiesen wird, kann selbst noch Floats umfließen, während hasLayout dafür sorgt, dass die gesamte Box einem Float ausweichen muss. Um die Darstellung der IEs den modernen Browsern anzugleichen, müsste man ein solides Clear-Element einführen – paradox, da diese Methode des Markup-freien Clearens dies ja gerade vermeiden will.

Das Easyclearing eignet sich demnach nur in Situationen, in denen diese prinzipiellen Unterschiede keine Rolle spielen.

Easyclearing weitergedacht | Mit »clearfix reloaded«[14] zeigt Thierry Koblentz einen Vorschlag, um zumindest der unterschiedlichen Behandlung von Margins Herr zu werden: In modernen Browsern kollabiert der obere Margin der Inhalte mit dem Element, auf das Easyclearing angewendet wird, während hasLayout in den IEs dies unterbindet. Thierry Koblentz schlägt daher vor, den Selektor um .clearfix:before zu erweitern. Dies ist nur in Verbindung mit seiner Empfehlung, Easyclearing nicht *next to floats* einzusetzen, praktikabel, denn eine globale Clear-Wirkung träte sonst bereits *vor* den Inhalten des Elements mit Easyclearing auf.

Nicolas Gallagher greift diesen Vorschlag auf und zeigt eine reduzierte Easyclearing-Variante, die er »micro clearfix«[15] nennt:

> Beachten Sie: Die unteren Margins kollabieren nur deshalb nicht, weil das generierte Element nicht inhaltsleer ist. Ohne den Punkt könnten Margins durch das Element hindurchfallen (siehe Abschnitt 2.3.2).

```
/* For modern browsers */
.cf:before,
.cf:after {
  content:"";
  display:table;
}
```

---

14 Thierry Koblentz, »clearfix Reloaded + overflow:hidden Demystified«, http://www.yuiblog.com/blog/2010/09/27/clearfix-reloaded-overflowhidden-demystified/
15 Nicolas Gallagher, »A new micro clearfix hack«, http://nicolasgallagher.com/micro-clearfix-hack/

Die Margins kollabieren trotz leerem `content` nicht, weil mit `display:table` eine anonyme Tabellenzelle verknüpft ist, die einen Block Formatting Context erzeugt (siehe Abschnitt 4.5).
Dies funktioniert zuverlässig in modernen Browsern. Nicht vermieden wird jedoch ein Bug in Firefox, bei dem der obere Margin eines nachfolgenden Elements auf den `<body>` übertragen wird.[16]

```
.cf:after {
  clear:both;
}
/* For IE 6/7 (trigger hasLayout) */
.cf {
  zoom:1;
}
```

Damit wird sowohl vor als auch nach dem Inhalt ein Element generiert, wobei nur das nachgestellte Clear-Wirkung bekommt. Da `content` leer bleibt, ersparen Sie sich den Code für das Verstecken des »Clearfix-Punktes«. Der hasLayout-Trigger `zoom` für IE ≤ 7 wird direkt im Stylesheet notiert, da er nebenwirkungsfrei in den anderen Browsern bleibt; der Preis ist ein invalides Stylesheet. Zu guter Letzt spart die Verkürzung des Klassennamens weitere Zeichen ein.

Easyclearing in der Anwendung | Für welche der Easyclearing-Varianten Sie sich auch entscheiden (vielleicht verwenden Sie längst Ihre eigene?): Es ist keine sorglose Methode, die, einmal in den Code geschrieben, das Thema Containing Floats vergessen macht.

4.3.4 overflow zum Einschließen von Floats

Es hat sich eine weitere Methode zum Einschließen von Floats verbreitet, die verspricht, sehr einfach zu sein: `overflow`.

Elemente mit `overflow` ungleich `visible` (also `auto`, `scroll` oder `hidden`) schließen ihre Float-Nachfahren ein. Im Unterschied zur Float-Eigenschaft richtet sich die Breite nicht nach dem Inhalt, sondern nach dem verfügbaren Platz. Besonders der Wert `hidden` scheint sich anzubieten, da so keine (ungewollten) Scrollbalken bei den Elementen entstehen.

Die Ursache für das automatische Einschließen ist wiederum der Block Formatting Context (siehe Abschnitt 4.5).

Ein gefloatetes Bild wird also von seinem umgebenden Element eingeschlossen, sobald dieses `overflow: hidden` erhält:

```
.container {
  background: #f99;
  overflow: hidden;
}
```

Listing 4.28 ▶
Floats mit `overflow` einschließen

In älteren Browsern ist `overflow` eine kritische Eigenschaft: In alten Geckos war es z. B. nicht möglich, ein Dropdown-Menü (siehe Kapitel 12, »Navigation: Listen und Menüs«) über einem

---

16 *https://bugzilla.mozilla.org/show_bug.cgi?id=451791*

Container mit `overflow: scroll|auto|hidden` aufklappen zu lassen. Manchmal führte es zu ganz abgeschnittenen Inhaltsbereichen: Schon in dem kleinen Beispiel aus Listing 4.28 wurde in Netscape 7.1 und Opera 7 das Bild nicht in `.container` eingeschlossen, sondern unterhalb des Textabsatzes abgeschnitten.

Doch auch in modernen Browsern ist die Anwendung nicht frei von Problemen: Die primäre Aufgabe von `overflow: hidden` besteht nun einmal darin, überstehende Bereiche wegzuschneiden. Das bedeutet, dass z. B. ein durch negativen Margin hinausgeschobenes Element oder auch ein `box-shadow` nicht möglich sind. Das schränkt die Layoutmöglichkeiten ein – und macht `overflow` als einfache, universell einsetzbare Clearing-Lösung unbrauchbar.

Die Probleme mit der `overflow`-Eigenschaft lassen sich browserübergreifend schwer in den Griff bekommen (vgl. auch Abschnitt 10.10). Es ist ausführliches Testen gerade auch in älteren Browsergenerationen nötig, da die Folgen missglückter Darstellung gravierend sein können: Inhalte werden komplett unzugänglich. Besonders, wenn größere Bereiche (z. B. mehrere gefloatete Spalten) eingeschlossen werden sollen, raten wir daher von `overflow` zum Einschließen von Floats ab.

> **Browserfehler IE ≤ 6: overflow schließt Floats nicht ein**
>
> In IE ≤ 6 schließen Elemente mit `overflow` ihre Float-Nachfahren nicht ein; es ist hasLayout nötig. Beachten Sie dabei: `height`-Angaben sind in Verbindung mit `overflow` nicht geeignet, »Layout« auszulösen. Da hasLayout allein schon den gewünschten Effekt erzielt, bietet sich z. B. folgende Angabe an:
>
> ```
> <!--[if lte IE 7]><style
> type="text/css">
> * html .container {
>   height: 1px;
>   overflow: visible;
> }
> </style><![endif]-->
> ```

4.3.5 Welche Methode ist die richtige?

Die Entscheidung, welche Methode zum Einschließen von Floats die »richtige« ist, hängt immer vom Kontext ab.

Wir empfehlen eine Entscheidung in folgender Reihenfolge:
1. Wenn es ein Element gibt (z. B. eine Fußzeile oder ein `<hr>`), das die Aufgabe des Clear übernehmen kann, so nutzen Sie es.
2. Wenn es möglich ist, dem umgebenden Element eine Breite zu geben, so nutzen Sie die Float-Eigenschaft in Verbindung mit einer Breitenangabe.
3. Wenn keine der beiden ersten Methoden umsetzbar ist, ziehen Sie Easyclearing in Betracht.
4. In einfachen, kontrollierbaren Situationen kann `overflow` zum Einsatz kommen.

4.4 Zusammenfassung

Die wichtigsten Auswirkungen der Float-Eigenschaft sind folgende:
▶ Elemente werden durch Float aus dem Fluss genommen, und nachfolgende Boxen verhalten sich, als wäre das Float nicht vorhanden: Nur die Inhalte umfließen das Float.
▶ Ein Element wird durch Float immer als Block-Element dargestellt.

List-Items (`<li>`) behalten ihre Eigenschaft als Aufzählungspunkt: Das Aufzählungszeichen bleibt auch in einer gefloateten Liste erhalten. Da diese Regelung erst seit CSS 2.1 gilt, halten sich ältere Browser nicht daran, siehe auch Abschnitt 12.1.4.

- Elemente mit Float schrumpfen auf die Breite ihres Inhalts zusammen, sofern es keine explizite Breitenangabe gibt.
- Die Margins von Floats kollabieren nie mit angrenzenden oder umgebenden Elementen.
- Mehrere Floats ordnen sich nebeneinander an, solange es der Platz zulässt.
- Elemente mit Float hängen aus umgebenden Elementen heraus, sofern keine Maßnahmen zum Einschließen ergriffen werden.

Die wichtigsten Auswirkungen der Clear-Eigenschaft sind:
- Mit Clear wird das Umfließen von Floats beendet. Der normale Dokumentfluss wird wiederhergestellt.
- Ein oberer Margin bei einem Clear bleibt meist unberücksichtigt.
- Ein Element mit Clear nach den Floats lässt umgebende Elemente die Floats einschließen.

4.5 Exkurs: Block Formatting Context

Man kann einen Block Formatting Context als eigenständigen Bereich innerhalb eines Dokuments betrachten, der seine Inhalte zusammenhält und sich von seiner Umgebung kaum beeinflussen lässt.

Innerhalb eines Block Formatting Contexts (BFC) ordnen sich Block-Elemente im normalen Fluss stets untereinander an. Ihre linken und rechten Außenkanten reichen jeweils bis zur Inhaltskante des umgebenden Elements – das gilt auch dann, wenn Floats beteiligt sind (siehe Abbildung 4.1).

Bestimmte Eigenschaften sorgen dafür, dass ein Element einen neuen BFC erzeugt. Das Verhalten dieser Elemente in Bezug auf benachbarte und umgebende Elemente verändert sich dann im Zusammenhang mit Float und Clear.

Folgende Eigenschaften und Werte erzeugen einen neuen Block Formatting Context:
- `float: left|right`
- Absolute Positionierung (d.h. `absolute` und `fixed`)
- `display: inline-block`
- `overflow` mit den Werten `auto`, `scroll` und `hidden`
- `display: table-cell` und `display: table-caption`

> **Hinweis**
>
> In Tabellen gibt es mindestens ein Element mit `display: table-cell` (wenigstens in Form einer anonymen Box), so dass Tabellen stets einen BFC erzeugen.

Boxen mit diesen Eigenschaften ändern ihr Verhalten im Zusammenhang mit Floats:
- Wenn ein solches Element auf ein Float folgt, so kommt es nicht zum charakteristischen Verweben der Boxen, sondern die gesamte Box weicht dem Float aus, sofern es der Platz zulässt (CSS 2.1: 9.4.1, 9.5).

HTML5 definiert für das `fieldset`-Element, dass es einen BFC erzeugt – womit die HTML5-Spezifikation eine Lücke in CSS 2.1 schließt.

- Wenn ein solches Element Floats enthält, so hängen die Floats nicht aus diesem Element heraus. Das Element umschließt also die Floats (CSS 2.1: 10.5).
- Clear wirkt stets innerhalb eines gesamten Block Formatting Contexts, beeinflusst jedoch keine Elemente, die außerhalb liegen (CSS 2.1: 9.5.2).

Besonders die letztgenannte Eigenschaft kann zu unerwünschten Nebenwirkungen führen, nämlich dazu, dass sich die Clear-Eigenschaft auf alle Floats innerhalb ein und desselben BFC auswirkt. Dies lässt sich an einem einfachen Zweispaltenlayout demonstrieren:

> **Hinweis**
>
> Im IE ≤ 7 hat die proprietäre has-Layout-Eigenschaft auch Auswirkungen, die eigentlich dem BFC vorbehalten sind. Das ist eine Ursache dafür, dass standardkonformes Verhalten der anderen Browser als »Fehldarstellung« missdeutet wird.

```
<div id="seite">
  <div id="navigation">
    [Navigation]
  </div>
  <div id="inhalt">
    <div class="container">
      <img src="Bild.gif" width="100" alt="image" />
      <p>Lorem ipsum […]</p>
      <p class="cl-left"> At vero eos […]</p>
    </div>
  </div>
</div>
```

Die Navigation wird nach links gefloatet, und der Inhaltsbereich erhält einen passenden linken Margin. Im Inhaltsbereich befindet sich ein Bild mit `float: left`, der zweite Textabsatz soll unter dem Bild liegen und erhält deshalb `clear: left`.

```
#navigation {
  float: left;
  width: 12em;
  background: #ff0;
}
#inhalt {
  background: #9f9;
  margin-left: 12em;
}
.container img {
  float: left;
  margin: 15px;
}
```

```
p {
  margin: 15px;
}
.cl-left {
  clear: left;
}
```

Listing 4.29 ▶
Unerwünschtes Clear in einem Zweispaltenlayout

Zunächst scheint alles in Ordnung: Der zweite Textabsatz liegt unter dem gefloateten Bild. Die unerwünschte Auswirkung des Clear wird erst dann sichtbar, wenn der Navigationsbereich weiter nach unten reicht als das Bild. Hier wird das beispielhaft durch eine Höhenangabe erzwungen:

```
#navigation {
  float: left;
  width: 12em;
  height: 20em;
  background: #ff0;
}
```

Das Clear des zweiten Absatzes wirkt sich nun nicht mehr nur auf das Bild aus, sondern verschiebt den Absatz unter die Navigation, verursacht also eine Lücke.

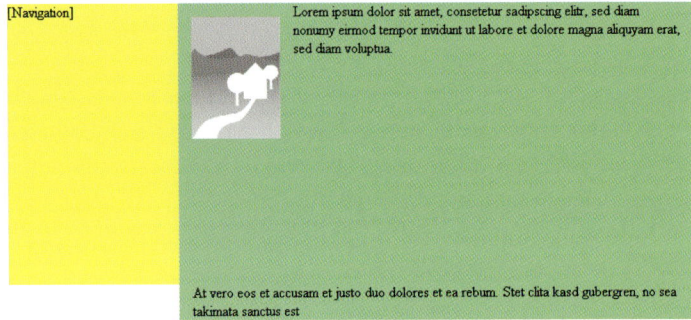

Abbildung 4.28 ▶
Das Clear des zweiten Absatzes wirkt auch auf das Float der Navigation.

4.5.1 Ungewolltes Clear einschränken

Dieses »globale Clear« wird unterbunden, wenn der Bereich, auf den sich das Clear beschränken soll, einen neuen **Block Formatting Context** (BFC) erzeugt. Dafür bieten sich die eingangs genannten Eigenschaften an.

BFC durch Float | Die Float-Eigenschaft zum Erzeugen eines BFC erfordert bei größeren Inhaltsbereichen stets eine Breitenangabe. Für Layouts mit fester Gesamtbreite ist dies problemlos möglich:

```
#seite {
  width: 45em;
  }
#inhalt {
  background:#9f9;
  float: left;
  width: 33em;
}
```

▲ **Listing 4.30**
Float gegen globales Clear bei festen Breiten

> **Hinweis**
>
> Eine absolute Positionierung zur Erzeugung eines BFC scheidet im Zusammenhang mit Float aus, da damit der Inhaltsbereich komplett aus dem Fluss genommen würde und wir uns der Möglichkeit berauben würden, eine Fußzeile o. Ä. stets unter allen Inhalten zu halten.

Die Breitenangabe für `#inhalt` ergibt sich aus der Gesamtbreite abzüglich der Breite der Randspalte. Die vorherige Margin-Angabe muss entfernt werden.

In einem flexiblen Layout – also ohne feste Gesamtbreite – ist der Einsatz der Float-Eigenschaft für alle Spalten nicht mehr so einfach möglich. Der Inhaltsbereich bräuchte dann eine Breite von `100% - 12em` (Breite der Randspalte) – eine Rechenaufgabe, die sich mit CSS nicht so einfach lösen lässt; es ist ein Workaround erforderlich.

> **Hinweis**
>
> Im *CSS Values and Units Module* ist eine Funktion `calc()` vorgesehen, die das Errechnen von Breiten mit unterschiedlichen Einheiten ermöglicht: `width: calc(100% - 12em)`. Die Browserunterstützung ist noch nicht umfassend genug, als dass dies in der Praxis einsetzbar wäre.

Der Bereich `#inhalt` mit Float **ohne** Breitenangabe nähme sich so viel Platz, wie sein Inhalt benötigt, und würde sich dann **unter** der Randspalte anordnen, nicht daneben – `float` ohne `width` scheidet also aus. Um die Wirkung des Clear doch noch mit Hilfe von Float auf den gewünschten Bereich einzuschränken, stehen mehrere Möglichkeiten zur Verfügung:

1. Nicht `#inhalt`, sondern das `<div>` `.container` im Inhaltsbereich bekommt `float` und `width: 100%`; die Wirkung des Clear beschränkt sich somit auf diesen Bereich. Damit `#inhalt` seine floatenden Inhalte einschließt, muss eine weitere Maßnahme ergriffen werden, z. B. ein solides Clear (siehe Abschnitt 4.3.1) oder Easyclearing (siehe Abschnitt 4.3.3).

```
#inhalt {
  background:#9f9;
  margin-left: 12em;
}
.container {
  float: left;
  width: 100%;
}
```

◀ **Listing 4.31**
Float für Inhalte gegen globales Clear in flexiblem Layout

2. Ein weiteres Element innerhalb des `<div>` `#inhalt`, das alle Inhalte zusammenfasst, kann `float` und `width` erhalten. Das Element `#inhalt` schließt dieses zusätzliche, floatende

Element nicht ein, wiederum ist dafür eine zusätzliche Maßnahme nötig:

```
<div id="inhalt">
  <div class="innen">
    <div class="container">
      <img src="Bild.gif" width="100" alt="image" />
      <p>Lorem ipsum […]</p>
      <p class="cl-left">Lorem ipsum […]</p>
    </div>
  </div>
  <hr class="cl-left" />
</div>
```

Und für das zusätzliche `<div>`:

```
.innen {
  float: left;
  width: 100%;
}
```

▶ **Listing 4.32**
Float für zusätzliches Element gegen globales Clear in flexiblem Layout

3. Die Breite des umgebenden Elements `#seite` können Sie durch Margin, Padding oder Border auf die gewünschte Inhaltsbreite einschränken. Der Bereich `#inhalt` erhält dann `float: left` und `width: 100%`, und die Randspalte wird mit einem negativen Margin auf den eingerückten Bereich des Elements `#seite` gezogen.

```
#seite {
  margin-left: 12em;
}
#navigation {
  float:left;
  width:12em;
  height: 20em; /* erzwungene Hoehe */
  background:#ff0;
  margin-left: -12em;
}
#inhalt {
  background:#9f9;
  float: left;
  width: 100%;
}
```

▲ **Listing 4.33**
Float und negative Margins gegen globales Clear in flexiblem Layout

Hinweis

Die Methode der Verschiebung durch negative Margins wird auch eingesetzt, um optisch gleich lange Spalten oder eine logische Reihenfolge der Spalten im Quelltext (siehe Kapitel 14, »Gleich hohe Spalten«) zu erhalten.

Browserfehler: verschwundene Navigation

Im IE 6 tritt hier der **Doubled Float-Margin Bug** (siehe Abschnitt 4.1.3) auf – und verschiebt die Navigation nach links außerhalb des sichtbaren Bereichs; `display: inline` holt sie zurück.

In Abschnitt 13.4.3 erläutern wir diese Methode ausführlich für ein Dreispaltenlayout.

BFC durch inline-block | Mit `inline-block` verhält sich der Inhaltsbereich ähnlich wie zuvor mit Float: Ohne Breitenangabe rutscht der Inhaltsbereich unter die Randspalte. Es sind also die gleichen Maßnahmen wie bei Float erforderlich, um den Inhaltsbereich neben die Randspalte zu setzen.

Da weder Internet Explorer noch ältere Gecko-Browser `inline-block` korrekt unterstützen, ist der Einsatz für den Zweck des BFC selten praxistauglich – zumal es ausreichend Alternativen gibt.

`inline-block` kann seine Stärken in anderem Zusammenhang entfalten. In Kapitel 5, »Das Inline-Formatierungsmodell«, zeigen wir Beispiele, für die sich auch die etwas umständliche Sonderbehandlung der älteren Browser lohnt.

BFC durch overflow | Auch Elemente mit `overflow` ungleich `visible` (also `auto`, `scroll` oder `hidden`) verweben sich nicht mit einem vorhergehenden Float (siehe Abschnitt 4.1), sondern die gesamte Box rutscht neben das Float. Im Unterschied zu `float` oder `inline-block` wird die Breite jedoch nicht durch den Inhalt ermittelt, sondern das Overflow-Element nimmt sich den restlichen Platz, der neben dem Float zur Verfügung steht. Sowohl bei einem Layout mit fester Gesamtbreite als auch bei flexibler Breite können Sie daher auf eine Breitenangabe für das Element mit `overflow` verzichten.

```
#inhalt {
  background:#9f9;
  overflow: hidden;
}
```

▲ **Listing 4.34**
`overflow` gegen globales Clear

> **Hinweis**
>
> `display: inline-block` ist eine junge Eigenschaft: Sie wurde erst mit CSS 2.1 eingeführt. Es handelt sich um ein Zwitter-Verhalten zwischen Block- und Inline-Darstellung: Inline-Block-Elemente ordnen sich zeilenweise an, reagieren dabei auf Eigenschaften wie `text-align` und `line-height` – und können Angaben zu Breite und Höhe erhalten.

> **Browserfehler IE 6**
>
> Im IE 6 führt `overflow` nicht zum für einen BFC typischen Verhalten, siehe auch Abschnitt 4.3.4. Im IE 7 löst auch die `overflow`-Eigenschaft hasLayout aus, so dass die Darstellung fast standardkonform aussieht.

Überfließende Inhalte führen je nach dem Wert für `overflow` zu unterschiedlicher Darstellung: Die Inhalte werden entweder abgeschnitten (`hidden`), oder es gibt einen Scrollbalken (`auto`). Mit dem Wert `scroll` werden sowohl horizontale als auch vertikale Scrollbars dauerhaft eingeblendet – egal, ob sie nötig sind oder nicht. Ein solcher Scrollbalken am Ende eines größeren Bereichs ist nicht wünschenswert, da er vom Besucher leicht übersehen wird – wenn noch der Standard-Scrollbalken des Browsers dazukommt, ist Verwirrung vorprogrammiert.

Wie in Abschnitt 4.3.4 erläutert wurde, sind die Inkonsistenzen der Browser im Zusammenhang mit `overflow` vielfältig und gravierend – wir raten daher auch hier von der Verwendung ab (siehe auch Abschnitt 10.10).

BFC durch Darstellungseigenschaften von Tabellen | Ein Element neben einem Float, das als Tabelle dargestellt wird (z. B. per `display: table` oder `table-cell`), verhält sich sehr ähnlich wie ein Element mit `overflow`: Die gesamte Box sitzt neben dem Float.

> **Hinweis**
> `display: table` oder `table-cell` wird vom IE bis einschließlich Version 7 nicht unterstützt.

Eine entscheidende Besonderheit des Verhaltens von Tabellen tritt bei überbreiten Inhalten zutage: Tabellen behandeln ihre Breite stets als Mindestbreite, d. h., im Unterschied zu Block-Elementen dehnen sie sich aus, wenn ihr Inhalt mehr Platz benötigt. Wie breit genau eine solche »Tabelle« wird, und ob und wann sie unter das Float fällt, wird in den Browsern unterschiedlich gehandhabt – weil die Spezifikation in diesem Punkt vage bleibt.

4.5.2 Floats durch BFC einschließen

Alle Elemente, die einen Block Formatting Context erzeugen, schließen Floats ein. Dabei gelten für die verschiedenen Methoden diejenigen Besonderheiten und Einschränkungen in der Browserunterstützung, die wir in Abschnitt 4.5.1 erläutert haben.

Die absolute Positionierung ist nur dann zum Einschließen von Floats geeignet, wenn das betreffende Element völlig unabhängig von seiner Umgebung sein kann – also z. B. für ein allumfassendes Element.

Die in Abschnitt 4.3 gezeigten Methoden für Containing Floats sind umfassend erprobt und zuverlässig anwendbar – und sollten daher wenn möglich den Vorzug vor eher »experimentellen« Methoden erhalten.

4.5.3 Zusammenfassung

- Elemente mit folgenden Eigenschaften erzeugen einen neuen BFC:
  - `float: left` oder `right`
  - `overflow: scroll`, `auto` oder `hidden`
  - jede Form von Tabellendarstellung
  - `display: inline-block`
  - `position: absolute` oder `fixed`

Sonderfall IE ≤ 7
Die proprietäre hasLayout-Eigenschaft löst im IE ≤ 7 Win ein BFC-ähnliches Verhalten aus.

- Elemente, die einen neuen BFC erzeugen, verweben sich nicht mit Floats, sondern die gesamte Box kommt neben einem Float zu liegen.
- Elemente, die einen neuen BFC erzeugen, schließen Floats ein.

Auch das `fieldset`-Element erzeugt einen neuen BFC.

- Clear wirkt stets innerhalb eines gesamten BFC und kann durch einen neuen BFC auf bestimmte Bereiche eingeschränkt werden.

In der Praxis ist die Float-Eigenschaft eine stabile Methode, um einen BFC zu erzeugen.

4.6 Anwendungsbeispiel: FooterStickAlt in einem Float-Layout

FooterStickAlt (siehe Abschnitt 2.2.2) als Methode, eine Fußzeile »immer ganz unten« zu halten, sieht auf den ersten Blick recht einfach aus – kann im Zusammenspiel mit einem Float-Layout jedoch tückisch sein.

Als Basis dient ein einfaches Zweispaltenlayout mit fester Breite: Ein umgebendes, zentriertes Element #seite mit 100% Mindesthöhe, das eine links floatende Navigationsspalte enthält und einen Inhaltsbereich, der den Bereich der linken Spalte über einen Margin freihält (siehe Abschnitt 4.1.2). Die Fußzeile liegt außerhalb von #seite (siehe Abschnitt 2.2.2) und wird mit negativem Margin um ihre eigene Höhe nach oben gezogen.

Die Korrekturen für Fehldarstellungen der 100% Mindesthöhe beim Ändern der Fensterhöhe in Opera und IE 8 haben wir bei diesen Beispielen außen vor gelassen. Lesen Sie dazu bitte Abschnitt 2.1.

Das zugehörige HTML:

```html
<div id="seite">
  <div id="navigation">
    <ul>
      <li><a href="#">Menüpunkt</a></li>
      […]
    </ul>
  </div>
  <div id="inhalt">
    Lorem ipsum […]
  </div>
</div>
<div id="fuss">
  Fußzeile
</div>
```

Und das Stylesheet, mit Conditional Comment für IE ≤ 7:

```css
<style>
  html,
  body {
    margin: 0;
    padding: 0;
    height: 100%;
  }
  #seite {
    min-height: 100%;
    margin: 0 auto;
    width: 720px;
```

Zur Demonstration der Auswirkungen des (fehlenden) Clearings bzw. des negativen Margins verlängern wir die Navigation künstlich mit einer festen Höhe; der transparente Hintergrund zeigt in modernen Browsern Überlappungen deutlicher an.

Der im normalen Fluss befindliche Inhaltsbereich verlängert ohnehin das umgebende Element; wir konzentrieren uns hier daher auf die Auswirkung der langen Float-Spalte.

```
    background: yellow;
}
#navigation {
    float: left;
    width: 150px;
    background: silver;
    background: rgba(80%,80%,80%,.8);
    height: 600px;
}
#inhalt {
    margin-left: 150px;
    background:orange;
}
#fuss {
    height: 3em;
    margin: -3em auto 0;
    width: 720px;
    background: green;
}
</style>
<!--[if lte IE 7]><style>
  * html #seite {
    height: 100%;
  }
</style><![endif]-->
```

Listing 4.35 ▶
FooterStickAlt in Float-Layout

Auf den ersten Blick scheint bei wenig Inhalt (hier: ohne die feste Höhe der Navigation) im Browser alles in Ordnung zu sein. Problematisch wird es, wenn das floatende Element mehr Platz braucht, als im Viewport zur Verfügung steht (siehe Abbildung 4.29):

Abbildung 4.29 ▼
FSA im Float-Layout
❶ Mit wenig Inhalt
❷ Mit mehr Inhalt als die Viewport-Höhe

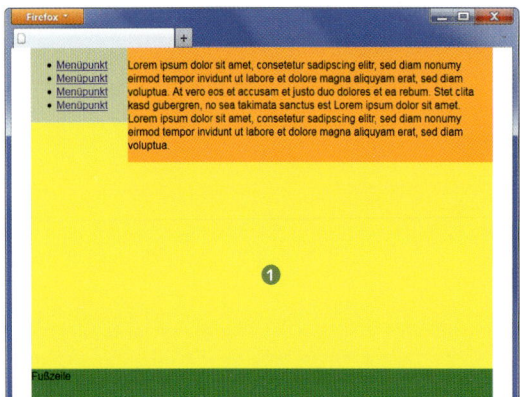
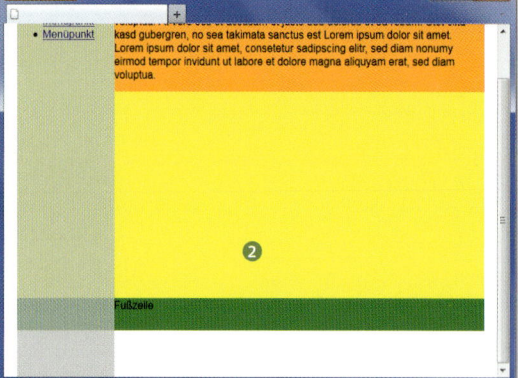

Was passiert? Das Element #seite ist aufgrund der Mindesthöhe 100% hoch – das entspricht der Höhe des Viewports –, wächst jedoch nicht mit dem Float, da bisher keine Maßnahme zum Einschließen von Floats ergriffen wurde. Die Fußzeile, ein Block-Element im normalen Fluss, verhält sich ebenfalls, als wäre das Float nicht vorhanden (siehe Abschnitt 4.1.1), lediglich der Textinhalt muss der #navigation ausweichen.

4.6.1 FSA und solides Clear

Wir nutzen zunächst ein solides Clear-Element (siehe Abschnitt 4.3.1) zum Einschließen der Floats – wir entscheiden uns für ein hr-Element, das wir unmittelbar nach den »Spalten« einfügen …

```
<div id="seite">
  <div id="navigation">[…]</div>
  <div id="inhalt">[…]</div>
  <hr />
</div>
[…]
```

…, und das folgende Formatierung erhält:

```
hr {
  clear:both;
  margin:0;
  padding:0;
  height:0;
  border:none;
  visibility:hidden;
  }
```

Das Float wird jetzt zwar eingeschlossen, doch der #footer kollidiert noch immer mit der floatenden Navigation:

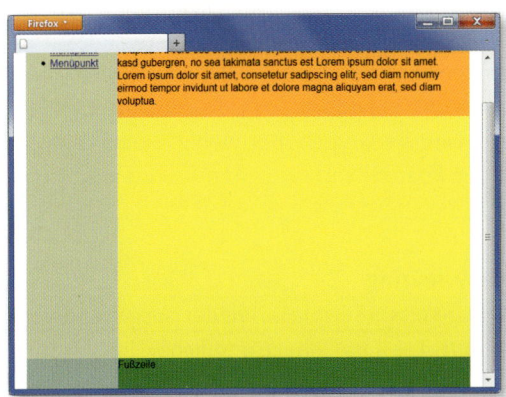

◄ **Abbildung 4.30**
Floats durch <hr> eingeschlossen, #footer überlappt

Ein unteres Padding oder ein Margin für die floatende Spalte selbst wäre nicht zielführend, da es dann weiterhin zur Kollision des Fußzeileninhalts mit dem Float käme.

Es muss noch für ausreichend Platz unterhalb der Spalten gesorgt werden, in den der #footer hineingeschoben werden kann. In der vorliegenden Konstellation könnten Sie für das Clear-Element eine ausreichende Höhe vergeben:

```
hr {
  clear: both;
  margin: 0;
  padding: 0;
  height: 3em;
  border: none;
  visibility: hidden;
}
```

Das Element #seite ist nicht geeignet, um ein unteres Padding als Platzhalter für den #footer zu erhalten, denn: 100 % + x = zu viel

Eine andere Möglichkeit besteht darin, die Spalten und das Clear nochmals mit einem Element zusammenzufassen und diesem ein unteres Padding zu geben. Wir entscheiden uns in diesem Beispiel für die Ergänzung eines Elements #hauptteil:

```
<div id="seite">
  <div id="hauptteil">
    <div id="navigation">[…]</div>
    <div id="inhalt">[…]</div>
    <hr />
  </div>
</div>
[…]
```

Dieses neue Element erhält das Padding als »Platzhalter« für die Fußzeile:

```
#hauptteil {
  padding-bottom: 3em;
}
```

Listing 4.36 ▶
FooterStickAlt und solides Clear

Warum kein Margin?
Vertikale Margins kollabieren (siehe Abschnitt 2.3). Weil die Browser in dieser Konstellation zu uneinheitlich mit den zusammenfallenden Rändern umgehen, raten wir hier von Margin als Abstandhalter ab.

Dies liefert nun das gewünschte Ergebnis: Bei wenig Inhalt liegt die Fußzeile am Ende des Viewports, das umgebende Element #seite wird ebenso weit verlängert. Bei wenig Inhalt liegt die Fußzeile unterhalb der floatenden Navigation – ohne mit dieser zu kollidieren.

4.6.2 FSA und Easyclearing

Wenden Sie in einem zweiten Beispiel – wieder ausgehend vom Basiscode aus Abschnitt 4.6 – das »herkömmliche« Easyclearing auf #seite an (siehe Abschnitt 4.3.3):

```
#seite:after {
  content: ".";
  display: block;
  clear: left;
  height: 0;
  visibility: hidden;
}
```

Für IE ≤ 7 ist hier keine zusätzliche Angabe nötig, erhält #seite doch bereits durch die (Mindest-)Höhe das nötige hasLayout.

Im Browser zeigt sich wieder das bekannte Bild: Die Fußzeile kollidiert mit #navigation; hinzugekommen ist noch eine Lücke in Höhe einer Textzeile unterhalb von #footer.

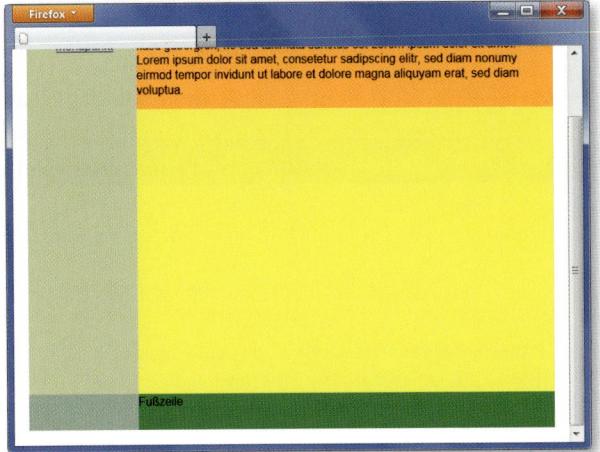

◄ **Abbildung 4.31**
Easyclearing hinterlässt eine Lücke unter der Fußzeile

Wie in Abschnitt 4.3.3 erläutert resultiert diese Lücke aus dem »Clearfix-Punkt«, der aus dem generierten Element mit Höhe null heraushängt.

Ganz schnell verschwindet diese Lücke, wenn Sie dem Easyclearing nicht die Höhe null, sondern die #footer-Höhe zuweisen; dann hängt nichts mehr heraus, sondern das generierte Element »klebt« in voller Höhe unterhalb der floatenden Spalten – und hält so noch den Platz für die negative Verschiebung der Fußzeile frei.

Wenn Sie sich dieses Phänomen verdeutlichen wollen, können Sie für content einen Text eingeben und auf das Ausblenden per visibility verzichten.

```
#seite:after {
  content: ".";
  display: block;
  clear: left;
  height: 3em;
  visibility: hidden;
}
```

▲ **Listing 4.37**
FooterStickAlt und Easyclearing

Auch die Stapelreihenfolge im IE ≤ 7 ist nicht korrekt (siehe dazu Abschnitt 6.1): Die negativ verschobene Fußzeile wird vollständig über den gefloateten Spalten gezeichnet – ein Fehler, der uns hier entgegenkommt.

In komplexeren Beispielen können Sie die Stapelreihenfolge über relative Positionierung gezielt beeinflussen (siehe dazu Abschnitt 2.2.2).

Unberücksichtigt bleibt dabei der IE ≤ 7; die Fußzeile überlappt weiterhin die Spalten. Da in diesen alten IEs Floats jedoch keinen Einfluss auf den Inhalt der negativ verschobenen Fußzeile ausüben (der Inhalt weicht dem Float nicht aus), können Sie den nötigen Platz mit einem Padding für die Spalten selbst erzeugen:

```
<!--[if lte IE 7]><style>
  * html #seite {
    height:100%;
  }
  #navigation,
  #inhalt {
    padding-bottom: 3em;
  }
</style><![endif]-->
```

> **Vereinfachtes Beispiel vs. Realität**
>
> Wir verdeutlichen mit dem reduzierten Beispiel die prinzipielle Problematik bei der Kombination von FooterStickAlt und Easyclearing. Sehr wahrscheinlich werden Sie in Ihrem »echten« Layout sowieso ein Element zur Verfügung haben, das die Spalten zusammenfasst, wie wir es in Abschnitt 4.6.1 mit #hauptinhalt eingeführt haben.
> Dieses Element eignet sich dann als Adressat des Easyclearings – und steht (auch für IE ≤ 7) als »Abstandshalter« mittels Padding bereit.

4.6.3 FSA und »Float in Float«

Floats schließen Floats ein – was zu »float nearly everything« führt (vgl. Abschnitt 4.3.2). Im Falle von FooterStickAlt ist diese Methode anwendbar, wenn keines der beteiligten Elemente zentriert werden soll.

Betrachten Sie eine leichte Abwandlung des Basislayouts aus Abschnitt 4.6: Das Element #seite und der #footer werden nicht mehr zentriert, somit fallen die Pixelbreite und die seitlichen Margins weg. Das Layout nimmt die gesamte verfügbare Breite ein:

```
#seite {
  min-height: 100%;
  background: yellow;
}
[...]
#fuss {
  background: green;
  height: 3em;
  margin-top:-3em;
}
```

Listing 4.38 ▶
FooterStickAlt und »Float in Float«

Damit das Element #seite die floatende Navigation einschließt, floaten wir es ebenfalls; damit weiterhin die volle Breite eingenommen wird, ist noch width: 100% nötig:

```
#seite {
  min-height: 100%;
  background: yellow;
  float: left;
  width: 100%;
}
```

Das Ergebnis im Browser ist zunächst wenig erfreulich (siehe Abbildung 4.32):

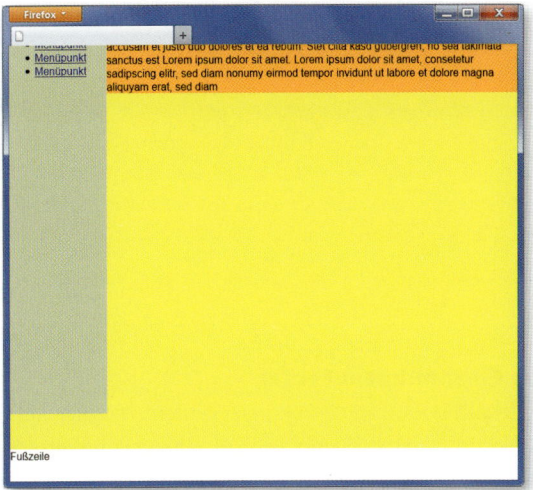

◂ **Abbildung 4.32**
Umgebendes Element #seite mit float und width: 100%

Da #seite mit float aus dem Fluss genommen wird, verhält sich die Box der Fußzeile, als wäre das Element nicht vorhanden; die Oberkante der Box liegt »ganz oben«, lediglich der Textinhalt weicht dem Float aus und steht am Ende. Zusätzlich fällt der negative obere Margin der Fußzeile mit <body> zusammen – weshalb alles um 3em nach oben aus dem Viewport geschoben wird.

Die Fußzeile nimmt wieder Notiz von #seite, wenn sie selbst ebenfalls float (und damit einhergehend width) erhält:

```
#fuss {
  background: green;
  height: 3em;
  margin-top:-3em;
  float: left;
  width: 100%;
}
```

Es ist der *Block Formatting Context*, den Float mitbringt, der die Box der Fußzeile unter #seite verschiebt – denn *neben* das 100% breite Element passt sie nicht.

Die floatende Fußzeile wird durch den negativen Margin auf die ebenfalls floatenden #seite und – je nach Viewport-Höhe – #navigation geschoben. Der *Block Formatting Context* kapselt die Inhalte vom Einfluss der äußeren Floats ab, der Textinhalt reagiert nicht mehr darauf.

Es bleibt noch, den nötigen Platz für die Fußzeile freizuhalten; da es aufgrund des Floats nicht mehr zu Collapsing Margins zwischen #seite und ihren Kindern kommt, ist in diesem Fall auch Margin möglich:

```
#navigation {
  float: left;
  width: 150px;
  background: silver;
  background:rgba(80%,80%,80%,.8);
  height: 600px;
  margin-bottom: 3em;
}
#inhalt {
  margin-left: 150px;
  background: orange;
  margin-bottom:3em;
}
```

4.6.4 FSA und Clear mit dem Footer

Da #footer außerhalb von #seite liegt, ist es nicht möglich, ihn zu nutzen, um Floats innerhalb von #seite einzuschließen. In einem Layout, bei dem dies keine Rolle spielt – wenn z. B. #seite keinen eigenen Hintergrund bekommt –, wäre es denkbar, den #footer mit einem Clear stets unter den Spalten zu halten. Die Wirkung des negativen Margins müsste aufgehoben werden, sobald das clearende Element (also #footer) mit dem Float in Berührung kommt: Die Position »Rahmenoberkante unter Float« liegt weiter unten als die hypothetische Position (siehe Abschnitt 4.2).

Doch leider sind sich die Browser nicht einig: Im Opera < 10 und den aktuellen WebKit-Versionen (getestet bis Safari 5.1 und Chrome 14) verhält sich ein clearender #footer instabil; im IE ≤ 7 bleibt der negative Margin stets wirksam und führt zur Überlappung.

Vom Ansatz »Clear mit dem Footer« raten wir in der Kombination mit FooterStickAlt daher ab.

5 Das Inline-Formatierungsmodell

Viele Webdesigner behalten trotz ihres typografischen Wissensschatzes lange ein diffuses Bild von der Konstruktion von Zeilen in CSS. Dies beschert ihnen viel Tüftelei, wenn es darum geht, Inline-Elemente horizontal und vertikal auszurichten.

Vielleicht geht es Ihnen auch so, dass Sie sich eher im Block-Formatierungsmodell zu Hause fühlen als bei Inline. Es wird Zeit, sich dem Inneren eines Blocks anzunähern: Auch wenn es nicht immer gleich so aussieht, so ist CSS doch in der Lage, einige typografische Herausforderungen zu meistern. Zudem sind die Eigenschaften des Inline-Modells überaus nützlich, um auch ganze Elemente einer Seite gleichmäßig auszurichten.

Wie auch zwischen Wörtern eines Textes entsteht zwischen Inline-Boxen ein Abstand – sofern im Quelltext Whitespace in Form eines Leerzeichens oder Umbruchs vorhanden ist.

5.1 Inline Formatting Context

5.1.1 Zeilenboxen und ihre Inline-Boxen

Elemente auf Inlinelevel generieren Inline-Boxen. Diese laufen – ähnlich den Wörtern eines Buches – in Zeilenboxen (Line-Boxen, CSS 2.1: 9.4.2), die sich von oben nach unten im elterlichen Block anschließen. Eine Zeilenbox entsteht also durch eine oder mehrere Inline-Boxen.

```
<p><em>Zwölf Boxkämpfer </em>jagen <b>Viktor </b>
<span>quer über den großen Sylter Deich.</span>
<img src="bild.png" /></p>
```

▲ **Listing 5.1**
Markup eines Absatzes: Seine Zeilenboxen bestehen aus verschiedenen Inline-Boxen.

Im Block des Absatzes bilden die Inline-Boxen der Elemente `<em>`, `<b>` und `<span>` sowie die **anonyme** Inline-Box von »jagen« die Zeilenboxen. Die lange Inline-Box des `<span>` wird, gegebenenfalls in zwei Boxen getrennt, auf zwei Zeilenboxen

> **Anonyme Boxen**
>
> In CSS sind anonyme Boxen solche, die im HTML-Markup kein zugehöriges Element haben und erst vom Browser intern zur Konstruktion von Objekten im Inlinelevel-Kontext, im Blocklevel-Kontext oder in CSS-Tabellen (siehe Abschnitt 8.1.2) notwendig werden. Sie erwerben vererbbare Eigenschaften, sind ansonsten aber nicht formatierbar (CSS 2.1: 9.2.2.1).

verteilt. Auch das Bild sitzt als Inline Replaced Element in der Zeilenbox.

Die Breite einer Zeilenbox wird durch die Breite des elterlichen Blocks bestimmt; sie wird in der Gegenwart von Floats vermindert (siehe Abschnitt 4.1.1), denn Zeilenboxen räumen Platz für Floats ein. Sie stehen also neben einem Float.

Zeilenboxen weisen keinen vertikalen Abstand zwischeneinander auf. Sie überlappen sich auch nicht: Wenn man Überlappungen sehen kann, dann sind es die Inhaltsbereiche der Inline-Boxen der Zeilenbox.

Zeilenboxen können unterschiedliche Höhen haben. Die Höhe einer Zeilenbox hängt vom Einfluss von `line-height` und `vertical-align` auf die Inline-Boxen ab (CSS 2.1: 10.8): Die Inline-Boxen der Zeile werden gemäß `vertical-align` ausgerichtet. Der Abstand der obersten Oberkante von der untersten Unterkante der Inline-Boxen ergibt die Höhe der Zeilenbox. Die `line-height` des Blocklevel-Elements gibt die Mindesthöhe einer jeden Zeilenbox vor.

5.1.2 line-height

Zu ersetzten Elementen siehe Abschnitt 1.5.4.

Für die nicht ersetzten Inline-Elemente bleibt `height` unbeachtet (ebenso wie `width`). Dagegen bestimmt `line-height` die in die Berechnung der Zeilenbox eingehenden Höhen der einzelnen Inline-Boxen. Die Höhe einer Inline-Box wird also nicht von ihrem eigenen Inhaltsbereich bestimmt, sondern nur von der `line-height`. Diese Höhe einer Inline-Box kann durchaus kleiner sein als ihr Inhaltsbereich, etwa wenn die `line-height` auf einen geringeren Wert als der Initialwert `normal` gesetzt wird (CSS 2.1: 10.8.1).

> **Hinweis**
>
> Die Eigenschaft `line-height` wird vererbt.

So kann es dazu kommen, dass die Oberlänge und Unterlänge eines Buchstabens in die vorhergehende bzw. nachfolgende Zeilenbox hineinreicht. Dabei überlappen weder die Zeilenboxen noch die Inline-Boxen. Lediglich der Inhaltsbereich der Inline-Box überlappt.

Für den Fließtext sieht man leider oft eine sehr kleine `line-height`, verbunden mit langen Zeilen, was die Lesbarkeit ähnlich mindert wie zu kleine Schriften per `font-size: 0.8em` und weniger.

Der Initialwert `normal` von `line-height` wird vom Browser aus der jeweiligen Font-Charakteristik bestimmt und ergibt meist ungefähr das 1,1- bis 1,2-Fache der `font-size`. Der Wert `normal` wäre also bloß annähernd als `line-height: 1.1` bis `1.2` vom Autor zu setzen (vgl. auch Abbildung 16.2 in Abschnitt 16.5.1), er ist kein Vielfaches der `font-size`. Sie müssen daher mit Überlappungen rechnen, wenn Sie die `line-height` auf einen deutlich kleineren Wert als ca. `1.2` setzen. Das kann aber bei Überschriften typografisch durchaus erwünscht sein.

5.1.3 Inhaltsbereich der Inline-Box

Der Inhaltsbereich der Inline-Box findet zwar keine Beachtung bei der Bestimmung der Inline-Box-Höhe und damit auch nicht für die Zeilenbox-Höhe, aber er hat zwei andere wichtige Bedeutungen:

- An dem Inhaltsbereich der Inline-Box setzt das Padding und weiter außen die Border an (CSS 2.1: 10.6.1). Padding und Border haben ebenfalls keinen Einfluss auf die Höhe einer Zeilenbox. Es kommt zu Überlappungen, was Sie bei horizontalen Inlinelevel-Menüs beobachten können.
- Der Inhaltsbereich wird innerhalb der Inline-Box vertikal zentriert (CSS 2.1: 10.8.1), selbst wenn diese kleiner ist als der Inhaltsbereich. Wenn Sie unkompliziert eine **einzelne** Zeile innerhalb eines Blocks mit fester Höhe ausreichend genau zentrieren wollen, können Sie in diesem Block die `line-height` mit der `height` gleichsetzen.

Inline-Boxen können auch Margins erhalten. Horizontal vergrößern sich die Abstände, vertikal bleiben sie jedoch wirkungslos.

```
#footer {
  height: 3em;
  line-height: 3em;
  background: #ddd;
}
[...]
<div id="footer">Zentriert</div>
```

▲ **Listing 5.2**
Schnelle vertikale Zentrierung einer einzelnen Zeile mittels line-height = height

Der Internet Explorer hat heftige Probleme mit den überlappenden Anteilen einer Zeilenbox: Sie werden abgeschnitten. Dieses **Clipping** an der Ober- bzw. Unterkante der Zeilenbox können Sie im IE < 8 mittels `position: relative` für das Element, das die überlappende Inline-Box generiert, also etwa ein `<span>` oder `<em>`, verhindern. Notfalls müssen Sie in einem Block zusätzliche Inline-Elemente einfügen, um auf diesen für den IE `position: relative` wirksam werden zu lassen (siehe Abbildung 5.1).

Im Inline-Kontext ist `position: relative` die wichtigste »Magic Bullet« gegen Bugs im IE < 8 (siehe Abschnitt 10.7.2).

```
<style>
h1 {
  width: 5em;
  margin: 1em auto;
  text-indent: 1.8em;
  padding: 0 0 0 1em;
  font: 300%/0.6 Palatino, "Book Antiqua", serif;
  font-weight: normal;
```

```
  border-top: 1px solid red;
  border-bottom: 1px solid red;
}
h1 i, h1 b {
  font-style: normal;
  font-weight: normal;
}
</style>
<!--[if lte IE 7]><style>
h1 * {
  position: relative;
}
</style><![endif]-->
[…]
<h1><span><i>Web</i> <b>Design</b></span></h1>
```

Bugfix für das Clipping im IE < 8

Listing 5.3 ▶
Kleine `line-height`; Problem des Clippings im IE < 8

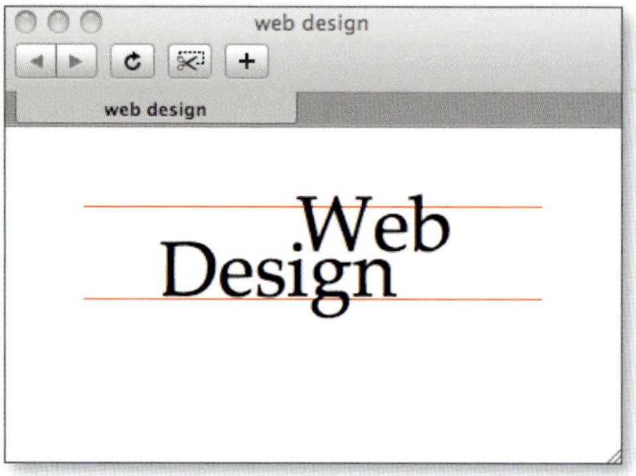

Abbildung 5.1 ▶
Kleine `line-height`, Überlappung des Inhaltsbereiches zweier Inline-Boxen über die beiden Zeilenboxen der `<h1>` hinaus

5.1.4 Vertikale Anordnung der Inline-Boxen – vertical-align

Die Eigenschaft `vertical-align` nimmt Einfluss auf die Anordnung der Inline-Boxen innerhalb einer Zeilenbox. Und dies macht den Inline Formatting Context so spannend, ist doch gerade die vertikale Kontrolle eine der Schwächen von CSS. Um `vertical-align` aber für Layouts nutzen zu können, müsste diese Eigenschaft auf Blöcke wirken, und das geht nur mit Inline-Block-, Table-Cell- und Inline-Table-Elementen.

Die Eigenschaft `vertical-align` greift genau dann, wenn eine Inline-Box weniger hoch ist als die Zeilenbox. In Abschnitt 2.4.2 stellen wir ein Verfahren dar, das per `vertical-align` den Inhalt einer Seite über

- `display: table-cell` für konforme Browser und
- eine Inline-Block-Simulation für den IE < 8 zentriert.

Für den IE < 8 wird die Höhe der Zeilenbox durch ein zusätzliches Inline-Block-Element wie mit einer Zeltstange aufgespannt.

> **Hinweis**
>
> Die Eigenschaft `vertical-align` ist nur auf Inlinelevel- und Table-Cell-Elemente anwendbar. Sie richtet die Inline-Boxen bzw. Zellinhalte innerhalb dieser Elemente vertikal aus. Die Eigenschaft wird nicht vererbt.

Innerhalb der Zeilenbox, die nun 100% der Höhe des Viewports einnimmt, kann `vertical-align: middle` die eigentlich interessierende Inline-Block-Box vertikal zentrieren. Hier haben also zwei Inline-Block-Boxen eine Zeilenbox gebildet, und `vertical-align` konnte greifen, weil die eine Box weniger hoch war als die umschließende Zeilenbox.

Für die konformen Browser war kein zweites Element notwendig, weil die Höhe der CSS-Tabellenzeile hier bereits durch das umschließende Element mit `display: table; height: 100%` (und, in der Folge, durch eine anonyme Table-Row) auf die Höhe des Viewports gezogen wurde.

Vgl. Abschnitt 8.1.8 zur vertikalen Ausrichtung von Tabellenzellen.

5.1.5 Horizontale Verteilung der Inline-Boxen – text-align

Die Eigenschaft `text-align: left|right|center|justify` kontrolliert die Verteilung der Inline-Boxen einer Zeilenbox, bei `justify` kontrolliert sie auch die Verteilung der Wörter innerhalb einer Inline-Box. Sie können dies durchaus auch auf Inline-Replaced-Elemente und Inline-Blocks anwenden, denn diese bilden ebenfalls Inline-Boxen in der Zeilenbox.

Beispielsweise sollen Bilder in einer Reihe gleichmäßig in der Zeile verteilt werden.

Der »Blocksatz« mit `text-align: justify` erfordert eine Vorüberlegung: Die jeweils letzte Zeile eines Textabsatzes in einem Buch bleibt linksbündig im Blocksatz. Damit `justify` eine Wirkung zeigen kann, sind also immer mindestens **zwei** Zeilen erforderlich.

Mit einem zusätzlichen, unsichtbaren `<span>`, das per `padding-left: 100%` eine ganze Zeilenbox einnimmt, können Sie diese letzte unerwünschte linksbündige Zeile ausklammern. Das `<span>` entspricht einem Zeilenabschluss. Die Bilder verteilen sich daher gleichmäßig in der Zeile darüber (siehe Abbildung 5.2).

Links- oder Rechtsbündigkeit wäre mit Floats möglich, aber es widerspricht ihrem Wesen, sich horizontal zentrieren oder gar im »Blocksatz« ausrichten zu lassen.

```
#wrapper {
  text-align: justify;
  width: 100%;
}
#wrapper img {
  border: 1px solid #ddd;
  padding: 5px;
  vertical-align: middle;
}
#wrapper span {
  display: inline-block; /* Opera */
  padding-left: 100%;
}
```

Opera benötigt `display: inline-block` statt `inline` für das `<span>`. Ansonsten nimmt es jeweils das letzte Bild mit in die zweite Zeile.

```
<!--[if lte IE 6]><style>
  #wrapper span { height: 1px; }
</style><![endif]-->
[…]
<div id="wrapper">
  <img src="Bild.gif" alt="image" />
  <img src="Bild.gif" alt="image" />
  <img src="Bild.gif" alt="image" />
  <span><!----></span>
</div>
```

Listing 5.4 ►
Blocksatz von Bildern

Abbildung 5.2 ►
Gleichmäßige Verteilung von Bildern mittels `text-align: justify` und eines zusätzlichen »Zeilenabschlusses«

5.2 Blöcke in einer Zeile – display: inline-block

Ein Element mit der Eigenschaft `display: inline-block` fügt sich in das Inline-Layout seiner Umgebung ein, während es für seinen Inhalt das Block-Layout einrichtet – wie ein Wort, das Bände spricht. Die freie Formulierung von Untereigenschaften, wie in der CSS-WG diskutiert, wäre eindeutiger: `display-outside: inline; display-inside: block;` (siehe Abschnitt 16.2).

Zu BFC siehe Abschnitt 4.5; zu Shrink-to-fit siehe Abschnitt 6.7.

Das Element steht einem Bild gleich in einer Zeilenbox. Es bildet einen neuen Block Formatting Context (BFC). Es zeigt ein Shrink-to-fit-Verhalten. Und man kann es horizontal und vertikal ausrichten. Diese Eigenschaft ist die eierlegende Wollmilchsau.

Safari ab Version 2, Opera ab 9 und IE ab 8 unterstützen `display: inline-block`. Erst spät kam Firefox 3 hinzu, deswegen wurden Layoutlösungen mit dieser Eigenschaft lange Zeit nur selten praktisch eingesetzt.

5.2.1 Inline-Block im IE < 8

Die Eigenschaft `display: inline-block` selbst wird zwar nominell ab IE 5.5 unterstützt, jedoch im IE < 8 nur insofern, als sie lediglich auf Elemente wirkt, die ohnehin schon auf Inlinelevel stehen, also etwa ein `<span>`. Hier löst `display: inline-block` bloß hasLayout für ein Inline-Element aus, und das scheint der einzige Verwendungszweck dieser Eigenschaft im IE < 8 zu sein. Im IE 8 wird `display: inline-block` endlich auch auf Blocklevel-Elementen verfügbar.

Im IE < 8 steht hasLayout für die Etablierung eines neuen Block Formatting Contexts (siehe Abschnitt 4.5 und Abschnitt 10.7.1). Wird ein solcher BFC für ein Inline-Element gesetzt, generiert dieses eine Inline-Box, die nach innen hin als Block wirkt. Insgesamt erscheint dies also wie eine Simulation von `display: inline-block`. Um ein `<div>` als Inline-Block wirken zu lassen, müssen Sie im IE < 8 zwei Regeln verwenden:

```
div {display: inline-block;}
div {display: inline;}
```

◀ **Listing 5.5**
Zweistufiger Inline-Block-Hack

Intern wird hasLayout für ein Inlinelevel-Element gesetzt und damit ein Block Formatting Context in einer Inline-Box erzeugt. Dieser zweistufige Hack ist fehleranfällig, da er bei Wartungsarbeiten schnell versehentlich »aufgeräumt« wird.

Akzeptiert man, dass `display: inline-block` im IE weit von der Spezifikation entfernt ohnehin nur als verborgener Hack verwendbar ist, kann man auch gleich die elegantere Variante wählen, die mit nur einer Regel auskommt:

```
div {
  display: inline;
  zoom: 1;
}
```

◀ **Listing 5.6**
Einstufiger Inline-Block-Hack

Die proprietäre Eigenschaft `zoom` ist der Allzweck-Trigger für hasLayout, der sowohl auf Block- als auch auf Inlinelevel-Elemente anwendbar ist (siehe Abschnitt 11.5). Dies weist diese Regel eindeutiger als Hack aus.

Die Kombination aus `inline` und `zoom` entspricht so weit der Inline-Block-Vorgabe, dass selbst `width` und `height` gesetzt werden können: Intern ist das Element längst kein bloßes Inline-Element mehr, sondern ein Element, das einen Block Formatting Context etabliert und daher wie selbstverständlich auch diese Eigenschaften respektiert.

Im IE 5 genügte es sogar schon, einem Inline-Element eine Dimension zu geben, um die Inline-Block-Darstellung zu triggern. (Da `zoom` hier noch nicht unterstützt wurde, war dies von Vorteil.)

Aus der Sicht der standardkonformen Browser ist dies alles Unfug; das Konstrukt muss per Conditional Comment vor ihnen und der Validierung verborgen werden.

Listing 5.7 ▶
Einstufiger Inline-Block-Hack: Das Element akzeptiert nun die Dimensionierung.

```
<!--[if lte IE 7]><style>
div {
  display: inline;
  zoom: 1;
  height: 100px;
  width: 100px;
}
</style><![endif]-->
```

5.2.2 Inline-Block im Firefox < 3

Firefox implementiert erst seit Version 3 `display: inline-block` gemäß CSS 2.1. Vorher hatte die behelfsmäßige Nutzung der Mozilla-Erweiterung `display: -moz-inline-box` nie befriedigend funktioniert:

```
.xyz {
  display: -moz-inline-box; /* für Mozilla Interfaces gedacht */
  display: inline-block; /* Überschreiben für konforme Browser */
}
```

Listing 5.8 ▶
CSS-Erweiterung `display: -moz-inline-box`

Die Erweiterung `display: -moz-inline-stack` stand bei komplexem Inhalt ebenfalls vor großen Problemen.

Eine solche Box verhielt sich in Firefox < 3 nicht stabil, wenn sie komplexen Inhalt hatte: In einigen Situationen zeigte sie kein korrektes Shrink-to-fit, und dies zudem teils inkonsistent, abhängig von variablen Einflüssen wie dem Browsercache. Auch eine `width` wurde nicht immer beachtet. Bruno Fassino fand schließlich einen Workaround:[1]

1. erster, äußerer Wrapper: `display: -moz-inline-box` (überschrieben von `display: inline-block` für konforme Browser und gegebenenfalls um die `width: <Wert>` des 3. Wrappers für ältere Browser ergänzt)
2. zweiter, in der Mitte liegender Wrapper: `display: table`
3. dritter, innen liegender Wrapper: `width: <Wert>` (sofern eine Breite benötigt wird)

Siehe die Ausarbeitung in der zweiten Auflage oder bei den Autoren. Firefox 2 spielt keine Rolle mehr.

5.2.3 Zeilenumbruch von Blöcken

Nehmen Sie an, für einen Katalog wird folgende Charakteristik verlangt:

▶ Mehrere Blöcke unterschiedlicher Länge sollen nebeneinanderstehen.

---

[1] Bruno Fassino, »CSS tests and experiments«, http://www.brunildo.org/test/indext1.shtml

- Wenn ein weiterer Block nicht mehr danebenpasst, soll er eine neue »Zeile« beginnen.
- Das Layout ist flexibel; wird die Seite schmaler, passen weniger Blöcke auf eine Zeile, und es entstehen mehr Zeilen.

Im gewissen Sinne sollen die Blöcke also wie Wörter in Zeilen umbrechen, sich je nach Breite der Seite selbst anordnen.

Wenn Sie das mit Floats versuchen, wird es Sie bald frustrieren: Floats verkanten sich, sie laufen nicht in Zeilen, sondern streben so weit nach oben wie zulässig (solange sie nicht höher hinauswollen als vorhergehende Floats). Ein Versuch, ein Float in eine neue Zeile umbrechen zu lassen, würde bei `float: left` allenfalls so weit führen, bis es an der rechten Seite eines längeren Floats aus der Zeile darüber hängenbliebe (siehe Kapitel 4, »Floats«, Abbildung 4.10). Bezogen auf die Situation in Abbildung 5.3 heißt das: Als Float wäre D an B hängengeblieben, und erst E hätte eine neue Zeile begonnen. Es geht nicht.

Im Gegensatz zu Inline-Blocks bilden ungleich lange Floats keine Zeilenboxen – diese Floats verhaken sich.

Die Charakteristik dieses Layouts ist nur mit Inline-Block umsetzbar (siehe Abbildung 5.3).

Auch eine CSS-Layouttabelle wäre ungeeignet, denn hier entstünde nur eine ewig weite Zeile und kein Umbruch.

```
<style>
* {
  margin: 0;
  padding: 0;
}
li {
  display: inline-block;
  width: 10em;
  margin: 0.25em;
  vertical-align: top;
}
p {
  background: #ddd;
  border: 1px solid #000;
  padding: 0.25em;
}
</style>
<!--[if lte IE 7]><style>
  li {
    display: inline; /* Inline-Block-Simulation */
    zoom: 1;
  }
```

Wenn Sie den Whitespace zwischen den li-Elementen auskommentieren oder entfernen, erhalten Sie die gesetzten 2 × 0.25 em als Abstand. Andernfalls käme der »Wortabstand« des Inline-Kontextes hinzu.

```
</style><![endif]-->
[…]
<ul>
  <li>
    <p>A: Lorem ipsum […].</p>
  </li><!--kein whitespace--><li>
    <p>Ut enim ad minim [...].</p>
  </li>
</ul>
```

▲ **Listing 5.9**
Kataloglayout in Zeilen laufender Blöcke

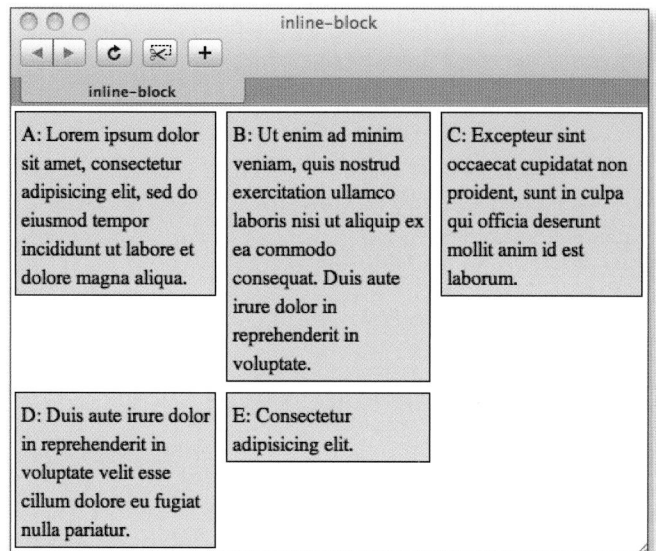

Abbildung 5.3 ▶
Flexibles Inline-Block-Layout: D und E sind in eine weitere Zeile umbrochen worden. Im Float-Layout wäre D an B hängengeblieben.

Sie finden in Kapitel 8, »Das CSS-Tabellenmodell«, ein weiteres Beispiel für die Anwendung von Inline-Block, diesmal als hinreichenden Ersatz für den IE im Wechselspiel mit `display: table-cell` für konforme Browser.

6   Positionierung und Stapelung

Da Positionierung wenig geeignet ist, um Elemente zueinander **anzuordnen**, wird oft geraten, das Positionieren zu meiden und stattdessen Floats zu verwenden: Will man am Anfang noch alles positionieren, scheut man dies später – dies aber zu Unrecht, wenn Sie sich damit selbst einer Methode berauben, Objekte entgegen dem Seitenfluss zu **platzieren**.

Es gilt kein Entweder-oder, sondern ein Auch: In Layouts wird mit Floats gearbeitet, und einige Objekte werden positioniert, horizontal und vertikal versetzt und zum Beobachter hin auf der z-Achse verschoben.

Einem Element eine Ebene zuzuweisen und es zu platzieren, sollte so schwer nicht sein – doch das Regelwerk ist komplex. Ohne eine schrittweise Annäherung an das Thema im Wechsel von Lesen und Üben geraten Positionierung und Stapelung oft zu Versuch und Irrtum.

In »Transcending CSS« empfiehlt Andy Clarke: »Choosing positioning over floats (lieber Positionierung als Floats)« für die Phase, in der ein Seitenprototyp erstellt wird. Im Weiteren rät er, absolut positionierte Objekte und Floats kreativ zu kombinieren.[1]

6.1   Stapelkontexte

Die Darstellung in Ebenen führt nicht selten zu Angaben wie `z-index: 10000` in einem Gemenge von positionierten Elementen, in der Hoffnung, damit werde das Element später nicht übermalt. Und sind die Elemente endlich gestapelt, mischt der Internet Explorer ≤ 7 sie von Neuem, was den CSS-Autor zu weiteren Positionierungen entlang der z-Achse treibt. Jedes Element einer Seite gehört einem Stapelkontext (*stacking context*) an. Ein erster Stapelkontext wird vom Wurzelelement `<html>` gebildet. Weitere Stapelkontexte werden per CSS etabliert, und zwar nur von:

Ein Element gilt als positioniert, wenn der Wert der `position`-Eigenschaft ungleich `static` ist.

- `position: relative|absolute|fixed` in Verbindung mit einem `z-index`, der nicht `auto` ist
- `opacity < 1.0` (siehe Abschnitt 6.6)

---

1 Andy Clarke, Molly E. Holzschlag (2006), »Transcending CSS: The Fine Art of Web Design«, New Riders (dt. 2007, »Transcending CSS, Neue kreative Spielräume im Webdesign«, Addison-Wesley)

Die Eigenschaft `z-index` hat nur auf positionierte Elemente einen Effekt, wobei ein Wert von ≤ `-1` | `auto` | `0` | ≥ `1` den Rang in der Ordnung des Stapels näher festlegt **und auch** bestimmt, ob das Element einen neuen Stapelkontext etabliert. Somit ordnet `z-index` das Element in z-Richtung an und schafft gleichzeitig – sofern der Wert nicht `auto` ist – einen neuen Zusammenhang für die Abfolge von Nachfahren.

6.1.1 Abfolge des Zeichnens

Der Begriff **Stapelebene** (*stack level*) für die Schichtung in einem Stapelkontext wird in CSS 2.1: 9.9.1 definiert, aber nicht präzise abgegrenzt verwendet. In CSS 2.1: Anhang E wird denn auch auf den statischen Begriff verzichtet und vielmehr prozesshaft von »painting order« gesprochen, was wir hier als **Zeichnungsabfolge** übertragen.

Innerhalb jedes Stapelkontextes herrscht eine Abfolge, in der die Elemente auf den Zeichnungsbereich (Leinwand, engl. *canvas*) gesetzt werden (siehe Tabelle 6.1).

Weitere Stapelkontexte werden in die bestehende Abfolge einsortiert, aber in sich abgeschlossen abgearbeitet. Ein Element eines Stapelkontextes kann daher nicht zwischen zwei Angehörigen eines anderen Stapelkontextes eingeschoben werden: Von außen betrachtet ist ein Stapelkontext nicht weiter teilbar.

6.1.2 Beispiele und Erläuterungen zur Zeichnungsabfolge

Wir diskutieren in diesem Abschnitt bewusst einfach gewählte Konstellationen von positionierten Elementen, Floats und nicht-positionierten Blöcken im normalen Seitenfluss. Was kann gesehen werden, warum stellt es sich so dar, welche Probleme gibt es, und wie sehen Lösungen aus? Diese Fragen sollen das Wesen der komplizierten Zeichnungsabfolge erläutern helfen.

Im Folgenden verwenden wir zur Verdeutlichung der Stapelung für `background-color` die RGBA-**Notation** aus dem *CSS Color Module Level 3*, um über den α-Wert `0.66` einen transparenten Hintergrund für die Elemente zu erzielen. Die gewählten r, g, b-Werte entsprechen dem überschriebenen hexadezimalen Wert für `background-color`.

Prinzipbedingt kann `opacity` nicht zum Einsatz kommen, da diese Eigenschaft selbst einen Stapelkontext generiert.

Dokumentbaumabfolge | Abbildung 6.1 zeigt zwei Elemente, `<h1>` und `<p>`, im selben Stapelkontext von `<html>`. Beides sind nicht-positionierte Blocklevel-Elemente im normalen Seitenfluss. Der negative Margin zieht `<p>` über `<h1>`. Die Hintergründe der beiden gleichrangigen Blöcke werden nach der Reihenfolge des Vorkommens im Dokumentbaum gezeichnet, parallel gilt dies auch für die Zeilenboxen. Der Text »HEADING« liegt **auf** dem Hintergrund des Absatzes, was wir weiter unten erläutern. Der Text »PARAGRAPH« kommt zuoberst.

```
h1 {
  margin: 0;
  padding: 0.1em 0.25em;
  background: #ee0;
  background: rgba(238, 238, 0, 0.66);
  border: 4px solid #ee0;
  color: #000;
  font-weight: normal;
  font-size: 3em;
}
```

Zeichnungsabfolge im Stapelkontext	Bemerkungen
1. Hintergrund des Elementes, das den aktuellen Stapelkontext generiert (sofern es sich dabei um das Wurzelelement `<html>` oder ein Blocklevel-Element handelt)	Siehe Abschnitt 6.1.3: »Was bedeutet ein negativer Wert für `z-index`?«
2.[2] weitere Stapelkontexte, generiert von positionierten Nachfahren mit `z-index < 0`	
3.[1] ▶ Hintergrund von Blocklevel-Nachfahren[4] ▶ bei Tabellen[4]: Hintergrundfarben und -bilder (in der Folge für: Tabelle, Spalten, Zeilen, Zellen), danach alle Rahmen	Der Inline-Inhalt, also auch der Text, von diesen Blocklevel-Elementen wird erst in Schritt 5 abgearbeitet.
4.[1] Nachfahren, die Floats[3] sind	
5.[1] ▶ Wenn der aktuelle Stapelkontext von einem Inlinelevel-Element generiert wird: Zeichne jede seiner Boxen[4] (deren Hintergrund, den Text von Inline-Elementen inkl. Textdekoration, Inline-Blocks[3] und Inline-Tables[3], den Inhalt ersetzter Inlinelevel-Elemente). ▶ Wenn der aktuelle Stapelkontext von einem Blocklevel-Element oder von `<html>` generiert wird, dann gilt für dieses generierende Element selbst und danach für seine Blocklevel-Nachfahren[4]: Zeichne den Inhalt ersetzter Blocklevel-Elemente[4], und zeichne wie oben jede Box[4] in jeder Zeilenbox.	▶ Im Wesentlichen wird hier gesagt, dass Inline-Inhalt nur noch von positionierten Elementen überlagert wird. ▶ CSS 2.1: E.2 empfiehlt zwar, Outlines noch über den positionierten Elementen zu setzen, die Browser zeichnen sie aber in dieser Ebene.
6.[2] ▶ positionierte Nachfahren mit `z-index: auto`[3] ▶ weitere Stapelkontexte, generiert von positionierten Nachfahren mit `z-index: 0` ▶ Stapelkontexte, die von Nachfahren mit `opacity` kleiner als 1 generiert wurden	▶ Positionierte Nachfahren bilden erst mit einem `z-index ≠ auto` einen eigenen Stapelkontext. ▶ Positionierte Elemente mit `z-index: 0` oder `auto` unterscheiden sich **nicht** im Rang – allein ihr Vorkommen im Dokumentbaum entscheidet, welches Element über das andere platziert wird.
7.[2] Weitere Stapelkontexte, generiert von positionierten Nachfahren mit `z-index > 0`	

Element bzw. **Nachfahr** bedeutet hier: Elemente im Dokumentbaum, Pseudo-Elemente, anonyme Boxen. **Nachfahr** betont, dass es sich um einen Abkömmling des Elementes handelt, das den aktuellen Stapelkontext generiert.
Hintergrund bedeutet hier: Hintergrundfarbe, darauf Hintergrundbild, darüber der Rahmen.
[1] Die Elemente werden nach der Reihenfolge ihres Vorkommens im Dokumentbaum sortiert.
[2] Die Elemente werden zunächst nach dem `z-index`, dann nach der Reihenfolge ihres Vorkommens im Dokumentbaum sortiert.
[3] Werden fast wie Stapelkontexte rekursiv abgearbeitet – jedoch werden dabei alle positionierten Nachfahren und alle einen neuen Stapelkontext bildenden Nachfahren hinsichtlich der z-Achse auf den aktuellen Stapelkontext bezogen und nicht auf dieses Element.
[4] Gemeint sind nicht-positionierte, nicht-floatende Elemente.

▲ **Tabelle 6.1**
Zeichnungsabfolge der Elemente in einem Stapelkontext (vgl. CSS 2.1: Anhang E für weitere Details)

```
p {
  margin: -0.75em 0 0 0; /* -1.75em */
  padding: 0 0.25em;
  background: #6c8;
  background: rgba(102, 204, 136, 0.66);
  border: 4px solid #6c8;
  color: #e00;
  font-size: 2em;
}
[…]
<h1>&lt;h1&gt; HEADING</h1>
<p>&lt;p&gt; PARAGRAPH</p>
```

Listing 6.1 ▶
Zwei Blocklevel-Elemente

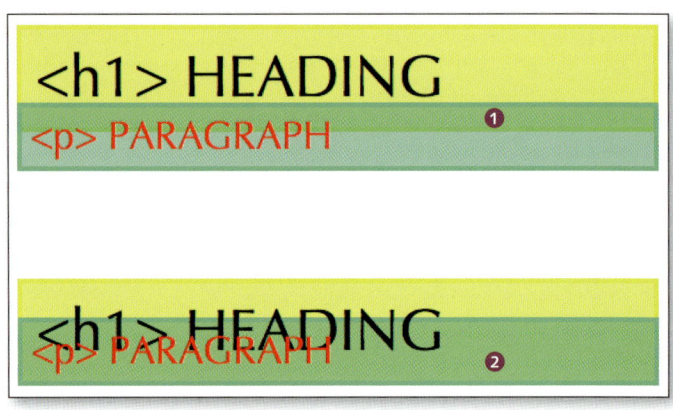

Abbildung 6.1 ▶
Zwei Blocklevel-Elemente: Der Absatz wird per negativem Margin über die vorangehende Überschrift gezogen, wobei dieser Vorgang für Hintergrund und Text getrennt stattfindet. ❶ geringe Verschiebung; ❷ stärkere Verschiebung.

Rang in der Zeichnungsabfolge | Soll die `<h1>` über dem nachfolgenden Block gezeichnet werden, muss sie auf einem höheren Rang in der Ordnung angesiedelt werden – in diesem Fall mit `position: relative` (siehe Abbildung 6.2). Dabei ist `z-index` nicht gesetzt und verbleibt auf dem Initialwert `auto`; es wird kein neuer Stapelkontext generiert.

```
h1 {
  position: relative;
  margin: 0;
  padding: 0.1em 0.25em;
  background: #ee0;
  background: rgba(238, 238, 0, 0.66);
  border: 4px solid #ee0;
  color: #000;
  font-weight: normal;
  font-size: 3em;
}
```

Listing 6.2 ▶
Ein positioniertes Element

◂ **Abbildung 6.2**
Die Überschrift hat `position: relative` erhalten. Der nachfolgende Absatz liegt nun hinter der Überschrift.

Verweben | Floats haben einen höheren Rang als Blocks im normalen Seitenfluss. Ob diese nun vorher oder nachher im Dokumentbaum kommen, ist bei der Betrachtung gleich. Die Zeilenboxen eines Blocks weichen zur Seite und laufen an dem Float entlang. Allein die Block-Box wird gezeichnet, als wäre das Float nicht vorhanden. Das Float wird dann auf den Hintergrund des Blocks gesetzt (siehe Abbildung 6.3 und Kapitel 4, »Floats«).

```
p {
  margin: 0;
  padding: 0 0.25em;
  background: #6c8;
  background: rgba(102, 204, 136, 0.66);
  border: 4px solid #6c8;
  color: #e00;
}
img {
  float: left;
  margin: 0 -1em 0 0.5em;
}
[…]
<div>
  <img src="image.png" alt="&lt;img&gt;" />
  <p>&lt;p&gt; PARAGRAPH</p>
</div>
```

◂ **Listing 6.3**
Float und nachfolgender Absatz

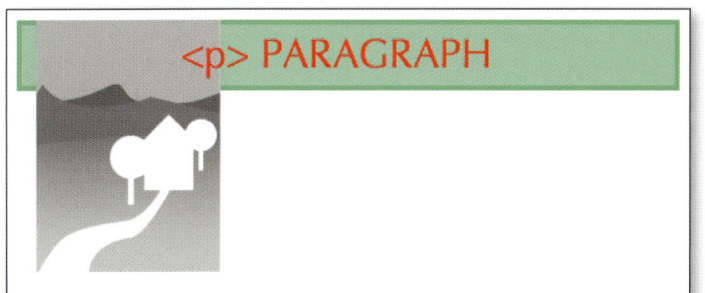

◂ **Abbildung 6.3**
Das Bild, ein Float, liegt auf dem Hintergrund des nachfolgenden Absatzes, dessen Zeilenbox wiederum auf dem Float mit dem negativen `margin-right` liegt.

Sie können dies auch beobachten, wenn eine Liste an einem Float entlangläuft: Die Marker-Boxen der Liste werden **auf** das Float gemalt.

Zwei benachbarte Floats würden sich gegenseitig nicht in dieser Weise verweben. Bloß ihre positionierten Nachfahren stünden über beiden Floats, nicht aber die Zeilenboxen der Floats.

In diesem Beispiel zieht das Float mit Hilfe eines negativen Margins die Zeilenbox mit dem Text **über** sich. Inline-Boxen – wie die Zeilenboxen es sind – nehmen einen höheren Rang in der Zeichnungsabfolge ein als Floats und werden erst nach diesen gezeichnet. Floats und benachbarte Blocklevel-Elemente **verweben** sich also: Das Float wird zwar später als deren Hintergrund, aber noch früher als deren Text oder Inline-Nachfahren gezeichnet.

Das Verweben ist ein Ausdruck davon, dass einfache Blocklevel-Elemente nicht als Einheit behandelt werden, sondern in Hintergrund und Zeilenboxen getrennt (vgl. Abbildung 6.1).

Dazwischen stellt sich nun ein Float, und zwar mit sämtlichen Nachfahren, soweit diese nicht positioniert sind. Enthält ein Float selbst einen Blocklevel-Abkömmling, so liegt dieser also noch über solchen Blöcken, die dem Float folgen, auch wenn diese in der Dokumentbaumfolge erst später hinzugekommen sind.

Stapelkontexte und ihr Zweck | Ebenso wie Floats werden auch Inline-Block- und Inline-Table-Elemente sowie positionierte Elemente mit `z-index: auto` behandelt: In sich abgeschlossen, werden sie in bestehende Stapelkontexte einsortiert, und zwar samt ihrer Nachfahren – positionierte Abkömmlinge ausgenommen.

Letzteres ist der Unterschied zu neuen Stapelkontexten, die alle Abkömmlinge mit sich in eine eigene Zeichnungsabfolge nehmen. Neue Stapelkontexte werden durch positionierte Elemente mit von `auto` verschiedenem `z-index` erschaffen.

Aber wozu werden Stapelkontexte überhaupt benötigt, wenn sich alle Elemente von allein gemäß der Zeichnungsabfolge entlang der z-Achse anordnen, und zwar überwiegend so, wie man es erwarten würde? Wenn schon nicht bereits `float: left|right`, dann doch zumindest `position: relative` ganz ohne `z-index` ausreicht, um ein Element weiter in den Vordergrund zu schieben?

> **Ein geschlossenes System**
>
> Stapelkontexte, erschaffen durch positionierte Elemente mit einem `z-index`, werden **relativ zu anderen** positionierten Elementen entlang der z-Achse zum Beobachter hin oder von ihm weg platziert. Vor allem bieten sie einen neuen Bezugsrahmen für die Stapelung von eigenen Nachkömmlingen, selbst wenn diese positioniert sind und über `z-index` wiederum eigene Stapelkontexte bilden. Damit bildet ein Stapelkontext ein geschlossenes System, das sich relativ zu anderen auf der z-Achse arrangiert.

Schließlich wird ein positioniertes Element nicht nur mittels `top|right|bottom|left`-Versatz in x/y-Richtung verschoben oder eben per `z-index` in z-Richtung, sondern es dient auch als ein neues Bezugssystem, als **Containing Block** für absolut positionierte Nachfahren (vgl. Abschnitt 6.2). In komplexen Seiten treffen damit oft mehrere positionierte Elemente aufeinander. Tatsächlich liegen meist nur wenige positionierte Elemente im selben Stapelkontext, doch nur dann kann `z-index` sie relativ zueinander verschieben. Werte für `z-index` müssten daher selten stärker anwachsen, um die positionierten Elemente zu arrangieren, denn höhere Werte ändern auch nichts daran, dass sich über ihren eigenen Stapelkontext, dem sie angehören, wiederum ein ganz anderer Stapelkontext schieben kann.

Bei einem Dropdown-Menü ist meist ein Stapelkontext notwendig, wenn die Liste nicht hinter weiteren positionierten Elementen (wie der `<h1>` in Abbildung 6.4) ausklappen soll.

Daneben dient `position: relative` als Bugfix für IE < 8, wobei der Einfluss auf die Stapelung hier jenseits der Spezifikation liegt: Diese Angabe wird oft verwendet, um ein Element **überhaupt** sehen zu können (siehe Abschnitt 10.7.2). In unordentlichen Stylesheets liegen häufig relative Positionierungen herum, ohne dass dem Autor und seinen Mitarbeitern bewusst wäre, ob diese jeweils als Hack für den IE oder als Stapelanweisung für alle gemeint waren.

```css
h1 {
  position: relative;
  clear:left;
  margin: 4px 0;
  padding: 0.1em 0.25em;
  background: #ee0;
  background: rgba(238, 238, 0, 0.66);
  border: 4px solid #ee0;
  color: #000;
  font-weight: normal;
  font-size: 1.5em;
}
p {
  margin: 0;
  padding: 0 0.25em;
  background: #6c8;
  background: rgba(102, 204, 136, 0.66);
  border: 4px solid #6c8;
  color: #e00;
}
ul {
  list-style-type: none;
  font-size: 0.75em;
}
li {
  position: relative;
  float: left;
  margin: 0 4px 4px 0;
  background: #60c;
  background: rgba(102, 0, 204, 0.66);
  border: 4px solid #60c;
```

Warum die `<h1>` hier relativ positioniert ist, ergibt sich nicht aus dem Listing. Sie steht stellvertretend für irgendeinen positionierten Block, der mit dem Dropdown in Konflikt geraten könnte.

Die `<ul>` auf der zweiten Ebene muss für IE ≤ 8 eine Hintergrundfarbe haben, da das Menü ansonsten im Leerraum zwischen den Listeneinträgen nicht reagieren würde, wenn der Benutzer mit dem Mauszeiger über diese Stellen in der ausklappenden Liste fährt. Das Menü würde wieder kollabieren.

`li:hover` wird vom IE ≤ 6 nicht unterstützt (*whatever:hover* oder *Suckerfish* könnten dies lösen), aber das ist nicht Gegenstand des Tests.

Listing 6.4 ▶
Ein einfaches Dropdown-Menü für Testzwecke

```
    color: #fff;
}
ul ul {
    position: absolute;
    left: -999em;
    background: #ccc;
    background: rgba(204, 204, 204, 0.33);
}
li:hover ul {
    top: 2em;
    left: 3px;
}
li li {
    margin: 0 0 3px 0;
    background: #909;
    background: rgba(153, 0, 153, 0.66);
    border: 3px solid #909;
}
[…]
<ul>
    <li>&lt;li&gt;</li>
    <li>&lt;li&gt;</li>
    <li>&lt;li&gt;
        <ul>
            <li>&lt;li&gt;</li>
            <li>&lt;li&gt;</li>
            <li>&lt;li&gt;</li>
            <li>&lt;li&gt;</li>
        </ul>
    </li>
    <li>&lt;li&gt;</li>
</ul>
<h1>&lt;h1&gt; HEADING</h1>
<p>&lt;p&gt; PARAGRAPH</p>
```

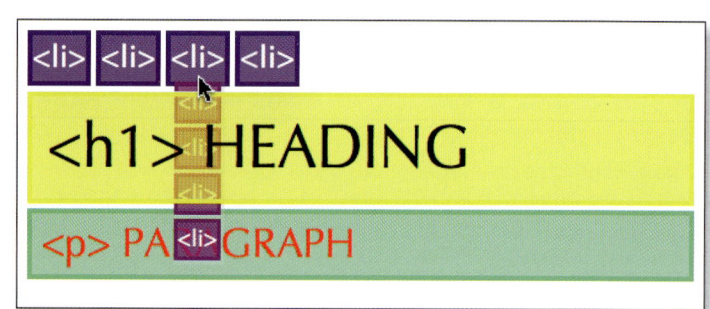

Abbildung 6.4 ▶
Ein Dropdown-Menü, es klappt hinter die positionierte Überschrift aus.

In der Liste ist eine zweite verschachtelt. Diese steht per `position: absolute` außerhalb des normalen Seitenflusses, um andere Elemente nicht zu beeinträchtigen. Normalerweise per negativem Versatz ausgelagert, wird sie erst auf `li:hover` hin eingeblendet. Dazu müssen die Listeneinträge der elterlichen Liste mit `position: relative` einen Containing Block als Bezugsrahmen für den Versatz der zweiten Liste stellen.

Die Menü-Liste und die ausgeklappte Liste, die positionierte Überschrift sowie der Absatz, sie alle stehen im selben Stapelkontext von `<html>`. Deswegen wird auch die `<h1>` **über** die zweite `<ul>` gezeichnet: Beide stehen auf demselben Rang in der Zeichnungsabfolge, nur kommt die `<h1>` später im Dokumentbaum. Das Menü verliert zu allem Übel noch sein Augenmerk auf das Mausereignis in Opera und IE, wenn der Mauszeiger sich über der `<h1>` befindet, und würde selbst dann noch kollabieren, wenn die `<h1>` komplett durchsichtig wäre. So kann das nicht bleiben.

In der Zeichnungsabfolge muss das Dropdown über die relativ positionierte Überschrift kommen, und dies schafft es nur noch mit `position` plus `z-index` > 0. Egal ob Sie nun der `<ul>` auf der zweiten Ebene oder dem elterlichen Listeneintrag bzw. alternativ dem Menü an sich `z-index: 1` geben, es wird jeweils ein neuer Stapelkontext etabliert, der das Element samt Nachkommen über die positionierte Überschrift hebt:

> Der Einfluss von `z-index` auf positionierte Elemente wird in einer Übung anschaulich, in der `z-index` und `position` live an verschiebbaren Objekten verändert werden können.[2]

```
ul ul { z-index: 1; } /* bereits positioniert */
  /* alternativ: */
li { z-index: 1; } /* bereits positioniert */
  /* alternativ: */
ul { position: relative; z-index: 1; }
```

Es gibt allerdings Situationen, in denen keiner dieser Lösungsansätze den richtigen Weg weist.

Ein Stapelkontext schließt einen Nachfolger in sich ein | Betrachten Sie dazu abschließend den Fall einer längeren Menüliste (siehe Abbildung 6.5). Die Liste umbricht in eine neue Zeile (im Beispiel wird das durch eine fixe Breite für das Menü erzwungen, ansonsten ist das CSS dasselbe wie im letzten Beispiel). In der zweiten Zeile stehen die Listeneinträge über dem Dropdown aus der ersten Zeile, da sie später im Stapelkontext von `<html>` folgen.

> Ein ganz ähnliches Beispiel ist eine Matrix von Thumbnails in einer Liste, in der größere Bilder per `position: absolute` eingeblendet werden, wenn man den Mauszeiger über die Thumbnails führt.

---

2 Thierry Koblentz, »How z-index works!«, *http://tjkdesign.com/articles/z-index/teach_yourself_how_elements_stack.asp*

Die Breitenangabe erzwingt den Umbruch der Liste.

```css
ul {
  width: 9em;
  list-style-type: none;
  font-size: 0.75em;
}
li {
  position: relative;
  float: left;
  margin: 0 4px 4px 0;
  background: #60c;
  background: rgba(102, 0, 204, 0.66);
  border: 4px solid #60c;
  color: #fff;
}
ul ul {
  position: absolute;
  left: -999em;
  width: auto;
  background: #ccc;
  background: rgba(204, 204, 204, 0.33);
}
li:hover ul {
  top: 2em;
  left: 3px;
}
li li {
  margin: 0 0 3px 0;
  background: #909;
  background: rgba(153, 0, 153, 0.66);
  border: 3px solid #909;
}
[…]
```

```html
<ul>
  <li>&lt;li&gt;</li>
  <li>&lt;li&gt;</li>
  <li>&lt;li&gt;
    <ul>
      <li>&lt;li&gt;</li>
      <li>&lt;li&gt;</li>
      <li>&lt;li&gt;</li>
      <li>&lt;li&gt;</li>
    </ul>
  </li>
  <li>&lt;li&gt;</li>
  <li>&lt;li&gt;</li>
```

```
    <li>&lt;li&gt;</li>
</ul>
```

▲ **Listing 6.5**
Dropdown in zweizeiliger Navigationsliste

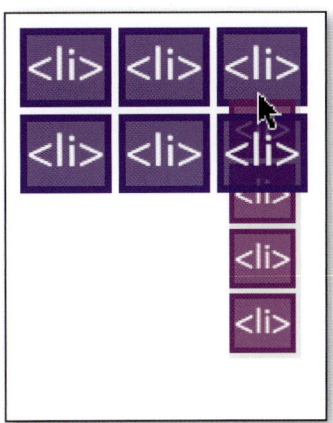

◀ **Abbildung 6.5**
Die Liste umbricht in eine zweite Zeile. Das Dropdown wird von der elterlichen Liste selbst übermalt.

Die relativ positionierten Listeneinträge sollten in diesem Fall keinen z-index erhalten, denn ansonsten würden sich eigene Stapelkontexte bilden, über die es die auszuklappende <ul> wieder nicht schaffen würde. Die Stapelkontexte der späteren Listeneinträge würden das Dropdown überdecken, und gegenüber der Lage ohne z-index wäre nichts gewonnen.

Für Browser, die sich an die Zeichnungsabfolge halten und Stapelkontexte beachten, müsste also die auszuklappende <ul> den z-index: 1 erhalten und nicht die elterlichen Listeneinträge.

```
ul ul { z-index: 1; } /* bereits positioniert */
```

> **Irregulärer Stapelkontext im IE < 8**
>
> Aber noch im IE 7 lebt ein konzeptueller Fehler fort, der jedem positionierten Element eine Art Stapelkontext zuordnet, ganz ohne z-index, solange nur hasLayout = true für dieses Element gilt, als ob z-index: 0 gesetzt worden wäre.

Das bedeutet, dass ein hasLayout-Trigger, beispielsweise width, height oder – wie hier – float, bereits ausreicht, um den relativ positionierten Listeneintrag über das Dropdown aus der ersten Zeile zu malen, was den Plan zunichtemacht, die ausklappende <ul> per z-index anzuheben, ist diese doch in dem irregulären Stapelkontext gefangen.

Da wir, wie oben bereits gesagt wurde, nicht umhinkommen, dem absolut positionierten Dropdown z-index zu geben, kann

In einer realen Seite ist es meist unausweichlich, bei relativ positionierten Elementen für diese immer auch bewusst hasLayout = true auszulösen – andernfalls ist die Darstellung dieser Elemente im IE ≤ 7 einfach zu instabil.

die Lösung des Problems im IE ≤ 7 nur bei den irregulären Stapelkontexten der elterlichen Listeneinträge gefunden werden. Hier führt die Frage weiter, ob `position: relative` überhaupt in den anderen Listeneinträgen benötigt wird, wenn die `<ul>` doch stets nur bei einem Listeneintrag zur gleichen Zeit ausklappt.

Genau genommen ist `li {position: relative;}` nur für den `top/left`-Versatz der zweiten `<ul>` nötig, wenn sie eingeblendet ist. Denn `left: -999em` schleudert die `<ul>` im ausgeblendeten Zustand ohnehin zuverlässig zur Seite, wo auch immer der IE den Ausgangspunkt hierfür setzt.

Aber eingeblendet wird bei `li:hover ul {left: 0;}`, also muss auch bloß hierfür `li:hover {position: relative;}` gesetzt werden und nicht allgemein `li {position: relative;}`. Da hasLayout unausweichlich ist, setzen wir `position` erst bei Bedarf, damit der irreguläre Stapelkontext wenn schon, dann nur an dieser Stelle, in diesem Moment entsteht.

```css
li {
  /* position: relative; */
  float: left;
  margin: 0 4px 4px 0;
  background: #60c;
  background: rgba(102, 0, 204, 0.66);
  border: 4px solid #60c;
  color: #fff;
}
li:hover {
  position: relative;
}
ul ul {
  z-index: 1;
  position: absolute;
  left: -999em;
  width: auto;
  background: #ccc;
  background: rgba(204, 204, 204, 0.33);
}
```

Listing 6.6 ▶
Workaround – erst beim Hover wird `position: relative` gesetzt.

6.1.3 Was bedeutet ein negativer Wert für z-index?

Für ein positioniertes Element führt ein negativer `z-index` dazu, dass der damit geschaffene Stapelkontext quasi zuunterst im elterlichen Stapelkontext liegt, aber immer noch auf dessen Hintergrund. Das Element liegt also nicht hinter dem elterlichen Stapelkontext, taucht nicht durch diesen hindurch. Der neue Stapelkontext mit negativem `z-index` schiebt sich vielmehr zwischen den Hintergrund und beispielsweise den Text des elterlichen Stapelkontextes. (Noch Firefox 2 hat das Element komplett unter den elterlichen Stapelkontext gekehrt.)

Das gilt für die Beziehung zu einem elterlichen Blocklevel-Stapelkontext. Die Darstellung bei Inlinelevel-Stapelkontexten sollte anders sein: Hier würde ein negativer `z-index` das Element vom Betrachter weg durch den elterlichen Inlinelevel-Stapelkontext schieben. (Safari beachtet diese Besonderheit.)

Wie reicht man Mausklicks durch?
Bei der Überlagerung greift sich stets das oberste Element – selbst wenn es transparent ist – die Mausklicks. Die aus SVG entlehnte Eigenschaft `pointer-events: none` verspricht, die Klicks durchzulassen (*CSS3 Basic User Interface Module*).

6.2 Containing Block

Ein Element steht durch die Eigenschaft `position` in Beziehung zu seinem Containing Block, wobei die Art der Positionierung bestimmt, welche Struktur als Containing Block angenommen wird (siehe Tabelle 6.2).

6.2.1 Bezugsrahmen

Der Containing Block dient als Bezugsrahmen sowohl für die Positionierung als auch für Prozentangaben im Boxmodell.

Je nachdem kann das Element relativ zum Containing Block seine Position einnehmen. Dies gilt für `position: absolute` und `fixed`, nicht aber für `position: relative`, wo der Versatz sich auf die Normalposition des Elements im Seitenfluss bezieht.

Positionierung des Elements	Struktur, die als Containing Block für das Element fungiert
`static|relative`	Innenkante (*content edge*) des nächsten Blocklevel-, Table-Cell- oder Inline-Block-Vorfahrens
`absolute`	Padding-Kante (*padding edge*) des nächsten Vorfahrens mit `position: relative|absolute|fixed` (vgl. Tabelle 6.3). Existiert kein solchart positionierter Vorfahr, dann ist es der **Initial Containing Block**.
`fixed`	Viewport

◀ Tabelle 6.2
Bestimmung des Containing Blocks eines Elements (vgl. CSS 2.1: 10.1).

Beachten Sie, dass der Containing Block nicht etwa ein Block-Element bezeichnet, sondern wie oben dargestellt ein bestimmtes Rechteck:
▶ die Innenkante eines bestimmten Vorfahrens
▶ die Padding-Kante eines bestimmten Vorfahrens
▶ den Initial Containing Block
▶ den Viewport

6.2.2 Initial Containing Block, Canvas und Viewport

Der **Initial Containing Block** des Wurzelelements `<html>` teilt seinen Ursprung `0px 0px` mit der **Canvas** (wörtlich: Leinwand; gesamter Zeichnungsbereich) und hat die Ausmaße des **Viewports**.

> Für das sich in Seiten gliedernde Medium Print ist statt des Fensterausschnitts der vom Seitenrand umgebene Seitenbereich (**Page Area**) maßgebend.

Der Viewport entspricht dem Fenster des Browsers; es zeigt – bei veränderlicher Größe und Verschiebung über die Scrollbalken – einen Ausschnitt des Zeichnungsbereiches. Das `html`-Element nimmt die Breite des Viewports und damit die Breite des Browserfensters ein.[3]

Hier liegt ein Fallstrick: Soll ein farbig hinterlegter Absatz `width: 100%` bezogen auf das `html`-Element haben, wird er so breit wie der Viewport und damit wie das Fenster – aber nicht breiter. Als nächstes Element soll eine überbreite Tabelle folgen. Sie dehnt nicht etwa den Viewport aus, sondern läuft zur Seite heraus und wird erst durch einen Scrollbalken am Fenster wieder hereingeholt. Sie ist breiter als der Absatz, denn sie ist breiter als der Viewport. Scrollen Sie nach rechts, dann sehen Sie den farbig hinterlegten Absatz vorzeitig enden, und dies trotz `width: 100%`, denn er wird nicht breiter als der Viewport.

In mobilen Browsern ist der Viewport etwas anderes: Der Viewport, den das `html`-Element einnimmt und auf den sich Ihr CSS bezieht, ist nativ meist breiter als der Ausschnitt, der vom Gerät im Portrait- oder Landscape-Modus angezeigt wird. Er ist im iPhone z. B. 980 px breit, damit nicht angepasste Desktop-Seiten auch Platz finden. Mit dem *viewport meta key* können Sie diesen »Layout-Viewport« steuern; beispielsweise wird `<meta name="viewport" content="width=device-width">` als »Nutze für meine Applikation die Gerätebreite aus« verstanden.[4]

Das *CSS Device Adaptation Module* lässt Sie für einen mobilen Browser über eine `@viewport`-Regel die Maße des Viewports (und die Vergrößerung, Orientierung …) unabhängig von den tatsächlichen Maßen des Displays einstellen, also die Bindung des Initial Containing Blocks an den Viewport aufheben.

6.2.3 Prozentangaben

Einige Prozentangaben in CSS beziehen sich auf den Containing Block (CB; siehe Tabelle 6.3). Hierbei ergeben sich Besonderheiten für die Bestimmung vertikaler Angaben im Boxmodell.

---

3 Peter-Paul Koch, »A tale of two viewports«, *http://www.quirksmode.org/mobile/viewports.html*

4 Safari Developer Library, »Configuring the Viewport«, *http://developer.apple.com/library/safari/#documentation/AppleApplications/Reference/SafariWebContent/UsingtheViewport/UsingtheViewport.html*

Vielleicht ist es Ihnen auch schon einmal so gegangen: Sie setzen `height: 100%`, aber nichts passiert. Hundert Prozent, doch wovon? Ist die `height` für einen Vorfahren nicht gesetzt, kann für ein Element eine Prozentangabe für `height` nicht berechnet werden, denn hierbei wird die Höhe des Vorfahrens durch seinen Inhalt und damit durch die Höhe des Elements selbst mitbestimmt. Beide, Vorfahr und Element, wären wechselseitig voneinander abhängig, daher ignoriert ein Browser diese Prozentangabe.

In einigen Layouttechniken sieht man aus diesem Grund prozentuale Angaben bis hinauf zu `html, body {height: 100%;}`. Mit dieser Anweisung wird `<html>` (und in der Folge auch `<body>`) auf die Höhe des Initial Containing Blocks gebracht – und umfasst damit die Fensterhöhe.

Ein Beispiel ist **FooterStickAlt** (siehe Abschnitt 2.2.2).

Ein direkter Nachfahr von `<body>` kann somit per `min-height: 100%` mindestens diese Fensterhöhe einnehmen.

Im IE < 7 als `height: 100%`

	Eigenschaft	Bezugsgröße für die Prozentangabe bzw. Ausweichwert	Bemerkung für absolut positionierte Boxen
Versatz (Offset)	`top, bottom`	Höhe des CB	CB (und damit die Bezugsgröße) ist die Padding-Kante (siehe Tabelle 6.2 und CSS 2.1: 10.1). Im IE 6 beziehen sich `width`, `height`, `padding` in % auf die Innenkante. Vgl. Abschnitte 6.2.4 und 6.4.2 für weitere Probleme im IE.
	`left, right`	Breite des CB	
Boxmodell	`margin`	Breite des CB (selbst bei `margin-top` und `margin-bottom`)	
	`padding`	Breite des CB (selbst bei `padding-top` und `padding-bottom`)	
	`height`	Höhe des CB bzw. `auto`[1]	
	`max-height`	Höhe des CB bzw. `none`[1]	
	`min-height`	Höhe des CB bzw. 0[1]	
	`width, max-width, min-width`	Breite des CB	

[1] Ausweichwert, um eine wechselseitige Abhängigkeit von Element und CB zu vermeiden, wenn der CB selbst keine Angabe für `height` hat, sondern diese aus seinem Inhalt bestimmt. Trifft nicht zu, wenn das Element absolut positioniert ist, denn hier beeinflusst das Element nicht die Höhe des CB, die daher vom Browser immer ermittelt werden kann.

▲ **Tabelle 6.3**
Bezugsrahmen für Prozentangaben im Boxmodell und beim Versatz
(CB: Containing Block)

6.2.4 Containing Block im IE ≤ 7

Falls Sie `position: relative` verwenden, um einen Bezugsrahmen für die absolute Positionierung eines Elements zu bilden, benötigt dieser Containing Block im IE ≤ 6 (und zum Teil noch im IE 7) zusätzlich hasLayout. Andernfalls wird in einigen Fällen der `top|right|bottom|left`-Versatz nicht richtig ausgeführt, und

Falls Sie `position: absolute` oder `fixed` nehmen, um einen Containing Block zu etablieren, erübrigt sich die spezielle Vorgehensweise, da beide selbst `hasLayout = true` setzen.

eine Prozentangabe wird erst auf das nächste übergeordnete Element mit hasLayout bezogen.

> **Faustregel für Containing Blocks im IE < 8**
>
> Lassen Sie die zu positionierenden Elemente am besten direkte Nachkommen des Containing Blocks sein, und achten Sie darauf, dass dieser hasLayout erhält.

6.3 Relative Positionierung

Es mag nach einen Vergleich von Äpfeln mit Birnen klingen, doch ist die Frage durchaus weiterführend, warum einmal ein negativer Margin eingesetzt wird und ein anderes Mal relativ positioniert wird, um ein Element zu versetzen. Der Unterschied besteht in den davon berührten CSS-Konzepten:

- Über `top|right|bottom|left` wird der Versatz (Offset) ausgeführt, **nachdem** das Element im normalen Seitenfluss oder, im Falle eines Floats, entsprechend den Float-Regeln seinen normalen Platz eingenommen hat. Daher ordnet sich ein folgendes Element so an, als ob es zuerst gar nicht positioniert worden wäre.
- Das Positionieren kann einen neuen Stapelkontext schaffen – im IE < 8 selbst dann, wenn Sie bei `position: relative` keinen `z-index` setzen. Dies beeinflusst, wie Nachfahren entlang der z-Achse gegenüber den anderen Elementen auf der Seite näher zum Beobachter hin oder weiter weg von ihm platziert werden (siehe Abschnitt 6.1).
- Ein relativ positioniertes Element erzeugt einen Containing Block als Bezugssystem für absolut positionierte Nachfahren (siehe Abschnitt 6.2).
- Das Positionieren ist für Tabellenelemente nicht definiert (siehe Abschnitt 8.1.3).
- Relative Positionierung wird mehr oder weniger bewusst als Bugfix für IE-Darstellungsfehler eingesetzt (z. B. falls ein Element überhaupt nicht angezeigt oder abgeschnitten wird). Auf der anderen Seite ist `position: relative` aber auch für einige Darstellungsprobleme im IE ≤ 8 verantwortlich, die dann den Einsatz von hasLayout für das positionierte Element erzwingen, was selbst wiederum weitere Bugs nach sich ziehen kann (siehe Abschnitt 10.7.2).

Im Gegensatz dazu gilt für die negativen Margins:

- Ein negativer Margin verändert die Stapelung nicht, vermag aber ein Element so über ein vorhergehendes zu schieben,

dass die normale Dokumentbaumabfolge greifbar wird: Späteres liegt über Früherem (siehe Abschnitt 6.1.2; vgl. Abschnitt 10.7.3).
- Schließlich zeigen negative wie positive Margins das Phänomen der Collapsing Margins (siehe Abschnitt 2.3), bei dem zwei oder mehr vertikal angrenzende Margins sich zu einem resultierenden Margin vereinen.

Sie können in einigen Fällen zwar durchaus das gleiche Resultat in der Darstellung erzielen – gleichgültig, ob Sie negative Margins oder relative Positionierung verwenden. Aber der Weg dahin führt Sie über wichtige CSS-Konzepte und Browserbesonderheiten, die Sie von Fall zu Fall berücksichtigen müssen, wenn Sie vor der Entscheidung für die eine oder die andere Methode stehen.

6.4 Absolute Positionierung

So sehr die absolute Positionierung auch verlocken mag, weil sie dem Denken beim Printdesign entgegenkommt: Es geht im Weblayout nicht bloß um die Platzierung einzelner Elemente auf einer Fläche, sondern um die Anordnung der Elemente **zueinander** in einer dynamischen Seite.

6.4.1 Konzept

Die CSS-Formatiermodelle sprechen vom normalen Seitenfluss der Elemente, dann vom Layout gemäß den Float-Regeln, schließlich von absoluter Positionierung. Bei ihr besteht keine Beziehung mehr zwischen dem betreffenden Element und einem anderen Element auf der Seite, lediglich sein Containing Block bietet sein Bezugssystem.

Das absolut positionierte Element kann daher nur auf Änderungen seines Containing Blocks reagieren, nicht aber auf Änderungen beliebiger anderer Elemente. Eine Anordnung zueinander ist nicht möglich – und das ist die konzeptuelle Schwierigkeit mit der absoluten Positionierung.

Sie können die absolute Positionierung dann einsetzen, wenn Sie keine Anordnung, sondern eine Platzierung wünschen, wenn also nicht im normalen Seitenfluss eine Stellung nach anderen Elementen oder im Float-Layout neben Floats bezogen werden soll, sondern unabhängig von ihnen. Die absolute Positionierung nimmt ein Element komplett aus dem Fluss der Elemente; diese wissen nichts von seiner Existenz.

Siehe Abschnitt 6.2.4 zu Problemen mit dem Containing Block und Abschnitt 6.1.2 zum Einschließen in einem Stapelkontext.

Falls diese Blöcke von einem Container mit `position: relative`, aber ohne hasLayout umfasst werden, kommt es zu weitergehendem Verschwinden.

6.4.2 Probleme im IE < 8 mit absoluter Positionierung

Wir diskutieren im Folgenden einige Probleme, die der IE im Zusammenhang mit `position: absolute` bereitet.

Verschwinden von absolut positionierten Elementen | Im IE ≤ 7 kommt es vor, dass ein absolut positionierter Block nicht angezeigt wird. Eine Analyse von Bruno Fassino ergab einen Zusammenhang mit der Nachbarschaft eines Floats von 100 % Breite oder eines Floats, auf das ein solides Clear-Element mit hasLayout folgt (siehe Tabelle 6.4).[5]

Tabelle 6.4 ▶
Pseudo-Markup von Situationen, in denen ein absolut positionierter Block (A.P.) im IE ≤ 7 verschwindet.

Aufbau, bei dem der absolut positionierte Block verschwindet	Betroffene IE-Version	Test*
\<A.P. /\>\<Float /\>\<Clear m. hasLayout /\>	IE ≤ 7	1
\<Float /\>\<A.P. /\>\<Clear m. hasLayout /\>	IE ≤ 7	2
\<A.P. /\>\<Float width: 100 % /\>	IE ≤ 6	4a
\<Float width: 100 % /\>\<A.P. /\>	IE ≤ 6	5a

* Zuordnung zu Tests auf http://www.brunildo.org/test/IE_raf3.html

Eine weitere Dimension dieses Problems ist seine Zeitabhängigkeit: Wenn server- oder clientseitig eine Verzögerung auftritt, taucht der absolut positionierte Block durchaus auf, so dass auf größeren Seiten nicht alle Beobachter das Phänomen sehen werden können.

Ein Workaround besteht darin, die direkte Nachbarschaft im Quellcode aufzulösen, also das Float und den absolut positionierten Block zu trennen. Das kann beispielsweise mit einem leeren `<div>` geschehen, das den absolut positionierten Block oder das Float entweder umschließt oder sich zwischen beide stellt.

Eine andere Lösung, zumindest für die Fälle 4a und 5a, reduziert den Platzbedarf des 100 %-Breite-Floats mit einem negativen Backside-Margin von `-3px` (d. h., für ein linkes Float wird ein rechter negativer Margin angegeben).

Kein Aufspannen von absolut positionierten Boxen | Die Eigenschaften `top`, `bottom`, `left`, `right` dienen bei einer absolut positionierten Box dem Versatz bezogen auf ihren Containing Block (also etwa einen Container mit `position: relative`). Wird dieser Versatz gegenüberliegend festgelegt, spannt sich die Box an ihrem Bezugsrahmen auf.

So erhält die Box mit `top:0; bottom:0` die Höhe des Containing Blocks und dessen Breite mit `left: 0; right: 0` (oder jedem anderen Wert außer `auto`). Die absolut positionierte Box kann damit allein aus ihrem Versatz ihre Größe bestimmen.

Eine absolut positionierte Box selbst kann keinen Einfluss auf die Höhe ihres Containing Blocks nehmen, schließlich ist sie

---

5 Bruno Fassino, »IE7-/Win: A box with position:absolute next to a float may disappear«, http://www.brunildo.org/test/IE_raf3.html

komplett aus dem Seitenfluss genommen. Es gibt kein Clear für absolute Positionierung.

Deswegen funktioniert das Aufspannen auch, wenn der Containing Block keine ausdrücklich angegebene Höhe hat, sondern seine Höhe aus seinem weiteren Inhalt ermittelt (`height: auto`).

Doch leider funktioniert das alles nicht im IE ≤ 6: `bottom` oder `right` werden ignoriert, wenn `top` oder `left` gesetzt sind.[6] Es gibt ohne JavaScript/Expression auch keine Lösung dafür, daher sieht man diese Methode so gut wie nie.

Aus demselben Grund kann auch `height: 100%` der absolut positionierten Box vom Browser immer berechnet werden (CSS 2.1: 10.5; siehe Abschnitt 1.3 mit Abbildung 1.1).

Die statische Position bei absoluter Positionierung ohne Versatz | Die Eigenschaften `left` und `right` sowie `top` und `bottom` bestimmen den Versatz (Offset) bei absoluter Positionierung.

Wo aber steht eine absolut positionierte Box, deren horizontaler Versatz nicht gesetzt ist, bei der also `left: auto; right: auto` gilt? Wo steht sie, wenn ihr vertikaler Versatz `top: auto; bottom: auto` ist? Die Box soll – für beide Richtungen einzeln betrachtet – ihre sogenannte statische Position einnehmen (CSS 2.1: 10.3.7 und 10.6.4).

Dies kommt z. B. in Menüs nicht selten vor.

Die statische Position einer absolut positionierten Box

Die statische Position ist die horizontale und/oder vertikale Position, die eine absolut positionierte Box mit `auto`-Versatz einnähme, wenn für sie `position: static; float: none;` anstelle von `position: absolute` gesetzt worden wäre, so als ob sie im normalen Seitenfluss stünde.

Ferner wird `display: block` und `clear: none` angenommen. Für nachfolgende Elemente bleibt sie weiterhin als absolut positionierte Box aus dem Seitenfluss genommen. Für die Platzierung dieser Elemente existiert die Box nicht.

Doch diese Regelung wird durch die nachfolgende Bemerkung in der Spezifikation bereits konturlos: Dort heißt es, Browsern stehe es frei, eine Annahme über die wahrscheinliche Position zu treffen.

Der IE ≤ 7 platziert denn auch eine absolut positionierte Box mit `auto`-Versatz **neben** ein vorangehendes Float.

Aber Boxen im normalen Seitenfluss sehen Floats nicht, nur ihre Zeilenboxen weichen zur Seite aus, um dem Float Platz zu machen (siehe Kapitel 4, »Floats«, und Abschnitt 5.1.1). Die eigentliche Box beginnt dort, wo sie ohne vorangehendes Float auch stünde. Somit müsste auch die absolut positionierte Box mit `auto`-Versatz **auf** dem Float zu liegen kommen.

Tatsächlich behandelt der IE ≤ 7 diese statische Position so, als handele es sich um ein Inline-Element. Das Problem ist im IE 8 behoben.

Der Unterschied wird in folgendem Beispiel eines Menüs deutlich, bei dem ein Untermenü per Off-Left-Technik weggeklappt wird.

---

6 Bruno Fassino, »Stretching position:absolute boxes«,
http://www.brunildo.org/test/abs_h100.html

```css
* {
    margin: 0;
    padding: 0;
}
body {
    font: 150%/1.5 'Lucida Grande', Lucida, 'Lucida
    Sans Unicode', sans-serif;
    padding: 1em;
}
ul {
    list-style-type: none;
}
li {
    float: left;
    width: 9em;
    margin: 0 4px 4px 0;
    border: 4px solid #00f;
    background: #99f;
}
```

Ausblenden

```css
ul ul {
    position: absolute;
    left: -999em;
    background: #ccc;
    font-size: 0.75em;
}
```

Einblenden

```css
li:hover ul {
    left: auto;
    margin-top: 2em;
}
li li {
    float: none;
    width: 8em;
    margin: 0 0 4px 0;
    border: 3px solid #f00;
    background: #f99;
}
```

Dieses Float steht stellvertretend für irgendein Float, dem die absolut positionierte Liste folgt.

```css
a {
    float: left;
    color: #000;
}
a:hover {
    color: #9ff;
}

[...]
```

```
<ul>
    <li>
        <a href="#">&lt;li&gt;&lt;a&gt;</a>
        <ul>
            <li>&lt;li&gt;</li>
            <li>&lt;li&gt;</li>
            <li>&lt;li&gt;</li>
            <li>&lt;li&gt;</li>
        </ul>
    </li>
    <li><a href="#">&lt;li&gt;&lt;a&gt;</a></li>
</ul>
```

◀ **Listing 6.7**
Ein Untermenü wird per `position: absolute; left: -999em` weggeklappt und bei `hover` mittels `left: auto` wieder sichtbar.

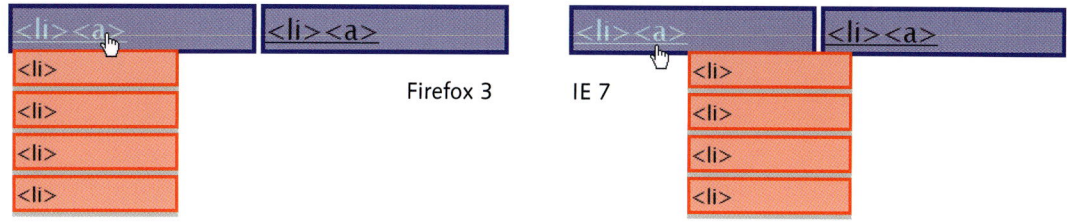

▲ **Abbildung 6.6**
Die statische Position des absolut positionierten Untermenüs im Firefox gegenüber IE 7. Das Untermenü erscheint im IE 7 neben dem floatenden Link.

> **Empfehlung**
>
> Sie sollten `position: absolute` im IE ≤ 7 generell nicht mit `auto`-Versatz verwenden, sondern z. B. `left` und `top` explizit auf eine Länge oder auf einen auflösbaren Prozentwert setzen, weil der IE ≤ 7 die statische Position abweichend von den anderen Browsern bestimmt.

Damit der Versatz auf ein Koordinatensystem des Menüs bezogen werden kann, benötigen Sie einen meist relativ positionierten Container als **Containing Block** für das absolut positionierte Element.

Dieses Problem ist im IE ≤ 7 nicht immer befriedigend lösbar: Für die Etablierung des Containing Blocks wird zum einen hasLayout nötig, zum anderen wird mit `position: relative` und hasLayout ein falscher **Stacking Context** geschaffen.

Beides kann einen Rattenschwanz an weiteren Problemen nach sich ziehen.

6.5 Fixierte Positionierung

Die fixierte Positionierung kann als Unterkategorie der absoluten Positionierung aufgefasst werden. Für sie gelten alle Aussagen, die in der Spezifikation für die absolute Positionierung getroffen

Für ein Beispiel zur fixierten Positionierung beim Ausdruck siehe Abschnitt 9.1.

werden – bis auf eine Ausnahme: Der Containing Block für ein Element mit `position: fixed` ist der **Viewport**, also das Browserfenster. Während der Inhalt der Seite im Fenster scrollt, bleibt das Element fixiert. Beim Ausdruck wird dagegen ein fixiertes Element seitenweise wiederholt.

Da der IE < 7 kein `position: fixed` unterstützt, bleiben drei Optionen:

Es bleibt für uns fraglich, ob das Fixieren einzelner Elemente oder gar das Emulieren von Frames per CSS einen festen Platz im Design von Benutzeroberflächen haben sollte.

- Belassen Sie es bei `position: absolute` für diesen Browser (als »sanfte Verschlechterung« gegenüber anderen Browsern, die `position: fixed` unterstützen).
- Übertragen Sie Ihr Layout auf eine reine CSS-Simulation (siehe Abschnitt 6.5.1).
- Entscheiden Sie sich für eine JavaScript-Lösung, sei es als proprietäre CSS-Expression[7] oder als Script[8].

Ein fixiertes Element sollte nicht zu groß gewählt sein, da es ansonsten bei kleineren Fenstergrößen Gefahr läuft, unzugänglich zu werden. Zugegeben, dies sind relative Angaben, und daher müssen Sie den Einsatz jedes Mal kritisch prüfen.

6.5.1 Exkurs: Simulation fixierter Positionierung im IE < 7

Die Simulation unterstreicht die Besonderheit, dass ein Containing Block nicht einfach vom Elternelement gebildet wird, sondern dass die Art der Positionierung ihren Bezugspunkt selbst bestimmt.

Angenommen, Sie wollen eine Überschrift auf der Seite fixieren. Hierzu positionieren Sie zunächst die `<h1>` im IE < 7 absolut, und zwar über die Anweisung im Conditional Comment. Daneben ist ein zusätzliches umschließendes `<div>` notwendig.

```
* {
  margin: 0;
  padding: 0;
}
div {
  padding: 0 0 0 15em;
}
p {
  padding: 1em 0 0 0;
}
h1 {
  position: fixed;
```

---

7 Georg Sørtun, »position: fixed in IE/win...«,
http://www.gunlaug.no/contents/wd_additions_15.html;
Alex Robinson, »Frames without frames«,
http://www.fu2k.org/alex/css/frames/

8 Dean Edwards, »IE7 { css2: auto; }«,
http://dean.edwards.name/IE7/overview/;
Andrew Clover, »fixed.js module«,
http://www.doxdesk.com/software/js/fixed.html

```
    top: 1em;
    left: 0;
    width: 100%;
    background: url(semi_ee0.gif);
    background: none rgba(238, 238, 0, 0.66);
    border: solid #ee0;
    border-width: 4px 0;
    color: #000;
}
[…]
<!--[if lte IE 6]><style>
    html,
    body {
        overflow-y: hidden;
        height: 100%;
    }
    div {
        overflow-y: scroll;
        height: 100%;
    }
    h1 {
        position: absolute;
    }
</style><![endif]-->
[…]
<body>
    <div>
        <h1>&lt;h1&gt;</h1>
        <p>Lorem ipsum dolor […]</p>
    </div>
</body>
```

◀ **Listing 6.8**
Grundgerüst für die Simulation fixierter Positionierung

Es gibt keinen **nächsten positionierten** Vorfahren für die Überschrift. Der Versatz `h1 {top: 1em; left: 0;}` bezieht sich also auf den Ursprung der Zeichnungsfläche, die im Fenster abgebildet ist.

Diese Zeichnungsfläche samt Überschrift kann normalerweise mittels Scrollbalken vertikal verschoben werden, nicht aber, wenn sie wie hier per `html {overflow-y: hidden}` abgeschnitten wird: Der Scrollbalken des Fensters entfällt.

Die Verschiebbarkeit des Seiteninhalts wird jedoch bewahrt, indem das zusätzliche `<div>` einen Scrollbalken per `overflow-y: scroll` erhält. Der nun sichtbare Scrollbalken ist der des `<div>`, nicht der des Fensters! Nicht der Fensterinhalt wird bewegt, sondern der Inhalt des `<div>`. Aber die absolut positionierte

Da beim IE-Quirksmodus die Anweisungen für `<html>` ignoriert werden, wird `overflow-y` bei `<body>` wiederholt.

Wenn Sie dem `<div>` einen `margin-right: 2em` zuweisen, wird deutlich, dass es sich um den Scrollbalken des `<div>` handelt, weil er jetzt bezogen auf das Fenster nach innen versetzt ist.

Überschrift bezieht sich immer noch auf das Fenster, sie bleibt also unbeweglich und erscheint fixiert (siehe Abbildung 6.7).

Für diese Illusion benötigt das `<div>` die Höhe des Fensters. Gelöst wird dies über eine Abfolge von `height: 100%` für `<html>`, `<body>` und `<div>`, alle beziehen sich auf die Innenkante des direkten Vorfahren (vgl. Tabelle 6.2).

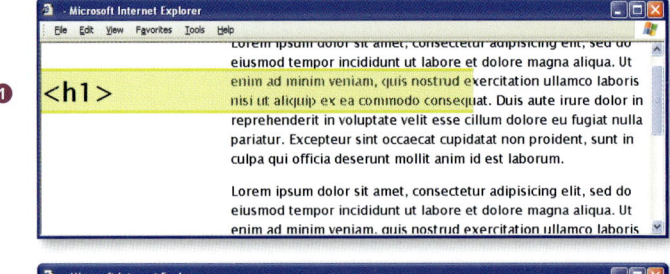

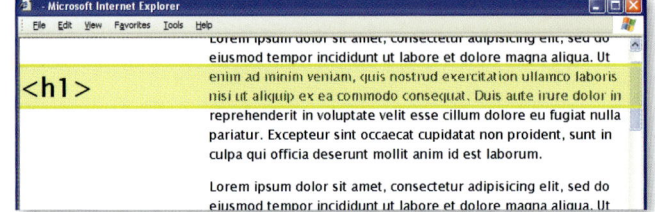

Abbildung 6.7 ▶
Simulation fixierter Positionierung

❶ Die 100% Breite bezieht sich im IE 6 nicht auf den Containing Block.
❷ Nach Verschiebung des Paddings auf die `<p>`.

Die Überschrift benötigt eine Breitenangabe, schließlich zeigen absolut und fixiert positionierte Elemente ohne Breite das Shrink-to-fit-Verhalten.

Augenfällig ist die zu geringe Breite der `<h1>`. Im IE 6 wird noch wie in CSS 1 für eine prozentuale Breite immer die `width` des Elternelements angenommen, und diese ist wegen des Paddings von 15em ja deutlich kleiner als 100% der Fensterbreite. Also muss dieses Padding verschoben werden, etwa vom `<div>` zum `<p>`.

Aber warum zeichnet die Überschrift danach auf den Scrollbalken? Ihre `width: 100%` bezieht sich auf die Innenkante des `<div>`, und an dieser Kante liegt der Scrollbalken weiter **innen** an, ganz anders als beim Scrollbalken des Fensters. Wie soll man nun die Breite des Scrollbalkens von der Überschrift abziehen, damit sie ihn nicht übermalt? Dies ist ein prinzipielles Problem dieser Methode, falls Sie damit Elemente mit 100% Breite, beispielsweise Kopf- und Fußzeilen, fixieren wollen, und es gibt leider keine befriedigende Lösung.

Eine geringere Sorge ist, wie nun weitere Elemente überhaupt noch absolut positioniert werden können. Diese würden sich immer auf den Initial Containing Block, das Fenster, beziehen und damit fixiert erscheinen.

Daher müssen Sie das zu fixierende Element aus dem `<div>` herausnehmen, es kann davor oder danach im Dokumentbaum landen.

Das `<div>` erhält nun `position: relative`, damit es als Containing Block für eventuell absolut positionierte Nachkömmlinge fungieren kann. Daneben müssen Sie die Stapelung über `z-index` verändern, damit die `<h1>` nicht vom `<div>` übermalt wird.

Das Conditional Comment bleibt wie gehabt.

```
* {
  margin: 0;
  padding: 0;
}
div {
  position: relative;
  padding: 0 0 0 15em;
}
p {
  padding: 1em 0 0 0;
}
h1 {
  z-index: 1;
  position: fixed;
  top: 1em;
  left: 0;
  width: 100%;
  background: url(semi_ee0.gif);
  background: none rgba(238, 238, 0, 0.66);
  border: solid #ee0;
  border-width: 4px 0;
  color: #000;
}
h2 {
  position: absolute;
  top: 5em;
  left: 5em;
  border: solid #555;
  border-width: 4px 0;
}
[…]
<body>
  <h1>&lt;h1&gt;</h1>
  <div>
    <p>Lorem ipsum dolor […]</p>
    <h2>&lt;h2&gt;</h2>
  </div>
</body>
```

◀ **Listing 6.9**
Die `<h1>` wird aus dem `<div>` herausgenommen, da das `<div>` nun relativ positioniert ist, damit die `<h2>` absolut positioniert werden kann und nicht wie die `<h1>` fixiert erscheint.

6.6 Opacity – die Undurchsichtigkeit

Mancherorts sieht man noch die proprietäre Eigenschaft `-moz-opacity`. Da aber bereits Firefox 0.9 `opacity` unterstützte, können Sie hierauf verzichten.

In modernen Browsern wird `opacity` bereits implementiert (*CSS Color Module Level 3*). Es ist eine Operation beim Einblenden in den Zeichnungsbereich, die erst nach dem Konstruieren des Elements **einschließlich all seiner Abkömmlinge** die Opazität des Ganzen im Bereich von `1.0` (undurchsichtig) – dem Initialwert – bis hinab zu `0.0` (durchsichtig) verändert. Dies geht erheblich über die verbreitete, aber unrichtige Vorstellung eines transparenten Hintergrunds hinaus; `opacity` < `1.0` lässt alles durchscheinend werden, darunter auch Texte, Bilder und Rahmenlinien.

Für jedes Element mit `opacity` kleiner `1` wird ein Stapelkontext gebildet. Die Eigenschaft wird nachträglich auf die Gesamtheit des Elements und seiner Nachfahren angewendet: Es wird zunächst ein Gesamtbild aufgebaut und danach gemäß seiner Opazität eingeblendet. Kein weiteres Element der Seite kann in diesen Stapelkontext eindringen.

IE ≤ 8 unterstützt die Eigenschaft nicht, der alternativ genutzte `opacity`-Filter stimmt in seinen Konsequenzen nicht mit der CSS3-Eigenschaft überein. Mittels der proprietären Eigenschaft `filter:progid:DXImageTransform.Microsoft.Alpha(opacity=50)` lässt sich die Opazität eines Elementes zwar von `100` (undurchsichtig) bis `0` (durchsichtig; Default) einstellen.[9] Aber Kindelemente sind nicht mehr vom Filter betroffen, falls sie positioniert sind und gleichzeitig das den Filter tragende Element nicht ebenfalls positioniert ist. Daneben setzt dieser Filter im IE < 8 `hasLayout = true` für das Element voraus, um überhaupt angewendet werden zu können.

Das MSDN empfiehlt, ab IE 5.5 die neueren Filter zu verwenden, aber der vormalige `filter:alpha(opacity=50)` kann weiterhin genutzt werden.
Im IE 8 können Sie auch eine (für den Parser syntaktisch valide) neue Schreibweise mit einem Hersteller-Präfix nutzen, wobei der Wert in Anführungszeichen gesetzt wird: `-ms-filter:"progid:DXImageTransform.Microsoft.Alpha(opacity=50)";`
Die alten Schreibweisen werden weiterhin unterstützt.

> **Bedenken Sie ...**
>
> Die Eigenschaft `opacity` ist im *CSS Color Module* standardisiert, aber erst moderne Browser implementieren sie korrekt, vor allem bezogen auf das Stapeln. Die `opacity`-Filter im IE sind kein Standard. Die Zugänglichkeit einer Seite sollte daher nicht vom Verhalten der Eigenschaft `opacity` abhängig sein.

Wir empfehlen, im Zusammenspiel mit `opacity` komplexe Ebenenoperationen über `z-index` und `position` vorsichtig und sparsam einzusetzen, um eine konsistente Darstellung zu bewahren.

---

9 MSDN, »Introduction to Filters and Transitions«, *http://msdn.microsoft.com/en-us/library/ms532847.aspx*; »Visual Filters and Transitions Reference«, *http://msdn.microsoft.com/en-us/library/ms532853.aspx*;
IEBlog, »The CSS Corner: Using Filters In IE8«, *http://blogs.msdn.com/ie/archive/2009/02/19/the-css-corner-using-filters-in-ie8.aspx*

> **Transparenter Hintergrund**
>
> Wenn Sie »nur« einen transparenten Hintergrund benötigen: Hierzu ist die `rgba()`- bzw. `hsla()`-Notation für `background-color` aus dem *CSS Color Module* in Safari, Firefox 3 und Opera 10 verfügbar. Für ältere Versionen sowie den IE 8 können Sie ein kleines PNG kacheln lassen, hier bietet sich das `data:uri`-Schema für `background-image` an. Im IE ≤ 7 schließlich können Sie den `gradient`-Filter mit gleicher Ausgangs- und Endfarbe verwenden.[10]

6.7 Exkurs: Shrink-to-fit

Mit Shrink-to-fit ist das besondere Verhalten gemeint, dass ein Container sich nicht wie ein normaler Block auf die verfügbare Breite ausdehnt, sondern schrumpft, bis er seinem Inhalt wie angegossen anliegt.

6.7.1 Auslöser

Leider gibt es dieses Verhalten vorerst nur als Nebeneffekt bestimmter CSS-Eigenschaften, und zwar immer dann, wenn für sie keine Breite angegeben wird:

- `position: absolute|fixed` (falls nicht gleichzeitig `left` und `right` gesetzt sind)
- `float: left|right`
- `display: inline-block`
- `display: table|inline-table|table-cell` (im automatischen Tabellenlayout)

> Dies war so noch nicht in CSS 2 definiert, beispielsweise benötigte ein Float dort immer eine Breite, um sich nicht maximal auszudehnen (was im IE5 Mac reihenweise Layouts zerfallen ließ).[11]

Diese Eigenschaften erzeugen einen neuen **Block Formatting Context** (siehe Abschnitt 4.5), was im Hinblick auf das Eingrenzen von Kindelementen bei Float und Clear vielleicht gar nicht erwünscht ist. Erschwerend ist, dass die ersten beiden Eigenschaften das Element aus dem Seitenfluss nehmen. Und die letzten beiden stoßen auf mangelnde Unterstützung in wichtigen Browsern (kein `display: table` in IE < 8 und kein `display: inline-block` in Firefox < 3).

Das bedeutet für die Umsetzung von Shrink-to-fit im normalen Seitenfluss, dass Sie konformen Browsern `display: table` oder `display: inline-block` geben müssten und dagegen per Conditional Comment dem IE < 8 `display: inline; zoom: 1` als Inline-Block-Simulation (siehe Abschnitt 5.2.1).

---

10 Bill Brown, »style:focus{rgba:cross-browser}«,
   http://www.theholiergrail.com/sandbox/rgba-cross-browser.php
11 Philippe Wittenbergh, »Mac IE 5 – problems with css rendering«,
   http://www.l-c-n.com/IE5tests/float2misc/

Das Shrink-to-fit-Verhalten ist, wie Sie sehen, nicht einfach zu erzielen. Sie müssen eine Fülle schwieriger Konzepte in CSS beachten.

6.7.2 Bestimmung der Shrink-to-fit-Breite

Wie breit fällt nun Shrink-to-fit aus, beispielsweise für einen Text in einem solchen Container?

```
div { /* Randspalte */
  float: left;
  width: 9em; /* 6em, 2em */
  background: #ddd;
  border: 2px solid #ccc;
}
p { /* shrink-to-fit */
  float: left;
  margin: 0.5em 0;
  background: pink;
  border: 2px solid red;
}
[…]
<div>
    <p>ad minim veniam</p>
</div>
```

Testen Sie auch diese Breiten.

Listing 6.10 ▶
Shrink-to-fit des Absatzes: Float ohne Breite

Die verfügbare Gesamtbreite wird in diesem Beispiel von der Randspalte eines Layouts vorgegeben, in der sich der Absatz befindet.

CSS 2.1 unterscheidet hierbei zwei **intrinsische** Größen – die sich also aus dem Inhalt selbst ableiten –, nämlich **die bevorzugte und die minimale Breite** (*preferred width* und *minimum width*).

▶ Die **bevorzugte intrinsische Breite** wäre dann der gesamte Text auf eine Zeile gezogen: »ad minim veniam«.

▶ Dagegen gäbe das längste untrennbare Wort die **minimale intrinsische Breite** vor: »veniam«.

In CSS 2.1: 10.3 wird die Shrink-to-fit-Breite als Formel dargestellt:

Formel-Darstellung für die Shrink-to-fit-Breite

```
Shrink-to-fit width =
Minimum von (
   Maximum von (
❸    minimale intrinsische Breite,
❷    verfügbare Gesamtbreite für Inhalt
     ),
❶  bevorzugte intrinsische Breite
   )
```

Diese Formel kennt drei Zustände (siehe Abbildung 6.8):

❶ Solange nicht die verfügbare Gesamtbreite überschritten wird, gewinnt in der Formel die **bevorzugte intrinsische Breite**. Der Text »ad minim veniam« erzeugt deshalb genau eine Zeile (und nicht etwa eine Zeile je Wort). Der Absatz schrumpft auf die Breite des nicht umbrochenen Textes.

❷ Ziehen Sie die Randspalte dagegen kleiner, wirkt irgendwann ihre **verfügbare Gesamtbreite** begrenzend, der Text wird umbrochen.

❸ Ziehen Sie die Randspalte noch kleiner, wird später die **minimale intrinsische Breite** zur bestimmenden Größe: »veniam«, das längste Wort, gibt jetzt die Breite vor. Es steht über, und das Float mit ihm. Der Inhalt erzwingt also, dass das Float breiter wird, als eigentlich Raum zur Verfügung steht. Man könnte in diesem Fall besser von einem Expand-to-fit oder Shrink-wrap sprechen, da das Float auf einen größeren Wert hin »schrumpft«.

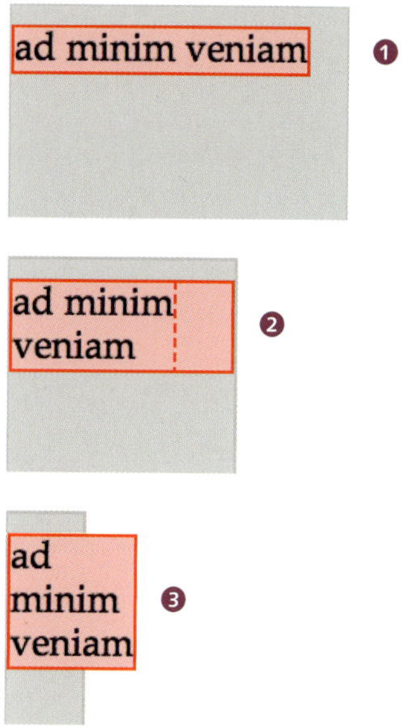

▲ **Abbildung 6.8**
Shrink-to-fit-Breite eines Absatzes (rot) in einer kleiner werdenden Randspalte (grau); moderne Browser; gestrichelt: Interpretation von IE 7

Wie die drei Wörter könnte man auch verschieden große Bilder betrachten – ihrem Container erginge es ebenso.

6.7.3 Fallstricke bei der Verwendung

▶ Die Browser haben Schwierigkeiten mit Shrink-to-fit für Container mit komplexem Inhalt. Das kann beispielsweise bei der Float-nearly-everything-Technik geschehen, falls der Inhalt ebenfalls breitenlos ist und sich daher auf intrinsische Weiten beziehen muss. An einem Punkt steigt sicher immer ein Browser aus und benötigt wieder eine definierte Breite für die Kalkulation anderer Größen im Container.

▶ Bei der Berechnung der tatsächlichen Shrink-to-fit-Breite kann es bei Prozentwerten zu einem undefinierten Zustand kommen: Wie sollte das Kind 50 % Breite des Elternelements einnehmen können, wenn Letzteres wiederum auf die Größe des Kindes schrumpfen soll?

▶ Die auslösenden Eigenschaften für Shrink-to-fit setzen im IE < 8 gleichzeitig hasLayout. Es gibt dabei ein Problem im IE 6: Wenn ein Kind wiederum hasLayout über `height`, `zoom` oder `display: inline-block` erhalten muss (etwa im Rahmen eines Bugfixes), dann sperrt sich dieses Element anders als erwartet gegen das Schrumpfen des Containers – vielmehr dehnt es sich maximal aus, was z. B. Menüs ruinieren kann, die man eigentlich gerade mit dem Bugfix korrigieren wollte.[12]

Einer der Hauptgründe für das Zerfallen von Layouts im IE5 Mac waren breitenlose Floats. Als CSS2-Browser erwartete er Breitenangaben, andernfalls dehnten sich die Floats maximal aus. Dennoch war er zu seiner Zeit ein moderner Browser.

---

12 Philippe Wittenbergh, »tests: 'hasLayout' and shrinkwrapping«, http://dev.l-c-n.com/IEW2-bugs/shrinkwrap.php

6.7.4 Intrinsische Größen in CSS3

Vielleicht wollen Sie darauf Einfluss nehmen, wofür sich der Browser entscheidet, wenn er Größen kalkuliert, die sich aus dem Inhalt ergeben. CSS3 wird es Ihnen erlauben, für `width` und `height` diese intrinsischen Werte zu setzen, siehe Tabelle 6.5.

In Firefox können Sie beispielsweise `width: -moz-fit-content` testen.

CSS3-Wert für width und height (sowie min-/max-width und min-/max-height)	Begriff in CSS 2.1
`min-content`	»preferred minimum width«, »minimum content width«
`max-content`	»preferred width«, »maximum cell width«
`fill-available`	»available width«
`fit-content`	»shrink-to-fit width«

▲ **Tabelle 6.5**
Neue Werte für intrinsische Größen (*CSS Writing Modes Module Level 3 Appendix D: Intrinsic Dimensions*)

7 Background-Images

Hintergrundbilder sind eines der wichtigsten Elemente für den CSS-Autor, um grafisch ansprechende Webseiten zu gestalten. Das *Backgrounds and Borders Module Level 3*[1] bietet etliche Neuerungen und Erweiterungen, die Gestaltungswünsche leichter umsetzbar machen. So können Sie z. B. Größe, Position und Ausdehnung festlegen, und die Anzahl von Hintergrundbildern ist nicht mehr auf eines pro Element beschränkt. Moderne Browser unterstützen die neuen Eigenschaften und Werte recht umfassend, doch noch haben wir es auch mit verbreiteten Browsern zu tun (namentlich IE ≤ 8), die auf die Möglichkeiten von CSS 2.1 beschränkt sind.

7.1 Die Hintergrundeigenschaften

Für Hintergründe sind in CSS 2.1 folgende Eigenschaften zuständig:

- background-color, **Initialwert:** transparent
- background-image, **Initialwert:** none
- background-position, **Initialwert:** 0% 0%
- background-repeat, **Initialwert:** repeat
- background-attachment, **Initialwert:** scroll

Mit der zusammenfassenden Eigenschaft background können alle diese Eigenschaften in einer Zeile definiert werden. Dabei bewirkt **keine** Angabe für eine Eigenschaft das (Zurück-)Setzen auf den Initialwert. background: url(Bild.gif) no-repeat; ist also gleichbedeutend mit: background: transparent url(Bild.gif) 0% 0% scroll no-repeat;.

Wenn für ein Element sowohl eine Hintergrundfarbe als auch ein Hintergrundbild angegeben sind, wird die Farbe hinter dem

---

[1] W3C, »CSS Backgrounds and Borders Module Level 3«,
   http://www.w3.org/TR/css3-background/

Die Initialwerte dieser Eigenschaften entsprechen jeweils der Darstellung in CSS 2.1.

Bild gezeichnet (scheint bei Bildern mit Transparenz also durch) und füllt das gesamte Element aus.

CSS3 führt drei neue Eigenschaften ein:

- `background-clip`, Initialwert: `border-box`
- `background-origin`, Initialwert: `padding-box`
- `background-size`, Initialwert: `auto`

Die zusammenfassende Eigenschaft `background` ist ebenfalls um diese Eigenschaften erweitert; da die Browser bei einzelnen Werten z. T. noch Herstellerpräfixe erfordern, raten wir noch von der Verwendung ab – müssten Sie doch *alles* mehrfach notieren statt nur die benötigten Eigenschaft-Wert-Paare.

Hintergrundfarbe kann es weiterhin nur eine geben; diese wird stets hinter allen Hintergrundbildern gezeichnet.

Eine wichtige Neuerung in CSS3 ist die Möglichkeit, mehr als ein Hintergrundbild pro Element zu notieren. Eine kommaseparierte Aufzählung von Werten legt je Eigenschaft die Anzahl der Hintergrundebenen fest (mehr dazu in Abschnitt 7.7.1).

7.2 background-position

Die Eigenschaft `background-position` lässt in CSS 2.1 zwei Werte zu, die jeweils die horizontale und die vertikale Position festlegen. Zulässig sind sowohl Schlüsselwörter (`left|center|right` und `top|center|bottom`) als auch Längen- und Prozentwerte. Der Initialwert für beide Richtungen ist `0%`.

Wenn mindestens einer der beiden Werte kein Schlüsselwort ist, so gilt der erste Wert für die horizontale Position. In einer gemischten Angabe sind `left|right` daher nur für die erste Position zulässig, `top|bottom` nur für die zweite.

Hinweis

In CSS 2 war eine Mischung von Schlüsselwörtern und Längen nicht zulässig. Etliche ältere Browserversionen halten diese Regel ein und ignorieren die Angaben. Wir empfehlen daher, auf eine solche Mischung zu verzichten. Jedes Schlüsselwort lässt sich durch einen Prozentwert ersetzen.

Bei nur **einem** Wert wird für den zweiten `center` angenommen; handelt es sich um einen Prozent- oder Längenwert, gilt dieser für die horizontale Position. Folgende Angaben führen also zum gleichen Ergebnis:

Angabe mit einem Wert	entspricht

`background-position: top`	`center top`
	`top center`
	`50% top`
	`50% 0`
	`center 0`

`background-position: left`	`left center`
	`center left`
	`left 50%`
	`0 50%`
	`0 center`

Tabelle 7.1 ▶
Beispiele für Variationen von Positionsangaben mit identischer Wirkung (Forts.)

Angabe mit einem Wert	entspricht
background-position: 50%	50% 50% center center center
background-position: 20px	20px 50% 20px center

◀ **Tabelle 7.1**
Beispiele für Variationen von Positionsangaben mit identischer Wirkung (Forts.)

Längenwerte als Positionsangabe werden – vorausgesetzt, `background-attachment` hat den Initialwert `scroll` – von der linken oberen inneren Rahmenkante aus gemessen. Der Hintergrund setzt sich jedoch auch unter dem Rahmen fort. Das ist dann zu sehen, wenn der Rahmen nicht `solid` ist (siehe Abbildung 7.1).

Ursprung und Ausdehnung des Hintergrundes lassen sich mit CSS3 beeinflussen, siehe dazu Abschnitt 7.5.

```
div {
  width: 300px;
  height: 300px;
  border: 10px dotted red;
  background: yellow url(Bild.gif) 10px 10px
  no-repeat;
}
```

▲ **Listing 7.1**
Positionierung eines Hintergrundbildes

Browserfehler IE

Der Hintergrund wird im IE ≤ 7 **nicht** unterhalb des Rahmens gezeichnet, wenn das betreffende Element »Layout« hat – hier durch die Breiten- und Höhenangaben ausgelöst.

◀ **Abbildung 7.1**
Ausrichtung des Hintergrundbildes an der linken oberen inneren Rahmenkante, Fortsetzung des Hintergrundes unter dem Rahmen

Das Hintergrundbild hat links und oben 10 px Abstand von der inneren Rahmenkante. Wenn der Ausgangspunkt des Hintergrundbildes an der äußeren Rahmenkante liegen soll, müssen die Positionsangaben negativ werden:

Mit negativen Positionsangaben kann ein Hintergrundbild auch außerhalb des sichtbaren Bereichs des Elements platziert werden – eine Technik, die bei CSS-Sprites (siehe Abschnitt 7.8.2) zum Einsatz kommt.

```
background: yellow url(Bild.gif) -10px -10px repeat-y;
```

Besondere Beachtung verdienen Prozentwerte bei der Positionierung von Hintergrundbildern. Längenwerte wie `px` oder `em` verschieben jeweils die linke obere Ecke eines Bildes um den angegebenen Wert. Bei Prozentwerten hingegen wird der Punkt eines

Bildes, der dem Prozentwert entspricht, auf den entsprechenden Punkt des Elements geschoben (siehe Abbildung 7.2).

```
div {
  margin: 0 auto;
  width: 300px;
  height: 300px;
  background: yellow url(Bild.gif) 25% 25% no-repeat;
}
```

Listing 7.2 ▶
Positionierung eines Hintergrundbildes mit Prozentwerten

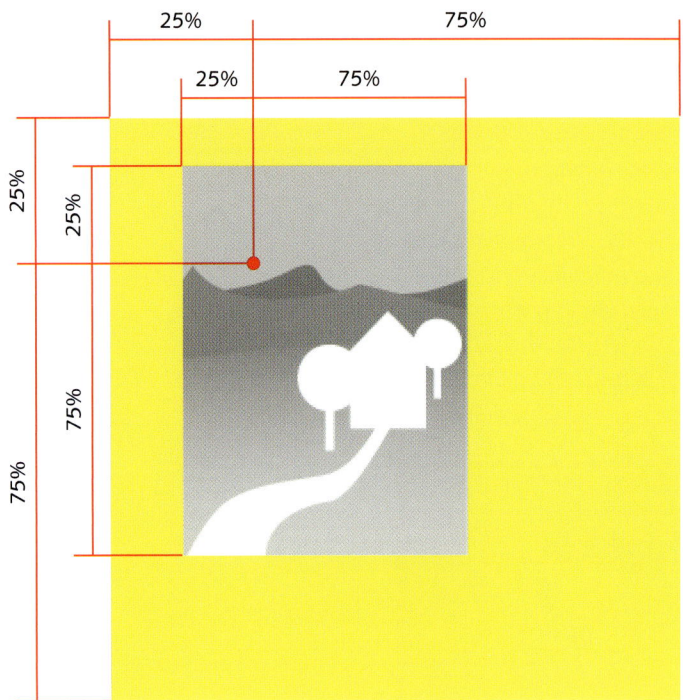

▲ **Abbildung 7.2**
Positionierung des Hintergrundbildes mit Prozentwerten

> **Unterschiedliche Zentrierung**
>
> Manchmal treffen per `margin: 0 auto` zentrierte Elemente und per `background-position: 50% 0` zentrierte Hintergrundbilder aufeinander. Diese beiden Zentrierungsarten sind jedoch nicht immer deckungsgleich (siehe Abschnitt 14.1.1).

Aufgrund dieser Besonderheit der Positionierung mit Prozentwerten wird mit dem Wert `50%` **die Mitte** eines Bildes zentriert – und Techniken wie die in Abschnitt 7.7.2 vorgestellten **Liquid Faux Columns** werden so möglich.

In CSS3 kann `background-position` bis zu vier Werte pro Hintergrundbild erhalten. Bei vier Werten müssen zwei davon Schlüsselwörter sein, die angeben, von welcher Kante aus der jeweils folgende Zahlenwert gemessen wird. Ein Bild kann so z. B. mit einem bestimmten Abstand von rechts unten positioniert werden:

Zum Zeitpunkt, als dieses Kapitel geschrieben wurde, kannten diese Notation nur Opera (ab 11) und IE ≥ 9.

```
background-position: right 10px bottom 10px
```

Wenn Sie drei Werte notieren werden, müssen zwei davon Schlüsselwörter sein; der fehlende Zahlenwert wird als null angenommen.

7.3 background-repeat

Ein Hintergrundbild kann in horizontale (`repeat-x`), vertikale (`repeat-y`) oder beide Richtungen (`repeat`) wiederholt, also gekachelt werden. Das erste Bild liegt an der per `background-position` festgelegten Stelle und wird dann nach links und rechts und/oder oben und unten wiederholt. Es ist nicht möglich, eine Kachelung erst **ab** einer gewissen Position vorzunehmen: Es wird stets die gesamte Fläche der *background painting area* in die angegebene Richtung ausgefüllt. Mit dem Wert `no-repeat` wird das Hintergrundbild nur ein einziges Mal angezeigt.

In CSS3 werden zusätzlich die beiden Werte `space` und `round` eingeführt. Beide lassen das Hintergrundbild innerhalb der *background painting area* so oft wiederholen, dass es nicht beschnitten wird. Sie unterscheiden sich im Umgang mit dem verbleibenden Platz. Betrachten Sie folgendes Beispiel:

> In CSS3 legt `background-clip` fest, in welchem Bereich der Hintergrund gezeichnet wird, siehe dazu Abschnitt 7.5.
>
> Die neuen Werte wurden zum Zeitpunkt, als dieses Kapitel geschrieben wurde, nur von Opera ≥ 10.5 vollständig unterstützt, im IE 9 zumindest teilweise.

```
<div class="space"></div>
<div class="round"></div>
```

Dazu das CSS:

```
div {
  width: 400px;
  height: 500px;
  float:left;
  margin:10px;
  background-color: yellow;
  background-image: url(Kreis.png);
  background-position:20px 0;
}
.space {
  background-repeat: space;
  }
.round {
  background-repeat: round;
  }
```

> Das Hintergrundbild ist ein 80 px × 80 px großer orangefarbener Kreis.

▲ **Listing 7.3**
Kachelung eines Hintergrundbildes mit `space` und `round`

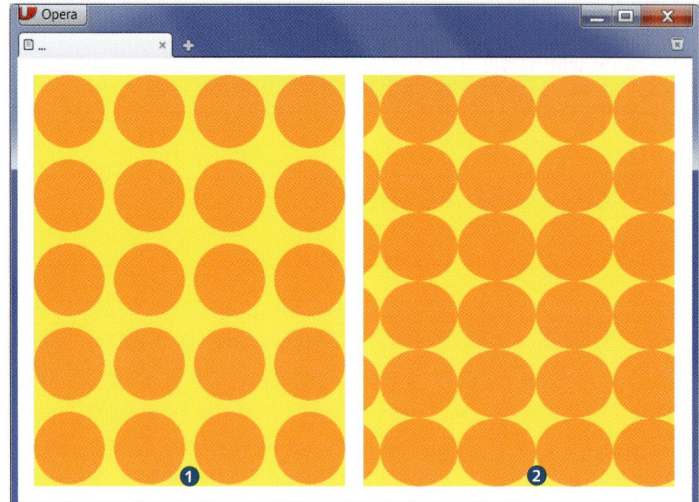

Abbildung 7.3 ▶
Vergleichsdarstellung `background-repeat: space` und `round` im Opera

IE 9 wendet `space` zwar an, doch wird dabei auch `background-position` berücksichtigt, das Bild wird also nicht an den Kanten ausgerichtet.

❶ Mit `space` wird jeweils das erste Bild und das letzte Bild an die Kanten des Bereiches gesetzt; `background-position` bleibt wirkungslos, es sei denn das Bild passt nur einmal hinein. Der verbleibende Platz wird gleichmäßig aufgeteilt.

❷ Mit `round` wird das Bild so oft wie möglich wiederholt und dann jeweils in seiner Größe skaliert, so dass die Fläche voll ausgefüllt ist. Dabei wird `background-position` berücksichtigt, die Bilder werden also um 20 px nach rechts verschoben.

Als weitere Neuerung akzeptiert `background-repeat` zwei Werte, wobei der erste die horizontale, der zweite die vertikale Kachelung bestimmt. Die aktuellen modernen Browser (außer Fx, getestet bis 7) unterstützen dies bereits. In Kombination mit den beiden neuen Werten `space` und `round` benötigen Sie die neue Notation, um die Wiederholung in nur eine Richtung zu erzielen, z. B. nur horizontal mit `background-repeat: space no-repeat`.

7.4 background-attachment

Die Eigenschaft `background-attachment` beeinflusst das Verhalten eines Hintergrundbildes beim Scrollen. Zu den beiden Werten `scroll` und `fixed` ist in CSS3 `local` hinzugekommen.

7.4.1 Der Wert scroll

Mit dem Initialwert `scroll` bewegt sich ein Hintergrundbild mit seinem Element, wenn dieses gescrollt wird, z. B. durch den Scrollbalken des Browserfensters. Anders verhält es sich, wenn das Element selbst per `overflow: auto|scroll` einen

Scrollmechanismus aufweist. Das Hintergrundbild bewegt sich dann **nicht** mit den Inhalten des Elements, sondern bleibt stehen, und die Inhalte wandern darüber hinweg (siehe Abbildung 7.3).

```
div {
  margin: 0 auto;
  width: 300px;
  height: 300px;
  background: yellow url(Bild.gif) 0 0 no-repeat;
  overflow: auto;
}
```

▲ **Listing 7.4**
overflow: auto und background-attachment: scroll

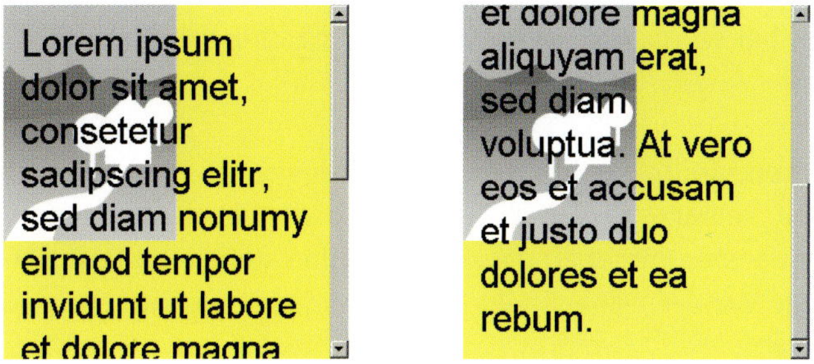

Der Wert scroll als Initialwert muss in der zusammenfassenden Eigenschaft background nicht explizit angegeben werden.

◀ **Abbildung 7.4**
Das Hintergrundbild bewegt sich nicht beim Scrollen im eigenen Element.

7.4.2 Der Wert fixed

Mit fixed für background-attachment richtet sich ein Hintergrundbild immer **in Bezug zum Viewport** aus (wie auch bei position: fixed, siehe Kapitel 6, »Positionierung und Stapelung«). Der sichtbare Bereich des Browserfensters ist also der Bezugspunkt der Positionsangaben – auch dann, wenn das Hintergrundbild nicht für <body> oder <html> selbst angegeben ist. Bei einem nicht gekachelten Hintergrundbild ist es daher möglich, dass nichts von dem Bild zu sehen ist, weil es außerhalb der Box des Trägerelements positioniert ist (siehe Abbildung 7.4).

```
div {
  margin: 0 auto;
  width: 300px;
  height: 300px;
  background: yellow url(Bild.gif) 0 0 fixed
  no-repeat;
}
```

▲ **Listing 7.5**
Bild mit background-attachment: fixed außerhalb des sichtbaren Bereichs

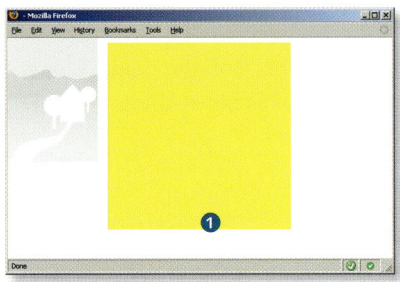 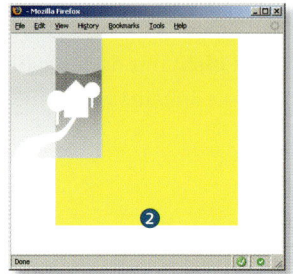

▲ **Abbildung 7.5**
Hintergrundbild in `<div>` mit `background-attachment: fixed`

Das nachträglich ergänzte abgeblendete Bild zeigt die Position des Hintergrundbildes.

❶ Das Hintergrundbild wird links oben im Bezug zum Viewport positioniert und liegt außerhalb des sichtbaren Bereichs des `<div>`.
❷ Erst bei schmalem Viewport wird das Hintergrundbild sichtbar.

Eric Meyer zeigt in seiner *Complex Spiral Demo*[2] einen Transparenzeffekt ganz ohne Transparenz mit mittels `fixed` ausgerichteten Hintergrundbildern.

Ein Hintergrundbild mit `background-attachment: fixed` bewegt sich mit keinem Scrollmechanismus, es bleibt im Bezug zum Browserfenster immer an derselben Position stehen. So lässt sich z. B. ein Wasserzeicheneffekt über mehrere Elemente hinweg erzeugen:

```
<div>
  <p>Lorem ipsum […]</p>
  <p>At vero eos […]</p>
</div>
```

Die Elemente `<body>`, `<div>` und `<p>` erhalten jeweils ein deckungsgleiches Hintergrundbild in unterschiedlicher Helligkeitsabstufung (siehe Abbildung 7.5).

```
body {
  background: #fff url(farbkreis-mittel.gif) 50% 50%
  fixed no-repeat;
  padding:50px 25% 0;
  }
div {
  background: url(farbkreis-voll.gif) 50% 50% fixed
  no-repeat;
  padding:30px;
}
```

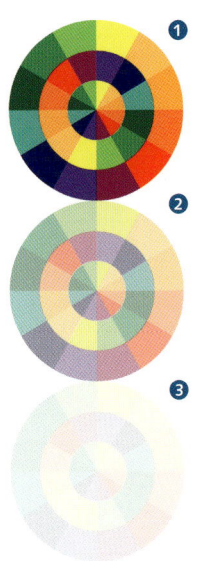

▲ **Abbildung 7.6**
Drei Variationen des Hintergrundbildes mit abgestufter Helligkeit
❶ farbkreis-voll.gif
❷ farbkreis-mittel.gif
❸ farbkreis-blass.gif

2 Eric Meyer, »Complex Spiral Demo«,
   http://meyerweb.com/eric/css/edge/complexspiral/demo.html

```
p {
  background: url(farbkreis-blass.gif) 50% 50% fixed
  no-repeat;
  margin:20px;
  padding:10px;
}
```

▲ **Listing 7.6**
Elemente mit mittels `fixed` positionierten Hintergründen

Die mit `fixed` ausgerichteten Hintergrundbilder liegen deckungsgleich übereinander, unabhängig von Position und Größe des betreffenden Elements. Sichtbar ist immer nur der Bereich des Bildes, der sich innerhalb der Elementbox befindet (siehe Abbildung 7.7).

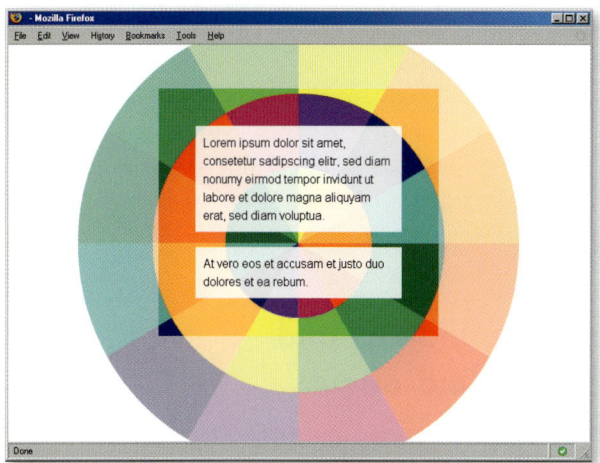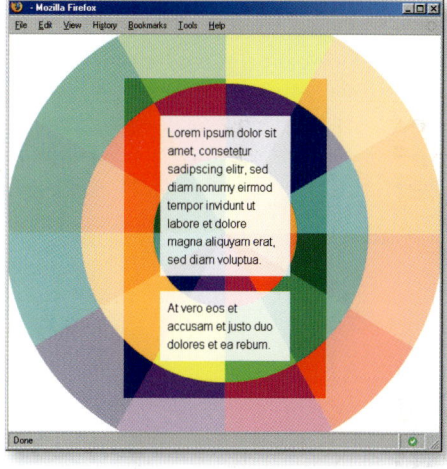

▲ **Abbildung 7.7**
Hintergrundbilder mit `background-attachment: fixed` bei unterschiedlich großem Browserfenster

7.4.3 Der Wert local

Der Wert `local` in CSS3 schließt eine Lücke in der Darstellung von Hintergrundbildern bei einem Element, das selbst mit `overflow: auto|scroll` »scrollbar« ist: Das Hintergrundbild bewegt sich mit den Inhalten. Außer Fx (getestet bis 7) unterstützen die modernen Browser diesen Wert (Chrome, Safari ≥ 5, Opera ≥ 10.5, IE ≥ 9).

Damit sich ein Hintergrundbild *ohne* CSS3 mit den Inhalten bewegt, muss es einem Nachfahren des Elements mit `overflow` zugewiesen werden, z. B. einem zusätzlich eingeschachtelten `div`-Element. Listing 7.7 auf der DVD zeigt ein Anwendungsbeispiel für `local` und den Workaround mit einem Zusatzelement beim Wert `scroll`.

Man könnte meinen, auch IE ≤ 7 unterstütze `local`, wird das Beispiel doch wie gewünscht dargestellt. Doch eigentlich ist es nur ein Bug beim Wert `scroll` (siehe Abschnitt 7.4.4).

7.4.4 … und der Internet Explorer ≤ 7

Im IE ≤ 7 wird die Eigenschaft `background-attachment` nicht korrekt umgesetzt. Dabei unterscheidet sich der IE 7 wie folgt von seinen Vorgängern:

1. Im IE bis einschließlich Version 6 wirkt sich der Wert `fixed` nur dann wie in der Spezifikation vorgesehen aus, wenn er auf das `body`-Element angewendet wird. In allen Nachfahren von `<body>` verhält sich ein Hintergrundbild mit `fixed` so, wie es bei `scroll` gedacht ist (siehe Abschnitt 7.4.1). Mit dem Wert `scroll` hingegen bewegt sich das Hintergrundbild mit dem Scrollmechanismus des Elements selbst – ein Verhalten also, wie es erst für `local` vorgesehen ist.

2. Internet Explorer 7 unterstützt `background-attachment: fixed`, wie in Abschnitt 7.4.2 beschrieben. Der Wert `scroll` hingegen wird ebenso interpretiert wie in den Vorgängerversionen – auch dann, wenn sich IE 7 im Quirksmodus befindet.

> IE 7 fällt in den Quirksmodus, wenn Sie einen HTML-Transitional-Doctype ohne URI verwenden oder einen Kommentar vor die Doctype-Angabe setzen.[3] Anders als IE ≤ 6 stört er sich nicht mehr an der XML-Deklaration (z. B. `<?xml version="1.0" encoding="UTF-8" ?>`).
> IE 7 im Quirksmodus verhält sich ähnlich – aber nicht genauso – wie IE 5.5.

Die Folge dieses ungleichen Verhaltens: In einem Element, das per `overflow` einen eigenen Scrollmechanismus aufweist, lässt sich ein Hintergrundbild nicht browserübergreifend entweder fixieren oder mitbewegen. In beiden Fällen ist eine zusätzliche Elementverschachtelung nötig.

7.5 background-clip und background-origin

> Ohne Herstellerpräfix wird `-origin` in Fx ≥ 4 und Safari ≥ 5.1, `-clip` in Fx ≥ 4 und Safari ≥ 5 unterstützt. Für ältere Versionen haben wir Listing 7.8 auf der DVD um die `-moz-` und `-webkit-`-Angaben erweitert, die jeweils auch noch andere Werte erfordern (`content` statt `content-box` etc.).
>
> In Verbindung mit `background-attachment: fixed` bleibt `-origin` wirkungslos.

Breite Unterstützung in den modernen Browsern erfahren die beiden Eigenschaften `background-clip` und `-origin`, mit deren Hilfe sich die in CSS 2.1 unveränderliche Ausdehnung des Hintergrundes und der Startpunkt der Positionierung beeinflussen lassen.

`background-clip` legt fest, auf welchen Bereich eines Elements sich der Hintergrund ausdehnt (*background painting area*): einschließlich Rahmen (`border-box`, Initialwert), einschließlich Innenabstand (`padding-box`) oder nur im Inhaltsbereich (`content-box`).

`background-origin` bestimmt, ab welcher (äußeren) Kante ein Hintergrundbild positioniert wird (*background positioning area*): Rahmenkante (`border-box`), Kante des Innenabstands (`padding-box`, Initialwert) oder Kante des Inhaltsbereiches (`content-box`). Betrachten Sie folgendes Beispiel:

---

[3] Carsten Protsch, »Der »DOCTYPE-Switch« und seine Auswirkungen«, http://carsten-protsch.de/zwischennetz/doctype/

```
div {
  width: 300px;
  height: 300px;
  padding: 20px;
  border: 10px dotted red;
  background: yellow url(Bild.gif) 10px 10px
no-repeat;
  background-position: right 10px bottom 10px;
  background-clip: content-box;
  background-origin: border-box;
}
```

▲ **Listing 7.8**
Positionierung und Ausdehnung eines Hintergrundbildes mit CSS3

Die separate Angabe zu `background-position` mit vier Werten berücksichtigen derzeit nur Opera ≥ 11 und IE ≥ 9; für die anderen gilt die Angabe in der zusammenfassenden Eigenschaft.

Der Bereich, den der Hintergrund ausfüllt, ist auf die *content box* beschränkt; das Hintergrundbild wird von der Rahmenkante um 10 px (entspricht der Rahmenstärke) eingerückt. Das Bild wird also um den Bereich des Paddings beschnitten.

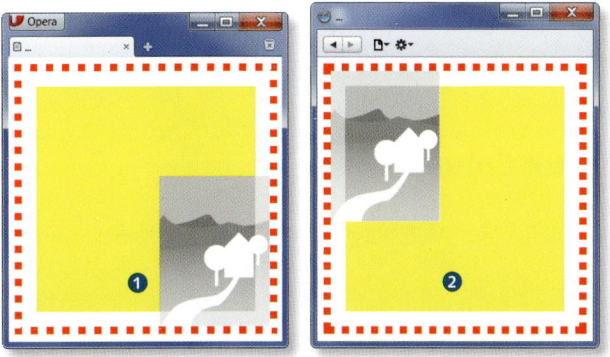

◄ **Abbildung 7.8**
Anwendung von `background-clip` / `-origin` in Opera 11.5 und Safari 5.1
Der beschnittene Teil des Bildes im Padding-Bereich ist nachträglich abgeblendet ergänzt.

Das Hintergrundbild wird unterschiedlich positioniert, weil Opera (❶) `background-position` mit vier Werten versteht, während Safari (❷) auf die Werte in der zusammenfassenden Eigenschaft zurückfällt.

7.6 background-size

In CSS 2.1 nimmt ein Hintergrundbild stets die intrinsische Größe an; mit `background-size` in CSS3 werden die Bilder skalierbar.
- `auto` (Initialwert) erhält die intrinsische Größe.
- `contain` skaliert das Bild unter Beibehaltung des Seitenverhältnisses so groß wie möglich, so dass das Bild komplett sichtbar bleibt. Teile der *background positioning area* können leer bleiben (siehe Abbildung 7.9, ❶).

`background-size` wird in den modernen Browsern ohne Herstellerpräfix unterstützt (Fx ≥ 4, Safari ≥ 4.1, Opera ≥ 10, Chrome ≥ 3.0, IE ≥ 9).

Längen- oder Prozentwerte können auch mit `auto` kombiniert werden.

- `cover` skaliert unter Beibehaltung des Seitenverhältnisses, so dass die *background positioning area* vollständig ausgefüllt wird. Teile des Bildes können abgeschnitten werden (siehe Abbildung 7.9, ❷).
- Längen- oder Prozentwerte können paarweise angegeben werden: Der erste Wert regelt die Breite, der zweite die Höhe des Bildes. Bei nur einem Wert wird für den zweiten `auto` angenommen. Mit `100% 100%` wird das Bild verzerrt und füllt die gesamte Fläche aus (siehe Abbildung 7.9, ❸).

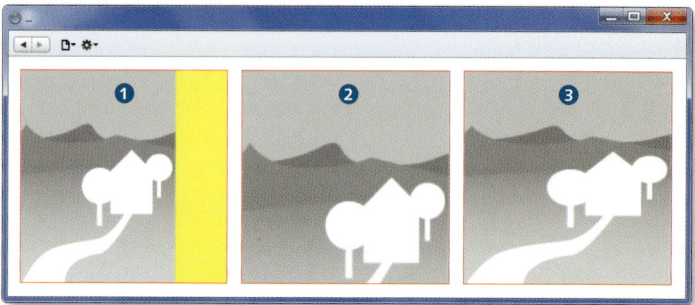

Zur Abbildung finden Sie Listing 7.9 auf der DVD.

▲ **Abbildung 7.9**
Beispiele für `background-size`

7.7 Faux Columns

Eine der häufigsten Problemstellungen für Spaltenlayouts ist die Simulation gleich hoher Spalten. Anders als Tabellenzellen – deren Höhe sich nach ihrer Zeile richtet – passen sich Floats oder positionierte Elemente in ihrer Höhe nicht ihren Nachbarn an. Gleich hohe Spalten lassen sich daher nur vortäuschen.

Sicher kennen Sie die Technik der Faux Columns – der »falschen Spalten« –, bei der ein vertikal gekacheltes Hintergrundbild die durchgehenden Spalten simuliert. In seinem Artikel bei *A List Apart*[4] legt Dan Cederholm den Hintergrund ins `body`-Element und positioniert darauf mit `position: absolute` die Inhalte. Da der Hintergrund des `<body>` die gesamte Höhe des Viewports belegt, entsteht die Illusion durchlaufender Spalten. Mit Float können Sie die Faux Columns flexibler einsetzen, da Sie dann nicht mehr nur an das `body`-Element zur Aufnahme des Hintergrundes gebunden sind: In Kombination mit einer Methode zum Einschließen von Floats kann auch ein anderes umgebendes Element zum Träger der »Spalten« werden.

---

[4] Dan Cederholm, »Faux Columns«, http://www.alistapart.com/articles/fauxcolumns

> **Exkurs: Sonderstellung des body-Elements**
>
> Eine Hintergrundfarbe oder ein -bild wird nicht im `body`-Element selbst angezeigt, sondern »nach oben weitergereicht« zum Canvas – also zur Hintergrundfläche des Browserfensters (CSS 2.1: 14.2). Als Folge dieser Sonderbehandlung füllt ein Hintergrundbild im `<body>` den gesamten Viewport aus, kann also z. B. genutzt werden, um Spalten über die gesamte Höhe des Fensters zu simulieren.
> Beachten Sie: Diese Sonderbehandlung erfolgt nur dann, wenn für das Wurzelelement `<html>` keine **andere** Hintergrundfarbe bzw. kein anderes Hintergrundbild definiert ist als für `<body>`. Dann nämlich verhält sich das `body`-Element wie jedes andere Element auch: Die Box und damit der Hintergrund ist nur so groß wie durch `height`/`width` angegeben oder durch den Inhalt erforderlich.

7.7.1 Faux Columns als linear-gradient

Eine Faux-Columns-Grafik ist gewöhnlich ein Bild, das in horizontaler Richtung unterschiedliche Farben aufweist und vertikal gekachelt die »falschen Spalten« simuliert. Ein solches Bild lässt sich (fast immer) durch einen linearen Verlauf abbilden.

Verläufe als Wert für background-image | Im *CSS Image Values and Replaced Content Module* wird ein Verlauf als Bild beschrieben, das weich von einer Farbe in eine andere übergeht. Ein solches »Bild« kann direkt in CSS erstellt und für `background-image` angegeben werden; es benötigt keine externe Ressource – spart also einen wertvollen Request. Das Modul nennt lineare (`linear-gradient`) und radiale (`radial-gradient`) Verläufe, jeweils noch in einer Variante mit Wiederholung (`repeating-linear-gradient | repeating-radial-gradient`).

WebKit-Browser als Vorreiter kennen Verläufe schon recht lange. Derzeit unterstützen die aktuellen Versionen der modernen Browser Verläufe mit ihrem jeweiligen Herstellerpräfix (IE erst ab Version 10).

Ein Verlauf wird definiert durch eine Verlaufslinie (*gradient-line*), entlang derer verschiedene Farben (*color-stops*) aufgereiht werden. Das »Bild« besteht dann aus dem Übergang von einem Farbwert zum nächsten in Richtung der Verlaufslinie, gezeichnet auf eine unendlich große Fläche.

Die *gradient-line*, also die Richtung des Verlaufs, kann mit Schlüsselwörtern oder als Winkel (eine Gradzahl, im Uhrzeigersinn) vorgegeben werden. Leider weichen zum Zeitpunkt, als dieses Kapitel geschrieben wurde, die Implementierungen der Browser vom aktuellen Stand der Spezifikation ab.

Die Schlüsselwörter gemäß WD geben eine **Richtung** vor: `to left|to right|to top|to bottom`, der Initialwert ist `to bottom`, also ein Verlauf von oben nach unten. Die Browser nutzen

---

> **Browserfehler IE 7: Zoom und body-Hintergrund**
>
> Die Zoomfunktion des IE 7 vergrößert nicht nur alle Boxen, sondern auch deren Hintergrundbilder. Mit einer Ausnahme: Ein Hintergrundbild im `body`-Element, das wie beschrieben nach oben gereicht wird, erfährt **keine** Vergrößerung. Dieses Problem verschwindet, wenn Sie die Angaben zum Hintergrund identisch sowohl für `<html>` als auch für `<body>` vornehmen – eine Maßnahme, die zwar in keinem anderen Browser negative Auswirkungen hat, doch als Hack trotzdem separiert werden sollte (siehe Abschnitt 10.6.3).

Sie können Gradients überall einsetzen, wo Sie Bilder einfügen, z. B. auch als `list-style-image` – doch die Browser unterstützen es noch nicht.

Mit dem Präfix `-webkit-` sind zwei Syntaxvarianten möglich; ab Safari 5.1 entspricht die Schreibweise derjenigen der anderen Browser.

Wir beziehen uns auf den Working Draft (WD) vom September 2011

noch die Angabe eines **Startpunktes**, die Werte lauten nur `left|right|top|bottom`.

Auch bei Angabe von Winkeln gibt es Differenzen: `0deg` zeigen laut Spezifikation nach oben, in den Browsern jedoch (noch) nach rechts. Wie die Browserhersteller diesen Konflikt auflösen, ist noch unklar.

Die *color-stops* werden mit Komma separiert notiert und bestehen aus einem Farbwert und optional einer Positionsangabe. Ohne Positionsangabe wird der erste *color-stop* an den Beginn der *gradient-line* und der letzte ans Ende gesetzt, dazwischen liegende werden gleichmäßig verteilt. Folgende Deklaration ergibt einen Verlauf von oben nach unten, von Rot über Weiß nach Blau (siehe Abbildung 7.10):

Möglicherweise werden die »neuen« Winkel erst implementiert, wenn die Spezifikation einen Stand erreicht hat, der es erlaubt, die Präfixe fallen zu lassen. Es bleibt nur die Empfehlung, auf Winkelangaben zu verzichten – Schlüsselwörter sind wegen der abweichenden Syntax weniger kritisch; alt und neu können nebeneinander existieren.

In Listing 7.10 auf der DVD finden Sie die vollständigen Angaben mit Herstellerpräfixen, die der Darstellung in Abbildung 7.10 zu Grunde liegen.

`background-image: linear-gradient(red, white, blue)`

▲ **Abbildung 7.10**
Verlauf von Rot über Weiß nach Blau

Prozentwerte beziehen sich auf die Länge der Verlaufslinie, `0%` ist der Anfang `100%` das Ende. *Color-stops* können auch außerhalb der *gradient-line* liegen, also negative Werte haben.

Da *color-stops* der Reihe nach abgearbeitet werden kann nie der zweite vor dem ersten liegen (in Richtung der *gradient-line* gesehen). Bei Positionsangaben wie `linear-gradient(red 50%, white 30%)` wird für den zweiten ebenfalls der Wert `50%` angenommen – was zu einem harten Farbübergang führt.

> **Magic Corner Gradient**
>
> Nicht nur orthogonale Verläufe sind über Schlüsselwörter möglich; diese können auch kombiniert werden, z. B. `to right bottom`. Der resultierende Verlauf beginnt in der linken oberen Ecke und endet in der rechten unteren, wobei jeweils in den Ecken die reine Farbe des jeweiligen *color-stops* sichtbar ist.
> Seit dem WD vom September 2011 kommt noch eine Besonderheit hinzu, die unter dem »Arbeitstitel« »Magic corner gradient« in der *www-style*-Mailingliste diskutiert wurde: Die Farbe an der Position 50% wird so ausgerichtet, dass sie genau durch die entgegengesetzten Ecken verläuft – egal, welches Seitenverhältnis die Box aufweist, in der der Hintergrund gezeichnet wird.
> Die Angabe `background-image: linear-gradient(to right bottom, red, white, blue)` sollte also zum Ergebnis in Abbildung 7.11 führen.

▲ Abbildung 7.11
Magic Corner Gradient

▲ Abbildung 7.12
Nicht angeglichener Verlaufswinkel

Ohne die »magische Anpassung« müssten Sie immer das Seitenverhältnis der Box kennen, den Winkel errechnen und als Gradzahl angeben – bei veränderlichen Boxen nur per JavaScript möglich. Diese Ergänzung der Spezifikation ist daher eine echte Bereicherung.

Zum Zeitpunkt, als dieses Kapitel geschrieben wurde, lieferte noch kein Browser diese Darstellung. Auch die alte Schreibweise ließ schräge Verläufe mit Schlüsselwörtern zu (z. B. `top left`), doch wurde der Winkel nicht angeglichen (siehe Abbildung 7.12).

Faux Columns als Verlauf | Die harten Farbübergänge bei *colorstops* mit gleicher Position kommen uns für das Vorhaben, einen »Verlauf« als Ersatz für eine Faux-Columns-Grafik einzusetzen, sehr gelegen.

Das Beispiel aus Abbildung 7.13 soll ohne »echte« Hintergrundbilder umgesetzt werden – zumindest für die Browser, die es können:

Erstaunliche Verläufe
Mit Verläufen können viele »echte« Bilder ersetzt werden. Lea Verou[5] und Estelle Weyl[6] haben Galerien mit beeindruckenden Beispielen für »Verläufe« zusammengetragen.

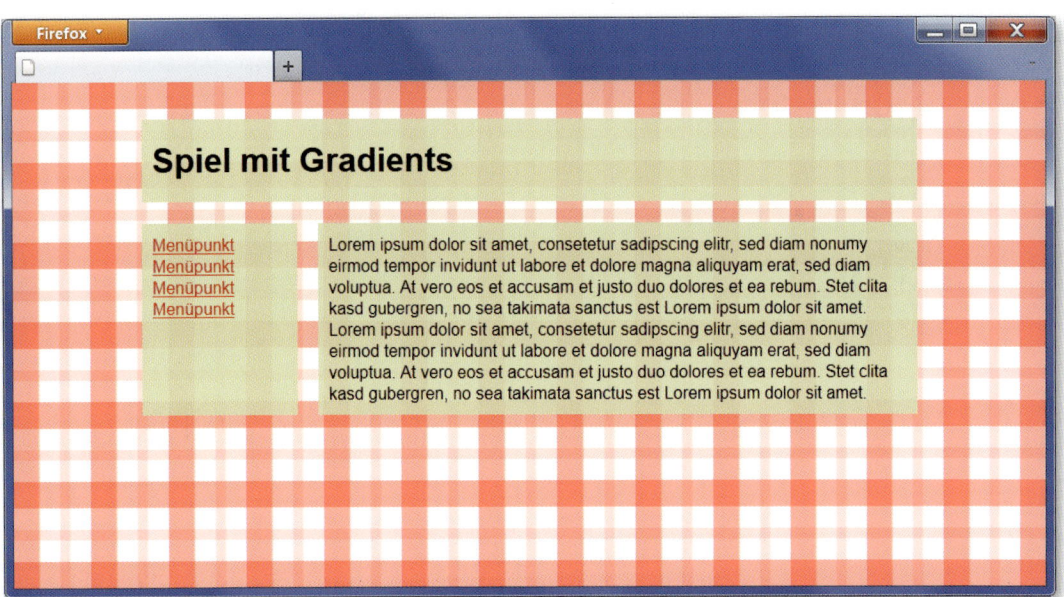

▲ Abbildung 7.13
Faux Columns als Gradient

---

5 Lea Verou, »CSS3 Patterns Gallery«, *http://leaverou.me/css3patterns/*
6 Estele Weyl, »CSS3 Gradients«, *http://standardista.com/cssgradients/*

Zunächst die HTML-Struktur:

```html
<div id="seite">
  <h1>Spiel mit Gradients</h1>
  <div id="hauptteil">
    <ul id="navigation">
      <li><a href="#">Menüpunkt</a></li>
      [...]
    </ul>
    <div id="inhalt">
      <p>Lorem ipsum [...]</p>
      [...]
    </div>
  </div>
</div>
```

▲ **Listing 7.11**
Faux Columns als »Verlauf«

Das umgebende Element #seite erhält eine feste Breite und wird zentriert, die Liste und der Inhaltsbereich werden gefloatet; einige kosmetische Abstände kommen noch dazu:

Zum Einschließen der Floats haben wir uns für das Easyclearing entschieden, siehe Abschnitt 4.3.3:

```css
#hauptteil:after {
  content: ".";
  display: block;
  clear: both;
  height: 0;
  visibility: hidden;
}
```

Und für IE ≤ 7:

```html
<!--[if lte IE 7]><style>
  #hauptteil {
    zoom: 1;
    }
</style><![endif]-->
```

```css
* {
  margin:0;
  padding:0;
}
a {
  color: #c00;
}
h1 {
  padding: 20px 10px;
  margin-bottom:20px;
}
#seite {
  width:750px;
  padding-top: 35px;
  margin: 0 auto;
}
#navigation {
  width:130px;
  padding:10px;
  float:left;
  list-style:none;
  }
#inhalt {
```

```
  width: 560px;
  padding:10px;
  float: right;
}
```

Auch die »Tischdecke« im Hintergrund lässt sich in Form mehrerer Gradients abbilden: Vier unterschiedlich breite, alpha-transparente rote Streifen (`rgba(255,0,0,.3)`) werden übereinandergelegt, dies ergibt eine »Kachel« mit einer Größe von 75 px × 75 px (siehe Abbildung 7.11). Die gewünschte Größe für die Kachel legen wir per `background-size` fest; in dieser Größe wird das Verlaufsbild wiederholt.

Zuerst soll der breite, vertikale Streifen am linken Rand erstellt werden – ein »Verlauf« von links nach rechts, der am linken Rand beginnt und 25 px breit ist. Der restliche Bereich bleibt transparent, wir benötigen also einen harten Farbwechsel an dieser Position.

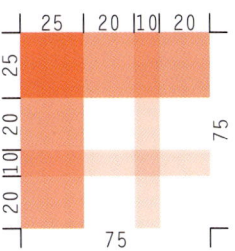

Abbildung 7.14 ▲
»Kachel«, die mit Verläufen abgebildet wird

```
linear-gradient(
  to right, /* von links nach rechts, alt: left */
  rgba(255,0,0,.3), /* Beginn roter Streifen */
  rgba(255,0,0,.3) 25px, /* Ende roter Streifen */
  transparent 25px, /* Harter Wechsel zu transp. */
)
}
```

Wir zeigen zunächst beispielhaft die »offizielle« Syntax, die zum Zeitpunkt, als dieses Kapitel geschrieben wurde, kein Browser unterstützte.

> **Warum kein repeating-linear-gradient?**
>
> Bei einem `repeating-linear-gradient` wird die Wiederholrate eines Verlaufs durch die Position des letzten *color-stops* festgelegt. Die Kachelung des Verlaufs erfolgt entlang der *gradient-line*, somit entfalten die Repeating Gradients ihre Stärke, wenn ein Verlauf nicht-orthogonal wiederholt werden soll. Im vorliegenden Beispiel liefert die Kombination aus `background-size` und `linear-gradient` das gewünschte Ergebnis sogar mit weniger Code – müsste für den `repeating-linear-gradient` doch jeweils noch der abschließende *color-stop* bei 75 px notiert werden.

Die drei verbleibenden Streifen fügen wir jeweils als weiteres Hintergrundbild ein; mit Komma separiert folgen die Angaben aufeinander. Vollständig und ohne Kommentare werden alle vier Streifen **für Firefox** folgendermaßen erzeugt (die Wiederholung mit den Präfixen für die anderen Browser entnehmen Sie bitte dem Listing auf der DVD):

Die linearen Verläufe funktionieren in:
▶ Firefox ≥ 3.6 mit `-moz-`
▶ IE ≥ 10 mit `-ms-`
▶ Opera ≥ 11 mit `-o-`
▶ Chrome, Safari ≥ 5 mit `-webkit-`

Auf die veraltete Syntax[7] für Safari < 5.1 haben wir verzichtet.

---

7 Peter Gasston, »CSS gradient syntax: comparison of Mozilla and WebKit«, http://www.broken-links.com/2009/11/26/css-gradient-syntax-comparison-of-mozilla-and-webkit/

```css
body {
  background-size: 75px 75px;
  /* Firefox >= 3.6: */
  background-image:
    -moz-linear-gradient(left, rgba(255,0,0,.3), rgba(255,0,0,.3) 25px,
    transparent 25px),
    -moz-linear-gradient(top, rgba(255,0,0,.3), rgba(255,0,0,.3) 25px,
    transparent 25px),
    -moz-linear-gradient(left, transparent, transparent 45px,
    rgba(255,0,0,.1) 45px, rgba(255,0,0,.1) 55px, transparent 55px),
    -moz-linear-gradient(top, transparent, transparent 45px,
    rgba(255,0,0,.1) 45px, rgba(255,0,0,.1) 55px, transparent 55px);
}
```

Auch der Wert none für background-image erzeugt eine Hintergrundebene.

> **Multiple Hintergrundbilder**
>
> Im Beispiel liegen mehrere Hintergrundbilder (in Form von Verlaufsbildern) übereinander. Bei multiplen Hintergrundbildern liegt das zuerst angegebene Bild in z-Richtung dem Betrachter am nächsten, die anderen werden darunter gestapelt; die Bilder können sich entsprechend der Reihenfolge also verdecken. Zuunterst folgt die Hintergrundfarbe.
> Die anderen Hintergrundeigenschaften können ebenfalls mehrere Werte annehmen, die mit einem Komma getrennt aufgelistet werden – wobei die Eigenschaft background-image die Anzahl der Hintergrundebenen vorgibt. Die Eigenschaften gelten jeweils für das in der Auflistung korrespondierende Hintergrundbild. Wenn eine Eigenschaft zu wenige Werte aufweist, wird die gesamte Liste wiederholt, bis alle Bilder bedient werden. Sind zu viele Werte vorhanden, wird alles Überzählige ignoriert.
> Im Faux-Columns-Beispiel haben wir nur ein Wertpaar für background-size notiert; es gilt also für alle der gleiche Wert. Wir könnten auch schreiben:
> background-size: 75px 75px, 75px 75px, 75px 75px, 75px 75px;

Der eigentliche Faux-Columns-Verlauf ist schnell notiert: Auf einer Breite von 150 px ein beiger Farbton mit Alphatransparenz, anschließend eine 20 px transparente Lücke, der Rest wieder beige.

```css
#hauptteil {
    background-image: -moz-linear-gradient(left,
rgba(230,230,180,.9) 150px, transparent 150px, transparent 170px,rgba(230,230,180,.9) 170px);
}
```

Es fehlt noch der Hintergrund für die h1-Überschrift:

```css
h1 {
    padding: 20px 10px;
```

```
  margin-bottom:20px;
  background: rgba(230,230,180,.9);
}
```

Fallback für ältere Browser | Die Browser, die keine Gradients anzeigen können, benötigen noch ein Hintergrundbild im `<body>`. Außerdem sollen sie ein »normales« Faux-Columns-Bild erhalten, und auch für die RGBA-Hintergrundfarbe der Überschrift ist noch Ersatz erforderlich.

Für Faux Columns und Hintergrundfarbe nutzen wir ein und dasselbe Hintergrundbild: Wir verbreitern die Faux-Columns-Grafik, so dass sie passend positioniert auch als Hintergrund für die `<h1>` dienen kann. Die Ersatzbilder müssen jeweils **vor** den Gradient-Angaben notiert werden, damit die modernen Browser die Bilder mit den Verläufen überschreiben.

```
body {
  background-size: 75px 75px;
  background-image: url(tischdecke.png);
  [...]
}
h1 {
  padding: 20px 10px;
  margin-bottom:20px;
  background-image: url(faux-columns.png);
  background: rgba(230,230,180,.9);
  background-position: 100% 0;
}
[]
#hauptteil {
  background-image: url(faux-columns.png);
  []
}
```

Wir setzen bewusst die zusammenfassende Eigenschaft `background` für die RGBA-Farbe ein. So wird das zuvor angegebene Bild mit dem Wert `none` überschrieben. Browser, die mit der RGBA-Farbe nichts anfangen können, ignorieren die Deklaration und fallen auf das Bild zurück. Das Ersatzbild ist ein alphatransparentes PNG. Auf einen Filter für IE 6 haben wir verzichtet (siehe Abschnitt 11.2).

Ob sich der zugegeben mit viel Code verbundene Einsatz von Gradients lohnt, um ein paar Requests einzusparen, kann sicher nur im Einzelfall entschieden werden. Eine Chance, sich mit der Syntax und den neuen Möglichkeiten von CSS3 vertraut zu machen, ist es allemal.

7.7.2 Liquid Faux Columns

Auch mit den Mitteln von CSS 2.1 – also ohne skalierbare Hintergrundbilder – ist es in einem flexiblen Layout möglich, durch die besondere Positionierung von Hintergrundbildern mit

Nicht jedes Bild eignet sich, prozentual skaliert zu werden.

Prozentwerten Spalten zu simulieren: Dies sind die *Liquid Faux Columns*.[8]

Schritt für Schritt: Liquid Faux Columns

In einem dreispaltigen Layout teilen sich die Spalten die Breite des Viewports im Verhältnis 25%/50%/25% (siehe Abbildung 7.15).

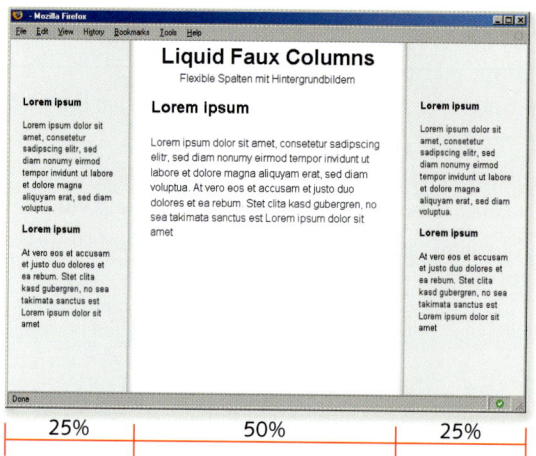

Abbildung 7.15 ▶
Flexibles Layout mit Spalten in Prozentbreiten

1 Das Markup

Das Layout besteht aus dem Kopfbereich und einem Hauptteil, der die drei Spalten enthält. Kopf- und Hauptteil werden wiederum mit einem Element zusammengefasst.

```
<div id="seite">
  <div id="kopf">
    <h1>Liquid Faux Columns</h1>
    <p>Flexible Spalten mit Hintergrundbildern</p>
  </div>
  <div id="hauptteil">
    <div id="spalte1">
      <div class="box">
        <h3>Lorem ipsum</h3>
        <p>Lorem ipsum [...]</p>
      </div>
      <div class="box">
        <h3>Lorem ipsum</h3>
        <p>At vero eos [...]</p>
      </div>
```

---

8 Zoe Gillenwater, »Creating Liquid Faux Columns«, *http://www.communitymx.com/content/article.cfm?cid=afc58*

```
    </div>
    <div id="inhalt">
      <h2>Lorem ipsum</h2>
      <p>Lorem ipsum […]</p>
    </div>
    <div id="spalte2">
      <div class="box">
        <h3>Lorem ipsum</h3>
        <p>Lorem ipsum […]</p>
      </div>
      <div class="box">
        <h3>Lorem ipsum</h3>
        <p>At vero eos […]</p>
      </div>
    </div>
    <hr />
  </div>
</div>
```

Die Spalten werden später mit Float nebeneinandergesetzt, daher ist im Anschluss an die drei Spalten bereits ein `hr`-Element für das Clear vorgesehen (siehe Kapitel 4, »Floats«).

2 Allgemeine Angaben

Einige allgemeine Regeln schaffen zunächst die Basis für das Layout. Neben Schriftart und -größe werden die Browserrandabstände zurückgesetzt und für die Elemente `<h2>`, `<h3>` und `<p>` wiederhergestellt.

```
* {
  margin: 0;
  padding: 0;
}
body {
  font: 100%/1.4 Arial, sans-serif;
}
h2,
h3,
p {
  margin-bottom: 1em;
}
#kopf {
  text-align: center;
}
#spalte1,
```

```
#spalte2 {
  font-size: 80%;
}
```

3 Grundlayout

Weitere Hinweise zum Umgang mit fluiden Layouts finden Sie in Abschnitt 13.3.4.

Die beiden Randspalten sollen jeweils 25 % der Breite einnehmen und der mittlere Inhaltsteil die verbleibenden 50 %. Die Berechnung von Spaltenbreiten mit Prozentwerten ist für die Browser nicht ganz einfach: Leicht kommt es aufgrund von Rundungsfehlern zu einem ungewollten Umbrechen von Floats. Versuchen Sie daher immer, ein wenig »Luft« zu lassen. In diesem Beispiel erhält der Inhaltsbereich nur 45% Breite und einen linken Margin von 2.5%. So sitzt er mittig zwischen den Spalten, und es bleibt ein Puffer von 2,5 %. Damit die rechte Spalte trotzdem ganz an den rechten Rand rückt, benötigt sie `float: right`.

Die Trennlinie `<hr>` als unsichtbares Clear-Element sorgt dafür, dass die Floats von ihren umgebenden Elementen eingeschlossen werden.

```
#spalte1,
#spalte2 {
  width: 25%;
}
#inhalt {
  width: 45%;
  margin-left: 2.5%;
}
#spalte1,
#inhalt {
  float: left;
}
#spalte2 {
  float: right;
}
hr {
  clear: both;
  visibility: hidden;
}
```

4 Der Spaltenhintergrund

Wie in Abschnitt 7.2 erläutert wurde, werden Hintergrundbilder mit prozentualen Positionsangaben nicht mit ihrer linken oberen Ecke an der angegebenen Stelle positioniert, sondern der dem Prozentwert entsprechende Punkt ist der Ursprung der Positionierung. Damit die Schatten der Spalten also an 25 % bzw. 75 %

landen, müssen sie im Bild an der passenden Stelle sitzen (siehe Abbildung 7.16).

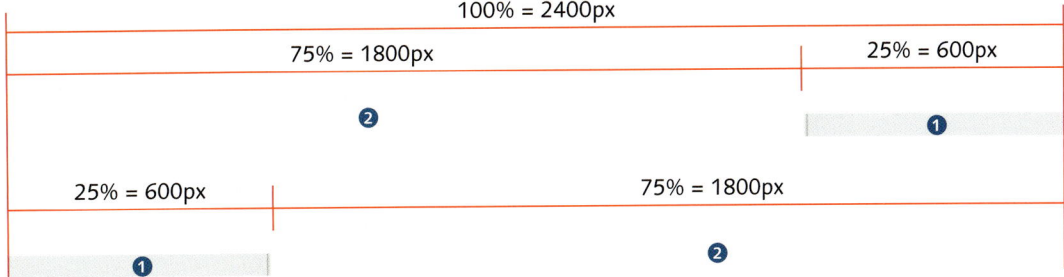

❶ Spaltenhintergrund
❷ Transparenter Bereich

▲ **Abbildung 7.16**
Zwei Bilder mit Spalten- und Transparenzbereich im Verhältnis 600 px zu 1800 px

Das `body`-Element erhält die linke Spalte als Hintergrund, die rechte bekommt das Element `#seite`. Da auch `#seite` die gesamte Breite des Viewports ausfüllt, muss der Bereich des Bildes, der nicht für die Spalte benötigt wird, transparent sein – der Hintergrund von `<body>` und somit die linke Spalte würde sonst verdeckt.

Damit auch die rechte Spalte die gesamte Höhe des Viewports ausfüllt, muss das Element `#seite` auf eine *Mindest*höhe von 100 % gebracht werden (siehe Kapitel 2, »Vertikale Anordnung«).

Als Bildformate mit Transparenz eignen sich GIF oder PNG (siehe Abschnitt 7.9). In diesem Fall bringt das Format PNG-8 das gewünschte Ergebnis bei kleinstmöglicher Dateigröße – jedes der 2400 mal 50 Pixel großen Bilder benötigt weniger als 1 KB.

```
html,
body {
  height: 100%;
}
body {
  background: url(links.png) 25% 0 repeat-y;
}
#seite {
  min-height: 100%;
  background: url(rechts.png) 75% 0 repeat-y;
}
```

Browserfehler IE 7: kleine Bildgröße und Kachelung

Im Grunde würde für die vertikal gekachelten Hintergrundbilder ein Bild von 1 Pixel Höhe ausreichen. Die Wiederholung von sehr kleinen Bildern führt im IE 7 jedoch zu Performance-Problemen – beim Scrollen ruckelt die Anzeige spürbar.

5 Randabstände der Spalten

Die Inhalte der Spalten überlappen noch die Schatten der Spaltenbilder, da sich diese jeweils innerhalb des 25 %-Bereiches befinden. Abstände für die Spalten selbst wären nur mit prozentualen Werten möglich und würden eine Verringerung der Spaltenbreiten erfordern. Für Abstände mit Pixelwerten eignen sich daher erst die Spalteninhalte: hier die `div`-Elemente der Klasse `box`.

Die unterschiedlichen Abstandswerte für die rechte und linke Spalte gleichen die Schattenbreite aus.

```
#spalte1 .box {
  padding: 0 35px 0 20px;
}
#spalte2 .box {
  padding: 0 20px 0 35px;
}
```

6 **Anpassungen für Internet Explorer**

Für IE 6 und älter ist als Ersatz für `min-height` die `height`-Eigenschaft nötig (siehe Abschnitt 2.1).

In IE 7 tritt der in Abschnitt 7.7 erläuterte Fehler beim Seitenzoom auf. Um das zu vermeiden, wird der `body`-Hintergrund nochmals in `<html>` gelegt.

```
<!--[if lte IE 7]><style>
* html #seite {
  height:100%;
  }
html {
  background: url(links.png) 25% 0 repeat-y;
}
</style><![endif]-->
```

Dieses Beispiel für Liquid Faux Columns befindet sich als Listing 7.12 auf der DVD. ■

7.8 Navigation mit Tabs

Am Beispiel einer Navigation mit Tabs – also Karteireitern – erläutern wir zwei Techniken, die helfen, den Umgang mit Hintergrundbildern zu optimieren.

Das Ziel ist eine horizontale Navigation, deren Reiter sich an die Länge des jeweiligen Linktextes anpassen und deren Hintergrund sich sowohl beim Überfahren mit der Maus als auch im »aktiven« Zustand ändert (siehe Abbildung 7.17).

Das Ergebnis aus Abbildung 7.17 liefert Listing 7.16 aus Abschnitt 7.8.2.

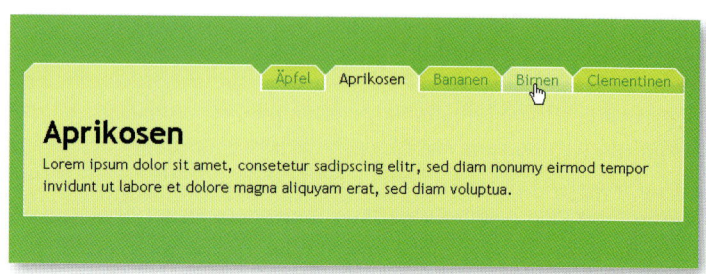

Abbildung 7.17 ▶
Horizontale Navigation mit variablen Tabs und Hover-Effekt

Die Navigation besteht aus einer Liste, die mit einem angedeuteten Inhaltsbereich gruppiert wird.

```
<div id="seite">
  <div id="navigation">
    <ul>
      <li>
        <a href="#"><span>Äpfel</span></a>
      </li>
      <li id="aktuell">
        <strong>Aprikosen</strong>
      </li>
      <li>
        <a href="#"><span>Bananen</span></a>
      </li>
      <li>
        <a href="#"><span>Birnen</span></a>
      </li>
      <li>
        <a href="#"><span>Clementinen</span></a>
      </li>
    </ul>
  </div>
  <div id="inhalt">
    <h1>Aprikosen</h1>
    <p>
      Lorem ipsum […]
    </p>
  </div>
</div>
```

> **Hinweis**
>
> Der IE ≤ 6 wendet die Pseudoklasse `:hover` nur auf Links an. Um den angestrebten Hover-Effekt auch in diesem Browser umsetzen zu können, sind die Linktexte innerhalb des `<a>` mit einem zusätzlichen span-Element eingefasst.

Den Link des »aktiven« Menüpunkts haben wir durch `<strong>` ersetzt, zusätzlich haben wir das `li`-Element mit `id="aktuell"` versehen. So können sowohl `<li>` als auch `<strong>` individuell gestaltet werden.

Für die Listenpunkte mit variabler Breite kommt die Float-Eigenschaft zum Einsatz – ohne Breitenangabe schrumpfen die Elemente dann auf die Breite ihres Inhalts zusammen (siehe Kapitel 4, »Floats«). Mit `float: right` ohne Breitenangabe für das `ul`-Element richtet sich die Navigation rechtsbündig aus.

Das `div`-Element `#navigation` erhält ebenfalls `float: left`, damit es seine gefloateten Nachfahren einschließt (siehe Abschnitt 4.3.2). Dazu kommt eine Breite von 100 %. Der nachfolgende Inhaltsbereich soll immer unterhalb des Navigationsbereiches liegen und benötigt daher `clear`.

Mehr zur Kennzeichnung des aktuellen Menüpunkts finden Sie in Kapitel 12, »Navigation: Listen und Menüs«.

```css
* {
    margin: 0;
    padding: 0;
}
body {
    background: #75C926;
    padding-top: 50px;
    font: 100%/1.4 "Trebuchet MS", sans-serif;
}
#seite {
    width: 700px;
    margin: 0 auto;
}
#navigation {
    float: left;
    width: 100%;
    background: #ecef90;
}
#navigation ul {
    float: right;
    list-style: none;
}
#navigation li {
    float: left;
    border-bottom: 1px solid #fff;
}
#inhalt {
    clear: left;
    background: #ecef90;
    border: 1px solid #fff;
    border-top: none;
    padding: 20px;
}
```

Listing 7.13 ▶
Grundaufbau für eine Tabnavigation, noch ohne Gestaltung der Links

Der Anwendungsbereich der Schiebetürentechnik ist nicht auf Navigationen beschränkt. Mit mehreren verschachtelten Elementen werden daraus z. B. voll skalierbare Boxen mit »runden und anderen Ecken«.[9]

7.8.1 Sliding Doors of CSS

Unter dem Namen *Sliding Doors of CSS*[10] – also CSS-Schiebetüren – stellt Douglas Bowman eine Technik für Hintergrundbilder in variablen Bereichen vor. Es werden zwei verschachtelte Elemente benötigt, die jeweils ein Hintergrundbild erhalten. Eines der Bilder ist breiter als nötig, bildet den Abschluss in eine Richtung und bedeckt die gesamte Fläche der Box. Eine zweite, kleine Grafik

---

9 Andreas Kalt, »Runde und andere Ecken«,
   http://www.andreas-kalt.de/webdesign/tutorials/runde-ecken
10 Douglas Bowman, »Sliding Doors of CSS«,
   http://www.alistapart.com/articles/slidingdoors/

enthält den gegenüberliegenden Abschluss und verschiebt sich mit der Größe der Box auf dem ersten Bild (siehe Abbildung 7.18). Beide Grafiken sind hoch genug, um auch eine Änderung der Schriftgröße abzufangen.

◄ **Abbildung 7.18**
Tab-Hintergrund in zwei Einzelbilder aufgeteilt

Im Falle der Navigation eignen sich die Elemente `<a>` und `<span>`, um die Schiebetüren aufzunehmen. Das `a`-Element als »hinteres« Element benötigt den übergroßen linken Teil, das `<span>` bekommt den kleinen rechten Abschluss.

```
#navigation a,
#navigation span {
   display:block;
}
#navigation a {
   background: url(tab-normal-links.gif) 0 0
   no-repeat;
   text-decoration:none;
   color:#009245;
}
#navigation span {
   padding: 2px 15px;
   background: url(tab-normal-rechts.gif) 100% 0
   no-repeat;
}
```

▲ **Listing 7.14**
Sliding Doors für Tabs im Normalzustand

Browserfehler: sensitive Fläche im IE ≤ 6

`display: block` und `padding` machen die gesamte Fläche des Menüpunktes sensitiv beim Hovern und beim Klicken. Nur im IE ≤ 6 beschränkt sich dies auf den Linktext. Damit auch hier die gesamte Fläche reagiert, benötigt der Link »Layout« (siehe Abschnitt 10.7.1). Da sich der Link in einem Float mit Shrink-to-fit-Breite befindet, eignet sich hier nur die Float-Eigenschaft selbst als »Layout-Trigger«. Eine Angabe wie `height: 1%` würde den Link auf die gesamtmögliche Breite aufdehnen und so die horizontale Navigation sprengen.

```
<!--[if lte IE 7]><style>
* html #navigation a {
   float: left;
}
</style><![endif]-->
```

Für jeden Status der Menüpunkte sind zwei Hintergrundbilder nötig, für »Normal«, »Hover« und »Aktiv« müssen also insgesamt sechs Bilder vom Server angefordert werden. Wenn der Benutzer zum ersten Mal mit dem Mauszeiger über die Tabs fährt, führt dieses Nachladen zu einer kurzen Verzögerung des Hover-Effektes, bis die Bilder dann im Cache liegen. Sie ahnen es schon: Das lässt sich noch verbessern – kombinieren Sie die »Schiebetüren« mit einer weiteren Technik, den CSS-Sprites.

7.8.2 CSS-Sprites

Mit CSS-Sprites (engl. »sprite« = Geist, Kobold) bezeichnet Dave Shea eine Methode, statt vieler kleiner Hintergrundbilder **ein**

Sprites »geisterten« vor allem zu den Zeiten über den Bildschirm, als man noch mit sehr geringer Prozessor- und Grafikleistung auskommen musste – erinnern Sie sich noch an den C64?

großes einzusetzen, das im passenden Moment an der passenden Stelle angezeigt wird.[11]

Es ist also nicht nötig, ein Bild in viele Einzelteile zu zerschneiden (zu »slicen«), vielmehr wird die Eigenschaft `background-position` genutzt, um den richtigen Teil des Bildes an die richtige Position zu verschieben. Aus den beiden Teilen des Navigations-Tabs (Abbildung 7.18) wird also wieder ein einzelnes Bild (siehe Abbildung 7.19). Dieses wird sowohl für das `a`-Element als auch für das `<span>` verwendet – lediglich die Positionsangabe unterscheidet sich.

Abbildung 7.19 ▶
Ein Hintergrundbild für Tabs im Normalzustand

Da nun auch im `span`-Element der gesamte Hintergrund ausgefüllt wird, muss es nach links einen Abstand einhalten – andernfalls würde der Hintergrund des `a`-Elements vollständig verdeckt (siehe Abbildung 7.20). Ersetzen Sie also das linke Padding durch Margin.

Abbildung 7.20 ▶
Vergleich der Tabs mit Padding und Margin für `<span>`

❶ Das `span`-Element verdeckt das Hintergrundbild des `a`-Elements.

❷ Der Margin für `<span>` schafft den nötigen Abstand: Der linke Abschluss des Hintergrundbilds im `<li>` wird sichtbar.

```
#navigation a {
  background: url(tab-normal.gif) 0 0 no-repeat;
  text-decoration: none;
  color: #009245;
}
#navigation span {
  padding: 2px 15px 2px 0;
  margin-left: 15px;
  background: url(tab-normal.gif) 100% 0 no-repeat;
}
```

Listing 7.15 ▶
Sliding Doors und CSS-Sprites für Tabs im Normalzustand

---

11 Dave Shea, »CSS Sprites: Image Slicing's Kiss of Death«, http://www.alistapart.com/articles/sprites

»Slicen« mit CSS

Die Herausforderung beim Umgang mit Sprites besteht darin, nur den jeweils benötigten Teil eines Bildes im sichtbaren Bereich zu haben. Im Beispiel der Tab-Navigation erreichen wir dies durch die Kombination von Padding und Margin bei zwei Elementen. Wenn Sie Sprites z. B. als Icons für eine Menüliste einsetzen, müssen Sie ausreichend große Abstände in der Sprite-Grafik vorsehen, damit nicht plötzlich Teile eines anderen Icons ins Sichtfeld rücken.

Im Working Draft des *CSS Image Values and Replaced Content Module* ist mit *media fragment identifiers* eine Möglichkeit vorgesehen, nur einen bestimmten Ausschnitt eines Bildes anzeigen zu lassen:

`background-image:url(tab-normal.gif#xywh=0,0,10,100);`

Der erste Wert (»x«) gibt die linke Kante eines rechteckigen Ausschnitts an, der zweite (»y«) die obere Kante; der dritte Wert (»w«) bestimmt die Breite des Ausschnitts, der vierte (»h«) die Höhe. Es würde also ein Streifen von 10 px Breite und 100 px Höhe gemessen von der linken oberen Ecke des Bildes herausgeschnitten.

Im Firefox ≥ 4 erhalten Sie bereits einen Vorgeschmack darauf mit dem proprietären Wert `-moz-image-rect`[12] für Hintergrundbilder:

`background-image: -moz-image-rect(url(tab-normal.gif), 0, 10, 100, 0)`

Dabei geben hier die vier Zahlenwerte die Position für vier Schnittkanten vor, die Reihenfolge ist oben, rechts, unten, links.

Die Icons der Navigation auf *yahoo.com* entstammen beispielsweise einer Sprite-Grafik.

Wir beziehen uns auf den WD vom September 2011.

Zum Zeitpunkt, als dieses Kapitel geschrieben wurde, waren Prozentwerte und Pixel (ohne Einheit) möglich.

Die Sprite-Technik lässt sich noch weiter treiben: **Alle** Zustände der Tabs können in einer einzigen Grafik untergebracht werden (siehe Abbildung 7.21).

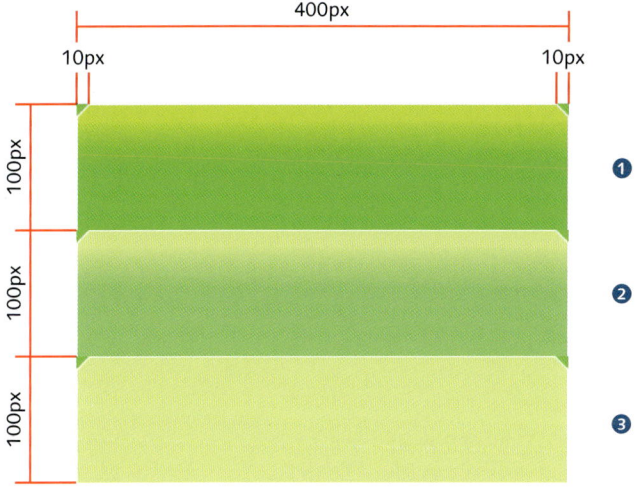

◀ **Abbildung 7.21**
Alle Zustände der Tabs in einer Grafik

❶ Normalzustand
❷ Bei Hover
❸ Aktiver Tab

---

12 *https://developer.mozilla.org/en/CSS/-moz-image-rect*

Jetzt ist nur noch eine entsprechende Verschiebung des Bildes bei Hover und im aktiven Zustand erforderlich.

Wenn man mit dem Mauszeiger über den Menüpunkt fährt, soll der mittlere Bereich des Bildes sichtbar werden. Der Hintergrund muss um 100 Pixel nach oben verschoben werden, die vertikale Positionsangabe beträgt also `-100px` (siehe Abbildung 7.22).

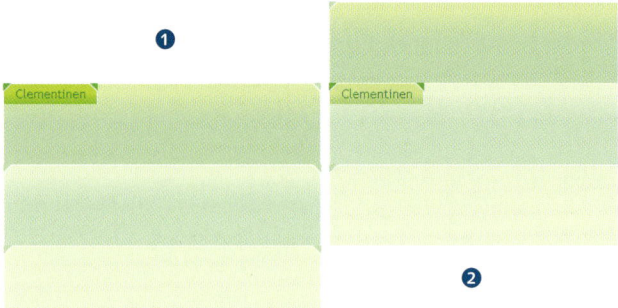

Abbildung 7.22 ▶
Position des Hintergrundbildes im `a`-Element

❶ Im Normalzustand mit `background-position: 0 0`
❷ Bei Hover mit `background-position: 0 -100px`

Beim aktiven Menüpunkt stehen das `li`-Element und das `<strong>` (statt `<a>` und `<span>`) für die Hintergründe zur Verfügung. Der entsprechende Bereich des Hintergrundes erfordert eine Verschiebung um `-200px`:

```css
/* Menuepunkte */
#navigation a {
   background: url(tabs.png) 0 0 no-repeat;
   text-decoration: none;
   color: #009245;
}
#navigation span {
   padding: 2px 15px 2px 0;
   margin-left:15px;
   background: url(tabs.png) 100% 0 no-repeat;
}
/* hover */
#navigation a:hover {
   background-position: 0 -100px;
}
#navigation a:hover span {
   background-position: 100% -100px;
}
/* aktueller Menuepunkt*/
li#aktuell {
```

```css
  border-bottom-color: #ecef90;
  background: url(tabs.png) 0 -200px no-repeat;
}
li#aktuell strong {
  display: block;
  font-weight: normal;
  padding: 2px 15px 2px 0;
  margin-left: 15px;
  background: url(tabs.png) 100% -200px no-repeat;
}
```

Es fehlt noch der linke, leere Tab-Bereich als Fortsetzung der Navigation. Auch hier genügt das bereits bestehende Hintergrundbild, da es dem Zustand des aktiven Menüpunktes entspricht. Der linke Abschluss kann in das `<div>` #navigation eingefügt werden, den rechten Abschluss neben dem ersten Menüpunkt bekommt das `ul`-Element. Sie erinnern sich: `<ul>` ist wegen `float` ohne Breite so breit wie seine ebenfalls gefloateten Inhalte. Ein linkes Padding von `10px` schafft Platz für den Tab-Abschluss. Damit der rechte Abschluss an der richtigen Stelle zu liegen kommt, muss das Hintergrundbild um -400 px + 10 px = -390 px nach links verschoben werden.

```css
#navigation {
  float: left;
  width: 100%;
  background: #ecef90 url(tabs.png) 0 -200px
  no-repeat;
}
#navigation ul {
  float: right;
  list-style: none;
  padding-left: 10px;
  background: url(tabs.png) -390px -200px no-repeat;
}
```

Listing 7.16 zeigt die vollständige Tab-Navigation mit aktivem Menüpunkt und dem Hover-Effekt aus Abbildung 7.17.

◀ **Listing 7.16**
Vollständige Tab-Navigation mit Sliding Doors und CSS-Sprites

7.9 PNG-Transparenz vs. GIF-Transparenz

Als webtaugliche Grafikformate stehen JPEG, GIF und PNG zur Verfügung. JPEG eignet sich mit seiner Farbtiefe von 24 Bit (Echtfarben) hauptsächlich für Fotos, GIF kann nur 256 Farben darstellen und findet seinen Einsatzbereich daher bei Grafiken wie z. B. Logos. Zusätzlich können GIF-Bilder transparente Bereiche haben. Das PNG-Format kann all das ebenfalls. Als PNG-8 deckt

PNG-24/32 vs. JPEG

Im Unterschied zu JPEG ist die Kompression von PNG-24-Bildern verlustfrei. In der Praxis sollten Sie für Fotos o. Ä. trotzdem JPEG den Vorzug geben, da die Dateigröße bei kaum wahrnehmbarem Qualitätsverlust **erheblich** geringer ist.

es den Einsatzbereich von GIFs ab, als PNG-24/32 kann es wie JPEG Echtfarben darstellen. Im Unterschied zu GIF kennt PNG »echte« Transparenz, die sogenannte **Alphatransparenz**. Alphatransparente Bereiche können halb durchsichtig sein und so auch einen sauberen Verlauf von undurchsichtig zu durchsichtig darstellen, während das GIF-Format nur »ganz oder gar nicht« durchsichtig kennt (siehe Abbildung 7.23).

Die gängigen Grafikprogramme können das Format PNG-24/32 mit Alphatransparenz absichern. Für PNG-8 beherrscht das bisher nur Adobe Fireworks,[13] weshalb PNG-8-Bilder mit Alphatransparenz nur selten anzutreffen sind.

Abbildung 7.23 ▶
Vergleichsdarstellung von Transparenz bei Schlagschatten und Verlauf

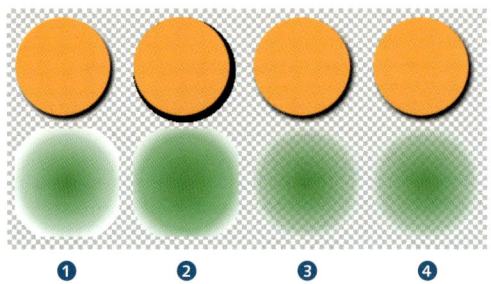

❶ GIF: Transparenz und weißer Hintergrund
❷ GIF: Transparenz ohne Hintergrundfarbe
❸ PNG-8: Alphatransparenz
❹ PNG-24/32: Alphatransparenz

PNG-24 oder PNG-32?

Als Bezeichnung für PNG-Bilder mit Echtfarben wird sowohl PNG-24 als auch PNG-32 verwendet. Fireworks unterscheidet zwischen beiden, wobei PNG-24 ein Bild **ohne** Transparenzinformation erzeugt, PNG-32 **mit** Transparenz (PNG-32: 24 Bit Farben + 8 Bit Transparenz).
In Photoshop hingegen gibt es nur die Bezeichnung PNG-24 – das Ergebnis entspricht aber dem PNG-32 aus Fireworks **mit** Transparenz.

Alle aktuellen Browser unterstützen PNG mit Alphatransparenz – auch der Internet Explorer seit Version 7. Im IE 6 und älter erscheinen die alphatransparenten Bereiche jedoch entweder vollständig durchsichtig (PNG-8) oder als undurchsichtige graue Fläche (PNG-24, siehe Abbildung 7.24).

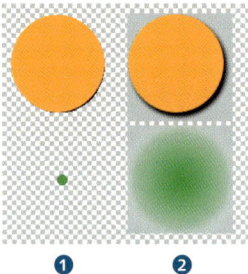

Abbildung 7.24 ▶
Alphatransparenz in IE 6

❶ PNG-8
❷ PNG-24/32

---

13 Alex Walker, »PNG8 – The Clear Winner«,
   http://www.sitepoint.com/blogs/2007/09/18/png8-the-clear-winner/

Bei PNG-8-Bildern mit alphatransparenten Randbereichen (z. B. einem Schlagschatten) ist das Ergebnis auch ohne Alphatransparenz akzeptabel. Für größere Bereiche lässt sich seit IE 5.5 die Alphatransparenz mit Hilfe der proprietären Filter-Eigenschaft »nachrüsten«. Mehr dazu finden Sie in Abschnitt 11.2.

In der Praxis sind halbtransparente Bilder nur relativ selten nötig, da sich die meisten Effekte auch ohne Transparenz umsetzen lassen. Bilder vor einfarbigem Hintergrund benötigen in der Regel keine Transparenz, der Hintergrund kann mit in das Bild aufgenommen werden (wie z. B. bei den Tabs aus Abschnitt 7.8). Nur dann, wenn ein Bild vor einem gemusterten Hintergrund bewegt wird, führt an Alphatransparenz kein Weg vorbei. Wenn es der Farbumfang zulässt, ist PNG-8 eine gute Alternative zu den meist sehr großen PNG-24/32-Bildern (vgl. die Beschreibung in Abschnitt 11.2).

> Sehr große oder sehr viele halbtransparente Grafiken in einem Dokument können einen spürbaren Performance-Verlust im Browser verursachen, was zu ruckelndem Scrollverhalten führt.
> Auch dies ist ein Grund, möglichst auf Alphatransparenz zu verzichten.

PNG-Bilder unterscheiden sich noch durch ein weiteres »Feature« von den anderen webtauglichen Grafikformaten: durch die Gammakorrektur. Damit sollen die unterschiedlichen Helligkeitswerte auf verschiedenen Systemen ausgeglichen werden (ein Mac ist in den Standardeinstellungen heller als ein PC), so dass die Bilder immer gleich angezeigt werden. Was in der Theorie wie eine gute Idee klingt, erweist sich in der Praxis leider als untauglich,[14] da PNG-Bilder die einzigen Elemente einer Webseite sind, die eine solche Korrektur erfahren. Solange ein »korrigiertes« Bild als einzelnes Element auftaucht, fällt ein möglicher Farbunterschied kaum auf. Ist es jedoch in per CSS erzeugte Hintergrundfarben oder andere Bildformate eingebunden, kommt es zu deutlichen Farbabweichungen.

Die meisten aktuellen Browser reagieren nicht mehr auf die Gammawerte und stellen auch »korrigierte« PNG-Bilder mit einheitlichen Farben dar. Der IE 7 jedoch verfälscht die Farben, sobald Gammawerte vorhanden sind (siehe Abbildung 7.25) – und Safari 1.x tat dasselbe, wenn eben **keine** Gammawerte vorhanden waren.

> Photoshop speichert PNG seit CS3 per Default ohne Gammakorrektur-Werte.

▲ **Abbildung 7.25**
Vergleich des Tab-Menüs **ohne** (links) und **mit** (rechts) Gamma-»Korrektur« im IE 7

PNG-8 vs. GIF
PNG-8 hat im Vergleich zu GIF in den meisten Fällen eine deutlich effektivere Kompression. So benötigt das Bild für die Tab-Navigation aus Abschnitt 7.8.2 als GIF 6 KB, als PNG-8 aber nur noch 2 KB. Nur für animierte Bilder gibt es keine Alternative: Das kann nur GIF.

---

14 Henri Sivonen, »The Sad Story of PNG Gamma ‚Correction'«, *http://hsivonen.iki.fi/png-gamma/*

Mit Tools wie *tweakPNG*[15] lassen sich die Gammawerte leicht entfernen – und damit zusätzlich die Dateigröße verringern: Es gibt dann in den aktuellen Browsern keine Farbunterschiede mehr.

Format	Anzahl Farben	Transparenz	Besonderheit	Einsatzbereich/Browserunterstützung
JPG	Echtfarben	keine	Kompression mit Qualitätsverlust	▶ Bilder mit großer Farbanzahl, z. B. Fotos ▶ Wird von allen Browsern unterstützt.
GIF	256	Volltransparenz	Kann Animation enthalten.	▶ Grafiken mit einfarbigen Bereichen, z. B. Logos ▶ Wird von allen Browsern unterstützt.
PNG-8	256	Alphatransparenz	Kompression effektiver als GIF Gammakorrektur (evtl. Farbabweichung)	▶ Einsatzbereich wie GIF ▶ Nur Fireworks unterstützt Alphatransparenz. ▶ IE 6 und älter unterstützt nur einen Transparenzkanal.
PNG-24/32	Echtfarben	Alphatransparenz	verlustfreie Kompression Gammakorrektur (evtl. Farbabweichung)	▶ Universell einsetzbar, erzeugt jedoch große Dateigrößen. ▶ IE 6 und älter unterstützt keine Alphatransparenz.

▲ **Tabelle 7.2**
Übersicht über die webtauglichen Bildformate und ihren Einsatzbereich

---

15 Jason Summers, »tweakPNG«, *http://pobox.com/~jason1/tweakpng/*

8 Das CSS-Tabellenmodell

Der Wechsel von HTML-Tabellenlayouts zu CSS-Layouts vollzog sich in den Köpfen der Entwickler. Die von der Standardisierung Bewegten hatten sich den Wechsel auf ihre Fahnen geschrieben, und in den Blogs und Foren trat man eifrig für das Nahen eines semantischen, barrierefreien Webs ein.

Doch ein neues Denkmuster, in diesem Fall das der Float-Layouts, kann sich schnell als ähnlich einengend erweisen wie das alte der HTML-Layouttabellen. Nicht genug damit, dass sich der Übereifer an CSS-pur-Kalendern versuchte und nur wenige eine Datentabelle in HTML auszeichnen können, es wurden auch Layouts entwickelt, die nur mit Einschränkungen als stabil bezeichnet werden können und immer noch so weit vom heiligen Gral der Webdesigner entfernt sind.

Wieso sind Layouts derart schwer in CSS, ist die Frage, und als Antwort werden die alten Browser herangezogen. Aber jene sind Realität, und der hundertprozentig standardkonforme Browser ist ein Wunsch.

Die Entwicklung wird nicht bei den Float-Layouts enden: Seit dem IE 8 stehen `display:table`-Layouts und seit dem Firefox 3 endlich auch `display:inline-block`-Layouts in den Startlöchern, neue Konzepte also, die verstanden werden wollen und in der Praxis sorgfältig ausgetestet werden müssen. Es werden hybride Layouts kommen, die kreativ mit Floats und Positionierungen, mit `display: table`, `display: inline-block` sowie weiteren, neu geschaffenen `display`-Werten hantieren, weil bei den Browsern die Schere immer weiter aufgeht zwischen dem, was neu ist, und dem, was alt, aber noch sehr verbreitet ist.

Die Kritik von David Baron an dem übermäßigen Gebrauch von Floats ist eine wichtige Lektüre, um die Sicht der Implementierer zu verstehen.[1]

---

[1] David Baron, »Overuse of floats considered harmful«, *http://dbaron.org/log/2005-12*

8.1 Das Gestalten von Tabellen und CSS-Layouttabellen

Es ist nur dieses Grundgerüst, das halbwegs auf die Fähigkeiten des IE < 8 übertragen werden kann, keine komplexe Tabelle aus dem CSS-Tabellenmodell.

Wir stellen, während wir die Eigenschaften aus dem CSS-Tabellenmodell erläutern, die Grundlagen für eine hybride Layouttechnik[2] vor, die für konforme Browser `display: table` verwendet und für IE < 8 eine Inline-Block-Simulation vorsieht (siehe Abschnitt 8.2; vgl. die horizontale Navigation in Abschnitt 12.1.3).

Es wird nachdenkliche Stimmen geben, die sagen, man dürfe keine Tabellen für Layouts nehmen. Jedoch geht es hierbei nicht um das Layout auf der strukturellen Ebene einer HTML-Tabelle, sondern um das Layout auf der Ebene der Präsentation mit Hilfe der Eigenschaft `display`. In der »Einführung zu Tabellen« formuliert es die CSS-Spezifikation so:

 Ein Tabellenlayout kann benutzt werden, um tabellarische Beziehungen zwischen Daten darzustellen. Autoren legen diese Beziehungen in der Dokumentsprache fest und können deren *Darstellung* mit Hilfe von CSS 2.1 bestimmen. In einem visuellen Medium können CSS-Tabellen auch genutzt werden, um spezifische Layouts zu erzielen. In diesem Fall sollten Autoren nicht die tabellenbezogenen Elemente der Dokumentsprache einsetzen, sondern das CSS an den relevanten strukturellen Elementen anwenden, um das gewünschte Layout zu erhalten (CSS 2.1: 17.1, Übersetzung d. Verf.).

Das adelt, ist aber für sich genommen noch keine Begründung für ihren Gebrauch. Eher gilt: Sie verstoßen nicht gegen das Paradigma der Trennung von Markup-Struktur und Präsentation.

CSS-Tabellenlayouts verstoßen nicht gegen die Standards, im Gegenteil, sie sind Teil der Spezifikation. Auch HTML5 erwähnt das CSS-Tabellenmodell als Alternative. Layout-HTML-Tabellen dagegen müssten mit dem Attribut `role="presentation"` versehen werden (HTML5: tabular data) – aber macht es dies für assistive Technologien einfacher, das Layoutgefüge zu vermitteln?

8.1.1 Display-Eigenschaften

Das ist dann wichtig, wenn per Script ein Tabellenelement über `display: none` ausgeblendet wurde und nun wieder eingeblendet werden soll: Nur für den IE ≤ 7 ist dabei `display: block` und nicht z. B. `table-cell` nötig.

Ein Ausschnitt aus dem Default-Stylesheet für HTML 4 (CSS 2.1: Anhang D) zeigt die Verbindung von HTML-Element und CSS-Tabelleneigenschaft (siehe Tabelle 8.1). Im IE ≤ 7 stehen all diese Elemente auf `display: block` (selbst wenn `table-header-group` und `table-footer-group` prinzipiell unterstützt werden, siehe Abschnitt 9.1).

---

[2] Thierry Koblentz, »How to create CSS layouts without using FLOAT«, *http://tjkdesign.com/articles/float-less_css_layouts.asp*

Element	Deklaration
table	display: table
tr	display: table-row
td, th	display: table-cell
thead	display: table-header-group
tbody	display: table-row-group
tfoot	display: table-footer-group
col	display: table-column
colgroup	display: table-column-group
caption	display: table-caption

◄ **Tabelle 8.1**
Tabellenelemente und ihre CSS-Eigenschaften im Default-Stylesheet für HTML 4 (äquivalent in HTML5: Rendering)

Hinzu kommt die Eigenschaft `display: inline-table`, die eine Tabelle in einen Inline-Kontext – und damit in einer Zeilenbox – fließen lässt, und zwar in gleicher Weise, wie Blöcke durch `display: inline-block` an einem Inline-Kontext teilnehmen (siehe Kapitel 5, »Das Inline-Formatierungsmodell«).

Ein Shrink-wrap-Hack

Oft ist `display: table` (oder `table-cell`) nur ein Hack, um ein Shrink-wrap-Verhalten zu erzeugen: Nach außen hin nimmt das Element die Rolle eines Blocks ein, der seine Breite aus sich selbst heraus (intrinsisch) nach der maximalen Breite seines Inhalts bestimmt.

8.1.2 Anonyme Tabellenobjekte und die minimale Tabellenstruktur

Auch das CSS-Tabellenmodell weist das Konzept der anonymen Elemente auf (CSS 2.1: 17.2.1): Ob nun in einer Tabellenzeile eine Zelle fehlt oder für eine Anzahl von Zellen eine Zeile fehlt oder die Tabelle an sich ausbleibt, jeweils werden diese als **anonyme Elemente** mit `display: table-cell`, `table-row` bzw. `table` vom Browser ergänzt.

Vergleiche die anonymen Boxen im Inline-Kontext (siehe Abschnitt 5.1.1).

Die Konsequenz aus dem Konzept der anonymen Elemente

Indem Sie `display: table-cell` auf ein Element anwenden, rufen Sie bereits eine komplette Tabelle hervor.

Und das hat seine Folgen in der Praxis. Firefox ≤ 3.5 hatte einen Fehler: Wurde keine Tabellenzeile spezifiziert, konnte es je nach Verbindung zum Server zu der Situation kommen, dass etwa bei einem horizontalen Menü eine anonyme Tabellenzeile ergänzt und bereits geschlossen wurde, auch wenn noch gar nicht alle Tabellenzellen angeliefert wurden! Diese landeten also in einer eigenen, zweiten anonymen Reihe.

Infolgedessen erscheint `display: table` ungeeignet, um mehrere Floats in einem Block einzuschließen, weil man nicht sicher sein kann, ob alle Floats auch in derselben anonymen Tabellenzeile unterkommen.

Dieses Problem zwang alle CSS-Tabellenlayouts, immer ein vollständiges Tabellengerüst mit mindestens einer Zeile vorzuweisen:

```css
.tabelle { display: table; }
.zeile { display: table-row; }
.zelle { display: table-cell; }
[…]
<div class="tabelle">
  <div class="zeile">
    <div class="zelle">Lorem […]</div>
    <div class="zelle">Sit […] </div>
    […]
  </div>
</div>
```

Listing 8.1 ▶
Minimale Struktur für CSS-Tabellen

Wenn der Zellinhalt als Teil einer Aufzählung aufgefasst werden kann, dann nutzen Sie eine `<ul>` oder `<ol>`:

```html
<div class="tabelle">
  <ol class="zeile">
    <li class="zelle">Lorem […]</li>
    <li class="zelle">Sit […] </li>
    […]
  </ol>
</div>
```

Listing 8.2 ▶
Minimale Struktur für CSS-Tabellen in Form einer Liste

Das wiederholte Überarbeiten des Texts einer Website hat einen ungleich höheren Einfluss auf ihren Bedeutungsgehalt.

Bug in Safari
Setzen Sie kein Padding direkt für die Tabellenzelle. Safari ≤ 5 berücksichtigt es nicht für die Kalkulation der Zeilenbreite im fixen Layout. Der danach an der Gesamtbreite der Tabelle »fehlende« Raum wird anteilig auf die einzelnen Zellen der Zeile verteilt (WebKit Bugzilla #13339). Dies führt zu Verschiebungen.

> **Ein schwerer Fall von Divitis?**
>
> Wer sich hier vor der Divitis fürchtet, dem sei Gelassenheit angeraten: Der Browser würde per CSS 2.1: 17.2.1 diese Elemente ansonsten ohnehin anonym erzeugen. Strukturell ändert sich daher nichts. Auch hat ein `<div>` oder `<span>` keinen Einfluss auf den Gehalt an Bedeutung einer Seite: Beide sind semantisch unbeteiligt, und das ist in diesem Fall auch gewollt. Der Begriff **Divitis** kritisiert unstrukturierte Seiten, auf denen ein `<div>` steht statt einer `<hx>` oder statt einer `<ul>` und so fort. Gerade bei den CSS-Layouttabellen ist aber eine HTML-Tabellenstruktur unerwünscht. Es soll kein Tabellenelement gestylt werden, sondern eine rein für Präsentationszwecke gedachte Struktur aufgebaut werden: Hierfür sind die allgemeinen `<div>` vorgesehen (HTML5: *The div element*) und daher angemessen.

Wir fügen noch ein `<div>` in die Zellen ein, was sich bei vermischtem Inhalt aus einem CMS als praktisch erwiesen hat, um die Innenabstände zu steuern.

```css
.zellpad { padding: 0.5em; }
[…]
<div class="zelle">
```

```
    <div class="zellpad">Lorem [...]</div>
</div>
```

◀ **Listing 8.3**
Innenabstände in der CSS-Tabelle

Die Semantik des Markups ist von CSS-Tabellenlayouts, wenn überhaupt, nicht prinzipiell anders betroffen als bei Float-Layouts: Auch hier werden einzelne Container benötigt, die dann die CSS-Eigenschaften tragen. Natürlich kann man in und mit CSS-Tabellen auch Unfug anstellen, etwa leere Zellen zwecks Positionierung anderer einfügen, eine ungezügelte Verschachtelung zulassen oder eine reine Datenbeziehung abbilden. CSS an sich führt nicht von selbst zur Semantik; eine solche Bedeutung wird einer Seite vom Autor erst durch die Wahl des geeigneten Markups eingehaucht.

8.1.3 Tabellenzellen

Tabellen sind in HTML und CSS horizontal organisiert; die Zellen stehen nebeneinander und bilden Zeilen, aus denen sich die Tabelle aufbaut. Die Zelle, in CSS mit `display: table-cell` präsentiert, ist das Kernelement der Tabelle.

Wie kann die Zelle für den IE < 8 nachgebildet werden? Auf nachfolgende Elemente hätten Floats zu große Auswirkungen, dagegen hätten absolut positionierte Elemente überhaupt keinen Einfluss. Nein, Inline-Blocks kommen einer Table-cell-Eigenschaft am nächsten (siehe Tabelle 8.2).

Damit steht der Verwendung von CSS-Tabelleneigenschaften nicht mehr so viel im Weg, zumal alle gegenwärtigen Browser das Tabellenmodell unterstützen.

Eigenheiten	display: table-cell	display: inline-block
Im Formatting-Kontext von ...	`table`	`inline`
Wird ein eigener Block Formatting Context etabliert (zum Beispiel mit der Konsequenz, dass Floats eingeschlossen werden)?	ja	ja
Shrink-to-fit-Verhalten bei `width: auto`?	ja	ja
Sind Margins anwendbar?	**nein**	ja
Kann relativ positioniert werden?	**nein**	ja
Horizontale Verteilung erfolgt ...	auf eine `table-row`	auf z. T. mehrere Zeilenboxen, über `text-align` anzuordnen
Vertikale Anordnung mittels ...	`vertical-align`	`vertical-align` + `line-height`
Wird gegebenenfalls anonym gebildet?	ja	nein
Wird unterstützt im IE ≤ 7?	**nein**	ja, beschränkt auf Inline-Elemente (nicht beschränkt jedoch bei `zoom: 1; display: inline`)
Wird unterstützt im Firefox ≤ 2?	ja	**nein**

In Abschnitt 5.2.1 stellen wir dar, wie `display: inline-block` für den IE ≤ 7 umgesetzt wird. Die proprietäre Eigenschaft `zoom` erzeugt über das interne Setzen von hasLayout einen neuen Block

▲ **Tabelle 8.2**
Vergleich der Eigenheiten von `display: table-cell` und `display: inline-block`

Formatting Context, der dann wiederum per `display: inline` in einer Zeilenbox des Elternelements läuft.

```
<style>
  .zelle {
    display: table-cell;
    }
</style>
<!--[if lte IE 7]><style>
  .zelle {
    display: inline;
    zoom: 1;
    }
</style><![endif]-->
```

Listing 8.4 ▶
Die Zelle für konforme Browser und als Inline-Block-Variante für alte IE

> **Positionierung von Tabellenelementen**
>
> ▶ Eine Tabelle an sich (Element mit `display: table`) kann beliebig positioniert werden.
> ▶ Bei absoluter Positionierung von »inneren« Tabellenelementen (`display: table-*`) werden diese zu `display: block` bestimmt (CSS 2.1: 9.7 – 2), was die Tabellen strukturell beschädigt.
> ▶ Das Ergebnis von relativer Positionierung auf »innere« Tabellenelemente (`display: table-*`) ist **undefiniert** (CSS 2.1: 9.3.1).
>
> Deshalb kann beispielsweise eine Zelle nicht mittels `position: relative` einen Bezugsrahmen (Containing Block) für absolut positionierten Inhalt erzeugen.
> Sie können hier zwar auf ein inneres `<div>` der Tabellenzelle ausweichen und dieses anstelle der Zelle relativ positionieren. Aber danach ist bei unbekannter, nicht explizit gesetzter Zellenhöhe ein Versatz per `bottom` nicht sinnvoll, da das neue innere `<div>` nicht die Höhe der Tabellenzelle einnimmt und beider Unterkanten verschieden sind.
> Das bedeutet, dass das Problem der Bottom-Positionierung innerhalb von Tabellenzellen, etwa für eine Fußzeile einer Zelle, nicht allgemein lösbar ist.

8.1.4 Spalten

Elemente mit `display: table-column|table-column-group` werden wie bei `display: none` nicht dargestellt. Schließlich sind die Spalten im Tabellenmodell lediglich aus der Gegenwart der Zellen abgeleitete Konstrukte; die Zellen ordnen sich in Zeilen an, nicht in Spalten (CSS 2.1: 17.3).

Für das hybride Layout ist dies nicht weiter relevant, da bei den Inline-Blocks keine Spalten ansprechbar sind.

Spalten werden in HTML mit `<col>` ausgezeichnet und korrespondieren mit `display: table-column` in CSS. Sie nehmen nur vier Eigenschaften an:[3]

---

[3] Ian Hickson, »The mystery of why only four properties apply to table columns«, *http://ln.hixie.ch/?start=1070385285&count=1*

- `border` im Collapse-Modell,
- `background` der Spalte,
- `width` und
- `visibility: collapse`.

Man kann versuchen, diese Restriktion mit `td:nth-child()` aus dem CSS3-Selektoren-Modul zu umgehen (`even` = gerade, `odd` = ungerade, `3` = die dritte, `4n` = jede vierte).

Eine breiter unterstützte Methode ist es, mittels des Nachbarschaftsselektors beispielsweise die Tabellenzellen der dritten Spalte zu erreichen, wobei mit der Pseudoklasse `:first-child` die erste `td` des Selektors als das erste Element einer Zeile verankert wird.

Opera und Safari unterstützen `td:nth-child` schon länger, Fx jedoch erst seit 3.5 und IE erst seit Version 9.

`td:first-child+td+td {…}`

Mit `td+td+td` allein träfen Sie auch die `<td>` der 4. Spalte, denn diese haben ja auch zwei vorhergehende Nachbarn.

Eine Spalte ausblenden

Praktisch und konform mit der Spezifikation wäre es, `visibility: collapse` auf der entsprechenden `<col>` für das Ausblenden zu verwenden. Diese Eigenschaft wirkt ähnlich wie `display: none`, aber sie greift nicht in die Kalkulation der übrigen Maße innerhalb der Tabelle ein, während die damit bedachte Spalte oder Zeile eine Weite bzw. Höhe von null erhält: Die übrigen Spalten oder Zeilen rücken auf. Allerdings wird diese Eigenschaft noch nicht in WebKit-Browsern (getestet mit Chrome 13) und nicht in IE < 8 auf Spalten unterstützt.

Entgegen der Spezifikation können Sie im IE `display: none` (und weitere Eigenschaften) auf die entsprechende `<col>` anwenden:

```
* html col#spalte_eins,
* html col#spalte_drei {
  display: none;
}
```

Schließlich werden Sie für alle Browser außer IE 6 auf Zellebene `display:none` anwenden müssen, um beispielsweise die erste und dritte Spalte zu löschen:

```
tr>td:first-child,
tr>td:first-child+td+td {
  display: none;
}
```

Mit dem Universalselektor als allgemeinere Lösung:

```
tr>*:first-child,
tr>*:first-child+*+* {
  display: none;
}
```

Denken Sie beim Wiedereinblenden daran, dass diese Strukturen nicht wie im IE ≤ 7 `display: block` besitzen (siehe Tabelle 8.1).

8.1.5 Position der Tabellenbeschriftung

Die Tabellenbeschriftung (*caption*) wird, gesteuert von `caption-side: top|bottom`, ober- oder unterhalb der Tabellenbox

Im hybriden Layout könnte die Tabellenbeschriftung zwar prinzipiell von einer positionierten `<hx>` im IE übernommen werden, aber man benötigt sie doch nur für Datentabellen, die man tunlichst in HTML auszeichnet und nicht mit CSS-Tabellen nachbaut.

dargestellt, und eine **anonyme Box** umfasst beide (siehe Diagramm in CSS 2.1: 17.4). Auf diese umschließende anonyme Box werden die Eigenschaften `float`, `margin-*` und `position` (inklusive der Eigenschaften `top`, `right`, `bottom`, `left`) der Tabelle selbst angewendet, um die Tabellenbeschriftung immer mit der Tabelle zu bewegen.

Das heißt beispielsweise, `table{margin: 1em;}` wird umgesetzt zu `anonymeBox{margin: 1em;}`, und diese enthält sowohl die Beschriftung als auch die Tabelle. Der obere (bzw. untere) Margin der Beschriftung kollabiert schließlich mit dem entsprechenden vertikalen Margin der anonymen Box.

Firefox hat diesen Schritt von Version 2 auf 3 vollzogen. In Firefox 2 stand der vertikale Margin der Tabelle noch **zwischen** Tabelle und Beschriftung und nicht oberhalb der Beschriftung.

Die Browser haben Probleme mit der Position der Tabellenbeschriftung. Von CSS 2 auf CSS 2.1 veränderte sich das Prinzip der Margins zwischen Tabellenbox und Beschriftungsbox: Vorher hatten beide ihre jeweils eigenen Margin-Bereiche gehabt, mit CSS 2.1 wurde der Margin der Tabellenbox auf die umfassende anonyme Box verschoben.

8.1.6 Tabellenebenen

Der Hintergrund der Tabellenzellen liegt zuoberst, dann folgt der Hintergrund der Zeilen, Zeilengruppen, Spalten, Spaltengruppen und schließlich der Hintergrund der Tabelle, und zwar in dieser Reihenfolge (siehe Diagramm in CSS 2.1: 17.5.1). Beim Separate-Border-Modell sieht man per `border-spacing` zwischen den Zellen auf den Hintergrund der Tabelle hinab.

8.1.7 Width-Algorithmen

Die auf die Tabelle anzuwendende Eigenschaft `table-layout: auto|fixed` entscheidet, welcher Algorithmus für die Breitenangaben in der Tabelle verwendet wird (CSS 2.1: 17.5.2).

- `auto` (Initialwert)
  Die Weiten in der Tabelle ergeben sich aus dem Tabelleninhalt (Shrink-to-fit, siehe Abschnitt 6.7). Die Kalkulation ist dem Browser überlassen und nicht vollständig definiert. Der Browser wird hierfür alle Zellinhalte auswerten und einen zweiten Lauf für die endgültige Weitenbestimmung ansetzen müssen.
- `fixed`
  Die Weiten in der Tabelle werden durch die Breitenangaben der Tabelle, der Spalten und der Border bzw. den Zellabstand bestimmt. Die Spaltenbreiten ergeben sich aus der gesetzten Breite für das Table-column-Element oder für das Table-cell-Element der ersten Zeile.

Eine Tabelle mit `width: auto` nimmt beim `fixed`-Algorithmus im IE < 8 100 % Breite ein, nicht jedoch in den anderen Browsern, die das Shrink-to-fit des `auto`-Algorithmus zeigen. Beides ist per Spezifikation zugelassen.

Dies bedeutet für Layoutaufgaben in der Praxis, dass Sie den `fixed`-Algorithmus wählen können, um unabhängig vom Inhalt einen Einfluss auf die tatsächlichen Zellbreiten nehmen zu können. Zudem bestimmen Sie dabei besser Breiten für die Tabelle und für die Zellen, damit der Browser nicht auf das automatische Layout zurückgreifen muss.

Exkurs: table-layout: auto und overflow | Das automatische Layout verspricht, sich selbst um die notwendigen Breiten in einer Tabelle zu kümmern, hat aber seine Tücken. Wenn Sie einem Element innerhalb einer Tabellenzelle `overflow` geben, erwarten Sie, dass `overflow: hidden` einen Überlauf verhindert und `overflow: auto` bei Bedarf Scrollbalken erzeugt.

```
body {
  margin: 0;
  padding: 0;
  font: 100%/1.33 "Palatino Linotype", "Book
  Antiqua", Palatino, serif;
  color: #fff;
  background: #444;
}
#seite {
  width: 500px;
  margin: 10px auto;
  padding: 20px 0;
  border-right: 2px solid #0ff;
  background: #555;
}

table {
  width: 100%; /* unnoetig */
  table-layout: auto; /* default */
  border-collapse: separate; /* default */
  border: 2px solid #000;
}
td {
  padding: 4px;
  border: 1px solid #000;
}
table div {
  overflow: auto;
}
img {
  display: block;
}
[…]
```

Die Breitenangabe ändert nichts an dem Verhalten der Tabelle und steht hier zur Verdeutlichung dieses Phänomens.

```
<div id="seite">
  <table>
    <tr>
      <td>Brassica napus</td>
      <td>
        <div>
          <img src="D0605.jpg" alt="Raps" />
        </div>
      </td>
    </tr>
  </table>
</div>
```

Listing 8.5 ▶
`overflow: auto` innerhalb einer Tabellenzelle im automatischen Layout

Alle Browser brechen den Text in der linken Zelle um, denn die rechte verlangt nach zu viel Platz.

Firefox 2 und Opera ≤ 10 zeigen im Beispiel mit `overflow: auto` Scrollbalken; die Tabelle wird nicht breiter als ihr Containing Block (dessen rechte Kante in Abbildung 8.1 mit einer Border gekennzeichnet ist) – ebenso werden sie bei `overflow: hidden` den Überstand abschneiden.

Abbildung 8.1 ▶
Das Verhalten von `overflow: auto` innerhalb einer Tabellenzelle im automatischen Layout. Die Linie in Aqua verdeutlicht die rechte Kante des Containers der Tabelle (zusammengefügte Screenshots; IE unter Windows, sonst Mac).

IE 6 verbreitert einfach den Container, um die Tabelle aufzunehmen, weil hier `width` grundsätzlich als `min-width` aufgefasst wird.

Aber Firefox ab 3, WebKit, Opera ab 11 sowie IE ab 7 lassen die Tabelle so breit wie nötig werden, um das Element mit `overflow` aufzunehmen, selbst wenn für die Tabelle oder Tabellenzelle eine Breite angegeben wurde. Denn im automatischen Tabellenlayout ist `width` als `min-width` zu verstehen, und die tatsächliche Breite ergibt sich aus dem Zellinhalt. Die Erwartung, dass `overflow` hier greifen würde, trügt. Die Tabellenzelle erzeugt genug Platz, denn sie ist im automatischen Layout nicht auf eine Breite beschränkt. Sie können das Problem mit `table-layout: fixed` und einer `width`-Angabe für die Tabelle in den Griff bekommen.

8.1.8 Höhe und vertikale Anordnung

Die Höhe der Tabelle ergibt sich aus der Summe der Höhen der Zeilen, die sich letztlich nach den Zellen richten. Die Zellen wiederum erhalten ihre Höhe durch ihren Inhalt. Dies alles sind Mindesthöhen, die noch durch von `auto` verschiedene `height`-Angaben für Zellen, Zeilen und Tabelle übertroffen werden können.

Die vertikale Anordnung der Zellen in ihrer Tabellenzeile wird zunächst über `vertical-align: top|bottom|middle|baseline` bestimmt. Wenn das geschehen ist, erhalten Zellen, die eine geringere Höhe als ihre Zeile haben, automatisch ein zusätzliches Top- und/oder Bottom-Padding, um die Zeile in der Höhe auszufüllen. Damit werden die Zellen immer so hoch wie ihre Zeile. Der Zellinhalt wird somit letzten Endes indirekt durch das `vertical-align` der Zelle ausgerichtet (vergleiche Abbildung 8.3 sowie das Diagramm in CSS 2.1: 17.5.3).

> **Hinweis zu Inline-Blocks**
>
> In ähnlicher Weise werden Inline-Blocks durch `vertical-align` innerhalb der Zeilenbox ausgerichtet, allerdings ohne dass diese mittels Padding die Zeilenbox ausfüllen würden. Die Inline-Blocks sind daher nicht automatisch so hoch wie ihre Zeilenbox – im Unterschied zu Zellen in einer Tabellenzeile.

8.1.9 Border

Es gibt zwei Modelle für die Zellenrahmen in einer Tabelle, die über `border-collapse: collapse|separate` gewählt werden.

▶ `separate` (Initialwert)

   Die Border umgeben – neben der Tabelle an sich – nur die Zellen, und die Eigenschaft `border-spacing` legt den Abstand zwischen den Bordern zweier Zellen fest (Diagramm in CSS 2.1: 17.6.1). `empty-cells: show|hide` legt schließlich fest, wie mit leeren Zellen umgegangen werden soll.

▶ `collapse`

   Die Border verlaufen, auf den Gitterlinien zentriert, zwischen den Zellen (Diagramm in CSS 2.1: 17.6.2). Einer Zelle wird dabei die halbe Breite der Border zugesprochen (was ein Problem für die Bestimmung der Gesamtweite der Tabelle sein kann, denn hier werden halbe `border-width` zu der `width` der Tabelle addiert). Bei Konflikten setzt sich kurz gesagt die dickere Border gegen die dünnere durch, die durchgezogene Border gegen die gestrichelte, die Border der Zelle gegen die der Zeile.

Im hybriden Layout wird `border-collapse: collapse` für die konformen Browser gewählt.

Weder `border-spacing` noch `empty-cells` wird von IE < 8 unterstützt.

Das bedeutet für die Border einer `<tr>`, dass sie nur sichtbar ist, wenn die Border der `<td>` dünner oder nicht vorhanden ist. Im IE ≤ 7 kann die `<tr>` allerdings keine Border aufnehmen. Hier müssen Sie auf die `<td>` ausweichen (siehe das Beispiel in Abschnitt 8.3).

8.1.10 Spanning

Jede Zeile der reinen CSS-Tabelle hat in der Konsequenz dieselbe Anzahl an Zellen, und sie wird nötigenfalls durch anonyme Zellen aufgefüllt (siehe Abschnitt 8.1.3). Damit müssten Sie, wollten Sie verschiedene Zellzahlen pro Zeile erreichen, jeweils eine komplett neue CSS-Tabelle starten (siehe Abschnitt 8.2.1).

> **Nicht in CSS 2.1**
>
> Es gibt in CSS 2.1 kein Äquivalent für die HTML-Attribute `colspan` und `rowspan`.

Das CSS Grid Layout Module, wenn es denn einmal Einzug halten sollte in CSS3, wird mit `grid-column-span` und `grid-row-span` Verbindungen für Grid-Elemente schaffen.

8.2 Ein hybrides Layout

In Abschnitt 12.1.3 verwenden wir diese Technik für eine horizontale Navigation.

Das Ziel in diesem Abschnitt ist ein Layout von drei Reihen: Die erste Reihe soll drei Blöcke aufnehmen, die zweite und dritte Reihe jeweils zwei Blöcke (siehe Abbildung 8.2). Vertikal sind die Blöcke je Reihe untenbündig, mittig oder obenbündig angeordnet. Horizontal herrscht bis auf die zentrierte mittlere Reihe Linksbündigkeit vor.

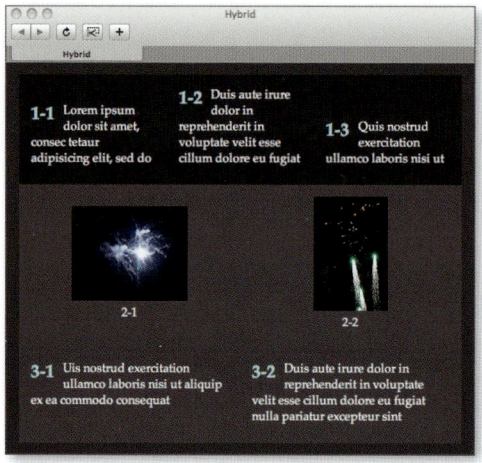

Abbildung 8.2 ▶
Ein Layout zu drei Reihen, oben mit drei Blöcken, unten mit zweimal zwei Blöcken

Mit den Grundlagen aus Abschnitt 8.1.2 können Sie hierfür eine CSS-Layouttabelle aufbauen, und zwar in hybrider Technik, schließlich ist dem IE ≤ 7 `display:table-*` fremd.

8.2.1 Besonderheiten im HTML

Die erste Tabelle besteht aus nur einer Zeile mit drei Zellen. Jede Tabelle wird auch in CSS komplett aufgebaut: `display: table`, `table-row`, `table-cell`, dafür muss im HTML jeweils ein Element zum Verankern vorliegen: hier mit den Klassen `.tabelle`, `.zeile`, `.zelle`.
Das Padding wird über ein weiteres `<div>` mit der Klasse `.zellpad` gesteuert.

Wegen der unterschiedlichen Spaltenzahl sind in CSS mangels `colspan` zwei Tabellen zwingend, ansonsten würden die Browser hier mit anonymen Zellen auffüllen (siehe Abschnitt 8.1.10). Die erste Tabelle stellt die oberste Reihe dar, die zweite die unteren beiden Reihen. Jede Tabelle zeigt die minimale Struktur für CSS-Tabellen (siehe Abschnitt 8.1.2) mit je einem `<div>` für die Tabelle, die Zeile und die Zellen. Hinzu kommt ein `<div>` für das Padding.

```
<div id="seite">
  <div id="kopf" class="tabelle">
    <div class="zeile">
      <div class="zelle">
        <div class="zellpad">
          <h2>1-1</h2>
          <p>Lorem ipsum […]</p>
        </div>
      </div>
```

```
      <div class="zelle">
        <div class="zellpad">
          <h2>1-2</h2>
          <p>Duis aute […]</p>
        </div>
      </div>
      <div class="zelle">
        <div class="zellpad">
          <h2>1-3</h2>
          <p>Quis nostrud […]</p>
        </div>
      </div>
    </div><!-- .zeile -->
  </div><!-- #kopf.tabelle -->
  <div id="inhalt" class="tabelle">
    <div id="ze2" class="zeile">
      <div class="zelle">
        <div class="zellpad">
          <img src="D1964.jpg" alt="Feuerwerk" />
          <p>2-1</p>
        </div>
      </div>
      <div class="zelle">
        <div class="zellpad">
          <img src="D1911.jpg" alt="Feuerwerk" />
          <p>2-2</p>
        </div>
      </div>
    </div><!-- #ze2.zeile -->
    <div id="ze3" class="zeile">
      <div class="zelle">
        <div class="zellpad">
          <h2>3-1</h2>
          <p>Uis nostrud […]</p>
        </div>
      </div>
      <div class="zelle">
        <div class="zellpad">
          <h2>3-2</h2>
          <p>Duis aute […]</p>
        </div>
      </div>
    </div><!-- #ze3.zeile -->
  </div><!-- #inhalt.tabelle -->
</div><!-- #seite -->
```

Hier beginnt die zweite Tabelle. Dies ist notwendig, weil jede Zeile die gleiche Anzahl an Spalten haben muss.

Die zweite Tabelle enthält zwei Zeilen gleicher Spaltenzahl, hier mit #ze2 und #ze3 benannt.

◀ **Listing 8.6**
HTML-Struktur der Layouttabelle

8.2.2 CSS für konforme Browser

Die Originalarbeit von Thierry Koblentz (siehe Fußnote in Abschnitt 8.1) zeigt auch Beispiele für `em`- und Prozentbreiten.

Die Zellen (`display: table-cell`) sind in diesem Beispiel mit px-fixierten Breiten angelegt. Sie ergeben die Zeilen (`display: table-row`) und in ihrer Gesamtheit die Tabelle (`display: table`). Durch die Tabelleneigenschaften ist das Layout horizontal sehr robust, es kennt z. B. keine Float Drops. Für die einfachere Kontrolle der Weite der Tabelle haben wir das Padding auf die inneren Elemente der Zellen gelegt. Die vertikale Anordnung innerhalb der Tabellenzellen erreichen wir per `vertical-align`.

```
* {
  margin: 0;
  padding: 0;
  }
body {
  font: 100%/1.33 Palatino, "Book Antiqua", serif;
  color: #fff;
  background: #444;
  }
#seite {
  width: 600px;
  margin: 1em auto;
  }
.tabelle {
  display: table;
  table-layout: fixed;
  border-collapse: collapse;
  width: 100%;
  }
.zeile {
  display: table-row;
  }
.zelle {
  display: table-cell;
  }
.zellpad {
  padding: 1em;
  }
#kopf .zeile {
  background: #333;
  }
#inhalt .zeile {
  background: #555;
  }
#kopf .zelle {
  width: 200px;
```

`table-layout: fixed` sorgt zusammen mit den Zellbreiten für eine verlässliche Weitensteuerung.

Die eigentliche Breitensteuerung der Tabelle erfolgt hier bei den Zellen. Zusammen sind es je 600 px.

214 | 8 Das CSS-Tabellenmodell

```css
  vertical-align: bottom;
}
#inhalt .zelle {
  width: 300px;
}
#inhalt #ze2 .zelle {
  text-align: center;
  vertical-align: middle;
}
#inhalt #ze3 .zelle {
  vertical-align: top;
}
.zelle h2 {
  float: left;
  margin: 0 0.5em 0 0;
  color: #9ff;
}
.zelle p {
  margin: 0 0 0.5em 0;
}
```

▲ **Listing 8.7**
CSS für die konformen Browser

Zentriert Bild und Text.

Es ist nicht ganz einfach, sich die vertikale und horizontale Anordnung der Tabellenzellen und der Padding-Elemente vorzustellen.

Sie können diese Beziehungen mit Outlines sichtbar machen (*CSS3 Basic User Interface Module*). Mit `outline-offset` können über negative Werte inwendige Outlines erzeugt werden, die nicht mit denen anderer Elemente überlappen (siehe Abbildung 8.3).

Die eigentlichen Inhalte werden mit `visibility: hidden` ausgeblendet.

```css
.zellpad * {
  visibility: hidden;
}
.zellpad {
  outline: 2px solid #0ff; /* aqua */
  outline-offset: -6px;
}
.zelle {
  outline: 2px solid #f0f; /* fuchsia */
  outline-offset: -3px;
}
```

▲ **Listing 8.8**
Steuerung der Outlines

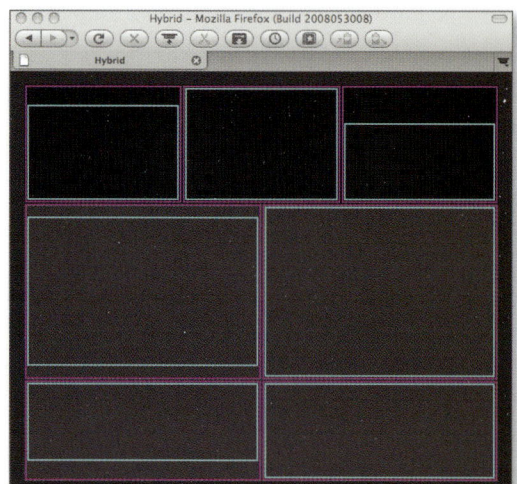

Abbildung 8.3 ▶
Die Tabellenzellen wurden im Firefox mit inwendigen Outlines in Fuchsia kenntlich gemacht, die Padding-Elemente in Aqua.

8.2.3 CSS per Conditional Comment für den IE ≤ 7

Eine Inline-Block-Simulation (siehe die Abschnitte 8.1.3 und 5.2.1) übernimmt die Rolle der Tabellenzelle. Inline-Blocks laufen ebenfalls in »Zeilen«, aber sie nehmen anders als Zellen nicht automatisch die Zeilenhöhe ein (siehe Abbildung 8.4). Sie sind empfänglich für `vertical-align`.

Für ein höheres Maß an Stabilität sorgt `overflow-x: hidden`, ansonsten würde ein Überlauf in den Zellen einen Zeilenvorschub erzeugen.

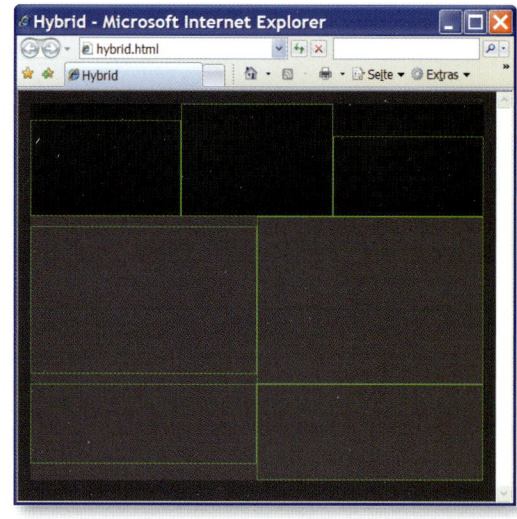

Abbildung 8.4 ▶
Darstellung der Inline-Blocks im IE 7 mit Hilfe der IE Developer Toolbar (`div.zelle` bekam `position: relative`, und relativ positionierte Objekte bekamen eine grüne Outline; vgl. die Fuchsia-Outlines der Zellen in Abbildung 8.3).

Die Padding-Elemente, die Zellen, die Zeilen und die Tabellen benötigen hasLayout, was hier mit `zoom: 1` ausgelöst wird.

```
<!--[if lte IE 7]><style>
body {
  text-align: center;
}
#seite {
```

```
    text-align: left;
}
.tabelle,
.zeile,
.zellpad {
  zoom: 1;
}
.zelle {
  display: inline;
  zoom: 1;
  overflow-x: hidden;
}
</style><![endif]-->
```

Ohne hasLayout wird z. B. `vertical-align` für die Zellinhalte falsch ausgeführt.

Simulation von `display: inline-block` für den IE, erweitert um `overflow-x: hidden` für mehr Stabilität des Layouts bei etwaigem Überlauf der Zellen

▲ **Listing 8.9**
Ein Conditional Comment für den IE ≤ 7

8.3 Das Auszeichnen von HTML-Datentabellen

Wenn erkannt wurde, dass die systematisch in Reihen und Spalten erfasste Beziehung von Daten am ehesten doch einer Tabelle entspricht, ist für CSS-Autoren bereits eine Hürde genommen: Es gilt, zunächst eine vernünftige HTML-Struktur aufzubauen, und nicht, über die geschickteste Verknüpfung von Floats und Clear mit einer Definitionsliste nachzudenken (selbst wenn dies eine lehrreiche Spielerei sein kann).

Es gibt hervorragende Anleitungen für das strukturierte, »barrierearme« Auszeichnen von Datentabellen in HTML[4] – denn Tabellen in HTML sind weit mehr als bloß Zeilen von Zellen. Erst wenn dies geschafft ist, folgt die Tabellengestaltung mittels CSS (siehe Abbildung 8.5).[5]

Vererbung von Eigenschaften im Quirksmodus

Im Quirksmodus werden die Font-Eigenschaften `font-size`, `font-width` und `font-style` nicht in eine Tabelle hinein an ihre Nachfahrenelemente vererbt.

```
[...]
table {
  table-layout: auto;
```

---

[4] Roger Johansson, »Bring on the tables«,
http://www.456bereastreet.com/archive/200410/bring_on_the_tables/,
Roger Hudson, »Accessible Data Tables«,
http://www.usability.com.au/resources/tables.cfm

[5] Veerle Pieters, »A CSS styled table version 2«,
http://veerle-v2.duoh.com/blog/comments/a_css_styled_table_version_2/,
Chris Heilmann, »CSS Table Gallery«, http://icant.co.uk/csstablegallery/

```css
  border-collapse: collapse;
  margin: 1em auto 0 auto;
  text-align: left;
  color: #000;
}
caption {
  caption-side: bottom;
  padding: 0.5em;
  margin: 0 auto 1em auto;
  font-size: 0.8em;
  text-align: center;
  color: #fff;
}
th,
td {
  padding: 0.25em 1.5em 0.25em 0.5em;
  font-weight: normal;
}
thead {
  background: #333;
  color: red;
  border-bottom: 2px solid red;
}
tbody {
  background: #555;
  color: #00ff00;
}
tbody th {
  color: #00ffff;
}
tbody tr {
  border-bottom: 1px solid #00ffff;
}
tbody tr:hover {
  background: #000;
}
[…]
<!--[if lte IE 7]><style>
thead th,
thead td {
  border-bottom: 2px solid red;
  }
tbody th,
tbody td {
  border-bottom: 1px solid #00ffff;
```

Im IE ≤ 7 wird `caption-side` ignoriert, die Caption steht über der Tabelle.

IE ≤ 7 unterstützt keine Border auf `<tr>`, daher weichen wir auf `<th>` und `<td>` aus.

```
              }
</style><![endif]-->
[…]
<table>
  <caption>
    Tab. 1-1: Häufige Irrtümer
  </caption>
  <thead>
    <tr>
      <td></td>
      <th scope="col">Standart</th>
      <th scope="col">Gallerie</th>
    </tr>
  </thead>
  <tbody>
    <tr>
      <th scope="row">Richtig</th>
      <td>Standard</td>
      <td>Galerie</td>
    </tr>
[…]
  </tbody>
</table>
```

Der lebende HTML-Standard hat das `summary`-Attribut als nicht mehr konform erklärt: Es habe nicht zur Zugänglichkeit beigetragen. Man solle den hilfreichen Text allen Nutzern in einer `<caption>` oder in einem `<p>` präsentieren. Dies wäre etwa: »Gegenüberstellung der Irrtümer ›Standart‹ und ›Gallerie‹, ihrer richtigen Schreibweisen ›Standard‹ bzw. ›Galerie‹ und ihrer englischen Pendants sowie der Häufigkeit ihres Vorkommens«.

◀ **Listing 8.10**
Markup einer Datentabelle

◀ **Abbildung 8.5**
Eine Datentabelle

8.3 Das Auszeichnen von HTML-Datentabellen | **219**

9 Ausgabe für Medien

Das Webdesign für Medien führt Sie fort von den bekannten Pfaden der Screen-Gestaltung, hin in die Spezialisierung. Das mobile Web ist da: Die Hersteller konzentrieren sich auf diesen Markt, schaffen Standards und Tools für diesen Weg. Das Web jenseits von screen, projection bewegt sich rasch, und die Anforderungen an denjenigen, der sich nur einen Überblick verschaffen will, sind hoch.

9.1 @media print

Die Browser unterstützen die @page-Regel (zur Einstellung der Seitenmaße) sowie die page-Eigenschaften (zur Festlegung der Seitenwechsel) kaum, wobei Opera die Ausnahme bildet. Dabei ist der Umfang von CSS 2.1: 13 Paged Media an sich noch weit von einem Desktop Publishing per XHTML und CSS entfernt.[1]

Ein Druck-Stylesheet kann somit bis auf Weiteres lediglich zu verhindern suchen, dass der Ausdruck über den Browser für den Nutzer zum Ärgernis wird.

Dazu gehört, per display: none; visibility: hidden das im Druckkontext Überflüssige auszuschließen. Je nachdem können dies Navigations- und Formularelemente sein. Auch Hintergrundfarben und -bilder könnten auf transparent bzw. none gesetzt werden. Aber das ist sorgfältig abzuwägen, die Usability im Druck folgt anderen Gesetzen als für den Screen. Zudem liegt die Entscheidung darüber, ob Hintergrundfarben und -bilder gedruckt werden, letztlich beim Benutzer. Und weiter: Soll Werbung gedruckt werden, soll und kann eine kommerzielle Seite auf dieses Mittel verzichten?

```
<link href="druck.css"
rel="stylesheet" type="text/
css" media="print" />
```

Vielleicht kennen Sie sie, die Anfahrtbeschreibung eines Unternehmens, die u. a. wegen des Menüs einen Seitenwechsel im Druck erzeugt, dafür ohne Telefonnummer auskommen muss, da jene nur auf der »Kontaktieren Sie uns!«-Seite steht.

---

1 Bert Bos, Håkon Wium Lie, »Printing a Book with CSS: Boom!«, *http://www.alistapart.com/articles/boom*

Die Ausgabe in ein seitenweises Medium wie Page stellt für die Browser ein größeres Problem dar als in ein kontinuierliches Medium wie Screen. Regelmäßig machen Floats Ärger, und auch positionierte Elemente und Bereiche mit `overflow` verursachen oft Probleme. Testen Sie daher bei dynamischem Inhalt unbedingt auch Situationen, in denen sich der Ausdruck über mehrere Seiten erstreckt und solcherart gestaltete Bereiche von einem Seitenwechsel betroffen sind. Linearisieren Sie nötigenfalls die Seite unter Aufhebung von `float`, `position` und `overflow` mit `none`, `static` und `visible`.

Ein kontinuierliches, dynamisches Medium ist nur mit Abstrichen auf ein seitenweises Medium abbildbar.

Häufig wird es einfacher sein, anstelle eines einfachen Stylesheets für alle Medien, das um wenige Print-Regeln ergänzt ist, gleich die Medien komplett zu trennen – also zumindest `media = "screen, projection"` von `media = "print"` –, um ungewollte Einflüsse über die Kaskade zu vermeiden.

Es ist verständlich, dass Nutzer und Klienten zunächst davon ausgehen, dass eine Seite im Ausdruck so auszusehen hat wie auf dem Bildschirm. Allerdings bringt jedes Medium seine eigene Präsentation des Inhalts mit sich. So ist es nützlich, im Ausdruck einen Hinweis auf die permanente Dokumentadresse zu geben, die man in anderen Medien ausblendet:

```
@media screen, handheld {
  p#permanentURL {
    display: none;
    visibility: hidden;
  }
}
[...]
<p id="permanentURL">Permanente Adresse dieses Dokuments: http://dolphinsback.com/pURL.html</p>
```

▲ **Listing 9.1**
Permanente Dokumentadresse

Auf Seiten mit Link-Wüsten wird dies im Fließtext unübersichtlich. Ein Script kann hier Linderung verschaffen, indem es Links in Fußnoten umwandelt.[2]

Seit dem wegweisenden Artikel »Going to Print«[3] von Eric Meyer werden Link-Adressen mancherorts sichtbar gemacht. Wir nutzen hier den Attribut-Selektor, um mit dem zu suchenden Präfix »http://« externe Links von lokalen Referenzen zu unterscheiden, deren Ausdruck nicht sinnvoll erscheint.

Der breit unterstützte Attribut-Selektor `[att^=val]` (aus *CSS Selectors Level 3*) findet einen Substring `val` am Anfang des

---

2 Aaron Gustafson, »Improving Link Display for Print«, *http://www.alistapart.com/articles/improvingprint/*
3 Eric Meyer, »Going to Print«, *http://www.alistapart.com/articles/goingtoprint/*

Attributs `att`. Ein Pseudo-Element wird generiert, und die `attr()`-Funktion (CSS 2.1: 12.2) holt das `href`-Attribut, das schließlich in eckigen Klammern als generierter Text dem Link angehängt wird.

```
@media print {
  #seiteninhalt a[href^="http://"]::after {
    content: " [Zugriff unter "attr(href)"]";
    font-style: italic;
  }
}
```

Der Attribut-Selektor wird zwar vom IE 7 unterstützt, jedoch nicht das Pseudoelement `:after`. IE 8 unterstützt zwar den Substring-Attribut-Selektor aus CSS3 und auch `:after`, nicht aber die neue Schreibweise mit zweifachem Doppelpunkt für das Pseudoelement. Erst IE 9 ist hier konform.

◀ **Listing 9.2**
Sichtbare Link-Adressen

> **Kopf- und Fußzeilen mit CSS 2.1?**
>
> Leider sind für die oft nachgefragten Kopf- und Fußzeilen browserübergreifend keine brauchbaren Ergebnisse zu erzielen. Laut CSS 2.1: 9.3.1 sollen Browser zwar über `position: fixed` ein Element im Ausdruck seitenweise wiederholen (was im Firefox, Opera und IE ≥ 7 auch funktioniert). Aber wo in CSS 2.1 ist geregelt, wie der Seiteninhalt auf Seite 2f. für dieses fixierte Element Platz machen soll?[4]
> Beispielsweise funktioniert der folgende Regelsatz in Firefox, IE ≥ 8 und – solange `#seiteninhalt` kein hasLayout triggert, was nicht unproblematisch ist – auch im IE 7. Es funktioniert aber nicht im Opera und nicht im Safari.
> ```
> @media print {   /* funktioniert nicht! */
>   #kopfzeile { position: fixed; top: 0; height: 2em;
>   font-size: 12pt; }
>   #seiteninhalt { position: relative; top: 3em; }
> }
> ```
> So bleibt nur, auf CSS3 zu warten, wo generierte Kopfzeilen über das Konzept der Margin-Boxen realisiert werden (vgl. das *CSS Paged Media Module Level 3*) – ganz ohne `position: fixed`.

Der Ausdruck langer Datentabellen kann übersichtlicher werden, wenn Sie die zusätzlichen Gruppen `<thead>`, `<tfoot>` und `<tbody>` einsetzen. Die Tabellenkopfzeile sowie die Tabellenfußzeile werden hiermit im Ausdruck wiederholt, wenn die Tabelle mehrere Seiten überspannt. Dies funktioniert nur im Firefox und IE, nicht aber im Opera und Safari.

```
thead { display: table-header-group; } /* IE */
tfoot { display: table-footer-group; } /* IE */
[...]
<table>
  <thead>
```

Für den IE ≤ 8 müssen Sie in diesen Gruppen noch zusätzlich `display` (von im IE Default: `block`) auf `table-header-group` bzw. `table-footer-group` setzen, damit Tabellenkopf und -fuß auf jeder Seite wiederholt werden. CSS 2.1: 17.2 setzt diese eigentlich bereits im (nicht-normativen) Default-Stylesheet für HTML 4.

---

4 Vgl. Jim Wilkinson, »Printing Page Headers and Footers«,
 http://css-discuss.incutio.com/?page=PrintingHeaders

```
<tr><th>Kopfzeile</th></tr>
</thead>
<tfoot>
  <tr><td>Fußzeile</td></tr>
</tfoot>
<tbody>
  <tr><td>Daten</td></tr>
  <tr><td>Daten</td></tr>
  [...]
</tbody>
</table>
```

Listing 9.3 ▶
Wiederholung der Tabellenkopfzeile sowie -fußzeile auf jeder Seite im Ausdruck

Es gehört inzwischen zum guten Ton, ein Druck-Stylesheet zu haben. Weiter wäre druckreifer Inhalt zu fordern, da Papier nicht ganz so geduldig wie das Web ist.

9.2 Das mobile Web

Wir »gehen mobile«! Aber was ist zu tun? Der Rat von gestern mag heute schon Makulatur sein. Fundierte Information ist schwer zu finden. Was vorherrscht, sind Debatten um den richtigen Weg.

9.2.1 Best Practice Guidelines und Tutorials zum mobilen Web

Alle Hersteller von Betriebssystemen und Browsern für den mobilen Kontext bieten Entwicklern und Mobile-Webdesignern reichhaltige Informationen an.[5]

Peter-Paul Koch stellt eine Fülle von Hintergrundinformationen zur Entwicklung für mobile Geräte bereit.[6]

Safari für iOS ignoriert Stylesheets für `media="handheld"` und folgt einzig dem Screen-Stylesheet. Demgegenüber gibt es mobile Browser, die noch keine Media Queries, jedoch Handheld-Stylesheets verstehen. Eine Strategie kann es daher sein, beides anzubieten.

Schließlich kann die mobile Seite per CSS **behutsam** gestaltet werden. Weniger ist hier mehr: Angesichts Dutzender mobiler Browser ist das Austesten von cross-browserkompatiblem CSS sehr schwierig.

---

[5] Apple, »iOS Dev Center«, *http://developer.apple.com/devcenter/ios*
Google, »Android Developers«, *http://developer.android.com*
Opera, »Mobile - Dev.Opera«, *http://dev.opera.com/mobile/*
Microsoft, »Windows Mobile Developer Center«, *http://msdn.microsoft.com/windowsmobile*
Maximiliano Firtman, »45 most useful guidelines for mobile web design & development«, *http://www.mobilexweb.com/blog/guidelines-mobile-web-design*

[6] Peter-Paul Koch, »Mobile«, *http://www.quirksmode.org/mobile/*
Mobile-Web-Mailingliste, *http://tech.groups.yahoo.com/group/mobile-web/*

Es sind zwar diverse Emulatoren für mobile Browser online verfügbar[7], für das Testen der Interaktion mit der Seite aber benötigen Sie unweigerlich eine Anzahl dieser smarten mobilen Telefone.

9.2.2 Die One-Web-Debatte

Selbst noch so semantisches HTML ist nicht von allein auf den mobilen Bedarf zugeschnitten. Aber ob dieser Zuschnitt gewünscht ist oder eine Seite besser für alle Geräte dasselbe anbieten sollte (wenn auch nicht in gleicher Art gestaltet), ist in der Diskussion.

Annahmen darüber, zu welchem Zweck ein mobiles Gerät in welcher Situation eingesetzt wird, können trügen. Der Informationsgehalt einer Seite sollte daher nach einem W3C-Postulat[8] im Ideal geräteunabhängig gehalten werden (Stichwort »One Web«) – andere Autoren sehen dies als völlig praxisfern an.

Ethan Marcotte folgt dem One-Web-Ansatz:

> Anstatt voneinander unabhängige Designs zu schaffen, die je auf ein bestimmtes Gerät oder auf einen bestimmten Browser zugeschnitten sind, sollten wir sie als Facetten derselben Erfahrung ansehen. ... Wir können Seiten schaffen, die nicht nur flexibler sind, sondern sich auch an das jeweilige Medium anpassen können.

Er listet im Weiteren die Zutaten eines flexibel reagierenden Layouts auf (»responsive Design«):
- ein flexibles Grid,
- flexible Bilder und Medien
- sowie Media Queries.[9]

Soll nun eine eigenständige mobile Seite erstellt werden, oder soll per Media Queries ein gerätespezifisches Layout *einer* Seite dargestellt werden? Jeremy Keith löst dieses Missverständnis auf:

> Es geht nicht um die Wahl zwischen dem Gebrauch von Media Queries und dem Schaffen einer speziellen mobilen Seite, sondern um die Wahl zwischen Media Queries und Nichtstun.[10]

---

7 Maximiliano Firtman, »Mobile Emulators & Simulators: The Ultimate Guide«, *http://www.mobilexweb.com/emulators*
8 W3C, »Mobile Web Best Practices 1.0«, *http://w3.org/TR/mobile-bp/*
9 Ethan Marcotte, »Responsive Web Design«, A Book Apart
10 Jeremy Keith, »A responsive mind«, *http://adactio.com/journal/1696/*

Soll ein Tablet-Nutzer auf seinem Sofa nur eine abgespeckte Mobile-Version der gewohnten Seite sehen? Oder darf er das selbst entscheiden?

Ob Sie sich für eine eigene mobile Seite entscheiden, ist unabhängig von dem Entschluss, Ihre eigene Seite insgesamt flexibler zu gestalten. Wenn Sie im mobilen Kontext ohnehin denselben Inhalt präsentieren wollen, wird die Vertiefung in die Media Queries wichtiger als die Auseinandersetzung mit dem letzten mobilen Gerät.

9.3 Media Queries – »Medienabfragen«

Das CSS3-Modul *Media Queries* eignet sich in seiner klaren Sprache zum Selbststudium, daher gehen wir hier nicht auf alle Merkmale ein.

Medienabfragen sind logische Ausdrücke, die bedingtes CSS einleiten.[11] Medientypen wie `screen` oder `print` werden zu Ausdrücken kombiniert, die Medienmerkmale (*media features*) eines Geräts abfragen. Die Medienmerkmale können meist mit einem `min-/max-`Präfix weiter eingeschränkt werden. Logische Operatoren sind `not`, `and` sowie das Komma, das für das logische Oder steht.

```
#logo { float: right; }
@media all and (max-width: 800px) {
  #logo {
    float: none;
    display: block;
  }
}
```

`<meta name="viewport" content="width=device-width" />` setzt die Breite auf die des Geräts und verhindert so, dass ein Widescreen-Design stark verkleinert in das Display des mobilen Geräts gepresst wird.[12]
Zur Justierung des Viewports in CSS3 per `@viewport`-Regel siehe Abschnitt 6.2.2

▲ Listing 9.4
Wenn der Viewport (oder die Page Box bei Print) nicht breiter als 800 px ist, wird in allen Medien das Logo nicht als Float dargestellt, sondern als Block im normalen Seitenfluss. Zieht man das Browserfenster aber auf über 800 px Weite, floatet das Logo nach einem Neuladen der Seite nach rechts.[13]

Aktuelle Browser wenden Media Queries dynamisch an; hier vollzieht sich der Float-Wechsel im Beispiel ohne ein Neuladen, noch während das Fenster aufgezogen wird. Dies eröffnet hochinteressante Möglichkeiten für ein adaptives Seitenlayout.[14]

Leider unterstützt der IE erst ab Version 9 Media Queries. Für das Windows Phone 7 wurde daher sogar ein neuer CC eingeführt, um wenigstens eine Weiche hinzubekommen:
`<!--[if IEMobile 7]> ...`
`<![endif]-->`

Ein weiteres Schlüsselwort, `only`, ist einzig dazu da, um ignoriert zu werden. Ältere Browser können das jedoch nicht wissen

---

11 W3C, »Media Queries«, *http://www.w3.org/TR/css3-mediaqueries/*
12 Safari Developer Library, »Configuring the Viewport«, http://developer.apple.com/library/safari/#documentation/AppleApplications/Reference/SafariWebContent/UsingtheViewport/UsingtheViewport.html
13 Opera Software, »Safe media queries«, *http://dev.opera.com/articles/view/safe-media-queries/*
14 Eivind Uggedal, »A collection of sites using media queries«, *http://mediaqueri.es/popular/*

– wie gewollt brechen sie daher das Parsen einer solchen Medienabfrage sicher ab:

```
<link media="only screen and (max-device-width: 480px)"
href="small-device.css" type="text/css"
rel="stylesheet" />
```

▲ **Listing 9.5**
Nur im Medientyp »Screen«, und zwar dann, wenn das Gerät eine maximale Breite des Displays von 480 px hat, wird auf die CSS-Datei verlinkt.

Auch wenn die Medienmerkmale an CSS-Eigenschaften erinnern, werden hiermit keine Werte gesetzt. Es wird mit den Medienabfragen im Gegensatz zu Conditional Comments auch kein bestimmter Browser eingegrenzt. Es werden lediglich die Geräteeigenschaften abgefragt. Trifft diese Abfrage für den Medientyp zu, so ist die Bedingung für das angegebene CSS erfüllt. Das Media-Queries-Modul bietet den Geräten ein auf Maß geschneidertes bedingtes CSS.

> **CSS Conditional Rules Module Level 3**
>
> Ähnlich wie `@media` definiert CSS3 weitere bedingte Gruppenregeln: Ob ein Browser eine bestimme Eigenschaft oder einen bestimmten Wert implementiert, wird mit `@supports` abgefragt – das sind Feature Queries ohne JavaScript. Vielleicht bestimmt auch bald eine `@document`-Abfrage, dass eine Gruppe von Regeln nur bei einer bestimmten URL angewendet werden soll.

> **Hacks mit Media Queries?**
>
> Medienabfragen wurden mit schlechtem Gewissen als Opera-Hacks in verzweifelten Fällen verwendet, was sich aber mit dem Aufkommen von Safari 3 gerächt hat, da nicht etwa tote, sondern sehr lebendige Browser gehackt wurden. Es ließe sich vielleicht als Zusatz ein nur einseitig unterstützter CSS3-Selektor finden, der die beiden für einen Moment lang wieder trennt – aber das hieße, keine Lehre aus dieser Erfahrung zu ziehen.

9.4 Und was ist mit Style in E-Mail?

Nach Jeffrey Zeldman sind E-Mails keine Plattform für das Design. Beim Abonnieren von Newslettern sollte eine HTML-Variante optional angeboten werden und ansonsten die reine Textversion versandt werden.

Faktisch ist es gängige Praxis, in Werbekampagnen HTML-E-Mails zu versenden. Denn der Gedanke liegt nahe, Werbeaufforderungen mit Bildern und Formatierungen ansprechend zu gestalten – zumindest für diejenigen, die eine solche Entscheidung treffen, aber technisch nicht umsetzen müssen.

Es existiert eine bunte Vielfalt von E-Mail-Anwendungen auf den unterschiedlichen Plattformen und Geräten. Aber welche

> » A few well-designed, well-considered, communicating visual elements, in the context of a well-written, time-respecting, communicating HTML e-mail message, sent only to people who have asked to receive it, and formatted to work across applications and platforms, can indeed enhance communication.
>
> – Jeffrey Zeldman[15]

---

15 Jeffrey Zeldman, »Eight points for better e-mail relationships«, *http://zeldman.com/2007/06/12/eight-points-for-better-e-mail-relationships/*

Wenn Sie einen robusten Magen haben, dann studieren Sie den Quellcode der Beispiele in der Galerie[16] bei *Campaignmonitor*. Das ist State of the Art – für HTML-E-Mails.

Outlook 2007/10 benutzt inzwischen die Rendering Engine von Word, nicht mehr die des IE. Hinsichtlich der CSS-Unterstützung ist dies ein Rückschritt.

davon werden von Ihren Kunden benutzt, und wo setzen Sie den Schnitt, so dass die Mehrheit der Abonnenten mit Ihrem schön gestalteten Newsletter auch etwas anfangen kann?

Sucht man für Thunderbird, Google-Mail, Outlook und so fort einen gemeinsamen Nenner, steht am Ende das, wovon sich standardorientiertes Webdesign seit Jahren entfernen will und was deshalb kaum jemand noch beherrscht: Tabellenlayout und Inline-CSS.

Weder `float` noch `position` werden von jedem wichtigen Mailprogramm unterstützt. Einige Anwendungen ignorieren Selektoren ganz. Von vielen webbasierten Diensten wird `<link>` nicht interpretiert, und die Platzierung des `style`-Elements variiert: Mal ist es im `<body>`, mal im `<head>` akzeptiert; und es müssen Wechselwirkungen mit den eigenen Styles der Anwendungen ausgeschlossen werden.

Eine HTML-Mail muss wieder und wieder getestet werden, hierauf spezialisieren sich E-Mail-Designer. Welche Selektoren und Eigenschaften in einigen webbasierten Anwendungen, in PC- oder Mac-Programmen unterstützt werden, ist einer Übersicht von David Greiner[17] zu entnehmen, dessen Empfehlungen durch eigene Tests für den europäischen und den deutschen Markt angepasst werden müssen.

Es gibt noch keine Standards für HTML-Mail. Das W3C hat 2007 einen ersten Workshop abgehalten, und *Campaignmonitor* hat ein Projekt zur Standardisierung[18] initiiert. Wird es einmal ein `@media email` und ein `HTML EMAIL` geben?

---

16 »Email Design Gallery«, *http://campaignmonitor.com/gallery/*
17 David Greiner, »A Guide to CSS Support in email«, *http://campaignmonitor.com/css/*
18 Email Standards Project, *http://email-standards.org*

TEIL II

Inkonsistenzen in Browsern und die Grundlagen des Debuggings

10   Debugging

Fehlersuche bedeutet im Webdesign, sich mit der Unbeständigkeit und Widersprüchlichkeit des einzelnen Browsers sowie mit den Unterschieden im Vergleich zu anderen Browsern auseinanderzusetzen. Debugging bedeutet aber in gleicher Weise, sich seinen eigenen Fehlern beim Entwerfen und Schreiben der Seite zu stellen. Es geht damit nicht bloß um die Inkonsistenz und mangelnde **Interoperabilität** der Browser, sondern ganz wesentlich auch um das eigene Verständnis von CSS und HTML.

So wird jedes beschriebene, analysierte und erfolgreich gelöste Problem zu einem weiteren Schritt im Lernprozess. Demgegenüber läuten die ignorierten und verschobenen Probleme letztlich einen Stillstand beim Lernen ein.

Gutes Debugging begleitet die Entwicklung einer Seite von Anfang an. Dazu gehören neben dem Beobachten auch das Provozieren von Fehlern sowie das Validieren.

> **Kein Debugging ohne Problembeschreibung**
>
> Es ist empfehlenswert, erst dann nach einer Lösung zu suchen, wenn Sie das Problem vollständig beschrieben haben. Sehr oft löst sich der Knoten bereits durch eine gute Beschreibung, schließlich muss ihr eine sorgfältige Beobachtung vorausgehen. Die Problembeschreibung wird zu einem Ausgangspunkt für die Reduktion auf das Wesentliche.

Die Analyse in einem Entwicklerwerkzeug ist Ihnen dabei behilflich. Bringen Sie das Problem mit einer **Reduktion**, mit einer minimalen Testseite, auf den Punkt, und überlegen Sie, welche CSS-Konzepte hierin wirksam werden oder verletzt worden sind. Ändern Sie beim Debuggen grundsätzlich immer nur eine Bedingung auf einmal, und dokumentieren Sie, was Sie tun! Recherchieren Sie dazu nach Lösungswegen anhand Ihrer Problembeschreibung – und wenn alles nichts hilft: Erklären Sie das Problem einem anderen, und zwar so, dass dieser es leicht nachvollziehen kann.

10.1 Vorab: Das Layout unter Stress setzen

Oft sehen wir, dass Hilfesuchende nach einer Perfektion bis zum Pixel fragen, ohne bemerkt zu haben, dass ihr Layout bereits bei einer Stufe Textzoom **zerfällt**. Es geht im Webdesign aber nicht darum, ob der Designer seine eigene Schrift noch zu lesen vermag.

Lernen Sie Ihr Layout kennen. Versuchen Sie, es scheitern zu lassen, indem Sie es durch Nutzereinstellungen bis an den Punkt treiben, an dem es knirscht, und darüber hinaus. Wie reagiert es auf Änderungen der Fenstergröße, wie reagiert es auf Änderungen der Schriftgröße um einige Stufen? Nutzer haben meist einen sehr guten Grund für ihre Einstellungen. Das Layout sollte mit diesen Einstellungen belastbar sein, zumindest seine Funktionsfähigkeit bewahren. Deshalb ist es auch so wichtig, ein Layout immer und von Anfang an mit Inhalten (statt beispielsweise mit festen Höhen) zu testen.

Viele Fehler werden bereits jetzt deutlich, und Sie sollten auch bereits jetzt eine prinzipielle Antwort darauf finden, anstatt die Probleme des Layouts bis zum Release zu verschleppen.

10.2 CSS- und HTML-Validierung

Es gibt in der Kategorie Webentwicklung[1] inzwischen eine große Zahl an Add-ons für den Firefox. Damit sie auch in den Nightly Builds von Firefox laufen, empfiehlt sich die **Nightly Tester Tools Extension**.

Der **Markup Validation Service** des W3C spürt Fehler in (X)HTML-Seiten auf und gibt erste Hinweise auf mögliche Ursachen. Der **CSS Validation Service** prüft wiederum das CSS und warnt zudem vor Fallstricken. So bekannt das alles ist, so wenig wird es befolgt.

Mit nicht validem HTML und CSS testen Sie lediglich die Fähigkeit der Browser, sich von Fehlern im Markup und Stylesheet wieder zu erholen und dabei trotzdem in etwa das anzuzeigen, was mutmaßlich im Sinne des Autors war. Für die Interpretation des HTML sind diese Error-Recovery-Strategien bemerkenswert: Die Browser stellen sich der Realität in der Wildnis des Webs. Das betrifft beileibe nicht nur alte Seiten; bei manch einem Relaunch vertrauen die Entwickler schulterzuckend auf die Fehlertoleranz der Browser.

CSS 2.1: 4.2 Rules for handling parsing errors

CSS 2.1: 4.1.7 Rule sets, declaration blocks, and selectors

Die Spezifikation definiert Regeln, wie Browser mit Fehlern beim Parsen nicht valider Stylesheets umzugehen haben. Unter anderem werden hier Beispiele für unbekannte Eigenschaften, illegale Wertzuweisungen und das unerwartete Ende der Datei gegeben. Zumeist soll das Parsen an der nächsten vernünftigen Stelle fortgesetzt werden. Für den Autor ist aber das Verhalten bei Selektoren oft ungewiss. Was soll passieren, wenn ein Selektor nicht oder nicht komplett geparst werden kann?

---

1 *https://addons.mozilla.org/de/firefox/browse/type:1/cat:4/*

Es gilt alles oder nichts:

```
12: h1, h2; h3 {
13:     background: red
14: }
```

Nicht valide, muss vollständig ignoriert werden

```
15: em, p[id] {
16:     color: green
17: }
```

Valide, wird aber komplett vom IE 6 ignoriert, was korrekt ist, da er den Attribut-Selektor nicht kennt

```
18: #page {
19:     background: url(breit.png), url(hoch.png);
20:     background-repeat: repeat-x, repeat-y;
21: }
```

Korrekt nach *CSS Background and Borders Module Level 3* (*multiple backgrounds*), jedoch inkorrekt nach CSS 2.1.

▲ **Listing 10.1**
Wenige Zeilen CSS mit vielen Problemen. Vergleiche die Ausgabe der Warnmeldungen der Firefox-Fehlerkonsole.

Die oft unterschätzte Fehlerkonsole im Firefox gibt hierzu ausführliche Warnungen aus und benennt im Gegensatz zu den Validatoren zusätzlich, was dieser Browser in diesen Fällen unternimmt:

Die Fehlerkonsole wird auch über die Firebug-Console oder die Console2-Extension dargestellt. Opera Dragonfly gibt in seiner Fehlerkonsole entsprechende Hinweise aus.

```
Warnung: ',' oder '{' erwartet, aber ';' gefunden.
Regelsatz wegen ungültigem Selektor ignoriert. Quell-
datei: console.html Zeile: 12
```

```
Warnung: Ende des Wertes für die Eigenschaft erwar-
tet, aber ',' gefunden. Fehler beim Verarbeiten des
Wertes für Eigenschaft 'background'. Deklaration
ignoriert. Quelldatei: console.html Zeile: 19
```

```
Warnung: Ende des Wertes für die Eigenschaft erwar-
tet, aber ',' gefunden. Fehler beim Verarbeiten des
Wertes für Eigenschaft 'background-repeat'. Deklara-
tion ignoriert. Quelldatei: console.html Zeile: 20
```

Warnmeldungen der Firefox-Fehlerkonsole
Fx ≥ 4 implementiert multiple Backgrounds, meldet hierbei also keinen Fehler mehr.

Es ist ein Designprinzip von CSS, eine Rückwärts-, aber auch eine Vorwärtskompatibilität zu gewährleisten: Altes wird unterstützt, (noch) Unbekanntes wird ignoriert (CSS 2.1: 2.4).

> **Validieren Sie nicht, um zu validieren**
>
> Vermeiden Sie den verbreiteten Fehler, das Validieren als Selbstzweck an das Ende der Entwicklung einer Seite zu stellen, um den Valid-Button für den Kunden anheften zu können.

Andere validieren erst gar nicht – teils schließen sie ihre Augen vor den Warnungen wegen der herstellerspezifischen CSS3-Eigenschaften, teils vollkommen ohne Grund. (Jedoch ist das nur »cool«, solange man für sich arbeitet und das auch so bleiben soll. Und bevor wir hier das Ignorieren der signalroten JavaScript-Fehler kommentieren, schließt sich diese Klammer höflich.)

Selbst wenn ein großer Teil der Probleme vom CMS und von externen Inhaltsanbietern herrührt: Gerade dabei besteht die Gefahr, dass man vergleichsweise einfach zu behebende Fehler nicht sucht, sondern sich zum Beispiel tagelang mit einer je nach Cache-Status mal fehlerhaften, mal nicht fehlerhaften Darstellung einer Seite herumplagt, das CSS umstellt, alle IE-Hacks durchprobiert und die Forenlandschaft mit Crosspostings gegen sich aufbringt, nur weil im [...]`<body><form>`[...]`<div>`[...]`</form></body></html>` das `div`-Element nicht geschlossen ist. Besonders bei DOM-Mutationen via Ajax können nicht geschlossene Tags den Suchenden schier zur Verzweiflung bringen.

Fehlerhafte Verschachtelungen im Zusammenhang mit Formularen führen im IE 6 oft in ein Fiasko.

Das Validieren ist eine unerlässliche, besser häufiger denn selten aufzusuchende Station im Zyklus von Entwickeln und Debuggen.

10.3 Reduktion auf das Problem

Webautoren fügen meist instinktiv etwas hinzu, um ein Problem zu lösen: einen großen `z-index` hier, einen gehackten Margin dort. Das trägt zu einem Knäuel von wirksamen, unwirksamen und kontraproduktiven Maßnahmen bei.

Wenn es dann mit Glück funktioniert, weiß man aber immer noch nicht, was das Problem und was die Lösung war. Und so hangelt man sich ein ums andere Mal von Fehler zu Fehler, ohne dass die eigene Debugging-Technik reifen würde. Zudem verbleibt das Maßnahmenknäuel in den Dateien und macht den Code für fremde und bald auch für die eigenen Augen unlesbar. Das Schreiben von CSS wird auf diese Weise nicht sicherer.

Bugreports an die Entwickler, Fragen in Mailinglisten und Foren, die Präsentation vor Kollegen, ein Beitrag im Blog: Immer ist die Problemreduktion sinnvoll, da sie den Fehler frei von Schnickschnack nachvollziehbar werden lässt.

Das Wegnehmen wäre die richtige Maßnahme gewesen: Versuchen Sie, Stück für Stück das wegzunehmen, was Ihrer Vermutung nach nichts mit dem Problem zu tun hat, **und testen Sie nach jedem Schritt**. Man täuscht sich vorher so oft in dem, was scheinbar relevant ist und was sicher nicht. Erst die Reduktion auf nicht mehr als eine Handvoll Zeilen, die das ungewünschte Verhalten noch zeigen, offenbart Ihnen ein Muster, das das Problem reproduziert. Nach diesem Muster können Sie in den Beschreibungen anderer eine Lösung suchen, denn die meisten Bugs sind zum Glück hinlänglich dokumentiert.

Das Wiedererkennen dieser ein Problem reproduzierenden Muster kommt mit der Erfahrung, und es führt Sie zur Intuition beim Debugging.

> Intuition beruht weitgehend auf Mustererkennung, sie rührt von dem Umgang mit viel Code von wechselnder Qualität in allen Browsern her. In dieser Hinsicht spielt Intuition eine große Rolle beim täglichen Debuggen.
> – Georg Sørtun[2]

10.4 Das Testen in den Browsern

Die Vielfalt der Browser, das Spektrum der verwendeten Versionen und ihre Interpretationen des Standards fordern einiges an Erfahrung für das gründliche Testen der erstellten Seite.

Hinzu kommt, dass es ratsam scheint, sich über die aktuellen Beta-Versionen zu informieren, um mit der Entwicklung Schritt halten zu können.

Es ist nicht das Gleiche, ob man einen Screenshot überfliegt oder ob man in der Interaktion ein Gefühl für die Seite im betreffenden Browser und Betriebssystem bekommt. Vermeintlich geringe Differenzen in der Farbwirkung und den Bildschirmproportionen, im Schriftbild und bei Formularelementen wirken sich deutlich auf den Gesamteindruck aus. Weil Ihre Besucher aus verschiedenen Betriebssystem-Welten kommen, sollten auch Sie sich in diesen bewegen, um Ihre Seite zu testen.

10.4.1 Der Meta-Opt-out im IE ≥ 8

IE 8 und IE 9 kennen verschiedene Darstellungsmodi eines Dokumentes (siehe Tabelle 10.1). Es gibt eine strikte Trennung der Rendering Engines unter der Haube. Die Trennung reicht von der Unterstützung einzelner CSS-Eigenschaften über die Kenntnis von Selektoren bis hinab zu Parser-Fehlern, betrifft also alle Schichten der Rendering Engine.

Richtig, der IE6-Standardsmodus wurde nicht übernommen. Im IE 9 und IE 8 findet sich eine Rückwärtskompatibilität nur bis zum IE 7 samt Quirksmodus. Eine Umgebung, die den IE6-Standardsmodus erwartet, hat sich samt Nutzern mit dem IE 6 eingeschlossen. Das Verhalten einer Seite muss daher in einem nativen IE 6, z. B. in einer virtuellen Maschine (siehe Abschnitt 10.4.2), gesondert getestet werden.

Seit der Einführung des IE 8 heißt der den Standards weitgehend folgende Modus auch **Standardsmodus** – dies kann beim Lesen älterer Texte zur Verwechslung führen, hieß doch dort bereits alles das Standardsmodus, was nicht Quirksmodus war. Genug der Verwirrung.

---

2 Georg Sørtun (*http://www.gunlaug.no/contents/toc_7a.html*) ist langjähriges aktives Mitglied der Mailingliste *css-discuss*.

Dokument-Modus	Meta-Opt-out `<meta http-equiv="X-UA-Compatible" content="[…]" />`	Bemerkungen
Edge	`content="IE=edge"`	▶ Vorreiter, der bestmögliche Modus ▶ Entspricht dem jeweiligen Default-Verhalten des IE ab Version 8 aufwärts. ▶ Aus der Sicht des IE 8 haben `IE=edge` und `IE=8` oder das Weglassen des Meta-Opt-outs dieselbe Folge, nämlich den Standards-IE8-Modus. Entsprechendes gilt für den IE 9. ▶ Hatte seine Berechtigung, als noch geplant war, dass die IE ≥ 8 per Default im IE7-Modus laufen sollten.
Standards IE 9 (Default)	`content="IE=9"`	▶ IE 9 im Standardsmodus ▶ Voreinstellung im IE 9, wird auch ohne Meta-Header ausgeführt
Standards IE 8 (Default im IE 8)	`content="IE=8"`	▶ wie IE 8 im Standardsmodus ▶ Voreinstellung im IE 8, wird auch ohne Meta-Header ausgeführt
Standards IE 7	`content="IE=7"`	▶ wie IE 7, jedoch ausschließlich im Standardsmodus, so wie ihn der IE 7 verstanden hatte ▶ kein Quirksmodus möglich
Emulate IE 7	`content="IE=EmulateIE7"`	▶ Entspricht dem IE 7. ▶ Erlaubt je nach Doctype Standards- oder Quirksmodus. ▶ von MS für die IE7-Emulation empfohlen
Quirks IE 7	`content="IE=5"` (auch: `content="IE=6"`)	▶ Erzwingt den Quirksmodus, wie ihn der IE 7 bei entsprechendem oder abwesendem Doctype dargestellt hatte. ▶ Lässt das alte Boxmodell und andere Probleme des IE ≤ 5.5 wiederauferstehen. ▶ Weist nicht die Parser-Bugs des IE ≤ 5.5 auf, verwendet wird der Parser des IE 7.

▲ **Tabelle 10.1**
Darstellungsmodi eines Dokuments im IE 8 und 9 (wird im IE 10 entsprechend um einen Standards-IE10-Modus erweitert)

Auch der `<!DOCTYPE html>` von HTML5 schaltet in den Standards-IE8-Modus.

Der Autor kann den Modus voreinstellen | Der Doctype-Switch, also das Einfügen eines Standards-Doctypes oder eines noch unbekannten Doctypes, schaltet vom Quirksmodus in den Standards-Modus. Und von diesem geht es bei Bedarf zurück in den Standards-IE7-Modus, Emulate-IE7-Modus oder sogar in den Quirksmodus: Hier kommt der Meta-Opt-out ins Spiel.

Ab Werk, per Default, nehmen IE 8 und 9 ihren Standardsmodus ein. Da dies ältere Seiten brechen würde, die auf das Vorhandensein der Fehler des IE 7 in der Darstellung vertrauen, wurde der Meta-Opt-out eingeführt.

> **Der Meta-Switch hat Vorrang**
>
> Inhaltlich konkurrieren der Doctype-Switch und der Meta-Switch, daher gilt: Der Meta-Switch hat immer Vorrang vor dem Doctype-Switch! So agiert der IE 8 auch ohne Doctype, aber mit dem entsprechenden Meta im Standardsmodus.

In HTML bietet ein Meta-Element in der Head-Sektion allgemeine Informationen über das Dokument (HTML 4.01: 7.4.4). Das Attribut `http-equiv` bestimmt ein Äquivalent eines *HTTP Response Headers*. Der Wert `X-UA-Compatible` ist hierbei eine in HTML5 erlaubte Erweiterung.

```
<meta http-equiv="X-UA-Compatible"
content="IE=EmulateIE7">
```

HTML Meta

Das liest sich so: Das Dokument soll vom Browser so verstanden werden, als ob ein HTTP-Header

`X-UA-Compatible: IE=EmulateIE7`

Response Header

vom Server gesendet worden wäre. Solche X-Header erweitern den HTTP-Standard, in diesem Fall wird dem »User Agent« IE gesagt, er solle den Kompatibilitätsmodus IE 7 emulieren.

Mit welchen Response Headern das Dokument vom Server ausgeliefert wird, können Sie z. B. im Firebug Net-Monitor prüfen. Sie können – angenommen, Sie wollen alle Dokumente dergestalt ausliefern – auch für den Apache in der *.htaccess*-Datei den HTTP Response Header mit dem Namen `X-UA-Compatible` direkt setzen:

Dabei wird ein geladenes Modul `mod_headers` vorausgesetzt.

`Header set X-UA-Compatible IE=EmulateIE7`

Apache Server: Zeile in der Datei *.htaccess* für das Setzen des Response Headers

Die Wartung bestehender, für den IE 7 geschriebener Intranetseiten ist mit Hilfe des X-UA-Compatible-Schalters pragmatisch zu lösen; der Emulate-IE7-Modus wurde für diesen Zweck geschaffen.

X-UA-Compatible vs. Progressive Enhancement | Wenn Sie `IE=8` oder niedriger als Wert für `X-UA-Compatible` setzen, verhindern Sie, dass der IE 9 bzw. IE 10 einmal die Seite im bestmöglichen Modus darstellen wird. Der Meta-Schalter unterbricht das Designprinzip des **Progressive Enhancement** und damit die Hoffnung, dass die Seite von der stetigen Erweiterung der Standardkompatibilität des IE profitieren wird.

Zu **Progressive Enhancement** und **Graceful Degradation** siehe Abschnitt 10.6.

Wenn Sie den Schalter nicht betätigen, wird die Seite im IE ab Version 8 – so wie von allen anderen Browsern seit jeher – im jeweils bestmöglichen Modus dargestellt. Falls, ja falls Microsoft Ihre Seite nicht in der »Compatibility View List« (siehe weiter unten) führt, die es besser als Sie weiß. Dies spräche wiederum dafür, Ihre Seite besser mit dem Header

Mit der Entscheidung von Microsoft, den jeweiligen IE-Standardsmodus als Default einzustellen (Opt-out statt Opt-in), hat das Problem deutlich an Schärfe verloren.

Response Header zur Abwehr der Compatibility View List

`X-UA-Compatible: IE=edge`

auszuliefern, damit Ihnen nicht hineingepfuscht wird.

Chrome Frame Plugin | Wenn es im IE installiert ist, greift das Chrome Frame Browser Helper Object die Pragma-Direktive auf und übernimmt bei `<meta http-equiv="X-UA-Compatible" content="chrome=1">` beispielsweise ganz die Regie. Bei `<meta http-equiv="X-UA-Compatible" content="IE=edge,chrome=IE8">` werden nur IE 8 und darunter von Chrome Frame übernommen (`IE=edge` soll hier nur das Zusammenspiel mehrerer Parameter in der Direktive zeigen), während IE 9 und darüber in diesem Fall weiterarbeiten dürfen.[3]

Debugging in den einzelnen Modi | Sie können nach Aktivierung in der Werkzeugleiste die Developer Tools aufrufen, die es gestatten, für die Darstellung zwischen den Modi live zu wechseln. Hier haben Sie die vollständige Kontrolle über den Modus, in dem die Seite dargestellt wird.[4]

- Der **Browser Mode** wählt aus, ob der Browser sich gegenüber dem Server wie ein IE 7–10 zu erkennen geben soll. Hier werden also User Agent String und Version Vector vorgegeben, als ob man die Seite mit dem entsprechenden Browser besuchen würde.

Der tatsächliche Dokumentmodus der Seite wird darüber hinaus als »(Page Default)« angezeigt.

- Der **Document Mode** wählt aus, ob die Seite sich dem Browser gegenüber im Quirksmodus oder im Standards-IE7/8/9/10-Modus präsentiert. Als ob das Doctype, der HTTP Response Header und der Meta-Header vonseiten des Betreibers der Seite entsprechend gesetzt worden wäre.

Compatibility View | Ein Fülle von Einstellmöglichkeiten verbirgt sich hinter diesem Komplex.[5] Zunächst einmal kann der Nutzer in der Adressleiste über einen »Compatibility View Button« sagen, dass er die Seite doch lieber wie mit einem IE 7 betrachten will. Zudem kann er in den »Compatibility View Settings« des Browsers dauerhaft festlegen, wie einzelne Sites betrachtet werden sollen. Und dann gibt es noch die von MS anhand von telemetrischen Daten aufgebaute »Compatibility View List«, die dem Browser vorab sagt, wie er die Seite darstellen soll.

---

3 The Chromium Projects, »Chrome Frame: Developer Guide«, *http://www.chromium.org/developers/how-tos/chrome-frame-getting-started*

4 MSDN, »Testing Browser and Document Compatibility Modes with the Developer Tools«, *http://msdn.microsoft.com/en-us/library/dd565624.aspx*

5 MSDN, »Understanding the Compatibility View List«, *http://msdn.microsoft.com/en-us/library/dd567845.aspx*

Conditional Comments | CC werden dem X-UA-Compatible-Schalter entsprechend ausgewertet und nicht gemäß der wirklichen IE-Version. Dieses Design erlaubt es, einfach zum Verhalten einer Seite wie im IE 7 zurückzugelangen.

10.4.2 Paralleles Testen in mehreren Versionen des IE

Microsoft unterstützt keine eigenständig nebeneinander lauffähigen Installationen verschiedener IE-Versionen.

IE 6 aber wird die Entwickler noch ein gutes Stück begleiten. IE 8 erlaubt es zwar, in den Developer Tools zwischen den Darstellungsmodi hin- und her zu schalten, aber ein IE6-Modus fehlt. Damit machen die Versionen ab 7 einen Parallelbetrieb mit IE 6 beim Entwickeln einer Seite zwingend.

Aufgrund der Deinstallation des IE 6 beim Aufspielen von IE 7, der seinerseits wiederum bei der Installation von IE 8 entfernt wird, ist ein paralleles Testen erheblich erschwert.

In dieser Situation ergeben sich neben dem Unterhalt eines PC-Zoos oder der Nutzung von Browserscreenshot-Diensten weitere Möglichkeiten für Tester: die Installation von selbstständig laufenden IE-Versionen und die Virtualisierung einzelner PCs.

Standalones – selbstständige IE-Versionen | Es gibt einen Multiple-IE-Installer[6] für in der Windows-Registry angepasste Standalone-Versionen des IE aus dem Browserarchiv von Evolt.

Der Nachteil dieser Standalones ist die fehlende Unterstützung seitens Microsoft, womit sich Fehlfunktionen erklären lassen – etwa beim Testen der Druckfunktion. Wesentlicher ist, dass die IE Developer Toolbar nicht in den Standalones funktioniert, was man beim Debuggen schmerzlich vermisst. Daneben sind sie nicht unter Vista lauffähig.

Die Versionen des IE < 6 erscheinen zudem oft instabil. Manchmal hilft es, sie neben der derzeit installierten Originalversion des IE gleichzeitig laufen zu lassen.

IETester ist eine Alternative, kommt aber wiederum mit eigenen Beschränkungen.[7] Erst IE Collection kommt mit der IE Developer Toolbar.[8]

Im Browserarchiv von *evolt.org* stehen einzelne Standalones zur Verfügung. Diese gestatten zwar die Nutzung der Developer Toolbar, jedoch versagen sie bei der Betrachtung von PNGs, die über den AlphaImageLoader-Filter angezeigt werden müssten.

Das schnelle Testen der Darstellung einer Seite ist mit den Standalones praktisch, jedoch verläuft das Debuggen in einigen Situationen unbefriedigend.

Expression Web Super Preview | Microsofts EWSP kann eine Seite in verschiedenen Browsern parallel anzeigen. Sie erlaubt

---

6 »Install multiple versions of IE on your PC«, *http://tredosoft.com/Multiple_IE*
7 DebugBar, »Browser Compatibility Check for Internet Explorer Versions from 5.5 to 10«, *http://www.my-debugbar.com/wiki/IETester/HomePage*
8 Utilu, »Utilu IE Collection«, *http://utilu.com/IECollection/*

Nach HTTPS-Logins wird anscheinend in Conditional Comments der IE-Versionsvektor nicht richtig interpretiert, so dass es zu Fehldarstellungen kommt, wenn CC-bedingtes CSS eingebunden werden soll.

pixelgenaue Vergleiche der Darstellung. Neben dem eingebauten IE 6 wird die auf dem System installierte IE-Version integriert. Beim IE 9 etwa können Sie somit seine Browsermodi 9, 8 oder 7 mit der Darstellung im IE 6 vergleichen, oder 9 gegenüber 7, und so fort. Die IE Developer Toolbar ist nicht verfügbar, jedoch eine »DOM«-Ansicht (siehe Abbildung 10.1). Erst im »Interaction Mode« können Sie auf der Seite Formulare abschicken oder Links folgen, und über die Preview können Sie dann die zum Vergleich ausgewählten Browser dorthin steuern.

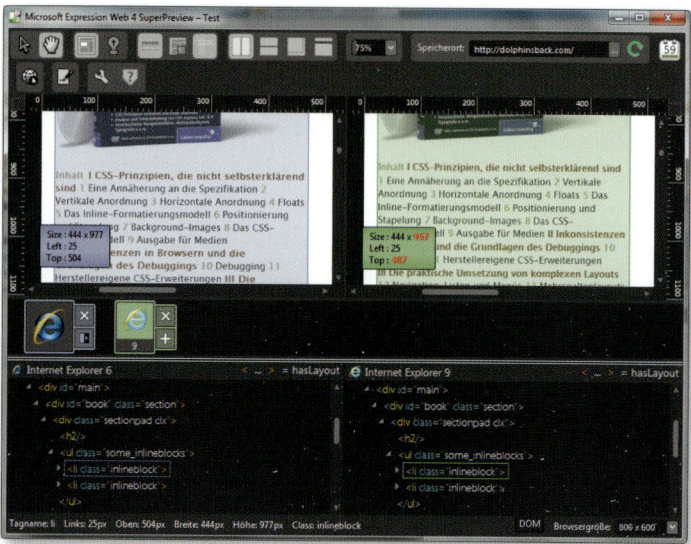

▲ **Abbildung 10.1**
Expression Web Super Preview mit IE 6 gegenüber IE 9

Virtualisierung auf dem PC | Mit Virtual PC 2007 bietet Microsoft kostenlose Software zum Download an, mit der eine virtuelle Maschine (VM) bereitgestellt wird.

Auf dieser VM können Sie periodisch von Microsoft zur Verfügung gestellte, bereits aktivierte Betriebssystemabbilder mit vorinstalliertem IE laufen lassen. Sie sind jeweils einige Monate lauffähig und werden dann von Microsoft aktualisiert.

Diese Images werden als virtuelle Festplatten (*virtual hard disk*, **.vhd*) der virtuellen Maschine zugeordnet. So können Sie IE 6 innerhalb der VM parallel zum IE 8 auf Windows testen, also auf einem virtuellen PC im PC.

Der Nachteil ist die Unhandlichkeit, das Hochfahren der VM abwarten zu müssen; der Vorteil ist das exakte Abbild einer Windows-Installation mit einem nativen IE, in dem Sie alle Funktionen, z. B. auch den Druck, testen können.

Da IE 8 und IE 9 die Möglichkeit bieten, während der Betrachtung einer Seite über die Developer Tools den Darstellungsmodus zu ändern, also in das Strict- und Quirks-Rendering des IE7 zu schalten, sollte bereits eine IE6-VM ausreichen, damit Sie von IE 6 bis IE 8 alle Maschinen parat haben.

Beim Testen mit der IE7-Engine im IE 8 bleiben jedoch die Fehler beim Seitenzoom des IE 7 außen vor.

Zur Virtualisierung auf Mac OS X eignen sich z. B. VMware Fusion und Parallels Desktop.

Schritt für Schritt: Installation einer VM unter Windows mit Virtual PC

1 Download der virtuellen Festplatte

Laden Sie sich das Internet Explorer Application Compatibility VPC Image[9] von Microsoft Downloads herunter (jeweils einige Hundert MB). Entpackt ergibt das die virtuelle Festplatte (*.vhd, > 2 GB) sowie eine ReadMe-Datei mit Admin-Passwort.

2 Installieren von Virtual PC

Beim Versuch, Virtual PC unter XP Home zu installieren, wird das Paket Sie warnen, dass das Host-Betriebssystem nicht unterstützt wird. Virtual PC lässt sich unter XP Home dennoch starten und erlaubt – zumindest über einen rechten Mausklick auf das Virtual-PC-Symbol in der Taskleiste – den Aufruf der Assistenten und später der virtuellen Computer.

3 Erstellen eines neuen virtuellen Computers

Wählen Sie den Assistenten für neue virtuelle Computer und dort die STANDARDEINSTELLUNGEN FÜR DAS ERSTELLEN EINES NEUEN VIRTUELLEN COMPUTERS. Vergeben Sie einen Namen für die VM-Konfigurationsdatei (*.vmc), beispielsweise »ie8«, die dann im Ordner EIGENE VIRTUELLE COMPUTER erstellt wird.

4 Konfiguration des virtuellen Computers

Sie können nun für die Konfigurationsdatei Einstellungen vornehmen. Passen Sie den SPEICHER an. Hier sind mindestens 256 MB notwendig. Dann ordnen Sie der FESTPLATTE 1 die entpackte virtuelle Festplatte aus Schritt 1 zu, etwa *XP SP 3 with IE8.vhd* (siehe Abbildung 10.2).

5 Hochfahren des virtuellen Computers

Sie können nun den virtuellen Computer über einen Rechtsklick auf das Symbol in der Taskleiste auswählen und starten.

---

9 IE App Compat VHD, *http://www.microsoft.com/downloads/details.aspx?FamilyId=21EABB90-958F-4B64-B5F1-73D0A413C8EF*

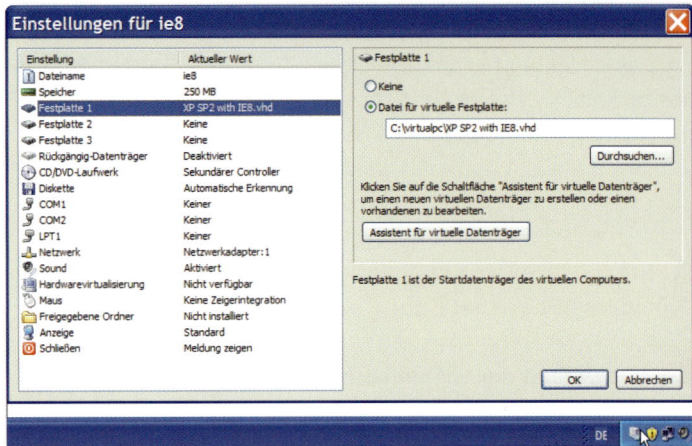

Abbildung 10.2 ▶
Konfiguration der virtuellen Maschine

6 **Anpassen der Ländereinstellungen**

Da es sich um eine englische Installation von XP Pro handelt, sollten Sie für Ihr Tastaturlayout über START • CONTROL PANEL • DATE,TIME,LANGUAGE... • REGIONAL AND LANGUAGE OPTIONS • LANGUAGES • DETAILS den Service »German« hinzufügen.

8 **Integrieren ins Netzwerk**

Der virtuelle Computer wird im Netzwerk sichtbar, zumindest sollte er die bestehende Netzwerkverbindung des Gastsystems nutzen können. Eventuell sind Einstellungen über das CONTROL PANEL • NETWORK AND INTERNET CONNECTIONS an Ihre Gegebenheiten anzupassen (Name des Computers und der Arbeitsgruppe, File Sharing, Firewall). Vom Mac OS X aus können Sie sich über den FINDER • GEHE ZU • MIT SERVER (z. B. smb://192.168.178.20, je nachdem) mit diesem virtuellen Computer verbinden. Sie kennen das: Bis ein Netzwerk funktioniert, verliert man ein paar Haare.

Windows XP Mode | Eine weitere Virtualisierungslösung ist Windows XP Mode, das ist Microsoft Virtual PC mit einem Windows-XP-Festplattenimage inklusive IE 6. Es läuft erst ab Windows 7 Professional, Enterprise oder Ultimate (also nicht unter Home Premium). Bis man mehrere Kopien des Festplattenimages mit angepassten XP-Updates sowie IE 7 und IE 8 angefertigt hat, vergehen Stunden. Der Vorteil ist, dass die Images zeitlich unbeschränkt nutzbar sind.[10]

---

10 Ted Johnson, »Using Windows 7's Windows XP Mode to Run Multiple Versions of Internet Explorer«,
http://ieblog.members.winisp.net/images/InstallingXPMode.htm
Microsoft, »Testing Multiple Versions of IE on One PC«, *http://blogs.msdn.com/b/ie/archive/2011/02/04/testing-multiple-versions-of-ie-on-one-pc.aspx*

10.4.3 Safari und WebKit (Mac und Win)

Safari Mac nutzt als Rendering Engine das im Mac OS X vorhandene WebKit-Framework – WebCore für HTML und CSS, daneben JavaScriptCore. Die jeweils aktuellste Entwicklerversion für Mac oder Windows steht als **WebKit Nightly Build** zur Verfügung.[12]

Um Ihr Projekt auch mit den älteren Safari-Versionen simultan zu testen, können Sie auf eigenständige Safari-Versionen mit dem im Paket enthaltenen WebKit-Framework zurückgreifen (siehe Abbildung 10.3).[13]

Wenn Sie keinen Zugang zu einem Mac haben, müssen Sie auf Dienste mit Remote-Zugriff wie BrowserCam und BrowserPool ausweichen. Reine Screenshot-Dienste können keine Interaktion simulieren. Hier kann Ihnen ein Sitecheck in einem Forum helfen.

WebKit ist Open Source und lädt zur Mitwirkung ein. Die Abläufe im WebKit-Projekt sind gut dokumentiert.[11]

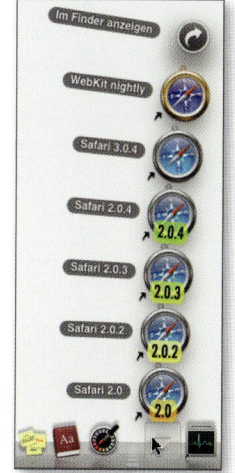

▲ **Abbildung 10.3**
Multi-Safari-Builds unter Mac OS X Leopard

Der »Canary in a coal mine« warnte die Bergleute vor dem Ersticken an Kohlenmonoxid.

10.4.4 Google Chrome

Googles Browser wächst im Chromium Open Source Projekt und nutzt die WebKit Engine. Bei Chrome gibt es vier verschiedene »Release-Channel«: tägliches Canary-Build, dann Dev, Beta und schließlich Stable Release.[14] Das automatische Update macht ein Testen in alten Versionen zwar überflüssig, aber dafür ist die schnelle Folge von neuen Releases anspruchsvoll (»launch early and often«).

10.4.5 Opera

Sie können verschiedene Versionen von Opera parallel testen. Die aktuelle wöchentliche Version (**Snapshot**) wird über das Entwicklerblog angekündigt; alte Versionen des Browsers stehen im Archiv.[15]

Opera-User sind als update-freudig einzustufen; ein Test in älteren Versionen lohnt sich nicht.

Opera ist unser Browser der Wahl, wenn wir eine fremde Seite zur Analyse und zum Debuggen herunterladen wollen (SICHERN | FORMAT: HTML-DATEI MIT BILDERN).

10.4.6 Firefox

In der Firefox-Entwicklung wird im **Trunk** (Stamm) fortwährend weiterentwickelt, während im **Branch** (Abzweig) jeweils hin zu einer **Release**-Version (Veröffentlichung) an der Stabilität gefeilt wird. Sie können die täglich kompilierten **Nightly Builds** per FTP

Minefield (Minenfeld) wurden die Trunk-Builds wegen der vielen Fehler genannt. Testen Sie Ihre Seite daher nur in Release-Versionen und -Kandidaten.

---

11 http://webkit.org/
12 http://nightly.webkit.org/start/
13 Michel Fortin, »Multi-Safari«, http://michelf.com/projects/multi-safari
14 Chromium Project, »Chrome Release Channels«, http://www.chromium.org/getting-involved/dev-channel
15 http://my.opera.com/desktopteam/blog/; http://arc.opera.com/pub/opera/

beziehen, zudem sind alle Release-Versionen des Firefox für Testzwecke archiviert.[16]

10.5 Werkzeuge für Analyse und Fehlerbehebung

Die Browserhersteller werben insgesamt stärker um die Gunst der Entwickler als noch vor einigen Jahren. Inzwischen können Seiten in Firefox, Internet Explorer, Safari, Chrome und Opera mit Entwicklerwerkzeugen inspiziert und vor allem auch live verändert werden.

Ohne ein fundiertes Wissen über die Spezifikation ist die Arbeit mit diesen Werkzeugen jedoch meist bloß ein Herumstochern im Nebel, wenn auch auf hohem Niveau. Diese Werkzeuge assistieren Ihnen beim Debuggen, nehmen es Ihnen aber nicht ab. Natürlich ist es sehr bequem, das Boxmodell mit Pixelangaben vor sich zu haben, doch was hilft es, wenn man sich noch kein Grundverständnis für Collapsing Margins verschafft hat?

Weiter ist zu beachten, dass ein solches Werkzeug Ihnen die Seite so zeigt, wie der jeweilige Browser sie »sieht«. Das heißt, CSS und HTML werden Ihnen im Zustand **nach** einer vom Browser eventuell vorgenommenen Fehlerkorrektur präsentiert.

Wir nutzen diese Werkzeuge vor allem, um uns fremde Seiten mit ihren Problemen schnell zu erschließen.

10.5.1 Firebug, DOM Inspector, Web Developer

Firebug | Das Add-on, begründet von Joe Hewitt und fortgeführt von John J. Barton, wurde zum Maßstab für die anderen Entwicklerwerkzeuge.[17]

Das CSS kann in Firebug nicht nur auf der Ebene der einzelnen Deklarationen, sondern über den EDIT-Button auch auf der Ebene der Stylesheets an sich verändert werden – Sie können also die Werte einzelner Eigenschaften und auch ganze Regeln ergänzen (siehe Abbildung 10.4). Sie sehen die berechneten Werte der Eigenschaften und die Kaskade von Browser-, Autor- und gegebenenfalls User-Stylesheet. Das Boxmodell wird in der LAYOUT-Ansicht lebendig präsentiert und mit Maßangaben versehen, wenn man mit dem Mauszeiger darüberfährt.

Firebug zeigt in der HTML-Ansicht die Seite nach dem Laden an, aber auch Änderungen während der Interaktion mit der Seite, z. B. via Ajax, werden hervorgehoben. Ein Editieren des HTML ist

Alles in Firebug ist veränderlich, viele Arbeitsebenen sind über Hyperlinks verknüpft.
Beim Verändern des CSS helfen die Pfeiltasten, zwischen den möglichen Werten der Eigenschaften zu wechseln.

---

16 *http://ftp.mozilla.org/pub/mozilla.org/firefox/*
17 *http://www.getfirebug.com/*

live möglich: Hier können Sie beispielsweise für ein Element mit einem `style`-Attribut Inline-Styles einfügen. Oder Sie fügen eine ID hinzu, für die Sie im bearbeiteten CSS eine neue zugehörige Regel erstellen.

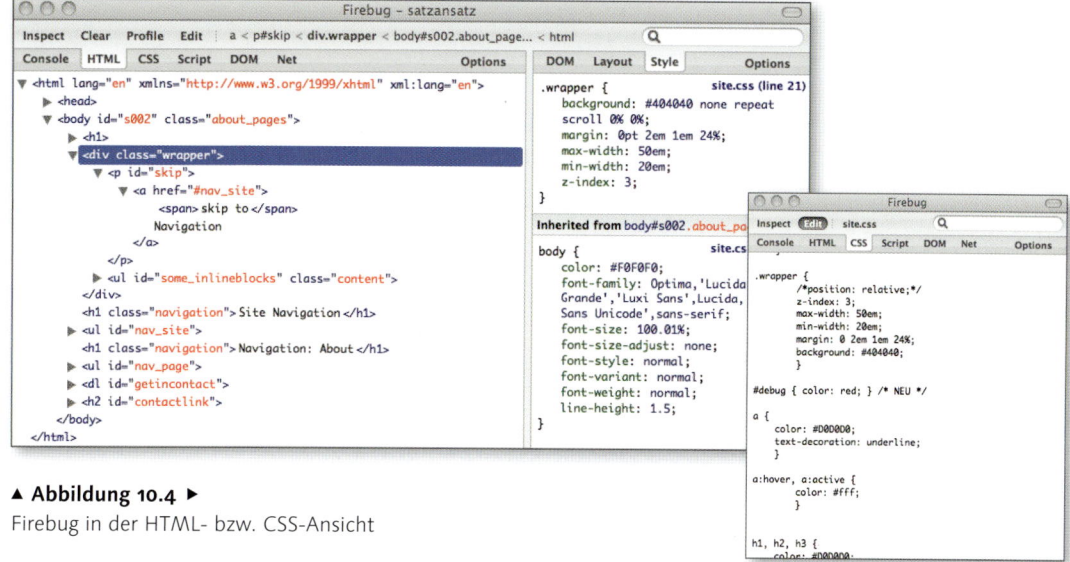

◂ **Abbildung 10.4** ▸
Firebug in der HTML- bzw. CSS-Ansicht

Der Javascript-Debugger erlaubt das Setzen von Breakpoints u. v. m. Daneben gibt es einen Profiler, der Funktionsaufrufe aufzeichnet. Der Netzwerkmonitor zeigt die Ladezeiten der einzelnen Dateien und die HTTP-Request/Response-Header an. In der Fehlerkonsole werden schließlich JS- und CSS-Fehler verzeichnet (siehe Abschnitt 10.2).

DOM Inspector | Firebug hat einen Vorläufer, den im Firefox 2 noch integrierten DOM Inspector.[19] Er ist als Add-on weiterhin für Firefox (sowie für Seamonkey und Thunderbird) verfügbar. Nicht alle seiner Eigenschaften wurden auch in Firebug übernommen. Praktisch gelöst erscheint hier beispielsweise die Möglichkeit, die Pseudoklassen für jedes Element per Rechtsklick zu setzen.

Web Developer Addon | Unter den Entwicklerwerkzeugen ist die Extension von Chris Pederick der Klassiker.[20] Web Developer weist eine Fülle von nützlichen Funktionen zur Analyse einer Seite auf. So werden Informationen über Grafiken angezeigt

Firebug ist offen für Erweiterungen. So baut **YSlow** den Funktionsumfang mit Hinweisen zur Geschwindigkeit einer Seite weiter aus.[18]

In Firebug können Sie `:active` und `:hover` für das gewählte Element im STYLE-Tab setzen, jedoch nicht `:focus`.

---

18 http://developer.yahoo.com/yslow/
19 http://developer.mozilla.org/en/docs/DOM_Inspector
20 http://chrispederick.com/work/web-developer/

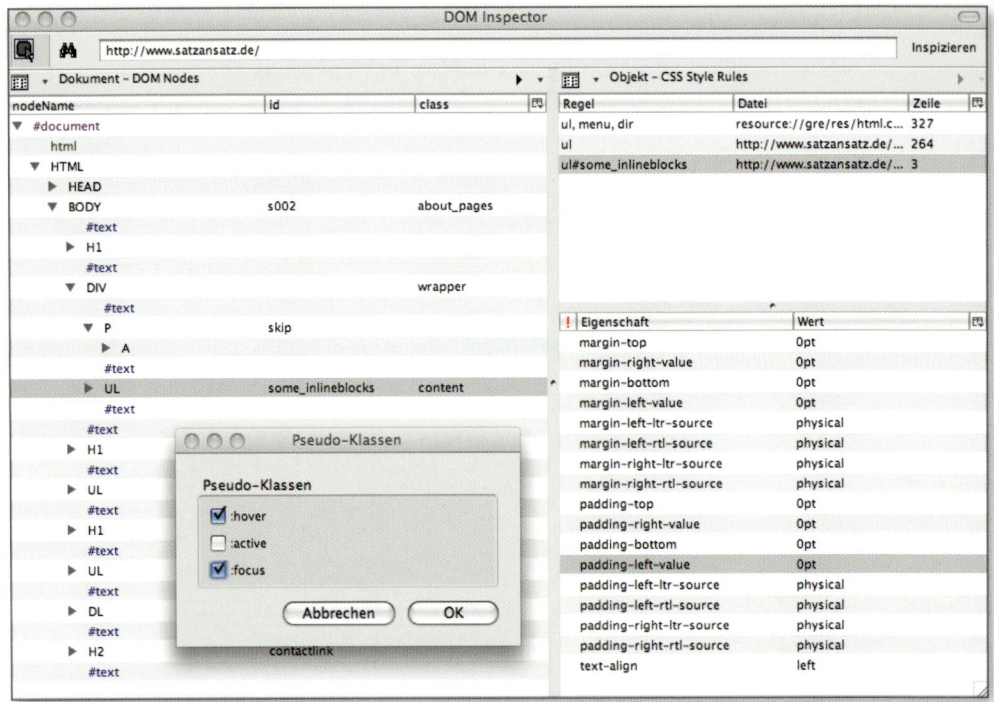

▲ Abbildung 10.5
Das Setzen von Pseudoklassen für ein Element im Firefox DOM Inspector

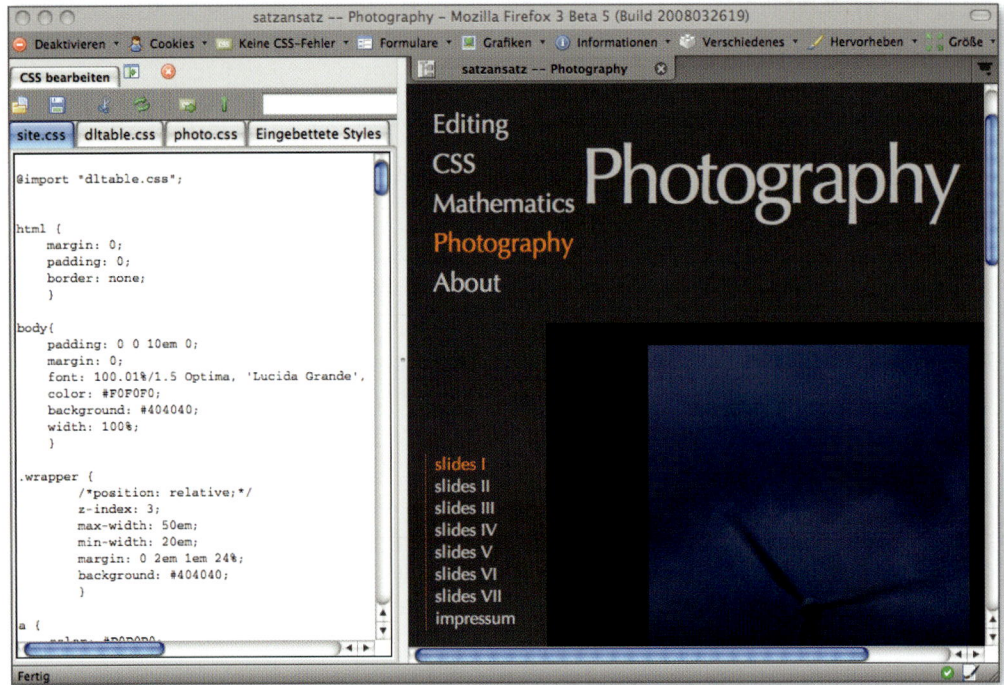

▲ Abbildung 10.6
Das Bearbeiten von CSS mit der Web Developer Extension

oder die Dokumentgliederung verdeutlicht, daneben werden alle nur denkbaren Informationen über ein Element unter dem Mauszeiger ergründet. Auch Lupe und Maßband stehen bereit. Die Aufzählung aller Werkzeuge wäre lang, und diese Vielfalt an Möglichkeiten erfordert Eingewöhnungszeit. Nicht zuletzt kann auch das HTML und CSS einer Seite verändert und abgespeichert werden (siehe Abbildung 10.6).

Firefox Web Developer Tools | Firefox bietet inzwischen mehrere bordeigene Werkzeuge an, etwa den HTML-Inspektor, eine Web-Konsole, die Fehlerkonsole und ein JavaScript-Scratchpad (siehe Abbildung 10.7).

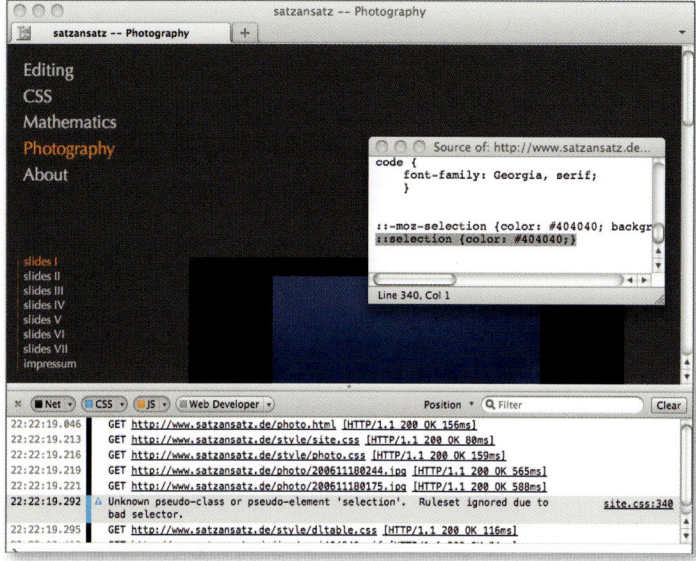

◀ **Abbildung 10.7**
Die Web-Konsole der Firefox Web Developer Tools.
Das Pseudo-Element ::selection wurde aus *Selectors Level 3* wieder entfernt – jemand sollte die Seite überarbeiten.

10.5.2 IE Developer Toolbar

IE 6 und IE7 | Im Zuge der Neuerungen um den IE 7 wurde die IE Developer Toolbar eingeführt.[21] Da das Debuggen des IE 6/7 eine der häufigsten Aufgaben ist, lohnt es sich, sich intensiv mit diesem Entwicklerwerkzeug zu beschäftigen. Es ist in den von Microsoft bereitgestellten Virtual PC Images für den IE 6 und IE 7 bereits vorinstalliert.

Die Oberfläche ist in **Dokumentbaum**, **Element-Attribute** und ermittelte **Styles** eines Elements aufgeteilt. Über FIND • SELECT ELEMENT BY CLICK wird das Element unter der Maus aufgespürt. Das CSS können Sie im Gegensatz zu den anderen Werkzeugen

Die Toolbar ist im IE 6/7 unter ANSICHT • EXPLORER-LEISTE • IE DEVELOPER TOOLBAR zu erreichen. Die Installation schlägt in den Multiple-IEs fehl.

Über die Funktion TRACE STYLE können Sie per Rechtsklick die Deklaration der Eigenschaften im Stylesheet aufsuchen.

---

21 Download der ausführbaren .msi-Datei über
   http://www.microsoft.com/downloads

nur mit Hilfe des `style`-Attributs verändern, nicht auf der Ebene der Regeln eines Stylesheets. Das bedeutet, dass Sie beispielsweise in einer Liste jeden Listeneintrag für sich mit dem `style`-Attribut versehen müssen und nicht einfach eine neue Regel für `ul li` einfügen können.

Wenn Sie vorhaben, einem fehlerhaft dargestellten Element probehalber hasLayout zu geben (siehe Abschnitt 10.7.1), dann klicken Sie unter ATTRIBUTE in die NAME-Spalte und geben »zoom« ein. Wechseln Sie dann in die VALUE-Spalte, und geben Sie »1« ein (siehe Abbildung 10.8). Im Effekt wird dem Element das Attribut `style = "ZOOM:1!important"` inline beigeordnet. Unter CURRENT STYLE sehen Sie nun nicht bloß `zoom: 100%` (1 = 100%), sondern auch `hasLayout: -1` (`-1` steht für `true`, aber Sie können dies nicht direkt setzen, denn die Eigenschaft `hasLayout` ist nur auslesbar). Für das Debuggen ist es irrelevant, dass `zoom` nicht valide ist; `zoom` fügt hasLayout in einer reinen Form hinzu – ohne die Nebenwirkungen, die sich aus einer CSS-Eigenschaft wie `height` ergäbe.

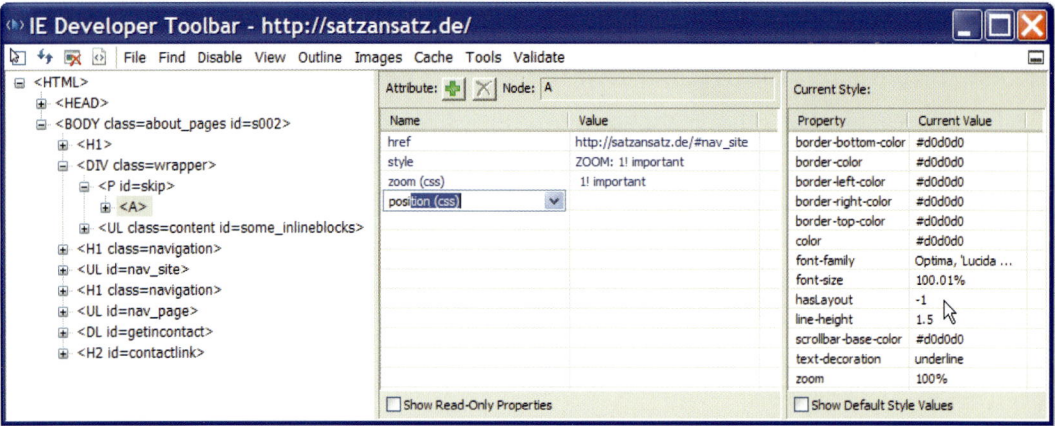

Abbildung 10.8 ▼
IE Developer Toolbar im IE7

Wenn Sie DISABLE • SCRIPT wählen, merken Sie, dass ein Behavior eine JScript-Abhängigkeit mit sich bringt.

Ein anderes Beispiel ist das Debuggen von Erweiterungen wie **whatever:hover** (siehe Abbildung 11.4 in Abschnitt 11.2).[22] Sie sollten – wenn alles richtig funktioniert – im stets aktualisierten Dokumentbaum beim Hovern sehen können, dass dem Element eine zusätzliche Klasse `onhover` mitgegeben wird. In gleicher Weise sollte bei den **Son of Suckerfish Dropdowns** beim Überfahren der Listen `<li class="sfhover">` erscheinen.

Wir vermissen die Möglichkeit, in die Bedingungen der Conditional Comments einzugreifen. Und dass ein `z-index` weder auf `0` noch auf `auto` gesetzt werden kann, ist ein Bug im Debugger.

---

22 Peter Nederlof, »whatever:hover«, *http://www.xs4all.nl/~peterned/csshover.html*; Patrick Griffiths, Dan Webb, »Sons of Suckerfish«, *http://www.htmldog.com/articles/suckerfish/*

IE 8 und IE 9 | Für den IE 8 wurde die Developer Toolbar vollkommen überarbeitet und in den Browser integriert. Sie können den Browser- sowie Dokument-Modus (siehe Abschnitt 10.4.1) direkt umschalten. Für JScript sind ein Debugger und ein Profiler hinzugekommen.[23]

Tools • Developer Tools oder ⇧ + F12

Der HTML-Reiter lässt Sie elementbezogen arbeiten: Sie können mit Style/Trace Styles die für das Element relevanten Regeln sehen und unter Attributes neue Inline-Styles hinzufügen. Neu ist eine Boxmodell-Ansicht. Weiter können Sie z. B. das HTML editieren oder den Browsercache leeren. Der CSS-Reiter lässt Sie im Stylesheet mit einem Rechtsklick neue Regeln hinzufügen sowie bestehende Regeln verändern.

10.5.3 WebKit Web Inspector und Chrome Developer Tools

Web Inspector/Webinformationen ist ein Werkzeug zur Fehlersuche, das seit Safari 3.1 im Menü Develop zur Verfügung steht, aber auch in Google Chrome im Menü View[24].

Aktivieren Sie das Develop-Menü in den erweiterten Einstellungen.

Neu hinzugekommen ist das Remote-Debugging mobiler Geräte.

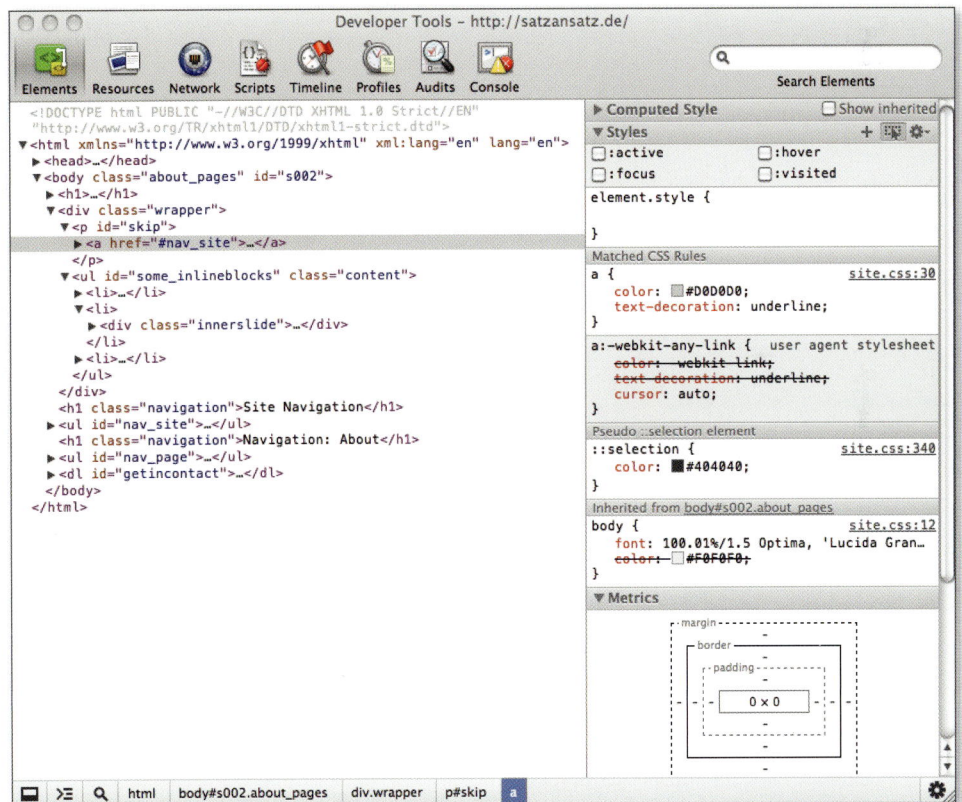

▲ **Abbildung 10.9**
Analyse einer Seite im Chrome Web Developer Tool (Web Inspector im Safari)

---

23 MSDN, »How to use F12 Developer Tools to Debug your Webpages«, http://msdn.microsoft.com/en-us/library/gg589507(v=VS.85).aspx

24 Paul Irish, »A Re-introduction to the Chrome Developer Tools«, http://paulirish.com/2011/a-re-introduction-to-the-chrome-developer-tools/

Über einen rechten Mausklick (ELEMENT-INFORMATIONEN) auf ein beliebiges Element einer Seite zeigt es die DOM-Hierarchie, CSS-Regeln und Boxmodell-Maße sowie JavaScript-Eigenschaften an, daneben auch den Quellcode und die Netzwerkzeiten der geladenen Dateien einer Seite (siehe Abbildung 10.9). Die Webinformationen vermitteln einen guten Einblick in die Kaskade. CSS-Eigenschaften, aber auch das HTML können Sie in diesem Werkzeug live verändern.

10.5.4 Opera Dragonfly

Aktivierung über EXTRAS • WEITERES • ENTWICKLER-WERKZEUGE.

Mit Dragonfly hat Opera ein umfangreiches Entwicklerwerkzeug erhalten. Neben den typischen Tools für Netzwerk, Ressourcen, Fehler, JS und HTML/CSS steht als Neuerung ein Proxy zur Verfügung, um von Dragonfly aus ein Gerät mit Opera Mobile »remote« zu debuggen.[25]

Dragonfly verfügt über eine Auto-Update-Funktion.

Abbildung 10.10 ▼
Die DOM/CSS-Ansicht in Opera Dragonfly.

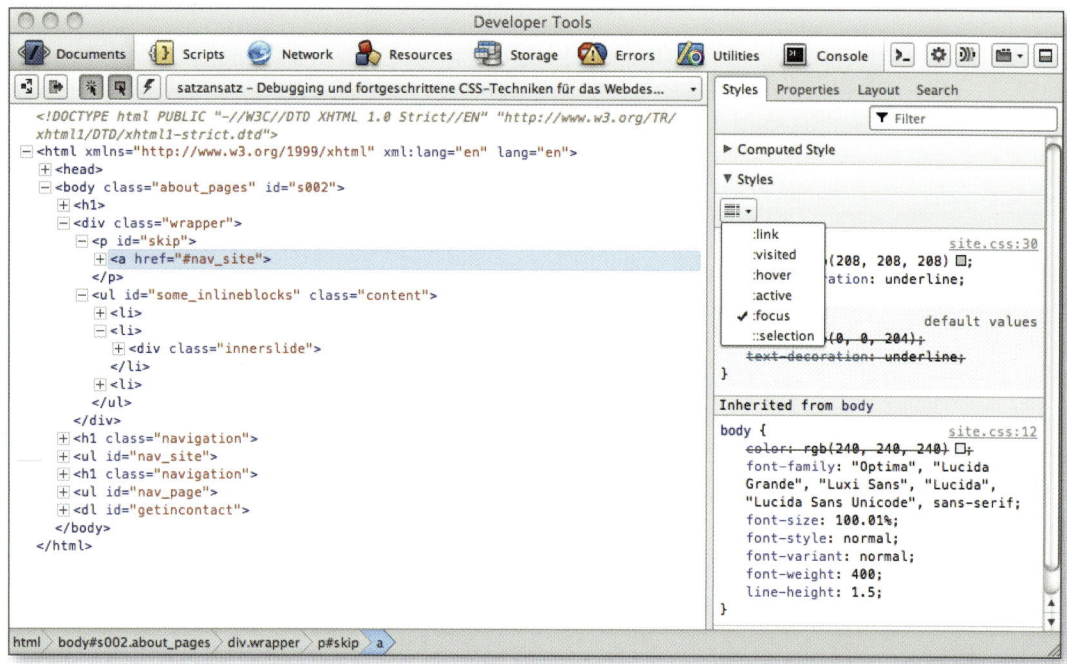

10.6 Hacks

Hacking ist ein ungeliebter Wegbegleiter im Standardisierungsprozess. Es gibt immer einen Browser, der nicht ganz vorn mithält. Angenommen, eine bestimmte Eigenschaft oder ein Verhalten ist

---

25 http://www.opera.com/products/dragonfly

bereits Standard, nur ein Browser hat ihn noch nicht übernommen – Hacking bedeutet in diesem Fall, sich von diesem Nachzügler nicht von der Verwendung abhalten zu lassen, sondern zu erreichen, dass er das gewünschte Verhalten zeigt.

Hierzu gibt es zwei Alternativen: Entweder man ignoriert den Browser oder man ignoriert die Eigenschaft. Aber das Ignorieren des Browsers wird kaum bis zur Funktionsuntüchtigkeit der Seite gehen können. Das Ignorieren der Eigenschaft schließlich berührt das Selbstverständnis der Webdesigner, die aktuellen Entwicklungen des Standards auch umsetzen zu wollen. Der IE 6 wird uns noch länger erhalten bleiben – wird er auch weiter den kleinsten gemeinsamen Nenner vorgeben können? Und was genau wäre mit dem IE 7 an seiner Stelle gewonnen?

Ein Webdesigner wird seinen Qualitätsanspruch irgendwo zwischen dem Beseitigen noch der geringfügigsten Unreinheit und dem bloßen Erhalten der Funktion der Seite definieren müssen. Es ist eine oft zu lesende, doch hohl bleibende Aussage, nur dann zu hacken, wenn es absolut notwendig ist. Denn bei den komplexen Anforderungen der Klienten bedeutet das: meistens.

So endet das idealistische Aufbegehren gegen die Hacks im pragmatischen Versorgen auch alter Browser. Der Stand der CSS-Implementierungen, der in den noch benutzten Browsern anzutreffen ist, lässt eine hack-freie Vorgehensweise in der Praxis kaum zu.

> Es bleibt zudem eine einsame Machtfantasie der Webdesigner, mit ihrer Kreation die Nutzer zum Installieren eines neuen Browsers bewegen zu können.

Eine Arbeitsdefinition

Hacks sind all das, was an einer Seite geändert wird, um eine Fehldarstellung oder Fehlfunktion in einem Browser zu verhindern, obwohl diese Maßnahmen der Spezifikation zufolge unnötig wären. Webautoren sollten Hacks dokumentieren.

In unserer breiten Definition ist einzig die Spezifikation maßgeblich, und nicht, ob die Beweggründe des Webautors aufrichtig sind und in welcher Gestalt der Hack daherkommt. Die Spezifikation sagt nicht, dass Floats zum Vermeiden einer Margin-Verdopplung `display: inline` erhalten müssen, und sie sagt auch nicht, dass überall `position: relative` zu stehen hat, nur damit einige Elemente überhaupt angezeigt werden. Man muss seine Seite eigentlich auch nicht für einen Browser neu strukturieren.

Ob per Conditional Comment, per Star-HTML-Selektor oder direkt ins CSS geschrieben: Es bleibt ein Hack. Das verschwiegene Einfügen von nach der Spezifikation unnötigen und daher für andere unverständlichen Behelfslösungen ist ein Übel. Nennen Sie den Hack ruhig Workaround, Patch, Bugfix, Filter oder

Wenn die Abneigung gegen Hacks so weit ginge, dass Folgendes dem Klienten vermittelt wird, dann wäre viel gewonnen: Eine Seite **muss nicht** in allen Browsern gleich aussehen.

Weiche – aber dokumentieren Sie auf jeden Fall, was Sie tun (siehe Abschnitt 10.6.3).

Das **Progressive Enhancement** ist die stetige Erweiterung um neue Eigenschaften und Funktionen für kompatible Browser. Dessen Spiegelbild, die **Graceful Degradation**, ist die fehlertolerante, »sanfte« Verschlechterung bei reduziertem Funktionsumfang für inkompatible Browser. Für beide Designprinzipien stellen Hacks oft die Filter dar, damit eine Seite funktionsfähig bleibt, egal in welchem Browser sie betrachtet wird.

> Manchmal hat der Autor im Bestreben, die Dinge stückweise zu flicken, CSS Hacks und widersprüchliche Angaben angehäuft, um wenig strukturiertes und häufig invalides HTML zum Laufen zu bringen. In diesem Fall ist es effizienter, den Inhalt neu in HTML zu fassen und das CSS noch einmal komplett neu aufzubauen. – Gary Turner[26]

10.6.1 CSS-Hacks

Laut Tantek Çelik, dem Vater des **Box Model Hacks**, muss ein Hack
1. valide sein,
2. ausschließlich auf alte Browser abzielen und
3. hässlich und damit leicht als Hack erkennbar sein.

Übersichten der CSS-Hacks wurden bei »centricle« und »dithered« gepflegt; solche Tabellarien werden z. T. heute noch weitergeführt.[28]

Bevor man auf Hacks zurückgreift, müsse man standardkonforme Cross-Browserlösungen probieren.[27]

Mit dem Box Model Hack wurde allerdings die Büchse der Pandora geöffnet, um wie in der griechischen Mythologie alles Unheil über die Menschheit zu bringen, sprich: CSS-Hacks. Für nahezu jeden Browser wurden Parserfehler gesucht und gefunden, um speziell angepasstes CSS zu liefern.

IE5-Mac Band Pass Filter
Tantek Çelik ist auch der Autor des historischen IE-Mac Band Pass Filters, dessen Funktionsweise Douglas Bowman herausragend erläutert.[29]

Aus heutiger Sicht reduziert sich die Verwendung auf wenige Hacks für den IE 6 bis 7. Daher wird in Verbindung mit einem Conditional Comment der Star-HTML-Hack für IE ≤ 6 (und eventuell noch ein CSS-Kommentar-Hack für den IE 5.5 und 5) völlig ausreichend sein:

---

26 Gary Turner (*http://gtwebdev.com*) ist Moderator im CSS-Creator-Forum.
27 Tantek Çelik, »Pandora's Box (Model) of CSS Hacks And Other Good Intentions«, *http://tantek.com/log/2005/11.html*
28 »centricle«-Tabelle, *http://centricle.com/ref/css/filters/*; »dithered«-Tabelle z. B. bei *http://dithered.chadlindstrom.ca/css_filters/index.html*
29 Douglas Bowman, »IE5/Mac Band Pass Filter«, *http://www.stopdesign.com/eg/ie5mac-bpf/*

```
<!--[if lt IE 8]><style>
/* Aufgrund des CC sehen dies alle IE < 8 */
Selektor {
  Eigenschaft: Wert;
}
/* Star-HTML-Hack wird von IE < 7 erkannt */
* html Selektor {
  Eigenschaft: Wert;
  /* historischer Kommentar-Hack für IE 5.5 und IE 5 */
  Eigenschaft /**/: Wert;
}
</style><![endif]-->
```

Wichtig ist das Leerzeichen vor dem Kommentar; nur so wird IE 6 daran gehindert, die Zeile ebenfalls einzulesen.

▲ **Listing 10.2**
Conditional Comment für IE < 8, Star-HTML-Hack für IE ≤ 6 und Kommentar-Hack für IE 5.5 und 5

> **Ein Conditional Comment für die IE**
>
> Diese Vorgehensweise erlaubt es, die Wartungsarbeiten an einer Seite auf **einen** Conditional Comment (CC) für alle IE zu fokussieren. Die CSS-Hacks sind innerhalb des CC vor dem Zugriff anderer Browser geschützt, denn die Selektivität der CSS-Hacks ist nur scheinbar gegeben.

IE 7 | Was ist mit dem IE 7: Darf, soll man ihn hacken? Er ging mit neuen sowie mit fehlerbereinigten Eigenschaften und Selektoren einen weiten Schritt in die richtige Richtung. Weitere Eigenschaften blieben jedoch nur ein Wunsch, und er hatte noch viele Fehler, vor allem blieben die konzeptuellen Schwächen des hasLayout-Komplexes (siehe Abschnitt 10.7.1) bestehen.

Am IE 7 entzündete sich vor seiner Veröffentlichung die Diskussion um die CSS-Hacks und die Conditional Comments (siehe Abschnitt 10.6.2), und doch hat er die großen Erwartungen an ihn nicht ganz erfüllt. Er scheitert an einigen Konstruktionen, was ein Hacking leider oft notwendig erscheinen lässt.

Im Normalfall wird innerhalb des oben angegebenen Conditional Comments (`[if lt IE 8]` oder `[if lte IE 7]`) eine Deklaration vorgenommen, die dann eben auch vom IE 7 gelesen wird. Diese kann für den IE ≤ 6 per Star-HTML-Hack wieder überschrieben werden, wenn es zu Konflikten mit dem IE ≤ 6 kommen sollte. Solange Sie innerhalb eines solchen deckelnden Conditional Comments arbeiten, könnten Sie den IE 7 in besonderen Fällen auch per CSS-Hack isolieren. Solche Situationen ergeben sich beispielsweise, wenn Sie für den fehlerhaften IE7-Seitenzoom kompensierend hasLayout anwenden müssen, dies aber nicht dem IE 6 zumuten wollen.

Siehe die Anwendung in den Beispielen von Abschnitt 13.2.

Der für den IE 7 manchmal benutzte Hack

```
*+html Selektor {
  Eigenschaft: Wert
}
```

wird neben dem IE 7 auch vom IE 5 Win erkannt.

```
<!--[if lt IE 8]><style>
*:first-child+html Selektor {
  Eigenschaft: Wert
}
/* Hier folgen ggf. weitere Hacks für den IE ≤ 6 */
</style><![endif]-->
```

▲ **Listing 10.3**
Conditional Comment für IE < 8

Opera, WebKit, Mozilla | Wir raten von der Verwendung von speziellen Hacks für Opera, WebKit und Mozilla dringend ab. Es ist ein Spiel mit dem Feuer. Diese Hacks, die meist mit wilden CSS3-Selektor-Kombinationen erfolgen, können einen in späteren Browserversionen wieder einholen, denn diese Implementierungen werden ständig weiterentwickelt.

Verdeutlichen Sie dem Kunden vorab, dass ein unfertiger Browser ungeeignet für das Testen der Seite ist – und geben Sie ihm demgegenüber Einblick in Ihre Seitentests in allen fertigen Browsern, in Ihre Fehlerberichte an die Hersteller und in Ihre Konversationen mit Experten zu speziellen Problemen. Das macht Qualitätssicherung aus, nicht die Zeitvergeudung mit Betas.

Beta-Versionen der Browser | Das Hacken von Betas ist Unfug. Eine Beta-Version dient den Herstellern als erweiterter öffentlicher Test eines **unfertigen** Produkts. Doch Auftraggeber nutzen Beta-Versionen nicht selten für die Endabnahme einer Seite. Dies ist eine der schwierigen Aufgaben in der Kommunikation zwischen dem Webautor und dem Kunden. Sie als Webautor sollten sich an seiner statt mit den Betas auseinandersetzen (siehe Abschnitt 10.4), um zu gegebener Zeit, wenn der Browser kurz vor der Veröffentlichung steht, angemessen reagieren zu können.

10.6.2 Conditional Comments

Mit dem Erscheinen des IE 7 wurde der Niedergang der CSS-Hacks und das Verwenden der Conditional Comments (CC, bedingte Kommentare) als Methode zur Adressierung einzelner IE-Versionen ausgerufen.[30] Jahrelang wurden CSS-Hacks eingesetzt, die auf den IE oder alles außer ihn abzielten, weil sich der IE seit Version 6 nicht bewegte. Nun sollte sich das ändern, entsprechend musste die Praxis des Hackings überdacht werden.

Der IE 8 ist nicht in einer Reihe mit seinen Vorgängern zu sehen. Deren grobe Fehler sind Vergangenheit.

Adieu, CSS-Hacks, und willkommen, HTML-Hacks? | Ein CSS-Hack scheidet konforme von nicht konformen Browsern, daher kann man hier auch von einer »Weiche« sprechen. Der neue IE 7 fuhr aber teilweise über diese Weiche ins falsche Gleis: Er verstand zwar den Selektor im Gegensatz zu IE 6, aber was dahinter kam, war für den IE 7 nicht geeignet – die Weiche zwang den IE 7 zu den konformen Browsern, zu denen er aber noch nicht so ganz

---

30 Markus Mielke, »Call to action: The demise of CSS hacks and broken pages«, *http://blogs.msdn.com/ie/archive/2005/10/12/480242.aspx*

gehörte. Oder der IE 7 hätte die fraglichen Eigenschaften bereits umsetzen können, wenn man ihn über den Selektor nur gelassen hätte – er blieb noch auf der Spur für den IE 6.

»Stop Hacking, or be Stopped« (Dave Shea) wurde in dieser Zeit gerufen, ohne sich einzugestehen, dass Conditional Comments nichts anderes als Hacks sind: unstandardisierte, herstellereigene HTML-Hacks. Conditional Comments lösen nicht das Problem des Hackings, sondern sie sind Teil des Problems. Darin liegt eine gewisse Ironie.

Conditional Comments standen schon im IE 5 zur Verfügung, wurden aber kaum benutzt, weil man sie – und das ist ihr wesentlicher Nachteil – im HTML pro Dokument notieren muss.[31] Der Vorteil gegenüber den CSS-Hacks ist, dass sie einen ganz bestimmten Browser adressieren können, nämlich den IE in seinen verschiedenen Versionen, was auch über den Zeitpunkt des Verfassens hinaus noch gilt.

Da der IE 10 dem »Standards Track« folgt, ist es nur konsequent, dass Conditional Comments nicht mehr unterstützt werden. Der IE 10 sieht in den CC nur noch das, was sie sind: HTML-Kommentare.

> CC verstecken HTML und hierin liegendes CSS vor dem Validator, aber dadurch wird das versteckte Gut nicht valide, es findet bloß keine Prüfung mehr statt; die Validität ist daher ein absurder Gesichtspunkt für oder wider die CC.

Struktur der CC | Die MSDN-Dokumentation zu Conditional Comments[32] unterscheidet zwischen zwei Varianten: **downlevel-hidden** und **downlevel-revealed**, wobei Sie den Letzteren als invalides HTML nicht viel Aufmerksamkeit schenken müssen. Die Conditional Comments vom Typ downlevel-hidden allerdings sind valide HTML-Kommentare, wobei der IE-Parser anhand eines Ausdrucks am Beginn des Kommentars entscheidet, ob das Folgende nicht mehr als Teil des Kommentars, sondern als normales HTML angesehen wird.

```
<!--[if Ausdruck]> HTML <![endif]-->
```

> Struktur eines Conditional Comments: Hervorgehoben sind Anfang und Ende des HTML-Kommentars, wie ihn normale Browser sehen.

Der Ausdruck wird aus Operatoren, der Zeichenfolge `"IE"` und Versionsvektoren gebildet. Neben den Vergleichsoperatoren `"lt"`, `"lte"`, `"gt"`, `"gte"` (für *less than*, *less than or equal to*, *greater than*, *greater than or equal to*) stehen Klammern und die booleschen Operatoren `"!"`, `"&"`, `"|"` (für logisch Nicht, Und, Oder) zur Verfügung.

Der Versionsvektor gibt zunächst die Hauptversion des installierten IE an (`"5"`, `"6"`, `"7"`, `"8"`, `"9"`); hieran können sich ein

> Für den IE 8 wird gegen seinen Vektor `"8.000"` verglichen.

---

31 vgl. Jens Meiert, http://meiert.com/en/blog/20070201/why-conditional-comments-are-bad-repeat-bad/

32 MSDN, »About Conditional Comments«, *http://msdn2.microsoft.com/en-us/library/ms537512.aspx*

Die MSDN-Dokumentation und ein Artikel auf P.I.E.[33] enthalten eine Fülle weiterer kommentierter Beispiele.

Dezimalpunkt und bis zu vier Ziffern anschließen, um beispielsweise speziell den IE 5.5 abzufragen, der ansonsten mit dem IE 5 in der Hauptversionsnummer zusammenfiele.

```
<!--[if lte IE 7]>
  <link rel="stylesheet" href="ie567.css" />
<![endif]-->

<!--[if (IE 6 | IE 7)]>
  <link rel="stylesheet" href="ie67.css" />
<![endif]-->
```

▲ **Listing 10.4**
Laden eines Stylesheets für alle IE ≤ 7 (oben) bzw. nur für IE 6 und IE 7 (unten)

Verwendung von CC im Body | Conditional Comments müssen nicht im Head-Segment des HTML-Dokuments stehen, sondern können auch im Body notiert werden. Eine Methode fügt beispielsweise jeweils über CC das öffnende und das schließende `div`-Tag eines zusätzlichen Wrappers `#IEroot` ins HTML ein, um dann im Stylesheet per `#IEroot element {…}` ähnlich wie beim Star-HTML-Hack IE-spezifische Deklarationen vorzunehmen.[34]

Eine ganze Serie von Menüs von Stu Nicholls[35] arbeitet mit einer schwer verständlichen Technik, Tabellen irregulär in Links zu schachteln, um auf Scripts verzichten zu können, da IE ≤ 6 kein `*:hover` zulässt. Die Aufgabe ist es nun, in den konformen Browsern inklusive IE ≥ 7 den Link zu schließen und gleichzeitig dem IE ≤ 6 eine Tabelle zu eröffnen. Im Folgenden finden Sie die Abfolge von Conditional Comments mit Hervorhebungen der Teile des HTML, wie sie die unterschiedlichen Browser lesen.

```
<li><a href="#">Eintrag<!--[if gte IE 7]><!--></a><!--<![endif]-->
  <!--[if lte IE 6]><table><tr><td><![endif]-->
  <ul>[…]</ul>
  <!--[if lte IE 6]></td></tr></table></a><![endif]-->
</li>
```

↑ Abfolge von CC: Hervorgehoben ist der Teil des HMTL, den der IE ≤ 6 zu sehen bekommt.

---

33 Manfred Staudinger, »Taming Your Multiple IE Standalones«,
  http://www.positioniseverything.net/articles/multiIE.html
34 Hiroki Chalfant, »#IEroot«,
  http://www.positioniseverything.net/articles/cc-plus.html
35 Stu Nicholls, »CSS play – List of Menus«, *http://www.cssplay.co.uk/menus/*

```html
<li><a href="#">Eintrag<!--[if gte IE 7]><!--></a><!--<![endif]-->
   <!--[if lte IE 6]><table><tr><td><![endif]-->
   <ul>[…]</ul>
   <!--[if lte IE 6]></td></tr></table></a><![endif]-->
</li>
```
↑ Hervorhebung des HTML für konforme Browser inkl. IE ≥ 7.

```html
<!--[if gte IE 7]><!--></a><!--<![endif]-->
```
↑ Detail: Der IE ≥ 7 sieht innerhalb des CC einen irregulären Kommentar und das schließende `a`-Tag. Die CC-Ende-Anweisung ist in einem normalen Kommentar eingebettet, wird aber dennoch erkannt.

```html
<!--[if gte IE 7]><!--></a><!--<![endif]-->
```
↑ Normale Browser sehen zwei HTML-Kommentare und ein schließendes `a`-Tag dazwischen.

Man muss hier kritisch anmerken, dass es selten gut geht, wenn man diese scriptfreien Menüs für sich abwandeln will, weil sich zu leicht Fehler in der Abfolge der Conditional Comments einschleichen – vor allem, wenn sie blind kopiert werden und letztlich unverstanden bleiben.

Daneben verlässt sich diese Technik darauf, dass IE die Zeichenfolge `<!-->` weiterhin irrtümlich als vollständigen HTML-Kommentar ansieht.

Diese Nachteile, und nicht nur die Abneigung gegen Scripts, sollten in die Bewertung einfließen.

Würde sie von einem zukünftigen IE richtigerweise als Anfang eines Kommentars erkannt, dann wäre das schließende `a`-Tag auskommentiert und schließlich die `<ul>` im Link verschachtelt.

Wartbarkeit | Das Problem mit Conditional Comments ist, sie zu warten. Sie können nicht mit der IE Developer Toolbar live verändert werden, und es gibt gegenwärtig kein Werkzeug zum »Validieren« von CC, um ihr tatsächliches Verhalten gegenüber dem erwarteten zu testen. Conditional Comments verzeihen keine Fehler; beachten Sie, dass beim folgenden fehlerhaften CC keine gesonderte Warnung erfolgt:

```
      ↓         ↓
<!-- [if gte IE5.5]>
   h1 {margin:0}
<![endif]-->
```

◀ **Listing 10.5**
Fehlerhafter CC: zuerst ein Leerzeichen zu viel, dann ein fehlendes. Zudem steht CSS statt HTML im Kommentar, hier fehlt das `style`-Element.

10.6.3 Auf dem Weg zu einer soliden Hacking-Strategie

Immer noch bedeutet »Vermeide Hacks, wenn es irgend geht«, dass Webautoren sich dennoch eine solide Hack-Strategie erarbeiten müssen. Fügen Sie keinen Hack hinzu, ohne zu dokumentieren, zu welchem Zweck Sie das tun.

Wartungsarbeiten am CSS führen zu Problemen, wenn relevante Teile einer »stillen« Hack-Konstruktion versehentlich dabei gelöscht werden. Einst beim Entwickeln eingefügte, inzwischen nutzlos gewordene Hacks führen zu einem unaufgeräumten Stylesheet voller Fallstricke. Und der Versionsvektor im Conditional Comment allein sagt nicht, warum diese Regeln dem IE untergeschoben wurden, wenn man sie für den nächsten IE anpassen muss.

> **Empfehlung**
>
> Nennen Sie einen Hack einen Hack, separieren Sie ihn vom übrigen Code, und dokumentieren Sie, was Sie tun!

Und dabei allein darf es nicht bleiben.

> » Ich bin mir nicht sicher, ob es möglich ist, alle Hacks als solche zu benennen und strikt vom Rest zu trennen, weil der ganze Rest selbst voller Tricks ist. – Bruno Fassino «

Selbst standardkonform verwendetes CSS ist stellenweise so wenig offensichtlich, dass es fahrlässig erscheint, beispielsweise `overflow: hidden` undokumentiert zu verwenden. Soll hier nun im direkten Sinne der Eigenschaft Überstehendes abgeschnitten oder – völlig verschieden davon – ein Float eher als Nebeneffekt eingeschlossen werden?

Auch ohne Browserbugs ist CSS oft bereits so komplex und so wenig gradlinig, dass man sich beim Dokumentieren alle Mühe geben sollte. Der Ansatz, alles Nicht-Offensichtliche zu beschreiben, führt zu einem besseren Verständnis von CSS an sich, **zum Wissen, was man tut**.

> **Aufgaben einer Hacking-Strategie**
>
> Eine jede Hacking-Strategie steht vor den Problemen der unzureichenden **Dokumentation**, des hohen **Wartungsaufwands** und der mangelhaften **Selektivität** der Hacks.

Für uns hat sich folgende Vorgehensweise als brauchbar erwiesen (siehe im Einzelnen diesen Abschnitt 10.6):

- eine weitreichende Auffassung von Hacks als all dem, was laut Spezifikation nicht zur Darstellung notwendig gewesen wäre
- konsequente Dokumentation aller nicht offensichtlichen Verfahrensweisen
- Separation der Sonderangaben für IE ≤ 7 in einem Stylesheet, das per Conditional Comment eingebunden wird, hierin zur Differenzierung der Star-HTML-Hack für IE < 7

▶ keine CSS-Hacks für Firefox, WebKit, Opera oder Beta-Versionen

Hacking ist notwendige Realität. Sich dafür eine pragmatische Strategie anzueignen ist hilfreich, aber ein stets individueller Vorgang und damit kaum einer Doktrin unterzuordnen.

10.7 Magic Bullets gegen Bugs des IE Win

John Gallant und Holly Bergevin veröffentlichen 2003/2004 einen Weg, IE-Bugs anzugehen: Sie empfahlen aus langer Erfahrung, im Zweifel »Magic Bullets« abzufeuern.[36] Klar war ihnen, dass beide Zauberkugeln, position: relative und der **Holly Hack**, nicht nur Gutes bringen. Und der Zusammenhang zwischen dem Holly Hack und dem hasLayout-Phänomen war bald erkannt.

```
/* Versteckt vor IE5-Mac \*/
 * html .fix { height: 1%; }
/* Ende des Versteckspiels */
```

▲ **Listing 10.6**
Der Holly Hack. Der Backslash maskiert das Kommentarende und verhindert, dass der IE-Mac den Star-HTML-Hack liest und sich anders als der IE 6 an die 1% Höhe hält. Im IE ≤ 7 wird über die Dimension hasLayout gesetzt.

Aus heutiger Sicht, viele weitere Fehlerbeschreibungen später, kann dieser Ansatz immer noch gelten. Die bunte Vielfalt an Fehlern in IE < 8 ist kaum mit Gewinn zu klassifizieren, demgegenüber ist die Anzahl der bekannten Lösungswege überschaubar. Wir stellen im Folgenden einige häufig einsetzbare Maßnahmen vor.

Weitere Maßnahmen, wie display: inline zur Vermeidung des **Doubled Float-Margin-Bugs**, finden sich in den entsprechenden Abschnitten des Buchs.

10.7.1 hasLayout

Das Flag haslayout = true zeigt im IE ≤ 7 das Wirksamwerden eines herstellereigenen Konzepts an, das annähernd mit einen nicht regulären Block Formatting Context umrissen werden kann. Die interne Layoutdatenstruktur lässt betroffene Elemente selbst – und nicht wie sonst ihre Vorläufer mit Layout – dafür

Ein ausführlicher Artikel zu hasLayout wird seit 2005 herausgegeben. Im MSDN wurde in der Folge eine Übersicht veröffentlicht.[37]

---

36 John Gallant, Holly Bergevin, »How To Attack An Internet Explorer (Win) Display Bug«, *http://www.communitymx.com/content/article.cfm?cid=C37E0*

37 Ingo Chao, Bruno Fassino, Georg Sørtun, Philippe Wittenbergh, Holly Bergevin, John Gallant: »On having layout«, *http://www.satzansatz.de/cssd/onhavinglayout.html*; dt. Übersetzung von Corina Rudel, *http://onhavinglayout.fwpf-webdesign.de/*; Markus Mielke, »,HasLayout' Overview«, *http://msdn.microsoft.com/en-us/library/bb250481.aspx*

verantwortlich sein, wie sie ihren Inhalt zeichnen, wie sie mit anderen Elementen in Beziehung treten und wie sie auf Ereignisse der Seite reagieren. Die weitgehende Unabhängigkeit der Elemente mit Layout führt bei diesen zu mehr Stabilität, allerdings um den Preis der konzeptuellen Abweichung vom Standard. Somit ist hasLayout Bugfix und Bug in einem.

Elemente und Eigenschaften, die zu hasLayout = true führen | Einige Elemente haben von sich aus unverrückbar Layout: `<html>`, `<body>`, `<table>`, `<tr>`, `<th>`, `<td>`, `<img>`, `<hr>`, `<input>`, `<button>`, `<select>`, `<textarea>`, `<fieldset>`, `<legend>`, `<iframe>`, `<embed>`, `<object>`, `<applet>`, `<marquee>`. Die übrigen Elemente erhalten durch bestimmte CSS- sowie proprietäre Eigenschaften Layout »en passant« (siehe Tabelle 10.2).

Sie können dieses Flag nicht direkt setzen, aber mit der *IE Developer Toolbar* prüfen (siehe Abschnitt 10.5.2).

Eigenschaft\erzeugt	Block Formatting Context	IE 6 hasLayout = true	IE 7 hasLayout = true
`display: table-cell|table-caption` (oder als anonyme `table-cell` von `table` bzw. `inline-table`)	ja	nicht unterstützt	nicht unterstützt
`display: inline-block`	ja	ja	ja
`position: absolute`	ja	ja	ja
`position: fixed`	ja	nicht unterstützt	ja
`float: left|right`	ja	ja	ja
`overflow: hidden|scroll|auto`	ja	nein	ja
`overflow-x|-y: hidden|scroll|auto`	CSS3: ja	nicht unterstützt	ja
`width: Wert` (ohne `auto`)	nein	ja	ja
`height: Wert` (ohne `auto`)	nein	ja	ja
`min-width/min-height: Wert`	nein	nicht unterstützt	ja
`max-width/max-height: Wert` (ohne `none`)	nein	nicht unterstützt	ja
`zoom: Wert` (ohne `normal`)	nein, proprietär	ja	ja
`writing-mode: tb-rl`	nein, proprietär	ja	ja

▲ Tabelle 10.2
Menge der Eigenschaften, die laut CSS 2.1 einen Block Formatting Context erzeugen, geschnitten mit der Menge der Eigenschaften, die im IE `hasLayout=true` hervorrufen. Rot hervorgehoben ist die Abweichung vom BFC-Standard.

Ein Exkurs zum BFC findet sich in Abschnitt 4.5.

Schnittmenge des Verhaltens von hasLayout mit einem Block Formatting Context | Ein Block Formatting Context (CSS 2.1: 9.4.1, 9.5, 8.3.1) bestimmt, dass

▶ Floats im BFC-erzeugenden Element eingeschlossen werden,
▶ Clear sich nur auf Floats innerhalb des BFC auswirkt,

- vertikale Margins von Kindelementen nicht mit den Margins des BFC-erzeugenden Elternelements kollabieren und
- die Border-Box des BFC-erzeugenden Elements neben einem Float zu liegen kommt und nicht etwa die Margin-Box eines Floats überlappen darf: Ein BFC verwebt sich nicht mit einem Float.

Dies alles gilt auch für Elemente mit Layout im IE < 8.[38] Auch über hasLayout werden sozusagen isolierte Container auf einer Seite geschaffen, aber:
- Nicht alle Eigenschaften, die einen BFC erzeugen sollten, setzen hasLayout im IE.
- Nicht alle Eigenschaften, die hasLayout setzen, dürfen laut Spezifikation einen BFC etablieren.

Somit ergibt sich nur eine Schnittmenge von BFC-erzeugenden Eigenschaften mit hasLayout-erzeugenden Eigenschaften (siehe Tabelle 10.2).

Fehler und Lösungen mit hasLayout | Neben den Abweichungen von dem BFC-Konzept gibt es eine Reihe von weiteren Problemen, die hasLayout mit sich bringt – oder löst:
- Listenmarker verschwinden oder werden aufgrund von hasLayout auf Listen fehlerhaft platziert, und Listennummern werden falsch gezählt.
- Blocklevel-Links benötigen in Listen hasLayout, damit sich zwischen den `<li>` nicht der **List Whitespace Bug** mit zusätzlichem Leeraum zeigt.
- Blocklevel-Links benötigen hasLayout, damit nicht nur der Text anklickbar ist.
- Eine durch negative Margins über den Rand ihres Elternelements hinaus bewegte Box wird abgeschnitten, wenn das Elternelement hasLayout hat und das Kind kein `position: relative` hat.
- Relativ positionierte Elemente brauchen fast immer zusätzlich hasLayout, um im Stapelkontext auf der richtigen Ebene (oder überhaupt) dargestellt zu werden, anderseits bilden sie durch hasLayout irrtümlich einen eigenen Stapelkontext.
- Ein Containing Block über `position: relative` für absolute Positionierung verlangt nach hasLayout.
- Das **Shrink-to-fit** der Breite einer Box wird zum Teil verhindert, wenn das Element Kinder mit hasLayout hat.

Sie finden einzelne Darstellungen mit Beispielen zu dieser Liste im Artikel zu hasLayout.

---

38 Philippe Wittenbergh, »Block formating contexts, 'hasLayout' – IE Window vs CSS2.1 browsers: simulations«, *http://dev.l-c-n.com/IEW/simulations.php*

- Hintergrundbilder finden ihren Ursprung irrtümlich unter der Border eines Elementes ohne hasLayout.
- Die Navigation per Tastatur wird über hasLayout auf Elementen der Seite teilweise verwirrt.
- Ein hasLayout-Container wird teilweise beim Hovern neu gezeichnet. Dabei zeigt sich manchmal bei Kindelementen ein Springen.
- Filter benötigen ein Element mit hasLayout, um dargestellt zu werden.
- Inlinelevel-Elemente verhalten sich mittels hasLayout wie Inline-Block-Elemente.

hasLayout als Hack | Wir empfehlen, dass Sie hasLayout als Bugfix nicht leise über normale CSS-Eigenschaften, sondern innerhalb eines Conditional Comments per `zoom: 1` setzen (siehe Abschnitt 11.4).

»Zoom [...] schreit ›hasLayout‹ herum« – Philippe Wittenbergh. Vergleichen Sie unsere Überlegungen zu einem Hack-Management im Artikel zu hasLayout.

Listing 10.7 ▶
Ein im IE 5.5 bis IE 7 anwendbarer Hack, um hasLayout zu setzen

```
<!--[if lt IE 8]><style>
  .giblayout { zoom: 1; }
</style><![endif]-->
```

Sie können auf der anderen Seite hasLayout nicht von einem Element entfernen, also `hasLayout = false` setzen, es sei denn, Sie würden die Eigenschaft vermeiden oder überschreiben, die hasLayout ursprünglich hervorgerufen hat. Und selbst das geht nicht bei `display: inline-block`, denn einmal deklariert, wird hasLayout über diese Eigenschaft unwiderruflich gesetzt.

hasLayout ist dann Geschichte, wenn IE 7 und IE 6 vergangen sind | Jenseits der Schnittmenge mit dem Block Formatting Context ist hasLayout ein konzeptioneller Fehler, der nicht mit der Spezifikation vereinbar ist (siehe Tabelle 10.2). Im IE 8 wurde hasLayout denn auch aufgegeben, und im gleichen Zug mussten auch mehr CSS2.1-Eigenschaften unterstützt werden: `display: table-*` zum Einschließen von Floats sowie generierter Inhalt wegen der Easyclearing-Methoden. Sehr viele Seiten würden sonst scheitern, die für IE ≤ 7 hier vielleicht allein `height` verwenden würden, das aber in IE 8 keinen BFC mehr erzeugt. Das hasLayout-Konzept konnte nur für mehr Standardkonformität aufgegeben werden.

10.7.2 position: relative

Fernab der Spezifikation ist das relative Positionieren im IE ≤ 7 zweischneidig: Es ist sowohl Auslöser von Darstellungsfehlern als auch ein Mittel gegen Darstellungsfehler.

Eine Fülle von unerwarteten Problemen tritt im IE ≤ 7 auf, wenn ein relativ positioniertes Element nicht gleichzeitig hasLayout erhält. Vor allem sind Nachfahren betroffen – auch wenn sie tiefer verschachtelt sind –, sie verschwinden ganz oder teilweise von der Bildfläche.[39]

> **Faustregel**
>
> Ein relativ positionierter Container ohne hasLayout ist nicht stabil und hat auch keine stabilen Nachfahren.

Zumeist wird `zoom: 1` per Conditional Comment das Problem lösen können, aber man erkauft sich damit immer auch alle Nachteile von hasLayout. Als Bugfix kommt `position: relative` zum Tragen, wenn ein Element per negativem Margin aus seinem Elternelement hinausgeschoben werden soll, dabei aber im IE an der Kante glatt abgeschnitten wird (Clipping). Der Fix wird so häufig verwendet und so selten dokumentiert, dass man beinahe meinen könnte, `position: relative` wäre eine Bedingung für das Platzieren mit Margins – aber weit gefehlt, es ist nur ein Hack.

Ein weiteres Beispiel ist der Seitenzoom im IE 7 (die Lupe rechts unten am Browserfenster): ein benutzerfreundliches Mittel, wenn es denn nur funktionieren würde, doch in einigen Layouts verschieben sich dabei ganze Blöcke. Hier kann `position: relative` auf `<body>` Abhilfe schaffen.

Oft taucht die Frage auf, warum `position: relative` im IE ≤ 7 nötig war, aber nicht in den anderen Browsern. Hinter dieser Frage steht die Erwartung, dass hier besondere Aspekte der Positionierung wirksam werden. Aber dies ist nicht so, die Korrektur ist mit der Spezifikation nicht begründbar. Vielmehr ist anzunehmen, dass bei `position: relative` jüngere Routinen in der Rendering Engine des IE greifen.

Der gewichtige Nachteil von `position: relative` als Bugfix ist, dass hiermit im IE < 8 entgegen der Spezifikation auch ohne `z-index` ein eigener Stapelkontext gebildet wird. Alle weiteren Positionierungen von Nachfahren entlang der z-Achse finden also nur innerhalb dieses irregulären Stapelkontextes statt. Dies hat die Folge, dass die übrigen Elemente der Seite nicht aus dem Container heraus übermalt werden können, wenn sie in der Stapelfolge näher zum Betrachter liegen als der Container. Denn sie liegen nicht nur über dem relativ positionierten Container, sondern gleich auch über dem gesamten Stapelbereich, den er im IE fehlerhaft anlegt.

Im IE7 wurde `position: relative` überarbeitet; es zeigen sich weniger Fehler gegenüber der Situation im IE 6.

Clipping tritt im IE auch bei einer kleinen `line-height` auf: Hier lässt erst `position: relative` an den Zeilenboxen abgeschnittene Buchstaben wieder erscheinen (siehe Kapitel 5, »Das Inline-Formatierungsmodell«).

Etwa bei gestalteten Inline-Elementen wie z. B. Links im Fließtext ist gegen die verzerrte Darstellung im Seitenzoom jedoch noch kein Kraut gewachsen (siehe auch Abschnitt 12.1.1).

In Abschnitt 6.1.2 zeigen wir für Menüs einen Ausweg aus dem Dilemma. Wenn Sie `position: relative` erst bei `:hover` setzen, entsteht der irreguläre Stapelkontext nur an ebendiesem Element.

---

39 Ingo Chao, »Disappearance«, *http://www.satzansatz.de/cssd/rpfloat.html*

10.7.3 Negativer Backside Margin

Bei negativen Margins wird die Außenkante (d.h. die Margin-Kante und damit die Berührungslinie eines Elements mit anderen Elementen) nach innen verlagert, so dass das Element näher an einen Nachbarn oder an die nächste Kante des Elternelements rücken kann, als ein positiver Margin es zuließe. Auf diese Weise können Elemente in Richtung des negativen Margins bewegt werden.[40]

Wird ein negativer rechter Margin auf ein linkes Float angewandt, so wird dieses Float allerdings nicht versetzt: Linke Floats liegen ja laut Definition so weit links wie möglich, rechte Floats so weit rechts wie möglich (CSS 2.1: 9.5). Der negative Margin in ihrem Rücken, also der Richtung des Floats abgewandt, vermag nun bis zur nächsten Kante Platz einzuräumen, der ansonsten gar nicht zur Verfügung stünde (siehe Abbildung 10.11).

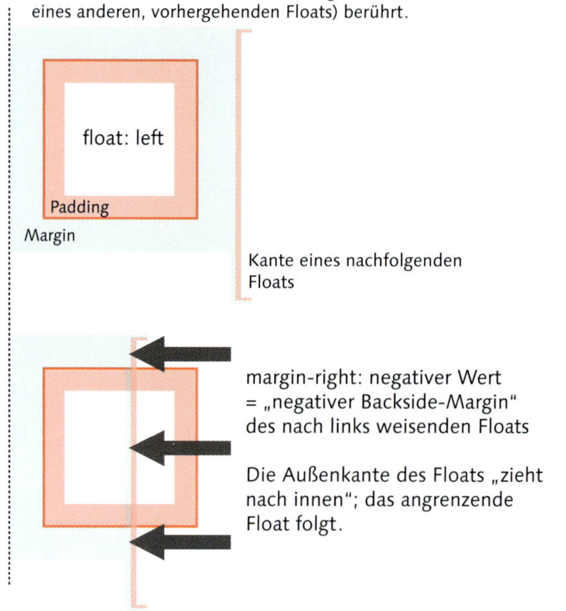

Abbildung 10.11 ▶
Ein linkes Float erhält einen negativen rechten Margin.

Wir verwenden negative Backside-Margins in Abschnitt 13.4 – nicht nur als Bugfix für IE.

Das schafft Freiraum für das sonst mit dem Rücken zur Wand stehende Float, wenn der IE wieder einmal mehr an Platz verlangt, als das Boxmodell mit `width/height`, `padding`, `border` und `margin` addiert.

Versuchen Sie es das nächste Mal, wenn ein linkes Float unter ein vorhergehendes rutscht (Float Drop), mit einem solchen

---

40 Ingo Chao, »Companion Columns«,
http://www.satzansatz.de/cssd/companions.html

10.7.4 :hover { background: 0 0 }
Im Internet Explorer gibt es bis hinauf zum IE 7 ein Problem mit dem Hovern. Und ungezählt sind diejenigen Entwickler, die sich seit der Veröffentlichung von Eric Meyers »Pure CSS Popups« im Jahr 2001 mit diesem Problem herumgeplagt haben, nachdem sie seine Demonstration abgewandelt hatten.[41]

```
a:hover img {border: 1px solid red;}
```
Problem im IE 6

Im Kern ist dies lediglich ein Selektor, der nach der Pseudoklasse einen Nachfahren angibt. Aber im IE 6 tut sich nichts: Kein roter Rahmen erscheint. Es sei denn, Sie geben wie bei Eric Meyer an, dass bei dem Link selbst etwas beim Hovern passieren soll, und sei es so etwas Unsinniges wie:

Der Fehler zeigt sich auch in der Form, dass ein einmal gewechseltes Bild nach dem Hovern manchmal nicht mehr zurückwechselt.

```
a:hover {background-position: 0 0;}
```
Hover-Fix für den IE 6

Wie um den Bug vollends ins Absurde zu führen, sind es dann auch nur einige gewisse Eigenschaften, deren erste Deklaration in dieser Hilfsregel den nötigen Anstoß dazu gibt, im Nachfahren auch auf das Hover-Ereignis zu reagieren. Die auslösende Eigenschaft darf nicht bereits auf den Link verwendet worden sein.[42]

Wurde dieser Bug an sich im IE 7 gelöst, erschien er an anderer Stelle gleich wieder: Nun wechselt ein Hover-Status nicht mehr zurück, nachdem auf den Link geklickt wurde. **Son of Suckerfish Dropdowns** klappen nicht mehr zurück. Wieder gilt es, für das gehoverte Element selbst eine noch nicht benutzte Eigenschaft zu finden:

Wir nutzen hier das »hässliche« `background-position: 0 0` oder auch `text-indent: 0`, um etwas deutlicher zu machen, dass es sich um einen Hack handelt.

```
#nav li:hover {background-position: 0 0;}
```
Sticky-Hover-Fix für den IE 7

10.7.5 Markup-Änderung: Elemente trennen
Die wundersame Welt der IE-Bugs wartet auch mit Problemen auf, die sich erst mit Hilfe von Änderungen im HTML-Markup beheben lassen. So verschwinden in bestimmten Konstellationen von Float-, Clear- und absolut positionierten Elementen die positionierten Container im IE ≤ 7 komplett. Sie umgehen das

Verschiedene Formen des **List Whitespace Bugs** lassen sich dagegen beheben, indem Sie Leerzeichen und Zeilenwechsel zwischen den `</li>[...]<li>` entfernen.

---

41 Eric A. Meyer, »Pure CSS Popups«,
 http://meyerweb.com/eric/css/edge/popups/demo.html
42 Ingo Chao, »pseudo-class, pseudo-element, pseudo-CSS«,
 http://www.satzansatz.de/cssd/pseudocss.html; Claire Campbell, »IE Pure CSS Pop Ups Bug«, http://www.tanfa.co.uk/css/articles/pure-css-popups-bug.asp

Problem, indem Sie den positionierten Container mittels eines zusätzlichen `div`-Elements vom Float trennen (vgl. Abschnitt 6.4.2).[43]

In anderen Fällen wiederholen sich letzte Buchstaben eines Absatzes unerwartet an anderer Stelle (**Duplicate Characters Bug**). Im IE sieht man solche verdoppelten Zeichen

- nach doppelten HTML-Kommentaren `<!----><!---->`,
- in der Nähe von Elementen mit `display: none`,
- bei Input-Elementen vom Typ `hidden` und
- in engen Float-Settings, teilweise in Kombination mit HTML-Kommentaren.

Auch hier kann meist eine geringfügige Änderung im HTML an sich zu einer Lösung führen.[44] Wenn sich etwa innerhalb eines Formulars Buchstaben wiederholen, hilft es oft, die Inputs vom Typ `hidden` in ein `<div>` zu schließen.

10.8 Bug-Ressourcen

Es gibt keine Liste aller Bugs – was wäre das für ein Unterfangen. Sie müssen im Internet die häufig auftretenden Fehler der Browser anhand von Stichwörtern aus Ihrer eigenen Fehlerbeschreibung recherchieren.

10.8.1 Private Seiten

> Wir können hier nur die Mühe einiger Urheber von herausragenden Dokumentationen würdigen.

Es liegt immer in der Initiative Einzelner, Fehler für die Allgemeinheit zu dokumentieren, Lösungswege zu erarbeiten und die Veröffentlichung aktuell zu halten.

- Der *Bug Report* auf *Quirksmode* wird von Peter-Paul Koch leider seit Mitte 2008 nicht fortgeführt. Dieser Bugtracker für CSS- und JavaScript-Fehler aller Browser bleibt jedoch für die Recherche einsehbar.[45]
- Bruno Fassino verfasst exzellente Fehlerbeschreibungen und Reduktionen für Bugs aller Browser sowie Testseiten für unklare Stellen der Spezifikation.[46]
- Auf *Position is Everything* veröffentlichen John Gallant und Holly Bergevin ausführliche Beschreibungen und Work-

---

43 Bruno Fassino, »IE7-/Win: A box with position:absolute next to a float may disappear«, *http://www.brunildo.org/test/IE_raf3.html*
44 John Gallant, Holly Bergevin, »Explorer 6 Duplicate Characters Bug«, *http://www.positioniseverything.net/explorer/dup-characters.html*
45 *http://www.quirksmode.org/bugreports/*
46 *http://www.brunildo.org/test/index.html*

arounds. Hier finden sich einige Klassiker der Bugs des IE 6, die man als Webautor kennen sollte.[47]

▶ Gerard Talbot sammelt Browserfehler und pflegt daneben eine lange Liste anderer Websites, die Bugs beschreiben.[48]

10.8.2 Bugtracker der Browseranbieter

Alle Entwickler sind auf gute Fehlerberichte angewiesen, und einige Hersteller versuchen, sie über öffentlich zugängliche Bugtracker zu gewinnen. Rund um diese Systeme zur Fehlerdokumentation wird ein Netz von Foren und Blogs gesponnen, um eine Anlaufstelle für die technikbegeisterte **Community** zu bilden. Das Kardinalproblem aller Fehlerverfolgungssysteme (*Bug Tracking System*, BTS) ist die Güte der Beschreibungen bei der Masse an Berichten.

Sie können bei einem auftretenden Darstellungsfehler recherchieren, ob der betreffende Browser für das Problem verantwortlich ist und nicht Ihre Seite und ob das Problem in der nächsten Browserversion vielleicht schon behoben sein wird. Jedoch werden Sie kaum einmal einen Workaround für Ihre Arbeit an der Seite finden: Dies ist nicht die Zielsetzung der Bugtracker.

Die nüchterne Erkenntnis – unabhängig von der Begeisterung für den einen Browser und der Abneigung gegen den anderen – ist, dass alle Browser teils seit Jahren bestehende grobe Fehler in der CSS-Implementierung aufweisen.

Wenn Sie selbst einen Fehlerbericht liefern können, dann tun Sie es unbedingt. Sie diskutieren mit Entwicklern und nehmen dadurch an der Verbesserung des Browsers teil.

Mozilla Firefox – Bugzilla | Die Fehler im Mozilla-Projekt werden in Bugzilla dokumentiert und diskutiert.[49] Wenn die normale Suche nach Ihren Begriffen in diesem Bugtracker zu viele Ergebnisse liefert, können Sie die Suche bis ins Detail in der erweiterten Suchmaske verfeinern (siehe Abbildung 10.12).

Hier würden Sie in der Fehler-Zusammenfassung suchen und die Suche auf den »Core« beschränken (enthält u. a. die **Gecko Layout Engine**), gegebenenfalls noch auf die »Layout«-Komponente. Mit »New, Assigned, Reopened« sind nur Fehler gemeint, die auch in der letzten Entwicklerversion noch bestehen. Das bedeutet auch, dass einige Fehler bereits den Status »Resolved: Fixed« haben können, aber in der veröffentlichten Firefox-Version noch nicht behoben sind.

Zum Beispiel:

Classification: »Components«
Product: »Core«
Component: »Layout ...«
Status: »New«

Wenn Sie einen neuen Fehler, etwa im Umgang mit CSS, melden wollen, dann müssen Sie nach Ihrer Registrierung bei *Report a bug* in OTHER PRODUCTS • COMPONENTS • CORE wechseln und

---

47 *http://positioniseverything.net/*
48 *http://www.gtalbot.org/BrowserBugsSection/*
49 *https://bugzilla.mozilla.org;*
  https://bugzilla.mozilla.org/enter_bug.cgi?product=Core

nicht zu Firefox. Sie werden Schritt für Schritt durch den Bugreport geleitet. Später erhalten Sie Benachrichtigungen, wenn sich etwas an »Ihrem« Bug tut.

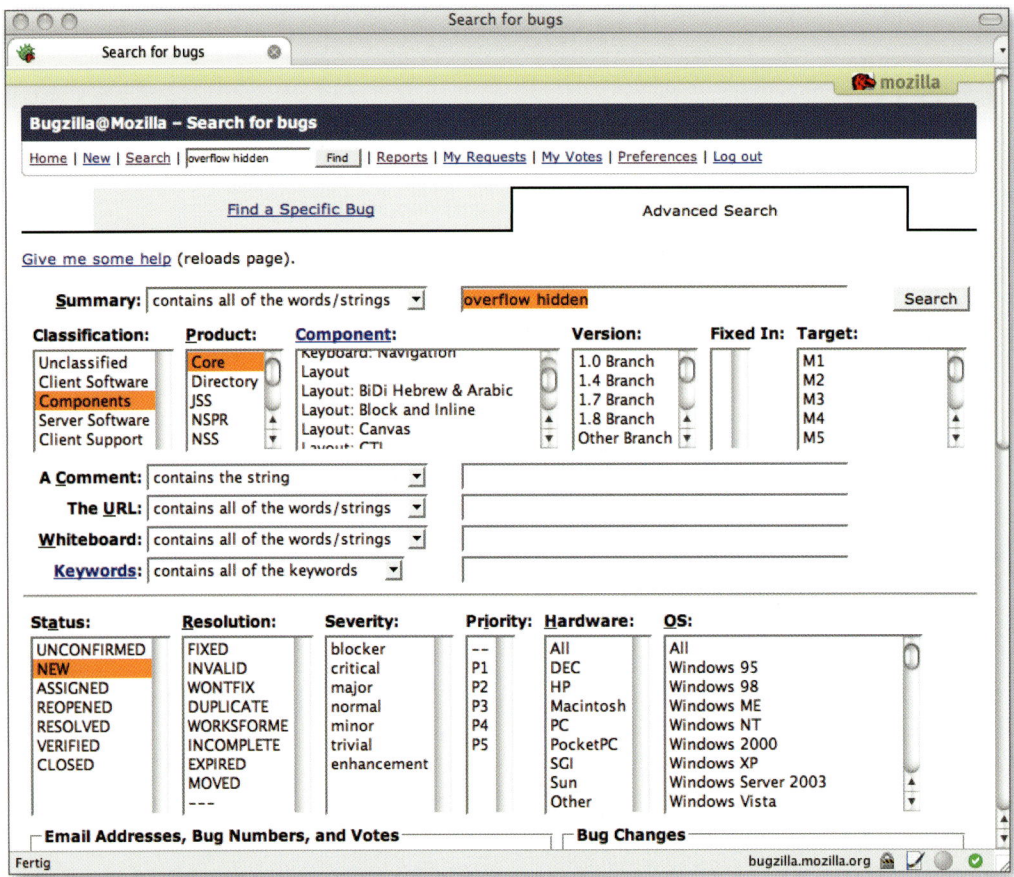

▲ Abbildung 10.12
Die erweiterte Suchmaske im Bugzilla für Mozilla bei der Suche nach einem Overflow-Fehler.

Es schärft Ihre Debugging-Fertigkeiten, wenn Sie sich mit etwas Zeit einen Fehler aus der Liste »Bugs needing reduction« vornehmen und eine Reduktion schreiben.

Safari/WebKit – Bugzilla | Die Suche nach bekannten Bugs im Safari ist im WebKit Bugzilla möglich.[50] In der erweiterten Suchmaske ist hier beispielsweise PRODUCT: »WebKit«; COMPONENT: »CSS«; STATUS: »New, Assigned, Reopened« auszuwählen.
Zum Beispiel konnten im Safari auch nichtpositionierte Objekte mit opacity einen z-index führen – ein Fehler, der mittlerweile behoben wurde: RESOLVED: »Fixed« (siehe Abbildung 10.13).

---

50 http://bugs.webkit.org; http://webkit.org/quality/reporting.html; http://nightly.webkit.org/start

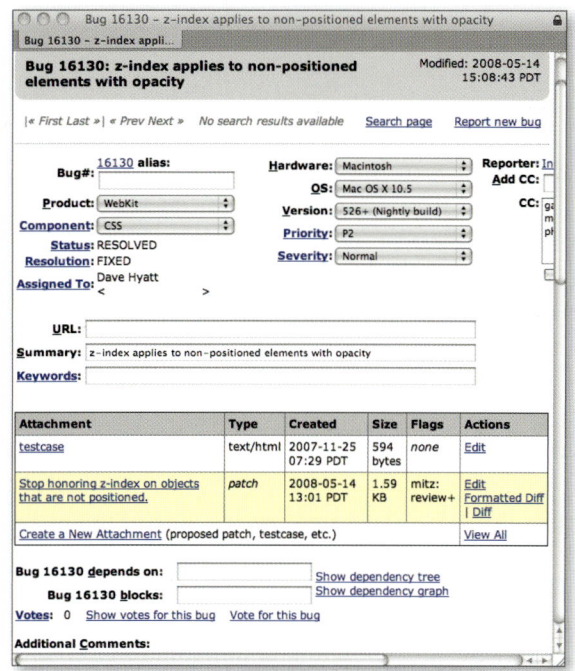

Die Beschreibung lautet hier: »opacity < 1.0 formt einen Stacking Context. Aber sollte z-index auf ein Element angewendet werden können, das nicht positioniert ist? Im Testcase lassen opacity: 0.66 und z-index: 2 eine rote Box über eine folgende blaue Box zeichnen, die opacity: 0.90 hat. Nicht in Firefox 2.0.0.9.«

◄ **Abbildung 10.13**
Ein behobener Fehler, verzeichnet im WebKit Bugzilla für Bug *#16130*

Beachten Sie die Hinweise für einen guten Bugreport, wenn Sie neue Fehler eintragen.

Opera | Opera hat keinen öffentlich einsehbaren Bugtracker. Dies ist für die Fehlersuche von Webautoren nicht hilfreich, hat aber den Hintergrund, dass Opera nicht Open Source ist und nichtöffentliche Fehlermeldungen anderer Parteien mit einfließen.

Sie können beobachtete Fehler in dem Opera-Community-Forum *General Web Development* diskutieren und danach über ein Bugreport-Formular einreichen.[51]

Ein partiell offener Bugtracker wäre aus unserer Sicht für Opera ein gangbarer Weg, die eigenen Interessen zu schützen und gleichzeitig die Community mehr an der Fehlersuche zu beteiligen.

Internet Explorer – Connect | Als sich nach Jahren des Stillstands beim IE 6 die nächste Version anschickte, den Standards mehr zu folgen (und, damit einhergehend, bei vielen der auf den IE 6 abgestimmten Seiten Darstellungsfehler hervorzurufen), wurde *Internet Explorer Feedback* als offene Fehlerdatenbank für alle Nutzer ins – kurze – Leben gerufen.

Mit dem IE 8 beschritt Microsoft einen anderen Weg, um bessere Bugreports zu erhalten, die eine direkte Maßnahme seitens des IE-Teams überhaupt möglich machen.[52] Offen zugänglich war nur die Newsgroup, in der Connect-Datenbank konnte zumindest

---

51 *http://www.opera.com/support/bugs/*;
http://my.opera.com/community/forums/
52 *http://connect.microsoft.com/IE/Feedback*

für Fehler gestimmt werden, aber Einträge in die Datenbank selbst konnten nur nach einem Bewerbungsprozess eingeladene Entwickler vornehmen. Das »Signal-Rauschverhältnis« bezüglich der Güte der Beschreibungen war nach unserer Beobachtung besser geworden. Wer diese Herangehensweise bewerten will, muss sich vor Augen halten, dass der IE nicht Open Source ist und seine Nutzergemeinschaft eine ganz andere ist.

Für den IE 9 wurde IE Connect wieder öffentlich. Ein Zeichen, dass die Community gereift ist und IE-Bashing nun zur unrühmlichen Vergangenheit gehört? Hoffen wir es.

10.9 Mailinglisten und Foren

Unsere Kollegen in Mailinglisten und Foren zu CSS-Problemen haben ihr CSS feiner geschliffen, als sie begannen, die Fehlerbeschreibungen und Lösungswege anderer zu studieren, nachzustellen und für eigene Tests abzuwandeln. Sicher macht die Fehlersuche nur wenigen Entwicklern und Designern Spaß, aber man erzielt bald Fortschritte, wenn man jeden Bug als Herausforderung begreift.

Im XHTMLforum gibt es mit dem Beitrag »Für Fragende, für Antwortende« einige Hinweise, wie Sie bessere Antworten erhalten, und die »Kriterien für den Sitecheck« helfen bei der Einschätzung einer Seite.

Machen Sie es den Helfenden einfach, Ihnen zu helfen: Beschreiben Sie das Problem vollständig, und fügen Sie einen Link zur problematischen Seite und auch eine lauffähige Reduktion bei, damit die Experten das Problem nachvollziehen und sicher reproduzieren können.

Im Folgenden stellen wir eine kurze Liste der hilfreichen Sites im Internet vor, in denen wir als Mitglieder gute Erfahrungen gemacht haben:

- Die englischsprachige Mailingliste *css-discuss* von Eric A. Meyer existiert seit 2002 und hat über 8500 Teilnehmer. Die Diskussion um die praktische Anwendung von CSS steht im Vordergrund, und sie findet zumeist auf fortgeschrittenem Niveau statt. Auch ein Wiki wird gepflegt. Sie können den Erfahrungsschatz der Liste über den *MarkMail*-Service durchsuchen.[53]
- Die *Web Standards Group* betreibt eine englischsprachige Mailingliste mit dem Fokus auf – Sie ahnen es – Standards und dem jeweils bestmöglichen Weg, diese auf Seiten einzusetzen.[54]
- *CSS-Creator* von Tony Aslett ist ein kleines englischsprachiges Forum mit hochkompetentem Moderatorenkreis, das sich an Anfänger wie an Fortgeschrittene richtet.[55]

Eine Vielzahl an ausgezeichneten Orten zur Diskussion von CSS-Fragen haben wir hier nicht genannt, was keine Bewertung darstellt.

---

53 http://www.css-discuss.org; http://css-discuss.markmail.org/
54 http://webstandardsgroup.org
55 http://csscreator.com/forum

- *SitePoint®* ist ein Medienunternehmen mit einer Fülle von englischsprachigen Angeboten für Webentwickler, unter anderem einem sehr guten CSS-Forum.[56]
- Im deutschsprachigen *XHTMLforum* von Dirk Henn sind die Antworten von guter Qualität. Dem Nutzerkreis gehören Anfänger und Fortgeschrittene an. Die Beiträge konzentrieren sich etwas auf das CSS-Unterforum, das zusätzlich mit einer FAQ erste Hilfe leistet.[57]

10.10 Exkurs: Wenn sich die konformen Browser uneins sind

Beim Schreiben von CSS gilt die Empfehlung, von einem Browser auszugehen, der den Standards weitgehend folgt.

> Speziell IE 6 ist sehr fehlerbehaftet, und wenn Sie für ihn entwickeln, dann entwickeln Sie für Bugs, die Sie andere Browser nicht emulieren lassen können. Es ist weiser, für die Standards zu entwickeln und dann den IE zu hacken, wo notwendig. – Zoe Gillenwater[58]

Dieses Vorgehen erzwingt aber auch, die Schwächen des alten IE zu kennen, damit man nicht an ihm vorbei schreibt. Es ist in den letzten Jahren gelungen, seine Unzulänglichkeiten und Bugs, ja selbst noch deren zugrunde liegende Mechanismen weitgehend zu beschreiben. Aber das war ein ruhendes, vom Hersteller lange verlassenes Ziel.

Die Layouts, die immer mit dem IE 6 abgeglichen werden mussten, konnten sich nicht weit vorwagen. Heute schreibt sich Microsoft die Standards mehr auf die Fahnen, gleichzeitig verlangen die Layouts der Designer den Browsern immer mehr ab.

Allmählich wird sich das Debuggen von CSS verschieben: und zwar hin zu einer Situation, in der es um die Unterschiede zwischen den sogenannten standardkonformen, sich von Version zu Version weiterentwickelnden Browsern aller Hersteller geht. Unterschiede in der Interpretation einer Spezifikation, die sich **zusammen** mit den Browsern im Fluss befindet. Wir werden die Differenzen in der Darstellung nur noch bewerten können, indem wir unsere Köpfe tiefer in die Spezifikation stecken. Die Frage

> Niemand wird mehr die Zeit aufbringen können, für die Allgemeinheit einen Fehlerbericht mit allem Pipapo zu veröffentlichen, der schon ein paar Monate später mit dem nächsten Auto-Update veraltet sein wird.

---

56 *http://www.sitepoint.com/forums/forumdisplay.php?f=53*
57 *http://xhtmlforum.de/*
58 Zoe Gillenwater (*http://www.zomigi.com*) ist eine Moderatorin der *css-discuss*-Mailingliste.

muss gestellt werden, ob es sich um Fehler in den Browsern oder um Schwächen in der Spezifikation handelt. Debugging wird sich von der Tretmühle »IE 6 versus Standards« wegbewegen, aber nicht gerade einfacher werden.

Betrachten Sie hierzu den anscheinend einfachen Fall eines Floats, das einen `overflow:hidden`-Block neben einem inneren linken Float umrahmt (siehe Abbildung 10.14). Wenn der Block einen linken Margin erhält, wo kommt dieser Margin zu liegen?

```
body {
    font: 200%/2 arial, sans-serif;
}
#float {
    float: left;
    background: #9f9;
    border: 3px solid #0f0;
}
#bfc {
    overflow: hidden;
    margin: 0 0 0 20px;
    background: #f9f;
    border: 3px solid #f0f;
}
#rahmen {
    float: left;
    border: 3px solid black;
}
[...]
<div id="rahmen">
    <div id="float">
        Float
    </div>
    <div id="bfc">
        overflow:hidden
    </div>
</div>
```

Listing 10.8 ▶
Ein Float enthält einen `overflow-hidden`-Block neben einem Float. Insgesamt mangelt es an festgelegten Breiten.

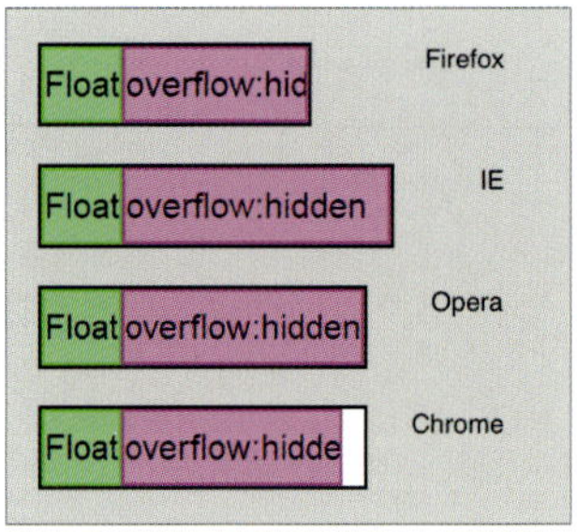

Abbildung 10.14 ▶
Screenshots der unterschiedlichen Darstellung einiger Browser (unter Windows 7: Firefox 6, IE 9, Opera 11.51, Chrome 13). Andere Versionen weichen erheblich ab.

Wohin die Reise bei den Browsern geht, ist nicht klar. Beim Übergang zur CSS2.1-Kandidatenempfehlung wurde geändert, wie sich ein Block Formatting Context verhält, der an einen Float grenzt (CSS 2.1: 9.5). Vormals durfte die Margin-Box eines BFC, wie ihn Overflow bildet, ein Float nicht überlappen. Nunmehr ist es nur noch die Border-Box des Overflow-Elements, die das Float nicht überlappen darf. Ihr linker Margin muss also hinter dem Float verschwinden und darf nicht zwischen Float und dem Overflow als Lücke sichtbar werden.

Hinzu kommt, dass die Spezifikation nicht definiert, ob nun der BFC neben dem Float zu liegen kommen soll oder unter das Float rutschen kann. Und es ist sogar gestattet, den BFC in der Breite zu kürzen, damit er neben das Float passt – aber es wird nicht definiert, wie das geschehen soll.

Solange sich die Spezifikation nicht eindeutiger ausdrückt und die Hersteller ihre Probleme im Zusammenhang mit Overflow nicht lösen, ist diese Eigenschaft nur mit viel Bedacht zu wählen und alles andere als eine unkomplizierte Methode zum Einschließen von Floats.

Overflow ist unwidersprochen eine elegante Methode – in einfachen Situationen.

Wenn Standards existieren, damit die Browser interoperabel werden, dann wird Debugging die lückenhafte Konformität der Browser aufzeigen müssen und manchmal auch auf Ungereimtheiten in den Standards stoßen.

Wo liegt der Fehler?

Dennoch: Wann immer Sie solche großen Unterschiede zwischen den »konformen« Browsern sehen: Fangen Sie mit der Fehlersuche bei sich an, und denken Sie zuerst an invalides HTML und CSS auf Ihrer Seite. Denn das Häufige ist häufig und das Seltene selten.

Erst in einem späteren Schritt sollte die Überlegung einen Cross-Browserbug und schließlich einen Fehler in der Spezifikation einbeziehen.

11 CSS-Erweiterungen

Mit Präfixen beginnen wir das Kapitel; sie lassen Hersteller mit Entwürfen des Standards experimentieren. Erfreulicherweise sind die letzten Versionen des IE auf dem »Standards-Track«. Im Weiteren müssen wir auf den früheren Sonderweg von Microsoft eingehen, um dessen Grenzen und Fallstricke aufzuzeigen.

11.1 Präfixe

Die Hersteller kennzeichnen mit Präfixen experimentelle Implementierungen oder eigene Ergänzungen.[1] Für Entwickler werden auf diese Weise Eigenschaften verfügbar, die teilweise mit CSS3 kommen werden oder erst als Vorschlag existieren. Teilweise dienen die Erweiterungen aber auch nur einem herstellerspezifischen Zweck, ohne für den Standard überhaupt vorgesehen zu sein.

Präfixe gäben uns die Kontrolle, auf was unsere Hacks gerichtet seien, schreibt Eric Meyer. Vormals habe man Parserfehler genutzt, um Unterschiede bei den Browsern auszugleichen. Dagegen gebe es nun mit den Präfixen einen hin auf die Standards zielenden Ansatz.[2]

Damit die Erweiterungen noch nicht endgültig in ihrer Arbeitsweise festgelegt werden müssen, sondern die fertigen Standardversionen der Eigenschaften später davon abweichen können, wird ein Präfix vorangestellt. In CSS 2.1: 4.1.2.1 ist ein führender Unterstrich oder Bindestrich vorgesehen, danach kommen die Herstellerkennung (Vendor Extension), ein Bindestrich und der Eigenschaftsname (siehe die Beispiele in der Marginalspalte auf der nächsten Seite). Dieses Konstrukt entspricht der Grammatik, ist aber nicht valide und sollte von konformen Parsern ignoriert werden, wenn die Eigenschaft nicht unterstützt wird.

Stichpunkte zu herstellereigenen Erweiterungen finden sich auf *CSS3.info* und den Herstellerseiten.[3]

---

1 CSS WG, »CSS Vendor Prefixes«, *http://wiki.csswg.org/spec/vendor-prefixes*
2 Eric Meyer, »Prefix or Posthack«,
   http://www.alistapart.com/articles/prefix-or-posthack/
3 WebKit Open Source Project, »Surfin' Safari«, *http://webkit.org/blog/*
   Opera, »Dev.Opera«, *http://dev.opera.com*
   Mozilla, »Mozilla Developer Center«, *http://developer.mozilla.org/docs/CSS*
   Microsoft, »IEBlog«, *http://blogs.msdn.com/ie/*

> **Authors should avoid vendor-specific extensions**
> Die Spezifikation weist extra darauf hin, dass CSS-Autoren auf die Verwendung von herstellereigenen Erweiterungen verzichten sollen.

Der CSS-Validator hat inzwischen die gefällige Option, bei Präfixen bloß zu warnen und sie nicht als Fehler zu kennzeichnen. Darüber hinaus wäre es aber ohne Augenmaß, vom Validator zu erwarten, Präfixe gänzlich unkommentiert durchgehen zu lassen. Die damit versehenen Eigenschaften sind noch nicht so weit.

Ein Präfix wird nach jüngerer Auffassung von einem Hersteller fallengelassen, wenn ein Feature eines Moduls im Stadium Candidate Recommendation (CR) implementiert wurde. Es wird nicht auf das ganze CSS-Modul gewartet.

```
-ms-Eigenschaft: a b c;
-o-Eigenschaft: a b c;
-webkit-Eigenschaft: a, b, c;
-moz-Eigenschaft: a, b, c;
Eigenschaft: Funktion(a, b, c);
```

Die präfixlose Version macht das CSS nicht zukunftssicher, sondern zwingt Sie, es zu warten. Wer sagt denn, dass Syntax und Verhalten einer Eigenschaft bis zum Erreichen der CR stabil bleiben?

In der Konsequenz gibt es ein Nebeneinander von verschiedenen Entwicklungsstadien derselben Eigenschaft. Sie sollten daher zuletzt unbedingt die Eigenschaft in offizieller Syntax ohne Präfix folgen lassen. Auf diese Weise stellen Sie sicher, dass ein Browser seine bisherige experimentelle, wie bei `-webkit-border-radius` noch fehlerhafte Implementierung mit einer reiferen überschreibt.

11.2 Der AlphaImageLoader-Filter im IE

Die Alphatransparenz beim Bildformat PNG-32 kann vom IE ≤ 6 nicht angezeigt werden. Die ursprünglich transparenten Bereiche wirken wie über eine helle Fläche gemalt. Erst mit dem IE 7 nahm Microsoft die PNG-Alphatransparenz ins Repertoire auf.

Für Anfänger stellt die Filter-Erweiterung regelmäßig eine Überforderung dar; sie lockt einen in die Untiefen der proprietären Erweiterungen und der Hacks – Regionen, die selbst viel später im Verlauf der Lernkurve noch schwierig zu passieren sind. Dies wird durch eine Unzahl an Beiträgen, Artikeln, Plug-ins und Scripts dokumentiert, aber die Verwirrung wächst daran nur.

Der Rat liegt nahe, auf die Filter ganz zu verzichten, doch wer spricht ihn aus, und wer hört auf ihn?

Um diesen Mangel auszugleichen, können Sie den AlphaImageLoader-Filter einsetzen. Die Fülle an Problemen, die der Filter mit sich bringt, stellt jedoch eine Herausforderung dar. Prüfen Sie daher, ob für Ihre Aufgabe nicht ein alternativer Weg gangbar ist:

▶ Wäre ein PNG-8 mit Farbpalette ausreichend, das eine Indextransparenz wie beim GIF hat? Manchmal wird eine Alphatransparenz benutzt, obwohl bereits eine einfache Transparenz genügen würde.

▶ Wäre ein PNG-8 mit RGB-Palette plus Alpha-Palette (PNG-8/RGBA-Palette), wie es mit Fireworks oder ImageAlpha möglich ist,[4] ausreichend? Das sieht in konformen Browsern gut aus; beim IE ≤ 6 fällt der palettierte Alpha-Kanal dieses Formats jedoch auf die Ja/Nein-Indextransparenz zurück, daher sind lediglich Bilder mit diskretem Transparenzbereich geeig-

---

4 Kornel Lesinski, »ImageAlpha – lossy compression for 24-bit PNG images«, *http://pngmini.com*

net. In diesen Fällen ist der dann erzielte Vorteil, dass Sie auf Hacks verzichten können.

PNG-32   PNG-8/RGBA-Palette   PNG-8/Indextransparenz

Firefox

IE 6

◀ **Abbildung 11.1**
Die Screenshots-Collage zeigt verschiedene PNG-Transparenzen im Vergleich der Browser Firefox und IE 6.

Abbildung 11.1 zeigt die verschiedenen Optionen. Der Stern hat eine weitgehende Alphatransparenz; es wäre der AlphaImageLoader-Filter erforderlich, um den Eindruck des Motivs beizubehalten (vgl. Abbildung 11.2).

11.2.1 Notation

Die proprietäre Eigenschaft `filter: <value>` wird im Style-Bereich notiert. Die überbordende Zeichenkette `progid[…] AlphaImageLoader` darf keinen Leerraum enthalten. Kein Validator und keine Fehlerkonsole wird Sie auf Fehler hinweisen.

Im IE 8 auch als `-ms-filter` zu verwenden.

```
filter: progid:DXImageTransform.Microsoft.AlphaImageLoader( src = '<path>'
[, sizingMethod = 'image|crop|scale'][, enabled = true|false] )
```

▶ `src =`
'`<path>`': der Pfad zur Bilddatei. Die Bilddatei wird bei den Filtern relativ zum HTML-Dokument und nicht wie sonst relativ zur CSS-Datei gesucht!

▶ `sizingMethod` (optional) =
'`image`' (Initialwert): passt im IE 6 (nicht im IE 7) die Objektgrenzen des Elements den Bildmaßen an. Nachfolgende Elemente werden dadurch um die Bildausmaße versetzt.
'`crop`': schneidet das Bild gegebenenfalls auf die Objektmaße zu. Meist ist dieser Wert zu empfehlen.
'`scale`': skaliert das Bild auf die Objektmaße.

▶ `enabled` (optional, nur für das Scripting geeignet) =
'`true`' (Initialwert): aktiviert den Filter.
'`false`': deaktiviert den Filter.

11.2.2 Verhalten des Filters

Das *Microsoft Developer Network* (MSDN) nennt diesen Filter bedeutungsschwer eine »prozedurale Oberfläche«, die ein Bild zwischen Hintergrund und Inhalt eines Elementes zeichnet.[5] Sie müssen sich vor Augen führen, dass der AlphaImageLoader-Filter **kein** Hintergrundbild erzeugt, sondern eine neue Ebene einzieht, die nicht mit den Maßstäben von CSS zu erfassen ist.

Filter sind im IE 5.5 bis 8 wirksam, und sie sind **nicht** von Active Scripting abhängig. Im IE 9 leben andere Filter übrigens weiter, auch wenn dort einige Effekte zum Teil mit CSS3-Eigenschaften besser erreicht werden können. Damit kann es zu Konflikten kommen, wenn Sie keine Conditional Comments verwendet haben.

> Der Filter kann neben anderen Formaten auch PNG-32 und PNG-8 darstellen. Bei PNG 8 / RGBA-Palette kann ein nativer IE 6 wieder nur die nichttransparenten Areale anzeigen.
>
> Im Gegensatz dazu sind Behavior und Expressions von Scripting abhängig.

11.2.3 Hinweise zur Verwendung

Das bestehende Hintergrundbild muss für den IE ≤ 6 auf `none` gesetzt werden, damit es nicht von unten in den transparenten Bereichen der Filterebene durchscheint. Die CSS-Eigenschaften `background-position`, `background-repeat` und `background-attachment` beeinflussen zudem die Darstellung in keiner Weise. Bestimmte Motive, z. B. Streifen und Schatten, ergeben ein akzeptables Ergebnis, wenn sie per `sizing-method: 'scale'` gestreckt werden, für andere Motive gibt es keine Möglichkeit zum Kacheln.

Ein Filter ist nur auf Elemente anwendbar, für die `hasLayout = true` gesetzt wurde. Hier empfiehlt es sich, `zoom: 1` als universalen hasLayout-Trigger zu nehmen, da der AlphaImageLoader-Filter ohnehin erst ab IE 5.5 einsetzbar ist und das ganze Konstrukt per Conditional Comments von anderen Browsern und schließlich auch vom CSS-Validator ferngehalten werden sollte.

> Das ernsthafte Testen von Filtern für den IE 6 sollte in einem virtuellen PC erfolgen (siehe Abschnitt 10.4.2), da »Multiple IE« und andere parallele Installationen von IE die Kapazitäten des IE 7 bei den Filtern übernehmen, also *nicht* genauso wie der IE 6 darstellen.

Übrigens können Sie mehrere Filter übereinander für ein Element definieren, wann auch immer das sinnvoll erscheint.

11.2.4 Nicht anklickbare Links

Links, die sich über einen Filter legen, benötigen auf jeden Fall `position: relative` und z. T. `z-index: 1`, um reagieren zu können, es sei denn, sie befinden sich über einem Bildbereich, der vollkommen transparent ist. Damit ergeben sich für jede Filter-Anwendung im Kern folgende Deklarationen:

---

5 MSDN, »Introduction to Filters and Transitions«,
http://msdn2.microsoft.com/en-us/library/ms532847.aspx

```
<!--[if lt IE 7]><style>
.filter {
  filter: progid:DXImageTransform.Microsoft.AlphaImageLoader( src =
    'asteriskalpha.png', sizingMethod = 'crop' );
  zoom: 1;
  background-image: none !important;
  }
.filter a {
  position: relative;
  z-index: 1;
  }
</style><![endif]-->
```

▲ **Listing 11.1**
Grundlegende Deklarationen für die Anwendung eines Filters

Ist das Element mit dem Filter zudem selbst relativ oder absolut positioniert, reicht diese einfache Maßnahme nicht mehr aus: Obwohl der Filter **unter** dem Link liegt, schluckt er das Mausereignis für den Link **über** ihm, falls die Filterebene an dieser Stelle nicht vollständig transparent ist (siehe Abbildung 11.2).

Das alles ist aus dem CSS-Betrachtungswinkel heraus nicht nachvollziehbar.

```
  <style>
* {
  margin: 0;
  padding: 0;
}
body {
  background: url(schachbrett.gif) repeat;
  font: 200px/1 Palatino,"Book Antiqua", serif;
  color: white;
}
a {
  color: blue;
}
.pngblock {
  text-align: center;
  width: 175px;
  height: 200px;
  background: url(asteriskalpha.png) no-repeat;
}
.pos1 {
  position: absolute;
  top: 100px;
  left: 175px;
}
```

Listing 11.2 ▶
Ein positioniertes Element mit Filter; der enthaltende Link funktioniert nicht richtig.

```
    .pos2 {
      position: absolute;
      top: 200px;
      left: 350px;
    }
    </style>
[…]
<div class="pngblock filter">
  <a href="#">S</a>
</div>
<div class="pngblock pos1 filter">
  <a href="#">P</a>
</div>
```

Der Filter muss vom positionierten Element abgekoppelt werden, damit die Links wieder reagieren! Der Workaround umfasst eine Änderung des HTML und des CSS.[6]

Das positionierte Element benötigt ein weiteres, das Element passend auskleidendes Element, einen **Inner Wrapper**, der den Filter ersatzweise aufnehmen soll. Diese Auskleidung muss wie beschrieben `haslayout = true` erhalten. Hat das positionierte Elternelement eine ausdrücklich angegebene Dimension, sollte die Auskleidung unter Anpassung von Paddings `width: 100%; height: 100%` erhalten; hat das Elternelement dagegen eine **intrinsische** Größe, also eine Größe, die sich aus ihm selbst ergibt, ist `zoom: 1` angebracht. Die Auskleidung darf selbst nicht positioniert sein, in unübersichtlichen Situationen könnten Sie hier `position: static !important` verwenden.

```
<!--[if lt IE 7]><style>
.filter {
  filter: progid:DXImageTransform.Microsoft.AlphaImageLoader( src =
  'asteriskalpha.png', sizingMethod = 'crop' );
  zoom: 1;
  background-image: none !important;
  }
.filter a {
  position: relative;
  z-index: 1;
  }
.innerwrap {
  height: 100%;
```

---

6 Ingo Chao, »AlphaImageLoader filter flaws«,
 http://www.satzansatz.de/cssd/tmp/alphatransparency.html

```css
  width: 100%;
}
.pngblock {
  background-image: none;
}
</style><![endif]-->
[…]
<div class="pngblock pos2">
  <div class="innerwrap filter">
    <a href="#">P'</a>
  </div>
</div>
```

◂ **Listing 11.3**
Der positionierte Block hat für die Aufnahme des Filters eine Auskleidung erhalten.

Entsprechend könnten Sie auch das positionierte, den Filter tragende Element mit einem Wrapper umgeben und diesem die Positionierung übertragen; das liefe auf das Gleiche hinaus. Handelt es sich um `position: absolute`, ergibt sich das gewünschte Shrink-to-fit-Verhalten von selbst; handelt es sich um `position: relative`, müsste für diesen Zweck Float (oder notfalls eine Inline-Block-Simulation über `display: inline; zoom: 1`) für den Wrapper herhalten, wenn die Größe des Elements nicht explizit gesetzt sein sollte. Abbildung 11.2 zeigt das Ergebnis dieser umständlichen Maßnahmen.

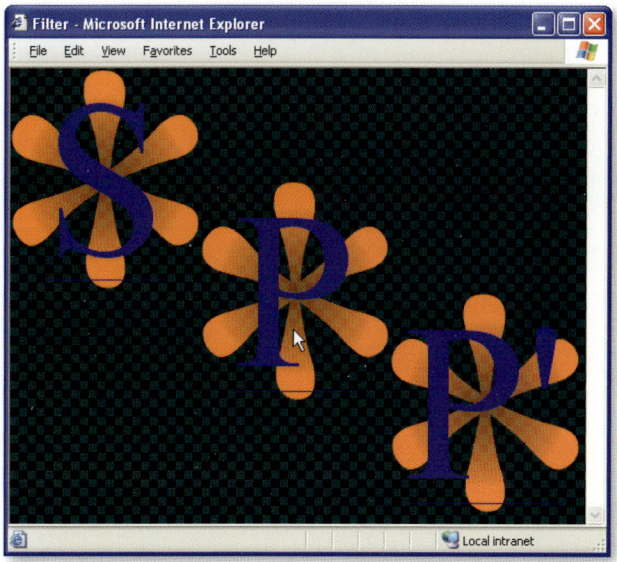

◂ **Abbildung 11.2**
Der AlphaImageLoader-Filter im IE 6: Der Link reagiert nur bei S und P' vollständig (S: statische Position; P: absolut positioniert; P': absolut positioniert mit innerem Wrapper).

11.2.5 PNG-Scripts

Jedes der verfügbaren PNG-Scripts verwendet letztlich den AlphaImageLoader-Filter, und zwar mitsamt all seinen Fallstricken, so dass die Verwendung nicht problemlos möglich ist.

Derart automatisiert angewendet, werden die Filter dann doch von Scripting abhängig.

Setzt das Script haslayout, ändert sich die Darstellung des Elementes in Inline-Block, setzt es hasLayout nicht, wird der Filter nicht angezeigt.

Wie soll ein Script etwa mit der Notwendigkeit von hasLayout verfahren, wenn ein PNG Hintergrund eines Inline-Elementes ist? Und was soll geschehen, wenn der Web-Autor `background-repeat` für ein PNG benutzt und dem Script die Entscheidung zwischen Regen und Traufe, in diesem Fall zwischen `crop` oder `scale`, überlässt?

Als ein Beispiel besprechen wir hier den aktualisierten IE PNG Fix.[7] Er kann in `img`-Elementen und mittlerweile auch in `input`-Elementen den Filter anstelle von PNG einsetzen. Auch vermag es die Hintergrund-PNGs von Elementen gegen den Filter auszutauschen.

```
<!--[if lte IE 6]><style>
img, input, #seite, .pngfix {
  behavior: url("css/iepngfix.htc");
}
</style><![endif]-->
```

▲ **Listing 11.4**
Beispiel-Regelsatz, der das Behavior zuweist

Anstelle der *iepngfix.htc* können Sie auch einen im Set mitgelieferten PHP-Wrapper *iepngfix.php* benutzt, der dafür sorgt, dass bei einem falsch konfigurierten Server die HTC-Datei dennoch mit dem korrekten MIME-Typ `text/x-component` geschickt wird, den IE seit XP SP2 erwartet.

Die HTML-Component-Datei (*iepngfix.htc*) wird über die proprietäre Eigenschaft `behavior` dem Element zugeordnet (siehe Abschnitt 11.3); im Script wird der AlphaImageLoader-Filter dem Element unterlegt (siehe Abbildung 11.3).

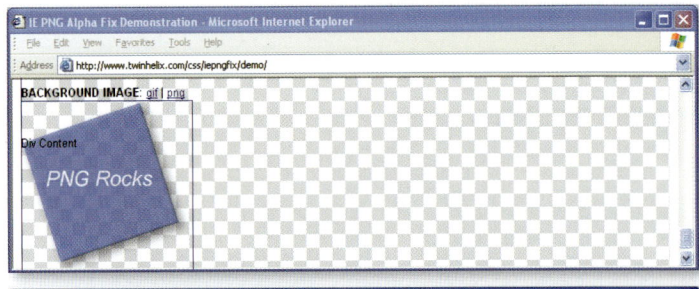

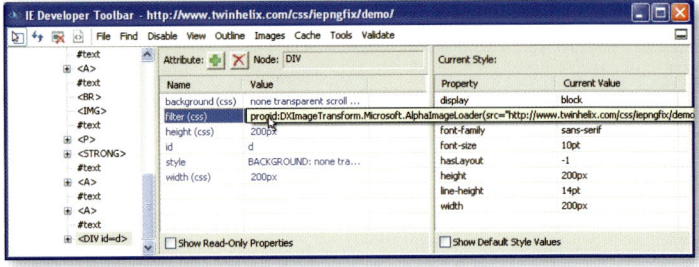

▲ **Abbildung 11.3**
Die Beispielseite von IE PNG Fix, betrachtet im IE 6 bei freigestellter IE Developer Toolbar. Das Script hat dem `style`-Attribut vom `<div>` einen Wert für den Filter sowie `background: none` hinzugefügt.

---

7 Angus Turnbull, »IE PNG Fix«, *http://www.twinhelix.com/css/iepngfix/*

Zusätzlich zur HTC-Datei muss ein transparentes GIF (*blank.gif*) auf den Server geladen werden: Vom Script wird einem `<img src="beispiel.png">` als neue Quelle das GIF angegeben. Damit kann unter dem nun vollständig durchsichtigen `<img src="blank.gif">` sein neuer AlphaImageLoader-Filter mit dem PNG sichtbar werden.

Bei `background-repeat: repeat` kann noch kein Script zaubern, wie andere setzt auch der IE PNG Fix hier `sizingMethod = 'scale'`, was nicht selten zu unschönen Verzerrungen führt. Sie können im HTC-Script hier `'crop'` für `'scale'` einsetzen, um dies zu vermeiden.

Angus Turnbull hat eine Version 2 (alpha) vorgestellt, die `background-repeat` und `background-position` unterstützt.

Eine Alternative zum Filter mit seinen genannten Problemen stellt die MS-Implementierung der Vector Markup Language dar, deren Füllfunktion gänzlich andere Eigenschaften aufweist. Dies wird in dem Script DD_belatedPNG (alpha) für alphatransparente PNG genutzt.[8]

> Wenn Sie eine monochrome, transparente Fläche benötigen, kann der in Abschnitt 6.6 erwähnte Ansatz per Gradient-Filter gute Ergebnisse zeigen.

11.3 Behavior im IE

Ein DHTML-Behavior erweitert ein HTML-Element um ein Verhalten, also um eine neue Funktion.[9] Dieses neue Verhalten steckt als Script in einer HTML-Component-Datei und wird mit der proprietären Eigenschaft `behavior` im CSS deklariert.

Das Behavior ist von Active Scripting abhängig, die Funktionsfähigkeit einer Seite sollte daher besser nicht auf das Behavior angewiesen sein.

> Eine HTC-Datei muss vom Server mit dem MIME-Typ `text/x-component` ausgeliefert werden (vgl. MS KB 306231), was viel Kopfzerbrechen bereitet.

```
<!--[if lt IE 8]><style>
  Selektor {
    behavior: url(htc-Datei);
  }
</style><![endif]-->
```

> Ein Behavior wird über einen Selektor einem HTML-Element zugewiesen. Ein Conditional Comment kapselt das invalide Konstrukt ab. (IE 8 und 9 würden das Behavior noch ausführen.)

Ein Beispiel für ein Behavior findet sich in Abschnitt 11.2.5, wo der dem Bild zugeordnete AlphaImageLoader-Filter das zusätzliche »Verhalten« ausmacht.

---

8 Drew Diller, »DD_belatedPNG: Medicine for your IE6/PNG headache!«, *http://www.dillerdesign.com/experiment/DD_belatedPNG*

9 MSDN, »Introduction to DHTML Behaviors«, *http://msdn.microsoft.com/en-us/library/ms531079.aspx*

Von Haus aus erlaubt dies IE ≤ 6 nur bei Links.

Ein weiteres Beispiel ist *whatever:hover* von Peter Nederlof, ein Behavior, das für IE ≤ 6 jedes Element mit der Fähigkeit ausstattet, auf Hover-Ereignisse zu reagieren:[10]

```
<!--[if lt IE 7]><style>
body {
  behavior: url("csshover.htc");
  }
</style><![endif]-->
```

▲ **Listing 11.5**
Aufruf des Behaviors *whatever:hover*

Das Script parst zunächst die Stylesheets auf der Suche nach Regeln mit `:hover` und ersetzt an diesen Stellen `:hover` durch eine Klasse. Ein `li:hover` wird somit zum `li.onhover` im IE. Weiter werden den betreffenden Elementen Maus-Event-Handler hinzugefügt, die später bei Maus-Ereignissen dem Element eine übereinstimmende Klasse `onhover` beiordnen werden. Wenn der Mauszeiger also über irgendeinen `<li>` auf der Seite steht, wird dieses zu `<li class="onhover">`, zu dem dann die Regel `li.onhover` im CSS passt. Sie können diese Vorgänge zum Teil mit der IE Developer Toolbar (siehe Abschnitt 10.5.2 und Abbildung 11.4) nachvollziehen.

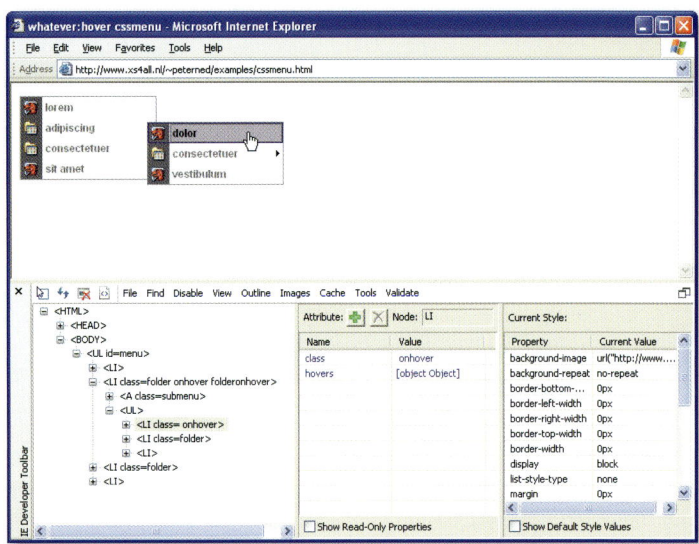

Abbildung 11.4 ▶
Die Beispielseite von *whatever:hover*, betrachtet im IE 6 mit der IE Developer Toolbar

---

10 Peter Nederlof, »whatever:hover«,
   http://www.xs4all.nl/~peterned/csshover.html

11.4 Expression im IE

Um CSS-Eigenschaften dynamisch Werte zuzuordnen, schafft eine Expression einen Zugang von JScript zu CSS.[11] Expressions sind ihrer Natur nach von Active Scripting abhängig, daher empfiehlt es sich, mit einem Ausweichwert vorzusorgen, falls der Nutzer es deaktiviert hat.

JScript ist die Microsoft-eigene Variante von JavaScript.

```
<!--[if lt IE 7]><style>
Selektor {
  Eigenschaft_X: Ausweichwert; /* Falls Scripting
  ausgeschaltet ist */
  Eigenschaft_X: expression(JScript-Ausdruck);
}
</style><![endif]-->
```

Abkapselung über ein Conditional Comment. Vorsorgliche Zuweisung eines Ausweichwertes, falls die Expression kein Ergebnis liefern kann.

Seine Berechtigung findet dieses herstellereigene Konstrukt beispielsweise bei der Simulation von nicht unterstützten Eigenschaften wie `min-/max-width` oder `position: fixed` für den IE 6. So könnten Sie der `width`-Eigenschaft über eine Expression einen vom Browserfenster abhängigen Wert zuordnen. Oder Sie weisen bei absoluter Positionierung der `top`-Eigenschaft über eine Expression einen vom Scrollbereich abhängigen Wert zu.

> **Hinweis**
>
> Im Standardmodus unterstützt IE ≥ 8 keine Expressions mehr.

Die Tatsache, dass Sie aber ohnehin für den Fall des deaktivierten Scriptings vorsorgen müssen, legt die Überlegung nahe, ob man nicht gleich auf Expressions verzichten kann und den IE 6 im Sinne der **Graceful Degradation** mit eingeschränkter Darstellung bei erhaltener Funktionalität bedient – sprich: über mit Hilfe von Conditional Comments eingestellten fixen Weiten oder zum Beispiel mit absoluter statt fixer Positionierung. Auch hier zeigen sich die unterschiedlichen Strömungen:

- Sollen wir einige Eigenschaften des Standards besser nicht verwenden, damit alle Browser dasselbe, **ein** Web anzeigen?
- Sollen wir alternativ alle Standardeigenschaften nutzen und veraltende Browser außen vor lassen?
- Oder soll ein alter, jedoch verbreiteter Browser diese unterstützenden Mittel erhalten, die aber fernab aller Standards liegen?

Eine Kritik an den Expressions im Allgemeinen und der Rat zur direkten Verwendung von JavaScript kommt von Robert Nyman.[12] Das *Yahoo Developer Network* und dessen Firebug-Erweiterung *YSlow* raten von der Verwendung ebenfalls unter Effizienz-Gesichtspunkten ab.[13]

---

11 MSDN, »About Dynamic Properties«, *http://msdn.microsoft.com/en-us/library/ms537634.aspx*

12 Robert Nyman, »Stop using poor performance CSS expressions – Use JavaScript instead«, *http://www.robertnyman.com/2007/11/13/stop-using-poor-performance-css-expressions-use-javascript-instead/*

13 YDN, »Exceptional Performance: Best Practices for Speeding Up Your Web Site«, *http://developer.yahoo.com/performance/rules.html#css_expressions*

Während die strikte, an Standards orientierte Haltung eher auf die zweite Vorgehensweise weist, zeigen sich in der Praxis doch oft auch die erste und letzte. Die Vertreter aller Alternativen nehmen für sich in Anspruch, auf ihre Weise die Standardisierung zu verfolgen.

11.4.1 Ereignisse, bei denen Expressions ausgewertet werden

Einige Expressions können den IE auch zum Absturz bringen.

Sie müssen wissen, dass Expressions eine Seite verlangsamen können. Expressions werden nicht nur – wie in den genannten Beispielen `max-width` und `position: fixed` ja gewünscht – bei Fenstergrößenänderungen und beim Scrollen der Seite ausgewertet, sondern vieltausendfach immer wieder nach Ereignissen wie Mausbewegungen, Cursorbewegungen und der Navigation mittels Tabulatortaste.

Um dies grafisch zu verdeutlichen, lässt das folgende Beispiel eine Marke bei jedem Ereignis um 1 px weiterrücken.

Dem `margin-top` einer absolut positionierten Marke wird über eine Expression bei jedem Ereignis ein neuer Wert von 1 px bis 500 px zugeordnet. Die Expression ruft eine Funktion `zaehlen()` auf, die eine globale Variable hochzählt und beim Erreichen von 500 zurücksetzt. Die Funktion gibt den Wert mit der Einheit px als Zeichenkette an die Expression und damit an `margin-top` zurück.

```
<style>
body {
  margin: 0;
  text-align: center; /*Zentrieren im IE quirks mode
*/
  font-size: 400%;
}
#seite {
  text-align: left;
  border: solid #0ff;
  border-width: 0 3px;
  background-color: #9ff;
  color: #000;
}
p {
  padding: 0.5em;
  margin: 0;
}
</style>
<!--[if lt IE 7]>
<script type="text/JavaScript">
var zaehler=0;

function zaehlen(){
  if(++zaehler>500)
    zaehler=0;
```

```
    return zaehler+"px";
  }
</script>

<style>
#marke {
  margin-top: 0;
  margin-top: expression(zaehlen());
  position: absolute;
  top: 0;
  left: 0;
  width: 50px;
  height: 5px;
  background: red;
}
</style>
<![endif]-->
[…]
<body>
  <div id="marke"><!----></div>

  <div id="seite">
    <p>Lorem ipsum dolor sit amet […]</p>
  </div>
</body>
```

◀ **Listing 11.6**
Eine Marke wird bei jedem Ereignis, das eine Expression aufruft, ein Stück weitergeschoben.

Wenn Sie die Seite aufrufen, sehen Sie eine initiale Bewegung der Marke, und jede Mausbewegung, jedes Scrollen erzeugt geradezu ein Flimmern von Ereignissen, die die Marke weiterschieben (umso stärker, wenn Text selektiert ist).

Der integrierte Event-Handler, der auf solche Ereignisse achtet und die Expressions auswertet, ist damit für die meisten Belange von CSS zu allgemein gefasst.

Bei aller Kritik: Man braucht jedoch auch keinen eigenen Event-Handler zu schreiben.

11.4.2 Expression für min/max-width im IE 6

Angenommen, eine min/max-width-Funktion soll geschrieben werden. Während die konformen Browser Werte für `min-width` und `max-width` erhalten, muss der IE ≤ 6 mit einer `width` auskommen, die sich dynamisch der Seitenbreite anpasst.

```
[…]
#seite {
  min-width: 480px;
  max-width: 800px;
  margin: 0 auto;
```

Das vorherige Beispiel wird erweitert. Der Ausweichwert für `width`, die Expression und die JScript-Funktion werden wieder innerhalb eines Conditional Comments vor anderen Browsern versteckt.

```
    text-align: left;
    border: solid #0ff;
    border-width: 0 3px;
    background-color: #9ff;
    color: #000;
}
[...]
<!--[if lt IE 7]>
<script type="text/JavaScript">
//pass min and max -measured against window width
//Copyright 2008 Project Seven Development
//www.projectseven.com
//May be used freely only with the above
//copyright notice and link intact
function P7_MinMaxW(a,b){
var nw="auto",w=document.documentElement.clientWidth;
if(w>=b){nw=b+"px";}if(w<=a){nw=a+"px";}return nw;
}
</script>

<style>
#seite {
  width: auto;
  width: expression(P7_MinMaxW(480,1024));
  }
</style>
<![endif]-->
```

Listing 11.7 ▶
Eine Funktion für min/max-width im IE 6[14]

Im Quirksmodus (z. B. IE 5.5) wird die Weite nicht ermittelt, da `document.documentElement` dort nicht vorliegt und 0 ergibt. Infolgedessen gibt die Funktion den Minimum-Wert zurück.

Innerhalb der Expression erfolgt ein Funktionsaufruf, bei dem der Minimum-Wert a und der Maximum-Wert b übergeben werden. In der Funktion erhält die Variable w die Breite des Zeichenbereichs im Fenster über `document.documentElement.clientWidth`. Die Funktion gibt die neue Weite nw zurück: Dazu wird die ermittelte Weite w erst mit dem Minimum-Wert a, dann mit dem Maximum-Wert b verglichen. Je nachdem wird die neue Weite von ursprünglich auto auf den Minimum- oder den Maximum-Wert in px gesetzt.

Diese Funktion erschafft für IE 6 eine gute Unterstützung für min/max-width, bei allerdings minimaler Funktionalität im Quirksmodus.

---

14 Der Abdruck der Funktion *P7_MinMaxW()* erfolgte mit freundlicher Genehmigung von Al Sparber (*www.projectseven.com*).

11.4.3 Expression für max-width in em

Die folgende Expression von Georg Sørtun setzt unabhängig vom IE-Darstellungsmodus eine maximale Breite in em. Beachten Sie, dass nicht nur die Fensterbreite, sondern auch die Nutzereinstellung für die Textgröße berücksichtigt werden müssen.

```
width: expression(
((document.compatMode
&&document.compatMode=='CSS1Compat')
? document.documentElement.clientWidth :
document.body.clientWidth) >
(1040/12) *
parseInt(document.body.currentStyle.fontSize)
? "65em" : "auto");
```

Der ternäre (dreifache) Operator ?: sorgt für eine bedingte Auswertung:
(wenn dieser Ausdruck wahr ist) ? (dann werte dieses aus) : (anderenfalls jenes)

◀ **Listing 11.8**
Expression für max-width in em

Übertragen bedeutet dies:
1. (Wenn das Dokument im Standardmodus ist ?, dann nimm die Fensterbreite im Standardmodus : anderenfalls die Fensterbreite im Quirksmodus.)
2. Wenn die im ersten Schritt ermittelte Fensterbreite in px größer (>) ist als 1040[px] * 1/12[pt] * font-size von body in [pt] ?, dann gib 65em als dynamische width zurück :, andernfalls auto.

Die Aufgabe der Berechnung ist es, die ermittelte Fensterbreite in px mit 65 em zu vergleichen. Bei 16 px Normalschriftgröße wären das 65 * 16px = 1040px. Aber was geschieht, wenn der Nutzer den Text skaliert hat? Dazu wird die font-size von <body> ausgewertet.

Im IE entsprechen Sehr klein 9 pt, Kleiner 10 pt, Mittel 12 pt, Grösser 14 pt, Sehr gross 16 pt. Bezogen auf Mittel teilt man diese Werte also durch 12, um die Umrechnung auf 16 px zu erreichen, da Mittel 16 px entsprechen. Man erhält damit einen Faktor kleiner, gleich oder größer als 1, der die 1040 px in etwa in 65 em umrechnet.

Diese Angaben stimmen nur bei 96 dpi.

Die Auswertung der vom Nutzer eingestellten Textgröße über die font-size kann nur funktionieren, wenn Sie darauf verzichten, selbst in <body> eine font-size anzugeben.

Sie können die Schriftgröße in einem späteren Container einstellen.

Für eine vertiefte Diskussion dieser Expression sowie weitere Beispiele zu min-/max-width und auch position: fixed verweisen wir auf die Originalarbeiten von Georg Sørtun.[15]

---

15 Georg Sørtun, »min/max – making IE/win work, with IE-expressions«, *http://www.gunlaug.no/contents/wd_additions_14.html* und »position: fixed in IE/win«, *http://www.gunlaug.no/contents/wd_additions_15.html*

11.5 Die zoom-Eigenschaft im IE

Der ursprüngliche Zweck der proprietären, erst ab IE 5.5 verfügbaren Eigenschaft zoom ist das Skalieren von einzelnen Elementen und ihren Nachfahren.[16] Ganz überwiegend wird die Eigenschaft jedoch zum Setzen von hasLayout verwendet. Die Eigenschaft entspricht keinem Standard und ist nicht valide. Demzufolge sollten Sie zoom unbedingt in Conditional Comments setzen.

11.5.1 Notation

Die Eigenschaft wird nicht vererbt und ist sowohl auf Blocklevel- als auch auf Inlinelevel-Elemente anwendbar.

```
zoom: 'normal'|<Zahl>|<Prozentwert>
```

Der Initialwert ist `normal`. Die Zahl kann ganzzahlig oder als Fließkommazahl notiert werden. Zahl oder Prozentwert geben den Vergrößerungsfaktor an, um den ein Element skaliert wird.

11.5.2 zoom und hasLayout

Jeder Wert außer `normal` setzt hasLayout bei Inline- und Blocklevel-Elementen. Die Angabe von `zoom: 1` oder `zoom: 1.0` oder `zoom: 100%` belässt ein Element unskaliert und hat keine einer CSS-Eigenschaft gleichende Funktion; diese Angaben lösen hasLayout in einer sozusagen reinen Form aus.

Wenn `zoom` auf ein Inline-Element angewendet wird, verhält sich dieses wie ein Inline-Block-Element (siehe Abschnitt 5.2.1). Mit `display: inline-block` hat `zoom` die vielseitige Verwendbarkeit im IE ≥ 5.5 gemeinsam, und die Unterschiede sind in Tabelle 11.1 gekennzeichnet.

Die besondere Charakteristik von `zoom` lässt diese Eigenschaft als hasLayout-Trigger der ersten Wahl gelten, solange Sie sie innerhalb von Conditional Comments verwenden – eine Empfehlung, die wir ohnehin aussprechen (siehe Abschnitt 10.7.1).

Wenn man hasLayout im IE 5 setzen musste, konnte man auf `height: 1%` ausweichen.

Das dynamische Setzen von `zoom` löst einen Reflow (ein Neuberechnen und -zeichnen) der Nachbarelemente aus.

Zoom in CSS3?
Das Verhalten der Zoom-Eigenschaft aus dem *CSS Device Adaption Module Draft* ist ganz anders: Innerhalb einer `@viewport`-Regel angewendet, soll der initiale Ausschnitt mit einem bestimmten Vergrößerungsfaktor betrachtet werden.

---

16 MSDN, »zoom Property«,
   http://msdn.microsoft.com/en-us/library/ms531189.aspx

	zoom: 1	display: inline-block
IE-Version	≥ 5.5	≥ 5.5
setzt hasLayout	ja	ja
hasLayout kann durch Überschreiben des Wertes in einer anderen Regel widerrufen werden (hasLayout-Reset).	ja, mittels `normal`	nein, selbst durch `block` nicht
wirkt auf Inline- und Blocklevel-Elemente im Quirks- und im Standardmodus	ja	ja
CSS-Standard, valide	nein[1]	ja (CSS 2.1), wirkt jedoch im IE nur auf Inlinelevel-Elemente oder solche, bei denen vorab `display: inline` gesetzt wurde
hat eine Wirkung in anderen Browsern	ja[2]	ja
ist leicht als Hack auszumachen	ja	nein

[1] Die Arbeitsversion des *CSS Device Adaptation Modules* erlaubt es, *innerhalb* einer `@viewport`-Regel `zoom` zu verwenden.
[2] Da Safari ≥ 4 ebenfalls `zoom` implementiert hat, würde hierin ein anderer Wert als `1` durchaus seine Wirkung zeigen.

▲ **Tabelle 11.1**
Vergleich der Eigenschaften `display:inline-block` und `zoom` im IE < 8

TEIL III

Die praktische Umsetzung von komplexen Layouts

12 Navigation: Listen und Menüs

Die Navigation erschließt dem Besucher die Inhalte einer Website. Struktur und Gestaltung verdienen also besondere Aufmerksamkeit. Für Menüs und Navigationen haben sich bestimmte Positionen etabliert: Sie sind meist im Kopfbereich oder als Randspalte neben dem Hauptinhalt platziert.

Auf Websites sind verschiedene Arten von Navigationen anzutreffen (siehe Abbildung 12.1):

- Das Herzstück ist die **Hauptnavigation**, die die Sektionen einer Website erschließt. Je nach Umfang der Seite ist die Hauptnavigation meist entweder horizontal im Kopfbereich oder vertikal als Randspalte anzutreffen.
- Die **Sub- oder Unternavigation** ergänzt die Kategorien der Hauptnavigation und wechselt je nach ausgewähltem Hauptmenüpunkt. Die Subnavigation kann wiederum weitere Unterkategorien enthalten. Meist ergänzt eine Subnavigation als vertikale Navigation in einer Randspalte ein horizontales Hauptmenü.
- Die **Breadcrumb-Navigation** zeigt dem Besucher in Form von »Brotkrumen« den Weg an, den er auf der Seite genommen hat. Meist wird dabei nicht der tatsächliche »Klickpfad« ähnlich einer Browserhistory angezeigt, sondern eine Auflistung entsprechend der hierarchischen Struktur der Seite. Besonders auf umfangreichen Sites mit tief verschachtelter Struktur ist die Breadcrumb-Navigation eine wichtige Orientierungshilfe.
- Eine **Service-Navigation** kann die Hauptnavigation um allgemeine Punkte wie Impressum, Sprachauswahl und Sitemap ergänzen und befindet sich meist im Kopf- oder im Fußbereich einer Seite.
- Eine **Sitemap** als eigenes Dokument einer Website bietet dem Besucher einen vollständigen Überblick über eine Website und ermöglicht es, gezielt auch tief in der Hierarchie liegende Dokumente direkt anzuspringen. Lohnenswert ist eine Sitemap nur bei umfangreichen Informationsangeboten. Bei einer eindimensionalen Website bietet sie keinen zusätzlichen Wert für den Besucher.

Die Bezeichnung »Breadcrumb-Navigation« oder »Brotkrümelnavigation« leitet sich aus dem Märchen »Hänsel und Gretel« ab, in dem die Kinder Brotkrumen streuten, um den Weg zurück zu finden.

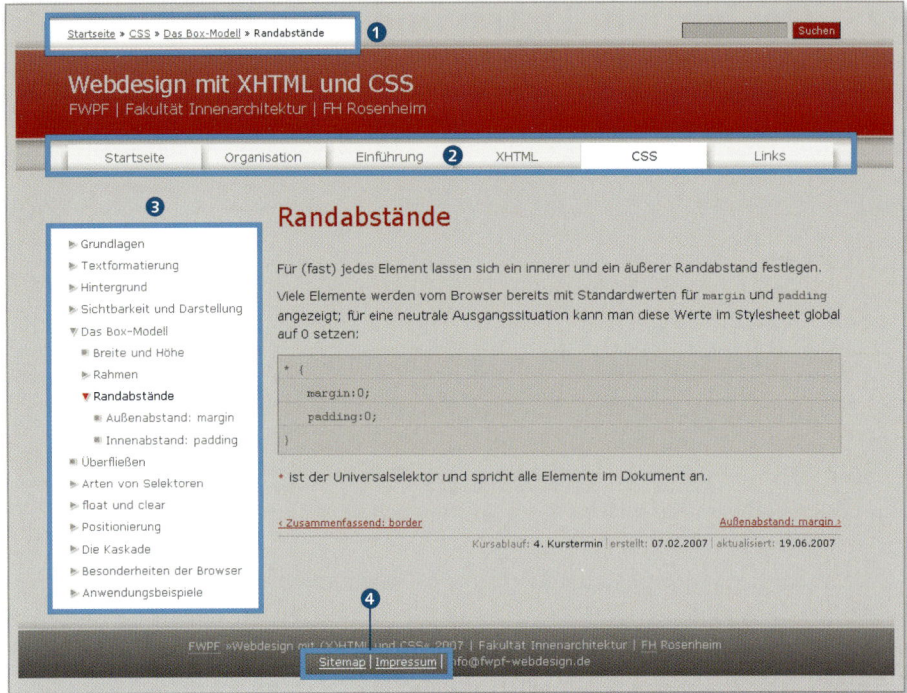

▲ **Abbildung 12.1** ▶
Beispiele für Navigationsarten

① Breadcrumb-Navigation
② Hauptnavigation
③ Unternavigation als verschachtelte Liste
④ Service-Navigation
⑤ Sitemap als eigenständige Seite (verkürzt)

Als Markup für Menüs haben sich Listen etabliert, meist in Form einer `<ul>`. Auch nummerierte Listen (`<ol>`) sind denkbar, wenn die Reihenfolge der Menüpunkte relevant ist, z. B. bei einer Schritt-für-Schritt-Anleitung. Durch Verschachtelung von Listen können beliebig viele Ebenen einer Navigation erschlossen werden.

Auch eine Definitionsliste ist möglich, wenn es sich um ein Menü mit nur einer Unterebene handelt.

Exkurs: Bereichsüberschriften

Eine Hilfe für Benutzer, die nicht die per CSS gestaltete Version einer Webseite sehen können, können Bereichsüberschriften sein. Das Markup der Hauptnavigation sieht dann z. B. folgendermaßen aus:

```
<div id="navigation">
  <h2>Hauptnavigation</h2>
  <ul>
    <li><a href="[…]">Startseite</a></li>
    […]
  </ul>
</div>
```

Nutzer von Screenreadern können von Überschrift zu Überschrift springen und sich so schneller durch das Dokument bewegen.

Die Gestaltung einer Seite per CSS macht die Funktion der Bereiche ersichtlich, die zusätzlichen Überschriften können daher einfach ausgeblendet werden:

```
#navigation h2 {
  position: absolute;
  left: -9999px;
}
```

Zum Ausblenden eignet sich die Off-Left-Technik. Ein `display: none` ist hingegen nicht sinnvoll, da etliche Screenreader das Element dann ignorieren.

Für den Besucher ohne Stylesheet gewinnt das Dokument durch die zusätzliche Gliederung an Übersicht (siehe Abbildung 12.2).

▲ **Abbildung 12.2**
Dokument ohne Stylesheet, Gliederung durch Bereichsüberschriften

12.1 Horizontale Navigation

Das Flexbox-Modul wird in Zukunft ein weiterer Layoutansatz für Navigationen sein. Einen Einblick finden Sie in Abschnitt 16.1.

Mehrere CSS-Eigenschaften sind in der Praxis geeignet, um eine Navigationsliste horizontal darstellen zu lassen:

- `display: inline`
- `display: inline-block`
- `float: left|right`
- `display: table-cell`

Wir erläutern im Folgenden Beispiele für Möglichkeiten und Einschränkungen der verschiedenen Methoden.

12.1.1 Horizontale Navigation mit display: inline

Es ist nicht möglich, inline dargestellten Elementen Dimensionen per `width` oder `height` zuzuweisen. Die Eigenschaft `display: inline` eignet sich daher hauptsächlich für schlichte textbasierende Navigationen, deren Dimension durch den Inhalt bestimmt werden soll – nicht jedoch für eine pixelgenaue Darstellung mit Boxen fester Größen.

Mit `display: inline` ausgerichtete Listenpunkte einer Navigation reagieren auf Eigenschaften zur Textausrichtung wie `text-align` und `white-space`. Mit `white-space: nowrap` können Sie z. B. das Umbrechen der Navigation bei schmalem Viewport verhindern (anders als bei Float, siehe Kapitel 4, »Floats«). Die Listenpunkte selbst können jedoch nicht mehrzeilig dargestellt werden: Aller Text steht in einer Zeile, nur am Zeilenende kann es einen Umbruch geben.

Eine Beispielanwendung für Inline-Navigationen ist ein Textmenü, dessen Links durch senkrechte Striche (»Pipes«) getrennt werden (siehe Abbildung 12.3).

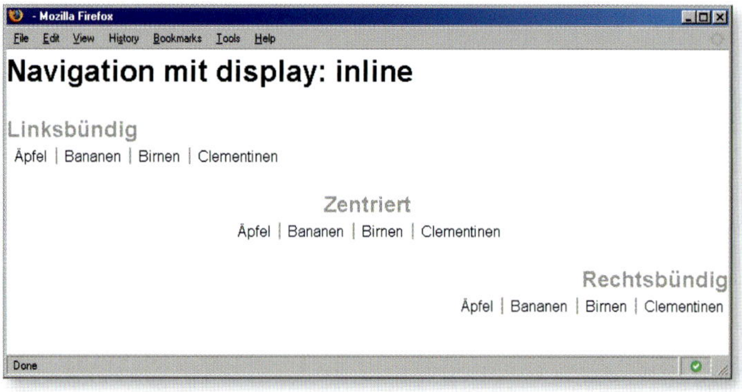

Die »Pipes« könnten auch als Textzeichen »|« ins Markup eingefügt werden. Da es sich jedoch nicht um Inhalt handelt, sondern um reine Gestaltung, ist eine Border im Stylesheet ein angemessenes Vorgehen. Alternativ könnten Sie CSS die Trennlinien generieren lassen, siehe dazu die Infobox »Pipes als Generated Content«.

Abbildung 12.3 ▶
Navigation mit »Pipes« in drei Ausrichtungsvarianten

Die drei Navigationen bestehen jeweils aus einer nicht nummerierten Liste. Ein `<div>` gruppiert jede Liste mit einer Überschrift, und die `div`-Elemente erhalten jeweils eine ID.

```
<div id="navigation1">
  <h2>Linksbündig</h2>
  <ul>
    <li><a href="#">Äpfel</a></li>
    <li><a href="#">Bananen</a></li>
    <li><a href="#">Birnen</a></li>
    <li><a href="#">Clementinen</a></li>
  </ul>
</div>
[identisch für #navigation2 und #navigation3]
```

▲ **Listing 12.1**
Horizontale Navigation mit »Pipes«

Zunächst einige kosmetische Angaben für Abstände und Schrift:

```
* {
  margin: 0;
  padding: 0;
}
body {
  font: 100%/1.4 Arial, sans-serif;
}
h2 {
  color: #999;
  margin-top: 1em;
}
a {
  text-decoration: none;
  color: #000;
}
a:hover {
  text-decoration: underline;
}
li {
  display: inline;
  border-left: 2px solid #999;
}
```

Die Listenelemente werden mit `display: inline` nebeneinandergestellt, und die vertikale Trennlinie wird durch eine linke Border erzeugt.

Zwischen dem Ende eines Wortes und der Rahmenlinie des nächsten Elements ist jeweils ein Abstand zu sehen. Dies ist der normale Wortabstand im Inline-Kontext. Diesen Abstand könnten Sie durch einen Eingriff ins Markup beseitigen, indem Sie alle Whitespaces (Leerzeichen und Zeilenumbrüche) zwischen den Listenelementen entweder entfernen oder auskommentieren (siehe Abbildung 12.4).

```html
<li><a href="#">Äpfel</a></li><!--
--><li><a href="#">Bananen</a></li>
```

Manch ein CMS bietet als Option zur Reduzierung des Quelltextes das Entfernen aller Whitespaces an – eine »Optimierung«, die unwillkommene Auswirkungen auf die Darstellung haben kann.

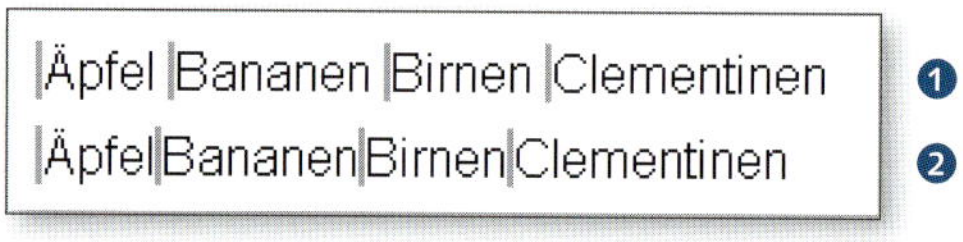

▲ **Abbildung 12.4**
Liste mit `display: inline`

❶ Normaler Abstand nach jedem Wort durch Whitespaces
❷ Nahtlose Liste mit auskommentiertem Whitespace

Dieser Eingriff hat jedoch zur Folge, dass die Elemente am Zeilenende nicht mehr umbrechen – ein nicht immer wünschenswerter Effekt.

Da im Inline-Kontext absolute Pixelgenauigkeit sowieso nicht zu erreichen ist, können Sie die Abstände auch belassen, wo sie sind. Die Wortabstände entsprechen (ohne Änderung durch `word-spacing`) in den Browsern etwa `0.2` bis `0.3em`. Um also einen gleichmäßigen Abstand zu den Pipes zu erhalten, können Sie den `li`-Elementen rechts und links unterschiedliche Werte für `padding` zuweisen (siehe Abbildung 12.5).

Und die Marker?

Sobald die `li`-Elemente nicht mehr mit ihrer ursprünglichen Darstellungsart als `list-item` dargestellt werden, verschwinden die Aufzählungszeichen auch ohne explizite Angabe von `list-style: none`.

```css
li {
  display: inline;
  border-left: 2px solid #999;
  padding: 0 .35em 0 .5em;
}
```

▲ **Abbildung 12.5**
Gleichmäßige Abstände zu Pipes durch unterschiedliches Padding links/rechts

Die senkrechte Rahmenlinie soll als Trenner **zwischen** den Menüpunkten sitzen, taucht jedoch auch noch **vor** dem ersten Punkt auf.

Mit der Pseudoklasse `:first-child` lässt sich die Border leicht entfernen:

Alternativ könnten Sie die Pipes auch mit `border-right` erzeugen – die Pseudoklasse `:last-child` zum Entfernen des überzähligen Rahmens ist jedoch erst Bestandteil von CSS3 und wird von älteren Browsern nicht umfassend unterstützt.

```css
li:first-child {
  border-left: none;
}
```

Die horizontale Ausrichtung der gesamten Navigation erfolgt im Inline-Kontext über die `text-align`-Eigenschaft. Um also die zweite Navigation mittig und die dritte rechtsbündig anzuordnen, genügen zwei weitere Angaben im Stylesheet.

```
#navigation2 {
  text-align: center;
  }
#navigation3 {
  text-align: right;
  }
```

> **Pipes als Generated Content**
>
> Border als Trennzeichen können vielfältig gestaltet werden, doch entsprechen sie nicht exakt der Darstellung des Zeichens »|«. Mit *generated content* können Sie das »echte« Zeichen nutzen, ohne es ins Markup zu schreiben:
>
> ```
> li:before {
>   content: "| ";
> }
> li:first-child:before {
>   content: "";
> }
> ```
>
> IE ≤ 7 benötigt dann den Border-Workaround oder muss sich – wenn es die Nutzbarkeit der Navigation nicht einschränkt – mit einem vergrößerten Abstand zwischen den Listenpunkten begnügen.

Das Pseudo-*Element* `:before` kann nur am Ende des Selektors stehen, also nicht mit der Pseudo-*Klasse* `:first-child` vertauscht werden.

Anpassungen für ältere IEs | IE ≤ 6 kennt die Pseudoklasse `:first-child` nicht, weshalb die erste Rahmenlinie noch nicht verschwunden ist. Sie könnten nun dem ersten Listenelement eine Klasse `first` geben und für diese die Border aufheben – ein Eingriff ins Markup, der nicht immer ohne Aufwand möglich ist. Als Alternative können Sie sich einen Darstellungsfehler zunutze machen: Wie in Kapitel 3, »Horizontale Anordnung«, erläutert wurde, schneidet der IE < 8 Bereiche ab, die per negativem Margin verschoben werden und aus ihrem umgebenden Element herausragen, sofern dieses hasLayout hat (Clipping).

Für die linksbündig ausgerichtete Liste genügt es schon, die `li`-Elemente um die Border-Breite nach links zu verschieben. Bei der zentrierten und der rechtsbündigen Liste wirkt dies jedoch nicht, da das `ul`-Element als Block-Element die gesamte Breite einnimmt – das erste `li`-Element also nicht aus `<ul>` herausragt. Es ist eine Eigenschaft nötig, die das `ul`-Element auf die Breite der Listenelemente schrumpfen lässt (*shrink-to-fit*) und trotzdem die Ausrichtung per `text-align` ermöglicht. Hier bietet sich die Inline-Block-ähnliche Darstellung des IE < 8 an (siehe Kapitel 5, »Das Inline-Formatierungsmodell«).

Ist es den Aufwand wert, Änderungen im Kern eines CMS vorzunehmen, nur um eine einheitliche Darstellung auch im IE < 7 zu erhalten?

> **Hinweis**
>
> In allen Browsern außer IE < 7 nimmt das `ul`-Element die gesamte Breite ein. Sollten Sie z. B. eine Hintergrundfarbe oder Rahmenlinien für dieses Element definieren wollen, benötigen Sie ein weiteres `<div>`, um im IE die Darstellung anzugleichen.
> Wenn Sie die Liste mit einer (ausgeblendeten) Überschrift gruppieren, haben Sie dieses `<div>` bereits zur Verfügung.

```
<!--[if lte IE 7]><style>
/* hasLayout simuliert inline-block */
* html ul {
  display: inline;
  zoom: 1; /* hasLayout */
}
* html li {
  margin-left: -2px;
}
</style><![endif]-->
```

Der negative Margin von `-2px` lässt das erste Listenelement aus dem `ul`-Element herausragen und macht die Border so unsichtbar – ein Darstellungsfehler, der zum gewünschten Ergebnis führt.

Im IE 7 ist zunächst keine Fehldarstellung zu sehen. Sobald Sie jedoch den Seitenzoom betätigen, verschwinden die Abstände zwischen den Links, und die Border stehen mitten im Text (siehe Abbildung 12.6) – ein grundsätzliches Problem bei Inline-Elementen und bei der Zoomfunktion des IE 7.

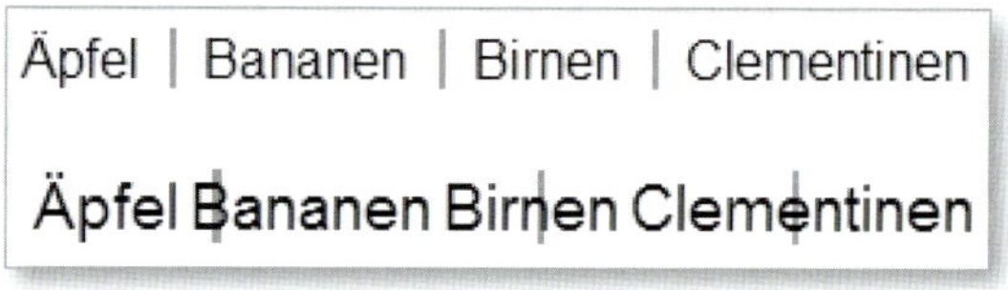

Abbildung 12.6 ▶
Darstellung im IE 7 bei normaler Größe (**1**) und bei Seitenzoom 120 % (**2**)

Für die Inline-Navigation lässt sich die Fehldarstellung durch hasLayout für die Links beheben. Mit hasLayout büßen die Links ihr Inline-Verhalten ein und werden zu Inline-Block-Element (siehe Abschnitt 5.2). Die Darstellung unterscheidet sich somit von Inline-Elementen, z. B. beeinflusst ein oberes/unteres Padding die Höhe der Zeilenbox.

Damit die Darstellung in den alten IE-Generationen einheitlich ist, vergeben wir hasLayout für alle IE ≤ 7 und ergänzen das IE-Stylesheet um folgende Angabe:

```
a {
  zoom: 1;
}
```

Ein anderer Ansatz für IE 7 ist folgender: Sie können die Verschiebung von Text und Border auch unterbinden, indem Sie dem umgebenden Block-Element (hier: `<ul>`) entweder `word-spacing: 0` oder `letter-spacing: 0` geben. Leider werden beim Zoomen dann Wort- und Buchstabenabstände mehr oder weniger stark verzerrt dargestellt (siehe Abbildung 12.7) – auch keine perfekte Lösung.

| Äpfel | Bananen | Birnen | Clementinen | ❶
| Äpfel | Bananen | Birnen | Clementinen | ❷

◀ **Abbildung 12.7**
Zoom 110 % im IE7

❶ `letter-spacing: 0` für `<ul>` bewirkt ungleiche Buchstabenabstände, erkennbar bei »Bananen« und »Clementinen«,
❷ `zoom: 1` für `<a>` behebt den Zoom-Bug am wirkungsvollsten.

»Boxige« Inline-Navigation | Die Boxen von Inline-Elementen haben zunächst die Größe ihres Inhalts. Durch Padding oder Border werden sie erweitert. Diese erweiterten Inline-Boxen lassen sich browserübergreifend jedoch kaum exakt formatieren – wenn Sie also eine aufwendigere Gestaltung als eine schlichte Textliste anstreben, sind Sie mit der Float-Eigenschaft besser beraten (siehe Abschnitt 12.1.4).

12.1.2   Horizontale Navigation mit display: inline-block

Die Inline-Block-Darstellung vereint die Eigenschaften von Inline-Elementen mit der Möglichkeit, die Dimensionen der Boxen festzulegen. Sie können so z. B. auch mehrzeilige Links in einer horizontalen Navigation unterbringen. Mehrzeilige Menüpunkte mit definierten Größen können Sie auch mit der Float-Eigenschaft erzeugen. Verschieden hohe Menüpunkte vertikal mittig oder unten bündig ausrichten ist jedoch nur mit `inline-block` möglich – mit `vertical-align` (siehe Abbildung 12.8).

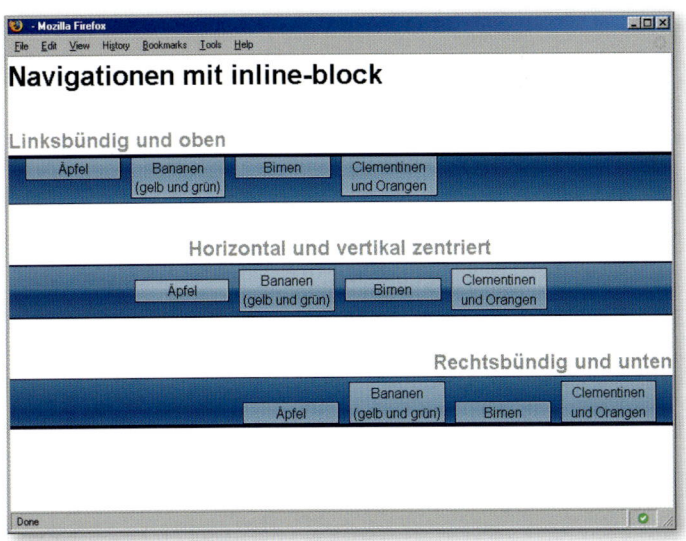

◀ **Abbildung 12.8**
Navigation in drei Ausrichtungsvarianten (horizontal und vertikal)

Rechts floatende Listenelemente ordnen sich in umgekehrter Reihenfolge an: Das erste Element im Quelltext wird ganz rechts dargestellt. Dies ist bei `inline-block` und `text-align: right` nicht der Fall.

Das zugehörige Beispiel finden Sie als Listing 12.2 auf der DVD.

Ein weiterer Unterschied der Inline-Block-Darstellung zu Float tritt zutage, wenn die Menüpunkte am Ende der Zeile umbrechen. Während die zweite Zeile bei Floats immer entweder linksbündig oder rechtsbündig ausgerichtet ist, können Inline-Block-Elemente auch zentriert werden (vgl. Kapitel 5, »Das Inline-Formatierungsmodell«).

Eine häufige Anwendung für `inline-block` bietet sich z. B. bei Vorschaugalerien mit unterschiedlich hohen Bildern und Bildbeschreibung. Beispiele zeigt Bruno Fassino auf seinen CSS-Test-Seiten.[1]

12.1.3 Horizontale Navigation mit display: table-cell

Die Tabellendarstellung bietet einige Besonderheiten, die sich bisher mit keiner anderen Eigenschaft erreichen lassen:

Zum CSS-Tabellenmodell und der Inline-Block-Simulation für den IE < 8 siehe Abschnitt 8.1.

- Die Tabellenzellen werden immer auf die gesamte Breite der Tabelle verteilt.
- Alle Tabellenzellen einer Zeile sind gleich hoch.

Breiten- und Höhenangaben bei Tabellen und Tabellenzellen werden als Mindestgrößen behandelt (außer Sie verwenden `table-layout: fixed`), so dass es nicht zu überfließenden Inhalten und auch nicht zum Umbrechen der Zellen einer Tabellenzeile kommt.

IE ≤ 7 unterstützt die nötigen Eigenschaften für eine Navigation aus CSS-Tabellen nicht. Es bleibt daher entweder die Möglichkeit, »echte« Tabellen ins Markup zu schreiben, oder einen Workaround anzuwenden, der für IE eine zumindest ähnliche Darstellung erzielt.

Abbildung 12.9 ▶
Navigation mit gleich hohen Menüpunkten als CSS-Tabelle

Die Links der Navigationsliste enthalten unterschiedlich lange Untertitel. Die Listenelemente, die ja Tabellenzellen sind, verteilen sich entsprechend der Breite ihrer Inhalte über die gesamte Breite. Die Höhe der Listenelemente ist für alle gleich und entspricht dem jeweils größten Listenelement. Bei schmalem

---

1 Bruno Fassino, »Thumbnail Image Gallery«,
   http://www.brunildo.org/test/ImgThumbIBL.html

Viewport umbricht kein Listenpunkt in die nächste Zeile, sondern es gibt einen horizontalen Scrollbalken (siehe Abbildung 12.9).

```
<div id="navigation">
  <ul>
    <li><a href="#"><span>Äpfel</span> lat. Malus</a></li>
    <li><a href="#"><span>Bananen</span> lat. Musa
    </a></li>
    <li><a href="#"><span>Birnen</span> lat. Pyrus
    </a></li>
    <li><a href="#"><span>Clementinen</span> (auch:
    Satsuma)<br /> lat. Citrus aurantium</a></li>
  </ul>
</div>
```

◀ **Listing 12.3**
Navigation als CSS-Tabelle

Das umgebende `<div>` wird zur Tabelle, die die gesamte Breite einnimmt, und das `ul`-Element wird zur Tabellenzeile. Als Hintergrund erhält `<ul>` eine Verlaufsgrafik – sollte diese zu klein sein, setzt die passende Hintergrundfarbe den Verlauf nach unten fort. Die Listenelemente werden als Tabellenzellen formatiert, und ein Hintergrundbild mit einer Doppellinie trennt jeweils die Menüpunkte.

Für eine stabile Darstellung von CSS-Tabellen benötigen ältere Gecko-Browser eine vollständige Tabellenstruktur, siehe Kapitel 8, »Das CSS-Tabellenmodell«.

```
#navigation {
  display: table;
  width: 100%;
  background: #d0b39a url(verlauf.png) 0 0 repeat-x;
  border-top: 1px solid #998675;
  border-bottom: 1px solid #998675;
}
#navigation ul {
  display: table-row;
}
#navigation li {
  display: table-cell;
  vertical-align: top;
  text-align: center;
  background: url(linie-vertikal.png) 0 0 repeat-y;
}
```

Der Untertitel eines jeden Menüpunkts liegt direkt im `a`-Element, und der Hauptbegriff ist mit einem `<span>` eingefasst. Die Links erhalten daher zunächst eine kleinere Schriftgröße und eine braune Farbe, und das `span`-Element wird größer, fett und schwarz formatiert. Beim Hovern des Links wechselt die Textfarbe.

```css
#navigation li a {
  display: block;
  padding: .5em 1em;
  color: #736357;
  font-size: 80%;
  text-decoration: none;
}
#navigation li a:hover {
  color: #000;
}
#navigation li span {
  display: block;
  color: #000;
  font-size: 180%;
  font-weight: bold;
  line-height: 1;
}
#navigation li a:hover span {
  color: #998675;
}
```

Das `display: block` dehnt jeden Link auf die gesamte Breite eines Listenelements aus, die Höhe ist jedoch vom Textinhalt abhängig. Gleich hoch sind nur die Listenelemente.

> **Bereichsüberschrift in einer CSS-Tabelle**
>
> Wenn Sie vor das `ul`-Element auch in diesem Menü eine Bereichsüberschrift setzen, befindet sich diese innerhalb der Struktur der CSS-Tabelle, nämlich zwischen `table` (dem `<div>`) und `table-row` (dem `<ul>`). Beim Ausblenden dieser Überschrift mit `position: absolute; left: -9999px` reagieren die Browser mit unterschiedlicher Darstellung – je nachdem, welche anonymen Tabellenelemente um die Überschrift herum generiert werden.
> Innerhalb der Tabellenstruktur wäre `table-caption` die richtige Darstellungsart für eine Überschrift. Mit folgenden Angaben zum Ausblenden der Bereichsüberschrift zeigen sich die Browser einverstanden:
>
> ```css
> #navigation h2 {
>   display: table-caption;
>   height: 0;
>   overflow: hidden;
>   text-indent: -9999px;
> }
> ```

Die Überschrift wird ausgeblendet, unabhängig davon, ob ein Browser `display: table-caption` versteht oder nicht.

Anpassung für IE < 8 | Für IE ≤ 7 bietet sich die Inline-Block-Darstellung als Annäherung an die Tabellendarstellung der anderen Browser an (siehe Abschnitt 8.1.3), da mit `white-space: nowrap` zumindest das Umbrechen bei schmalem Viewport verhindert werden kann. Eine automatische Aufteilung der Menüpunkte über die gesamte Breite ist so nicht möglich: Es sind Breitenangaben in Prozent erforderlich. Sofern Sie für jeden Menüpunkt eine ID zur Verfügung haben, können Sie individuelle Breiten vergeben. Alternativ gibt es eine gleichmäßige Aufteilung der Breite mit jeweils 25% bzw. 24.9%, um Rundungsfehler zu vermeiden.

Mit white-space: nowrap für <ul> werden die Listenpunkte am Umbrechen in die nächste Zeile gehindert. Damit die Linktexte innerhalb der li-Elemente wieder über zwei oder mehr Zeilen laufen, muss die white-space-Eigenschaft auf normal zurückgesetzt werden.

> **Hinweis**
>
> Heben Sie white-space nicht schon für das li-Element wieder auf, denn sonst lässt IE die Listenpunkte insgesamt wieder in die nächste Zeile umbrechen.

```
<!--[if lte IE 7]><style>
#navigation ul {
  white-space: nowrap;
}
#navigation li {
  display: inline;
  zoom: 1;
  width: 24.9%;
}
#navigation li a {
  white-space: normal;
}
</style><![endif]-->
```

Die Listenpunkte sitzen jetzt auch im IE nebeneinander. Sobald jedoch einer der Links in die dritte Zeile umbricht, sind die vertikalen Trennlinien der anderen Listenpunkte zu kurz – sie wachsen nicht mit (siehe Abbildung 12.10).

◂ **Abbildung 12.10**
Die Trennlinien im IE ≤ 7 sind zu kurz (Screenshot IE 6).

Hier können Sie mit einem Trick nachhelfen, der auch für die Simulation gleich hoher Spalten für Layouts eingesetzt werden kann (siehe Abschnitt 14.2.1): Weisen Sie den Listenelementen ein überhöhtes unteres Padding zu, und verhindern Sie gleichzeitig durch einen negativen unteren Margin die Ausdehnung des umgebenden Elements.

Der Wert von `5em` ist eine Schätzung der maximalen Höhe der Navigation – auch wenn beim längsten Menüpunkt jedes Wort eine Zeile benötigt, sind die `5em` noch ausreichend.

Die Differenz aus Padding und negativem Margin bleibt als Abstand unter dem Linktext erhalten – entspricht also einem `padding-bottom: .5em`.

Erweitern Sie also das Stylesheet für IE um folgende Einträge:

```
#navigation li {
  display: inline;
  zoom: 1;
  width: 24.9%;
  padding-bottom: 5em;
  margin-bottom: -4.5em;
}
```

Die überhöhten `li`-Elemente ragen nun aus ihrer umgebenden `<ul>` heraus – was jedoch nur im IE 7 zu sehen ist (siehe Abbildung 12.11). IE < 7 schneidet die überstehenden Bereiche ab (»Clipping«, ausgelöst durch hasLayout bei `#navigation`).

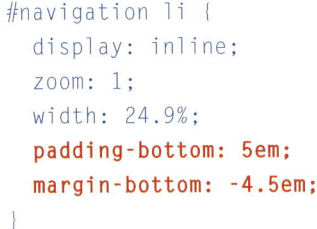

Abbildung 12.11 ▶
Die überhöhten `li`-Elemente hängen im IE 7 heraus.

`overflow-x` und `overflow-y` sind Bestandteil von CSS3; IE kennt diese Eigenschaften schon seit Version 5.

Um auch für den IE 7 einen sauberen unteren Abschluss zu erhalten, benötigt das `ul`-Element `overflow: hidden`. Da der IE `overflow-y` kennt, genügt die Angabe für die vertikale Richtung.

Ein weiterer Unterschied zwischen dem IE 7 und seinen Vorgängern zeigt sich bei sehr schmalem Viewport. Während der Expanding Box Bug des IE 6 und älterer Versionen dafür sorgt, dass die Listenelemente nie kleiner als ihr Inhalt werden, reagiert IE 7 standardkonform und lässt die Inhalte über ihre Boxgrenzen hinausragen (siehe Abbildung 12.12).

 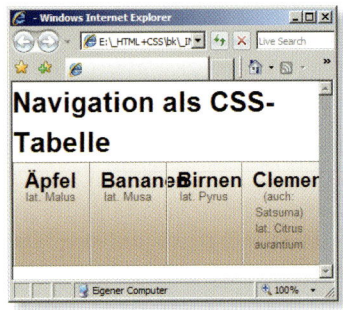

Abbildung 12.12 ▶
Darstellung bei schmalem Viewport im IE 6 (❶) und im IE 7 (❷).

Mit einer Mindestbreite können Sie diese Überlappungen verhindern – in diesem Beispiel sind 40em ausreichend. Das IE-Stylesheet wird noch wie folgt ergänzt:

```
#navigation ul {
  white-space: nowrap;
  min-width: 40em;
  overflow-y: hidden;
}
```

12.1.4 Horizontale Navigation mit Float

Für horizontale Navigationen, die aufwendiger und möglichst pixelgenau gestaltet werden sollen, ist die `float`-Eigenschaft das Mittel der Wahl. Float wird von den Browsern umfassend unterstützt und bietet weitreichende Gestaltungsmöglichkeiten.

Ein Beispiel für eine Navigation mit Shrink-to-fit-Breite, Hintergrundbildern und Hover-Effekt finden Sie in Kapitel 7, »Background-Images«. Da Floats immer als Blockboxen dargestellt werden, sind auch Menüs mit festen Dimensionen möglich.

Für eine Navigation, die vollständig aus (Hintergrund-)Bildern bestehen soll, setzen wir Float und die Image-Replacement-Technik nach Gilder/Levin ein (siehe Abbildung 12.13). Die Menüpunkte bleiben so auch zugänglich, wenn ein Besucher in seinem Browser die Anzeige von Bildern deaktiviert hat – z. B. um beim mobilen Surfen Datenvolumen zu sparen.

Eine Übersicht über Image-Replacement-Techniken – Techniken also, die HTML-Elemente und ihren Inhalt durch Bilder ersetzen – hat Jens Meiert zusammengestellt.[2]

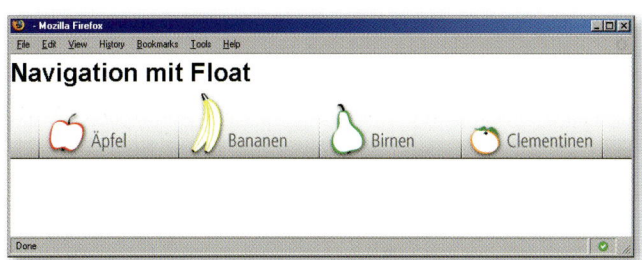

◄ **Abbildung 12.13**
Navigation mit festen Größen und Image-Replacement

Damit das jeweils passende Hintergrundbild zugewiesen werden kann, benötigt jeder Menüpunkt eine eigene ID. Die Hintergrundgrafik wird bei Gilder/Levin jeweils in ein zusätzliches Element gelegt, das absolut über dem Linktext positioniert wird.

Pro Link muss also im Markup ein zusätzliches leeres Element eingeführt werden – wir setzen `span`-Elemente ein.

Die Navigation soll im Browserfenster zentriert werden, was im Unterschied zu `inline` oder `inline-block` nicht für die

---

[2] Jens Meiert, »Übersicht: Image-Replacement-Techniken«, http://meiert.com/de/publications/articles/20050513/

gefloateten Listenpunkte direkt möglich ist. Das umgebende `ul`-Element wird eine Breite und `margin: 0 auto` erhalten – somit ist ein weiteres Element nötig, das die gesamte Breite ausfüllt. Diese Aufgabe kann wieder ein `div`-Element übernehmen, das die Liste und ihre Bereichsüberschrift einschließt.

Das ergänzte Markup für die Navigation präsentiert sich also folgendermaßen:

Die Bereichsüberschrift wird mit

```
#navigation h2 {
  position: absolute;
  left: -9999px;
}
```

ausgeblendet.

```html
<div id="navigation">
  <h2> Navigation</h2>
  <ul>
    <li id="aepfel">
      <a href="#">Äpfel<span></span></a>
    </li>
    <li id="bananen">
      <a href="#">Bananen<span></span></a>
    </li>
    <li id="birnen">
      <a href="#">Birnen<span></span></a>
    </li>
    <li id="clementinen">
      <a href="#">Clementinen<span></span></a>
    </li>
  </ul>
</div>
```

Listing 12.4 ▶
Navigation mit Float und Image Replacement

Jeder Menüpunkt hat eine Breite von `180px` und eine Höhe von `85px`, das ergibt eine Breite von `720px` für die gesamte Navigation. Die `li`-Elemente erhalten `float` und die Breite von `180px`, das umgebende `<ul>` erhält die Gesamtbreite und wird zentriert.

Auch die Höhe geben wir bereits für das `ul`-Element an, alle Nachfahren erhalten dann `100%`. Bei einer Änderung genügt es, diesen einen Wert anzupassen.

Bei dieser grafischen Navigation sind alle Höhen bekannt – wir ersparen uns durch die feste Höhe für das umgebende Element das Einschließen der Floats.

```css
#navigation ul {
  list-style: none;
  width: 720px;
  height: 85px;
  margin: 0 auto;
}
#navigation li {
  float: left;
  width: 180px;
  height: 100%;
}
```

Noch sind die regulären Linktexte sichtbar. Diese sollen durch das absolut positionierte `span`-Element verdeckt werden, das die Hintergrundgrafik enthält. Damit die Links zum **Containing Block** für die absolute Positionierung werden können, müssen sie die gesamte Fläche des Menüpunkts ausfüllen – sie erhalten also `display: block` sowie eine Höhe – und benötigen `position: relative`.

```
#navigation a {
  display: block;
  height: 100%;
  position: relative;
}
```

Als Hintergrundbild für alle Menüpunkte kommt wieder – wie in Abschnitt 7.8.2 erläutert – nur ein einziges Hintergrundbild zum Einsatz, das per `background-position` an die gewünschte Stelle verschoben wird. Die `span`-Elemente nehmen dieses Hintergrundbild auf und werden absolut innerhalb des Links positioniert. Die Linktexte werden auf diese Weise durch das Hintergrundbild verdeckt, und bei deaktivierten Bildern kommen die Texte wieder zum Vorschein (eine **Hintergrundfarbe** dürfen die `<span>` also nicht erhalten).

```
#navigation a span {
  display: block;
  position: absolute;
  width: 100%;
  height: 100%;
  left: 0;
  top: 0;
  background: url(float-navigation.png) no-repeat;
}
```

Für jeden Link muss noch die korrekte `background-position` definiert werden. Das Hintergrundbild besteht aus zwei Varianten der Navigation: Normalzustand und Hover-Zustand (siehe Abbildung 12.14).

> **Marker und Float**
>
> Für eine horizontale Navigation mit `float` ist es nötig, die Marker der Listen per `list-style` zu entfernen. Nach CSS 2.1: 9.7 behalten die `li`-Elemente auch mit `float` die Darstellungsart `list-item`.
> In CSS 2 wurde aus `list-item` noch `block`: In älteren Browsern werden die Marker nicht angezeigt. Es ist daher nicht möglich, browserübergreifend eine horizontale Navigation mit Markern umzusetzen. Hintergrundbilder bieten sich als Alternative an.

> **Hinweis**
>
> Es wäre auch möglich, die `li`-Elemente zum Containing Block für die absolute Positionierung zu machen. In alten Browsern (z. B. Netscape 7) wird `position: relative` bei Floats ignoriert, hier können diese Aufgabe ebensogut die Links übernehmen.

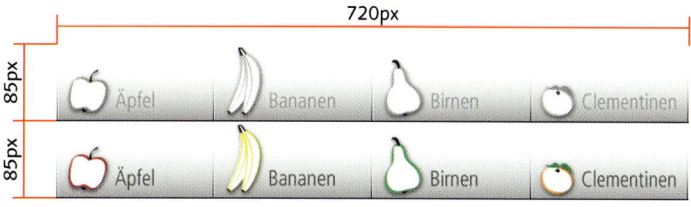

◀ **Abbildung 12.14**
Hintergrundbild der Navigation

Dabei wird diesmal nicht der Link verändert, der gerade mit der Maus berührt wird, sondern alle anderen: ein invertierter Hover-Effekt (siehe Abbildung 12.15).

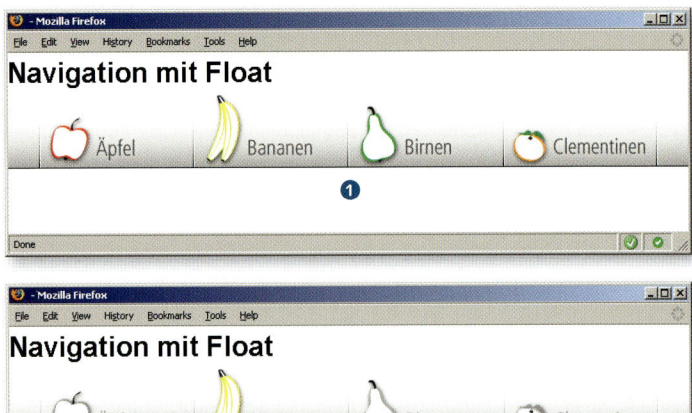

Abbildung 12.15 ▶
Navigation im Normalzustand (❶) und beim Hovern eines Menüpunktes (❷)

Da es keinen Selektor für ein Vorfahrenelement gibt, können Sie diesen Effekt umsetzen, indem Sie das Hintergrundbild der span-Elemente ändern, sobald die gesamte Liste – also <ul> – mit der Maus berührt wird. Der Selektor dafür lautet ul:hover span.

Zunächst jedoch setzen wir die Positionsangaben für jeden Link im Normalzustand, wenn sich die Maus außerhalb des Menüs befindet:

```
#navigation #aepfel span {
   background-position: 0 100%;
}
#navigation #bananen span {
   background-position: -180px 100%;
}
#navigation #birnen span {
   background-position: -360px 100%;
}
#navigation #clementinen span {
   background-position: -540px 100%;
}
```

Beim Berühren der Liste mit der Maus soll die graue Variante des Hintergrundbildes angezeigt werden. Für jedes <span> muss sich die vertikale Position also auf 0 ändern:

```css
#navigation ul:hover #aepfel span {
   background-position: 0 0;
}
#navigation ul:hover #bananen span {
   background-position: -180px 0;
}
#navigation ul:hover #birnen span {
   background-position: -360px 0;
}
#navigation ul:hover #clementinen span {
   background-position: -540px 0;
}
```

Mit diesen Angaben erscheinen beim Berühren der Liste mit der Maus alle Menüpunkte in Grau, auch der gerade gehoverte Link. Damit dieser die farbige Variante des Hintergrundbildes behält, muss für `a:hover` die Position des Hintergrundbildes wieder auf den Normalzustand gesetzt werden.

Erweitern Sie daher die ursprünglichen Angaben für die `span`-Elemente um einen Selektor für `a:hover` wie folgt:

```css
#navigation #aepfel span,
#navigation li#aepfel a:hover span {
   background-position: 0 100%;
}
#navigation #bananen span,
#navigation li#bananen a:hover span {
   background-position: -180px 100%;
}
#navigation #birnen span,
#navigation li#birnen a:hover span {
   background-position: -360px 100%;
}
#navigation #clementinen span,
#navigation li#clementinen a:hover span {
   background-position: -540px 100%;
}
```

> **Hinweis**
>
> Der Zusatz `li` beim ID-Selektor erhöht die Spezifität und stellt so sicher, dass die Angabe für `:hover` des Links schwerer wiegt als für `:hover` bei `<ul>`. Ohne diesen Zusatz müssen Sie die Angaben für `ul:hover` im Stylesheet **vor** den Angaben für die Links notieren.

Die Hintergrundbilder in den `span`-Elementen verdecken die regulären Linktexte, weil sie darüber positioniert sind. Die Folge dieser Vorgehensweise: Die Hintergrundbilder dürfen keine transparenten Bereiche enthalten, da sonst die Texte durchscheinen würden. Der Vorteil: Die Navigation ist auch ohne Hintergrundbilder zugänglich, z. B. für Besucher mit einem langsamen

Onlinezugang, die in ihrem Browser zunächst das Laden von Bildern unterbinden, um schneller vorwärtszukommen.

Bei Schriftvergrößerung besteht die Gefahr, dass die Linktexte aus den Listenpunkten mit fester Pixelgröße hinausragen, daher ist je nach Größe noch `overflow: hidden` anzuraten.

| Damit auch im IE ≤ 6 ein Überfließen zuverlässig verhindert wird, müssen für das Overflow-Element sowohl die Höhe als auch die Breite angegeben werden. Hier wäre also noch eine Ergänzung um `width: 100%` erforderlich. | ```
#navigation a {
  display: block;
  height: 100%;
  position: relative;
  overflow: hidden;
}
``` |

Im vorliegenden Menü mit großer Linkfläche werden im Firefox erst bei siebenfacher Schriftvergrößerung die »Clementinen« neben dem Link sichtbar, so dass `overflow` hier verzichtbar scheint.

Ein Spielchen gefällig?

Mit den Modulen *CSS Animations* und *CSS Transitions* greift CSS3 in einen Bereich hinein, der bisher JavaScript und Flash vorbehalten war: die Veränderung von Werten in einer bestimmten Zeit. Mit *Animations* kann eine mehrstufige Änderung über mehrere Keyframes hinweg festgelegt werden, während *Transitions* nur einen allmählichen Übergang von A nach B ermöglichen, der stets einen Auslöser (z. B. `:hover`) benötigt.

Um aus einem CSS-üblichen, abrupten Übergang einen weichen zu machen, haben Sie vier Eigenschaften zur Verfügung:

> Nicht für alle Eigenschaften ist ein weicher Übergang möglich. Das *CSS Transitions Module Level 3* listet die »animatable properties« auf.

- `transition-property` legt fest, welche Eigenschaft(en) vom Übergang betroffen sein sollen.
- `transition-duration` bestimmt die Dauer des Übergangs.
- `transition-timing-function` regelt den Ablauf der Zwischenwerte über Schlüsselwörter oder eine Bézierkurve. Der Initialwert `ease` führt zu einem sanften Start und Ende, während `linear` einen durchgehend gleichmäßigen Ablauf erzeugt.
- `transition-delay` verzögert den Start des Übergangs.

In unserem Beispiel ändert sich bei `:hover` der Wert der Eigenschaft `background-position`. Mit folgenden Angaben wird die Navigation zu einem »einarmigen Banditen« (siehe Abbildung 12.16):

```
#navigation a span {
  [...]
  transition-property: background-position;
  transition-duration: .7s;
  transition-timing-function: ease;
  transition-delay: 0;
}
```
```

Oder verkürzt mit der zusammenfassenden Eigenschaft:

```
#navigation a span {
   [...]
   transition: background-position .7s 0 ease;
}
```

▲ **Abbildung 12.16**
Ablauf der Änderung der `background-position` bei Berührung der »Bananen« mit der Maus

Transitions sind in den modernen Browsern teilweise implementiert. Zum Zeitpunkt, als dieses Kapitel geschrieben wurde, unterstützte Opera (11.51) keinen Übergang bei `background-position`, und IE 10 in der zweiten Platform Preview kannte Transitions noch gar nicht. Im Listing auf der DVD finden Sie die vollständige Notation mit allen Präfixen, die wir erfolgreich in Firefox und WebKit-Browsern getestet haben.

Für `-timing-function` und `-delay` verwenden wir die Initialwerte `ease` bzw. `0`, daher sind diese Angaben optional und nur der Vollständigkeit halber aufgeführt.

In der zusammenfassenden Eigenschaft `transition` werden sowohl für `-duration` als auch für `-delay` Zeitwerte notiert. Der WD legt fest, dass der jeweils erste Zeitwert der `-duration` zugeordnet wird. Möglicherweise wird daraus noch eine Notation mit »/« (analog zu `font-size` und `line-height` in `font`).

Wir hoffen, dass das Web inzwischen erwachsen genug ist, dass aus CSS Transitions und Animations nicht die Nachfolger nerviger GIF-Animationen und lästiger Flash-Intros werden.

Anpassungen für IE ≤ 7 | Alle IE-Versionen bis einschließlich 7 »vergessen« beim Image Replacement nach Gilder/Levin, den Linkcursor bei der Berührung eines Links anzuzeigen. Dem lässt sich mit einer expliziten Angabe für den Cursor abhelfen.

Der invertierte Hover-Effekt des Menüs ist für IE ≤ 6 nicht umsetzbar, da dort nur Links gehovert werden können. Es gibt für diese IE-Versionen also einen normalen Hover-Effekt: Der Normalzustand der Links erscheint in Grau, beim Hovern bunt.

```
<!--[if lte IE 7]><style>
#navigation a {
   cursor: pointer;
}
* html #navigation #aepfel span {
   background-position: 0 0;
}
* html #navigation #bananen span {
```

```
    background-position: -180px 0;
  }
* html #navigation #birnen span {
    background-position: -360px 0;
  }
* html #navigation #clementinen span {
    background-position: -540px 0;
  }
</style><![endif]-->
```

Die Notwendigkeit bestimmter Angaben für `a:hover`, wenn Elemente innerhalb des Links geändert werden sollen, ist von Claire Campbell für »CSS-Popups« dokumentiert worden[3] (siehe auch Abschnitt 10.7.4).

Mit diesen Angaben gibt es die gewünschte Bildänderung beim Berühren des Menüpunktes. Beim Verlassen eines Links wechselt das Bild jedoch nicht zurück zur grauen Variante. Wenn in älteren Internet Explorern Elemente innerhalb von Links bei Hover geändert werden (hier das `<span>`), treten häufig Probleme auf. Diese verschwinden, wenn für `a:hover` bestimmte Angaben notiert werden – zuverlässig wirkt z. B. `text-indent: 0`.

Mit der Ergänzung einer Zeile im IE-Stylesheet geben sich dann auch die älteren IE-Versionen zufrieden:

```
* html #navigation a:hover {
    text-indent: 0;
  }
```

12.2 Vertikale Navigation

Vertikale Navigationen tauchen gewöhnlich als Randspalte neben dem Inhaltsbereich einer Seite auf. Die Breite der Navigationsliste wird also durch eine explizite Angabe eingeschränkt.

Die `content`-Eigenschaft in Verbindung mit dem Pseudoelement `:before` ermöglicht ebenfalls individuelle Aufzählungszeichen – wird jedoch von IE ≤ 7 nicht unterstützt.

Die vertikale Anordnung ist die normale Darstellung einer Liste. Wenn Sie die Darstellung der `li`-Elemente beim Initialwert `list-item` belassen, können Sie die Marker als Aufzählungszeichen verwenden. Eine größere Flexibilität bieten jedoch Hintergrundbilder, da sich diese im Unterschied zu den Markern kontrolliert positionieren lassen.

12.2.1 Besonderheiten im IE ≤ 7

Im IE ≤ 7 treten bei der Gestaltung vertikaler Listen einige typische Probleme auf.

---

3 Claire Campbell, »IE Pure CSS Pop Ups Bug«,
   http://www.tanfa.co.uk/css/articles/pure-css-popups-bug.asp

```
<ul id="navigation">
  <li><a href="#">Äpfel</a></li>
  <li><a href="#">Bananen</a></li>
  <li><a href="#">Birnen</a></li>
  <li><a href="#">Clementinen</a></li>
</ul>
```

▲ **Listing 12.5**
Vertikale Navigationsliste mit IE-Problemen

Eine Standardsituation: Das `<ul>`-Element erhält eine Breite von 12em und wird nach links gefloatet. Per `display: block` nehmen die Links die gesamte Breite der Liste ein, und beim Hovern wechselt das Hintergrundbild (siehe Abbildung 12.17).

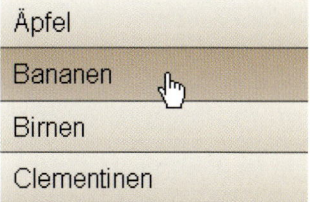

▲ **Abbildung 12.17**
Vertikale Navigation mit Hover-Effekt

```
ul#navigation {
  width: 12em;
  float: left;
  list-style: none;
}
#navigation li {
  border-bottom: 1px solid #666;
}
#navigation a {
  display: block;
  color: #000;
  background: url(verlauf.png) 0 0 repeat-x;
  text-decoration: none;
  padding: .25em .5em;
}
#navigation a:hover {
  background-image: url(verlauf-invers.png);
}
```

Der IE 6 reagiert nicht mit der gesamten Linkfläche auf die Mausberührung – hasLayout für die Links ist nötig:

```
<!--[if lte IE 7]><style>
/* Hover fuer gesamte Linkflaeche */
* html #navigation a {
  height: 1px;
  }
</style><![endif]-->
```

> **Whitespace-Bug im IE ≤ 7**
>
> Ein alter Bug, der die IEs bis zur Version 7 in unterschiedlicher Ausprägung begleitet, sind unvermittelt auftretende vertikale Lücken zwischen Listenelementen. Am schlimmsten betroffen war IE 5, bei dem sich in unserer schlichten Liste eine Einrückung von links und eine Lücke zwischen den Listenpunkten zeigten (siehe Abbildung 12.18). Diese Lücke wird durch die Leerzeichen und Umbrüche im Quelltext verursacht und ist deshalb als **Whitespace-Bug** bekannt.
>
> Auch in IE 6 und 7 tritt der Whitespace-Bug auf, wenn die `li`-Elemente hasLayout haben. Er verschwindet meist, wenn alle beteiligten Elemente hasLayout erhalten – also auch die Links.
>
> In hartnäckigen Fällen hilft nur die IE-eigene Inline-Block-Darstellung für die li-Elemente, um die Lücke vollständig zu beseitigen, z. B. in Form von
>
> ```
> #navigation li {
>   display: inline;
>   zoom: 1;
> }
> ```

▲ **Abbildung 12.18**
Einrückung und Whitespace-Bug im IE 5.0

12.2.2 Exkurs: Navigation mit Erläuterung als »dl-Tabelle«

Als weitere Form von Listen für Navigationen kommen Definitionslisten in Betracht, nämlich z. B. dann, wenn einer Auflistung von Links Erläuterungen beigefügt werden.

```
<dl>
  <dt><a href="#">Lorem Ipsum</a></dt>
  <dd>Lorem ipsum […]</dd>
  <dt><a href="#">Lorem ipsum dolor sit amet</a></dt>
  <dd>At vero eos […]</dd>
  <dt><a href="#">Lorem Ipsum</a></dt>
  <dd>Lorem ipsum […]</dd>
  <dt><a href="#">Lorem ipsum dolor sit amet</a></dt>
  <dd>At vero eos […]</dd>
</dl>
```

▲ **Listing 12.6**
Linkliste mit Erläuterungen als `<dl>`

Eine übersichtliche Form der Darstellung einer solchen Auflistung ist eine tabellenartige Aufteilung in zwei Spalten (siehe Abbildung 12.19).

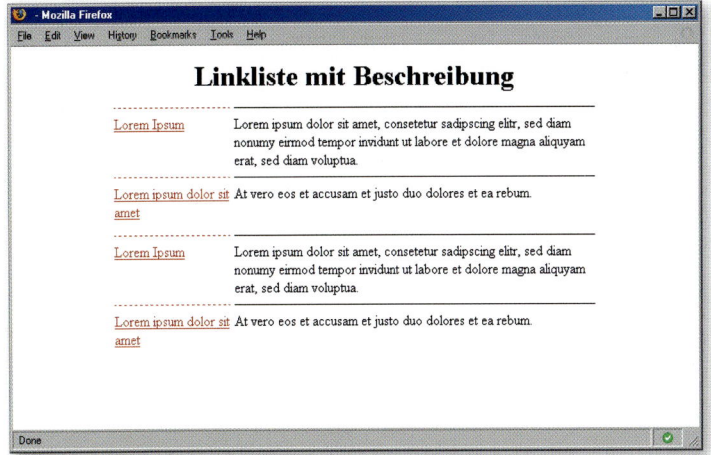

◄ **Abbildung 12.19**
Tabellenartige Darstellung einer Definitionsliste

Definitionslisten sind deshalb schwer zu gestalten, weil die zusammengehörigen <dt>- und <dd>-Paare nicht jeweils von einem weiteren Element eingefasst werden. Eine Formatierung als CSS-Tabelle scheidet somit aus, da es kein Element gibt, das die Tabellen**zeilen** vorgeben könnte. Es bleibt Float, um die Elemente nebeneinander zu bringen.

Das umgebende <dl> hält nach rechts und links einen Abstand von 15% ein, und die dt-Elemente erhalten eine Breite, außerdem float und gleichzeitig clear. Sie stehen damit stets untereinander, und die Inhalte der dd-Elemente weichen aus. Mit einem linken Margin werden die dd-Elemente passend eingerückt.

```css
a {
  display: block;
  color: #af1e1e;
}
a:hover {
  color: #666;
}
dl {
  margin: 0 15%;
}
dt {
  width: 24%;
  float: left;
  clear: left;
  border-top: 1px dashed #af1e1e;
  padding: .5em 0;
}
dd {
  border-top: 1px solid #000;
```

```
  padding: .5em 0;
  margin-left: 25%;
}
```

Die Elemente sitzen zwar bereits passend nebeneinander, doch sobald ein `<dt>` höher ist als das zugehörige `<dd>`, rutschen die nachfolgenden dd-Elemente zu weit hoch (siehe Abbildung 12.20).

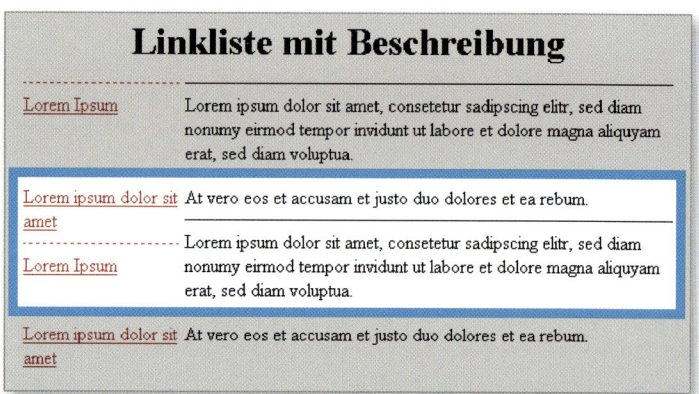

Abbildung 12.20 ▶
Bei zweizeiligem dt-Element rutschen die Inhalte der nachfolgenden `<dd>` nach oben.

Mit der in Abschnitt 4.3.3 vorgestellten Methode des Easyclearings steht eine Möglichkeit zur Verfügung, das dd-Element auf die Höhe des `<dt>` zu bringen: Jedem `<dd>` wird ein clearendes Pseudoelement angefügt, das auf das nebenstehende Float wirkt und so das dd-Element ausdehnt.

In alten Gecko-Versionen (z. B. Netscape 7) beschränkte sich die Wirkung des Clear-Elements auf das umgebende Element, also das `<dd>`. Die gewünschte Verlängerung des dd-Elements war dort nicht zu erreichen.

```
dd:after {
  content: ".";
  display: block;
  clear: left;
  height: 0;
  visibility: hidden;
}
```

Anpassungen für IE ≤ 7 | Im IE ≤ 7 sitzen die dd-Elemente auch ohne Ausdehnung durch ein Clear an der gewünschten Position, da IE ≤ 7 die fließenden Elemente nicht höher rutschen lässt als das direkt danebenstehende Float.

Fehlerhaft ist hingegen noch die Berechnung der Prozentbreite des Floats (siehe Abbildung 12.21). Dies lässt sich durch hasLayout für das dl-Element beheben.

IE 6 zeigt zudem den 3 px-Bug, dem hier mit hasLayout für `<dd>` begegnet werden kann.

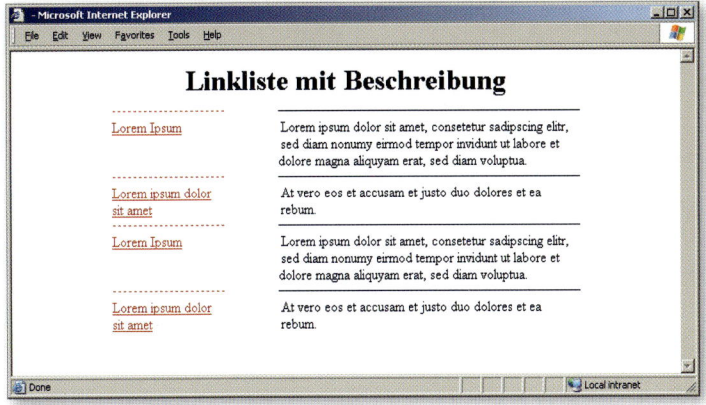

◀ **Abbildung 12.21**
Fehlerhafte Prozentbreite und 3 px-Bug im IE 6

```
<!--[if lte IE 7]><style>
dl {
  min-height: 0;
}
* html dl,
* html dd {
  height: 1px;
}
</style><![endif]-->
```

12.3 Verschachtelte Navigation

Für umfangreichere Websites ist eine eindimensionale Listennavigation selten ausreichend – es sind weitere Ebenen nötig. Sowohl `<ul>` als auch `<ol>` können beliebig tief verschachtelt werden.

```
<ul id="navigation">
  <li><a href="#">Äpfel</a>
    <ul>
      <li><a href="#">Golden Delicious</a></li>
      <li><a href="#">Granny Smith</a></li>
      <li><a href="#">Red Delicious</a></li>
    </ul>
  </li>
  <li><a href="#">Bananen</a></li>
  <li><a href="#">Birnen</a>
    <ul>
      <li><a href="#">Abate Fetel</a></li>
      <li><a href="#">Williams Christ</a></li>
    </ul>
```

```
    </li>
    <li><a href="#">Clementinen</a></li>
</ul>
```

▲ **Listing 12.7**
Verschachtelte Navigationsliste

Um die Ebenen der verschachtelten Listen gezielt gestalten zu können, bietet CSS den Kindselektor (*child selector*, >).

Wenn nur der Link der ersten Listenebene eine andere Farbe bekommen soll, genügt die Angabe `#navigation > li > a {color: red;}`. Da jedoch IE ≤ 6 diesen Selektor nicht unterstützt, ist der Webautor auf den Nachfahrenselektor (*descendant selector*) beschränkt. Dies hat zur Folge, dass alle Formatierungen, die nur für eine Ebene gelten sollen, für alle weiteren explizit aufgehoben werden müssen – ein leider unvermeidlicher Umstand, wenn Sie nicht in der angenehmen Lage sind, auf die alte IE-Version verzichten zu können.

```
#navigation li a {
    color: red;
}
#navigation li li a {
    color: black;
}
```

12.4 Ausklappmenü

Während sich verschachtelte Listen bei vertikalen Navigationen beliebig viel Raum nehmen können, ist das Platzangebot bei horizontalen Listen eingeschränkt. Verschachtelte Navigationen treten hier daher besonders oft als Ausklappmenü auf – die Sublisten werden also erst sichtbar, wenn man mit dem Mauszeiger über einen Menüpunkt fährt. Je nach Ausklapprichtung und Position des Submenüs finden sich verschiedene Bezeichnungen:

▶ **Dropdown** als vertikale Liste unterhalb einer horizontalen Liste (siehe Abbildung 12.22)

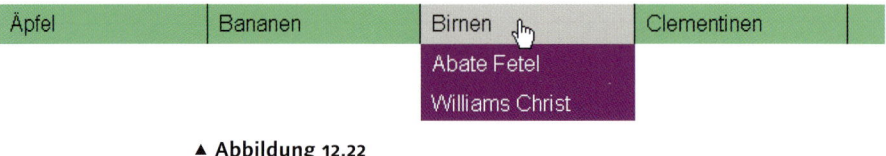

▲ **Abbildung 12.22**
Dropdown-Menü

- **Dropline** als horizontale Liste unter einer ebenfalls horizontalen Liste (siehe Abbildung 12.23)

▼ **Abbildung 12.23**
Dropline-Menü

Äpfel	Bananen	Birnen	Clementinen
Golden Delicious	Granny Smith	Red Delicious	

- **Flyout** als vertikale Liste neben einer ebenfalls vertikalen Liste (siehe Abbildung 12.24)

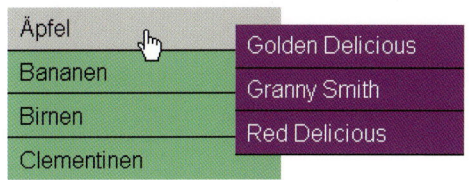

◄ **Abbildung 12.24**
Flyout-Menü

Das Prinzip, das zum Ausklappen führt, ist immer das gleiche: Befindet sich der Mauszeiger über einem Listenpunkt der ersten Ebene, klappen eine oder mehrere darin verschachtelte Listen aus.

12.4.1 Einfaches Dropdown-Menü

Mit folgendem CSS wird aus dem Markup aus Listing 12.7 zunächst eine horizontale Navigation mit permanent sichtbaren Unterpunkten:

```
* {
  margin: 0;
  padding: 0;
}
body {
  font: 100%/1.4 Arial, sans-serif;
  color: 000;
  background: #fff;
}
ul {
  list-style: none;
}
ul#navigation {
  float: left;
  width: 100%;
  background: #6c8;
}
#navigation li {
  float: left;
  width: 10em;
}
```

Vergeben Sie `float` und `width` für das umgebende `ul`-Element, damit die gefloateten `li`-Elemente eingeschlossen werden (vgl. Abschnitt 4.3.2).

Wie in Abschnitt 12.3 erläutert wurde, muss für die zweite Listenebene eine Reihe von Angaben überschrieben werden: `float` wird aufgehoben, die Hintergrundfarbe geändert und die rechte Border entfernt.

```css
#navigation a {
  color: #000;
  text-decoration: none;
  display: block;
  padding: .2em .5em;
  background: #6c8;
  border-right: 1px solid #000;
}
#navigation a:hover {
  background: #ccc;
}
#navigation li li {
  float: none;
}
#navigation li li a {
  background: #909;
  color: #fff;
  border-right: none;
}
#navigation li li a:hover {
  color: #000;
}
```

▲ **Listing 12.8**
Dropdown-Navigation

▲ **Abbildung 12.25**
Horizontale Navigation mit Submenüs

Die Listenelemente der ersten Ebene werden von den Submenüs nach unten erweitert (siehe Abbildung 12.25). Somit dehnt sich auch das umgebende `ul`-Element auf die Höhe der Submenüs aus, und nachfolgende Inhalte werden nach unten verschoben. Die Sublisten müssen absolut positioniert werden, damit sie ihre Umgebung nicht mehr beeinflussen (siehe Abbildung 12.26).

```css
#navigation ul {
  position: absolute;
}
```

Um die Submenüs als Dropdowns erst dann sichtbar zu machen, wenn der Mauszeiger den übergeordneten Listenpunkt berührt, müssen sie im Normalzustand ausgeblendet werden. Eine Möglichkeit wäre, sie auf `display: none` zu setzen, was den Nachteil hat, dass sie dann z. B. für Benutzer mancher Screenreader nicht mehr zugänglich sind.

Eine besser zugängliche Methode ist eine Verschiebung der Elemente aus dem sichtbaren Bereich des Viewports nach links – mit einem großen negativen Wert für `left`:

```css
#navigation ul {
  position: absolute;
  left: -9999px;
}
```

Wenn der Mauszeiger dann über einen Menüpunkt der ersten Ebene gezogen wird, werden die Submenüs wieder in den sichtbaren Bereich geholt, indem die linke Positionsangabe auf den Initialwert `auto` zurückgesetzt wird:

```css
#navigation li:hover ul {
  left: auto;
}
```

Für alle gängigen Browser können Sie mit diesen wenigen Angaben ein CSS-Dropdown-Menü umsetzen. Für IE ≤ 7 sind jedoch noch Anpassungen nötig. Das größte Problem ist die fehlende Unterstützung der Pseudoklasse `:hover` für Nicht-Links im IE ≤ 6. Workarounds erläutern wir in den Abschnitten 12.4.2 und 12.4.3.

IE 7 berücksichtigt zwar den Selektor `li:hover`, doch trotzdem wird mit den bisherigen Angaben das Submenü noch nicht eingeblendet. IE 7 leidet nach wie vor unter dem **CSS Popup Bug**, der bestimmte Angaben für das gehoverte Element selbst (hier: `<li>`) nötig macht, wenn sich dessen Nachfahren (hier: `<ul>`) ändern sollen. Ein eigentlich nutzloses `text-indent: 0` behebt den Fehler, und die Submenüs werden eingeblendet (vgl. Abschnitt 10.7.4).

▲ **Abbildung 12.26**
Horizontale Navigation mit absolut positionierten Submenüs

Mit den Werten für die negative Verschiebung sollte man nicht übertreiben – die Browser haben Grenzwerte, mit denen sie noch umgehen können (siehe auch Kapitel 14, »Gleich hohe Spalten«). Eine Verschiebung um `-9999px` sollte auch bei sehr großen Browserfenstern ausreichend sein.

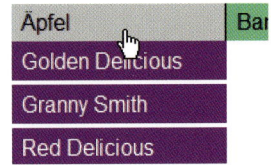

▲ **Abbildung 12.27**
Whitespace-Bug im IE 7

Weil die `li`-Elemente durch die Breitenangabe hasLayout haben (nicht jedoch die Links), zeigt sich jetzt im IE 7 der Whitespace-Bug (siehe Abbildung 12.27). Von diesem Fehler sind auch die älteren IE-Versionen betroffen, deshalb ergänzen wir das nötige hasLayout für die Links für alle IE ≤ 7:

```
<!--[if lte IE 7]><style>
#navigation a {
  min-height: 0;
}
* html #navigation a {
  height: 1px;
}
#navigation li:hover {
  text-indent: 0;
}
</style><![endif]-->
```

> **Einblenden auf die statische Position**
>
> Mit `left: auto` verlassen wir uns darauf, dass die Browser die statische Position eines absolut positionierten Elements korrekt bestimmen. (Die »statische Position« ist die Position, die das Element einnähme, wenn es im normalen Fluss wäre.) In Konstellationen wie diesem einfachen Dropdown-Menü klappt dies auch browserübergreifend. Doch schon geringfügige Änderungen können die Browser – besonders IE ≤ 7 – aus dem Tritt bringen. Nehmen Sie z. B. dem Link der ersten Ebene das `display: block` weg, oder floaten Sie ihn: Das Submenü sitzt in IE ≤ 7 dann neben dem Link, nicht mehr darunter (siehe auch Abschnitt 6.4.2).
> In den meisten Fällen wird es demnach nötig sein, für `left` und `top` feste Werte anzugeben. Ein Beispiel dafür ist das Flyout-Menü in Abschnitt 12.4.4.

12.4.2 Workaround für IE < 7 mit Script

Das Ausklappen des Submenüs per JavaScript ist eine Methode, das Dropdown-Menü auch im IE 6 und älter nutzbar zu machen. In einem Artikel bei *A List Apart* vom November 2003 erklären Patrick Griffiths und Dan Webb diese Methode unter dem Namen »Suckerfish Dropdowns«. Als »Son of Suckerfish Dropdowns« hat der Artikel eine Überarbeitung erfahren: Das JavaScript wurde verkürzt, und die Ein-/Ausblendung wurde auf die in Abschnitt 12.4.1 beschriebene negative Verschiebung (statt `display: none`) umgestellt.[4]

---

4 Patrick Griffiths, Dan Web, »Suckerfish Dropdowns«, *http://www.alistapart.com/articles/dropdowns/* und »Son of Suckerfish Dropdowns«, *http://www.htmldog.com/articles/suckerfish/dropdowns/*

Das JavaScript fügt den `li`-Elementen bei `onmouseover` (dem Pendant zu `:hover`) eine Klasse `sfhover` hinzu, die dann per CSS angesprochen werden kann:

```
sfHover = function() {
  var sfEls = document.getElementById("nav").
  getElementsByTagName("LI");
  for (var i=0; i<sfEls.length; i++) {
    sfEls[i].onmouseover=function() {
      this.className+=" sfhover";
    }
    sfEls[i].onmouseout=function() {
      this.className=this.className.replace(new
      RegExp(" sfhover\\b"), "");
    }
  }
}
if (window.attachEvent) window.attachEvent("onload",
sfHover);
```

> **Hinweis**
>
> Falls beim lokalen Testen im IE ein JavaScript wirkungslos bleibt, sind wahrscheinlich die Sicherheitseinstellungen für die »lokale Zone« schuld. Wir haben daher das Dokument mit dem **Mark of the Web** (`<!-- saved from url=(0013)about:internet -->`) versehen, damit es auch ohne Änderung der Browserkonfiguration nutzbar bleibt.[5]

Script zum Einblenden von Dropdowns auch im IE ≤ 6[6]

In dieser Form durchsucht das Script das Dokument nach einem Element mit der ID `nav`. Um es im Beispiel aus Abschnitt 12.4.1 direkt einsetzen zu können, ändern Sie entweder die ID des `ul`-Elements im Markup – oder passen die erste Zeile der Funktion wie folgt an:

```
var sfEls = document.getElementById("navigation").
getElementsByTagName("LI");
```

Damit die durch das Script hinzugefügte Klasse auch eine Wirkung zeigt, müssen Sie den für das Einblenden zuständigen Selektor im Stylesheet noch erweitern:

```
#navigation li:hover ul,
#navigation li.sfhover ul {
  left: auto;
}
```

Das vollständig ergänzte Dropdown-Menü finden Sie als Listing 12.9 auf der DVD. Da das JavaScript nur für IE 6 und älter nötig ist, ist es in einem Conditional Comment untergebracht.

---

5 MicrosoftTechNet, »Änderungen an der Funktionalität durch Windows XP Service Pack 2«, *http://www.microsoft.com/germany/technet/datenbank/articles/600337_4.mspx#E3WBG*

6 Der Abdruck des Suckerfish-Scripts erfolgte mit freundlicher Genehmigung von Patrick Griffiths (*www.htmldog.com*).

> **Hinweis**
>
> Im IE ≤ 6 wird das Submenü zum Nachfahren des Links. Das Ausklappen wird daher mit `a:hover ul` ausgelöst – ein Selektor, den es eigentlich nicht geben kann. Stu Nicholls setzt in einigen Menüs `:hover ul` (ohne Typselektor) ein und erreicht damit alle Browser.

Die meisten von Stu Nicholls' Dropdown-Menüs bauen auf eine Technik, die einen Conditional Comment auch für Nicht-IE-Browser zugänglich macht. Dies ist wiederum abhängig von einem Fehler im IE, der auch einen unvollständigen Kommentar durchgehen lässt – eine nicht unbedingt zukunftssichere Methode.
Mehr zu diesem speziellen CC in Abschnitt 10.6.2.

12.4.3 IE-Workaround mit Conditional Comments

Einen Workaround, der im IE ab Version 5.5 ganz ohne Scripting auskommt, hat Stu Nicholls entwickelt. Er bedient sich dabei einer (invaliden) Element-Verschachtelung, die per Conditional Comments nur den passenden IE-Versionen zugänglich gemacht wird.

Im IE ≤ 6 ist die Pseudoklasse `:hover` nur bei Links anwendbar. Gemäß Spezifikation können Links jedoch nicht verschachtelt werden, und die Browser reagieren mit unterschiedlichen Korrekturen, wenn man es trotzdem tut. Stu Nicholls hat festgestellt, dass sich für IE ≤ 6 ein stabiles Ausklappen umsetzen lässt, wenn man die verschachtelten Links mit einer Tabelle umgibt.

Auf Stu Nicholls' Seiten finden Sie eine große Zahl an Beispielen für scriptfreie Dropdown-, Pullup-, Dropline-, und Flyout-Menüs, die Sie unter Beachtung des Copyrights einsetzen können.[7] Die in den Menüs verwendeten Conditional Comments (CC) sind jedoch nicht einheitlich, sondern bilden die Fortentwicklung der Technik und auch das Erscheinen neuer Browserversionen ab. Achten Sie daher besonders auf die per CC angesprochenen IE-Versionen, wenn Sie sich mit diesen Menüs befassen. Insgesamt ist diese Methode als experimentell zu betrachten – wenn Sie sie einsetzen wollen, müssen Sie damit rechnen, dass Sie bei zukünftigen Browsergenerationen (namentlich: IE-Generationen) nachbessern müssen.

12.4.4 Flyout-Menü

Das einfache Einblenden eines Submenüs mit `left: auto` (siehe Abschnitt 12.4.1) funktioniert nur, solange die Position des Submenüs der Normalposition entsprechen soll – also der Position, die das Submenü einnähme, wenn es sich im normalen Fluss befände. Für aufwendigere Gestaltungen muss das Submenü mit festen Werten für die Offsets positioniert werden, z. B. für ein Flyout-Menü, dessen Submenüs die erste Ebene überlappen (siehe Abbildung 12.28).

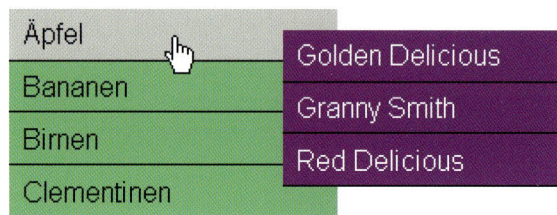

Abbildung 12.28 ▶
Vertikales Flyout-Menü mit überlappendem Submenü

---

7 Stu Nicholls, »CSS Play: List of Menus«, *http://www.cssplay.co.uk/menus/*

Das Markup ist unverändert wie in Listing 12.7, »Verschachtelte Navigationsliste«. Das `ul`-Element der ersten Ebene erhält eine Breite und wird als vertikale Navigationsspalte nach links gefloatet. Die Links werden als Block-Elemente dargestellt und erhalten eine Border als Trennlinie:

```css
* {
  margin: 0;
  padding: 0;
}
body {
  font: 100%/1.4 Arial, sans-serif;
  color: 000;
  background: #fff;
}
#navigation {
  float: left;
  width: 12em;
}
#navigation a {
  color: #000;
  text-decoration: none;
  display: block;
  padding: .2em .5em;
  background: #6c8; /* grün */
  border-bottom: 1px solid #000;
}
```

Das Submenü wird wieder negativ aus dem sichtbaren Bereich verschoben …

```css
#navigation ul {
  position: absolute;
  left: -9999px;
}
```

… und beim Hovern der `li`-Elemente der ersten Ebene zurückgeholt. Diesmal soll das Submenü jedoch nicht an der Normalposition sitzen, sondern einen bestimmten Abstand von links und oben einhalten:

```css
#navigation li:hover ul {
  left: 10em;
  top:.75em;
}
```

Damit das beinhaltende `<li>` der Bezugspunkt für die Position wird, muss es noch zum Containing Block der Positionierung werden:

Eigentlich wäre `#navigation > li:hover` der passendere Selektor, schließlich geht es nur um die `li`-Elemente der ersten Listenebene. Doch im Hinblick auf eine spätere Anpassung für IE ≤ 6 setzen wir hier den Nachfahrenselektor ein; die relative Positionierung bleibt ohne Folgen in der zweiten Ebene.

```
#navigation li:hover {
  position: relative;
}
```

> **Containing Block erst bei Hover**
>
> Vergeben Sie die relative Positionierung nicht schon für `#navigation li`. Dies würde zur Überlagerung des Submenüs durch die folgenden `li`-Elemente der ersten Listenebene führen.
> Dieser Konflikt ließe sich durch `z-index` lösen – wenn es nicht an der fehlerhaften Stapelung im IE ≤ 7 scheitern würde (siehe Abschnitt 6.1.2).

Die Position beim Einblenden stimmt zwar, doch das Submenü fällt wegen der absoluten Positionierung noch auf die Breite des Inhalts zusammen (»Shrink-to-fit«, siehe Abbildung 12.29).

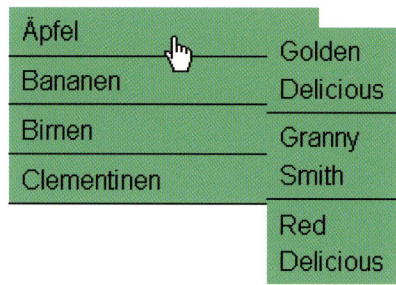

Abbildung 12.29 ▶
Das Submenü zeigt noch Shrink-to-fit-Breite.

Vergeben Sie also eine feste Breite:

```
#navigation ul {
  position:  absolute;
  left: -9999px;
  width: 10em;
}
```

Sie könnten die Breite auch erst für `li:hover ul` vergeben. Doch dann gilt im ausgeblendeten Zustand weiterhin Shrink-to-fit – und das wird im IE ≤ 7 nicht zuverlässig korrekt anwendet (siehe Abschnitt 6.7).

Jetzt fehlt noch der Hintergrundwechsel, wenn man den Mauszeiger über das Menü führt. Wenn Sie

```
#navigation a:hover {
  background: #ccc; /* grau */
}
```

einsetzen, wechselt zwar der Hintergrund bei jedem Link, doch sobald der Mauszeiger den Link der ersten Ebene verlässt und zum Submenü wandert, wird der Link wieder grün (siehe Abbildung 12.30).

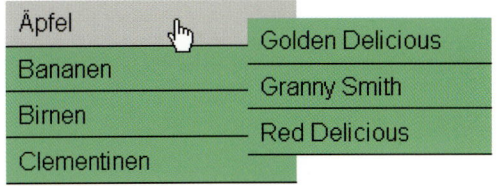 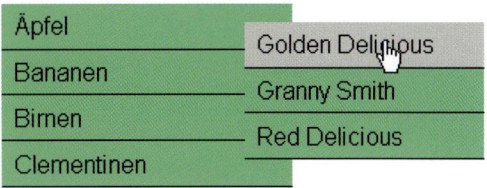

▲ **Abbildung 12.30**
Der graue Hintergrund der ersten Ebene geht verloren, sobald der Mauszeiger das Submenü berührt.

Um den gefärbten Hintergrund in der ersten Ebene beizubehalten, können Sie den Wechsel auslösen, wenn der Mauszeiger über das `<li>` bewegt wird – dies bleibt auch erhalten, wenn Sie sich über dem Submenü als Nachfahren des `li`-Elements befinden.

```
#navigation li:hover a {
   background: #ccc; /* grau */
}
```

Dieser Nachfahrenselektor hat zur Folge, dass auch die Links des Submenüs dauerhaft mit grauem Hintergrund dargestellt werden. Folgende Angaben sind für das Submenü erforderlich:

Wieder wäre ein Kindselektor möglich, den wir im Hinblick auf IE 6 vermeiden.

```
/* Einfärbung der zweiten Menüebene */
#navigation li:hover li a {
   background: #909; /* lila */
   color: #fff;
}
/* Hovereffekt in der zweiten Menüebene */
#navigation li li a:hover {
   color: #000;
   background: #ccc
}
```

Es genügt hier nicht, `#navigation li li a` zu notieren. Erst die Pseudoklasse erhebt die Spezifität des Selektors über den vorhergehenden `#navigation li:hover a`.

▲ **Listing 12.10**
Flyout-Menü mit überlappendem Submenü

Das Ergebnis ist ein überlappendes Flyout-Menü mit gefärbtem Hintergrund der ersten Menüebene auch beim Hovern des Submenüs (siehe Abbildung 12.31).

◀ **Abbildung 12.31**
Flyout-Menü beim Hovern der zweiten Ebene

Anpassungen für IE ≤ 7 | Im IE 7 zeigt sich beim Hovern der Links noch eine Lücke zwischen den Links. HasLayout korrigiert den Fehler:

```
<!--[if lte IE 7]><style>
#navigation a {
  min-height: 0;
}
</style><![endif]-->
```

IE 6 erhält wieder Unterstützung in Form des Scripts aus Abschnitt 12.4.2. Alle Selektoren, die `li:hover` enthalten, müssen um einen weiteren Selektor `li.sfhover` ergänzt werden, der die per Script zugewiesene Klasse anspricht:

```
#navigation li:hover ul,
#navigation li.sfhover ul {
  left: 10em;
  top:.75em;
}
#navigation li:hover,
#navigation li.sfhover {
  position: relative;
}
#navigation li:hover a {
  background: #ccc;
}
#navigation li:hover li a,
#navigation li.sfhover li a {
  background: #909;
  color: #fff;
}
#navigation li li a:hover {
  color: #000;
  background: #ccc
}
```

Hier wird deutlich, warum wir auf den Kindselektor verzichten. Sollten Sie `#navigation > li:hover` notiert haben, können Sie die Zeile für IE ≤ 6 nicht einfach ergänzen.

Eine Kombination wie

`#navigation > li:hover,`
`#navigation li.sfhover {…}`

würde IE 6 vollständig ignorieren, da ihm der Kindselektor nicht bekannt ist (siehe auch Abschnitt 10.2).

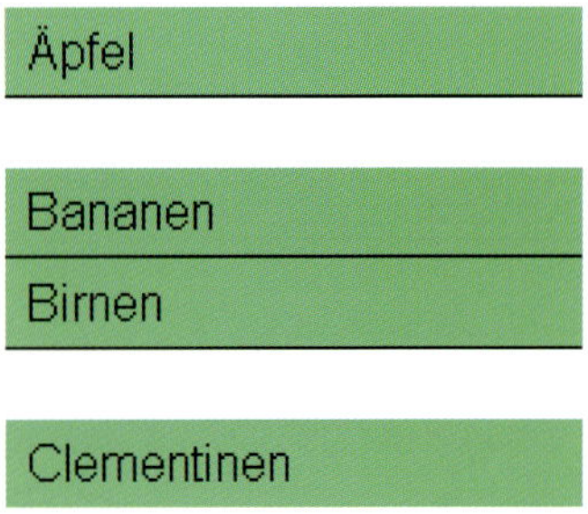

▲ **Abbildung 12.32**
Lücken im IE 6

Damit im IE 6 die volle Fläche der Links sensitiv wird, benötigen diese hasLayout. Zwischen den Listenpunkten zeigen sich noch Lücken – und zwar an den Stellen, an denen es ein Submenü gibt (siehe Abbildung 12.32).

Diese Lücken lassen sich hier nur vollständig beseitigen, wenn die `li`-Elemente die IE-eigene Inline-Block-Darstellung erhalten (siehe auch Abschnitt 12.2.1). Der vollständige Conditional Comment sieht so aus:

```
<!--[if lte IE 7]><style>
#navigation a {
  min-height: 0;
}
* html #navigation a {
  height: 1px;
}
* html #navigation li {
  display: inline;
  zoom: 1;
}
</style><![endif]-->
```

12.4.5 Flyout-Menü mit mehr als zwei Ebenen

Listen können unbegrenzt verschachtelt werden – und damit können auch beliebig viele Ebenen für ein Ausklappmenü bereitgestellt werden. Ist der Umgang mit den Selektoren bei nichtaufklappenden Listen schon aufwendig (siehe Abschnitt 12.3), kommt beim Klappmenü noch die Frage hinzu: **Was** ist **wann** sichtbar, wenn sich die Maus **wo** befindet?

Als Beispiel für eine tiefere Verschachtelung finden Sie ein Flyout-Menü mit drei Ebenen als Listing 12.11 auf der DVD.

12.4.6 Hinweise zu Ausklappmenüs

Dropdown- oder sonstige Ausklappmenüs sind eine aufwendige Sache und fordern dem CSS-Autor einiges an Geduld ab.

Aus Sicht des Besuchers sind sie oft schwer zugänglich, da sie einen sehr kontrollierten Mauseinsatz erfordern. Für Besucher, die darauf angewiesen sind, mit der Tastatur zu navigieren, kann ein solches Menü eine unüberwindliche Hürde darstellen.

Wir empfehlen daher, Ausklappmenüs stets nur in Kombination mit einer alternativen Navigationsmöglichkeit einzusetzen. Bieten Sie z.B. bei einem Klick auf einen Hauptmenüpunkt die Unterpunkte ebenfalls als dauerhaft sichtbare Subnavigation in einer Randspalte an. Das Ausklappmenü ist dann eine Ergänzung für diejenigen Besucher, die schnell von einer Unterkategorie in eine andere springen wollen, es wird jedoch niemand ausgesperrt.

Ob ein Benutzer wohl mit mehreren ausklappenden Ebenen noch zurechtkommt – oder frustriert die Seite verlässt, wenn wegen einer kleinen Mauszuckung beim Durchhangeln zur x-ten Ebene mal wieder das Menü weggeklappt ist?
Wenn ein Menü zur Sitemap gerät, schlägt das Vorhaben, an Übersichtlichkeit zu gewinnen, ins Gegenteil um.

In mehrfach verschachtelten Ausklappmenüs sind die umfangreichen Selektoren und deren Spezifität auch für geübte CSS-Autoren eine Herausforderung.

12.5 Kennzeichnung des aktuellen Menüpunkts

Ein wichtiger Orientierungspunkt für den Besucher einer Website ist die Hervorhebung des gerade aktuellen Menüpunkts.

Die verschiedenen Methoden zur Kennzeichnung haben eines gemeinsam: Im Quelltext muss pro Seite eine eindeutige Markierung vorhanden sein, die zur Formatierung genutzt werden kann.

12.5.1 Hervorhebung durch body-Klasse oder -ID

Wenn jeder Menüpunkt über eine eigene ID verfügt (wie z. B. im Beispiel aus Abschnitt 12.1.4), können Sie pro Seite eine ID oder auch eine Klasse für das body-Element vergeben. Damit haben Sie für jede Seite einen Selektor zur Verfügung, der eine besondere Hervorhebung des aktiven Menüpunkts ermöglicht.

Auf der Seite »Äpfel« sieht das body-Start-Tag dann z. B. folgendermaßen aus:

```
<body id="seite-aepfel">
```

Der Menüpunkt »Äpfel« hat ebenfalls eine ID (`<li id="aepfel">`), somit können Sie im Stylesheet mit dem Selektor `body#seite-aepfel #aepfel` auf genau diesen Menüpunkt zugreifen und ihn separat gestalten. Auf der Seite »Birnen« passt dann zu `<body id="seite-birnen">` der Selektor `body#seite-birnen #birnen` usw.

Wenn zu den Hauptmenüpunkten auch noch jeweils eine Subnavigation gehört, so gibt es mehrere Unterseiten, die zum Bereich »Äpfel« gehören. Es bietet sich dann zusätzlich eine Klassifizierung für das body-Element an.

Eine Subnavigation zum Bereich »Äpfel« benötigt dann ebenfalls pro Menüpunkt eine ID:

```
<ul id="subnavigation">
  <li id="gold-delicious"><a href="#">
  Golden Delicious</a></li>
  <li id="granny-smith"><a href="#">
  Granny Smith</a></li>
  <li id="red-delicious"><a href="#">
  Red Delicious</a></li>
</ul>
```

Auf der Seite »Golden Delicious« erhält `<body>` dann folgende Angaben:

```
<body class="aepfel" id="seite-gold-delicious">
```

Der Menüpunkt der aktuellen Kategorie des Hauptmenüs kann dann mit `body.aepfel #aepfel` angesprochen werden und der

---

Damit bestimmt die aufgerufene Seite selbst, welche Selektoren im Stylesheet an- oder ausgeschaltet werden, und zwar pro Bereich und pro individueller Seite.

aktive Menüpunkt des Submenüs z. B. mit `#seite-gold-deli-cious #gold-delicious`.

12.5.2 Hervorhebung durch Linkklasse/-ID

Als weitere Möglichkeit können Sie jeweils dem aktuellen Menüpunkt auf jeder Seite eine eigene ID oder Klasse geben.

Verknüpfen Sie nicht die ID mit der Klasse zu einem kombinierten Selektor `#id.class`, da IE ≤ 7 hier nur der ersten derartigen Regel Beachtung schenkt.[8]

```
<ul id="navigation">
  <li id="aktuell"><a href="#">Äpfel</a></li>
  <li><a href="#">Bananen</a></li>
[...]
```

Diese Methode bietet sich besonders dann an, wenn die Menüpunkte nicht jeder einzeln über eine eigene ID verfügen (um z. B. individuelle Hintergrundbilder zuzuweisen). Im Stylesheet genügt dann eine Regel für `#aktuell`, die immer auf den gerade passenden Menüpunkt angewendet wird.

Sollte es ein Haupt- und ein Submenü geben, erhält bei aktivem Submenü der Hauptmenüpunkt z. B. die Klasse `.aktuell`, der Submenüpunkt die ID `#aktuell` – so können Sie wiederum die Menüpunkte individuell gestalten.

12.5.3 Entfernung des Links

In Jakob Nielsens »The Ten Most Violated Homepage Design Guidelines«[9] besagt Punkt 10, dass ein Link niemals auf die gerade aktuelle Seite zeigen soll. Daraus ergibt sich, dass der Link der aktuellen Seite aus dem Menü herausgenommen werden sollte. Dieses Vorgehen hat den Vorteil, dass auch für Nutzer nichtgrafischer Browser der gerade aktuelle Menüpunkt erkennbar wird, da eine Hervorhebung nicht vom Stylesheet abhängig ist. Sinnvoll ist es, den aktuellen Menüpunkt durch ein `strong`-Element zu ersetzen:

```
<ul id="navigation">
  <li><strong>Äpfel</strong></li>
  <li><a href="#">Bananen</a></li>
[...]
```

Dieses `<strong>` lässt sich im Stylesheet dann beliebig gestalten, z. B. als farbig hervorgehobener Tab wie in Abschnitt 7.8.

---

[8] »The multiple #id.class bug«,
http://css-discuss.incutio.com/?page=MultipleIdClassBug
[9] Jakob Nielsen, »The Ten Most Violated Homepage Design Guidelines«,
http://www.useit.com/alertbox/20031110.html

In Kombination mit einem Submenü muss der Link der aktuellen Kategorie des Hauptmenüs erhalten bleiben. Es bietet sich eine Ergänzung des Links mit `<em>` an:

```
<ul id="navigation">
  <li><a href="#"><em>Äpfel</em></a></li>
  <li><a href="#">Bananen</a></li>
[...]
```

Im zugehörigen Submenü schreiben Sie dann:

```
<ul id="subnavigation">
  <li><strong>Golden Delicious</strong></li>
  <li><a href="#">Granny Smith</a></li>
[...]
```

Die größte Flexibilität in der Gestaltung erhalten Sie, wenn Sie diese Ersetzung zusätzlich mit den in Abschnitt 12.5.2 angesprochenen Klassen kombinieren. Sie können dann auch auf das Listenelement zugreifen – und z. B. wie in der Tab-Navigation aus Abschnitt 7.8 die Schiebetürentechnik anwenden.

Welche Möglichkeit zum Kennzeichnen des aktuellen Menüpunkts Sie letztlich einsetzen, hängt sicher auch davon ab, ob Sie eine Seite von Hand schreiben – oder ob Sie auf das zurückgreifen müssen, was ein CMS Ihnen anbietet.

13   Mehrspaltenlayouts

Jedes Layout besteht aus Inhaltsbereichen mit bestimmter Bedeutung, z. B. aus verschiedenen Arten von Navigationen, Hauptinhalt, Auflistung von aktuellen Beiträgen als Teaser, Werbung etc. Die Anordnung dieser Bereiche macht das Grundlayout aus. Dazu kommt die Gestaltung mit grafischen Elementen wie Rahmen, Farben und Hintergrundbildern.

Mit den CSS-Prinzipien aus Teil I und den Debugging-Techniken aus Teil II stehen Ihnen Bausteine zur Verfügung, die, immer wieder neu zusammengesetzt, eine Vielzahl an browserübergreifend stabilen Methoden zur Umsetzung von gängigen Layouttypen bieten.

13.1   Das perfekte Layout?

Die Anforderungen, die an ein Weblayout gestellt werden, sind umfangreich – und oftmals zu unterschiedlich, um miteinander vereinbar zu sein. Jede Entscheidung, die der Webautor trifft, ist ein Kompromiss.

Entscheidet er sich für ein recht breites Layout mit festen Maßen, freut sich der Betreiber über den vielen Platz, den er für seine Informationen zur Verfügung hat. Ein Besucher mit schmalem Viewport hingegen ist vielleicht genervt, weil er den horizontalen Scrollbalken nutzen muss. Ist das Layout schmal, beschwert sich wieder der Nutzer des Widescreen-Displays, dass so viel Freiraum bleibt. Und ist es flexibel, jammert der Grafiker, dass seine Maßvorgaben nicht eingehalten werden. Selbst wenn das Layout über Media Queries auf die Gegebenheiten reagiert, werden nicht alle glücklich sein: Der Besucher wundert sich, dass die Seite auf seinem Netbook plötzlich »ganz anders« aussieht, und der Grafiker muss mehrere Layouts entwerfen.

»What gives you the right to be so arrogant and close-minded?« – »Was gibt Ihnen das Recht, so arrogant und engstirnig zu sein?« (Übersetzung d. Verf.), fragt Eric Meyer den Webdesigner mit einem Augenzwinkern.[1]

---

1 Eric Meyer, »Making Popular Layout Decisions«,
   http://www.thinkvitamin.com/features/design/making-popular-layout-decisions

Wenn es also das perfekte Layout nicht gibt, bleibt nur, sich dem jeweils besten Kompromiss anzunähern. Für die übersichtliche Präsentation mehrerer Inhaltsbereiche haben sich Spaltenlayouts etabliert, d. h., die Bereiche werden in unterschiedlich breiten Boxen nebeneinander angeordnet und bieten so einen Überblick über die verfügbare Information. Die gängigen Grundtypen dieser Spaltenlayouts unterscheiden sich hauptsächlich in ihrem Umgang mit den Breitenangaben.

13.1.1 Fixes Layout: Breiten in Pixel

Von fixen Layouts spricht man, wenn die Gesamtbreite der Seite und auch die Breiten der Spalten in Pixel angegeben sind. Die Pixelwerte für fixe Layouts beruhen stets auf angenommenen Verhältnissen beim Besucher. Eine Gesamtbreite von 760 px geht z. B. davon aus, dass der Besucher mindestens eine Breite von ca. 800 px für sein Browserfenster zur Verfügung hat – und diese Breite auch tatsächlich für die Anzeige der Seite nutzt.

Letztlich entscheidet der Nutzer, ob er Text- oder Seitenzoom verwenden will. Layouttests sollten also weiterhin auch das Verhalten bei Schriftgrößenänderung berücksichtigen.

Wenn Sie den IE 8 nutzen und dort die Emulation des IE 7 starten, haben Sie es trotzdem mit der Zoomfunktion des IE 8 zu tun. Es bleibt also nur der Test in einer nativen Version des IE 7, wenn Sie Darstellungsfehler des IE7-Zooms auf den Grund gehen wollen.

> **Textzoom vs. Seitenzoom**
>
> Die aktuellen Versionen von Firefox, Opera und Internet Explorer bieten eine Zoomfunktion an, die nicht nur die Schriftgröße ändert, sondern das gesamte Layout mitsamt Bildern skaliert. In Opera steht diese Funktion schon seit geraumer Zeit zur Verfügung, Firefox setzt seit Version 3 auch auf Seitenzoom statt nur auf Textvergrößerung (die Wahl liegt beim Benutzer).
>
> Mit der Version 7 wurde für den Internet Explorer eine Zoomfunktion eingeführt, doch erst ab IE 8 ist diese mit dem Zoom der anderen Browser vergleichbar.
>
> Microsoft bezeichnet das neue Zoomverhalten als **Adaptive Zoom**, als Zoom, der sich anpasst.[2] Während der IE 7 eine schlichte lupenähnliche Vergrößerung zeigt und ohne Rücksicht auf Zeilenlängen und Viewport-Größe gnadenlos alles skaliert, berücksichtigt der Adaptive Zoom zunächst den zur Verfügung stehenden Platz und zeichnet danach erst Elementbreiten und Textzeilen. Ein Element mit einer Breite von 100 % wird also nicht einfach auf 120 % verbreitert – und ruft den IE7-typischen horizontalen Scrollbalken hervor –, sondern es wird auch nach einer Vergrößerung in Viewport-Breite angezeigt, und die Inhalte werden auf diese Weise angepasst.
>
> Fluide Layouts bleiben so gut benutzbar, doch für fixe Layouts mit Pixelbreiten bedeutet der Zoom, dass sich schnell ein horizontaler Scrollbalken zeigen kann – nicht immer ein Segen für den Benutzer. Dem kann der Webdesigner mit Mindest- und Maximalbreiten entgegenwirken, auch bei Layouts mit festen Breiten (siehe Abschnitt 13.1.4).

---

2 IEBlog, »Internet Explorer 8 and Adaptive Zoom«, *http://blogs.msdn.com/ie/archive/2008/03/25/internet-explorer-8-and-adaptive-zoom.aspx*

Vergrößert der Benutzer die Schrift in seinem Browser, fließen Texte möglicherweise über Boxgrenzen hinaus, auf jeden Fall wird jedoch die Anzahl der Zeichen pro Zeile verringert, was bei schmalen Spalten die Lesbarkeit erschwert.

Layouts mit festen Pixelbreiten sind für den Webdesigner meist am einfachsten zu handhaben, besonders dann, wenn der umfangreiche Einsatz von Hintergrundbildern erforderlich ist.

Mit genügend Reserven in den Breiten – um auch bei Schriftvergrößerung nicht alles zu sprengen – und dem Verzicht auf Pixel-**Höhen** bei Elementen, die Text enthalten, ist das pixelbasierende Layout eine bewährte Herangehensweise, die auch eine (maßvolle) Anpassung an die Bedürfnisse des Benutzers zulässt.

> Während **Breitenangaben** in Pixeln eine gewisse Schriftvergrößerung zulassen, sind die Grenzen bei Pixel-**Höhen** schnell erreicht, und Texte fließen über.

13.1.2 Fluides Layout: Breiten in Prozent

Fluide oder liquide Layouts reagieren flexibel auf die Größe des Viewports. Für die Breiten der Spalten werden Prozentwerte eingesetzt, so dass sich auch deren Ausmaße in Abhängigkeit vom verfügbaren Platz im Browserfenster ändern.

Diese große Flexibilität hat den Vorteil, dass der Viewport des Besuchers immer vollständig genutzt wird – aber auch den Nachteil, dass bei extremen Viewport-Größen die Zeilen zu lang oder zu kurz werden und Bereiche überfließen und sich gegenseitig überdecken können. Deshalb ist eine Kombination mit Mindest- und Maximalbreiten unerlässlich.

Fluide Layouts erfordern vom Webautor aufwendigere Maßnahmen im Umgang mit Hintergrundbildern als fixe Layouts, z. B. den Einsatz der Sliding-Doors-Technik (siehe Abschnitt 7.8.1).

13.1.3 Elastisches Layout: Breiten in der Einheit em

Bei einem elastischen Layout werden Breiten in der relativen Einheit em angegeben. Die Breite des Layouts ist damit von der Schriftgröße im Browser abhängig.

In der Grundeinstellung der gebräuchlichen Browser beträgt die Standardschriftgröße 16 px, d. h., 1 em entspricht zunächst diesen 16 px. Wenn Sie also einem Layout eine Gesamtbreite von 760 px geben wollen, entspricht das in der Grundkonfiguration 47.5 em (760:16). Doch jetzt kommt die »Relativität« der Einheit em ins Spiel: Die Entsprechung 47.5em = 760 px gilt nur unter zwei Voraussetzungen:

- Der Nutzer hat den Schriftgrad im Browser nicht verändert.
- Das betreffende Element hat eine Schriftgröße von 100 % bezogen auf den Default-Wert.

Es steht dem Besucher frei, die Standardschriftgröße des Browsers seinen Sehgewohnheiten oder -bedürfnissen anzupassen.

> Auch Pixel sind eine relative Einheit, ist die tatsächliche Größe doch abhängig von Größe und Auflösung des anzeigenden Geräts (CSS 2.1: 4.3.2). Innerhalb ein und desselben Systems sind Pixel jedoch absolut. Wenn Sie einen Abstand von 10 px angeben, ist der bei jedem Element gleich groß – anders als 1 em oder 10 %, die immer in Bezug zu Schriftgröße (em) oder Umgebung (%) stehen.

Sobald also die Standardschriftgröße beispielsweise auf 20 px eingestellt ist, ändert sich auch die Umrechnung von em-Werten in Pixel: 47.5 em ergeben jetzt 950 px. Dies ist der Vorteil eines elastischen Layouts: Bei Schriftvergrößerung wird die Zeilenlänge nicht ungünstig verkürzt, die Texte in schmalen Randspalten laufen nicht über. Der Nachteil kann aber auch sein, dass das Layout über die Grenzen des Viewports hinauswächst und horizontales Scrollen erforderlich macht.

Nicht nur die grundsätzliche Abhängigkeit der Maße von der Schriftgröße macht den Umgang mit em gewöhnungsbedürftig. Wenn em für Breiten, Rahmen oder Abstände eingesetzt wird, ist die Bezugsgröße stets die Schriftgröße des Elements selbst. Bei Elementen mit unterschiedlichen Schriftgrößen ist somit auch ein `margin: 1em` unterschiedlich groß. Die em-Maße müssen entsprechend der Schriftgröße der Elemente umgerechnet und angepasst werden. Ein Beispiel:

Ist das elastische Layout überholt?

Da inzwischen alle »großen« Browser sowohl einen Seitenzoom als auch einen Textzoom anbieten, muss man sich fragen, ob das elastische Layout in Reinform noch zeitgemäß ist – beraubt man den Besucher doch der Möglichkeit, zwischen den beiden Vergrößerungsmethoden zu wählen. Ein elastisches Layout verhält sich beim Textzoom, als wäre es ein Seitenzoom.

```
<div id="seite">
  <h1>
    Überschrift h1
  </h1>
  <h2>
    Überschrift h2
  </h2>
  <p>
    Textabsatz p
  </p>
</div>
```

Listing 13.1 ▶
»Umrechnung« von em-Werten

Die Elemente erhalten unterschiedliche Schriftgrößen. Die Vorgabe im body-Element liegt bei 100 %, also der Default-Größe im Browser:

```
body {
  font-size: 100%;
}
#seite {
  width: 35em;
}
h1 {
  font-size: 2em;
}
h2 {
  font-size: 1.5em;
}
```

Für `#seite` und für `<p>` ist keine eigene Schriftgröße definiert, beide erben die Größe aus `<body>`.

Nun sollen alle Elemente einen linken Randabstand erhalten, der einer Größe von 2 em beim `p`-Element entspricht:

```
p {
  margin-left: 2em;
}
```

Mit 2 em (alternativ: 200 %) ist die Schriftgröße der `h1`-Überschrift doppelt so groß wie die des `<p>`. Um den gleichen linken Abstand zu erhalten, muss der `em`-Wert des Margin halbiert werden – das entspricht dem Kehrwert der Schriftgröße der `<h1>` (½ em) multipliziert mit dem Margin des `<p>` (2 em).

```
h1 {
  font-size: 2em;
  margin-left: 1em;
}
```

Ebenso verhält es sich bei den 1.5 em der `h2`-Überschrift: Der Kehrwert von 1.5 beträgt 0.66. Das heißt, 0.66 em für die `<h2>` entspricht 1 em beim `<p>`. Für den linken Margin der `<h2>` sind also 2 × 0.66 em = 1.33 em nötig, um den Abstand anzugleichen.

```
h2 {
  font-size: 1.5em;
  margin-left: 1.33em;
}
```

Vielleicht haben Sie die Empfehlung gelesen, die Schriftgröße im `<body>` auf 62.5 % zu setzen, um als Berechnungsgrundlage nicht mehr 16 px, sondern 62.5 % von 16 px = 10 px zu haben. Da diese 10 px jedoch keine akzeptable Schriftgröße sind, müssen Sie für die Inhalte von `<body>` wieder die Schrift vergrößern – und damit wiederum Umrechnungen für die Angleichung von `em`-Werten vornehmen. Mit den 62.5 % ist also im Grunde nichts gewonnen. Richard Rutter, der die 62.5 %-Methode einst ersonnen hat, empfiehlt nun 100 % für `<body>` und `em`-Werte für Elemente wie auch für die `line-height`.[3]

IE ≤ 7 und em

Bei Angaben für die Schriftgröße verhalten sich %-Werte und `em`-Werte gleich, sind also austauschbar. Der IE ≤ 7 zeigt jedoch einen Fehler bei der Schriftvergrößerung, wenn die Schriftgröße für das erste Element im Dokument in `em` angegeben wird: In den Einstellungen »größer«, »kleiner« usw. wächst bzw. schrumpft die Schriftgröße in extrem großen Schritten. Verwenden Sie daher zumindest für die erste Schriftgrößenangabe – üblicherweise für `<body>` – stets einen Prozentwert.

Stellen Sie sich vor, ein Besucher hat im User-Stylesheet seines Browsers `body {font-size: 100%!important}` eingetragen. Ein auf 62.5 % basierendes Layout wirkt dann doch etwas aufgeblasen.

---

3 Richard Rutter, »How to Size Text in CSS«, http://www.alistapart.com/articles/howtosizetextincss

> **Berechnungsfehler in (alten) Operas**
>
> Wenn Sie für Padding, Border oder Margin einen Wert größer als 20.47 einsetzen, ignorieren ältere Operas alle Kommastellen. Da solche Werte besonders für die Einheiten em und Prozent in Frage kommen, trat der Fehler hauptsächlich bei flexiblen oder elastischen Layouts auf. Ab Opera 9.5 ist dies weitgehend behoben. Kommastellen bei Breitenangaben **in Prozent** ignoriert Opera (auch ≥ 9.5) grundsätzlich. Eine umfangreiche Testreihe zu diesen Fehlern hat Bruno Fassino erstellt.[4]
> Ein weiterer Berechnungsfehler in alten Operas führte zu einem Wert, der auch heute noch häufig zu sehen ist: 100.01 % für die Schriftgröße. Der Adressat dieses krummen Wertes war Opera 6 (!), der bei 100 % die Schrift im Verhältnis zu klein anzeigte. Wenn dies mit 101 % korrigiert wurde, zeigten sich wiederum in Safari unschöne Effekte – daher der Kompromiss 100.01 %. Opera 6 kann man jedoch als ausgestorben betrachten, und daher können Sie guten Gewissens auch schlicht 100 % einsetzen.

13.1.4 Mischformen

Nicht immer reicht eine »reine« Form eines Layouts aus, um verschiedenartige Inhaltsbereiche sinnvoll anordnen zu können. Für schmale Spalten mit Textinhalt ist eine em-Breite geeignet, eine Anzahl von Bildern passt am besten in eine Pixelbreite, und gemischte Inhalte können auch flexible Prozentbreiten gut vertragen.

Eine weitere Vermischung der Layouttypen tritt auf, wenn ein Layout nicht nur über eine Breite, sondern auch über eine Mindest- und Maximalbreite verfügt.

Workarounds für Mindest- und Maximalbreiten im IE ≤ 6 finden Sie in den Abschnitten 3.3.1 und 11.4.2.

Beim fluiden Layout lässt sich damit der Nachteil der zu kurzen oder zu langen Zeilen ausgleichen:

```
#seite {
  width: 90%;
  min-width: 25em;
  max-width: 55em;
}
```

Beim elastischen Layout verhindert eine Maximalbreite das allzu frühe Auftauchen eines horizontalen Scrollbalkens bei Schriftvergrößerung:

```
#seite {
  width: 45em;
  min-width: 30em;
```

---

[4] Bruno Fassino, »Percentage width test«,
 http://www.brunildo.org/test/percwidth2.pl

```
  max-width: 100%;
}
```

Und auch bei px-»fixen« Breiten kann die Zoomfunktion gebändigt werden:

```
#seite {
  width: 960px;
  min-width: 35em;
  max-width: 100%;
}
```

Mit diesen Mischungen aus Mindest-, Maximal- und normalen Breiten verschwinden die Grenzen der verschiedenen reinen Layouttypen. Je nach Viewport-Größe zeigt sich ein fluides, elastisches oder fixes Layout. Die Folge dieser Vorgehensweise ist jedoch immer, dass das Layout zunächst für die flexibelste der angegebenen Breiten erstellt werden muss – ein Aufwand, der sich für die möglicherweise deutlich verbesserte Benutzbarkeit einer Website durchaus lohnen kann.

13.1.5 Responsive Layout mit Media Queries

Ein »responsive Layout« ist ein Layout, das auf die Gegebenheiten beim Besucher reagiert – weit über flexible Spaltenbreiten hinausgehend. Mit Media Queries können Sie Regeln verfassen, die nur unter bestimmtem Voraussetzungen wirksam werden (siehe dazu Kapitel 9, »Ausgabe für Medien«), meistens ist die Viewport-Breite ein geeignetes Kriterium.

Eine Einführung ins »Responsive Web Design« bietet Ethan Marcottes Artikel bei A List Apart.[5]

```
@media only screen and (max-width: 780px) { ... }
```

So kann bei schmalem Viewport z. B. aus einem dreispaltigen Layout ein zweispaltiges werden, oder mit einer weiteren `@media`-Regel für breite Viewports (z. B. `min-width: 1380px`) eine lange Linkliste in zwei Spalten aufgeteilt werden.

Damit der Übergang bei Änderung der Viewport-Breite nicht sprunghaft ist – und damit möglicherweise verwirrend für den Besucher –, eignet sich ein fluides oder teilflexibles Layout am besten als Grundlage für ein responsive Layout. Bilder erfordern besondere Aufmerksamkeit, da sie eigentlich eine feste Breite haben, die intrinsische. Als Reaktion auf unterschiedliche Platzverhältnisse kann es je nach Art und Inhalt eines Bildes

Formatierungen, die innerhalb dieser `@media`-Regel stehen, werden von modernen Browsern angewendet, sofern weniger als 780 px Breite im Viewport zur Verfügung stehen.

---

5 Ethan Marcotte, » Responsive Web Design «,
   http://www.alistapart.com/articles/responsive-web-design/

Ein responsive Layout erfordert sehr früh im Entwurfsprozess die Arbeit mit Website-Prototypen, um die Wirkung der Anpassungen prüfen zu können. Neue Layoutmethoden aus CSS3 können dabei unterstützen, z. B. das Flexbox-Layout (siehe Abschnitt 16.1).

angemessen sein, es teilweise zu beschneiden oder es mit einer flexiblen Breite zu versehen.

Für den Designer besteht die Herausforderung darin, mehrere Varianten eines Layouts zu gestalten, so dass der Besucher die wichtigen Elemente ohne Verwirrung wiederfindet, egal, ob er eine Seite tagsüber auf einem Cinema-Display im Büro oder abends auf einem Netbook auf dem Sofa betrachtet.

13.2 Spaltenanordnung: Die Basis

Ein Klassiker des Weblayouts ist eine Anordnung von zwei oder mehr Spalten nebeneinander. Über den Spalten liegt ein Kopfbereich, und unter ihnen liegt eine Fußzeile, die in Abhängigkeit von der längsten Spalte nach unten wandert.

Als Grundaufbau eines solchen Dokuments eignet sich folgende Gliederung:

> **Grundlage für verschiedene Layouttechniken**
>
> Zu dem in diesem Abschnitt vorgestellten Grundaufbau kehren wir bei den verschiedenen Methoden der folgenden Abschnitte immer wieder zurück. Wenn Sie also einen »Neustart« machen wollen, ist hier jeweils der Ausgangspunkt.

```
<div id="seite">
  <div id="kopf">[…]</div>
  <div id="hauptteil">[…]</div>
  <div id="fuss">[..]</div>
</div>
```

▲ **Listing 13.2**
Basis für Spaltenlayouts

In diese Bereiche setzen wir einige typische Elemente einer Webseite ein. Im Kopfbereich finden der Seitentitel und eine Service-Navigation Platz.

Das Grundlayout soll die Startseite zeigen, deshalb ist der Link (wie in Abschnitt 12.5.3 beschrieben) durch `<strong>` ersetzt worden.

Ein `hr`-Element am Ende eines größeren Bereichs einer Seite gliedert das Dokument auch für diejenigen Besucher, die das Stylesheet nicht zu Gesicht bekommen. Außerdem ist eine Trennlinie oft ein willkommenes Element für ein Clear.

```
<div id="kopf">
  <h1>Seitentitel</h1>
  <div id="service">
    <h2>Service-Navigation</h2>
    <ul>
      <li><strong>Startseite</strong></li>
      <li><a href="#">Kontakt</a></li>
      <li><a href="#">Impressum</a></li>
    </ul>
  </div><!-- /#service -->
  <hr />
</div><!-- /#kopf -->
```

Den Hauptbereich teilen sich die Hauptnavigation, der eigentliche Inhaltsbereich und eine weitere Spalte mit Bildern. Die

Hauptnavigation ist eine verschachtelte Liste (siehe Abschnitt 12.3), im Inhaltsbereich folgt nach einer Einleitung eine Auflistung von Anrisstexten (»Teaser«) mit Bild, und die rechte Spalte soll eine Auflistung von Bildern enthalten.

```html
<div id="hauptteil">
  <div id="navigation">
    <h2>Hauptnavigation</h2>
    <ul>
      <li><a href="#">Äpfel</a>
        <ul>
          <li><a href="#">Golden Delicious</a></li>
          <li><a href="#">Granny Smith</a></li>
          <li><a href="#">Red Delicious</a></li>
        </ul>
      </li>
      […]
    </ul>
  </div><!-- /#navigation -->
  <div id="inhalt">
    <h2>Lorem ipsum</h2>
    <div id="einleitung">
      <p>Lorem ipsum […]</p>
    </div>
    <ul id="eintraege">
      <li id="eintrag1" class="eintrag">
        <h3><a href="#">Consetetur sadipscing </a></h3>
        <div class="anriss">
          <img src="Bild.gif" alt="image" width="100" />
          <div class="anrisstext">
            <p>Lorem ipsum […]</p>
          </div>
        </div>
        <dl class="metainfo">
          <dt>Autor:</dt>
          <dd>Max Mustermann</dd>
          <dt>Datum:</dt>
          <dd>01.01.08</dd>
        </dl>
      </li>
      […]
    </ul><!-- /#eintraege -->
  </div><!-- /#inhalt -->
```

```
  <div id="bilder">
    <h2>Bilder</h2>
      <ul>
        <li>
          <a href="#"><img src="Bild.gif"
          alt="image" width="80" /></a>
          <p>Lorem ipsum</p>
        </li>
        […]
      </ul>
    </div><!-- /#bilder -->
  <hr />
</div><!-- /#hauptteil -->
```

Zuletzt enthält der Fußbereich noch eine kurze Betreiberinformation und einen Sprunglink zum Anfang der Seite.

```
<div id="fuss">
  <address>
    Max Mustermann, Musterstraße 1, 10000 Musterstadt
  </address>
  <p id="toplink"><a href="#kopf">zum Seitenanfang</a></p>
</div><!-- /#fuss -->
```

Zur Abgrenzung der Hauptbereiche sind folgende Hintergrundfarben vergeben:

```
body {
  background: #ccc; /* Grau */
  color: #000;
}
#seite {
  background: #fff; /* Weiß */
}
#hauptteil {
  background: #eee; /* Hellgrau */
}
#navigation {
  background: #9f0000;  /* Rot */
  color: #ccc;
}
#inhalt {
  background: #fff;     /* Weiß */
}
```

```css
#bilder {
  background: #999;      /* Dunkelgrau */
  color: #fff;
}
```

Die Bereichsüberschriften der Navigationen und der Bilderleiste werden per absoluter Positionierung und negativer Verschiebung ausgeblendet (Off-Left-Technik). Für Nutzer von Screenreadern sind die Überschriften als Orientierung so nach wie vor zugänglich.

```css
#kopf h2,
#navigation h2,
#bilder h2 {
  position: absolute;
  left: -9999px;
}
```

Die Service-Navigation wird als Inline-Navigation mit vertikalen Trennlinien gestaltet (siehe Abschnitt 12.1.1) und absolut rechts oben bezogen auf das Element `#kopf` positioniert.

◀ **Abbildung 13.1**
Kopfbereich mit absolut positionierter Service-Navigation

▲ **Abbildung 13.1**
Kopfbereich mit absolut positionierter Service-Navigation

```css
#kopf {
  border-bottom: 2px solid #9f0000;
  position: relative;
}
#service {
  position: absolute;
  top: .25em;
  right: 0;
}
```

Damit der IE 6 das relativ positionierte Element zuverlässig als Containing Block akzeptiert, benötigt es zusätzlich hasLayout (siehe Abschnitt 6.4). Wir setzen dies später gemeinsam mit weiteren Korrekturen.

In der Fußzeile gibt es ebenfalls eine wechselweise Ausrichtung nach links und rechts: Der Skip-Link zum Seitenanfang weicht der nach links gefloateten Betreiberinformation aus. Mit `text-align` wird er rechtsbündig.

▲ **Abbildung 13.2**
Fußbereich mit Adresse und Top-Link

```
#fuss {
  border-top: 2px solid #9f0000;
  padding: .75em 0;
}
#fuss address {
  font-size: 80%;
  font-style: normal;
  float: left;
  text-align: left;
  padding-left: 1.25em;
}

#fuss p {
  font-size: 80%;
  text-align: right;
  margin: 0 1.25em;
}
```

Die Navigation im Hauptteil wird als schlichte Liste mit quadratischen Markern für die Sublisten formatiert.

```
#navigation ul {
  margin-top: 1em;
  list-style: none;
}
#navigation ul ul {
  list-style: square;
  border-top: 1px solid #ccc;
  border-bottom: 1px solid #ccc;
  margin-top: 0;
}
#navigation li {
  padding: .5em 1em;
  text-transform: uppercase;
}
#navigation li li {
  text-transform: none;
  margin-left: 1.5em;
  padding: 0;
}
```

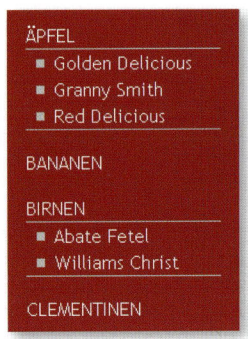

▲ **Abbildung 13.3**
Vertikale Navigationsliste, verschachtelt

Die Bilder in der Auflistung der Einträge im Inhaltsbereich floaten links, die Definitionsliste mit den Metainformationen wird inline dargestellt und schließt als Clear-Element das Float der Bilder ab.

Consetetur sadipscing elitr

Lorem ipsum dolor sit amet, consetetur sadipscing elitr, sed diam nonumy eirmod tempor invidunt ut labore et dolore magna aliquyam erat, sed diam voluptua.

Autor: Max Mustermann   Datum: 01.01.08

◀ **Abbildung 13.4**
Eintrag mit links gefloatetem Bild

```
#eintraege img {
  float: left;
  margin: 0 .5em .5em 0;
}
#eintraege dl.metainfo {
  clear: both;
  color: #999;
  font-size: 80%;
  border-top: 1px dotted #ccc;
}
#eintraege dl.metainfo dt,
#eintraege dl.metainfo dd {
  display: inline;
}
```

Die Textformatierungen im Detail entnehmen Sie bitte Listing 13.3 auf der DVD.

In den folgenden Abschnitten konzentrieren wir uns auf unterschiedliche Methoden zur Anordnung der Spalten im Hauptteil. Die zuvor genannten Formatierungen sind in den Listings jeweils als externes Stylesheet eingebunden.

```
<style media="screen, projection">
@import url(allgemein.css);
/* Angaben zum Spaltenlayout */
</style>
<!--[if lte IE 7]><style media="screen">
@import url(allgemein-ie.css);
/* Sonderangaben zum Spaltenlayout */
</style><![endif]-->
```

Das Media-Attribut beschränkt die Wirkung der Stylesheets auf die Bildschirmdarstellung (der Vollbildmodus in älteren Operas wird mit `projection` abgedeckt) – eine saubere Basis für ein Print-Stylesheet (siehe Abschnitt 9.1).

13.3 Spalten mit einheitlichen Breiten per Float

Von einheitlichen Breiten sprechen wir, wenn sich für die Gesamtbreite eines Layouts und jede Spalte eindeutige Breiten angeben lassen. Bei Spaltenbreiten in Prozent sind solche Angaben immer möglich, unabhängig davon, welche Einheit die Gesamtbreite hat. Layouts mit Spalten in Pixel oder em müssen auch eine Gesamtbreite in der gleichen Einheit aufweisen.

Bei einer Umsetzung eines Spaltenlayouts mit Floats sollten alle Spalten sowohl Float als auch eine Breitenangabe erhalten. So lassen sich von vornherein unerwünschte spaltenübergreifende Auswirkungen eines Clear (siehe Abschnitt 4.5) und auch manche Fehldarstellungen des IE vermeiden (siehe Abschnitt 4.1.2).

13.3.1 Fixes Layout

Die häufigste – und für den CSS-Autor am wenigsten problematische – Form eines Layouts mit einheitlichen Spalten ist das fixe Layout mit Pixelbreiten.

Das umgebende Element #seite legt die Gesamtbreite fest und wird zentriert, die Spalten erhalten Float und die gewünschte Breite.

```
body {
  padding: 10px 0;
}
#seite {
  width: 760px;
  border: 1px solid #fff;
  margin: 0 auto;
}
#navigation {
  float: left;
  width: 200px;
}
#inhalt {
  float: left;
  width: 440px;
}
#bilder {
  float: left;
  width: 120px;
}
```

Listing 13.4 ▶
Spaltenlayout mit fixen Breiten per Float

Als Maßnahme zum Einschließen der Floats stehen mehrere Möglichkeiten zur Wahl (siehe Abschnitt 4.3):

- Solides Clear-Element mit Hilfe des `hr`-Elements:

```
#hauptteil hr {
  clear: both;
  height: .1px;
  border: none;
  visibility: hidden;
}
```

- Easyclearing, das auf `#hauptteil` anzuwenden ist:

```
#hauptteil:after {
  content: ".";
  display: block;
  clear: both;
  height:0;
  visibility: hidden;
}
```

Und im Conditional Comment erhält IE ≤ 7 hasLayout:

```
#hauptteil {
  zoom: 1;
}
```

- Erzeugung eines Block Formatting Contexts durch

  - die Overflow-Eigenschaft:

    ```
    #hauptteil {
      overflow: hidden;
    }
    ```

    Beachten Sie auch die Hinweise zu Problemen mit `overflow: hidden` in Abschnitt 4.3.4 – wir empfehlen, eine andere Methode zu wählen.

    Und im Conditional Comment nur hasLayout für IE 6:

    ```
    * html #hauptteil {
      overflow: visible;
      height: 1px;
    }
    ```

  - die Float-Eigenschaft:

    ```
    #hauptteil {
    ```

```
    float: left;
    width: 100%;
}
#fuss {
    clear: left;
}
```

Wir haben uns in diesem Beispiel für das solide Clear in Form des `hr`-Elements entschieden.

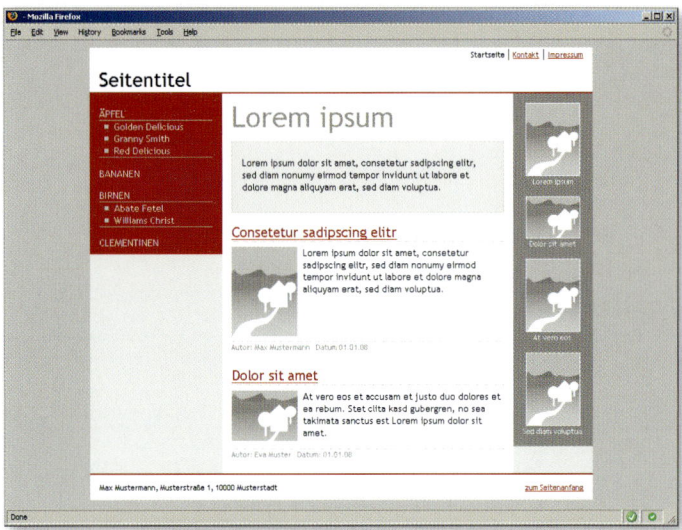

Abbildung 13.5 ▶
Horizontal zentriertes Dreispaltenlayout mit fixen Breiten

Anpassungen für IE ≤ 7 | Damit steht das Grundlayout (siehe Abbildung 13.5), Anpassungen sind noch für IE ≤ 7 nötig:

▶ Die Hintergrundfarbe von `#hauptteil` wird nicht durchgehend angezeigt (siehe Abbildung 13.6, ❶ und ❷).
▶ Im IE 6 fehlt die untere Rahmenlinie des Kopfbereiches (siehe Abbildung 13.6, ❷).

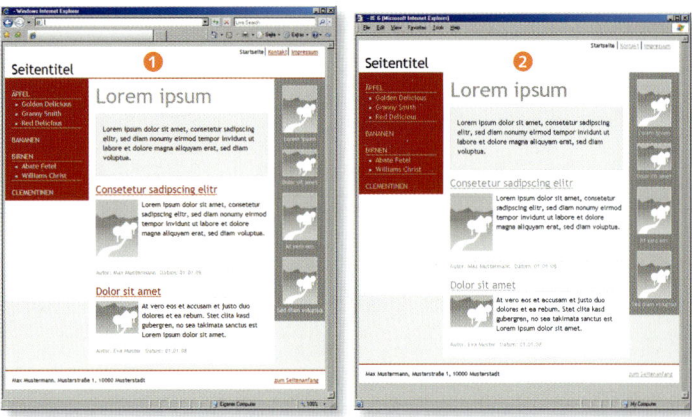

Abbildung 13.6 ▶
Darstellungsfehler in verschiedenen IE-Versionen

❶ Internet Explorer 7
❷ Internet Explorer 6

Dies sind typische Fehler, die im Zusammenhang mit der hasLayout-Eigenschaft stehen.

> **Best Practice für eine Stabilisierung im IE ≤ 7**
>
> Aus den Darstellungsproblemen der verschiedenen älteren IE-Versionen ergibt sich eine Empfehlung: Ein Layout wird stabiler, wenn die Hauptbereiche `hasLayout = true` besitzen (vgl. Abschnitt 10.7.1). Je komplexer die Inhalte der Bereiche sind (Floats, absolut positionierte Elemente), desto wahrscheinlicher ist es, dass ohne einen solchen Stabilisator Fehler auftreten. Dabei ist IE 7 weniger kritisch als die vorherigen IE-Generationen. Die tatsächlich nötige Dosis an hasLayout lässt sich nur durch Testen herausfinden.
>
> Das heißt aber auch: Floats werden von einem solchen stabilisierenden hasLayout-Element stets eingeschlossen. Wenn Sie also einmal die float-typische Darstellung heraushängender Elemente wünschen, darf das umgebende Element **kein** hasLayout haben – und es besteht das Risiko von Fehldarstellungen in IE ≤ 7.

Zur Behebung der Fehler erhalten alle drei Bereiche `#kopf`, `#hauptteil` und `#fuss` hasLayout:

```
<!--[if lte IE 7]><style media="screen">
[…]
#kopf,
#hauptteil,
#fuss {
  zoom: 1;
}
</style><![endif]-->
```

Auch das Element `#seite` gehört in diese Reihe. Es hat jedoch bereits durch die feste Breite hasLayout.

Da die Floats im `#hauptteil` aufgrund des hasLayout automatisch eingeschlossen werden, ist das Clear des `hr`-Elements für IE ≤ 7 überflüssig. Mit dessen Entfernung verschwindet auch gleich das Problem, dass es sich im IE ≤ 7 nicht auf die Höhe null bringen lässt.

```
<!--[if lte IE 7]><style media="screen">
[…]
#hauptteil hr {
  display: none;
}
</style><![endif]-->
```

13.3.2 Fixes Layout mit Content First per Content-Wrapper

Im Hinblick auf Suchmaschinenoptimierung (SEO, Search Engine Optimization) wird an ein Layout oft die Forderung **Content First** – Inhalt zuerst – gestellt. Der wichtigste Teil einer Seite, der Hauptinhalt, soll zuerst an die Suchmaschinen verfüttert werden – in der Hoffnung, dass dies dann auch als wichtig gewertet wird. Die SEO-Relevanz dieser Maßnahme dürfte davon abhängen, wie umfangreich die Inhalte sind, die nicht vor dem Hauptinhalt stehen sollen.

Bei einem Layout mit nur zwei Spalten ist der Tausch der Reihenfolge einfach zu lösen: Je nach Float-Richtung kann jede der beiden Spalten entweder links oder rechts erscheinen – unabhängig davon, an welcher Stelle sie im Quellcode steht.

Ob Content First auch für den menschlichen Nutzer einer Website die logischere Anordnung ist? Darüber lässt sich trefflich streiten.

Eine noch weiter gehende »Optimierung« der Dokumentstruktur, die sogar den Kopfbereich einer Seite mitsamt Seitentitel ans Ende des Dokuments stellt, halten wir für fragwürdig.

> **Keine Angst vor Divs**
>
> Für verschiedene Techniken, die wir in diesem Kapitel demonstrieren, werden wir zusätzliche Elemente einführen, die entweder für alle Browser bestimmte Aufgaben übernehmen oder nur zur Stabilisierung für kritische Browser dienen. Manches lässt sich ohne solche zusätzlichen Elemente gar nicht umsetzen (vgl. die Betrachtung in Abschnitt 8.1.2). Angst vor einer unbekömmlichen Div-Suppe oder gar einer ansteckenden Divitis muss man aber noch lange nicht haben. Ein paar zusätzliche `div`-Elemente nehmen Ihrem Dokument keineswegs die wertvolle Semantik weg und sind unproblematisch beim Linearisieren des Dokuments (anders als zum Beispiel x-fach verschachtelte Layouttabellen). Je weniger Sie beim Erstellen eines Markups über die späteren Inhalte wissen, desto großzügiger sollten Sie bei der Untergliederung mit `div`-Elementen sein. So wäre z. B. ein `<p class="einleitung">` […] `</p>` auf Inline-Inhalte beschränkt, während `<div class="einleitung"> </div>` auch später einmal umfangreicheren Inhalt z. B. in Form einer Liste zulässt.
> Zudem ist man bei Änderungen oder Erweiterungen eines Layouts oft froh, noch ein Element zur Verfügung zu haben, in das ein CMS überraschend viel mehr Inhalte als vorgesehen hineinwerfen kann oder das den aktuellen Layoutwunsch des Auftraggebers erst möglich macht.
> Mit dem Einzug der neuen Elemente aus HTML5 wird sich die Anzahl »bedeutungsloser Divs« ohnehin verringern, und die Elemente, die den Inhalt sektionieren, können auch die Aufgabe der Layoutstabilisierung übernehmen.

Das hasLayout-Konzept des IE ≤ 7 erfordert immer wieder (zusätzliche) Elemente, die mit `hasLayout = true` ein Layout erst stabil machen.

Von Div-Suppe oder Divitis spricht man, wenn `div`-Elemente im Übermaß als Ersatz für andere, semantisch sinnvolle HTML-Elemente eingesetzt werden, z. B. `<div class="ueberschrift1">`.

Um den Richtungswechsel der Float-Eigenschaft auch bei drei Spalten nutzen zu können, können Sie eine zusätzliche Elementverschachtelung einführen, die aus dem Dreispalter zwei Zweispalter macht (siehe Abbildung 13.7).

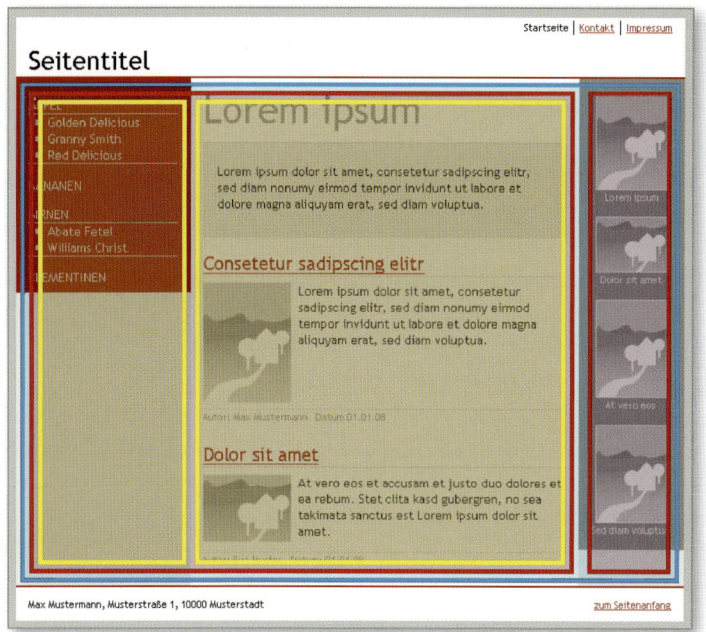

◀ **Abbildung 13.7**
Gruppierung von drei Spalten zu zweimal zwei Spalten

Holen Sie also den #inhalt an die erste Stelle im Markup, und fassen Sie ihn mit der #navigation in einem weiteren <div> ein.

```
<div id="hauptteil">
  <div id="hauptteil-innen">
    <div id="inhalt">[…]</div>
    <div id="navigation">[…]<div>
  </div>
  <div id="bilder">[…]</div>
  <hr />
</div>
```

◀ **Listing 13.5**
Drei Spalten mit fixer Breite und Content First

Innerhalb dieses neuen Elements können die beiden Spalten die Plätze tauschen (#inhalt bekommt float: right), und der neue Container bildet wiederum mit #bilder ein Zweispaltenlayout: #hauptteil-innen erhält float:left und die Summe der Breiten aus #inhalt und #navigation.

```
#hauptteil-innen {
  float: left;
  width: 640px;
}
#inhalt {
  float: right;
  width: 440px;
}
```

13.3 Spalten mit einheitlichen Breiten per Float | **355**

```
#navigation {
  float: left;
  width: 200px;
}
#bilder {
  float: left;
  width: 120px;
}
```

13.3.3 Elastisches Layout mit Content First per (negativer) Verschiebung

Wenn Sie ohne zusätzliche Elementverschachtelung auskommen wollen und #inhalt trotzdem an erster Stelle im Markup stehen soll, können Sie die gefloateten Spalten auch nachträglich verschieben. Vertauschen Sie Inhalt und Navigation im HTML:

```
<div id="hauptteil">
  <div id="inhalt">[…]</div>
  <div id="navigation">[…]</div>
  <div id="bilder">[…]</div>
  <hr />
</div>
```

Listing 13.6 ▶
Elastisches Float-Layout mit Spaltenwechsel

Floaten Sie zunächst alle drei Spalten nach links. Für die Breiten wählen wir diesmal die schriftgrößenabhängige Einheit em, zum Einschließen der Floats kommt »Float in Float« zum Einsatz:

```
body {
  padding: .625em 0;
}
#seite {
  width: 47.5em;
  border: 1px solid #fff;
  margin: 0 auto;
}
#hauptteil {
  float: left;
  width: 100%;
}
#inhalt {
  float: left;
  width: 27.5em;
}
#navigation {
  float: left;
```

Die Gesamtbreite von 47.5em entspricht bei einer Default-Schriftgröße von 16 px den 760 px des fixen Layouts. Auf die gleiche Art sind die Spaltenbreiten »umgerechnet«. In einem Browser mit unveränderter Schriftgröße sind das fixe und das elastische Layout demnach gleich. Bei skalierter Schriftgröße wächst (oder schrumpft) das elastische Layout.

```
    width: 12.5em;
}
#bilder {
    float: left;
    width: 7.5em;
}
#hauptteil hr {
    display: none;
}
#fuss {
    clear: left;
}
```

Sie können auch noch den Bildern in der Spalte eine Breite in em geben – dann haben Sie auch bei reiner Schriftvergrößerung den Effekt eines Seitenzooms.

```
#bilder img {
    width: 5em;
}
```

Rundungsfehler vermeiden | Wenn die Browser bei der Zeichnung der Elemente die em-Werte intern in Pixel umrechnen, kann es zu Rundungsfehlern kommen. Bei nahtlos aneinandergefügten Spalten fällt dann die letzte Spalte nach unten. Diesem Problem lässt sich entweder durch die Reduktion einer Spaltenbreite als Pufferzone oder durch einen **negativen Backside-Margin** – also ein der Elementausrichtung entgegengesetzter Margin – beim letzten Float entgegenwirken.

Bei einer Reihung von Floats in gleicher Richtung ist das jeweils letzte Element für den negativen Backside-Margin geeignet, da er nur dort ohne sichtbare Auswirkung bleibt.

```
#bilder {
    float: left;
    width: 7.5em;
    margin-right: -1em;
}
```

Die Anpassungen für IE ≤ 7 sind dieselben wie beim Layout mit Pixelbreiten: Die Hauptbereiche der Seite benötigen hasLayout (siehe Abschnitt 13.3.1).

Spaltentausch mit Margin | Noch werden die Spalten entsprechend ihrer Reihenfolge im Markup dargestellt – also #inhalt am linken Rand. Der Wechsel von #navigation und #inhalt lässt sich mit Margins vornehmen. Der Inhalt muss um die Breite der Navigation nach rechts verschoben werden (siehe Abbildung 13.8), die Navigation dann um die Breite des Inhalts **und** um ihre eigene Breite nach links (siehe Abbildung 13.9).

Unter dem Titel »Any Order Columns« demonstriert Alex Robinson den Spaltenwechsel mit Prozentbreiten.[6]

---

6 Alex Robinson, »Any Order Columns«,
  http://www.positioniseverything.net/articles/onetruelayout/anyorder

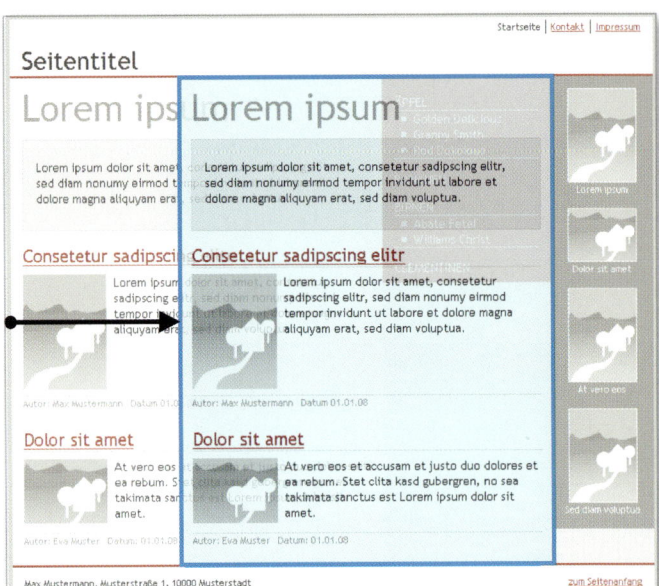

Abbildung 13.8 ▶
Verschiebung des Inhalts um die Breite der Navigation

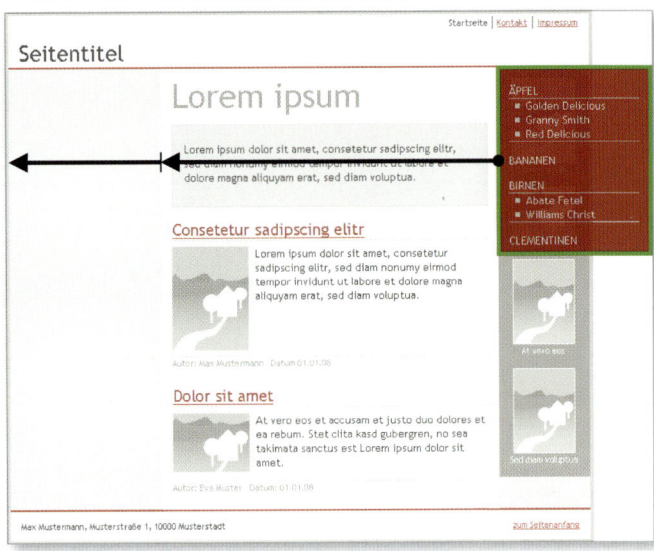

Abbildung 13.9 ▶
Verschiebung der Navigation um die Breite des Inhalts und ihre eigene Breite

```
#inhalt {
  float: left;
  width: 27.5em;
  margin-left: 12.5em; /* Breite #navigation */
}
#navigation {
  float: left;
  width: 12.5em;
  margin-left: -40em; /* Breite #inhalt + Breite
  #navigation */
}
```

Im IE 6 tritt bei `#inhalt` der Doubled Float-Margin-Bug auf. Ergänzen Sie daher im Conditional Comment Folgendes:

```
* html #inhalt {
  display: inline;
}
```

Spaltentausch mit relativer Verschiebung | Als Alternative können Sie die Spalten auch mittels relativer Positionierung tauschen. Die Werte für die Verschiebung werden dann von der Normalposition der Elemente ausgehend berechnet (siehe Abschnitt 6.3), d. h., die Navigationsspalte muss nur um die Breite des Inhalts verschoben werden, nicht zusätzlich um ihre eigene Breite.

```
#inhalt {
  float: left;
  width: 27.5em;
  position: relative;
  left: 12.5em;   /* Breite #navigation */
}
#navigation {
  float: left;
  width: 12.5em;
  position: relative;
  left: -27.5em;  /* Breite #inhalt */
}
```

Bei solch großen Verschiebungen mit negativen Margins kam es immer wieder zu Problemen beim Einschließen von Floats. In älteren Geckos wurde ein Float, das um mehr als die eigene Breite negativ verschoben wurde, vom umgebenden Container ignoriert.

◀ **Listing 13.7**
Spaltentausch mit relativer Positionierung

Beim Betätigen der Zoomfunktion im IE 7 werden Sie feststellen, dass die Positionen der relativ verschobenen Spalten nicht stimmen (siehe Abbildung 13.10).

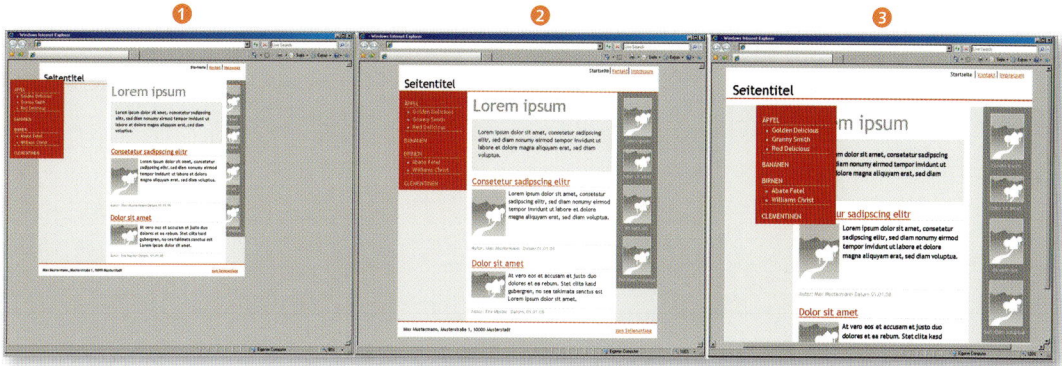

❶ Bei 80 %
❷ Bei 100 %
❸ Bei 120 %

▲ **Abbildung 13.10**
Darstellungsfehler im IE 7 beim Seitenzoom

13.3 Spalten mit einheitlichen Breiten per Float

> **Zoomfehler im IE 7 bei relativer Positionierung**
>
> Wenn Sie relative Positionierung einsetzen – sei es als Bugfix oder, wie hier, tatsächlich zum Verschieben –, zeigen sich beim Zoomen im IE 7 häufig Darstellungsfehler: Elemente sind verschoben, es entstehen Lücken, Abstände werden vergrößert oder verkleinert, und manch ein Element verschwindet gar komplett.
> Eine weitere relative Positionierung bei einem Vorfahren der Elemente vermeidet diese Fehler. Beim <body> als Vorfahren **aller** Elemente wird position: relative somit zur Magic Bullet gegen Zoomfehler (siehe Abschnitt 10.7.2).

Im Conditional Comment setzen wir für den IE 7:

```
*:first-child + html body {
  position: relative;
}
```

Diese Angabe ist nur für den IE 7 allein nötig, deshalb wenden wir hier innerhalb des CC den Star-Plus-HTML-Hack an (siehe Abschnitt 10.6.1).

Auch im IE ≤ 6 bleibt die relative Positionierung der Spalten nicht ganz ohne Folgen: Die horizontalen Trennlinien der Navigationsliste werden nicht stabil dargestellt. Es hilft, die Liste selbst ebenfalls relativ zu positionieren.

```
* html #navigation ul {
  position: relative;
}
```

13.3.4 Fluides Layout mit Mindest-/Maximalbreite und Media Queries

Ein voll flexibles, fluides Layout erhalten Sie, wenn Sie für das umgebende Element #seite entweder keine Breite oder eine Prozentbreite vorgeben. Mit Prozentwerten für die Spalten passen auch diese ihre Breiten den Platzverhältnissen entsprechend an:

Wir gehen wieder von der ursprünglichen Codereihenfolge aus: erst Navigation, dann Inhalt.

```
#navigation {
  float: left;
  width: 20%;
}
#inhalt {
  float: left;
  width: 65%;
}
#bilder {
  float: left;
  width: 15%;
}
```

```
#hauptteil hr {
  clear: both;
  height: .1px;
  border: none;
  visibility: hidden;
}
```

▲ **Listing 13.8**
Fluides Layout mit Mindest- und Maximalbreite

Rundungsfehler vermeiden | Wie in Abschnitt 7.6 erläutert wurde, neigen besonders ältere IE-Versionen zu Rundungsfehlern bei Prozentbreiten – und damit zu herabfallenden Spalten. Als Gegenmaßnahme können Sie entweder die Breite einer Spalte verringern oder wie zuvor beim elastischen Layout einen negativen Backside-Margin einsetzen. Bei Spalten mit Hintergrundfarben ist eine verringerte Breite durchaus sichtbar, deshalb eignet sich hier die zweite Methode besser.

Das letzte Float ist die Spalte `#bilder` – und damit das richtige Element für den negativen Margin. Wenn Sie dort `margin-right: -1em` vergeben, zeigt sich ein unschöner Effekt: Da das Layout die gesamte Breite ausfüllt, taucht immer dann, wenn der Rundungsfehler auftritt, ein horizontaler Scrollbalken auf. Verlegen Sie daher den negativen Margin nach innen, d.h. zwischen die zweite und die dritte Spalte. Damit es ein Backside-Margin bleibt, muss `#bilder` die Float-Richtung wechseln.

```
#bilder {
  float: right;
  width: 15%;
  margin-left: -1em;
}
```

Der Wert `-1em` hat keine besondere Bedeutung. Sie können auch `-10px` nehmen – Hauptsache, der Wert reicht aus, den Rundungsfehler auszugleichen.

Flexibilität einschränken – Benutzbarkeit verbessern | Bei jedem fluiden Layout ist die Flexibilität nur bis zu einem gewissen Grad ein Vorteil für den Besucher. Bei extrem schmalem oder breitem Viewport kommt es entweder zu Überlappungen, oder die Textinhalte werden bis zur Unleserlichkeit gestreckt. Das Ganze wirkt dann unproportioniert (siehe Abbildung 13.11).

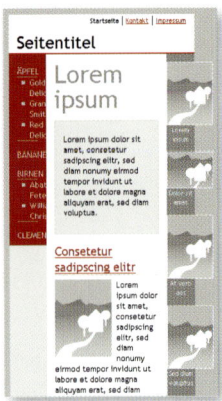

▲ **Abbildung 13.11**
Fluides Layout bei sehr schmalem und sehr breitem Viewport

Eine Verbesserung sind Mindest- und Maximalbreiten. Als Mindestbreite bietet sich hier ein Pixelwert an, der verhindert, dass die Bilderspalte zu schmal wird. Die Bilder sind 80 px breit, die Spalte hat eine Breite von 15 %. Bei einer Mindestbreite von 600 px verbleiben ausreichende 90 px für die Bilderspalte.

Als Maximalwert erscheinen 65 em angemessen. Die Texte des Hauptinhalts haben dann eine noch recht angenehme Zeilenlänge.

```
#seite {
  min-width: 600px;
  max-width: 65em;
  margin: 0 auto;
}
```

Responsive Layout für moderne Browser | Für schmale Viewports (unterhalb der Grenze der `min-width`-Angabe) bietet es sich an, das Layout zu linearisieren, d. h. die Wirkung der Floats aufzuheben. Damit diese Maßnahmen nur bei entprechend schmalem Viewport greifen, verpacken wir sie in einer `@media`-Regel (siehe auch Abschnitt 9.3).

Zum Zeitpunkt, als dieses Kapitel geschrieben wurde, bezog z. B. WebKit in beiden Fällen die Scrollbar-Breite mit ein, während Fx für die `min-width` *ohne* und für die `@media`-Regel *mit* dem Scrollbalken rechnet. In der Übergangsphase zwischen »600 px« und »600 px minus Scrollbar« erscheint deshalb im Fx auch noch ein horizontaler Scrollbalken.

> **Wie breit ist der Viewport?**
>
> Mit `max-width: 600px` in der `@media`-Regel weisen Sie den Browser an, die CSS-Angaben anzuwenden, wenn im Viewport maximal 600 px zur Verfügung stehen – also *weniger* als 600 px. Gemäß der Candidate Recommendation des CSS3-Moduls *Media Queries* (vom Juli 2010) sollen in diese 600 px eventuell vorhandene vertikale Scrollbars eingerechnet werden, so dass für den Inhalt möglicherweise bereits weniger Platz zur Verfügung steht. Wann jedoch greift die Mindestbreite von `600px`, die im regulären Teil des Stylesheets für `#seite` angegeben ist?
> Um unerwünschten Effekten aus dem Weg zu gehen, können Sie eine »Sicherheitszone« für die `@media`-Regel einkalkulieren und sie bereits ab einer Breite von 620 px wirken lassen. Damit sollten Scrollbar-Breiten unter verschiedenen Systemen ausgeglichen werden.

```
@media only screen and (max-width: 620px) {
  #seite {
    min-width: 0;
  }
  #navigation,
  #inhalt,
  #bilder {
    float: none;
    width: auto;
    padding: 1px 0;
  }
  #bilder {
    margin-left: 0; /* negative Backside-Margin
    aufheben */
  }
  #bilder li {
    display: inline-block;
    width: 100px;
    vertical-align: top;
  }
}
```

Damit auch mobile Geräte in den Genuss der linearisierten Darstellung kommen, benötigen Sie das folgende Metaelement (siehe auch Abschnitt 9.3):

```
<meta name="viewport"
content="width=device-width"
/>
```

Wenn Float wegfällt, kollabieren die Margins der Elemente mit denjenigen ihrer Inhalte (siehe Abschnitt 2.3).

Die Modifikationen mit Media Queries lassen sich beliebig fortsetzen, mit kleinen und größeren Veränderungen passen sich Layouts so möglichst optimal den Gegebenheiten beim Besucher an (siehe Abbildung 13.12).

Im Listing auf der DVD finden Sie noch eine Variante für breite Viewports: Die Bilderspalte wird erweitert, so dass mehrere Bilder nebeneinanderstehen können.

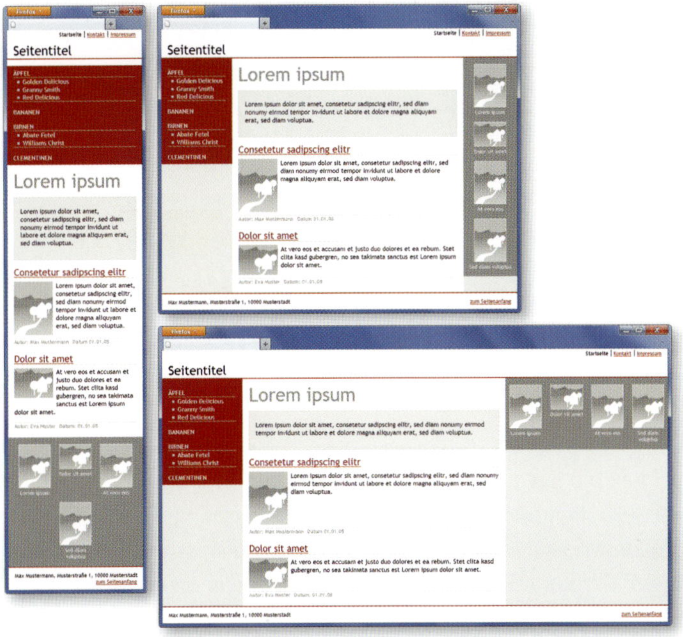

◀ **Abbildung 13.12**
Auswirkung der `@media`-Regeln bei unterschiedlichen Viewport-Dimensionen

Anpassungen für ältere IEs | IE 7 und 8 erhalten – wie auch ältere Versionen anderer Browser – ein fluides Layout, dessen Flexibilität durch Mindest- und Maximalbreiten sinnvoll beschränkt wird. Außen vor bleibt bisher IE 6; aufwendige Workarounds (siehe Abschnitt 3.3.1) für diesen Browser lohnen sich unserer Ansicht nach in der Praxis nicht mehr. Die einfachen Alternativen wären, nichts zu tun – und damit auch die extremen Ausprägungen eines fluiden Layouts zuzulassen – oder für den IE 6 grundsätzlich eine feste Breite anzugeben. Wir entscheiden uns für die zweite Möglichkeit und wählen `60em` als Kompromiss:

Als stabilisierende Maßnahmen für IE 6 sind die aus den vorherigen Abschnitten bekannten Angaben nötig:

```
<!--[if lte IE 7]><style media="screen">
  [...]
  * html #seite {
    width: 60em;
  }
</style><![endif]-->
```

```
/* Stabilisierung des Layouts */
#seite,
#kopf,
#hauptteil,
#fuss {
  zoom: 1;
}
#hauptteil hr {
  display: none;
}
```

> **Wider den Expanding Box Bug**
>
> Wenn Sie sich entscheiden, dem IE 6 keine feste Breite zukommen zu lassen, sondern ohne Einschränkung das fluide Layout, so sind die durch den Expanding Box Bug verursachten herabfallenden Floats ein häufiges Ärgernis. Die fälschlich durch Inhalte ausgedehnten Boxen passen nicht mehr nebeneinander – und mindestens ein Float fällt. Insbesondere flexible Layouts sind davon betroffen, da ab einer gewissen Fenstergröße eigentlich immer irgendwelche Inhalte zu breit werden. Für die Inhalte der Spalten gibt es einige Maßnahmen, die helfen, unerwünschte Abstürze zu vermeiden:
> - negative Backside-Margins für Elemente mit bekannten Breiten, z.B. Bilder (siehe Abschnitt 10.7.3);
> - `word-wrap: break-word` für sehr kurze Textinhalte; sollte ein Wort nicht in die umgebende Box passen, findet mitten im Wort ein Umbruch statt;
> - `overflow: hidden|auto` für kleinere Inhaltsbereiche; überfließende Inhalte werden entweder abgeschnitten oder verursachen einen Scrollbalken.

`word-wrap` wird vom IE ab Version 5.5 verstanden.
Die ursprünglich MS-proprietäre Eigenschaft wurde in CSS3 aufgenommen und wird inzwischen auch von anderen Browsern unterstützt (Firefox ab 3.5, Safari ab 3, Opera ab 10.5).

13.4 Spalten mit gemischten Breiten per Float

Voll flexible Layouts mit schmalen Spalten in Prozent führen fast zwangsläufig irgendwann zu einer Überlappung – und sind im IE 6 besonders schwer zu kontrollieren. Oft ist man daher mit einem Layout mit gemischten Breiten besser beraten, bei dem die Randspalten ihrem Inhalt entsprechend mit einer passenden

Breite versehen werden und nur der größte Bereich flexibel auf die Fensterbreite reagiert.

Für die Navigationsspalte im vorliegenden Layout ist eine Breite von 13 em passend; dieser Wert bietet ausreichend Platz für die bestehenden Links und lässt noch eine Reserve für längere Einträge. Für die Bilderleiste eignet sich eine Breite von 120 px. Die Breite für den Inhaltsbereich lässt sich somit nicht mehr eindeutig festlegen (wie viel ist 100 % – 13 em – 120 px?).

Es stehen mehrere Möglichkeiten zur Verfügung, dem Hauptinhalt seine Restbreite zu geben.

> Noch steht `calc()` nicht browserübergreifend zur Verfügung, um solche zusammengesetzten Breiten berechnen zu können.

13.4.1 Einrückung des Inhaltsbereichs und zusätzlicher Content-Wrapper

Der flexible Inhaltsbereich lässt sich durch eine seitliche Einrückung von 13 em links und 120 px rechts auf die gewünschte Restbreite bringen. Es ist nicht möglich, ihm gleichzeitig `width` zu geben, daher kann er nicht floaten. Um also die drei Spalten nebeneinander zu bekommen, muss der flexible Bereich an letzter Stelle stehen.

```
<div id="hauptteil">
  <div id="navigation">[…]</div>
  <div id="bilder">[…]</div>
  <div id="inhalt">[…]</div>
  <hr />
</div>
```

◄ **Listing 13.9**
Layout mit gemischten Breiten per Content-Wrapper

Die beiden Randspalten floaten, die erste nach links, die zweite nach rechts. Der Inhaltsbereich erhält die nötigen Einrückungen als Margins.

```
#navigation {
  float: left;
  width: 13em;
}
#bilder {
  float: right;
  width: 120px;
}
#inhalt {
  margin-left: 13em;
  margin-right: 120px;
}
#hauptteil hr {
  clear: both;
```

```
  height: .1px;
  border: none;
  visibility: hidden;
}
```

Die Spalten sitzen so schon an der gewünschten Position, doch es zeigt sich der Effekt des spaltenübergreifenden Clear (siehe Abschnitt 4.5.1 und Abbildung 13.13).

Abbildung 13.13 ▶
Clear im Inhaltsbereich wirkt auf die Randspalten.

Zur Beschränkung der Clear-Wirkung muss es in einen Block Formatting Context eingeschlossen werden – am besten mit der Float-Eigenschaft (siehe Abschnitt 4.5). Um nicht jedes Element im Container #inhalt einzeln formatieren zu müssen, bleibt nur, ein weiteres Element innerhalb von #inhalt einzuführen:

```
<div id="inhalt">
  <div id="inhalt-innen">[…]</div>
</div>
```

Sie können das clearende hr-Element in #inhalt hineinverschieben (oder Easyclearing auf #inhalt anwenden) und damit bewusst ein spaltenübergreifendes Clear auslösen – #inhalt wird dann immer so lang wie die längste der Spalten. Dies ist theoretisch eine Methode, zumindest diese eine Spalte mit den anderen wachsen zu lassen. Es lässt sich in der Praxis jedoch browserübergreifend nicht mit vertretbarem Aufwand stabil umsetzen; im IE ≤ 7 kommt es zu einer Reihe von Darstellungsproblemen.

Dieser neue Container erhält float und width. Infolgedessen wird er von #inhalt nicht mehr eingeschlossen, #inhalt fällt also auf Nullhöhe zusammen. Seine Aufgabe ist nur noch die des Abstandhalters; eine weitere Gestaltung wie eine Hintergrundfarbe muss für #inhalt-innen vorgenommen werden.

```
#inhalt-innen {
  float: left;
  width: 100%;
  background-color: #fff;
}
```

Nehmen Sie auch hier die Anpassungen zur Stabilisierung im IE ≤ 7 vor (hasLayout für #seite, #kopf, #hauptteil, #fuss).

Wie schon zu Beginn festgestellt wurde, befindet sich bei dieser Art, ein Layout mit gemischten Breiten zu erstellen, die Position der flexiblen Spalte zwingend an letzter Stelle im Quelltext. Im Folgenden betrachten wir weitere Methoden, die auch eine andere Anordnung erlauben.

13.4.2 Content-Wrapper mit negativen Backside-Margins

Mit einer Umkehrung von Float und Margin können Sie die Anforderung »Content First« erfüllen. Für das vorliegende Dreispaltenlayout sind dazu zwei weitere Elementverschachtelungen nötig. Ändern Sie zunächst die Codereihenfolge so ab:

Ryan Brill demonstriert bei *A List Apart* den Aufbau flexibler Layouts mit negativen, der Float-Richtung entgegengesetzten Margins.[7]

```
<div id="hauptteil">
  <div id="inhalt">[…]</div>
  <div id="navigation">[…]</div>
  <div id="bilder">[…]</div>
  <hr />
</div>
```

▲ **Listing 13.10**
Layout mit gemischten Breiten per Content-Wrapper und Content First

Damit neben #inhalt, dem ersten Element im Quelltext, überhaupt noch ein anderes Element rutschen kann, benötigt es Float; als einzig mögliche Breite können wir 100% angeben. Die nachfolgende #navigation soll links neben #inhalt rutschen: Floaten Sie daher #inhalt nach rechts. Die Randspalten #navigation und #bilder erhalten ihre bekannten Breiten und ebenfalls float – jede in die Richtung der Position, die sie am Ende einnehmen soll.

```
#inhalt {
  float: right;
  width: 100%;
}
#navigation {
  float: left;
  width: 13em;
}
#bilder {
  float: right;
```

---

[7] Ryan Brill, »Creating Liquid Layouts with Negative Margins«, http://www.alistapart.com/articles/negativemargins

```
    width: 120px;
}
#hauptteil hr {
    clear: both;
    height: .1px;
    border: none;
    visibility: hidden;
}
```

Der Bereich #inhalt nimmt die volle verfügbare Breite ein, #navigation und #bilder liegen also unterhalb. Mit einem negativen **linken** Margin für das **rechts** floatende Element #inhalt können Sie den nötigen Platz schaffen, der die Navigation nach oben rutschen lässt (siehe Abbildung 13.14).

```
#inhalt {
    float: right;
    width: 100%;
    margin-left: -13em;
}
```

Um den Screenshot übersichtlicher zu halten, haben wir den Inhalt auf die #einleitung reduziert.

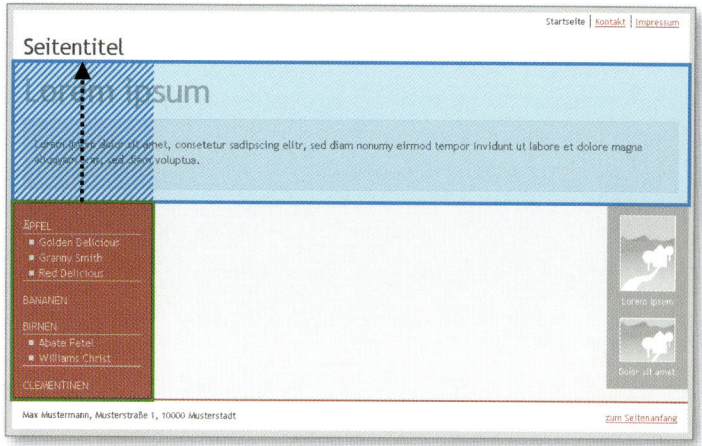

▲ **Abbildung 13.14**
Der negative Backside-Margin schafft Platz für die Navigation.

Dieser negative Backside-Margin verringert die Breite des #inhalt um die für die Navigation nötigen 13 em, die Navigation verhält sich also, als hätte #inhalt eine Breite von 100 % – 13 em.

Noch liegen die beiden Bereiche wenig attraktiv übereinander, da sich #inhalt nicht um die nach oben geholte Navigation kümmert – und umgekehrt (siehe Abbildung 13.15).

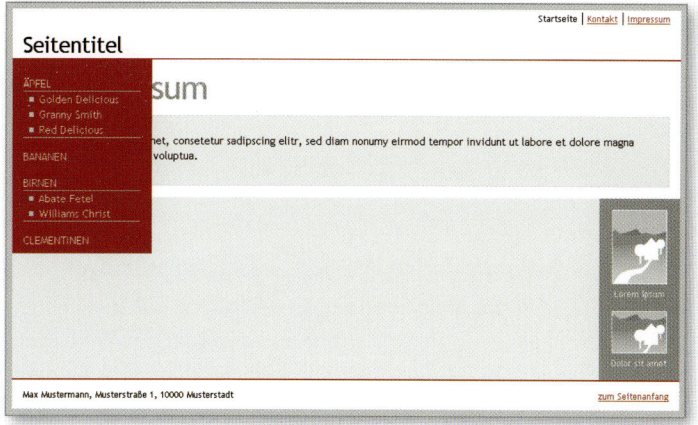

◄ **Abbildung 13.15**
Die Navigation rutscht nach oben und überlagert den Inhalt.

Sie benötigen ein weiteres Element in #inhalt, mit dem die Inhalte um die 13 em der Navigation eingerückt werden (siehe Abbildung 13.16):

```
<div id="inhalt">
   <div id="inhalt-innen">[…]</div>
</div>
[…]
#inhalt-innen {
   margin-left: 13em;
}
```

Die Markup-Reihenfolge »erst #inhalt, dann #navigation« ist hier nicht zwingend. Sie können die Navigation auch wieder an den Anfang stellen, das Ergebnis ist das gleiche.

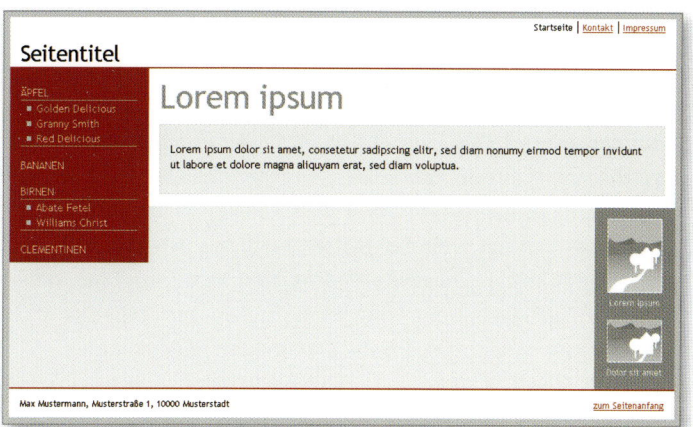

◄ **Abbildung 13.16**
Ein linker Margin für den Inhalt beseitigt die Überlagerung.

Nun muss noch die Bilderspalte nach oben befördert werden. Einen weiteren negativen Margin auf der rechten Seite können Sie bei #inhalt nicht einfügen – das rechts gefloatete Element würde damit nach rechts verschoben. Eine zusätzliche Elementverschachtelung muss herhalten. Fassen Sie #navigation und #inhalt nochmals zusammen:

```
<div id="hauptteil-innen">
  <div id="inhalt">
    <div id="inhalt-innen">[…]</div>
  </div>
  <div id="navigation">[…]</div>
</div>
<div id="bilder">[…]</div>
```

Damit haben Sie die gleiche Situation wie zuvor mit den beiden Elementen `#inhalt` und `#navigation` – wieder zwei Spalten, die nebeneinander stehen sollen. Floaten Sie das neue Element `#hauptteil-innen` nach **links**, und geben Sie ihm einen negativen **rechten** Margin in der Breite der Bilderspalte:

```
#hauptteil-innen {
  float:left;
  width: 100%;
  margin-right: -120px;
}
```

Die Bilderspalte rutscht hoch an die gewünschte Position – und wieder kommt es zur Überlappung mit `#inhalt`. Die Lösung ist wie zuvor ein passender Randabstand für den Inhalt:

```
#inhalt-innen {
  margin-left: 13em;
  margin-right: 120px;
}
```

Besonderheiten | Das Element `#inhalt` nimmt bei dieser Variante die volle Breite ein. Eine Hintergrundfarbe nur für die Inhaltsspalte muss daher für `#inhalt-innen` definiert werden. Dabei zeigt sich ein weiterer Unterschied zu vorherigen Layoutvarianten: `#inhalt-innen` hat selbst kein Float, es kann daher Margin Collapsing mit den Inhalten auftreten, hier z. B. mit `<h2>`. Mit folgenden Angaben wird die Darstellung angeglichen:

```
#inhalt {
  float: right;
  width: 100%;
  margin-left: -13em;
  background: transparent;
}
#inhalt-innen {
  margin-left: 13em;
```

```css
  margin-right: 120px;
  background: #fff;
  padding: 1px 0; /* verhindert Collapsing Margins */
}
```

13.4.3 Einrückung des umgebenden Elements und Verschiebung mit negativen Margins

Bisher fand die Reduzierung der Breite auf »100% minus Spaltenbreiten« bei dem Element selbst statt, das diese Breite einnehmen soll: bei der Spalte `#inhalt`. Es ist auch eine andere Herangehensweise möglich: Das alle Spalten umgebende Element kann durch Einrückung die Breite für den flexiblen Inhalt vorgeben. Die Randspalten werden mit negativen Margins auf die eingerückten Bereiche verschoben.

Kehren wir zur ursprünglichen Struktur zurück:

```html
<div id="hauptteil">
  <div id="navigation">[…]</div>
  <div id="inhalt">[…]</div>
  <div id="bilder">[…]</div>
  <hr />
</div>
```

◀ **Listing 13.11**
Layout mit gemischten Breiten per Verschiebung mit negativen Margins

Wir entscheiden uns diesmal für ein Layout, das einen seitlichen Abstand von 5% einhält:

```css
#seite {
  margin: 0 5%;
}
```

Für `#hauptteil` beschränken wir mit seitlichen Margins die Inhaltsbreite auf das Maß, das die flexible Inhaltsspalte einnehmen soll:

```css
#hauptteil {
  margin-left: 13em;
  margin-right: 120px;
}
```

Es ist jetzt für alle drei Spalten möglich, Float und Breiten zu vergeben:

```css
#navigation {
  float: left;
  width: 13em;
```

```
}
#inhalt {
  float: left;
  width: 100%;
}
#bilder {
  float: right;
  width: 120px;
}
```

Noch stehen alle drei Elemente untereinander, schließlich lässt `#inhalt` mit einer Breite von 100 % neben sich nichts zu (siehe Abbildung 13.17).

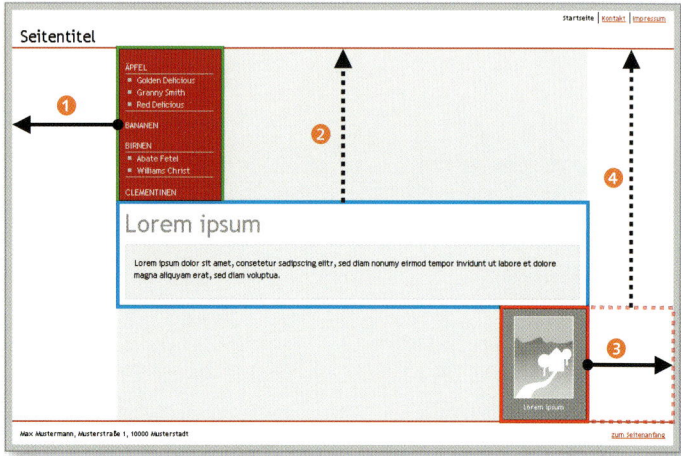

Abbildung 13.17 ▶
Maßnahmen zur Verschiebung der Spalten an die vorgesehenen Plätze

Ein negativer Margin in ihrer eigenen Breite zieht die `#navigation` auf den Randbereich (❶). Damit hat `#inhalt` genug Platz und kommt an der Oberkante zu liegen (❷). Schließlich zieht ebenfalls ein negativer Margin `#bilder` auf den Randbereich (❸); somit ist `#inhalt` nicht mehr im Weg, und `#bilder` rutscht nach oben (❹).

```
#navigation {
  float: left;
  width: 13em;
  margin-left: -13em;
}

[...]
#bilder {
  float: right;
  width:120px;
  margin-right: -120px;
}
```

Clear-Wirkung sicherstellen | Zum Einschließen der Floats setzen wir wieder das `hr`-Element für das Clear ein. Dabei zeigt sich jedoch ein Problem in älteren Gecko-Browsern. Das Clear wirkt nicht zuverlässig auf die Randspalten, die per negativem Margin aus dem Inhaltsbereich des `#hauptteil` herausgezogen werden. Mit einem kleinen Trick lässt sich dies umgehen: Die Randspalten erhalten jeweils einen Margin von 1 px, der in Richtung Mitte zeigt. Die mittlere Spalte erhält im Gegenzug einen **negativen** 1 px-Margin in beide Richtungen:

Als Maßnahmen zum Einschließen der Floats scheiden in diesem Fall sowohl »Float in Float« als auch `overflow: hidden` aus. Für Float ist es nicht möglich, eine Breite anzugeben – und `overflow` würde die negativ auf den Margin-Bereich verschobenen Randspalten abschneiden. Es bleiben das solide Clear und Easyclearing.

```css
#navigation {
  float: left;
  width:13em;
  margin-right: 1px;
}
#inhalt {
  float: left;
  width: 100%;
  margin: 0 -1px;
}
#bilder {
  float: right;
  width: 120px;
  margin-left: 1px;
}
#hauptteil hr {
  clear: both;
  height: .1px;
  border: 0;
  visibility: hidden;
}
```

Die Randspalten ragen so um jeweils 1 px in den mittleren Bereich hinein und werden vom Clear erfasst. Die Box jeder der beiden Spalten ist damit um 1 px zu breit – was der negative Margin der mittleren Spalte kompensiert.

Diese Korrektur sollte vor IE ≤ 7 verborgen bleiben, im IE-Stylesheet also überschrieben werden.

```html
<!--[if lte IE 7]><style media="screen">
[...]
#navigation {
  margin-right: 0;
}
#inhalt {
```

Wenn Sie diese 1 px-Margins für IE ≤ 6 nicht aufheben, geht die weiter unten beschriebene besondere Stabilität dieser Konstellation verloren.

```
    margin-left: 0;
    margin-right: 0;
}
#bilder {
    margin-left: 0;
}
</style><![endif]-->
```

Die Stabilisierung für IE ≤ 7:

```
#seite,
#kopf,
#hauptteil,
#fuss {
    zoom: 1;
}
#hauptteil hr {
    display: none;
}
```

Anpassungen für IE ≤ 7 (und andere) | Außer den bereits bekannten hasLayout-Angaben für IE ≤ 7 benötigt IE 6 eine weitere Sonderbehandlung. Wie in Abschnitt 3.2 erläutert wurde, muss der Doubled Float-Margin-Bug ausgeglichen werden (`display: inline`), und die negativ verschobenen Elemente werden erst mit `position: relative` sichtbar.

> **Fehler auch in anderen alten Browsern**
>
> Auch in alten Safari-Versionen traten Probleme auf, wenn Spalten mit negativem Margin aus dem Inhaltsbereich des umgebenden Elements gezogen wurden: Die Links in der Spalte waren nicht anklickbar, die Texte nicht zu markieren. Dieses Problem verschwand, wenn die Randspalten relativ positioniert wurden.
> Wir vergeben die relative Positionierung der Randspalten als eine »Magic Bullet« für alle alten Browser im regulären Stylesheet.

```
#navigation {
    float: left;
    width: 13em;
    margin-left: -13em;
    margin-right: 1px; /* Clear-Wirkung sichern */
    position: relative; /* IE < 7 und alte Safaris */
}
#bilder {
    float: right;
    width: 120px;
    margin-right: -120px;
    margin-left: 1px; /* Clear-Wirkung sichern */
    position: relative; /* IE < 7 und alte Safaris */
}
<!--[if lte IE 7]><style media="screen">
[...]
* html #navigation,
* html #bilder {
    display: inline;
}
[...]
</style><![endif]-->
```

Beim Ändern der Fenstergröße im IE ≤ 7 werden Sie feststellen, dass die Navigation ihre Position nicht zuverlässig behält (siehe Abbildung 13.18).

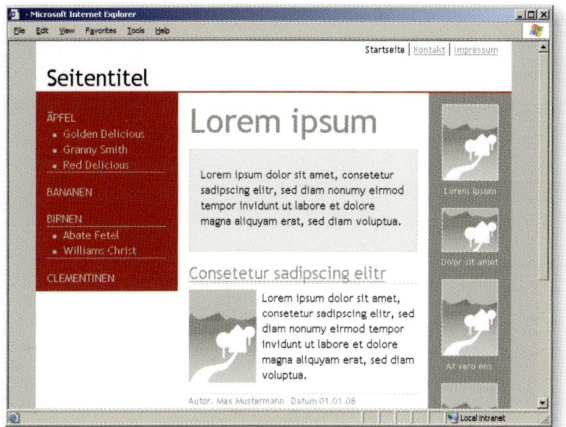 

▲ **Abbildung 13.18**
Die Position der Navigation ist im IE ≤ 7 instabil.

Auslöser dieser unerwünschten Dynamik ist `position: relative` bei `#navigation` – auf das jedoch nicht verzichtet werden kann. Ein weiteres `position: relative` für den umgebenden `#hauptteil` stabilisiert die Randspalte – hasLayout allein ist hier nicht ausreichend. Infolgedessen benötigt (wie schon in Abschnitt 13.3.3) die Navigationsliste im IE 6 eine relative Positionierung, damit die Linien dauerhaft angezeigt werden.

```
<!--[if lte IE 7]><style media="screen">
[…]
#hauptteil,
* html #navigation ul {
  position: relative;
}
[…]
</style><![endif]-->
```

Wenn Sie nun das Browserfenster im IE 6 verkleinern, fällt diesmal auch bei schmalem Viewport keine Spalte nach unten – auch dann nicht, wenn die mittlere Spalte überbreiten Inhalt hat (siehe Abbildung 13.19).

Es wird zwar das umgebende Element aufgedrückt – und auch `#seite` –, doch die Spalten bleiben stabil nebeneinander stehen. Dies ist eine Nebenwirkung der Konstellation aus Einrückung des umgebenden Elements und negativer Verschiebung. Hier noch

Ein instabiler Fehler

Das Problem der hüpfenden Spalte tritt bei negativen Verschiebungen nicht immer auf. Besonders anfällig dafür sind Layouts, die auf Prozentbreiten beruhen. Wenn Sie in diesem Beispiel für `#seite` den seitlichen Prozent-Margin entfernen oder z. B. in `1em` abändern, ist die Navigationsspalte plötzlich auch ohne die zusätzliche relative Positionierung stabil.

Die relative Positionierung führt im IE 7 wieder zu Fehlern beim Seitenzoom, die Sie wie folgt verhindern können:

```
*:first-child + html body {
  position: relative;
}
```

13.4 Spalten mit gemischten Breiten per Float | **375**

einmal die Faktoren, die zu dieser für den IE 6 ungewöhnlichen Stabilität führen:

- Der umgebende Container der Floats wird mit Margins um die Breite der Randspalte eingerückt und benötigt hasLayout und `position: relative`.
- Die Randspalten werden mit negativem Margin um ihre eigene Breite auf den Randbereich des umgebenden Containers geschoben und benötigen `position: relative` und `display: inline`.

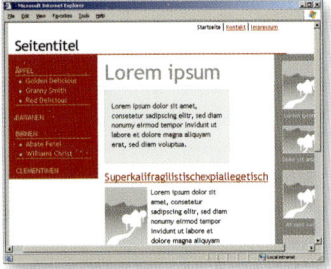

▲ **Abbildung 13.19**
Die rechte Spalte bleibt im IE 6 trotz überbreiter Inhalte neben dem Inhalt.

Für Extremfälle von Nutzen

Unerwünscht herabfallende Spalten im IE 6 sind ein häufiges Problem, das auf den Expanding Box Bug zurückzuführen ist; besonders fluide Layouts sind davon betroffen. Mit der vorgestellten Anordnung lässt sich das Verhalten des IE 6 an das der anderen Browser annähern. Auf der DVD finden Sie als Beispiel ein zweispaltiges, flexibles Layout, in dessen Inhaltsbereich sich eine überbreite Tabelle befindet.

Listing 13.12 zeigt die herabfallende Tabelle in einem Layout mit Einrückung des Inhaltsbereichs (siehe Abbildung 13.20, ❶), und Listing 13.13 zeigt die stabile Variante mit Einrückung beim umgebenden Element und negativer Verschiebung der Navigation (siehe Abbildung 13.20, ❷).

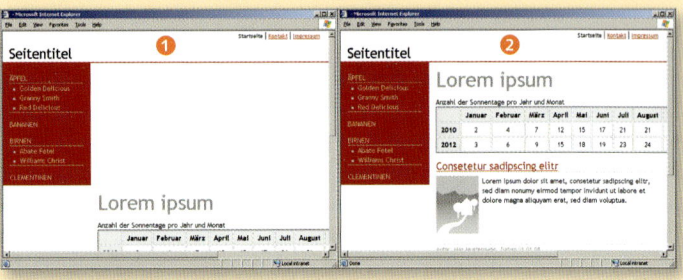

▲ **Abbildung 13.20**
Überbreite Tabelle im Zweispaltenlayout

Variationen beim Einrücken | Die Einrückung beim umgebenden Element ist nicht nur mittels Margin möglich – auch Border und Padding stehen zur Wahl. Je nachdem, welcher Hintergrund für den Bereich der Einrückung – und damit für die Fortsetzung der Spalten – gewünscht ist, fällt die Wahl auf eine der drei Eigenschaften.

Mit breiten Rahmen in passender Farbe wird ein Layout mit gleich hohen Spalten daraus (siehe Abbildung 13.21):

```
#hauptteil {
  border-left: 13em solid #9f0000; /* Hintergrund für #navigation */
  border-right: 120px solid #999; /* Hintergrund für #bilder */
  background: #fff; /* Hintergrund für #inhalt */
}
```

Listing 13.14 ▶
Die Border des umgebenden Elements dienen als gleich hohe Spalten.

◄ **Abbildung 13.21**
Die Border des umgebenden Elements simulieren gleich hohe Spalten.

Mit Padding zur Einrückung verhält es sich etwas anders. Für IE 6 muss ein hasLayout-tragender Inner Wrapper eingeschoben werden. Ohne dieses zusätzliche Element hat der Expanding Box Bug wieder die übliche Wirkung: herabfallende Spalten.

In der Fassung mit Margin ist unterhalb der Randspalten der Hintergrund des Elements #seite zu sehen – nämlich Weiß. Mit Padding füllt wieder der hellgraue #hauptteil die gesamte Breite aus.

```
<div id="hauptteil">
  <div id="hauptteil-innen">[…]</div>
</div>
```

▲ **Listing 13.15**
Layout mit gemischten Breiten mit Padding bei umgebendem Element

Im regulären Stylesheet:

```
#hauptteil {
  padding-left: 13em;
  padding-right: 120px;
}
```

Und für IE 6 im Conditional Comment:

```
#seite,
#kopf,
#hauptteil,
#hauptteil-innen,
#fuss {
  zoom: 1;
}
```

Restbreiten nutzen

Auch in Abschnitt 3.2.2 haben wir eine Einrückung bei einem umgebenden Element ausgenutzt, um eine **Restbreite** als Grundlage für eine weitere Verschiebung zu haben. Mit dieser Vorgehensweise lässt sich einiges anstellen. Haben Sie z. B. schon einmal versucht, drei Spalten nebeneinanderzustellen, bei denen die mittlere eine feste Breite hat und die äußeren flexibel sind (siehe Abbildung 13.22)?

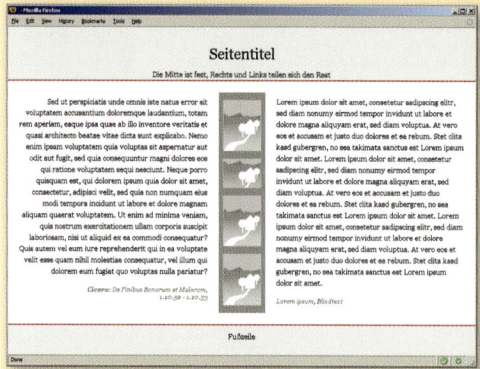

▲ **Abbildung 13.22**
Layout mit fester Mittelspalte und flexiblen Randspalten

Die flexiblen Spalten müssen die Hälfte der Restbreite von »100 % minus Mittelspalte« einnehmen:

```
<div id="hauptteil">
  <div id="spalte1">[…]</div>
  <div id="spalte2">[…]</div>
  <ul id="bilder">[…]</ul>
  <hr />
</div>
[…]
#hauptteil {
  padding-right: 100px;   /* Restbreite erzeugen */
}
#spalte1 {
  width: 50%;   /* 50% von Restbreite */
  float: left;
}
#spalte2 {
  width: 50%;
  float: right;
  margin-right: -100px;   /* Nach ganz rechts auf Padding-
Bereich schieben */
[…]
}
#bilder {
  width: 100px;
  float: left;
}
```

▲ **Listing 13.16**
Dreispaltenlayout mit fester Mittelspalte

13.4.4 Einrückung des umgebenden Elements, Verschiebung mit negativem Margin und Content First

Wenn man die Randspalten auf einen Randbereich des umgebenden Elements verschiebt, entspricht die Reihenfolge der Spalten im Markup der Anordnung im Layout. Wir diskutieren im Folgenden eine modifizierte Version der von Matthew Levine im »Holy Grail«[8] vorgestellten Spaltenverschiebung, die den flexiblen Inhaltsbereich an erster Stelle zulässt. Die neue Anordnung sieht so aus:

```
<div id="hauptteil">
  <div id="inhalt">[…]</div>
  <div id="navigation">[…]</div>
  <div id="bilder">[…]</div>
  <hr />
</div>
```

▲ **Listing 13.17**
Gemischte Breiten und Content First durch negative Verschiebung

Die Vorgehensweise ist zunächst wie im vorigen Abschnitt: `#hauptteil` wird eingerückt, und die Spalten erhalten Float und `width`.

```
#seite {
  margin: 0 5%;
  }
#hauptteil {
  padding-left: 13em;
  padding-right: 120px;
}
#navigation {
  float: left;
  width: 13em;
}
#inhalt {
  float: left;
  width: 100%;
}
#bilder {
  float: left;
  width: 120px;
}
```

Wir beginnen diesmal mit der problematischsten Form der Einrückung, dem Padding. Beim Ergebnis dieses Abschnitts sind die drei Möglichkeiten `margin`, `border` und `padding` austauschbar.

Eine Änderung: Auch `#bilder` floatet nach links.

---

8 Matthew Levine, »In Search of the Holy Grail«, *http://www.alistapart.com/articles/holygrail*

```
#hauptteil hr {
  clear: both;
  height: .1px;
  border: none;
  visibility: hidden;
}
```

Im Browser werden die beiden Randspalten unter #inhalt dargestellt. Die Position, die #navigation in der Float-Anordnung einnähme, wenn sie denn neben #inhalt Platz hätte, liegt an der rechten Kante von #inhalt. Diesmal genügt es für #navigation also nicht, sie um ihre eigene Breite zu verschieben. Wie beim Spaltentausch im elastischen Layout (siehe Abschnitt 13.3.3) muss sie die Summe aus ihrer eigenen und der Inhaltsbreite zurücklegen (siehe Abbildung 13.23).

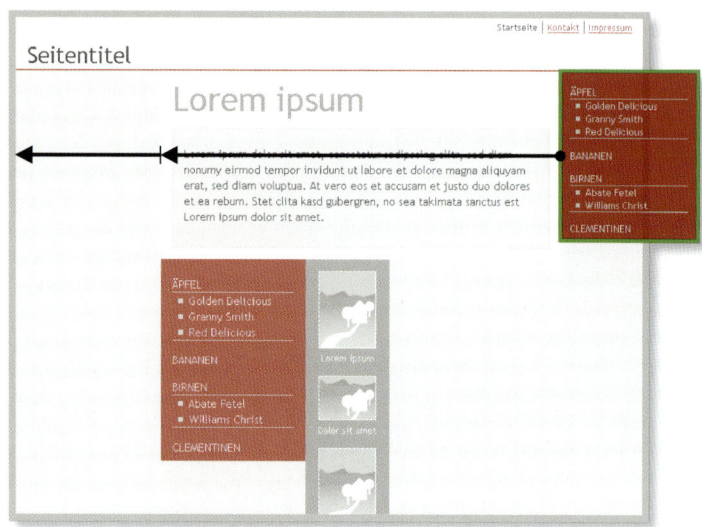

Abbildung 13.23 ▶
Verschiebung der Navigation um die eigene und die Inhaltsbreite

Verschiebung in zwei Schritten | Da sich die Breiten von #inhalt (100%) und #navigation (13em) nicht addieren lassen, findet die Verschiebung in zwei Schritten statt.

Mit einem negativen Margin von -100% landet die #navigation zumindest schon an der linken Kante des #inhalt.

Ein Margin in Prozent bezieht sich auf die Inhaltsbreite des umgebenden Elements – also des Bereichs #hauptteil –, und diese entspricht der Breite von #inhalt.

```
#navigation {
  float: left;
  width: 13em;
  margin-left: -100%;
}
```

Den Rest der Strecke kann sie per relativer Verschiebung zurücklegen:

```
#navigation {
  float: left;
  width: 13em;
  margin-left: -100%;
  position: relative;
  left: -13em;
}
```

Ebenso gut könnten Sie auch `right: 13em` notieren.

Die Navigation ist damit am Ziel angekommen, fehlt noch die Bilderleiste. Da `#navigation` aus dem Weg ist, ist die rechte Kante des Bereichs `#inhalt` jetzt die Position, die `#bilder` einnehmen würde, wenn `#inhalt` Platz ließe. Wenn Sie `#bilder` mit einem negativen rechten Margin in der eigenen Breite versehen, wirkt dieser als negativer Backside-Margin, als Reduzierung der Breite des Elements. Die Box nimmt damit keine Breite mehr ein – und rutscht deshalb an die gewünschte Position.

```
#bilder {
  float: left;
  width: 120px;
  margin-right: -120px;
  position: relative; /* IE < 7 und alte Safaris */
}
```

Die Entscheidung, `#bilder` nach links zu floaten, diente nur zur Demonstration der Auswirkung des negativen Backside-Margin. Ein `float: right` und der negative rechte Margin führen ebenso zum Ziel.

Anpassungen für IE ≤ 7 | So weit, so gut – doch es ist noch nicht ausreichend für IE ≤ 7: Die linke Randspalte ist verschwunden.

Die Ursache ist ein Bug bei der Berechnung von Margins in Prozent. Der Prozentwert wird nicht im Bezug auf die Breite des Vorfahren berechnet, sondern überspringt Ebenen:[9] Es wird jeweils das übernächste Element herangezogen, das hasLayout besitzt. Das heißt, wenn Sie dem `#hauptteil` hasLayout geben, wird der 100%-Margin noch immer falsch berechnet – nämlich entweder bezogen auf `#seite` (wenn diese ebenfalls hasLayout erhält) oder auf `<body>` (der immer hasLayout hat).

Dieses Dilemma lässt sich durch einen *Inner Wrapper* im `#hauptteil` beheben. Dieses zusätzliche Element hat die gleiche Inhaltsbreite wie `#hauptteil` – und daher ist es egal, welches dieser beiden Elemente der IE bei der Margin-Berechnung heranzieht.

Der Doubled Float-Margin-Bug scheidet diesmal als Ursache aus, da `#navigation` nicht das erste Element ist, das nach links floatet.

Der »Holy Grail« korrigiert die zu große Verschiebung durch eine Rückverschiebung – was sich jedoch als instabil erweist, da sich die falsche Berechnungsgrundlage auch noch dynamisch beim Auslösen eines Hover-Effektes ändern kann.[10]

---

9 Ingo Chao, »Quirky Percentages in IE6's Visual Formatting Model«, http://www.positioniseverything.net/explorer/percentages.html

10 Ingo Chao, »IE6/Win: jump on hover in Ala's Holy Grail layout«, http://www.satzansatz.de/cssd/hgjump.html

```html
<div id="hauptteil">
  <div id="hauptteil-innen">[…]</div>
</div>
```

Wirklich stabil ist die große Verschiebung aber erst dann, wenn noch `position: relative` für einen Wrapper der Spalten (`#hauptteil` oder `#hauptteil-innen`) hinzukommt.

Zusammen mit den bereits bekannten Korrekturen führt das zu folgenden Anpassungen für IE ≤ 7:

```
<!--[if lte IE 7]><style media="screen">
[…]
/* Korrektur der fehlerhaften Berechnung der Prozent-
verschiebung */
#hauptteil,
#hauptteil-innen {
  zoom: 1;
}
/* negativ verschobene Randspalten stabilisieren */
#hauptteil {
  position: relative;
}
/* IE 6: Negativ verschobene Randspalten sichtbar
machen */
* html #navigation,
* html #bilder {
  display: inline;
  /* nötige relative Positionierung bereits im
  regulären Stylesheet */
}
/* IE 6: Navigationsliste stabilisieren */
* html #navigation ul {
  position: relative;
}
/* IE 7: Zoom-Fehler korrigieren */
*:first-child + html body {
  position: relative;
}
/* Stabilisierung des Layouts */
#seite,
#kopf,
#hauptteil,
#fuss {
  zoom: 1;
}
```

```
/* hasLayout macht clearende <hr> überflüssig */
#hauptteil hr {
  display: none;
}
</style><![endif]-->
```

Verhalten bei schmalem Viewport | Bei dieser Art der Verschiebung mit einem negativen Margin von `-100%` und relativer Positionierung fallen in allen Browsern die Randspalten unter den Inhalt, sobald die Inhaltsbreite von `#hauptteil` weniger als 13 em (also die Breite der `#navigation`) beträgt. Dann nämlich reicht die 100%-Verschiebung nicht mehr aus: Die Navigation fällt und reißt die Bilderleiste mit. Das Ergebnis ist wegen der relativen Verschiebung besonders unansehnlich (siehe Abbildung 13.24).

Der IE 6 wartet mit einer Besonderheit auf, wenn überbreite Inhalte auftreten: Die Navigationsspalte beginnt zu wandern (siehe Abbildung 13.25). Die Box `#inhalt` wird aufgedrückt, die 100% der Margin-Verschiebung werden aber auf Grundlage der Breite berechnet, die die Box hätte, würde sie nicht erweitert.

▲ **Abbildung 13.24**
Bei sehr schmalem Viewport fallen die Spalten.

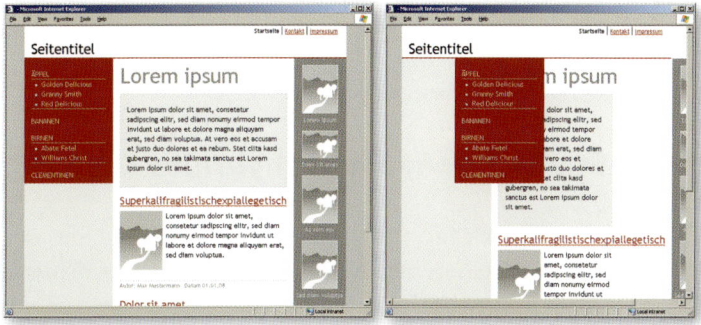

▲ **Abbildung 13.25**
Bei überbreiten Inhalten wandert die Navigation im IE ≤ 6.

Auch bei relativer Verschiebung mit einem Prozentwert treten im IE ≤ 7 Probleme auf; der Inner Wrapper (`#hauptteil-innen`) bleibt weiterhin nötig.

Modifizierte Verschiebung | Beide Phänomene können Sie beseitigen, indem Sie für `#navigation` die Werte der Verschiebungen austauschen – also nicht mehr `margin: -100%` und `left: -13em`, sondern:

```
#navigation {
  float: left;
  width: 13em;
  margin-left: -13em;
  position: relative;
  left: -100%;
}
```

◄ **Listing 13.18**
Vertauschte Verschiebung

13.4 Spalten mit gemischten Breiten per Float | **383**

Die negative Margin-Verschiebung ist so immer groß genug, die Spalten fallen nicht, und – erstaunlich – der IE 6 bezieht die Berechnung der 100%-Verschiebung jetzt auf die Breite **nach** dem Aufdrücken. Die `#navigation` bleibt also, wo sie ist.

Was diese Methode so aufwendig und im IE ≤ 7 so kritisch macht, ist die Suche nach dem »Heiligen Gral«, also einem Layout mit festen Randspalten, flexibler Mittelspalte und Content First. Deutlich übersichtlicher wird es, wenn Sie diese Technik bei einem Layout mit festen Breiten einsetzen – wenn also der Wert für die Verschiebung der Navigationsspalte z. B. 440 px + 200 px beträgt.

Bei *A List Apart* stellt Eric Sol unter dem Namen »Faux Absolute Positioning« eine weitere Technik vor, die Float, relative Verschiebung und negative Margins kombiniert.[11]

> **Lohnt sich der Aufwand?**
>
> Möglichkeiten, mit Hilfe von negativen Margins und relativer Positionierung die angezeigte Reihenfolge von Spalten unabhängig von der Reihenfolge im Quellcode zu machen, gibt es viele. Je komplexer die Verschiebungen sind, desto wichtiger sind umfangreiche Tests in verschiedenen Browsern bzw. Browserversionen.
>
> Die demonstrierten Varianten stellen nur eine Auswahl dar, eine Vielzahl weiterer Kombinationen ist möglich. Wir haben versucht, an komplexen Beispielen verschiedene Vorgehensweisen zu erläutern – und hoffen, dass diese den Weg für Ihre eigenen Experimente bereiten.

13.5 Spalten ohne Float: hybrides Layout

Ein Beispiel für CSS-Tabellen mit einheitlichen Breiten finden Sie in Abschnitt 8.2.

Die Frage »Einheitliche oder gemischte Breiten?« ist bei der Umsetzung eines Layouts mit CSS-Tabellen weniger entscheidend als bei Float-Layouts. Da sich Tabellenzellen über die gesamte Tabellenzeile verteilen (müssen), nimmt eine Tabellenzelle von selbst eine Restbreite ein, wenn sie im Unterschied zu ihren Nachbarzellen keine Breitenangabe besitzt – und eingebunden ist in eine Tabelle mit `table-layout: fixed`, die ihrerseits eine Gesamtbreite vorgibt.

13.5.1 CSS-Tabelle für konforme Browser

Auch wenn die alten Geckos (Fx < 3.5) nicht mehr relevant sind: Im folgenden Workaround für IE < 8 ist die zusätzliche Elementverschachtelung ebenfalls hilfreich.

Wie in Abschnitt 8.1.2 erläutert wurde, sind zumindest die Elemente vom Darstellungstyp `table`, `table-row` und `table-cell` nötig, um eine CSS-Tabelle auch in älteren Gecko-Browsern zuverlässig stabil darzustellen. Für das Dreispaltenlayout der vorherigen Abschnitte ergibt das also mindestens folgende Struktur:

---

11 Eric Sol, »Faux Absolute Positioning«,
 http://www.alistapart.com/articles/fauxabsolutepositioning/

```
<div id="hauptteil">
  <div id="hauptteil-innen">
    <div id="navigation">[…]</div>
    <div id="inhalt">[…]</div>
    <div id="bilder">[…]</div>
    <hr />
  </div>
</div>
```

◀ **Listing 13.19**
Dreispaltenlayout mit gemischten Breiten als CSS-Tabelle

Das Stylesheet gestaltet sich recht übersichtlich:

```
#seite {
  min-width: 35em;
  max-width: 65em;
  margin: 0 auto;
}
#hauptteil {
  display: table;
  table-layout: fixed;
  width: 100%;
  border-collapse: collapse;
}
#hauptteil-innen {
  display: table-row;
}
#navigation,
#inhalt,
#bilder {
  display: table-cell;
  vertical-align: top;
}
#navigation {
  width: 13em;
}
#bilder {
  width: 120px;
}
#hauptteil hr {
  display: none;
}
```

Eine Clear-Aufgabe wird es nicht mehr geben, das `hr`-Element kann also für alle Browser ausgeblendet werden – bzw. **muss** ausgeblendet werden, da es die CSS-Tabelle stören würde.

Entsprechend ihrer Reihenfolge im Quellcode ordnen sich damit die drei Spalten nebeneinander an, und – typisch für Tabellen – die Höhe aller Spalten entspricht der jeweils höchsten Spalte.

13.5.2 Inline-Block-Workaround für IE ≤ 7

Der Inline-Block-Workaround für IE ≤ 7 steht zunächst vor dem gleichen Problem wie zuvor die Floats: Eine Restbreite von 100 % − 13 em −120 px ist nötig. Die Methode, die sich der CSS-Tabelle am einfachsten annähert, ist die negative Verschiebung der Randspalten auf Randbereiche des umgebenden Elements, wie sie in Abschnitt 13.4.3 für Floats vorgestellt wurde. Wenn Sie farbige Border für den #hauptteil nutzen, können Sie für IE ≤ 7 auch gleich die für Tabellen selbstverständlichen gleich hohen Spalten vortäuschen.

Als Element, das die breiten Border erhält, wählen wir #hauptteil-innen. Der #hauptteil kann dann auch für IE ≤ 7 die Breite von 100 % behalten – womit er gleichzeitig hasLayout hat und zur Stabilisierung beiträgt.

Wenden Sie auf die drei Spalten den aus Abschnitt 5.2.1 bekannten Inline-Block-Workaround an, und verschieben Sie die Randspalten mit negativen Margins auf den Border-Bereich von #hauptteil-innen:

```
<!--[if lte IE 7]><style media="screen">
[…]
#hauptteil-innen {
  border-left: 13em solid #9f0000;
  border-right: 120px solid #999;
  background: #fff;
}
#navigation,
#inhalt,
#bilder {
  display: inline;
  zoom: 1;
}
#navigation {
  margin-left: -13em;
}
#inhalt {
  width: 100%;
}
#bilder {
  margin-right: -120px;
}
</style><![endif]-->
```

Eine Breite muss nur für #inhalt definiert werden, die anderen Spalten erhalten ihre Breitenangaben bereits im regulären Stylesheet.

Ebenfalls aus dem regulären Stylesheet kommt die vertikale Ausrichtung an der oberen Kante, die bereits für die Zellen benötigt wird. Ohne diese Angabe wäre die Default-Ausrichtung der Inline-Block-Darstellung baseline – und damit unten.

Denkbar ist auch, eine mittige oder unten bündige Ausrichtung für jede der Spalten separat festzulegen – etwas, was mit Floats nicht zu erreichen ist.

Für den IE 6 ist es noch möglich, per white-space-Eigenschaft das Umbrechen der Spalten zu verhindern, wenn es aufgrund breiter Inhalte zum Expanding Box Bug kommt. Nötig ist die Angabe von white-space: nowrap dann sowohl für das umgebende Element der Spalten als auch für die Spalten selbst – sonst bleibt es wirkungslos. Aufgehoben werden kann bzw. muss es für die Nachfahren der Spalten, da sonst auch kein Text mehr umbricht (siehe auch Abschnitt 12.1.2).

```
<!--[if lte IE 7]><style media="screen">
[…]
#hauptteil-innen {
  white-space: nowrap;
}
#hauptteil-innen * * {
  white-space: normal;
}
</style><![endif]-->
```

Mit * * werden alle Elemente angesprochen, die mindestens Enkelkinder von #hauptteil-innen sind – also alle Elemente innerhalb der Spalten. Beachten Sie, dass Text, der unmittelbar in einer der Spalten steht, nicht umbrechen wird.

Wie zuvor bei den Float-Layouts ist hasLayout für die Hauptbereiche der Stabilität förderlich. Für folgende Bereiche steht es noch aus:

```
<!--[if lte IE 7]><style media="screen">
[…]
#seite,
#kopf,
#fuss {
  zoom: 1;
}
</style><![endif]-->
```

Im Unterschied zum Float-Layout mit der Verschiebung auf die Randbereiche haben wir das Element, das die Einrückung vornimmt (hier #hauptteil-innen), nicht mit hasLayout versehen müssen. Sollte für dieses Element aus irgendeinem Grund doch einmal hasLayout = true gelten, haben Sie es wieder mit dem

Beim Float-Layout wird das einrückende Element ohne hasLayout nicht stabil dargestellt.

Zur typischen Tabellendarstellung gehören die gleich hohen, meist einfarbigen Spalten. Sobald die Hintergründe aufwendiger werden, hilft auch eine Tabelle oft nicht weiter.

Problem aus Abschnitt 3.2 zu tun: Die negativ verschobenen Spalten werden erst mit `position: relative` sichtbar.

Obwohl diese Methode eines Spaltenlayouts mit CSS-Tabellen es erfordert, für IE ≤ 7 eine vollständig andere Darstellungsart zu wählen, ist es für Layouts, die einer typischen Tabellendarstellung entsprechen, durchaus eine Überlegung wert, einen »Umstieg« zu wagen – vorausgesetzt, Sie sind bereit, auf die möglicherweise freiere Reihenfolge der Bereiche im Markup zu verzichten, die ein Float-Layout bieten kann.

13.6 Welche Technik ist die beste?

Die Entscheidung für oder gegen eine bestimmte Methode zur Anordnung von Spalten ist abhängig davon, ob und wie Sie als CSS-Autor Einfluss auf das Markup einer Seite nehmen können, welche Anforderungen an Layout und Codereihenfolge bestehen und nicht zuletzt, welche Vorlieben Sie haben.

Ein Repertoire unterschiedlicher Vorgehensweisen gibt Ihnen als CSS-Autor die Möglichkeit, auf verschiedene Anforderungen flexibel zu reagieren und die für Sie und den Kunden geeignetste Methode auszuwählen.

Wir glauben nicht daran, dass es den »Heiligen Gral« – die perfekte Lösung für ein CSS-Layout – gibt. Jedes Layout ist eine Annäherung an die für den jeweiligen Zweck bestmögliche Umsetzung – und damit immer eine neue Herausforderung.

Das Experimentieren auch mit außergewöhnlichen Layouttechniken und die damit einhergehenden Browsertests verhelfen zu größerer Sicherheit im Umgang mit CSS und auch mit den Besonderheiten der Browser. CSS und seine Anwendung sind nicht statisch, immer wieder werden neue Ansätze und Methoden veröffentlicht. Je mehr Sie selbst mit CSS schon probiert haben – je mehr Sie »schon gesehen haben« –, desto leichter wird Ihnen die Einschätzung fallen, ob eine neue Technik für Sie und Ihre Arbeit von Nutzen sein kann.

14 Gleich hohe Spalten

Während die Zellen von Tabellen aufgrund ihrer zeilenweisen Abhängigkeit stets gleich hoch sind, passen sich Elemente, die nebeneinander floaten, nicht in der Höhe an ihre Nachbarn an. Seitdem Floats für das Layout von Webseiten eingesetzt werden, gibt es daher die Frage, wie auch dort die – aus Zeiten des Tabellenlayouts gewohnten – gleich hohen Spalten umzusetzen seien. Jede CSS-Technik, die sich daran versucht, täuscht die Spalten gleicher Höhe nur vor.

Mit JavaScript können die Höhen der Floats ausgelesen und an das höchste Float angeglichen werden, wie z. B. Chris Heilmann für die Yahoo User Interface (YUI) Library zeigt.[1]

14.1 Spalten im umgebenden Element simulieren

Ein Element gibt es mindestens, das immer so hoch sein kann, wie die längste Spalte eines Layouts: das Element, das alle Spalten umgibt. Somit ist dieses auch der erste Adressat für Maßnahmen, um gleich hohe Spalten zu simulieren.

14.1.1 Faux Columns

Die bekanntesten gleich hohen Spalten sind zweifelsohne »Faux Columns«[2], also **falsche Spalten**, die durch ein vertikal gekacheltes Hintergrundbild im umgebenden Element erzeugt werden. Gerade bei Layouts mit festen Pixelbreiten ist das eine einfache Lösung, um den Spalten und dem ganzen Layout einen durchgehenden Hintergrund zu geben.

---

1 Chris Heilmann, »Enhancing YUI grids with equal height columns«, http://www.wait-till-i.com/2007/08/30/enhancing-yui-grids-with-equal-height-columns/
2 Dan Cederholm, »Faux Columns«, http://www.alistapart.com/articles/fauxcolumns/

Faux Columns bei einem Layout mit festen Breiten | Mit drei Grafiken erhält das fixe Layout mit einfarbigen Boxen aus Abschnitt 13.3.1 ein wenig Dreidimensionalität mit Schatten und leichten Verläufen (siehe Abbildung 14.1).

Wenn einmal in allen relevanten Browsern zumindest `box-shadow` und Gradients zur Verfügung stehen, ist ein Layout wie in Abbildung 14.1 auch ohne Hintergrundbilder umsetzbar (siehe auch Abschnitt 7.7.1 und 14.3).

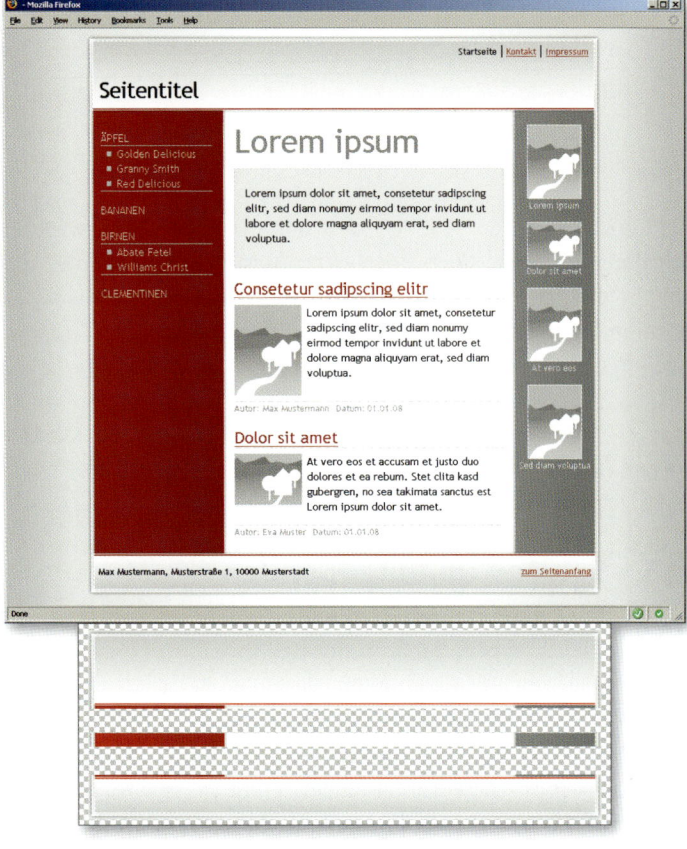

Abbildung 14.1 ▶
Das Ergebnis der Faux Columns im Browser und die nötigen Einzelgrafiken

Die durchlaufende, vertikal gekachelte Faux-Columns-Grafik kommt in das umgebende Element #seite, der obere und der untere Abschluss kommen in #kopf und #fuss. Diese überdecken die unerwünschten Teile der Spaltengrafik; nur im Bereich #hauptteil sind die »Spalten« sichtbar.

Die allgemeinen Angaben zum Layout sind wieder in ein externes Stylesheet (*allgemein-fc.css*) ausgelagert, doch fehlen dort diesmal die Angaben zu Hintergrundfarben.

```
#seite {
  width: 770px;
  margin: 0 auto;
  background: #fff url(faux-columns.png) 50% 0
  repeat-y;
  color: #000;
}
#kopf {
  height: 115px;
```

```
  background: url(kopf.png) 50% 0 no-repeat;
}
[…]
#fuss {
  background: url(fuss.png) 50% 0 no-repeat;
  height: 45px;
  padding-top: 20px;
}
```

▲ **Listing 14.1**
Faux Columns bei Layout mit fixen Breiten

Kopf und Fuß haben jeweils eine feste Höhe, die jedoch auch bei Schriftvergrößerung noch genügend Spielraum bietet. Wenn Sie die h1-Überschrift absolut in Bezug auf die Unterkante des #kopf positionieren, kann diese bei Schriftvergrößerung nach rechts und oben in den Kopfbereich hineinwachsen (siehe Abbildung 14.2).

▲ **Abbildung 14.2**
Die h1-Überschrift bei normaler Schriftgröße und bei vierfachem Textzoom im Firefox

```
h1 {
  position: absolute;
  left: 20px;
  bottom: 15px;
}
```

#kopf ist bereits der Containing Block für die absolut positionierte Service-Navigation und hat daher schon im externen Stylesheet das nötige position: relative.

Im <body> soll noch eine leichte Verlaufsgrafik die #seite besser hervorheben: zur Mitte hin hell, zur Seite hin dunkler (siehe Abbildung 14.3).

▲ **Abbildung 14.3**
Verlaufsgrafik für den Body-Hintergrund

Diese Grafik bereitet jedoch gleich mehrere Probleme: Für <body> eingesetzt und horizontal zentriert, wandert sie bei schmalem Viewport nach links, da die Mitte bezogen auf die verbleibende Breite berechnet wird. Dem würde eine Mindestbreite Abhilfe schaffen – jedoch nicht für <body>, sondern für <html>, wird die

Grafik doch »nach oben weitergereicht« (siehe in Abschnitt 7.7 den Exkurs zur Sonderstellung des Body-Elements).

IE 7 kommt auch noch ins Spiel: Wie in Abschnitt 7.7 beschrieben ist, skaliert die Hintergrundgrafik im `<body>` beim Zoomen nicht mit. Dagegen hilft die Wiederholung der Grafik für `<html>`. Die Lösung, die alle zufriedenstellt, sieht so aus:

```
html,
body {
  min-width: 770px;
  background: #ccc url(bg.png) 50% 0 repeat-y;
}
```

Ein oberes und unteres Padding als Abstand zum Rand erhält nur `<body>`:

```
body {
  padding: 10px 0;
}
```

Wer heute noch ein Modem benutzen muss oder mobil online ist, schaltet vielleicht die Grafiken im Browser aus.

Noch hält dieses Layout einem Test auf Zugänglichkeit nicht stand. Sollte ein Besucher die Hintergrundgrafiken nicht zu Gesicht bekommen, ist die Seite unbenutzbar: Weiße Links stehen auf weißem Grund (siehe Abbildung 14.4).

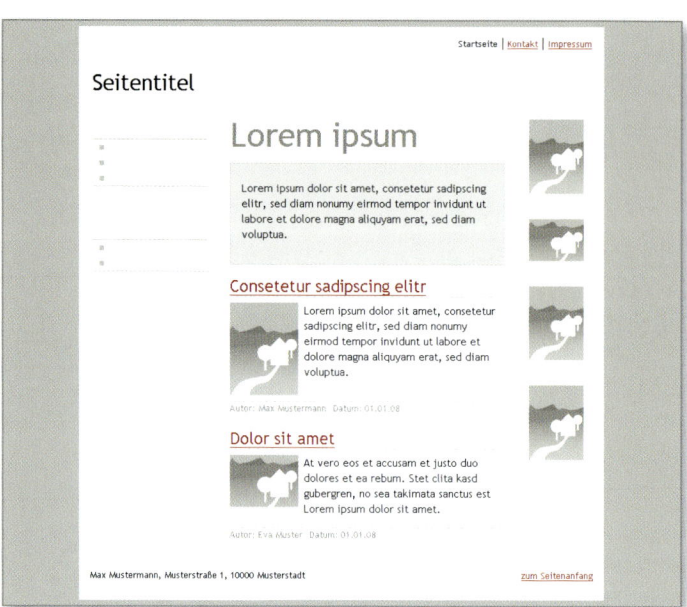

Abbildung 14.4 ▶
Darstellung ohne Hintergrundbilder, testhalber ausgeblendet mit der Web Developer Toolbar für Firefox

Eine Möglichkeit, dem abzuhelfen, wäre eine andere Hintergrundfarbe als Weiß für `#seite`. Doch welche Farbe bietet einen ausreichenden Kontrast zu allen Inhalten? Besser ist es, für die Randspalten selbst Hintergrundfarben anzugeben – und, da diese die Faux-Columns-Grafik überdecken würden, nochmals das Hintergrundbild.

```
#navigation {
  width: 200px;
  margin-left: 5px;
  float: left;
  background: #9f0000 url(faux-columns.png) -5px 0 repeat-y;
  color: #ccc;
}
#bilder {
  float: left;
  width: 120px;
  background: #999 url(faux-columns.png) -640px 0 repeat-y;
  color: #fff;
}
```

Der Margin gleicht die Schattenbreite aus, …

…und der negative Wert für `background-position` gleicht die Einrückung des Margins aus.

Da `#bilder` nicht ganz am rechten Rand von `#seite` steht, muss die Grafik bezogen auf den linken Rand positioniert werden.

Faux Columns in Kombination mit FooterStickAlt | Wenn das Layout auch bei wenig Inhalt die gesamte Viewport-Höhe ausfüllen soll, ist eine Kombination der Faux Columns mit FooterStickAlt das Mittel der Wahl (siehe Abbildung 14.5).

◀ **Abbildung 14.5**
Faux Columns und FooterStickAlt

14.1 Spalten im umgebenden Element simulieren | **393**

Es ist dazu eine weitere Elementverschachtelung nötig: `#kopf` und `#hauptteil` müssen von der Fußzeile separiert werden:

```html
<div id="seite">
  <div id="seite-innen">
    <div id="kopf">[…]</div>
    <div id="hauptteil">[…]</div>
  </div>
  <div id="fuss">[…]</div>
</div>
```

Listing 14.2 ▶
Faux Columns und FooterStickAlt

> **Ist das zusätzliche <div> nötig?**
>
> Sie könnten auch auf das zusätzliche Element `#seite-innen` verzichten und `#fuss` einfach aus `#seite` herausnehmen – beide können auch jeweils einzeln zentriert werden. Uns erscheint es jedoch sinnvoller, das Ziel »**alles** soll mittig stehen« mit der Zentrierung eines gemeinsamen Wrappers umzusetzen, der **alles** umgibt.
> Als alles umgebenden Wrapper könnte man auch `<body>` betrachten. Doch nimmt dieser einerseits eine Sonderstellung im Dokument ein – bei Strict-Doctypes dürfen nur Block-Elemente Nachfahren von `<body>` sein, die Eigenschaften `background` und `overflow` werden an den Viewport weitergegeben (CSS 2.1: 11.1.1 und 14.2) –, und andererseits unterstützen manche älteren Browser eine Formatierung nur eingeschränkt.

Dieses neue Element erhält 100% Mindesthöhe – und auch das Hintergrundbild der Spalten. Alle Vorfahren benötigen eine Höhe von 100%.

```css
html,
body,
#seite {
  height: 100%;
}
#seite {
  width: 770px;
  margin: 0 auto;
}
#seite-innen {
  background: #fff url(faux-columns.png) 50% 0 repeat-y;
  color: #000;
  min-height: 100%;
}
```

IE 6 erhält als Ersatz `height: 100%` im Conditional Comment.

Ziehen Sie noch den #fuss um seine eigene Höhe nach oben:

```
#fuss {
  background: url(fuss.png) 50% 0 no-repeat;
  height: 45px;
  padding-top: 20px;
  margin-top: -65px;
}
```

Der obere und untere Abstand von 10 px, der zuvor für <body> vergeben war, muss jetzt weichen. Es entsteht sonst ein Scrollbalken. Die nächsten Elemente, die keine 100 % Höhe aufweisen, sind #kopf und #fuss – und dort können Sie einfach die feste Höhe jeweils um die 10 px erweitern. Damit das Spaltenbild in #seite-innen nicht ober- bzw. unterhalb von Kopf- und Fußbereich zum Vorschein kommt, müssen die Abstände in die Hintergrundgrafiken aufgenommen werden, diese also ebenfalls um 10 px vergrößert werden.

Margins für #kopf und #fuss würden mit den umgebenden Elementen kollabieren und ebenfalls einen Scrollbalken hervorrufen.

```
#kopf {
  height: 125px;
  background: url(kopf-fsa.png) 50% 0 no-repeat;
}
[…]
#fuss {
  background: url(fuss-fsa.png) 50% 0 no-repeat;
  height: 55px;
  padding-top: 20px;
  margin-top: -75px;
}
```

Ein unteres Padding für #hauptteil verhindert noch, dass die Inhalte die nach oben gezogene Fußzeile überlappen:

```
#hauptteil {
  padding-bottom: 75px;
}
```

Die Faux-Columns-Grafik in <body>?

Wenn Sie sich eine Serveranfrage wegen eines Bildes sparen wollen, könnten Sie das Faux-Columns-Hintergrundbild mit dem Body-Hintergrund kombinieren (siehe Abbildung 14.6), anstatt es separat in `#seite-innen` zu legen (siehe Listing 14.3 auf der DVD):

▲ **Abbildung 14.6**
Faux-Columns-Grafik, die in den Body-Hintergrund integriert ist

Damit treffen dann aber zwei Zentrierungsarten aufeinander: die des Hintergrundbildes in `<body>` und die der Box `#seite`, also per `background-position` und per `margin: 0 auto`. Leider sind diese nicht immer deckungsgleich. Das heißt, dass es je nach Fenstergröße zu einer Abweichung von 1 px kommen kann. Bei Grafiken, die eine durchgehende Linie bilden sollen, ist das durchaus als störend wahrnehmbar (siehe Abbildung 14.7).

▲ **Abbildung 14.7**
Body-Grafik und zentrierte Box weichen um 1 px ab.

Eine solche Kombination ist also nur möglich, wenn die Grafiken eine Verschiebung von 1 px erlauben – so wie zuvor die reine Verlaufsgrafik in `<body>` hinter der zentrierten `#seite`.

14.1.2 Negative Verschiebung auf Randbereiche

Die negative Verschiebung von Spalten auf Randbereiche des umgebenden Elements ist nicht nur ein Verfahren, gemischte Spaltenbreiten umzusetzen, sondern auch, gleich hohe Spalten vorzutäuschen (siehe die Abschnitte 13.4.3 und 13.5.2). Breite Border können für farbige Spaltenhintergründe genutzt werden – oder Margins **und** Border können zu Trennlinien zwischen Spalten werden. Damit wird diese Technik auch für Layouts mit einheitlichen Breiten interessant.

Border als Spaltentrennlinien | Mit einer Kombination aus Margin und Border können Sie sehr schnell z. B. durchlaufende Trennlinien für Spalten erstellen (siehe Abbildung 14.8).

◀ **Abbildung 14.8**
Margin und Border für den Hauptteil bilden Trennlinien der Spalten aus.

```
#hauptteil {
  margin: 1em 120px 1em 13em;
  border-left: 2px dotted #9f0000;
  border-right: 2px dotted #ccc;
}
```

▲ **Listing 14.4**
Kombination aus Margin und Border für Spaltentrennlinien

Negative Verschiebung auf breite Border und FooterStick-Alt | Wenn Sie breite, farbige Rahmen als Spaltenhintergrund in einem Layout mit FooterStickAlt einsetzen wollen, so müssen Sie sie für das Element mit 100 % Mindesthöhe definieren. Nehmen Sie als Beispiel das elastische Layout mit Content First aus Abschnitt 13.3.3 (Listing 13.6).

Wieder ist die Ergänzung des Markups durch ein Element #seite-innen erforderlich (siehe Listing 14.2). Dieses erhält nun nicht nur die Mindesthöhe von 100 %, sondern auch die Border in der Breite der Randspalten.

```
#seite-innen {
  min-height: 100%;   /* FooterStickAlt */
  border-left: 12.5em solid #9f0000;
  border-right: 7.5em solid #999;
  background: #fff;
}
```

▲ **Listing 14.5**
Negative Verschiebung auf Border mit FooterStickAlt

Die Elemente innerhalb von #seite-innen – also #kopf und #hauptteil – müssen noch auf diese Randbereiche ausgeweitet werden. Das übernehmen negative Margins:

Nicht die Spalten selbst werden negativ auf die Border verschoben, sondern das umgebende Element #hauptteil wird wieder auf die volle Breite erweitert.

```
#kopf,
#hauptteil {
  margin-left: -12.5em;
  margin-right: -7.5em;
}
```

Den Hintergrund für die Spalten gibt jetzt #seite-innen vor; #kopf muss die Border daher mit einer Hintergrundfarbe abdecken, #hauptteil hingegen darf keinen eigenen Hintergrund mehr haben, würde er doch die vorgetäuschten Spalten verdecken.

```
#kopf {
  background: #fff;
}
#hauptteil {
  background: none;
}
```

Den nötigen Platz für die mit negativem Margin nach oben gezogene Fußzeile hält diesmal das clearende hr-Element mit einer passenden Höhe frei:

```
#hauptteil hr {
  clear: both;
  height: 2.5em;    /* Schafft Platz in Höhe der Fußzeile */
  border: none;
  visibility: hidden;
}
```

Damit auch im IE ≤ 7 die mit negativen Margins erweiterten Bereiche zuverlässig dargestellt werden, ist sowohl hasLayout als auch position: relative erforderlich (siehe Abschnitt 3.2).

◀ **Abbildung 14.9**
Verschiebung auf breite Border in Kombination mit FooterStickAlt (elastisches Layout)

Faux Columns erweitert | Doch mit einfarbigen Rahmen sind die Möglichkeiten nicht erschöpft. Der um die Spaltenbreite eingerückte #hauptteil ist auch dazu geeignet, Teile von durchlaufenden Hintergrundbildern zur Spaltensimulation aufzunehmen.

Grundlage für ein Beispiel zur Gestaltung mit Hintergrundbildern ist das Layout mit Margins für den Hauptteil aus Abschnitt 13.4.3 (Listing 13.12; siehe Abbildung 14.10).

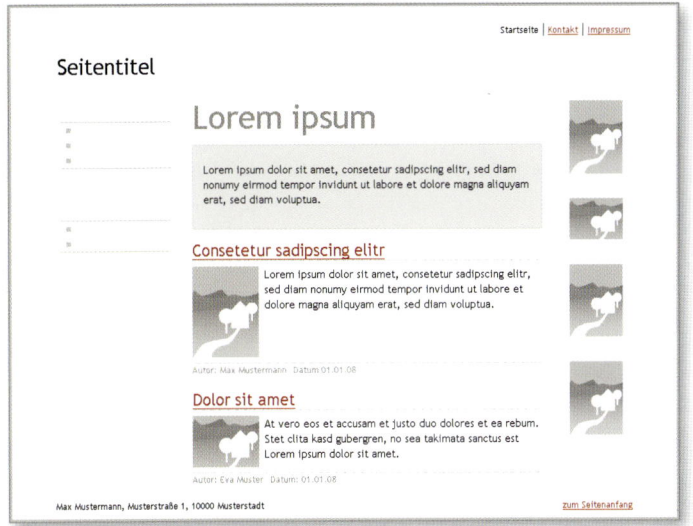

◀ **Abbildung 14.10**
Basislayout mit gemischten Breiten ohne Hintergrundfarben und -bilder

Um auch in diesem flexiblen Layout die Optik der Faux Columns aus Abbildung 14.1 zu erhalten, müssen Sie die Spaltenbilder auf mehrere Elemente verteilen.

Für die seitlichen Schlagschatten der gesamten Seite sind mindestens zwei Grafiken nötig – und damit ist eine weitere

Elementverschachtelung erforderlich. In #kopf und #fuss wird die Sliding-Doors-Technik (siehe Abschnitt 7.7.1) zur Anwendung kommen, d. h., auch dort ist jeweils ein weiteres Element erforderlich.

```
<div id="seite">
  <div id="seite-innen">
    <div id="kopf">
      <div id="kopf-innen">[…]</div>
    </div>
    <div id="hauptteil">[…]</div>
    <div id="fuss">
      <div id="fuss-innen">[…]</div>
    </div>
  </div><!-- /#seite-innen -->
</div><!-- /#seite -->
```

Listing 14.6 ▶
Zusätzliche Elementverschachtelungen für Hintergrundbilder

Die Navigationsspalte hat eine Breite in em, eine einzelne Hintergrundgrafik reicht daher als Hintergrund nicht aus. Der linke Schlagschatten der gesamten Seite und der rote Teil der Navigationsspalte können jedoch in einer Grafik vereint und als Hintergrundbild in #seite gelegt werden (siehe Abbildung 14.11).

Abbildung 14.11 ▶
Hintergrundbild für den linken Schlagschatten der Seite und einen Teil der Navigation

```
body {
  background: #eee;
  padding: 10px 0;
}
#seite {
  margin: 0 5%;
  background: #910202 url(fc-navigation.png) 0 0
  repeat-y;
}
```

Das Bild der roten Spalte ist nicht ganz einfarbig, sondern weist einen leichten Verlauf auf. Wenn Sie zusätzlich als Hintergrundfarbe für #seite die Farbe der letzen Pixelreihe des Spaltenbildes einsetzen, hat die Navigation unabhängig von ihrer tatsächlichen Breite immer einen nahtlosen roten Hintergrund.

Die Bilderspalte besitzt eine feste Pixelbreite. Den vollständigen Spaltenhintergrund in Verbindung mit dem rechten

Schlagschatten der Seite bekommt daher das Element `#seite-innen` (siehe Abbildung 14.12).

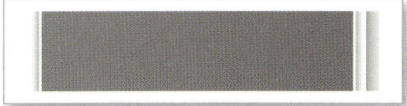

▲ **Abbildung 14.12**
Hintergrundbild für rechten Schlagschatten und vollständige Bilderleiste

```
#seite-innen {
  background: url(fc-bilder.png) 100% 0 repeat-y;
}
```

Es fehlt noch der rechte Abschluss der Navigation, der Schlagschatten in Richtung Inhaltsbereich. Dafür bietet sich das per Margin eingerückte Element `#hauptteil` an. Geben Sie ihm eine weiße Hintergrundfarbe und eine kleine Grafik als Schlagschatten (siehe Abbildung 14.13), links ausgerichtet und vertikal gekachelt.

```
#hauptteil {
  margin-left: 13em;
  margin-right: 135px;
  background: #fff url(fc-navigation-re.png) 0 0
  repeat-y;
}
```

▲ **Abbildung 14.13**
Schlagschatten als Abschluss der Navigation, eingefügt in `#hauptteil`

Die Simulation der Spalten ist damit abgeschlossen – und hält auch einer Änderung der Viewport-Größe und einer Schriftvergrößerung stand (siehe Abbildung 14.14).

▼ **Abbildung 14.14**
Zwischenstand bei Schriftvergrößerung und schmalem Viewport

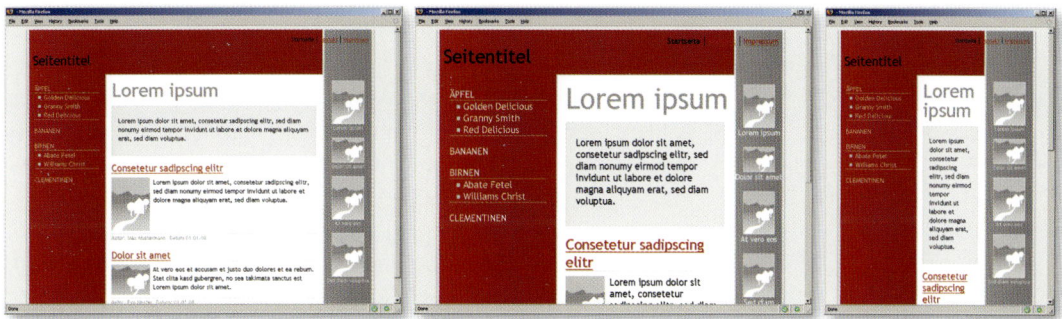

Abschließend erhalten Kopf- und Fußbereich noch die zweigeteilten Bilder der Sliding Doors als Hintergrund (siehe Abbildung 14.15).

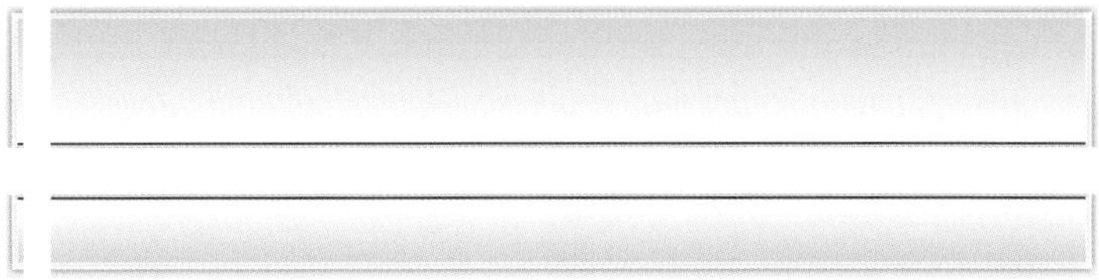

Abbildung 14.15 ▶
Sliding-Doors-Grafiken für Kopf- und Fußzeile

```
#kopf {
  background: #fff url(kopf-re.png) 100% 0 no-repeat;
}
#kopf-innen {
  background: url(kopf-li.png) 0 0 no-repeat;
  height: 110px;
}
[...]
#fuss {
  background: #fff url(fuss-re.png) 100% 0 no-repeat;
}
#fuss-innen {
  height: 45px;
  padding-top: 20px;
  background: url(fuss-li.png) 0 0 no-repeat;
}
```

14.2 Verlängerung der Spalten

Nicht nur eine Vortäuschung gleich hoher Spalten im umgebenden Element ist möglich. Wir stellen jetzt zwei Techniken vor, die Elemente tatsächlich verlängern, so dass sie als gleich hohe Spalten fungieren bzw. als Hintergrund darunter liegen.

14.2.1 Equal Height Columns

Alex Robinson hat sich auf die Suche nach dem einzig wahren Layout – dem »One True Layout« – begeben. Einen Teil dieses Artikels haben wir in Abschnitt 13.3.3 bereits vorgestellt: **Any Order Columns**, die negative Verschiebung von Spalten zur Optimierung der Codereihenfolge. Zum einzig wahren Layout gehören auch gleich hohe Spalten – **Equal Height Columns**.[3] Alex Robinsons Ansatz sieht eine tatsächliche Verlängerung der Spalten vor.

---

3 Alex Robinson, »Equal Height Columns – revisited«,
http://www.positioniseverything.net/articles/onetruelayout/equalheight

Zur Demonstration dieser Technik gehen wir von einer einfachen Struktur mit drei Spalten aus, die von einem Element eingefasst werden.

```
<div id="seite">
  <h1>Equal Height Columns</h1>
  <div id="container">
    <div id="spalte1" class="spalte">
      <h2>Spalte 1</h2>
      <p>Lorem ipsum […]</p>
    </div>
    <div id="spalte2" class="spalte">
      <h2>Spalte 2</h2>
      <p>At vero […]</p>
    </div>
    <div id="spalte3" class="spalte">
      <h2>Spalte 3</h2>
      <p>Stet clita […]</p>
    </div>
  </div>
  <div id="fuss">Fußzeile</div>
</div>
```

◀ **Listing 14.7**
Equal Height Columns

Alle drei Spalten floaten nach links, und jede erhält eine Hintergrundfarbe:

```
#container {
  background: #ccc; /* grau */
}
.spalte {
  float: left;
  width: 33%;
}
#spalte1 {
  background: #909; /* magenta */
  color: #fff;
}
#spalte2 {
  background: #ee0; /* gelb */
  color: #000;
}
#spalte3 {
  background: #e00; /* rot */
  color: #fff;
  float: right;
}
```

```
  width: 34%;
  margin-left: -1em;  /* Ausgleich Rundungsfehler */
}
#fuss {
  background: #6c9; /* grün */
  clear: both;
}
```

Im Browser zeigt sich das übliche Bild: drei Spalten nebeneinander, eine jede so hoch, wie es der Inhalt vorgibt, die Fußzeile mit dem Clear darunter (siehe Abbildung 14.16). Von dem grauen Hintergrund des `#container` ist nichts zu sehen; dieser schließt die floatenden Spalten nicht ein, da das Clear erst danach stattfindet.

Abbildung 14.16 ▶
Spalten nebeneinander gefloatet mit normaler Länge

Mit einem großen Padding können Sie eine künstliche Verlängerung der Spalten herbeiführen. Den Grenzwert für ein solches Padding gibt Opera vor: Mehr als 32767 Pixel sind nicht möglich.

Auch die 32767 Pixel können noch zu Problemen führen, wenn die Auflösung des Systems für ein hochauflösendes Display erhöht wurde.[4] Wir belassen es daher bei unproblematischen 16000 Pixel.

```
.spalte {
  float: left;
  width: 33%;
  padding-bottom: 16000px;
}
```

Die Folge dieser Aktion sind zunächst enorm lange Spalten, an deren Ende die Fußzeile sitzt. Mit einem negativen unteren Margin in der Größe des Paddings lässt sich die Fußzeile wieder nach oben holen: Es bleiben zwar die langen Spalten und der Scrollbalken, doch als Höhe für die nachfolgenden Elemente ist wieder die Spalte mit dem meisten Inhalt ausschlaggebend.

```
.spalte {
  float: left;
  width: 33%;
```

---

4 MSDN, »Adjusting Scale for Higher DPI Screens«,
http://msdn2.microsoft.com/en-us/library/ms537625(VS.85).aspx

```
  padding-bottom: 16000px;
  margin-bottom: -16000px;
}
```

Die Fußzeile sitzt jetzt zwar an der Position direkt unter den Spalten, doch sichtbar ist nur der Text, nicht die Hintergrundfarbe (siehe Abbildung 14.17).

Es kommt hier zum typischen Verweben der Floats mit normal fließenden Inhalten (siehe Abschnitt 6.1).

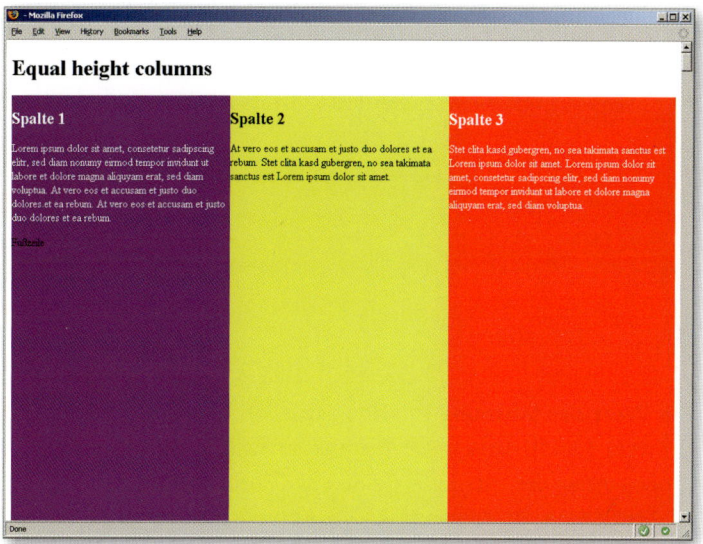

▲ **Abbildung 14.17**
Verlängerte Spalten rufen Scrollbalken hervor; nur der Text der Fußzeile ist sichtbar.

Sie könnten die Fußzeile mit `position: relative` vollständig in den Vordergrund holen, doch das beseitigt noch immer nicht das Problem des endlos langen Scrollbalkens. Ein `overflow: hidden` für den umgebenden `#container` löst beides.

```
#container {
  background: #ccc; /* grau */
  overflow: hidden;
}
```

Die Overflow-Eigenschaft lässt `#container` die floatenden Spalten einschließen (das Clear für `#fuss` wird damit überflüssig) und schneidet gleichzeitig die überstehenden Bereiche ab. Sichtbar bleiben die verlängerten Spalten nur bis zur Höhe der längsten – alle drei Spalten wirken gleich hoch (siehe Abbildung 14.18).

> **Warum erscheinen die Spalten gleich hoch?**
>
> Der negative Margin zieht die Außenkante der Spalten weit nach innen, so dass die Berührungslinie mit der Umwelt genau dort verläuft, wo sie vorher schon lag, nur dass nun das Padding heraushängt (vgl. Abschnitt 10.7.3). Die längste Spalte gibt mit ihrer Außenkante vor, wo das Elternelement später mit `overflow` die überstehenden Paddings abschneiden wird. Bei der längsten Spalte bleibt dabei kein Padding übrig, bei den kürzeren Spalten schon, hier wird der Leerraum bis zum Boden also mit dem Padding aufgefüllt. Vergleicht man die Margin-Kanten der Spalten, so sind diese so ungleich hoch wie vorher. Erst mit den zurechtgekürzten überstehenden Paddings erscheinen die Spalten gleich hoch (siehe Abbildung 14.18).

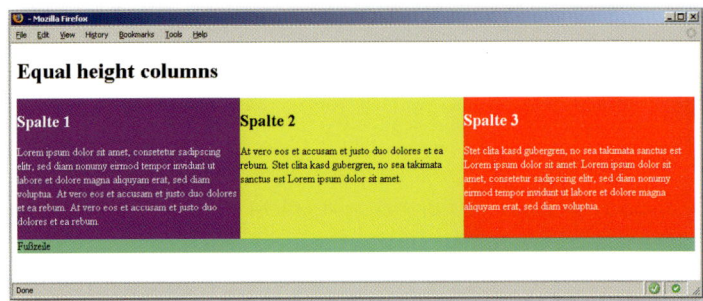

▲ Abbildung 14.18
Alle Spalten erscheinen gleich hoch.

Solange die floatenden Spalten nicht relativ positioniert sind, werden die überstehenden Teile im IE 6 auch ohne `overflow: hidden` abgeschnitten (siehe Abschnitt 3.2).

Für IE 6 genügt `overflow` nicht zum Einschließen der Spalten, es ist `hasLayout` nötig – was wiederum `overflow` überflüssig macht.

```
<!--[if lte IE 7]><style media="screen">
* html #container {
  overflow: visible;
  height: 1px;
}
</style><![endif]-->
```

Einige ältere Browserversionen (Opera, IE Mac, Safari) benötigen Workarounds.[5]

Ein Wort der Warnung | In den aktuellen Versionen der großen Browser funktioniert diese Technik so weit – doch es folgt ein großes Aber. Es tritt eine Reihe von Problemen auf,[6] und das größte davon ist folgendes: Die Kombination aus `overflow: hidden` und verlängerten Spalten führt zu einem unerwünschten Verhalten bei Links zu Ankern, deren Ziel innerhalb des Overflow-Elements liegt.

```
<div id="spalte2" class="spalte">
  [...]
  <a href="#ziel">Link zu Anker</a>
</div>
<div id="spalte3" class="spalte">
  [...]
  <p id="ziel">Linkziel</p>
</div>
```

---

5 Alex Robinson, »Equal Height Columns – revisited: The rough edges«, http://www.positioniseverything.net/articles/onetruelayout/equalheight#how-rough-edges
6 Alex Robinson, »Problems with the Equal Height Columns method«, http://www.positioniseverything.net/articles/onetruelayout/appendix/equalheightproblems

Bei Klick auf den Link bewegen die Browser die Inhalte **innerhalb** des Overflow-Containers, was zu Folge hat, dass alle Inhalte über dem Ankerziel unerreichbar nach oben verschwinden (siehe Abbildung 14.19).

Opera < 11.5 bewegte noch – wie gewünscht – die gesamte Seite. Im IE 6 tritt das Problem nicht auf, weil #container kein `overflow: hidden` hat.

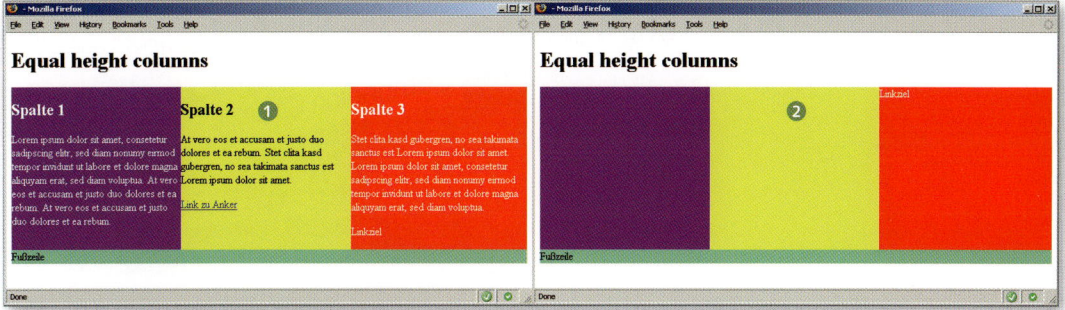

▲ **Abbildung 14.19**
Ein Anker in der rechten Spalte wird angesprungen.

❶ Normale Ansicht
❷ Nach Sprung nur noch Zielanker sichtbar

Wir empfehlen, diese Technik nicht für die Hauptspalten eines Layouts mit komplexen Inhalten einzusetzen. Wenn es jedoch um kleinere Bereiche geht, können die Equal Height Columns ein schneller Workaround für IE ≤ 7 sein, der sich mit CSS-Tabellen für die anderen Browser kombinieren lässt.

Ein Beispiel für eine solche Anwendung ist die horizontale Navigation in Abschnitt 12.1.3, die Equal Height Columns im kleinen Maßstab nutzt.

Auch wenn Sie selbst keine Links zu Ankern setzen: Sobald es in Ihrem Dokument eine ID gibt, kann auch jemand dorthin verlinken.

14.2.2 Companion Columns

Den umgekehrten Weg der Equal Height Columns beschreiten **Companion Columns**[7]: Nicht das untere Ende der Spalten wird verlängert, sondern (zusätzliche) Spalten als Begleiter schießen von unten nach oben und bilden so den Hintergrund, der die Illusion gleich hoher Spalten erzeugt (siehe Abbildung 14.20).

---

7 Ingo Chao, »Companion column method«,
http://www.satzansatz.de/cssd/companions.html

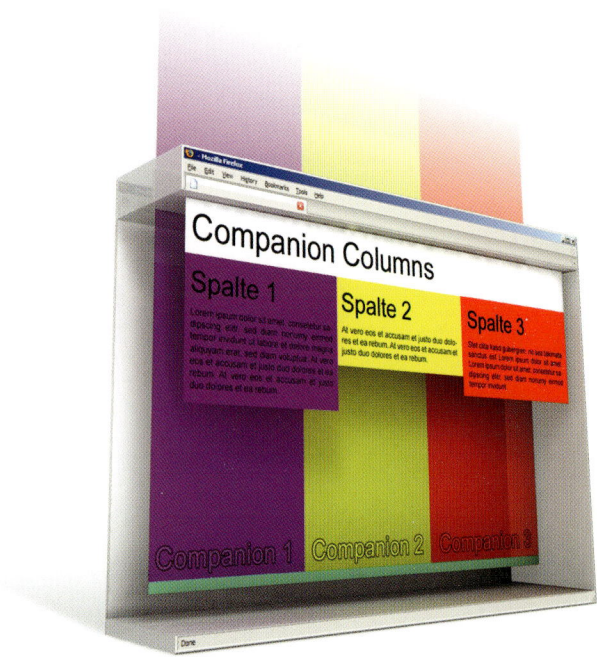

Abbildung 14.20 ▶
Prinzip der Companion Columns

Jede Spalte erhält in einem zusätzlichen, den Spalten nachfolgenden Bereich ein begleitendes Element – einen **Companion** –, das die gleichen Angaben zu Breite und horizontaler Ausrichtung erhält. Es bietet sich daher an, für die Spalten und ihre Begleiter korrespondierende Klassen zu vergeben:

```
<h1>Companion columns</h1>
<div id="container">
  <div class="spalte1 spalte">
    <h2>Spalte 1</h2>
    <p>Lorem ipsum […]</p>
  </div>
  <div class="spalte2 spalte">
    <h2>Spalte 2</h2>
    <p>At vero […]</p>
  </div>
  <div class="spalte3 spalte">
    <h2>Spalte 3</h2>
    <p>Stet clita […]</p>
  </div>
  <hr />
</div><!-- /#container -->
<div id="pedestal">
  <div class="spalte1 companion"> </div>
```

Da hier im Unterschied zu Equal Height Columns kein `overflow: hidden` für `#container` nötig sein wird, setzen wir wieder ein `hr`-Element für das Clear ein.

```
    <div class="spalte2 companion"> </div>
    <div class="spalte3 companion"> </div>
</div><!-- /#pedestal -->
<div id="fuss">Fußzeile</div>
```

◀ **Listing 14.8**
Companion Columns

Spalten und Begleiter erhalten gleichermaßen Float und Breiten. Für das Clear innerhalb von `#container` sorgt das `hr`-Element.

Da vollständig leere Elemente von manchen Browsern nicht berücksichtigt werden, enthalten die Companions zumindest ein geschütztes Leerzeichen als Inhalt. Dieses gibt ihnen eine Höhe von einer Zeile. Vermeiden Sie es, die Companions mit `height: 0` auf eine Nullhöhe zu zwingen, da auch dies manche Browser dazu veranlasst, die Elemente zu ignorieren.

Wir vergeben sowohl für die Companions als auch für das umgebende `#pedestal` (Sockel des Denkmals) eine Höhe von `1em`. Damit vermeiden wir auch die Notwendigkeit, die Floats durch eine weitere Maßnahme einschließen zu müssen (siehe Abbildung 14.21).

Der Expanding Box Bug veranlasst den IE 6, die Zeile mit oder ohne ` ` auf Zeilenhöhe aufzudrücken. Die Höhe von 1 em wird vom IE 6 demnach nicht exakt eingehalten und wird je nach Zeilenhöhe variieren. Wenn Sie exakte Höhen für das `#pedestal` benötigen, sollten Sie großzügiger sein und z. B. 2 em ansetzen.

```css
.spalte,
.companion {
  float: left;
  width: 33%;
}
.companion {
  height: 1em;
}
.spalte1 {
  background: #909; /* magenta */
  color: #fff;
}
.spalte2 {
  background: #ee0; /* gelb */
  color: #000;
}
.spalte3 {
  background: #e00; /* rot */
  color: #fff;
  float: right;
  width: 34%;
  margin-left: -1em; /* Rundungsfehler ausgleichen */
}
hr {
  clear: both;
```

Kurz gefasst

Companion Columns sind eine Methode für die Simulation gleich hoher Spalten. Sie wurden konzipiert, um die `overflow`-Probleme des One True Layouts zu umgehen. Die Methode kann auf unterschiedliche Mehrspaltenlayout-Typen angewandt werden, indem jeder Spalte ein begleitendes, tiefer liegendes Element zugeordnet wird, das den Hintergrund trägt.
Einige weitere Layoutbeispiele finden Sie im Originalartikel.

```
  height: .1px;
  border: none;
  visibility: hidden;
  margin: 0;
  padding: 0;
}
#pedestal {
  height: 1em;
}
#fuss {
  background: #6c9; /* grün */
}
```

Für die Screenshots sind die Companion-Spalten mit Transparenz versehen, um den Übergang zu den regulären Spalten sichtbar zu machen.

▲ **Abbildung 14.21**
Gefloatete Spalten, darunter die Begleiter mit einer Höhe von 1 em

Ein großes **oberes** Padding und gleichzeitig der neutralisierende negative Margin verlängern die Companions ohne Auswirkung auf die Position und bilden so die gleich hoch erscheinenden Spalten aus. Was über den oberen Rand des Viewports hinausragt, wird ohne weiteres Zutun abgeschnitten. Das problematische `overflow: hidden` wird damit vermieden.

```
.companion {
  height: 1em;
  padding-top: 16000px;
  margin-top: -16000px;
}
```

Abbildung 14.22 ▶
Nach oben verlängerte Companions verdecken die Spalten.

Das `#pedestal` und die darin befindlichen Companions stehen im Markup nach den regulären Spalten – und damit in der Stapelreihenfolge **über** diesen (siehe Abbildung 14.22). Alle Inhalte, die in der Codereihenfolge vor dem `#pedestal` stehen, müssen also nach oben geholt werden. Es bietet sich an, alle diese Inhalte mit einem Element zusammenzufassen und dieses durch relative Positionierung anzuheben.

Sie können auch die gefloateten Spalten selbst relativ positionieren – nur in einigen alten Browsern (z. B. Safari 1.0.x, Opera < 9) funktionierte die Stapelung mit `position: relative` bei Floats nicht.

```
<div id="stapel">
  <h1>Companion columns</h1>
  <div id="container">[…]</div>
</div>
<div id="pedestal">[…]</div>
<div id="fuss">Fußzeile</div>
[…]
#stapel {
  position: relative;
}
```

◂ **Abbildung 14.23**
Korrigierte Stapelung.
Die Companions sind noch unter `<h1>` sichtbar.

Die Inhalte stehen zwar bereits über den Companions, doch sind diese unter dem Kopfbereich noch sichtbar (siehe Abbildung 14.23). Es ist eine Hintergrundfarbe für die `h1`-Überschrift nötig – und auch die Default-Abstände des `body`-Elements müssen weichen (siehe Abbildung 14.24).

Wenn Sie einen oberen Abstand des Seitenkopfes wünschen, muss auch dieser undurchsichtig sein – sei es durch einen Hintergrund oder eine Border.

```
body {
  margin: 0;
  padding: 0;
}
[…]
h1 {
  background: #fff;
  margin: 0;
  padding: .5em 0;
}
```

Abbildung 14.24 ▶
Ergebnis der Companion Columns

Im IE 6 ist von den Companions bisher nichts zu sehen; die aus `#pedestal` herausragenden Teile werden abgeschnitten (Clipping), solange sie nicht relativ positioniert sind. Auch alte Safari-Versionen benötigten diese Positionierung. Wir nehmen sie daher für alle Browser vor. Infolgedessen muss der `#stapel` auch um eine Stufe angehoben werden – mit `z-index`:

```
#stapel {
  position: relative;
  z-index: 1;
}
[...]
.companion {
  height: 1em;
  padding-top: 16000px;
  margin-top: -16000px;
  position: relative;
}
```

Für IE 6 ist noch hasLayout für `#stapel` nötig. Außerdem zeigt sich (auch im IE 7) bei einer Änderung der Viewport-Größe eine fehlerhafte Berechnung der Breite der letzten Companion-Spalte. Dies lässt sich mit `position: relative` für `#pedestal` beheben:

```
<!--[if lte IE 7]><style media="screen">
* html #stapel {
  height: 1px;
}
#pedestal {
  position: relative;
}
</style><![endif]-->
```

Es wäre denkbar, auch in die Companion-Spalten Inhalte einzufügen und diese nach oben in den Bereich der regulären Spalten hineinragen zu lassen. Wie bei absoluter Positionierung müssten die Höhen dieser Inhalte bekannt sein, um durch entsprechende Abstände Überlappungen vermeiden zu können – und auch, um den negativen Margin entsprechend anpassen zu können, müsste er doch um die Höhe des Inhalts größer sein als das Padding. Da das Element `#stapel` – und alle seine Inhalte – immer über den Companions schwebt, werden deren Inhalte zwangsläufig verdeckt. Selbst wenn alles Vorherige transparent ist, sind derart überlagerte Links in manchen Browsern unzugänglich. Die Companions bleiben also besser das, was sie sind: Elemente, die nur der Gestaltung dienen.

14.3 Gleich hohe Spalten in den Entwürfen für CSS3-Module

Dem Dauerthema der gleich hohen Spalten – und etlicher weiterer Wünsche von CSS-Autoren und Designern – nimmt sich das W3C in den Entwürfen für CSS3-Module auf verschiedene Weise an:

- Das **Flexible Box Layout Module** ermöglicht es, die Kinder eines Elements in (gleich hohen) Spalten oder in Zeilen anzuordnen und übernimmt die Aufteilung von verbleibenden Breiten und Höhen.

  Mit einer nicht ganz aktuellen Syntax ist das Flexbox-Modul in Firefox und WebKit-Browsern bereits implementiert, mehr dazu im Abschnitt 16.1.

- Das **Template Layout Module** teilt über die `display`-Eigenschaft ein Element in »Slots« auf, die in Zeilen und Spalten angeordnet werden. Die Kinder dieses *template element* werden in die Slots hineinpositioniert.

- Mit dem **Grid Layout** wird zunächst ein Element (*grid element*) mit einem Raster aus Zeilen, Spalten und Abständen überzogen; den Kindern (*grid items*) wird dann ein Bereich des Rasters – auch zeilen- und spaltenübergreifend – zugewiesen.

  Im Test Drive zur IE 10 Platform Preview befinden sich erste Anwendungen des Grid Layouts.[8]

Die Möglichkeiten, die diese neuen Layoutmodule bieten, sind nicht eindeutig voneinander abgrenzbar; sie weisen folgende Gemeinsamkeiten auf:

- Elemente können weitgehend unabhängig von der Quelltext-Reihenfolge angeordnet werden.
- Die Elemente können flexible Breiten und Höhen annehmen, die sich auch aus »Resten« ergeben.
- Auf einfache Weise können gleich hohe Spalten erzeugt werden.

---

8 *http://ie.microsoft.com/testdrive/HTML5/GridSystem/Default.html*
 http://ie.microsoft.com/testdrive/HTML5/Griddle/Default.html

Insbesondere das Template- und das Grid-Modul überschneiden sich in ihrem Anwendungsbereich; derzeit hat das von Microsoft vorangetriebene Grid-Modul in der Entwicklung die Nase vorn, weil es im IE 10 auch schon eine erste Implementierung vorweisen kann.

Für den Produktiveinsatz sind sie alle drei noch nicht geeignet, so dass die Float-Eigenschaft als bevorzugtes Werkzeug für Spaltenanordnung nicht ausgedient hat – und wir uns noch mit mehr oder weniger aufwendigen Workarounds für vermeintlich einfache Anforderungen herumschlagen müssen.

FYI – For your interest

Auf der DVD finden Sie zwei Listings, die einen Vorgeschmack auf die neuen Layoutmodule bieten. Wir haben das Mehrspaltenlayout, das in diesem Kapitel als Beispiel dient, mit Methoden aus CSS3 umgesetzt:
- Listing 14.9 zeigt ein Flexbox-Layout, das wir in Fx 7 und WebKit-Browsern (Safari 5.1, Chrome 14) getestet haben.
- Listing 14.10 ist ein Grid-Layout, für dessen Betrachtung nur die (zweite) Platform Preview des IE 10 geeignet ist.

TEIL IV

Was vor uns liegt

15 Frontend-Engineering

CSS, JavaScript und HTML – mit den Techniken des Frontend-Engineerings verzahnen sich Präsentation, Verhalten und Bedeutung einer Site. Wir müssen die Standards und den Stand ihrer Implementierung in den Browsern kennen, aber auch Grundlagen der Accessibility und Usability.[1]

Wir sollten unser Arbeitsgebiet nicht auf den Auftrag »Mach mal hübsch« reduzieren lassen. Der Nutzer ist in das Zentrum der Betrachtung zu rücken. Die Frage lautet also beispielsweise: »Ist die Seite für ihn funktionell und zugänglich?«

15.1 Der neue Blick auf die Performance

Der zu konsumierende Inhalt wächst stetig, daher ist das Frontend mehr und mehr auch für die vom Nutzer wahrgenommene Performance verantwortlich. Die Kaskade der ankommenden Dateien – von der ersten Browseranfrage bis zur fertig gerenderten Seite – macht deutlich, dass die Zeit hauptsächlich für Vorgänge verstreicht, die unter der Kontrolle des Frontend-Engineerings liegen (siehe Abbildung 15.1). Diese Wartezeit kann bei den auseinanderklaffenden Bandbreiten für einige Nutzer bereits zu lang sein.

Die Arbeitsgruppen um Steve Souders (Yahoo, später Google) haben wichtige Untersuchungen zur Site-Performance vorgelegt. Sie beschreiben, wie man weniger HTTP-Requests nötig macht, die dann kleinere Dateien möglichst parallel anfordern, und wie man das Caching dieser Dateien im Browser optimiert.[2]

Das Backend ist für die Skalierbarkeit einer Site zuständig, d. h. für die Beantwortung der Frage, wie verfügbar eine Site bei ansteigenden Nutzeranfragen bleibt. Lastverteilung und Datenbankabfragen sind meist bereits hoch optimierte Prozesse in komplexen Server-Architekturen.

---

1 Nate Koechley, »Professional Frontend Engineering«,
   http://www.slideshare.net/natekoechley/professional-frontend-engineering
2 Steve Souders (2007), »High Performance Web Sites«, O'Reilly;
   S. Souders (2009), »Even Faster Web Sites«, O'Reilly;
   http://www.stevesouders.com/blog/;
   Yahoo Developer Network, »Exceptional Performance«,
   http://developer.yahoo.com/performance/

Performance ist ein vergleichsweise junges, schnell wachsendes Thema für das Frontend-Engineering, das sich bereits in viele Details verästelt. Nicht jeder Tipp wird für den einzelnen Frontend-Entwickler am Ende sinnvoll sein. Zwischen dem Server des Anbieters und dem Browser des Nutzers kann es an vielen Stellen eng werden. Wer sich mit Performance befasst, sollte untersuchen, inwieweit sich seine Optimierungen überhaupt auf das Nutzerverhalten auswirken, um die aufgewendeten Ressourcen rechtfertigen zu können. Und er sollte seine Ergebnisse veröffentlichen.

> **Warum soll man die Performance einer Seite analysieren?**
>
> Vor 2009 gab es nur anekdotische Berichte über den geschäftlichen Nutzen von Performance-Messungen. Google und Microsoft haben inzwischen Studiendaten präsentiert, wonach gegenüber Kontrollgruppen bereits ab einer künstlichen, serverseitigen Verlangsamung um 200–500 ms bedeutsame Änderungen im Verhalten der Nutzer eintraten. Beispielsweise war die Zeit bis zum ersten Klick etwas mehr als doppelt so lang wie die eigentliche Verlangsamung. Eine Interpretation kann sein, dass man mit einer langsamen Seite die Aufmerksamkeit der Nutzer verliert. Und es gab einen Langzeiteffekt: Noch nach Wochen, als die künstliche Verlangsamung längst vorbei war, hatte sich die Studiengruppe nicht erholt, immer noch zeigte sie etwas weniger Aktivität. Das kann so verstanden werden: Eine schlechte Performance kann einen anhaltend negativen Effekt auf die Nutzeraktivität haben.[3]

Was bedeutet das für die Applikationsentwicklung? Der möglicherweise negative Effekt eines noch nicht optimierten neuen »Features« sollte besser in die Überlegungen einfließen, bevor Sie es auf den Weg bringen. Der einmal durch eine langsame, nahezu unbenutzbar gewordene Seite vergraulte Nutzer kommt sonst vielleicht nicht mehr so bald zurück. Sollen wir ihm hinterherrufen, dass er besser mit einem modernen Browser gesurft hätte?

15.1.1 Netzwerkmonitore

Firebug sowie die Entwicklerwerkzeuge in den modernen Browsern bieten Einblick in die Kaskade der Ressourcen, wie sie der Browser lädt. Es sollte Ihnen zu einer Gewohnheit werden, bei jedem wichtigen Release diese Wasserfalldiagramme zu analysieren.

Allein schon die Reihenfolge im HTML-Quellcode kann darüber entscheiden, ob der Nutzer die Seite als schnell oder langsam

---

3 Eric Schurman, Jake Brutlag (2009), »The User and Business Impact of Server Delays, Additional Bytes and HTTP Chunking in Web Search«, *http://en.oreilly.com/velocity2009/public/schedule/detail/8523*

wahrnimmt. In Listing 15.1 werden ein großes Script und zwei Stylesheets im `<head>` des Dokuments geladen. Das erste Stylesheet legt *bild01.png* für die `<h1>` fest, das zweite *bild02.png* für die `<h2>`. Weiter unten im HTML wird noch ein drittes Bild für das `<img>` festgelegt.

Es ist bei Performance-Fragen hilfreich, sich mit der Arbeitsweise von Browsern auseinanderzusetzen.[4]

```
<!DOCTYPE html>
<html lang="de">
  <head>
    <meta charset="UTF-8">
    <title>Kaskade</title>
    <script src="http://ajax.googleapis.com/ajax/
    libs/prototype/1.7.0.0/prototype.js"></script>
    <link rel="stylesheet" href="master01.css" />
    <link rel="stylesheet" href="master02.css" />
  </head>
  <body>
    <h1>01</h1>
    <h2>02</h2>
    <p><img src="bild03.png" /></p>
  </body>
</html>
```

▲ **Listing 15.1**
Kaskade zweier Stylesheets und eines Scripts

Im Wasserfalldiagramm für den Safari sieht man die Ladevorgänge für das HTML, dann für das Script, und dann folgen die beiden Stylesheets. Danach entsteht eine recht lange Pause, und erst gegen Ende des Script-Ladevorgangs werden die Bilder geladen.

In älteren Browsern hätte das Script selbst noch die Stylesheets geblockt.

Das Laden und Ausführen des Scripts blockiert das Laden der Bilder. Schließlich könnte das Script den DOM-Tree komplett geändert haben.

---

4 Paul Irish, »HTML5, CSS3, and DOM Performance«,
  http://paulirish.com/2011/dom-html5-css3-performance/
  Tali Garsiel, »How browsers work«,
  http://taligarsiel.com/Projects/howbrowserswork1.htm#The_rendering_engine

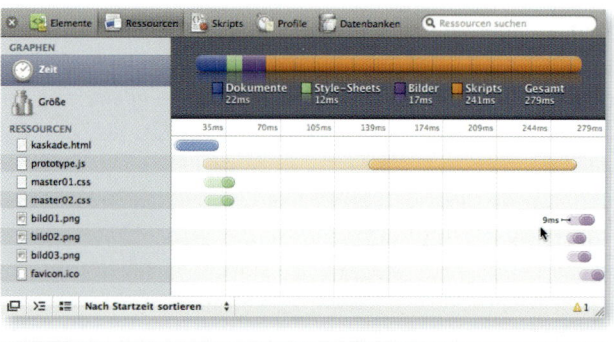
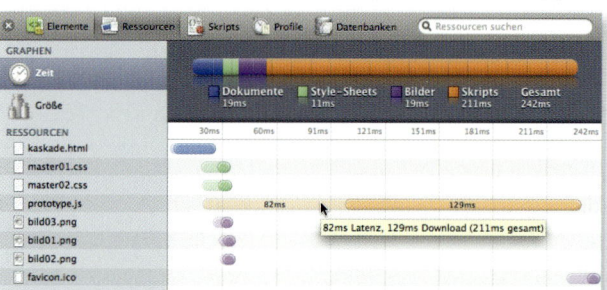

Abbildung 15.1 ▶
Wasserfalldiagramme im Safari Ressourcen-Monitor. Oben ist das Script im <head>, unten ist es vor dem Ende des <body>.

Inline-Scripts blockieren ebenfalls. Man erkennt sie an den Pausen, die vor weiteren Downloads eintreten.

Wenn wir das Script vom <head> an das Ende des <body> verlagern, stellt es sich den Bildern nicht mehr in den Weg. Die Gesamtladezeit der Seite kann sich im hochoptimierten Safari zwar nur unwesentlich verbessern, aber der Nutzer nimmt eine schnellere Darstellung wahr, weil die Bilder nicht erst das Script abwarten müssen (siehe Abbildung 15.1, unten).

> **Latenz beim Laden von JavaScript**
>
> Browser blockieren das Rendern der Seite während des Parsens der Scripts, also vor deren Ausführung. Hat eine Seite viel JavaScript zu verstehen, wird die Darstellung verzögert. Sie sollten versuchen, diese Latenz beim Starten einer Applikation zu reduzieren, etwa mit einem »lazy loading« von modularisiertem JavaScript.[5]

Entscheidend ist, dass Sie diese Diagramme für die wichtigsten Browser Ihrer Nutzerbasis auswerten. Die Browser zeigen eine unterschiedliche Anzahl parallel aufgenommener Verbindungen für den Download der Ressourcen und auch ein unterschiedliches Verhalten hinsichtlich der Blockierungen.[6] Auch sehen Sie bei einem Reload auf einen Blick, welche Dateien aus dem Cache gezogen werden und für welche Dateien Sie die Cache-Header vom Server unbedingt anpassen müssen.

---

5 Google, »Gmail for Mobile HTML5 Series: Reducing Startup Latency«, http://googlecode.blogspot.com/2009/09/gmail-for-mobile-html5-series-reducing.html

6 http://www.browserscope.org

15.1.2 Fiddler – HTTP Debugging Proxy

Eines der wichtigsten Performance-Tools ist **Fiddler** von Eric Lawrence.[7] Durch diesen Proxy wird der HTTP/HTTPS-Verkehr einer Anwendung wie IE oder Firefox geleitet und analysiert.

Die Session-Liste zeigt die HTTP/HTTPS-Anfragen, die bei einem Seitenaufruf generiert werden. Wichtig sind daneben die Reiter INSPECTORS für die Analyse der Request- und Response-Header, FILTERS für die Eingrenzung von bestimmten Dateien und TIMELINE für die zeitliche Kaskade der ankommenden Dateien.

Verschiedenste Fragestellungen können mit Fiddler ergründet werden, beispielsweise, welche Caching-Header geschickt werden, ob mit gzip komprimiert wird, wann welche Dateien eintreffen und wo sich Pausen einstellen (siehe Abbildung 15.2). Das alles ist durchaus anspruchsvoll; wir empfehlen, dass Sie sich die Online-Dokumentation sorgfältig erarbeiten.

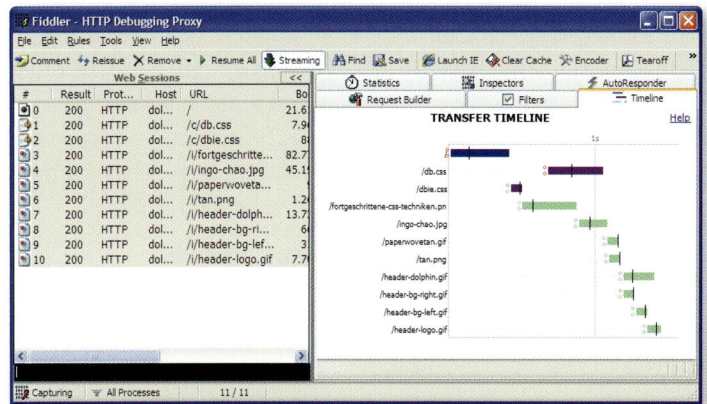

◀ **Abbildung 15.2**
Die Kaskade der Dateien, dargestellt mit der Timeline-Funktion im Debugging-Proxy Fiddler

Da die Browser so eingestellt werden können, dass sie Fiddler als Proxy verwenden, können im Gegensatz zu Firebug browserübergreifend Aussagen darüber getroffen werden, wie sich Ihre Seite verhält.

> **Für welche Browser soll optimiert werden?**
>
> Es hilft nicht, wenn bloß die Flaggschiffe der Browserhersteller gute Ergebnisse zeigen. Optimierungen für die langsamen Browser sind sehr wichtig für die Verbesserung der Site-Performance, weil viele Nutzer diese Browser noch verwenden oder zumindest am Arbeitsplatz verwenden müssen (siehe auch Abschnitt 15.2).

---

7 Microsoft, »Fiddler Web Debugger – A free web debugging tool«, *http://www.fiddler2.com/*

> **IE 6, HTTP 1.0 und gzip**
>
> Erstaunlich viele IE-Installationen wurden so konfiguriert, dass sie **HTTP-1.0-Anfragen** (statt HTTP 1.1) an den Webserver schicken. Suchen Sie einmal danach in Ihren Logfiles. Apache liefert auf eine solche Anfrage unkomprimierte Daten zurück an den Browser. Ob eine CSS-Datei mittels **gzip** komprimiert ausgeliefert wird oder nicht, bedeutet für größere Seiten einen enormen Unterschied im Datenverkehr.
>
> Sie können diese Konstellation nachstellen, indem Sie in den erweiterten Internet-Optionen den Haken bei HTTP 1.1 BENUTZEN entfernen, wonach Sie dann per Fiddler eine HTTP-Sitzung aufzeichnen. Im Tab INSPECTORS sehen Sie dann bei den Request- bzw. Response-Headern die entsprechenden Werte.
>
> Wenn auch diese Einstellung beim Nutzer für Sie nicht änderbar ist, so bedeutet das, dass Sie peinlich genau auf eine Minimierung Ihrer CSS- und JavaScript-Dateien achten müssen, denn beileibe nicht alles wird per gzip ausgeliefert. Hier liefert der **YUI Compressor**, von dem es auch Online-Dienste gibt, sehr gute Ergebnisse.[8]

Fiddler hat neben einigen anderen nützlichen Add-ons auch eine Remote-Logging-Fähigkeit über **FiddlerCap** (siehe Abbildung 15.3).[9] Sie können damit einem Kunden einen Rekorder schicken, der eine HTTP-Sitzung vor Ort aufzeichnet – das ist ungemein hilfreich bei sonst nicht nachvollziehbaren Beschwerden, wenn demgegenüber bei Ihnen alles normal aussieht.

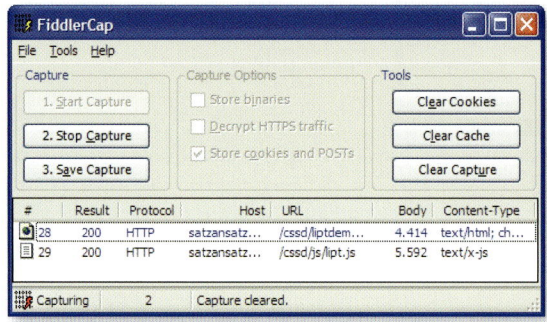

▲ Abbildung 15.3
Remote Logging mit FiddlerCap – die beim Nutzer aufgezeichnete HTTP- oder HTTPS-Sitzung kann später bei Ihnen ausgewertet werden.

15.1.3 YSlow und Page Speed

Es ist nicht sinnvoll, diese Werkzeuge anzuwenden, wenn man sich nicht zuvor mit den dahinter stehenden Kriterien befasst hat.

Die von Souders begründeten Performance-Analyse-Werkzeuge **YSlow** (»why is this page slow«, siehe Abbildung 15.4) und **Page Speed** (siehe Abbildung 15.5) sind Erweiterungen, die eine Seite unter die Lupe nehmen, bewerten und Empfehlungen

---

8 Yahoo Developer Network, »Yahoo! UI Library: YUI Compressor«, *http://developer.yahoo.com/yui/compressor/*

9 Microsoft FiddlerCap, *http://www.fiddlercap.com/*

aussprechen. Die Maßgaben hierfür sind offen verfügbar, es wird auf die entsprechenden Veröffentlichungen der Arbeitsgruppen verlinkt. In ihrer Gesamtheit stellen diese Texte ein Kompendium für die Performance-Optimierung dar, so dass sich ein intensives Studium lohnt.[10]

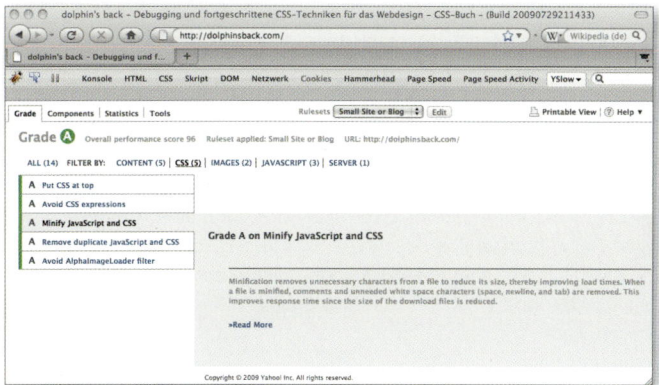

▲ **Abbildung 15.4**
Eine Analyse von YSlow

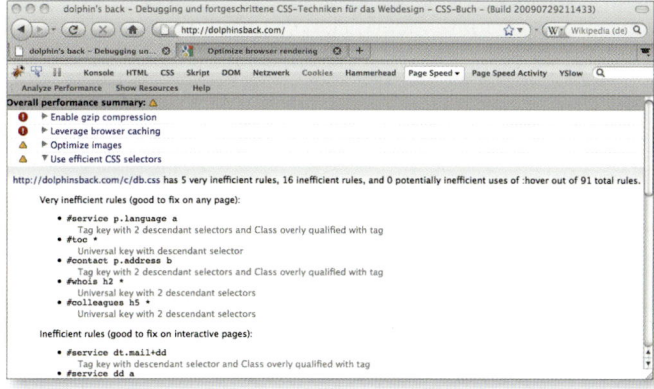

▲ **Abbildung 15.5**
Page Speed

Beide Tools liefern als schönen Nebeneffekt weitestgehend komprimierte Grafiken für die Seite. YSlow nutzt dabei **smush.it** von Stoyan Stefanov und Nicole Sullivan, eine Batterie von freien Kompressionswerkzeugen.

---

10 Yahoo! Developer Network, »Yahoo! YSlow«,
http://developer.yahoo.com/yslow/;
Yahoo! Developer Network, »Best Practices for Speeding Up Your Web Site«, *http://developer.yahoo.com/performance/rules.html*;
Google, »Web Performance Best Practices«,
http://code.google.com/speed/page-speed/docs/rules_intro.html

Die Firebug-Konsole kann in der Befehlszeile (»>>>«) direkt JavaScript auswerten. `document.getElementsByTagName('*').length` liefert die Knotenanzahl.

> **Schnelle und langsame CSS-Selektoren?**
>
> Page Speed analysiert auch CSS-Selektoren (siehe Abbildung 15.5), jedoch sind die dabei getroffenen Aussagen unter einem Vorbehalt zu sehen. So geht mancher Rat nicht auf die Weiterentwicklung gegenwärtiger Parser ein, die selbst bei Tausenden von vermeintlich ungünstigen Selektoren nur noch kaum merkliche Geschwindigkeitseinbußen aufweisen.
>
> Nach einem frühen Artikel von David Hyatt (einem Mozilla- und später Safari-Architekten) werden Selektoren von rechts nach links ausgewertet. Damit wäre ein Selektor wie `li p` ungünstig, da von rechts nach links gelesen alle Absätze im Dokumentbaum auf das Vorhandensein eines Eltern-Listeneintrags überprüft werden müssten.
>
> Aber dieser Effekt macht sich erst bei sehr großen DOM-Trees mit einigen 10.000 Knoten bemerkbar, wobei sich dann aber die Frage stellt, ob Sie durch das Einpflegen von zig Klassen und IDs anstelle der Typ-Selektoren nicht wieder jeden Gewinn allein wegen der anschwellenden Dateigröße einbüßen. Aber zugegeben, schneller Code muss nicht schön sein.

> **Falle: Aggressives Caching ohne Versionierung**
>
> Angenommen, der Server liefert wunschgemäß einige häufig genutzte Dateien aus einem gesonderten Verzeichnis mit einem weit in der Zukunft liegenden Verfallsdatum aus. Hat der Browser diese Dateien einmal im Cache, muss er sie bei einem erneuten Besuch nicht jeweils beim Server neu anfragen. Prima, das spart einiges an Traffic. Aber wie soll der Browser es bemerken, wenn sich eine Datei inzwischen geändert hat?
>
> Daher muss derart aggressives Caching mit einer Versionierung des Dateinamens oder des Pfades einhergehen – das kann bei kleinen Projekten auch von Hand erfolgen. So können nicht nur einige statische Bilder, sondern auch die CSS- und JavaScript-Dateien im Browsercache vorgehalten werden.

15.1.4 HTTP Archive Format

Das HAR-Format wird von vielen Monitoring-Tools benutzt, um den HTTP-Verkehr aufzuzeichnen und zu verarbeiten. Ein Beispiel ist das Firebug-Addon NetExport, das die Informationen des Netpanels automatisiert exportieren kann. Das HAR-File könnten Sie z. B. in Fiddler oder im HAR-Viewer weiter analysieren.[11]

Eine weitere Anwendung ist das HTTP-Archiv, in dem Performance-Parameter für größere Seiten archiviert werden.[12]

---

[11] Jan Odvarko, »HAR Adopters«,
 http://www.softwareishard.com/blog/har-adopters/
[12] Steve Sounders, »HTTP Archive«, *http://httparchive.org*

15.1.5 Reduktion der HTTP-Requests

Ein HTTP-Request kostet einen Verbindungsaufbau zum Server, es kann nur eine bestimmte Anzahl von HTTP-Requests parallel ausgeführt werden, und Scripts können diese blockieren. Hier lohnt es sich, Arbeit zu investieren:

Spriting fasst mehrere Hintergrundbilder zu einem zusammen, und eine negative `background-position` schiebt sie in den sichtbaren Bereich eines Elements (siehe Abschnitt 7.8.2). Was einfach klingt, erweist sich als schwierig bei (wie so häufig in CSS) nicht-fixierten Höhen, etwa in einer Liste mit variablem Text. Oft werden Sie die vertikalen Abstände innerhalb des Sprites erhöhen müssen, damit nicht das nachfolgende Bild in den sichtbaren Bereich hineinragt. Das fertige Sprite ähnelt dann einem Filmstreifen, bei dem nur jedes zweite Bild belichtet ist.

> Noch bietet CSS keinen Parameter für `background`, der es erlauben würde, einen Ausschnitt eines Sprites freizustellen. So müssen wir mit horizontalen, vertikalen, ja diagonalen Sprites experimentieren, um – bei geringem Speicherbedarf – die Sicherheitsabstände zu gewährleisten.

Kombinierung: In modularen CSS-Stylesheets werden Sie bei großen Projekten besser entwickeln können. Diese sollten Sie dann aber in einem Build-Prozess zu einer Datei kombinieren, was dann nur einen HTTP-Request erfordert. (Das Gleiche gilt für JavaScript-Dateien.) Schwierigkeiten können sich hier bei per Conditional Comments dazugelinkten CSS-Dateien ergeben. Auch müssen Sie gut abwägen, ob das ganze Projekt wirklich nur ein großes Stylesheet für alle Bereiche erhalten soll. Andere Faktoren wie eine bei einem aggressiven Caching notwendige Versionierung spielen hierbei ebenfalls eine gewichtige Rolle.

Am Ende steht, dass Sie den Wartungsaufwand bei der Verminderung der HTTP-Requests nicht außer Acht lassen dürfen.

15.1.6 Optimierung des HTML

Ein HTML, das die Bedeutung des Inhalts unterstreicht, wird vielerorts wegen einer »höheren Semantik« gefordert, etwa für SEO-Zwecke (Search Engine Optimization) oder für Screenreader-Nutzer. Zum Thema Performance finden sich nur wenige Forderungen nach einer semantischen Qualität des HTML. Dieses ist aber oft die kürzeste Variante: Klassen und IDs werden nicht selten unnötig, wodurch das HTML kompakter wird, denn die CSS-Selektoren für beispielsweise eine Definitionsliste, eine Adresse oder für ein Zitat können kurz ausfallen.

Es schlägt im Traffic einer Site mit vielen Nutzern auch zu Buche, ob Sie auf überflüssige Container verzichten. Gern erinnern wir daran, dass `<form>...</form>` bereits einen Container in sich darstellt und dass `<ul id="footer">` ebenfalls nach keinem umschließenden `<div>` mehr verlangt.

> Weitere Stichwörter sind kurze Pfadnamen oder Minimierung des verbliebenen Inline-JavaScripts.

Inline-CSS und Inline-JavaScript sollten aufgegeben und in Dateien ausgelagert werden, damit diese im Browsercache gehalten werden können und nicht jedes Mal mit dem HTML geladen werden müssen.

Da die HTML-Datei vom Browser oft nicht gecacht wird, wird schlankerer Code gleich mehrfach belohnt. Die großen Sites sind mit 100 KB bis 200 KB und an die 1000 Knoten einfach zu schwer, als dass man solche Effekte vernachlässigen könnte. Es liegt nicht am CMS, sondern schlicht in Ihrer direkten Verantwortung, ob sie weiter anschwellen.

Entscheidungen, die den Code vereinfachen und über eine ganze Site konsistent machen, wie beispielsweise eine Bibliothek für Design- und Code-Muster, können zu einer schlanken, schnellen und wartbaren Anwendung beitragen.[13] Diese Performance-Kriterien zu definieren, ist eine bedeutende Architektur-Frage des Frontend-Engineerings.

15.2 Für welche Browser soll man entwickeln?

Wir sollen für die Nutzer entwickeln und nicht für bestimmte Browser. Aaron Gustafson führt uns in diese Philosophie ein:

»Beim Progressive Enhancement geht es nicht um Browser. ... [Es] verlangt nicht, dass Sie dasselbe Erlebnis in verschiedenen Browsern bieten, noch hält es Sie davon ab, die neuesten Techniken zu verwenden; es erwartet schlicht, dass Sie Ihren Inhalten (und Ihren Nutzern) gerecht werden ...«

Schicht für Schicht (erst HTML, dann HTML mit CSS, dann HTML mit CSS und JavaScript) böte man ein auf den Nutzer zugeschnittenes Erlebnis, ganz gleich, was der Browser oder das Gerät unterstützt.[14]

Am Anfang steht das HTML – das ist befreiend gemeint, schließlich muss nicht alles überall gleich aussehen, solange es den Nutzern gleichermaßen dienlich ist. In letzter Konsequenz steht damit die Bedeutung einer Seite, also ihr Inhalt, vor ihrer Präsentation und vor ihrem Verhalten. Das zu unterschreiben fällt einem zunächst leicht.

---

13 Nicole Sullivan (2008), »Design Fast Websites«, http://video.yahoo.com/watch/4156174/11192533
14 Aaron Gustafson, »Adaptive Web Design. Crafting Rich Experiences with Progressive Enhancement«, Easy Readers

Nach welchen Kriterien aber akzeptieren wir das Ergebnis? Nur, wenn Sie diese kennen, können Sie eine Seite testen. Ein **Graded Browser Support**, der einen Unterschied macht, wird definieren müssen, von welchem Browser wir was abverlangen, und zwar nicht nur auf der Ebene der Präsentation, sondern auch, welches Feature einer Applikation in welchem Ausmaß unterstützt werden muss.

Eine Applikation wird an dem Nutzer vorbeientwickelt, wenn dem Browser und dem Gerät – dem technischen Kontext des Nutzers – keine Beachtung geschenkt wird. Wir sollen für den Nutzer entwickeln, richtig, und dieser wird sich zu einem bestimmten Zeitpunkt eines bestimmten Gerätes und eines bestimmten Browsers bedienen, um auf die Inhalte und Möglichkeiten der Applikation einzugehen.

Sich internationale Statistiken anzuschauen, mag interessant sein, aussagekräftig sind jedoch nur die eigenen Daten. Monatsübersichten sind wiederum ganz nett, aber erst die wochentägliche Auskunft führt Sie weiter, und Klarheit verspricht nur die Browserverteilung über die Stunden eines Tages. Kurz gesagt gibt es Verteilungen in der Bürozeit sowie am Feierabend und am Wochenende, die recht deutlich vom Monatsmittel abweichen. Der Nutzer verwendet nicht nur einen Browser und nicht nur ein Gerät über den Tag, er wechselt den Kontext und hat dabei ganz unterschiedliche Bedürfnisse.

Wenn ein Browser um ein größeres Release der für den Nutzer erreichbaren Version hinterherzuckelt, ist er bereits veraltet. Wenn Sie diese Browser über den Tag verfolgen, gelangen Sie eventuell zu dem ernüchternden Ergebnis, dass mehr oder weniger ein Viertel Ihrer Nutzer mit veralteter Technik unterwegs ist. Das zu akzeptieren ist nicht leicht. Sie sollten eine Strategie für diese alten Browser ausarbeiten, um Ihren Nutzern gerecht werden zu können.

Die IT-Abteilungen in den Firmen lassen sich durch ein Hinweisschild, man solle updaten, nicht beeindrucken, denn oft hängt eine kostenintensive Infrastruktur von dem verwendeten Browser ab. Das Problem wird durch die immer schnelleren Release-Zyklen der Browser nicht geringer. Die Angestellten in den Firmen haben hierauf wenig Einfluss. Im schlechtesten Fall verliert man sie durch solch plumpe Vorgaben als Nutzer der Site während der Arbeitszeit. Die konzeptuellen Probleme einer Site werden so auf die Probleme einzelner Browser verschoben – und damit vom Betreiber auf den Nutzer.

> **Es gibt wohl keinen Königsweg**
>
> Unser Vorschlag für eine Vorgehensweise ist mehrgliedrig:
> - **Graded Browser Support**: Wir sollten Browser einteilen, etwa in die Klassen A, B, C. Zur Entwicklung von Features sollten wir hierin jeweils Kriterien für Inhalt, Präsentation und Verhalten definieren.
> - **Progressive Enhancement**: Wir sollten Nutzern mit veralteten Browsern eine Basis an Funktionen anbieten, die robust, schnell und sicher genug ist, aber wenig Mehraufwand in der Entwicklung bedeutet. Hierauf bauen Features auf, die sich in modernen Browsern voll entfalten.
> - **User Education**: Nutzer mit veralteten Browsern sollten einen Update-Hinweis sehen, der auf eine Seite führt, die über Robustheit, Geschwindigkeit und Sicherheit informiert. Wir sollten Alternativen der Browserwahl aufzeigen und dabei auf die Situation des Nutzers eingehen.

16 Neue Konzepte

Die Spezifikationen für CSS und HTML sind im Fluss, und wir können Sie nur ermutigen, die Diskussion zu verfolgen. Die beiden Mailinglisten, die vielleicht am interessantesten hierfür sind, sind *www-style* sowie *whatwg*.[1] Exemplarisch haben wir in diesem Anhang neue Gedanken in den Spezifikationen aufgegriffen; sie sind nicht für die Produktion gedacht, sondern für den eigenen Horizont.

16.1 Das Flexible Box Layout Module

Das Flexbox-Modul beschreibt eine komplexe Form des CSS-Layouts, die neben Block-, Inline-, Tabellen- und positionierten Layoutformen eigenständig ist. Jene wurden zur Formatierung von Dokumenten erdacht und haben ihre Schwierigkeiten mit den Anforderungen von Nutzerschnittstellen.

Mit den Eigenschaften des Flexbox-Moduls wird aufgeteilt, was an Platz übrig bleibt, wenn Boxen einen Raum nicht von allein ausfüllen. Dies ist ein Konzept aus dem *User Interface Design*: Denken Sie etwa an die variablen Bestandteile einer Scrollbar bei veränderlichen Fenstergrößen und -inhalten. Das Flexbox-Modul erscheint uns im Moment gut geeignet, um Entwürfe und Konzepte für erste Präsentationen beim Kunden veränderlich zu halten.

Die Namensgebung im Flexbox-Modul ist veränderlich, somit werden auch die Eigenschaftsnamen in unserem Text nicht Bestand haben.[2]

---

[1] W3C, »www-style@w3.org Mail Archives«,
http://lists.w3.org/Archives/Public/www-style/
WHAT Working Group, »The whatwg Archives«,
http://lists.whatwg.org/htdig.cgi/whatwg-whatwg.org/

[2] CSS WG, »CSS Flexbox 2009/2011 Spec Syntax Property Mapping«,
http://wiki.csswg.org/spec/flexbox-2009-2011-spec-property-mapping

16.1.1 Die Flexbox

Ein Container erhält `display: flexbox` und schafft damit einen neuen Block Formatting Context. Seine Inhalte, die *flexbox items*, formen ebenfalls BFCs.

Die *physikalische* Achse, auf der Flexbox-Items laufen, ist horizontal oder vertikal. Da es aber auf die Schreibrichtung ankommt (vgl. *CSS3 Writing Modes Module*) und auch Zeilenumbrüche zu beachten sind, gibt es für die Eigenschaft `flex-flow` des Containers nur noch Werte für *logische* Richtungen. Die Flexbox-Items laufen also ohne weiteres Zutun in »Zeilen«, sonst in »Spalten« (`row`, `column` und andere Werte für gegenläufige Richtungen sowie den Umbruch).

Schließlich bestimmt `flex-pack`, wie mit dem Raum um die Flexbox-Items und zwischen ihnen umgegangen werden soll. Hiermit werden gleichmäßige Abstände bei verteilten und gruppierten Elementen möglich.

> Flexboxen können weder Floats sein noch können sie Multi-column-Eigenschaften aufweisen.

16.1.2 Die Elemente der Flexbox

Die Flexbox-Items zeigen ein Shrink-wrap-Verhalten: Haben sie keine Weite, so schnurren sie wie Floats auf die Weite ihres Inhalts zusammen. Dies gilt entsprechend für ihre Höhe.

»Flex« ist der Anteil des freien Raumes, den sich ein Flexbox-Item zusätzlich nimmt. Der Kuchen wird aufgeteilt, jedoch nicht zwangsläufig gerecht. Bei den Flexbox-Items können `padding` und `margin` sowie `width` und `height` namensgebend flexibel ausgelegt werden (»to flex«): Erstere über den Wert `auto`, Letztere mittels der `flex()`-Funktion. Diese Funktion kann verschiedene Werte haben: positive Flexibilität (anteiliger Zuwachs bei zu viel Platz in der Flexbox), daneben eventuell eine negative Flexibilität (anteiliger Abzug bei zu wenig Platz in der Flexbox), alternativ einfach eine bevorzugte Breite.

Neben der Richtung können Sie auch die Rangfolge der Flexbox-Items beeinflussen, und zwar mit der Eigenschaft `flex-order` des Flexbox-Items. Die natürliche Ordnung der Dinge, also die Abfolge in der HTML-Quelle, kann damit visuell umgestaltet werden.

> Das Flex-Konzept findet seinen frühen Ursprung in Mozillas XML User Interface Language (XUL), die auch in WebKit implementiert wurde.[3]

16.1.3 Ein flexibler Footer

Nach Stephen Hay verbinden wir im Beispiel Media Queries mit dem Flexbox-Layout,[4] um Haltepunkte für einen Layoutwechsel zu bestimmen (siehe Listing 16.1). Der Footer besteht aus zwei

> Ein weiteres Beispiel finden Sie auf der DVD in Listing 14.9.

---

[3] MDN, »flex«, *https://developer.mozilla.org/en/XUL/Attribute/flex*
[4] Stephen Hay, »Meta layout: a closer look at media queries«, *http://lanyrd.com/2011/mobilism/sdxqg/*

Gruppen, die je nach Breite des Viewports ihre Anordnung wechseln (siehe Abbildung 16.1).

```
<!doctype html>
<html>
<head>
  <meta charset=utf-8>
  <title>flexbox</title>
  <style>
    footer {
      border: solid black;
      border-width: 2px 0 2px 0;
      font: 1em/1.25 arial;
      padding: 0.25em 0;
      width: 100%;
    }
    footer ul {
      list-style: none;
    }
    footer * {
      margin: 0;
      padding: 0;
    }
    @media only screen {
      footer {
        border-color: red;
        display: -webkit-box;
        display: flexbox;
        -webkit-box-orient: vertical;
        flex-flow: column;
      }
      footer section {
        padding: 0.25em 0.5em;
      }
    }
    @media screen and (min-width: 30em) {
      footer {
        border-color: yellow;
        -webkit-box-orient: horizontal;
        flex-flow: row;
      }
      footer #recent {
```

Das Beispiel illustriert lediglich und ist nicht für die Produktion gedacht, denn es fehlen Fallbacks für alte Browser sowie die Präfixe der anderen Hersteller (`-moz-` für Fx, `-ms-` für IE 10), vor allem entspricht die Namensgebung noch einem frühen Entwurf für die Spezifikation.[5]

Ausgangslage: Im Footer stehen die beiden Listen untereinander in einer Spalte.

`box-orient` heißt inzwischen `flex-flow`, und der *physikalische* Wert `vertical` wird zum *logischen* Wert `column`.

Die Ausgangslage wird bei Erreichen der ersten Mindestbreite überschrieben. Die Listen innerhalb des Footers sollen nun in einer Reihe nebeneinander stehen.

---

5 W3C, »CSS Flexible Box Layout Module Editor's Draft«, *http://dev.w3.org/csswg/css3-flexbox/*

Die `#recent`-Liste nimmt sich all den Platz, den die `#about`-Liste nicht benötigt.

Beim Erreichen der zweiten Mindestbreite wird erneut überschrieben, und auch die Listeneinträge sollen nun in einer Reihe stehen.

```css
        -webkit-box-flex: 1;
        width: flex(1);
      }
    }
    @media screen and (min-width: 40em) {
      footer {
        border-color: lime;
      }
      footer ul {
        display: -webkit-box;
        display: flexbox;
        -webkit-box-orient: horizontal;
        flex-flow: row;
      }
      footer li {
        padding-right: 0.5em;
      }
    }
  </style>
</head>
<body>
  <footer>
    <section id="about">
      <p>Über uns</p>
      <ul>
        <li><a href="#">Wer wir waren, wer wir sind
        </a></li>
        <li><a href="#">Wohin es geht</a></li>
      </ul>
    </section>
    <section id="recent">
      <p>Kürzlich</p>
      <ul>
        <li><a href="#">Low-Budget-Projekte</a></li>
        <li><a href="#">Verworfenes</a></li>
      </ul>
    </section>
  </footer>
</body>
</html>
```

▲ **Listing 16.1**
Ein Footer aus zwei Gruppen, die je nach verfügbarer Breite unter- bzw. nebeneinander angeordnet sind.

▲ Abbildung 16.1
Der Footer unterscheidet drei verschiedene Zustände.

16.2 Die Eigenschaft display ist zusammengesetzt

Die Eigenschaft display sagt immer zweierlei: Wie fügt sich das Element erstens nach außen in die Umgebung ein, die durch sein Elternelement sowie durch seine Geschwister bestimmt wird? Wie bestimmt es zweitens nach innen die Platzierung seiner Kindelemente?

Spaltet man display gedanklich in die Unterformen display-outside und display-inside auf, werden die Rolle im Layout der Umgebung sowie der Layoutmanager für Kinder deutlich (siehe Tabelle 16.1). Ob es in der Spezifikation zu einer solchen Trennung kommt, ist offen.

display	Rolle im Layout der Umgebung = display-outside	Layout-Manager für Kinder = display-inside
block	block	block
inline	inline	inline
inline-block	inline	block
table	block	table
table-cell	table-cell	block
flexbox	block	flexbox
inline-flexbox	inline	flexbox

▲ **Tabelle 16.1**
Aufteilung der Funktion der Eigenschaft `display`

16.3 Feature Queries

In CSS vertraut Progressive Enhancement darauf, dass nicht unterstützte Eigenschaften vom Browser nicht angewendet werden und keine Probleme verursachen. Dennoch vermisst man oft eine richtige »feature detection«. Das *CSS Conditional Rules Module* liefert hier eine an die Media Queries angelehnte Abfrage, ob ein Browser ein Eigenschaft-Wert-Paar unterstützt (siehe Listing 16.2).

```
@supports (display: flexbox) or
  (display: -webkit-box) or
  (display: -ms-box) or
  (display: -moz-box) {
    footer {
      display: -webkit-box;
      display: -ms-box;
      display: -moz-box;
      display: flexbox;
      -webkit-box-orient: vertical;
      -ms-box-orient: vertical;
      -moz-box-orient: vertical;
      flex-flow: column;
      border-color: red;
    }
}
```

▲ **Listing 16.2**
Eine `@supports`-Regel, die den Footer bedingt als flexible Box auslegt.

Durch `not`, `and`, `or` und entsprechende Klammerung können Sie die Bedingung der `@supports`-Regel beliebig modifizieren. Die `@supports`-Regel vereinfacht es, neue Features zu nutzen, insbesondere solche, die aus einer Gruppe von Eigenschaften bestehen, wie beispielsweise beim neuen Flexbox-Layout.

16.4 Scoped CSS

In HTML5 bestimmt das `style`-Element mit dem neuen `scoped`-Attribut einen besonderen »Anwendungsbereich«, auf den sich die CSS-Regeln beziehen. Das Elternelement des `<style scoped>`-Elements samt nachfolgendem Dokumentbaum wird dabei zum »Scope«. Dies mag praktisch sein, wenn (beispielsweise von Dritten generierte) Inhalte in einer Applikation zu einer Seite zusammengefügt werden.

```
<section>
  <style scoped>
    p {
      color: green;
    }
  </style>

  <p>Lorem</p>
</section>
<p>ipsum</p>
```

◀ **Listing 16.3**
Der Scope umfasst die Sektion, und nur der innenliegende Absatz wird grün.

Nie wird ein Element außerhalb des Scopes adressiert: In Listing 16.3 ist der Absatz außerhalb der Sektion nicht betroffen.

Aber was ist mit den CSS-Selektoren, sollen sie von außerhalb beeinflusst werden können (siehe Listing 16.4)? Ein Vorschlag in der Diskussion ist, eine neue at-Regel `@global` dem Selektor voranzustellen – um ausdrücken zu können, dass der Selektor im gesamten Dokument zur Deckung gebracht werden soll und nicht nur in diesen Bereich (siehe Kommentar in Listing 16.4).

```
<div>
  <section>
    <style scoped>
      div p {
        color: green;
      }
      /*
```

```
      @global div p {
        color: green;
      }
      */
    </style>

    <p>Lorem ipsum dolor</p>
  </section>
</div>
```

▲ **Listing 16.4**
Der Scope umfasst weiterhin nur die Sektion. Darf der innenliegende Selektor aber auf das `<div>` außerhalb des Scopes zugreifen und infolgedessen der Absatz grün gefärbt werden? Ein Vorschlag ist der Zusatz `@global` vor der Regel, um dies zu bewirken.

Wie auch immer, am Ende wird gefiltert: Wenn der Selektor greift, dann werden die CSS-Deklarationen auf jeden Fall nur auf Elemente innerhalb des Scopes angewendet.

Ein `style`-Element ohne `scoped`-Attribut ist nur im Head eines Dokumentes valide – jedoch haben Browser solche Styles bislang angewendet, und zwar nicht auf einen bestimmten Bereich beschränkt, sondern auf das gesamte Dokument.

16.5 Mehr Typografie mit CSS3

Lange Zeit konnte man im Webdesign eher rudimentär auf die Typografie Einfluss nehmen. Auch wenn wir uns inzwischen an die Beschränkungen gewöhnt haben sollten, so ist es doch eine Wohltat, dass mit CSS3 mehr Möglichkeiten Einzug halten, die auch einem höheren Anspruch gerecht werden.

16.5.1 Angepasste Größe einer Ersatzschrift mit font-size-adjust

Die `font-family`-Liste ist eine Fallback-Liste. Der Browser geht sie durch, bis er einen verfügbaren Font findet. Wenn die Schriften der `font-family`-Liste ungleiche x-Höhen haben, erscheinen sie bei gleicher Schriftgröße ungleich groß, was die Lesbarkeit beeinträchtigen kann. Dies schlägt sich als ein unterschiedlicher **Aspektwert** nieder, festgelegt als das Verhältnis der Höhe des kleinen »x« zur Schriftgröße. Ein Aspektwert von `0.5` bedeutet ohne viel Mathematik für das kleine »x«, halb so groß zu sein wie die Schriftgröße.

Was aber geschieht, wenn die erste Schrift nicht verfügbar ist? Um den Eindruck einer gleich großen Ersatzschrift beim Lesen zu erwecken, kann `font-size-adjust` die Schriftgröße anpassen. Die in CSS3 wiedergeborene Eigenschaft wird auf die gesamte `font-family`-Liste angewendet, also auch auf die erste Schriftart. Als Autor werden Sie daher verhindern wollen, dass Ihr Wunschkandidat mitverändert wird. Dies erreichen Sie, indem Sie `font-size-adjust` gleich dem Aspektwert Ihrer bevorzugten Schrift setzen:

Die Eigenschaft wurde mangels Herstellersupport und ungenügender Spezifizierung aus CSS 2.1 herausgenommen. Mozilla treibt `font-size-adjust` in CSS3 voran.

angepasste Schriftgröße = (`font-size-adjust`/Aspektwert) × `font-size`

Da der Aspektwert nirgends steht, müssen Sie ihn erst einmal ermitteln, siehe dazu die Legende von Abbildung 16.2. Hat Ihre bevorzugte Schrift beispielsweise einen Aspektwert von 0.5, dann führt ein `font-size-adjust` von ebenfalls 0.5 zu einer unveränderten Schriftgröße, wohl aber zu einer Änderung bei den anderen Schriften der Liste. Da im Beispiel die bevorzugte Schrift nicht verfügbar ist: Gleich groß zu wirken bedeutet, dass bei der Ersatzschrift die absolute x-Höhe der bevorzugten Schrift bewahrt bleibt. Ein Beispiel mit den Schriften Consolas und Monaco finden Sie in Abbildung 16.2. Findet der Browser des Nutzers nur die Monaco vor, wohingegen der Autor die Consolas erwartet, kann mit der Eigenschaft `font-size-adjust` die effektive Schriftgröße der größeren Monaco herabgesetzt werden.

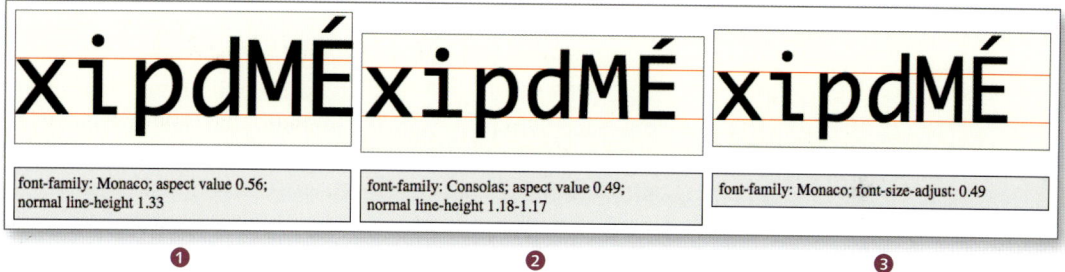

▲ **Abbildung 16.2**
`font-size-adjust` am Beispiel von Consolas und Monaco. Angegeben ist zusätzlich die ungefähre einheitenlose `line-height`, die dem Wert normal entspricht. Wir verwenden hier das Aspect-Value-Tool von Bruno Fassino[6] und setzen die `font-size-adjust` mittels Firebug.

Die bevorzugte Schrift Consolas (❷) hat beispielsweise einen Aspektwert von 0.49 im Firefox Mac OS X. Bei derselben `font-size: 100px` imponiert die Monaco deutlich größer (❶). Angenommen, Consolas läge bei `font-family: Consolas, Monaco;` nicht vor. Mit einer `font-size-adjust`, die dem Aspektwert

---

[6] Bruno Fassino, »Display installed fonts, compute aspect value«, *http://brunildo.org/test/fontlist3.html*

der Consolas entspricht, erscheint die Monaco nun etwa gleich groß (❸).

16.5.2 Schriften einbinden mit @font-face

Auch `@font-face` war ein Bestandteil von CSS 2, der in 2.1 mangels Browserunterstützung entfernt wurde. Internet Explorer kennt `@font-face` schon seit Version 4.

Mit der `@font-face`-Regel aus dem *CSS Fonts Module* können Sie Schriften einbinden, die nicht auf dem Rechner des Besuchers zur Verfügung stehen – entweder, indem Sie selbst die Schriftart anbieten, oder aber durch Hosting bei einem externen Anbieter. Mit Deskriptoren *(descriptor)* innerhalb der `@font-face`-Regel legen Sie Name, Quelle und Charakteristik der einzubindenden Schrift fest:

```
@font-face {
  font-family: Wunschschrift;
  src: url(wunschschrift.ttf);
}
```

Weitere Deskriptoren wie `font-style` und `font-weight` zur Charakterisierung eines Schriftschnittes werden noch nicht browserübergreifend unterstützt.

Der Aufruf erfolgt wie gewohnt über die `font-*`-Eigenschaften:

```
p {font-family: Wunschschrift, Arial;}
```

In der Praxis erweist sich die Einbindung als komplizierter, weil die Browser unterschiedliche Formate benötigen und die deshalb notwendige Angabe mehrerer Formate zu einem Fehler im IE < 9 führt. Der Weg zur »kugelsicheren« Schrifteinbindung ging über Vorschläge von Paul Irish und Richard Fink hin zur **Fontspring @Font-Face Syntax** von Ethan Dunham,[7] die zum Zeitpunkt, als wir dieses Kapitel schreiben, die browserübergreifend zuverlässigste Methode ist.

Welches Format für wen?

IE < 8 benötigt das Sonderformat *Embedded OpenType* (EOT) – dies ist ein Container für eine True-Type-Schrift (TTF).
Das vom W3C spezifizierte *Web Open Font Format* (WOFF) wird sich als das wichtigste Format etablieren. Die aktuellen Versionen der modernen Browser unterstützen es bereits.
Das *TrueType Format* (TTF) ist der Fallback für ältere Browserversionen.
Für Mobile Safari unter iOS < 4.2 wird der Font schließlich noch als *Scalable Vector Graphic* (SVG) verpackt.

```
/* Fontspring @Font-Face Syntax */
@font-face {
  font-family: 'MyFontFamily';
  src: url('myfont-webfont.eot?#iefix')
format('embedded-opentype'),
  url('myfont-webfont.woff') format('woff'),
  url('myfont-webfont.ttf') format('truetype'),
  url('myfont-webfont.svg#svgFontName') format('svg');
}
```

---

7 Paul Irish, »Bulletproof @font-face syntax«,
 http://paulirish.com/2009/bulletproof-font-face-implementation-syntax/;
 Richard Fink, » Mo' Bulletproofer @Font-Face CSS Syntax«,
 http://readableweb.com/mo-bulletproofer-font-face-css-syntax/;
 Ethan Dunham, »The New Bulletproof @Font-Face Syntax«,
 http://www.fontspring.com/blog/the-new-bulletproof-font-face-syntax

IE < 9 scheitert an der Aufreihung mehrerer Formate, weil alles, was nach der ersten öffnenden Klammer steht, als Bestandteil der ersten URL eingelesen wird. Durch das »?« wird alles Nachfolgende zum (wirkungslosen) Query String, und die Einbindung klappt auch im IE < 9.

Ethan Dunham ist auch der Betreiber von **Font Squirrel**[8], wo Sie zum einen ausgewählte freie Webfonts samt Einbindung als Paket herunterladen können und zum anderen mit dem *@font-face Generator* Ihre eigenen Schriften in die nötigen Formate umwandeln lassen können – vorausgesetzt natürlich, Sie verfügen über die entsprechenden Rechte.

Lizenzrechtlich auf der sicheren Seite sind Sie, wenn Sie die Schriften von einem externen Dienst beziehen, der den nötigen Code liefert und z. T. auch das Hosting übernimmt. Kommerzielle Schriften mit unterschiedlichen Preis- und Lizenzmodellen erhalten Sie z. B. bei fonts.com und Typekit; freie Webfonts bietet Google.[9]

> EOT, das Format für IE < 9, muss an erster Stelle stehen, damit dieser Workaround funktioniert.

> Der *@font-face Generator* zeigt Ihnen den Aspektwert an, wenn Sie eine Schrift für die Umwandlung hochladen. Solange `font-size-adjust` noch nicht browserübergreifend zur Verfügung steht, können Sie dem Generator die Anpassung des Verhältnisses überlassen (Option »X-height-Matching«). Dabei wird jedoch der umgekehrte Weg beschritten: Die einzubindende Schrift wird bei der Umwandlung an die *aspect ratio* der gewählten Ersatzschrift angepasst.

16.5.3 Exkurs: Über die Lesbarkeit

Die Lesbarkeit von Texten am Bildschirm wird von etlichen Faktoren beeinflusst. Dazu gehören Schriftart, Schriftgröße, Zeilenabstand und Zeilenlänge. In einem gewissen Rahmen kann der Webautor auf alle diese Faktoren Einfluss nehmen – die letzte Entscheidung liegt jedoch immer beim Benutzer einer Website. Doch gilt: Je besser die Vorschläge des Webautors sind, desto weniger Grund hat der Benutzer, selbst einzugreifen.

Schriftart | Während bei gedruckten Texten Schriftarten mit Serifen als besonders gut lesbar gelten (die Serifen betonen den Zeilenverlauf), sind für Texte am Bildschirm meist serifenlose Schriften besser geeignet. Die begrenzte Auflösung des Bildschirms lässt die feinen Serifen grob und verpixelt erscheinen, und das Schriftbild wird unklar – ein Problem, das besonders bei kleinen Schriftgrößen auftritt.

Das Angebot an lokalen webtauglichen Schriften – Schriften also, bei denen davon auszugehen ist, dass sie auf dem System des Besuchers auch vorliegen – ist relativ gering. Verbreitete Serifenlose sind Arial, Trebuchet MS, Verdana und Lucida (Lucida Grande unter Mac OS und Lucida Sans Unicode unter Windows).

> Wie jede Faustregel ist die Regel »Serifenlose für den Bildschirm« nicht unumstößlich: In passender Größe ist auch eine Georgia in Fließtexten am Bildschirm sehr gut lesbar.

---

[8] Ethan Dunham, »Handpicked free fonts for graphic designers with commercial-use licenses«, *http://www.fontsquirrel.com/*

[9] *http://webfonts.fonts.com/*
https://typekit.com/
http://www.google.com/webfonts

Die neuen Schriften sind auch für Nutzer älterer Windows-Versionen erhältlich; sie sind z. B. im kostenlosen PowerPoint-Viewer enthalten.

Sinnvoll einsetzbar sind die Schriften ab Windows XP mit aktiviertem ClearType.

Als Serifenschriften stehen Times New Roman und Georgia zur Verfügung.

Mit Windows Vista kamen weitere Schriften hinzu, die sich für Webseiten gut eignen: Calibri, Candara und Corbel ohne Serifen, Cambria und Constantia mit Serifen. Sie werden von MS die »C*fonts« genannt, da sie alle mit »C« wie »ClearType« beginnen.[10]

> **Exkurs: Schriftglättung**
>
> Seit XP steht unter Windows die Schriftglättung ClearType[11] (siehe Abbildung 16.3) zur Verfügung, die im System jedoch extra aktiviert werden muss:
> EIGENSCHAFTEN VON ANZEIGE • DARSTELLUNG • EFFEKTE • FOLGENDE METHODE ZUM KANTENGLÄTTEN VON BILDSCHIRMSCHRIFTARTEN VERWENDEN: • CLEARTYPE.
> IE 7 stellt unabhängig von der Systemeinstellung Schriften per Default mit aktivierter Schriftglättung dar (was manchen Benutzer glauben macht, der IE könne Schrift grundsätzlich »schöner« darstellen als andere Browser).
> Windows Vista und 7 haben eine weiter verbesserte Schriftdarstellung erhalten.[12] Schriftglättung ist schon im Auslieferungszustand aktiviert. 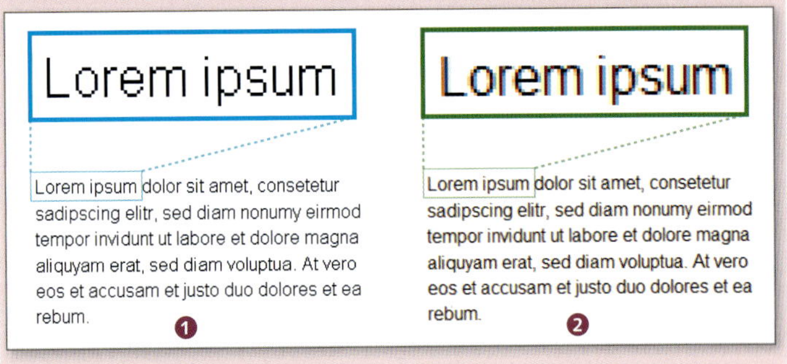
>
> ▲ **Abbildung 16.3**
> Schriftdarstellung unter Windows XP ohne ❶ und mit ❷ ClearType
>
> Die Schriftglättung der Quartz-Engine unter Mac OS X unterscheidet sich von ClearType; die Schriften wirken etwas »fetter«. Seit Safari 4 kann der Nutzer unter Windows wählen, welche Art der Schriftglättung verwendet werden soll: die Windows-eigene oder die der Quartz-Glättung entsprechende (siehe Abbildung 16.4).

Ob nun die Schriftglättung unter Windows oder Mac OS X die »schönere« ist? Eine Frage des Geschmacks und der Sehgewohnheit.

---

10 IE Blog, »Give Your Eyes a Treat«,
http://blogs.msdn.com/ie/archive/2008/04/22/give-your-eyes-a-treat.aspx

11 Microsoft Typography, »ClearType information«,
http://www.microsoft.com/typography/ClearTypeInfo.mspx

12 MSDN, »Einführung in DirectWrite«,
http://msdn.microsoft.com/de-de/library/dd371554

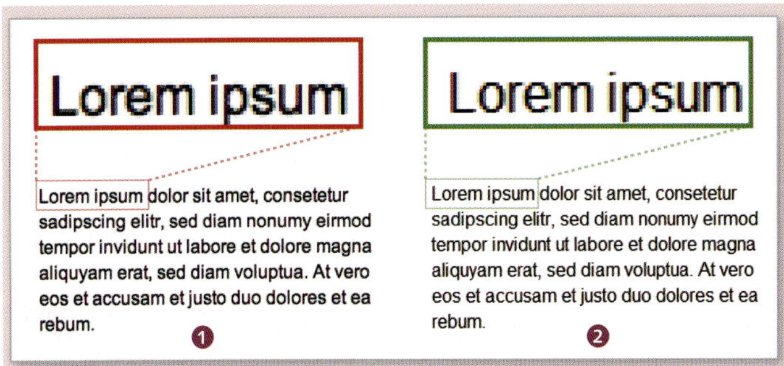

▲ **Abbildung 16.4**
Glättung in Safari Win mit Mittel ❶ und Windows-Standard ❷

Wegen dieser doch erheblichen Unterschiede in der Schriftdarstellung lohnt es sich, Seiten sowohl mit als auch ohne Schriftglättung zu testen, um einen Eindruck von der Lesbarkeit unter verschiedenen Bedingungen zu bekommen.
Beim Erstellen von Bildern, die z. B. per Image Replacement Text ersetzen, muss man sich für oder wider die Schriftglättung im Grafikprogramm entscheiden. Es wird jedoch immer eine Nutzergruppe geben, für die die Schrift in den Bildern als Fremdkörper gegenüber dem »echten« Text wirkt – wobei die Gruppe der Nutzer, die Schrift ohne Glättung zu sehen bekommt, immer kleiner werden dürfte.

Mit der Schrifteinbettung per `@font-face` (siehe Abschnitt 16.5.2) ist die Palette an Schriften fast unendlich groß. Die Herausforderung liegt darin, das rechte Maß (nicht Masse) zu finden und sich nicht vom Überangebot verleiten zu lassen.

Die Qualität von Webfonts ist sehr unterschiedlich, umso wichtiger ist der Test mit verschiedenen Konstellationen – gerade auch mit unterschiedlichen Arten von Schriftglättung. So mancher Webfont ist ungeglättet nicht lesbar.

Mit den Webfonts halten auch Schriften Einzug, die bisher nur als Grafiken zu finden waren, z. B. Handschriften oder Typewriter-Schriften. Deren Einsatzbereich dürfte recht begrenzt sein, z. B. für Überschriften, trotzdem erfordern sie besonderes Augenmerk bei der Auswahl der Fallback-Schrift – verändert sich doch der grafische Charakter eine Seite sehr stark, wenn ein solch »extremes« Element wegfällt.

Schriftgröße | Die Browserhersteller haben sich auf 16 px als Grundgröße geeinigt, was meist etwas zu groß erscheint. Die Empfehlung an den Benutzer, die Standardschriftgröße in seinem Browser an die eigenen Bedürfnisse anzupassen, ist nicht praxistauglich. Welcher Nutzer verstellt schon seinen Browser? Die Konsequenz: Um die Gestaltungswünsche eines Auftraggebers zu erfüllen, wird die Schrift verkleinert. Leider übertreibt dabei

Mit der Zahl der verfügbaren Webfonts wächst auch die Verantwortung des Webautoren: War bisher die Comic Sans die größtmögliche Katastrophe für den Leser, so ist auch hier die Skala nach oben offen.

Während Arial in 16 px nur ungelenk wirkt, ist die Verdana schon aufdringlich groß – Times New Roman hingegen wird gerade erst lesbar (siehe Abbildung 16.5).

Die Verdana ist deshalb auch in kleinen Größen noch besser lesbar als andere Schriften, weil die Buchstaben im Verhältnis schlichtweg größer gezeichnet sind.

mancher Webautor – 10 px oder noch weniger sind nicht bloß auf CD-Covern anzutreffen.

Einige Schriften verleiten zu starker Verkleinerung, weil sie für die Bildschirmdarstellung optimiert sind und auch in kleinen Größen noch zu erahnen sind. Besonders die Verdana wirkt deutlich größer als z. B. die Arial (siehe Abbildung 16.5) und taucht daher besonders häufig in winzigen Varianten auf. Da jedoch nie sichergestellt ist, in welcher Schriftart ein Besucher eine Seite tatsächlich sieht, sollten Sie bei der Schriftverkleinerung eher moderat vorgehen.

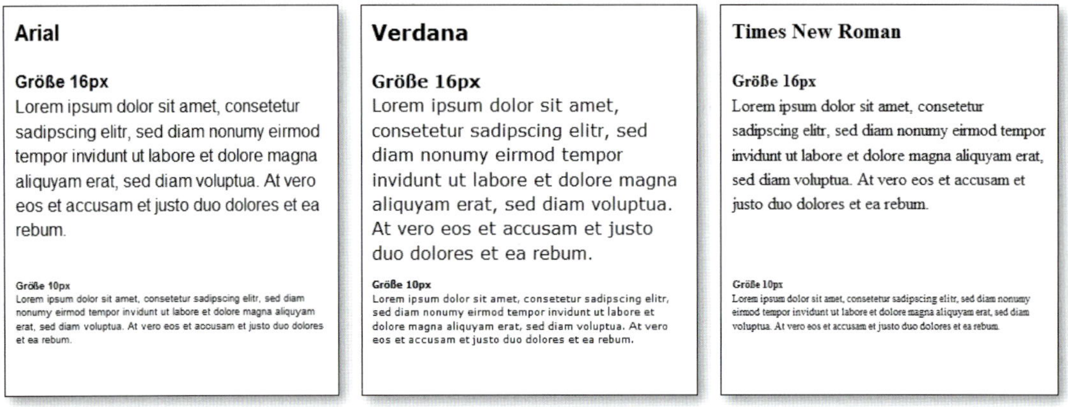

Arial

Größe 16px
Lorem ipsum dolor sit amet, consetetur sadipscing elitr, sed diam nonumy eirmod tempor invidunt ut labore et dolore magna aliquyam erat, sed diam voluptua. At vero eos et accusam et justo duo dolores et ea rebum.

Größe 10px
Lorem ipsum dolor sit amet, consetetur sadipscing elitr, sed diam nonumy eirmod tempor invidunt ut labore et dolore magna aliquyam erat, sed diam voluptua. At vero eos et accusam et justo duo dolores et ea rebum.

Verdana

Größe 16px
Lorem ipsum dolor sit amet, consetetur sadipscing elitr, sed diam nonumy eirmod tempor invidunt ut labore et dolore magna aliquyam erat, sed diam voluptua. At vero eos et accusam et justo duo dolores et ea rebum.

Größe 10px
Lorem ipsum dolor sit amet, consetetur sadipscing elitr, sed diam nonumy eirmod tempor invidunt ut labore et dolore magna aliquyam erat, sed diam voluptua. At vero eos et accusam et justo duo dolores et ea rebum.

Times New Roman

Größe 16px
Lorem ipsum dolor sit amet, consetetur sadipscing elitr, sed diam nonumy eirmod tempor invidunt ut labore et dolore magna aliquyam erat, sed diam voluptua. At vero eos et accusam et justo duo dolores et ea rebum.

Größe 10px
Lorem ipsum dolor sit amet, consetetur sadipscing elitr, sed diam nonumy eirmod tempor invidunt ut labore et dolore magna aliquyam erat, sed diam voluptua. At vero eos et accusam et justo duo dolores et ea rebum.

▲ **Abbildung 16.5**
Vergleich der Wirkung von unterschiedlichen Schriften bei gleicher Größe (im Firefox unter Win XP mit ClearType)

Zusätzlich zur im IE 7 eingeführten Zoomfunktion gibt es im IE nach wie vor die Möglichkeit, einen größeren Schriftgrad zu wählen – und dieser lässt sich auch in IE ≥ 7 nur bei Prozent- und em-Werten anpassen.

Die Option, die Schrift bei Bedarf zu vergrößern, bietet jeder Browser an. Damit auch die Nutzer des Internet Explorers die Schrift an ihre Bedürfnisse anpassen können, darf eine Seite nicht Einheiten wie Pixel oder Punkt für Schriftgrößen einsetzen. Nur die relativen Größen Prozent oder em (oder Keywords) sind im IE in fünf festgelegten Schritten von SEHR KLEIN bis SEHR GROSS skalierbar.

> **Das letzte Mittel**
>
> Die einzige Möglichkeit, die sich dem Nutzer des IE bietet, auch Schrift in absoluten Größen zu skalieren, ist das Unterbinden jeglicher Schriftgrößenänderung unter EXTRAS • INTERNETOPTIONEN • ALLGEMEIN • EINGABEHILFEN • SCHRIFTGRADANGABEN AUF WEBSEITEN IGNORIEREN.
> Da die Darstellung der Webseiten mit dieser Einstellung jedoch sehr stark von den anderen Browsern abweicht – und auch zu erheblichen Darstellungsfehlern führt –, ist sie eher eine Notlösung denn eine hilfreiche Option.

Die eine, optimale Schriftgröße gibt es sicher nicht. Wenn Sie sich mit Ihren Angaben im Bereich von 80% bis 100% der Standardschriftgröße bewegen, relative Einheiten einsetzen und ihr Layout auch eine Schriftvergrößerung von einigen Stufen aushält, dürfte der Großteil der Besucher gut zurechtkommen.

Da ungewiss ist, welche Schriftart beim Besucher tatsächlich vorliegt, kann der Webautor sich nicht auf nur eine Schriftartangabe verlassen. Es wird gewöhnlich eine Reihung von ähnlichen Schriften notiert, die der Browser der Reihe nach anzuzeigen versucht. Es ist daher durchaus legitim, an erster Stelle eine wenig verbreitete Schrift einzusetzen (z. B. die Hausschrift des Seitenbetreibers): Wer sie installiert hat, freut sich, wer sie nicht hat, sieht eine Alternativschrift. Die letzte Alternative sollte immer die sogenannte generische Schriftfamilie sein (meist: `serif` oder `sans-serif`), damit die Anzeige dem Wunsch zumindest nahekommt.

Der CSS-Validator gibt eine Warnung aus, wenn die generische Schriftfamilie in einer Reihung fehlt.

Zeilenabstand | Kriterien für die Wahl des »richtigen« Zeilenabstands sind sowohl die verwendete Schriftart als auch die Zeilenlängen: Je größer die Kleinbuchstaben im Verhältnis zu den Versalien und je länger die Textzeilen sind, desto größer sollte der Zeilenabstand sein. Auf beide Faktoren hat der Webautor nur begrenzt Einfluss. Er muss sich daher mit einem Richtwert behelfen. Als Faustregel gilt: Mit einer `line-height` von 1.4 (oder mehr) ist Fließtext im Allgemeinen gut lesbar.

`line-height` ist eine der wenigen Eigenschaften, für die auch Werte ohne Einheit verwendet werden können – so wird der Wert als Faktor vererbt, nicht als errechneter Wert (computed value).[13] Trotz eines Darstellungsfehlers in älteren Geckos unter Mac OS ist diese Vorgehensweise empfehlenswert.[14]

Zeilenlänge | Damit das Auge beim Lesen flüssig vom Ende einer Zeile zum Beginn der nächsten wechseln kann, sollten bestimmte Zeilenlängen nicht über- oder unterschritten werden. Ausschlaggebend für eine gute Lesbarkeit ist die Anzahl der Zeichen pro Zeile einschließlich der Leerzeichen – also die Anzahl der Anschläge. Als gut lesbar gelten Texte mit etwa 40 bis 80 Anschlägen, das entspricht etwa 8 bis 12 Wörtern pro Zeile. Diesem Richtwert können Sie sich bei deutschsprachigen Texten mit Breiten von 25 bis 40 em nähern. Sprachen mit weniger langen Wörtern – wie z. B. das Englische – kommen mit etwas geringeren Zeilenlängen aus.

Noch ein Wort zur Ausrichtung | Für Fließtexte in Drucksachen ist Blocksatz sehr beliebt, da damit auch am rechten Zeilenrand

*Der **Soft Hyphen** (`&shy;`) als »Sollbruchstelle« würde eine manuelle Silbentrennung ermöglichen – wäre er nur browserübergreifend einheitlich implementiert.*

---

13 Eric Meyer, »Unitless line-heights«, *http://meyerweb.com/eric/thoughts/2006/02/08/unitless-line-heights/*

14 Roger Johansson, »Unitless line-height bug in Mozilla and Firefox«, *http://www.456bereastreet.com/archive/200608/unitless_lineheight_bug_in_mozilla_and_firefox/*

ein klarer, sauberer Abschluss entsteht. Für den Setzer ist ein sauberer Blocksatz eine Herausforderung – auch wenn aktuelle Software dabei gute Dienste leistet. In jeder Zeile muss ein optimales Maß für eine Anpassung von Wort- und evtl. Zeichenabständen gefunden werden, damit der Grauwert von Zeile zu Zeile nicht zu sehr abweicht. Essenziell für Blocksatz ist die Silbentrennung, mit der die Anzahl der Zeichen pro Zeile ausgeglichen wird – eine Option, die es für Webbrowser noch nicht gibt.

Das *CSS Text Level 3 Module* enthält Eigenschaften, die die Silbentrennung regeln. Ab Fx 6 und Safari 5.1 sind erste Implementierungen der Eigenschaft `hyphens` vorhanden. Die Browser nutzen ein zur angegebenen Sprache passendes Trennungswörterbuch, Fx soll ab Version 8 auch deutsche Silbentrennung beherrschen. Das CSS-Modul sieht vor, dass man eine *hyphenate resource* angeben kann – doch das ist noch Zukunftsmusik.

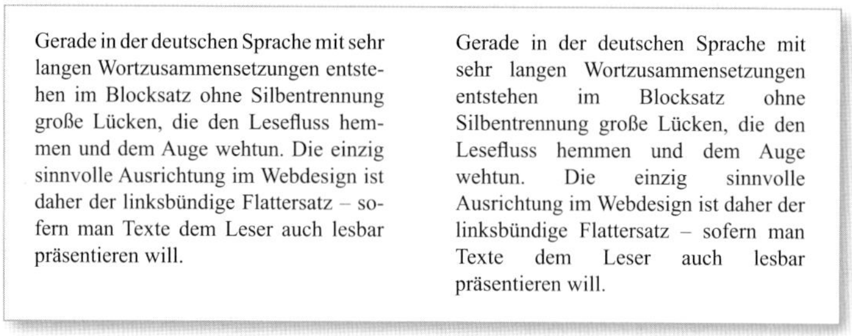

> Gerade in der deutschen Sprache mit sehr langen Wortzusammensetzungen entstehen im Blocksatz ohne Silbentrennung große Lücken, die den Lesefluss hemmen und dem Auge wehtun. Die einzig sinnvolle Ausrichtung im Webdesign ist daher der linksbündige Flattersatz – sofern man Texte dem Leser auch lesbar präsentieren will.

> Gerade in der deutschen Sprache mit sehr langen Wortzusammensetzungen entstehen im Blocksatz ohne Silbentrennung große Lücken, die den Lesefluss hemmen und dem Auge wehtun. Die einzig sinnvolle Ausrichtung im Webdesign ist daher der linksbündige Flattersatz – sofern man Texte dem Leser auch lesbar präsentieren will.

▲ **Abbildung 16.6**
Blocksatz mit und ohne Silbentrennung.

16.5.4 Spaltensatz mit dem Multi-column Layout

Mit dem *CSS Multi-column Layout Module* hält der im Printlayout übliche Spaltensatz Einzug ins Webdesign. Texte können automatisch auf mehrere Spalten verteilt werden, entweder indem Sie eine (Mindest-)Spaltenbreite vorgeben oder indem Sie die gewünschte Anzahl von Spalten festlegen. Betrachten Sie folgendes Beispiel:

In den modernen Browsern ist das Multi-column-Layout unterschiedlich weit implementiert (IE ab 10), im Opera ≥ 11.1 bereits ohne Präfix.

```
<div>
    <h1>Beispiel für das Multi-column Layout</h1>
    <p>Lorem ipsum [...]</p>
    <h2>Sed diam nonumy [...]</h2>
    <p>Lorem ipsum [...]</p>
    [...]
</div>
```

Listing 16.5 ▶
Spaltensatz mit dem Multi-column Layout.

Spaltenanzahl und -breite | Mit den Eigenschaften `column-width` und `column-count` wird ein Element zum **Multi-column-Element**; in einem solchen Element wird der Inhalt auf Spaltenboxen (*column box*) aufgeteilt. Diese Spaltenboxen wiederum werden nebeneinander in einer »Zeile« angeordnet, wobei alle Spaltenboxen einer Zeile gleich hoch sind.

Mindestens eine der beiden Eigenschaften muss vom Initialwert `auto` abweichen. Ein Multi-column-Element etabliert einen Block Formatting Context.

Eine Lücke zwischen den *column boxes* definieren Sie mit `column-gap`, mittig darin kann es eine Trennlinie (`column rule`) geben.

Mit `column-width` legen Sie eine Mindestbreite für die Spalten fest, d. h., der Text wird nur in Spalten aufgeteilt, wenn mindestens zwei Spalten nebeneinander passen. Die tatsächliche Spaltenbreite ergibt sich durch die gleichmäßige Aufteilung (siehe Abbildung 16.7, ❶).

Eine bestimmte Anzahl von Spalten können Sie mit `column-count` vorgeben. Der Text wird dann unabhängig von der verfügbaren Breite in Spalten aufgeteilt (siehe Abbildung 16.7, ❷).

Wenn für beide Eigenschaften Werte ungleich `auto` angeben sind, soll `column-count` als maximale Spaltenanzahl gewertet werden (siehe Abbildung 16.7, ❸). Die zusammenfassende Eigenschaft für beide lautet `columns`.

Die Syntax für `column-rule` gleicht derjenigen der `border`-Eigenschaft: `column-rule: 1px solid #ccc`.
Entsprechend gibt es auch `column-rule-color | -style | -with`.

Zum Zeitpunkt, als dieses Kapitel geschrieben wurde, wich das Ergebnis in den Browsern noch sehr voneinander ab.

```
div {
    column-width: 20em;
    column-gap: 2em;
    column-rule: 2px solid #ccc;
}
```
❶

```
div {
    column-count: 2;
    column-gap: 2em;
    column-rule: 2px solid #ccc;
}
```
❷

```
div {
    column-width: 20em;
    column-count: 2;
    column-gap: 2em;
    column-rule: 2px solid #ccc;
}
```
❸

▲ **Abbildung 16.7**
Auswirkung unterschiedlicher Kombinationen von `column-width` und `column-count` bei unterschiedlichen Viewport-Breiten, hier in Chrome

Spalten überspannen | Einzelne Elemente innerhalb des Multicolumn-Elements können auch spaltenübergreifend sein (siehe Abbildung 16.8). Mit dem Wert `all` (initial: `none`) für die Eigenschaft `column-span` werden die Überschriften zum *spanning element*.

```
h1,
h2 {
    column-span: all;
}
```

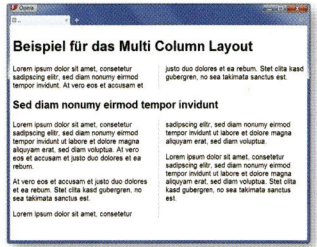

▲ **Abbildung 16.8**
Die Überschriften überspannen die Spalten.

16.4 Mehr Typografie mit CSS3 | **445**

Die Inhalte vor und nach dem *spanning element* werden auf die Spalten verteilt, d. h., der Browser versucht, die Füllhöhe der Spalten möglichst gleichmäßig zu halten. Dies entspricht dem Wert `balance` für die Eigenschaft `column-fill`. In Verbindung mit einer festen Höhe für das Multi-column-Element können Sie auch den Wert `auto` einsetzen. Die Spalten werden dann fortlaufend mit Inhalt befüllt, die letzte Spalte kann weniger Inhalt haben als die vorigen – oder auch überfließen.

Die Eigenschaft `overflow` regelt, was mit überfließenden Inhalten geschehen soll: Im Falle von `visible` werden weitere Spalten angehängt, die außerhalb des Multi-column-Elements liegen (*overflow columns*).

Umbrüche kontrollieren | Mit den Eigenschaften `break-before|-after|-inside` können Sie verhindern oder forcieren, dass an bestimmten Stellen ein Spaltenumbruch stattfindet. Mit `p { break-inside: avoid}` vermeiden Sie, dass ein Absatz über zwei Spalten läuft, mit `h2 {break-before: column}` erzwingen Sie einen Umbruch vor jeder `h2`-Überschrift. Durch manuell gesetzte oder unterbundene Umbrüche wird das automatische Ausbalancieren der Spalten beeinflusst; die Folge können ungleichmäßig befüllte oder überfließende Spalten sein.

Überfluss und Umbruch
Zum Zeitpunkt, als dieses Kapitel geschrieben wurde, war der Umgang der Browser mit überfließenden Spalten und manueller Umbruchkontrolle noch uneinheitlich.

Sicher ist das Multi-column-Layout nicht dafür gedacht, komplexe, mehrspaltige Layouts darauf aufzubauen; schon die mangelnde Kontrolle über die Spaltenboxen steht dem im Wege.

> **Multi-Columns in der Praxis?**
>
> Spaltensatz für Text ist im Web unüblich – nicht nur, weil es bisher kaum möglich war, ohne großen Aufwand Text in Spalten fließen zu lassen. Es ist auch kein erstrebenswertes Ziel, den Leser zu zwingen, am Ende einer Spalte nach oben zu scrollen, um die Lektüre fortsetzen zu können.
> Als Einsatzbereich für die Multi-columns bieten sich kurze Textpassagen (z. B. Artikel-Teaser) oder Listen (z. B. Kategorien in einem Blog) an. Und natürlich die Druckausgabe – wenn die Browser einmal ausreichend Kontrolle darüber anbieten, wie der Spaltensatz über mehrere Seiten verteilt werden kann.

Index

3px-Bug 67, 81, 320
62,5% 341
100.01% 342
100% Mindesthöhe 33
@document-Regel 227
@font-face-Regel 438
@global-Regel 435
@media-Regel 221, 343
@supports-Regel 227, 434
@viewport-Regel 150
-moz-image-rect 195

A

Active Scripting 278, 283, 285
Adaptive Zoom 338
after, Pseudoelement 107, 223
AlphaImageLoader-Filter 276
Alphatransparenz 198, 200
   IE 6 und älter 198
animations 314
Anker 406
Anordnung 153
   horizontale 61
   vertikale 31, 211
Anschläge 443
Any Order Columns 357, 402
Applikationsentwicklung 418
Architektur 426
Arial 441, 442
Aspektwert 436, 439
attr() 223
Attribut-Selektor 222
Auflösung 439
Aufspannen 25, 154
Aufzählungszeichen → Marker
Ausdruck 221
Ausklappmenü 322, 333
   IE-Workaround mit Conditional Comments 328
   IE-Workaround mit Script 326
Ausrichtung 443, 444
   asymmetrische 67
   vertikale 387
Außenabstand → margin
Ausweichwert 285
available width 166

B

Backend 417
background 167
   Sonderstellung des body-Elements 179
background-attachment 167, 172
   fixed 173
   IE ≤ 7 176
   local 175
   scroll 172
background-clip 168, 176
Background-Images 167
   multiple 184
background-origin 168, 176
background painting area 176
background-position 168, 396
   Längenwerte 169
   Prozentwerte 169
   Schlüsselwörter 168, 170
   vier Werte 177
background positioning area 176
background-repeat 171
   round 171
   space 171
   zwei Werte 172
background-size 168, 177
   auto 177
   contain 177
   cover 178
baseline 387
Basic User Interface Module 32
Bedeutungsgehalt 204
before, Pseudoelement 107, 316
behavior 283
Benutzbarkeit 343, 361
Bereichsüberschrift 297, 310, 347
Best-Practice-Empfehlung 353
Beta-Version 254
Bezugsrahmen 149, 154
BFC → Block Formatting Context
Bild
   spaltenübergreifend umflossen 98
   umflossen 78
Bildergalerie 85
Bildformate 200
Blindtext 99
Blockboxen 309

Block Formatting Context 31, 44, 84, 110, 112, 132, 133, 206, 259, 260, 273, 351, 366
Blockierung 420
Block Replaced Element 30
Blocksatz 99, 131, 443
border 29
border-collapse 211
border-spacing 208, 211
Box
   anonyme 128
Box Model 29
Box Model Hack 252
box-sizing 32
Breadcrumb-Navigation 295
break-word 364
Breite 69
   einheitliche 350, 396
   feste 390
   gemischte 64, 364
Breite, schrumpfend → Shrink-to-fit
Browserverteilung 427
BTS → Bug Tracking System
Bugfix 251
Bug Report 266
Bug-Ressourcen 266
Bugtracker 267
Bug Tracking System 267
Bugzilla 267, 268
Build-Prozess 425

C

Caching 424
calc() 65, 115
Candidate Recommendation 23, 276
Canvas 138, 150
caption 207
caption-side 207
child selector → Kindselektor
Chrome 243
Chrome Frame Plugin 238
Clear 53, 77, 88
   spaltenübergreifend 350, 366
   ungewollt 114
Clearance 46, 54, 89
   negative 97
Clear-Element, solides 351

»clearfix« 107
ClearType 440
Clear-Wirkung 373
clientWidth 288
Clipping 63, 74, 263, 129, 264, 301, 100
col 206
collapse through 46
Collapsing Margins 41, 370
 nur bei einem Element 46
 verhindern 43
 verschachtelte Elemente 41
color-stop 179
colspan 211
Companion Columns 407
Compatibility View 238
computed value 443
Conditional Comment 17, 252, 254, 327
Conditional Rules Module 434
Connect 269
Containing Block 33, 143, 149, 154, 157, 206, 311, 330, 391
 hasLayout 151
Containing Floats → Float einschließen
content 316
Content Edge 149
Content First 354, 356, 367, 379
Content-Wrapper 354, 365, 367
CR → Candidate Recommendation
Cross-Browser-Bug 273
Crossposting 234
CSS
 Arbeitsgruppe 22
 Designprinzipien 23
 Modularisierung 23
 Referenz (Sitepoint) 27
 Spezifikation 21
 working group 21
CSS3 28, 275
CSS3 Basic User Interface Module 215
CSS Color Module 138, 162
CSS Conditional Rules Module 227
CSS-Creator 270
CSS Device Adaptation Module 150
css-discuss 270
CSS Fonts Module 438
CSS Grid Layout Module 211
CSS-Hack 252, 254

CSS Image Values and Replaced Content Module 179, 195
CSS Media Queries Module 226
CSS Multi-column Layout Module 444
CSS Paged Media Module 223
CSS Popup Bug 325
CSS-Sprites 193
CSS-Tabelle 55, 304, 384
 minimale Struktur 204
 Workaround für IE < 7 304
CSS-Tabellenmodell 201
CSS Validation Service 232
CSS-Validator
 Warnung 443
Cursor 315

D

data uri-Schema 163
Datenbeziehungen 202
Datentabelle 217, 223
Debugging 231
Default style sheet 42
Definitionsliste 318
Deklaration 30
Deklarationsblock 30
descendant selector → Nachfahrenselektor
Design- und Code-Muster 426
DHTML 283
display
 inline 298
 inline-block 132, 163, 205, 262, 290
 inline-table 203
 -moz-inline-box 134
 -moz-inline-stack 134
 none 207, 325
 table 203
 table-cell 203, 205
 table-column 206
 table-footer-group 223
 table-header-group 223
display-inside 433
display-outside 433
div 204
Divitis 204, 354
Div-Suppe 354
Doctype-Switch 236
documentElement 288
Dokumentadresse 222
Dokumentbaumabfolge 138, 153
DOM Inspector 245

Doubled Float-Margin-Bug 67, 84, 116, 259, 359, 374
Dragonfly 250
Dropdown 322
Dropdown-Menü 143, 145
 einfach 323
Dropline 323
Druck-Stylesheet 221
Duplicate Characters Bug 266

E

Easyclearing 106, 122, 351
Ebene 137
Echtfarben 200
Ecken, rund 192
Editor's Draft 23
Eigenschaft 30
Einrückung 365, 371, 379
Einschließen von Floats → Float einschließen
Element 139
 anonymes 203
 ersetztes 30
 leeres 46
em 339, 350, 442
 Bezugsgröße 340
E-Mail
 Design 227
empty-cells 211
Enkelkind 387
Entwicklerwerkzeug 244
Equal Height Columns 402
Error-Recovery 232
Erweiterung 275
Evolt 239
Expanding Box Bug 32, 53, 61, 72, 308, 364, 376, 377, 387, 409
Expand-to-fit 165
Expression 285
Expression Web Super Preview 239

F

Faux Columns 178, 389, 393, 399
 als Verlauf 181
feature detection 434
Feature Queries 23, 434
Fehlerkonsole 233
Fehlersuche 231
Fensterbreite 289
Fiddler 421
FiddlerCap 422
fill-available 166

filter 277
    Alpha 162
Filter 251
Firebug 244, 418
    Konsole 424
Firefox 243
Fireworks 198
first-child 207, 300
fit-content 166
Flattersatz 444
Flexbox 429, 434
Flexibilität 361
Flexible Box Layout Module 413
Float 53, 77, 141, 272, 309
    Abstände zwischen 83
    aufeinanderfolgende 82
    automatisches Einschließen im IE 103
    center 22
    explizite Breite 80
    herabfallende Floats 84
    Missbrauch 77
    Reihenfolge 83
    Spalten 80
    Stapelreihenfolge 79
    Umbruch 84
    verweben 79
    wechselseitig 86
Float Drop 264
Float einschließen 102
    clear 103
    durch BFC 118
    Easyclearing 106
    Float in Float 105, 356
    overflow 110
Float-nearly-everything 106, 165
Flyout-Menü 323, 328
Font-Charakteristik 128
font-size 128, 217, 289
font-size-adjust 22, 436
FooterStick 36
FooterStickAlt 39, 119, 393, 397
Forum 270
Fußzeile 223
Fußzeile am Ende 36

G

Galerie 304
Gammakorrektur 199
Gecko Layout Engine 267
Geräteerkennung
GIF-Transparenz 197

Gilder/Levin 309
    Linkcursor im IE ≤ 7 315
glacial pace 21
gleichhohe Spalten 77
Gliederung 344
Google Chrome 243
Graceful Degradation 252, 285
Graded Browser Support 427, 428
Gradient 179
Gradient-Filter 163
gradient-line 179
Grenzwert 404
Grid Layout 413
Größen, relative 442
Grundgerüst 17
gzip 422

H

Hack 250, 252, 258
Hacking-Strategie 257
handheld
HAR-Format → HTTP Archive Format
hasLayout 248, 259, 263, 353
    Collapsing Margins 44
    Einschließen von Floats 108
    Float 79
    Inline-Block 133
    Shrink-to-fit 165
    Stapelkontext 147
    zoom 290
Hauptnavigation 295
height 31
    100% 24, 151
    bei Tabellen 35
    in Prozent 33
Heiliger Gral → Holy Grail
Hintergrund 139
    transparenter 163
Hintergrundbilder → Background-Images
Höhe → height
Holly Hack 259
Holy Grail 379, 381, 384
hover 265, 284
    Unterstützung im IE 325
Hover-Effekt, invertiert 312
hr-Element 352
hsla() 163
HTC → HTML-Component
HTML
    E-Mail 227
    Optimierung 425

HTML5: Rendering 28
HTML-Component 282, 283
HTML-Hack 254
HTML-Tabelle 202, 217
HTML Tidy 46
HTTP 422
HTTP Archive Format 424
HTTP-Request 425
HTTP response header 237

I

IE 235, 259
    Standalone-Versionen 239
IE Collection 239
IE Developer Toolbar 247, 282, 284
IEPNGFix 282
IETester 239
Image Replacement 309, 315, 441
Implementierung 21
Incremental Rendering 24
Indextransparenz 276
Initial Containing Block 33, 149, 150
Inkonsistenz 231
Inline-Block 142, 290, 301, 303, 304, 306, 434
    Firefox 134
    Hack 133
    IE 132
    Layout 136
    Simulation 216
Inline-Block-Workaround 57, 386
Inline-Box 127, 142
    anonyme 127
    Inhaltsbereich 129
Inline-Formatierungsmodell 127
Inline Formatting Context 127
Inline-Navigation 347
Inline Replaced Element 30, 128
Inline-Table 142
Innenabstand → padding
Innenkante 149
Inner Wrapper 280, 377, 381
Interoperabilität 21, 231
intrinsisch 30, 164
Intuition 235

J

JavaScript 285, 326, 327
Jello-Mold-Layout 72
JScript 285

K

Kachelung 171
Karteireiter 190
Katalog 134
Kehrwert 341
Kindselektor 322, 331, 332
Kombinierung 425
Kommentar 255, 266
Kompression 200
Konformität 273
Kontakt 14
Kopfzeile 223

L

last-child 300
Latenz 420
Layout
 elastisch 339, 356
 fix 338, 350, 354
 fluid 339, 360
 hybrides 202, 212, 384
 liquid 339
 responsive 343
 Tabelle 201
Layout-Stresstest 232
Layouttabellen 201, 212, 354
Leerraum 59
Leerzeichen 127, 299
left
 auto 325, 326
Leinwand 138
Lernprozess 231
Lesbarkeit 439
linear-gradient 179
Linearisieren 222
Line-Box 127
line-height 128, 443
Liquid Faux Columns 185
Listen → Navigation
Listen, vertikal → Navigation, vertikal
Liste, verschachtelte 345
Listings 17
list-item 316
List Whitespace Bug 261, 265
Lorem ipsum 99

M

Magic Bullet 129, 259, 360
Magic Corner Gradient 180
Mailingliste 270
 www-style 22, 26
Mailprogramm 228

Margin 29, 61, 68
 auto 50
 bei Clear-Element 54
 negativ 32, 39, 62, 66, 72, 116, 152, 307, 371, 379
Margin Collapsing → Collapsing Margins
Margin in Prozent 380
 IE-Bug 381
Marker 300, 311, 316, 348
MarkMail-Service 22, 270
Mark of the Web 327
Markup Validation Service 232
max-content 166
max-height 31
Maximalbreite 69, 360
maximum cell width 166
max-width 69, 285, 287, 289
 Workaround 70
Media-Attribut 349
Media Feature 226
media fragment identifier 195
Media Queries 226, 360, 361, 430
Medienabfrage 226
Medienmerkmal 226
Medientyp 226
Medium 221
Mehrspaltenlayout 337
Menü → Navigation
Menüpunkt, aktiv 191
Menüpunkt, aktuell 333
 body-Klasse oder -ID 334
 Entfernung des Links 335
 Linkklasse/-ID 335
Meta-Opt-out 235, 236
Meta-Switch 236
min-content 166
Mindestbreite → min-width
Minefield 243
min-height 31, 33
 in Prozent 33, 34
 Workaround für IE < 7 34
Minimierung 422
minimum content width 166
min-width 69, 285, 287, 360
 Workaround 72
Mobiltelefon 225
Multi-column Layout 444
Multiple-IE-Installer 239
Multi-Safari 243
must 29

N

Nachbarschaftsselektor 207
Nachfahr 139
Nachfahrenselektor 322
Navigation 295
 als dl-Tabelle 318
 horizontal 190
 mit Tabs 190
Navigation, horizontal 298
 display inline 298
 display inline-block 303
 display table-cell 304
 Float 309
 mit Markern 311
Navigationsliste, verschachtelt 348
Navigation, verschachtelt 321
Navigation, vertikal 316
 Besonderheiten im IE 7 316
Negative Backside Margin 69, 264, 357, 361, 364, 367, 381
Netzwerkmonitor 418
Newsletter 227
Nightly Build 243
Normaler Fluss 31, 77
Normalposition 328
Normalschriftgröße 289
nth-child() 207
nth-last-child() 24
Nullhöhe 366
Nutzereinstellungen 232

O

Oberlänge 128
Off-Left-Technik 155, 347
Offset 50, 152, 155, 328, 151
One True Layout 402
One Web 225
only 226
opacity 137, 162, 268
Opazität 162
Opera 243
 Berechnungsfehler 342
 Dragonfly 250
 Hack 227
Outline 139, 215
outline-offset 215
overflow 31, 110
 auto 210
 hidden 210, 258, 272, 308, 405
 Probleme mit 111
 table-layout auto 209
overflow-x 216, 308
overflow-y 308

P

padding 29
Padding Edge 149
Padding-Kante 149
Padding, überhöht 307
Page 222
Page Area 150
page-Eigenschaften 221
Page-Speed 422
painting order 138
Parsen 232
Patch 251
Performance 417
Performance-Verlust 199
Pipes 298
Pixel 350
Pixelbreite 350
Pixelwerte 338
Platzierung 153
PNG-8 198, 276
PNG-8/RGBA-Palette 276
PNG-24 198
PNG-32 198, 276
PNG-Script 281
PNG-Transparenz 197
pointer-events 149
position
   absolute 137, 153, 157, 163
   fixed 137, 157, 223, 285
   relative 23, 129, 137, 152, 262
Position
   hypothetische 90
   statische 155, 326
Positionierung 137, 149
   absolute 25, 36, 50, 52, 93, 98, 153, 206, 324, 391
   bottom 206
   fixierte 157
   relative 152, 206, 359, 360, 411
   Tabellenelement 206
Position is Everything 266
Präfix 275
preferred minimum width 166
preferred width 166
print 221
Printdesign 153
Print-Stylesheet 349
Problembeschreibung 231
Problemreduktion 234
Progressive Enhancement 237, 252, 426, 428
proprietär 22
Prozent 350, 442

Prozentangabe 151
Prozentbreite 320, 361
Prozentwert 339, 360, 381
Pseudoelement 106
Pseudoklasse 331
Pure CSS Popup 265

Q

Qualitätsanspruch 251
Qualitätssicherung 254
Quartz-Schriftglättung 440
Quirksmode 266
Quirksmodus 176, 236
   Vererbung von Font-Eigenschaften 217
Quirky Percentages 381

R

radial-gradient 179
Rahmen → border
Randspalte 316
Rang 140
Reduktion 231, 234
Reflow 24, 290
Regel 30
Regelsatz 30
Reihenfolge 354, 385
   unabhängige 384
Rendering Engine 235
repeating-linear-gradient 179, 183
repeating-radial-gradient 179
Replaced Element 30
Reset
   global oder differenziert 65
Responsive Design 225
Responsive Layout → Responsive Web Design
Responsive Web Design 343
Ressourcen-Monitor 420
Restbreite 378, 384
rgba() 163
Richtungswechsel 354
rowspan 211
ruleset 30
Rundungsfehler 188, 307, 357, 361

S

Safari 243
Schiebetüren → Sliding Doors of CSS
Schrift
   webtauglich 439
Schriftart 440

Schriftfamilie
   generische 443
Schriftglättung 440
Schriftgröße 441
Schriftvergrößerung 340, 391
   Bilder 357
Schriftverkleinerung 442
Scope 435
Screenreader 297, 325, 347
Scripting 278, 283, 285
Scrollbalken 159
Seitenbereich 150
Seitenfluss 153
Seitenzoom → Zoom
   Fehler im IE 7 190
   Inline-Elemente im IE 7 302
selector
   child 322
   descendant 322
Selektor 30, 424
   Attribut 222
Semantik 204, 205, 354, 425
SEO → Suchmaschinenoptimierung
Serifen 439
Service-Navigation 295
sfhover 327
should 29
Shrink-to-fit 37, 80, 132, 163, 191, 208, 281, 301, 330
shrink-to-fit width 166
Shrink-wrap 165, 203, 430
Silbentrennung 444
Sitemap 295
SitePoint 271
sizingMethod 277
Skalierbarkeit 417
Skalieren 290
Skiplink 347
Slicen 195
Sliding Doors 192, 400, 401
smush.it 423
Son of Suckerfish Dropdown 248, 265, 326
Spalte
   ausblenden 207
   wandernd 383
Spalten
   gleich hohe 178, 386, 389
Spaltenanordnung 344
Spaltenlayout 337
Spalten mit Float 80
Spaltensatz 444

Spaltentausch 357, 359, 380
Spaltentrennlinien 396
Spaltenverschiebung 379
Spezialisierung 221
Spezifikation 21
    Graubereich 23
    Zugang 26
Spezifität 313, 331
Sprites 194, 425
Sprunglink 346
Stabilisierung 353, 354, 367, 386
Stacking Context 137
stack level 138
Standalones 239
Standard
    Stufen 23
Standardschriftgröße 339
Standardsmodus 235
Stapelebene 138
Stapelkontext 137, 142, 145, 261, 263
    hasLayout 147
    opacity 162
    Zeichnungsabfolge 139
    Zweck 142
Stapelreihenfolge 411
Stapelung 137, 142, 330
Star-HTML-Hack 252, 259
Star-Plus-HTML-Hack 360
style-Element 435
Submenü 322
Subnavigation 295
Suchmaschinenoptimierung 354
Suckerfish Dropdowns 326

T

Tabelle
    anonyme Box 208
    CSS-Eigenschaften 202
    Fußzeile 223
    Höhe 211
    Kopfzeile 223
    überbreite 376
    Width-Algorithmus 208
Tabellenbeschriftung 207
Tabellendarstellung 304
Tabellenlayout 202
Tabellenmodell 201
table-layout 208
    auto 210
    fixed 210, 304
Template Layout Module 413
text-align 131, 298
    justify 131

text-indent 316, 325
text/x-component 282
Textvergrößerung → Textzoom
Textzoom 338
Times New Roman 441, 442
transitions 314
Transparenz
    Bildformate 189
    GIF 197
    PNG 197
Trennlinie
    als Clear-Element 104

U

UA → User Agent
Überlappung 364
Undurchsichtigkeit 162
Universalselektor 65, 207
Unterlänge 128
Unternavigation → Subnavigation
Usability 221
User Agent 30
User Education 428
User Interface Design 429
Userstylesheet 341

V

Validierung 232
vendor prefix 275
Verdana 441, 442
Verlauf → Gradient
Versalien 443
Versatz 142, 151, 152, 155
Verschiebung 358
    negative 52, 356, 386, 396, 397
    relative 359, 381
Verschiebung durch negative
    Margins 116
Verschwinden 154
Versionierung 424, 425
Versionsvektor 255
vertical-align 56, 130, 211, 216,
    303, 385
Verweben 79, 84, 112, 118, 141, 405
Viewport 33, 149, 150, 158, 179, 343
Virtualisierung 240
Virtual PC 240, 247
Virtuelle Maschine 240
visibility 107
    collapse 207
    hidden 215
VM → Virtuelle Maschine
Vorwärtskompatibilität 233

W

Wasserfalldiagramm 418
WD → Working Draft
Web
    mobiles 224
Web Developer 245
Web Developer Toolbar 392
Web Inspector 249
WebKit 243
Web Standards Group 270
Weiche 252
Werbekampagne 227
Werbung 221
Wert 30
    errechneter 443
whatever hover 248, 284
whatwg 429
white-space 298
    nowrap 306, 387
Whitespace 59, 127, 299
Whitespace Bug 318
width 69
    minimum 164
    preferred 164
    Tabelle 210
Windows XP Mode 242
word-wrap 364
Workaround 251
Working Draft 23
Wortabstand 299
Wrapper 394
Wurzelelement 33, 137, 150
www-style 429

X

x-Höhe 436
XHTMLforum 271
X-UA-Compatible 236
XUL 430

Y

YSlow 245, 285, 422
YUI Compressor 422

Z

z-Achse 142
Zeichnungsabfolge 138, 139, 140
Zeichnungsbereich 138
Zeilenabstand 443
Zeilenbox 79, 127, 142
    Höhe 128
Zeilenlänge 339, 340, 362, 443
Zeilenumbruch 299

Zentrieren
 horizontal 50, 61, 391
 vertikal 49, 50, 55
Zentrierungsart 396
z-index 137, 145, 268
 auto 142
Zone, lokale 327
zoom 205, 248, 262, 290
Zoom 338, 357, 375
 Fehler 360
 IE 7 392
Zoomfunktion
 Hintergrundbild im IE 7 179
Zugänglichkeit 392
zusammenfallende Ränder →
 Collapsing Margins

Der Name Galileo Press geht auf den italienischen Mathematiker und Philosophen Galileo Galilei (1564–1642) zurück. Er gilt als Gründungsfigur der neuzeitlichen Wissenschaft und wurde berühmt als Verfechter des modernen, heliozentrischen Weltbilds. Legendär ist sein Ausspruch Eppur si muove (Und sie bewegt sich doch). Das Emblem von Galileo Press ist der Jupiter, umkreist von den vier Galileischen Monden. Galilei entdeckte die nach ihm benannten Monde 1610.

Lektorat Stephan Mattescheck
Fachgutachten Heiko Stiegert
Korrektorat Petra Biedermann
Einbandgestaltung Nils Schloesser
Coverfoto iStockphoto © Carrie Wendel
Typografie und Layout Vera Brauner
Herstellung Maxi Beithe
Satz Markus Miller, München
Druck Himmer AG, Augsburg

Dieses Buch wurde gesetzt aus der Linotype Syntax (9,25pt/13 pt) in Adobe InDesign CS5. Gedruckt wurde es auf mattgestrichenem Bilderdruckpapier (115 g/m²).

Gerne stehen wir Ihnen mit Rat und Tat zur Seite:
stephan.mattescheck@galileo-press.de
bei Anmerkungen zum Inhalt des Buches

service@galileo-press.de
für versandkostenfreie Bestellungen und Reklamationen

britta.behrens@galileo-press.de
für Rezensions- und Schulungsexemplare

Bibliografische Information der Deutschen Nationalbibliothek
Die Deutsche Nationalbibliothek verzeichnet diese Publikation in der Deutschen Nationalbibliografie; detaillierte bibliografische Daten sind im Internet über *http://dnb.d-nb.de* abrufbar.

ISBN 978-3-8362-1695-1

© Galileo Press, Bonn 2012
3., aktualisierte Auflage 2012

Das vorliegende Werk ist in all seinen Teilen urheberrechtlich geschützt. Alle Rechte vorbehalten, insbesondere das Recht der Übersetzung, des Vortrags, der Reproduktion, der Vervielfältigung auf fotomechanischem oder anderen Wegen und der Speicherung in elektronischen Medien. Ungeachtet der Sorgfalt, die auf die Erstellung von Text, Abbildungen und Programmen verwendet wurde, können weder Verlag noch Autor, Herausgeber oder Übersetzer für mögliche Fehler und deren Folgen eine juristische Verantwortung oder irgendeine Haftung übernehmen. Die in diesem Werk wiedergegebenen Gebrauchsnamen, Handelsnamen, Warenbezeichnungen usw. können auch ohne besondere Kennzeichnung Marken sein und als solche den gesetzlichen Bestimmungen unterliegen.

www.galileocomputing.de

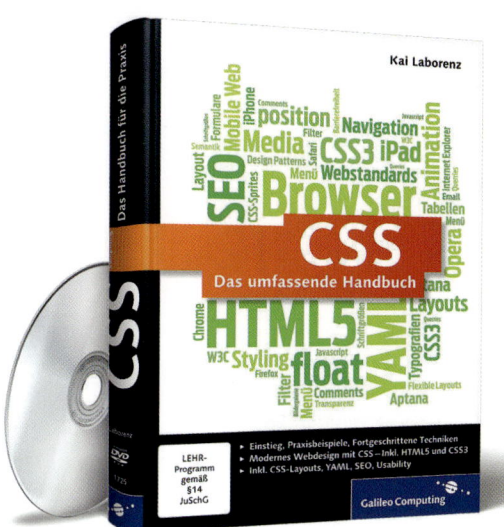

Grundlagen, Praxisbeispiele, Referenz

Modernes Webdesign mit CSS, inkl. HTML5 und CSS3

CSS-Layouts, YAML, Mobiles Webdesign u. v. m.

Kai Laborenz

CSS

Das umfassende Handbuch

Endlich findet sich das vollständige Wissen zu CSS und Co. in einem Band. Einsteiger erhalten eine fundierte Einführung, professionelle Webentwickler einen Überblick über alle CSS-Technologien und Praxislösungen für CSS-Layouts sowie Tipps, um aus dem täglichen Webeinerlei herauszukommen. Inkl. HTML5 und CSS3

804 S., mit DVD und Referenzkarte, 39,90 Euro
ISBN 978-3-8362-1725-5

>> www.galileocomputing.de/2556

www.galileocomputing.de

▶ **Video-Training**

Alle neuen HTML5-Funktionen verstehen und anwenden

Responsive Design für mobile Web-Apps

Die neuen CSS3-Layoutmodule im Einsatz erklärt

Peter Kröner

HTML5 und CSS3

Die neuen Webstandards im praktischen Einsatz – inkl. Bonusheft mit umfassender Referenz

Peter Kröner zeigt Ihnen in diesem Video-Training, wie Sie HTML5 und CSS3 schon jetzt für Ihre Projekte einsetzen, um standardkonforme und zukunftssichere Webseiten zu entwickeln. Lernen Sie live am Bildschirm vom HTML5-Profi und Experten für Webstandards!

DVD, Windows, Mac und Linux, 70 Lektionen, 9 Stunden Spielzeit, 39,90 Euro
ISBN 978-3-8362-1831-3

>> www.galileocomputing.de/2976

www.galileodesign.de

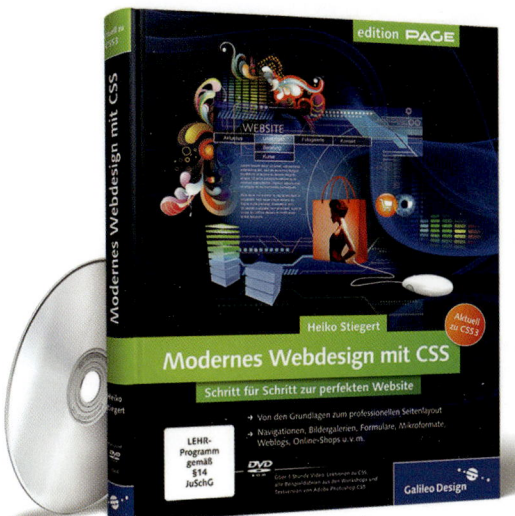

Von den Grundlagen zum perfekten Seitenlayout

Navigationen, Bildergalerien, Formulare, Mikroformate, Weblogs, Online-Shops u. v. m.

Mit allen Beispieldateien zu den Workshops, Video-Lektionen zu CSS und Testversion Photoshop CS5

Heiko Stiegert

Modernes Webdesign mit CSS

Schritt für Schritt zur perfekten Website

In ausführlichen Praxisworkshops zeigt Ihnen dieses Buch, wie Sie moderne und professionelle Webdesigns standardkonform mit CSS realisieren. An attraktiven Beispielen wird dazu sowohl die Gestaltung einzelner Seitenelemente als auch das Layout unterschiedlicher Arten von Websites demonstriert. Die zahlreichen Profi-Tipps und -Tricks lassen garantiert keine Frage offen!

444 S., 2011, komplett in Farbe, mit DVD, 39,90 Euro
ISBN 978-3-8362-1666-1

>> www.galileodesign.de/2455

www.galileocomputing.de

Von einfacher Homepage bis zu komplexem Web-Portal

Grundlagenkapitel zu Webdesign und Typografie

CSS für barrierefreie Websites und mobile Endgeräte

Inkl. gedruckter CSS-Kurzreferenz

Bernhard Stockmann

CSS in der Praxis

Das umfassende Training

Ihre Website soll nicht nur ein Blickfang sein, sondern schnell, leicht aktualisierbar und funktional auf verschiedensten Endgeräten wie etwa Smartphones. Web-Profi Bernhard Stockmann zeigt Ihnen in diesem Video-Training an konkreten Webprojekten, wie Sie diese Aufgaben mit CSS lösen.

DVD, Windows, Mac und Linux, 115 Lektionen, 11 Stunden Spielzeit, 39,90 Euro
ISBN 978-3-8362-1723-1

\>> www.galileocomputing.de/2552

www.galileocomputing.de

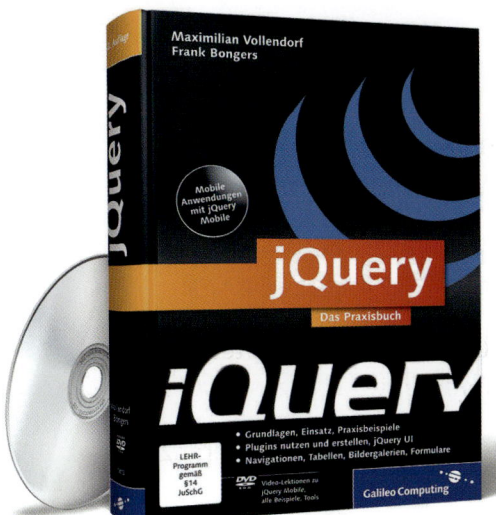

Grundlagen, Einsatz, Praxisbeispiele

Professionelle Techniken, Effekte und Animationen

Plug-ins nutzen und eigene Plug-ins erstellen

Frank Bongers, Maximilian Vollendorf

jQuery

Das Praxisbuch

Mit jQuery kann man zaubern. Auch JavaScript-Muffel kommen mit dem Framework schnell zu Ergebnissen, die sich sehen lassen können. Dieses Buch zeigt Ihnen, wie Sie die Funktionen von jQuery effektiv auf Ihren Webseiten einsetzen können. Inkl. Entwicklung mobiler Anwendungen mit jQuery Mobile

730 S., 2. Auflage 2011, mit DVD, 34,90 Euro
ISBN 978-3-8362-1810-8

>> www.galileocomputing.de/2930

www.galileocomputing.de

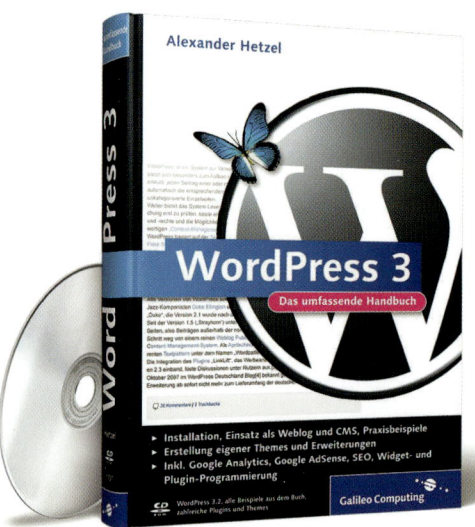

Installation, Anwendung, Administration

Erstellung eigener Themes und Erweiterungen

Inkl. Goolge Analytics, Google AdSense, Google Maps, SEO, Widget- und Plug-in-Programmierung

Alexander Hetzel

WordPress 3

Das umfassende Handbuch

Unser Buch bietet Unterstützung bei jeder Fragestellung im Umgang mit WordPress. Angefangen bei der Installation bis hin zur Anpassung und Konfiguration des Systems. Dazu zählt auch die Darstellung der komplexen Entwicklung von eigenen Design-Vorlagen und Erweiterungen. Inkl. Einbindung von Social Media-Diensten und SEO

597 S., 2012, mit CD, 29,90 Euro
ISBN 978-3-8362-1727-9

>> www.galileocomputing.de/2559

»Auf fast 600 Seiten wird all das behandelt, was einen zukünftigen "Blogprofi" ausmacht. «
Blogprofis.de, 02.12.2011

www.galileocomputing.de

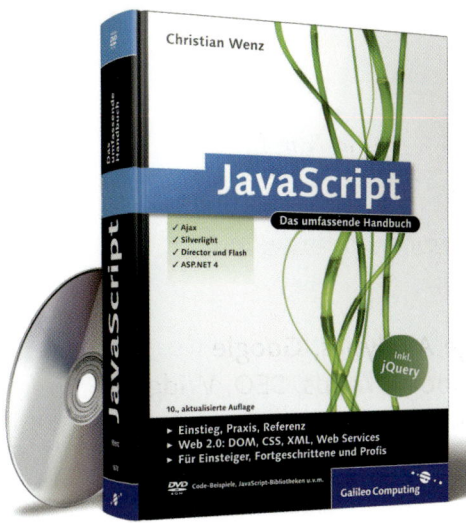

Einstieg, Praxis, Referenz

Web 2.0: DOM, CSS, XML, Webservices

Für Einsteiger, Fortgeschrittene und Profis

Christian Wenz

JavaScript

Das umfassende Handbuch

Eine gründliche Einführung und viele praktische Beispiele, das zeichnet dieses Handbuch aus! In dieser Auflage wurde das Kapitel zu jQuery deutlich erweitert, neu hinzugekommen sind die Themen Ajax Performance und Ajax Best Practices. JavaScript werden Sie nach der Lektüre verstehen und sicher anwenden können.

837 S., 10. Auflage 2010, mit DVD, 39,90 Euro
ISBN 978-3-8362-1678-4

>> www.galileocomputing.de/2481

www.galileocomputing.de

Social Media Marketing mit Facebook, Twitter und Co.

Inkl. Mobile Marketing und Mobile Advertising

Empfehlungsmarketing, Crowd-sourcing, Social Commerce

Anne Grabs, Karim-Patrick Bannour

Follow me!

Erfolgreiches Social Media Marketing

Für Unternehmen jeder Branche und jeder Größe ist es interessant, in Social Media aktiv zu werden. Folgen Sie der Erfolgsstrategie: Was ist Social Media? Wie gehen Sie damit um? Welche Schritte müssen in welcher Reihenfolge erfolgen? Welche Gefahren drohen und wie können Sie diese Gefahren minimieren?

442 S., 2011, komplett in Farbe, 29,90 Euro
ISBN 978-3-8362-1672-2

>> www.galileocomputing.de/2467

www.galileocomputing.de

Suchmaschinen-Optimierung, SEM, Online-Marketing, Affiliate-Programme

Google AdSense, Web Analytics, Social Media Marketing

E-Mail-, Newsletter- und Video-Marketing und Mobile Marketing u.v.m.

Esther Düweke, Stefan Rabsch

Erfolgreiche Websites

SEO, SEM, Online-Marketing, Usability

Alles, was Sie für Ihren erfolgreichen Webauftritt benötigen. Zahlreiche Praxisbeispiele zeigen Ihnen anschaulich den Weg zu einer besseren Webpräsenz. Inkl. SEO, SEM, Online-Marketing, Affiliate-Programme, Google AdWords, Web Analytics, Social Media-, E-Mail-, Newsletter- und Video-Marketing, Mobiles Marketing u.v.m.

778 S., 2011, mit DVD, 34,90 Euro
ISBN 978-3-8362-1652-4

\>\> www.galileocomputing.de/2442

In unserem Webshop finden Sie unser aktuelles
Programm mit ausführlichen Informationen,
umfassenden Leseproben, kostenlosen Video-Lektionen –
und dazu die Möglichkeit der Volltextsuche in allen Büchern.

www.galileocomputing.de

Galileo Computing

Wissen, wie's geht.